화인경제론

華人經濟論

홍 원 선

북넷

:: 들어가는 말

뒤늦게 책을 출판하게 되어 부끄럽다는 생각과 함께 그나마 다행이라는 생각이 동시에 든다. 뒤돌아보면 15년간의 경제기자 생활에 이어 중국에서 유학을 시작한 시점으로부터 근 15년 만에 첫 책을 내놓게 된 점이 자신의 나태와 안일 그리고 무능을 드러내는 것 같아 늘 마음에 걸렸다. 이제 늦게라도 책을 출판하게 되어 마음이 좀 가벼워 진 것 같고 스스로에 대한 빚도 좀 덜었다는 생각이다.

이 책은 필자가 중국사회과학원에서 학위과정을 하면서 세운 주제를 좀 더 넓혀 화교화인문제 전반과 함께 특히 화교경제부분을 중점으로 다루고 있다. 학위논문에서는 주로 태국과 인도네시아의 화교화인들의 문화와 경제를 논의했으나 본서는 이들 국가와 함께 말레이시아, 필리핀 등을 포함하는 논의의 대상 국가를 확장하였다. 동시에 동남아지역 자체와 중국대륙에 대한 서술을 늘렸으며, 특히 화교화인의 경제부분에 대해 많은 장절을 할애하여 집중적으로 논술하였다.

본서는 기본적으로 '중국과 화교(화인)경제', '동남아와 화교' 혹은 '화교(화인)경제론'이란 대학이나 대학원의 교과목에 대비한 교과서로 사용할 의도로 집필했으나, 화교(화인)경제 혹은 화교화인에 대한 다각적인 관심을 가진 일반 독자들에게도 적지 않은 도움이 될 것이라 확신한다.

화교화인 문제는 우리에게 많은 것을 생각하게 하고, 또 다양한 각도에서 접근해볼 수 있는 연구주제라고 여겨진다. 특히 오늘처럼 글로벌 인구유동이 갈수록 심화되는 시기에 중국인의 앞선 해외 이주경험과 그들이 이주지에서 겪는 정치, 경제, 사회, 문화적인 충격과 적응, 주류민족과의 융화 혹은 동화 등의 주제는 우리에게 크나큰 참고가치가 될 것이란 확신이 든다.

우리가 흔히 화교화인을 머리에 떠올리면 바로 그들의 경제적인 성공이나 경제력에 주목하는 경우가 많은 것 같다. 이런 관념이나 경향성이 잘못된 것이라고 할 수는 없겠지만 화교화인의 문제는 단순히 특정 민족의 경제문제에 국한해서 살펴 볼 주제가 아니라고 생각된다. 설사 경제 혹은 경제력이 중요한 연구 과제라 해도 경제부문만을 들여다봐서는 화교화인들의 경제실체를 제대로 파악할 수 없다는 것이 저자의 생각이다. 달리 말하자면 우리가 주목하고자 하는 화교화인들의 경제를 제대로 이해하기 위해서라도 그들의 삶의 과정과 정신세계, 문화, 가치관을 먼저 확실히 이해해야 할 것이란 점이다.

화교화인 문제에 대한 올바른 접근을 위해서는 그들을 하나의 민족단위로 생각하고 하나의 민족집단으로서 그들의 특성을 파악한 후 중국대륙에서의 이들의 특성과 동남아로 이주한 이후의 그들의 삶이 어떻게 변화했고, 그들의 정신세계가 어떤 변화를 겪었는지 파악해야 할 것이다. 즉 하나의 민족단위가 원래 거주지에서 새로운 거주지로 이주한 경우 그들의 삶의 변화와 적응을 보고, 또 조국에서의 삶과 이주국에서의 문화 차이가 그들의 특성에 어떤 영향을 미쳤는지 살펴보는 것이 아주 긴요한 과정이라 생각된다.

기본적으로 이러한 문제의식을 갖고 화교화인 문제, 특히 화교경제의 형성과 발전, 변화의 과정을 탐색하고자 했다. 그동안 화교경제를 아주 통속적으로 접근한 저술이 과거 몇 차례 있었던 것으로 기억되나 화교의 뿌리라 할 수 있는 동남아 화교를 중심으로 화교화인 문제를 본격적으로 전면적으로 그리고 학술적으로 접근, 분석한 사례는 거의 없었던 것이 아닌가 싶다. 아무쪼록 이 책이 화교화인과 그들의 경제와 삶의 모습에 대한 궁금증을 가진 많은 독자에게 작은 도움이라도 되길 기대해본다.

이 보잘 것 없는 책도 집필하는 과정에서 많은 분들의 도움과 지지에 크게 힘을 입었고, 그분들의 적극적인 도움이 없었다면 결코 세상의 빛을 보지 못했을 것이다.

중국사회과학원 민족학연구소 소장 겸 중국사회과학원 부비서장인 郝時遠연구원(교수)은 필자의 박사과정 지도교수로 학위논문을 기획하고 집필하는 과정에 정성으로 지도해 주었다. 이 자리를 빌어 그분의 노고에 감사드린다. 중국사회과학원 민족학연구소 曾少聰연구원(샤먼대학 인류학과장 겸 교수 겸직)은 오랜 친구로 저자의 중국 유학생활의 많은 부문에서, 특히 논문 작성과 관련해 많은 조언과 도움을 주었다. 그는 또 전공과목 이외에 많은 대화와 토론을 통해 중국 사정 전반에 대해 저자의 이해의 폭을 넓혀 주었다. 그의 학문이 더욱 대성하기를 기대한다. 單純 중국정법대학 철학과 교수(중국사회과학원 민족학연구소와 종교연구소의 연구원 역임)도 필자가 박사과정에 유학할 때 많은 도움과 중국문제에 대해 토론과 의견을 주고 받은 친구이다. 이 자리를 빌어 고마움을 표시하고 싶다. 중국사회과학원 종교연구소 黃奎 연구원은 학위 취득 후 알게 되었고 꾸준히 우의를 이어오고 있는 친구다. 중국 출장 길마다 그와 만나 갖는 중국문제에 대한 전반적이고 심층적인 토론은 큰 즐거움이자 중국을 보는 시야와 식견을 확장하는데 큰 도움이 되고 있다.

중국사회과학원 세계역사연구소 丘立本연구원은 넓은 시야에서 저자에게 연구방향과 학문활동에 대해 조언, 격려해 주었고, 북경대학 역사학과 梁志明교수도 학문활동에 대한 조언을 아끼지 않았다. 두 학문의 대선배의 건강과 더욱 왕성한 학문활동을 기원해본다.

저자는 또 하문의 하문대학과 광주 기남대학, 중산대학의 여러 분들로부터 많은 도움을 받았다. 하문대학 남양연구원의 李國梁교수는 화교경제부문에서, 남양연구원장인 庄國土 교수는 화교문제 전반에 대한 문제를 두고 조언과 토론을 아끼지 않았다.

기남대학 동남아연구소 溫北炎교수와 화교화인연구소의 黃昆章교수 두분은 인도네시아 화교화인문제 전문가로 인도네시아 화교화인문제에 대한 심도있는 토론과 조언을 통해 많은 도움을 주었고, 王綿長교수는 태국화교에 대해 심도있는 조언과 토론을 통해 필자에게 태국화교에 대한 이해의 폭을 넓혀 주었다. 高偉濃 화교연구소장(교수)은 동남아 화교관련 자료의 탐색에 많은 도움을 주었고, 화교문제에 대한 토론에서도 여러 의견을 제시해 많은 도움을 받았다.

중산대학의 段立生교수는 태국의 화교문화전문가로 태국화교문제를 문화의 각도에서 많은 의견을 제시해 주었고, 학위논문을 위한 자료를 수집하러 태국을 방문했을 때 여러 전문가를 소개해주고 방콕시내를 안내해주는 친절을 베풀었다. 이 난을 통해 특히 감사드리고자 한다.

태국 방콕의 출라룽콘 대학 亞洲연구소의 楊作爲부소장은 친절하게 태국의 화교화인 문제에 대한 설명과 함께 많은 자료를 제공해 주었고, 태국 泰中학회 회원인 黎道綱 선생과 洪林여사 노부부는 특히 필자를 환대하였고, 洪林여사는 이역만리에서 국적은 다르지만 종친을 만나서 반갑다고 따뜻하게 맞아주었다. 두 분의 건강을 기원한다. 이외에도 태국에서 활동하는 泰中학회 회원 여러분의 따뜻한 환대를 잊을 수 없다.

이외 싱가포르 국립대학내 동남아연구소의 여러 연구원과 도서관의 사서 그리고 홍콩대학 도서관의 사서의 도움에 감사를 드리고자 한다.

이글은 위의 여러 분들의 도움과 함께 그들과의 활발한 토론을 바탕으로 세상에 선보이게 됐으나 잘못되고 부족한 부분은 오로지 필자의 능력 부족에 따른 것임은 두말 할 필요가 없을 것이다.

또 감사드려야 할 분이 있다. 이 책의 상업적인 성패여부가 불확실한 가운데 과감히 출판을 결정하고 지원해 준 북넷의 류재식 사장님께 이 자리를 빌어 심심한 감사를 전하고자 한다.

또 이 책이 출판되기까지 온 정성과 따뜻한 마음으로 필자를 밀어주고 격려해준 평생동지이자 사랑하는 가족에게도 깊은 감사를 표시하고자 한다.

마지막으로 이 책은 필자가 중국에서 박사학위과정 중에 있을 때 하늘나라로 가신 어머님(故 김계순 여사)과 사위의 신간을 기다리면서 소천하신 장인어른의 영전에 올리고자 한다.

2012년 12 월

洪源善 씀

차 례

제 1 장 시작하는 글

01 연구범위 ······ 19
02 화교개념과 그 변용 ······ 21
03 화교들의 고향 ······ 24
04 화교들의 이주지–동남아 ······ 26

제 2 장 청말기 중국의 사회 · 경제적 환경과 화교의 등장

01 아편전쟁의 발발과 중국 ······ 30
1. 유럽과 아시아 30
2. 중국차(中國茶)의 등장 32
3. 아편무역 33
4. 아편전쟁 34
02 태평천국과 중국의 혼란 ······ 35
1. 농민반란의 빈발 36
2. 태평천국 37
03 제국주의 자본의 중국침탈과 동남연안의 민족경제 해체 ······ 39

제 3 장 제국주의 확장과 19세기 이전 동남아

01 다양한 문화가 공존하는 동남아 49
1. 다양한 종교 50
2. 이슬람교와 그리스도교 53
3. 도서부와 내륙부 정치 · 경제체제의 대비 54
02 제국주의의 각축장이 된 동남아 57
1. 포르투갈의 동진 58
2. 스페인의 필리핀 식민경영 61
3. 네델란드의 동남아 식민활동 64
4. 영국의 동남아 식민활동 67
5. 프랑스의 식민경영 70
03 중국과 동남아 71
1. 중국농작물 재배와 그 가공기술의 동남아 전파 72
2. 수공업분야의 동남아 전파 74
3. 항해조선기술의 전파 74
4. 건축기술의 전파 75
5. 음식문화의 영향 76
6. 중국이 동남아로부터 들여온 것들 76

제 4 장 화교의 이주

01 광동, 복건의 지역특성과 동남아 이주 83
02 해양문화와 광동, 복건지역 84
03 중국인의 해외 이주원인과 배경 86
04 이주자와 이주방식 91
05 중국당국의 이주에 대한 시각과 정책의 변화 ... 96

제 5 장 화교의 정착과 화교사회의 형성

01 화교 5대幇과 그 사회 · 경제 · 문화적 특성 ······ 106
02 화교사회의 혈연조직으로서의 특성 ······ 109
03 동남아 화교들의 주요 거주 지역 ······ 113
04 초기 화교들의 생업과 신앙 ······ 116
05 주요국가별 화교사회 모습 ······ 118
1. 태 국 118
2. 인도네시아 122
3. 말레이시아 125
4. 필리핀 126

제 6 장 화교들의 경제성취

01 태국화교의 초기 경제활동 – 미작관련 산업과 화교들 ······ 132
02 주석광산과 고무플란테이션 ······ 139
03 인도네시아 화교들의 초기 경제활동 ······ 143
04 필리핀 화교들의 초기 경제활동 ······ 146
05 초기 화교들의 상업망과 무역 ······ 149
1. 화교들의 무역망 154
06 초기 화교들의 대금업과 징세청부업 ······ 156

제 7 장 화교와 서구식민자, 그리고 동남아 토착사회

01 식민시기 동남아 사회의 피라밋 구조 ······ 169
02 식민자들의 동남아 경영 – 경제 · 사회정책과 화교, 토착민 통치 ······ 172
03 화교의 위상과 역할 ······ 176
04 토착민의 사회 · 문화적 특성 ······ 180

제 8 장 화교문화론

01 화교들의 가치관과 자기 정체성 ······ 189
02 현지문화와 화교들의 신앙 ······ 197
03 화교들의 말과 글 : 언어교육과 신문발행 ······ 203
04 화교들의 관습과 풍습 ······ 212

제 9 장 제2차 세계대전과 화교사회 변화

01 민족정부의 등장과 화교의 정치지향 변화 ······ 227
1. 인도네시아화교의 신분변화 230
2. 태국화교의 신분변화 234
3. 말레이시아화교의 신분변화 237
4. 필리핀화교의 신분변화 241
02 점증하는 동화압력과 화교 정체성 – 언어 ······ 242
1. 태국 화예의 언어와 문화 244
2. 인도네시아 화예의 언어와 문화 246
3. 말레이시아 화예의 언어와 문화 248
4. 필리핀 화예의 언어와 문화 252

03 민족정부의 화교경제 규제 ······ 255
1. 태국 화교에 대한 경제정책 255
2. 인도네시아 화교에 대한 경제정책 258
3. 말레이시아 화교에 대한 경제정책 262
4. 필리핀 화교에 대한 경제정책 266
04 화교들의 종교와 풍속의 변화 ······ 269
05 동남아 각국의 排華사태와 동화 압력 ······ 283
1. 인도네시아의 배화정책 287
2. 말레이시아의 배화정책 291
3. 태국의 배화정책 294
4. 필리핀의 배화정책 296

제 10 장 경제환경의 변화와 화인경제력의 부상

01 새로운 경제환경과 동남아 각국의 화교에 대한 경제정책 전환 ······ 306
02 동남아 화인재벌의 등장과 성장: 케이스 연구 ······ 313
1. 태 국 314
2. 인도네시아 319
3. 말레이시아 328
4. 필리핀 332
03 화인기업가의 일반적 성장패턴과 특성 ······ 335
04 화인재벌과 토착 정치권력 ······ 344
05 동남아 금융위기와 화인재벌 ······ 349
1. 금융위기와 동남아 화인기업 349
2. 화인기업들의 대응 356
3. 금융위기가 화인기업가에게 깨우쳐 준것 359

06 동남아 화인 소기업인집단 360

제 11 장 화인경영의 특성

01 화인의 금전(재물)관과 유가가치관–
화인들의 돈에 대한 집착 370
02 가족경영과 화인기업의 성장 377
03 화인기업인과 네트워크– 관계와 정보,
사업의 상관관계 382
04 화인기업인과 신용, 유가가치관– 信用重于泰山
(신용은 태산보다 무겁다) 389
05 화인기업인의 근검과 절약 – 開源節流 394
06 三巴刀와 화인기업의 기초 396
07 화인기업인의 비투명 경영– 정치권력과
유착 400
08 다각화와 규모확대 등 403

제 12 장 화인자본의 글로벌화와 對중국투자

01 화인자본의 경영다각화와 글로벌화 412
02 화인의 모국투자– 피의 논리인가? 자본의
논리인가? 417
1. 신중국 건국 후 초기 화교투자활동 417
2. 개혁개방 후 화인들의 중국 투자상황 419
3. 화인중소기업의 중국투자 429
03 중국경제발전과 화인자본의 역할 432

1. 산업구조의 제고작용 432
2. 동남연해지역 경제발전 작용 434
3. 중국 외자도입과정에서의 역할 435
4. 투자프로젝트의 대규모화와 투자시간의 장기화 등 438
04 홍콩과 동남아 화인기업인 그리고 중국 ············438
05 중국과 화인자본의 합작 – 제3국 투자 ··············441
06 화교송금과 중국 ···443
1. 신중국 초기 화교송금 443
2. 개혁개방 후 화교송금의 변화 445

제 13 장 화인 재이민과 중국 대륙의 신이민

01 동남아 화인들의 제3국으로 이주 ·······················454
02 개혁개방 후 중국 대륙의 해외이민현상 ············457
1. 이민국가의 신이민 460
03 新舊이민의 특성차이 ···466

제 14 장 마무리 글

01 정체성의 전변 ··474
02 화교화인의 세계적 네트워크 ·································477
03 화교화인의 경제성취 ··480
04 화인자본의 성격과 지향점 ····································482

참고문헌 ···487

제1장

시작하는 글

우리는 중국 영토의 바깥, 즉 중국에서 봤을 때 외국에 살고 있는 중국 사람들을 화교라 부른다. 해외에 거주하는 중국인들의 상당수는 중국 남동 해안지역에서 오래 전 동남아지역으로 주로 이주해왔고, 이곳에서 오랜 시간 살아왔고, 지금도 살고 있다. 중국의 주류민족인 한족이 오랜 시간 — 적어도 수십년 혹은 수백년 간 — 동남아지역에서 소수 민족 집단으로 살아왔고, 현재도 살고 있는 것, 바로 이것이 본서에서 논의하고자 하는 화교문제의 가장 바탕에 자리잡고 있는 현상이다.

하나의 민족이 자기의 조국을 떠나 장기간 이민족이 주류민족으로 자리 잡고 있는 터전에 이주해와 산다는 것은 우리에게 그다지 익숙하지 않으며, 동시에 많은 것을 생각하게 하는 주제다. 왜냐하면 우리 민족의 오랜 삶 가운데서 한민족이 집단적으로 해외에 이주해 나간 적도, 그리고 해외에서 다수의 이민족이 집단적으로 우리의 강역에 들어와 산 경험도 조선조 말기, 즉 근세이후를 제외하고 우리에게 두드러진 예가 없었기 때문이다. 집단적인 한민족의 해외 이주 역사는 중국의 만주 지역과 러시아 연해주로의 이주로부터 시작된 것으로, 조선조 말기에 시작되었고, 미국을 비롯한 서방 국가로의 다수 이민도 지난 세기 70년대 이후 시작된 비교적 최근의 일이었다.

그러나 오늘 우리가 살고 있는 이 시기는 문자 그대로 글로벌 시대로 정보와 자본의 활발한 국제적인 유동에 이어 국가 간에 인력이 활발히 유동하는 시간이기도 하다. 국제이민기구(IOM)의 추산에 의하면 국제적인 인구(노동력) 유동이 2천년 이후 연간 1억명을 상회하고 있다. 이런 국제적인 흐름에 우리 나라도 예외가 아니어서 한민족의 해외이주는 물론이고 동남아나 중국 등지로부터 국내로 이주해 오는 사람이 갈수록 늘고 있다. 더 이상 우리는 단일민족국가가 아니고 이제 다문화국가로 전환되고 있는 중이다. 외국에서 국내로 이주하는 사람의 문제도 중요하고 이를 우리가 주목해야겠지만 또 하나 중요한 것은 우리 한민족의 해외 이주와 정착 그리고 이들의 현지에서의 주류민족과 바람직한 관계수립과 발전문제라고 생각된다. 어떻게 하면 우리 한민족이 이주국에서 잘 적응하고 주류민족과 원만한 관계를 구축하며 경제적인 성공을 포함한 한민족의 발전을 도모할 수 있을까? 이런 의문에 대한 완벽한 해답은 존재하기 어려울지 모르지만 우리보다 앞선 그리고 대규모의 이민경험을 갖고 있는 중국의 이민, 즉 화교화인 문제를 탐색하면 많은 시사와 참고를 얻을 수 있다고 여겨진다. 오늘 화교화인 문제에 대한 탐색은 바로 우리 한민족의 해외이주와 정착에 대한 여러 가지 참고와 시사를 받기 위해 연구할 충분한 가치가 있다는 것이 저자의 생각이다.

또 하나 화교화인의 경제와 문화를 천착하고자 하는 이유는 바로 중국에 대한 심도있는 이해를 위해서다. 현재 가장 전형적인 중국인의 특성을 지적하고자 한다면 어떤 범주의 중국인을 대상으로 분석, 평가해야 할 것인가? 과거 청조 시기의 중국인을 분석한 그 특성이 중국인의 특성을 제대로 반영할 것인가? 아니면 공산중국의 중국인의 모습이 전형적인 중국인의 모습일까? 아니면 중국이 공산화된 후 대륙 바깥에서 생활해온 화교화인들이 중국인의 특성을 가장 잘 나타낼 것인가? 여러 가지 의견과 논의가 있을 수 있을 것이다.

저자는 공산화된 후 중국 대륙의 대다수 중국인의 경제를 대하는 관념과 의식, 경제행위는 전통적으로 이어져 온 중국인(중국상인)의 전형적인 기업가적인 자질을 억압한 시기였다고 본다. 그렇다고 청조 후기 역시 역사적으로 보자면 중국경제가 쇠퇴하던 시기로 중국인의 경제에 대한 시각, 관념과 역량이 제대로 표출되지 못한 시기가 아닌가 싶다. 중국 동남해안 지역을 중심으로 오랜 역사 시간 해외 (동남아와 아랍 혹은 인도)와 교류하면서 해외무역을 전개하고, 국내의 상공업중심지로 왕성한 경제활동을 벌여왔던 중국 동남지역 해양문화의 특성과 기질은 바로 해외 화교화인들의 관념과 경제활동에 가장 잘 전승되고 표출되고 있다고 생각하고 싶다. 즉 가장 전형적인 경제를 보는 안목과 관념 그리고 경제활동이라는 측면에서 중국인(중국기업인)의 모습은 바로 화교화인들(여기는 동남아 뿐만이 아닌 홍콩과 대만도 포함)이 아닐까하는 생각이 깊이 든다. 중국인을 제대로 알기 위해서라도 우리는 화교화인 문제를 정확히 심도있게 이해할 필요가 있다고 생각하는 소이이다.

이런 전제를 깔고 저자는 중국의 화교화인 문제를 탐색하고자 한다. 그들의 종합적인 역사 — 경제사회적 혹은 문화적 방면에서의 — 는 바로 우리에게도 많은 교훈과 시사를 던져줄 것이기 때문이다.

저자는 우선 화교들의 동남아에서의 경제적인 성취를 주목하고 이 분야에 대한 다각적인 분석을 시도하는 한편 하나의 민족단위로서 한족의 해외 확장판인 화교에 대한 민족특성과 관련된 제반 사항에 대해서도 비중 있게 탐색하고자 한다.

많은 연구자들은 — 서양인과 동양인을 포함해 —"한번 중국인은 영원한 중국인이다"라는 인식을 오랫동안 가져왔다. 즉 중국인은 어떠한 환경의 변화에도 그 본질이 변하지 않고 민족 속성을 오래 유지한다는 의미일 것이다. 이 경우 우리는 얼른 유태인을 떠 올리게 된다. 화교들은 또한 경제적인 성공에 대한 과도하다고 여겨질 정도의 집착도 유태인과 많이 닮아있다. 이런 제반 특성 때문에 흔히 화교를 '동방의 유태인'이라 부르기도 한다. 이 말의 함의는 다분히 중층(重層)적이다.

우리는 화교화인들의 역사와 그들이 형성해온 삶의 전체적인 모습에 주목하면서 우리 한민족의 문제를 생각해보게 된다. 이 가운데 해외에 이주한 우리 한민족의 경우 앞으로 어떤 삶을 살 것을 우리가 기대할 것인가 하는 문제이다. 해외로 이주한 우리 민족이 영원히 변치 않고 자신의 정체성을 온전히 유지하는 게 바람직한가 아니면 거주지의 지역상황과 시대상황에 따라 빨리 현지에 적응하는 게 바람직한가 하는 점이다. 또한 이들이 조국 대한민국과 어떤 관계를 설정하고 유지해 나가는 것이 바람직한가 하는 문제도 된다.

이 문제에 대한 저자의 생각은 다음과 같다. 우리가 5천년 역사 가운데 외세의 압박과 고통, 그리고 내부적인 무수한 어려움 가운데서 민족의 자존을 지켜온 점을 생각하면 해외에 나가 있는 그들도, 비록 현지 국적을 취득했다 하더라도, 내국민과 마찬가지로 매우 소중한 우리의 일부라는 생각이다. 물론 여기서 우리가 간과하지 말아야 할 것은 외국적을 취득한 한민족은 이미 한국민이 아니고 거주국의 국민으로 당연히 정치적 충성은 거주국에 바쳐야 한다는 점이다. 그러나 정치적인 충성은 거주국에 하되 같은 동족으로 문화적으로는 서로 유대를 다지며 경제적으로 서로 도움을 줄 수 있는 관계가 이미 한국적을 벗어난 동포와 한국민과의 가장 바람직한 관계가 아닐까 하는 생각이다.

개혁개방후 동남아 화인기업인들의 활발한 대중국투자를 보면, 이미 이들이 거주국의 국민이지만 경제적으로 그들의 조국 중국과 서로 돕는 이런 모습이 가장 이상적이라는 느낌이 강하게 드는 것이다.

01 연구범위

중국인들이 대량으로 동남아로 이주에 나선 것은 아편전쟁 이후의 일이다. 물론 명말청초라는 왕조가 교체되는 정치적 불안정기에 적지 않은 중국인들이 정치적 이유로 중국을 떠난 것이 사실이지만 이를 본격적인 해외이주로 보긴 힘들다고 생각된다. 따라서 본서는 시간적으로 아편전쟁 이후의 중국의 이민현상을 중심으로 지역적으로는 중국 동남연안지역인 광동성, 복건성과 중국인들이 남양(南洋)이라고 부르는 동남아지역을 대상으로 살펴본다. 본서의 후반부에는 개혁개방 이후의 화교(화인) 재이민과 신이민 현상의 등장을 살펴보고 글로벌 이민흐름과 동남아를 넘어 선 전세계로 이민대상지역의 확장을 고찰한다.

지역적으로 주로 동남아에 국한하여 중국인의 이민현상을 살펴보나 동남아지역은 정치환경이나 종교신앙 및 기본 가치관 등 문화배경이 아주 상이한 국가로 구성되어 전체를 포괄하기는 너무 광범하다. 또 화교들의 분포 규모에 있어서도 국가별로 큰 편차가 있기 때문에 원래 동남아 국가연합(ASEAN) 회원국인 인도네시아, 태국, 말레이시아, 필리핀을 중심으로 논의를 전개한다. 싱가포르는 필요할 경우 말레이시아와 함께 언급할 것이다. 이들 국가를 서술의 대상으로 선정한 것은 이들이 화교의 인구규모나 그들의 경제력, 주류민족과의 관계, 화교(화인)세계에서의 역할 등을 고려할 때 충분히 대표성이 있다고 판단되기 때문이다.

시간적으로는 상술했듯이 아편전쟁을 중심으로 제2차 세계대전 이어 20세기 말과 신세기에 이르는 최근 상황까지 살펴보게 된다. 그러나 화교들의 생성과 발전상황을 제대로 파악하기 위해 아편전쟁 이전의 상황도 알 필요가 있고, 이를 위해 간략하나마 한왕조나 당나라 시기의 해외교류도 살펴볼 예정이다.

중국인이 자주 쓰는 말에 海水到處, 就有華人(바닷길이 열려 있는 곳에 중국인이 있다)이란 말이 있다. 즉 세계 도처에 화교가 있다는 말이 되겠다. 그러나 전세계적으로 분포하는 화교(화인)의 거점은 지금도 여전히 동남아(전세계 화교화인의 80% 이상 추산)이고, 화교(화인)들의 고향은 광동성과 복건성 출신이 절대적으로 많기 때문에 지역적으로 동남아와 중국의 동남 연안 2개 성지역, 즉 광동과 복건을 연구 대상으로 삼으면 화교(화인)문제에 대한 대부분의 답을 얻을 수 있다는 게 저자의 생각이다.

지난 세기 70, 80년대 이후 전세계적으로 불어닥친 새로운 이민 파고는 제3세계 국가의 많은 사람들이 미국과 캐나다 호주 등으로 몰려드는 현상을 불러왔고 특히 미국이민이 글로벌 관심사로 떠올랐다. 본서의 후반에 화교화인들의 동남아에서의 재이민과 중국 대륙의 신이민현상을 묶어 새로운 이민현상을 다룬다.

이와 함께 중국과 동남아에 이어 서방 제국주의자들의 동남아 경영전략에 대해서도 살펴보고 이들과 토착민 그리고 화교와의 3자 관계와 이 과정에서 화교화인들의 성장과정도 화교현상에 대한 중요한 요소로 이 부분도 관심있게 분석하게 된다.

본서를 집필하는 과정에서 여러 선학들의 저작이 많이 인용되고 활용되었다. 화교문제에 대한 연구의 역사는 어떤 각도에서 보자면 서방이 가장 오래됐다. 이들은 동방의 식민지 경영과 관련해 동남아와 함께 화교와 중국 대륙에 대한 연구를 가장 먼저 심도있게 수행해왔다. 뒤이어 일본과 중국이 화교연구에 본격적으로 뛰어들었으나 이들이 화교를 연구하는 목적과 시각은 조금씩 서로 달랐다. 중국학자들은 자문화 우월주의의 표현인 대중국주의와 화교자본을 효과적으로 동원하기 위한 국가정책적 차원에서 화교문제에 접근한 것이 두드러진다면, 일본은 제2차 세계대전 이전부터 그들의 동남아진출에 대한 관심, 이른바 '대동아공영권의 추구'와 중국에 대한 일종의 견제 심리과정에서 화교문제를 천착하였다.

서방의 화교연구는 제2차 세계대전 이전까지는 식민지 경영의 전략차원에서 제2차 세계대전 이후 냉전시기에는 일종의 중국연구의 대체수단으로 접근하는 경향이 강하였다고 생각된다. 그러나 이런 경향은 하나의 경향성일 뿐이지 절대적인 기준으로 볼 수는 없을 것이다.

그러나 동서냉전이 종식되고 글로벌화 추세의 가속화, 탈이데올로기 추세 속에서 이제 화교(화인)문제는 거주 국가의 민족문제를 구성하는 한편 전세계 이민현상의 한 범주로 통합돼 가는 것으로 여겨진다.

요컨대 화교문제는 민족갈등과 화합이라는 정치적 과제와 사회적 긴장, 국가간의 이민정책, 인력의 유동, 토착문화와 유입문화의 관계설정과 융화와 동화, 변용이라는 여러 가지 학술적 탐색의 기반을 제공하는 하나의 좋은 연구대상이 된다.

02 화교개념과 그 변용

화교란 말은 흔히 해외(중국 바깥)에 사는 중국인을 일컫는 말이다. 이 말이 보편적으로 사용되기 시작한 것은 역사적으로 비교적 최근의 일이다. 화교문제 전문가인 싱가포르 왕정우(王賡武)교수에 의하면 중국 역사기록에 화교란 단어가 등장한 것은 청조 말기다. 화교란 단어가 등장하기 이전에 해외에 나가 있는 중국인을 일컫는 말로 唐人, 漢人 등이 사용된 것은 역사서에서 많이 볼 수 있다. 청말 중국의 외교관 황준헌은 19세기 80년대 그의 저작에서 처음으로 화교란 단어를 오늘 우리가 이해하는 뜻으로 사용하고 있다. 원래 중국어에서 僑란 의미는 정부당국의 허가를 받은 중국 영토 내의 이민현상을 지칭하는 말이었다.[1] 근대에 들어와서는, 즉 중국정부가 프랑스와 체결한 중국프랑스 텐진(天津) 조약(1858년) 이후 해외에 주재하는 정부관원과 월남과 일본에 거주하는 중국인을 일컬었다. 청말 외교관 황준헌이 화교란 단어를 쓴 후 점차 화교가 해외에 거주하는 전체 중국인을 포괄하는 것으로 점차 개념이 확장되었다.

화교에 대응되는 개념으로 화인이 있다. 처음 화교란 단어가 사용된 19세기 말과 20세기 초기엔 중국 혈통인가 여부만 고려의 대상이 되었을 뿐 해외에 사는 중국인의 국적 문제는 그다지 주목되지 못했다. 화교를 정의할 때 문화적인 생물학적인 각도에서 고려했을 뿐, 정치적인 함의를 담고 있는 국적개념은 중시되지 않았다. 즉 화교란 단어가 등장한 후 해외에 거주하는 중국인은 국적을 불문하고 습관적으로 화교라 지칭했다. 그러나 중국에 이어 동남아에서 민족주의의 거센 바람이 불고 국적에 대한 거주국의 정치적 관심이 고조되면서 동남아 거주 중국인의 국적 문제가 주목되었다. 이때 거주국의 국적을 취득한 중국인을 화인이라 불러, 화교와 개념상의 구분이 나타나게 되었다. 즉 중국인으로서 중국국적을 유지한 채 외국에 거주하는 사람은 화교, 현지 거주국의 국적을 취득한 중국혈통의 사람은 화인으로 부르게 된 것이다. 그러나 개념상 화교와 화인이 다른 의미이지만 상당 기간 화교가 화인까지 포괄하는 개념으로 현실적으로 사용되었고, 제2차 세계대전이 끝나고도 중국 대륙 측에서는 상당한 기간 이같은 용법이 유지되었다.

화인이란 표현이 사회적으로 세력을 얻고 보편적으로 사용되기 시작한 것은 제2차 세계대전 이후, 동서간의 이데올로기 대립이 격화되면서 중국 대륙의 바깥에서 가속화됐다. 다시 말하자면 제2차 세계대전 이후 서구 열강의 식민지로 전락했던 동남아지역이 속속 독립하면서 신정부들이 중국계 주민의 자국에 대한 정치적인 충성도에 대한 관심이 고조되면서 화인이라는 말도 점차 확대 보급되었다.

그러나 이런 화교 등에 대한 개념이 반드시 명쾌하게 모든 사람들에게 받아들여지는 것은 아니다. 즉 중국 대륙 내부의 학자들과 관변에서 보는 화교와 화

1) 東南亞與華人-王賡武教授論文選集 p.129 : 중국우의출판공사, 북경, 1986년

인에 대한 개념 정의와 용법이 중국 바깥의 중국 해외혈통의 사람들에게 반발을 사는 경우도 있다. 예를 들어 인도네시아나 말레이시아, 태국 등지에서 오랫동안 거주해온 사람들은 해외화인(Overseas Chinese)이란 말이 다분히 중국 중심적인 개념으로 본다. 이들은 자신이 살고 있는 땅에서 중국으로 가면 그곳이 바로 나라 바깥, 즉 해외라는 것이다. 해외에 거주하는 중국계들이 이처럼 호칭에 예민한 이유는 이미 정치적으로 거주국의 국적을 대부분 취득했고, 혈통적으로 중국계이지만 자신들이 현재 거주국에서 출생한 만큼 정치적, 문화적으로 중국과 연관시키는 것이 그들의 정치 · 사회적 이익에 보탬이 되지 않는다는 생각이 저변에 깔려있기 때문이다. 물론 이런 사고방식이 최근에는 좀 바뀌기도 한다.

이밖에도 화교나 화인 이외에 華族, 華裔, 華民, 華商, 華工 등 해외에 사는 중국인이나 그 후예를 가리키는 여러 용어가 있으나 화교나 화인만큼 광범위하고 보편적으로는 사용되지 않고 있다. 다만 화예(화교의 후예)란 용어는 제2차 세계대전이 끝난 지 반세기가 훨씬 지난 현재 중국 대륙으로부터 동남아 등지로 새로운 이민이 거의 끊긴 상황에서 거주국에서 태어난 중국계 혈통이라는 점에서 어느 정도 개념 구분의 필요성에서 적잖이 사용되고 있기도 하다.

상당수 화교나 화인들은 자신들의 정체성과 관련, 당인(唐人)이란 표현을 즐겨 쓰고 있다. 이는 중국 5천년 역사 가운데 그들의 가장 자랑스러운 역사 시기, 즉 당나라 시대에 자신들을 자리매김함으로서 민족적 자긍심을 높인다는 가치관이 깔려 있는 것으로 여겨진다. 이와 관련된 단어로 외국의 차이나타운을 唐人街, 중국 물건(상품)을 唐貨, 중국땅을 唐山, 중국옷을 唐裝이라 표현하는 데서 그 일면을 엿볼 수 있다.

해외 중국인과 중국계 혈통에 대해 이처럼 중국어로 표현할 때 여러 가지 표현이 있지만 영어로는 주로 Chinese, Overseas Chinese, Ethnic Chinese 등으로 표현된다. 해외 중국계 혈통이 예민하게 받아들인 호칭은 바로 Overseas Chinese 이다. 2가지 이유가 깔려있다.

첫째, 짧게는 수십년 길게는 수백년 현재 거주국가에서 살아온 자신들을 나라 바깥이라는 중국 대륙 중심적인 시각에 정서적으로 쉽게 수긍할 수 없다는 점이다.

둘째, 중국 대륙과 동떨어져 아주 오랜 시간 살아왔는데 정치적으로 중국과 연결된 듯한 느낌을 강하게 주는 이 단어가 부담스럽다는 의미이다.

실제 동남아 여러 국가에서 화교 혹은 화인들은 중국과의 정치적 관계 때문에 특히 제2차 세계대전 전후 혹독한 피해와 고통을 겪은 경험이 있다. 실제 요즘은 화교 화인에 대한 호칭을 영어로 할 때 Overseas Chinese 대신 Ethnic Chinese를 주로 쓰고 있다.

03 화교들의 고향

현재 전세계적으로 분포하는(중국 대륙과 대만, 홍콩, 마카오는 제외) 3천만명 이상일 것으로 추산되는 중국계 혈통의 사람들, 즉 화교(화인)의 원래 고향은 어디였을까? 이 문제는 화교의 특성을 이해하는데 필수적인 요소다. 왜냐하면 화교(화교)들이 그들의 기본 가치관념의 기저엔 그들의 고향땅에서 태어나 사회화를 거치면서 획득하고 내면화한 문화가 가장 기본적인 특성을 이루기 때문이다.

중국과 대만 당국의 각종 통계조사와 추정치를 보면 전세계 화교와 화인의 80% 이상은 중국 동남해안의 2개 성 지역 즉 광동과 복건 출신이다. 이밖에도 절강과 강소, 산동, 광서지역도 화교를 배출했지만 소수에 불과하다. 중국은 땅이 넓은 만큼 인문지리환경과 문화의 차이가 지역별로 편차가 아주 큰 편이다. 이들 복건과 광동지역은 다른 지역과는 다른 독특한 특성을 갖고 있다.

이들 지역의 가장 큰 특징은 우선 지리적으로 중국의 오랜 정치중심이었던 베이징으로부터 멀리 떨어져 있다는 점이다. 그리고 내륙이 아닌 해안이며, 동시에 중국인들이 남양이라고 부르는 동남아로부터 가장 근접해 있다는 점을 지적할 수 있다. 이런 지리적인 배경에서 여러 가지 특성이 파생되게 된다. 우선 정치중심지로부터 멀리 떨어져 있어 이들 지역은 정치문화적으로 북방지역보다 좀 더 자유스럽다는 점이 유추될 수 있을 것 같다. 봉건 왕조시기 교통과 통신 등의 제약으로 통치권력의 중심에서 물리적으로 멀어질수록 권력의 속박이 좀 약해지는 것은 아마도 공통의 현상이라 여겨진다. 동시에 해안지역이라는 점이 해외의 영향 — 좋은 점이든 나쁜 점이든 불문하고 — 이 보다 직접적이고 강하게 미쳤다는 점이다. 서구 제국주의 세력확장이나 아편전쟁 혹은 서구 공산품의 유입 등에서 이런 예는 얼마든지 확인할 수 있다.

문화적인 측면에서도 이 지역들은 중국의 전통 가치관념에서 보다 자유스럽고 개방적인 해외의 사조를 받아들였고 상대적으로 내륙보다 진취적인 가치관이 대두했다고 생각된다. 이는 권력중심지와 멀리 떨어져 있다는 것 보다는 동남아나 인도 아랍세계와 나아가 서구와의 교류에서 길목이라는 측면에서 다른 지역과 차별화되는 특성이라 여겨진다.

또 하나 중요한 이들 지역의 특성은 중국 내에서도 경작지에 비해 인구가 많은 지역이었다는 점이다. 이점이 해외이민의 충분조건은 아니지만 중요한 필요조건이 되었다는 점은 쉽게 이해할 수 있다.

기후조건도 광동과 복건은 내지와는 상당한 차이를 보이고 있고, 지역 기후특성이 동남아로의 많은 이민을 배출한 한 요인이 아니었나 생각된다. 광동지역과 복건은 모두 아열대 혹은 열대에 포함되는 지역으로 열대인 동남아와 큰 기후 차이가 없었고, 기후라는 측면에서 적응력이 높았을 것으로 생각할 수 있다.

또 하나 광동과 복건이 많은 이민을 배출해낸 이면에는 이들 지역이 일찍부터 동남아지역과 인적, 물적 네트워크를 형성하고 있었다는 점이다. 특히 말레카와 필리핀 그리고 자바섬과는 오랜 시간 상업 네트워크를 구축하고 있어서 아편전쟁 이전의 연면한 화교이민의 명맥을 잇는데 중요한 원인이 되었다. 또 인종학적으로 보더라도 중국 남방의 한족은 인도차이나 반도와 태국 미얀마 등지의 대륙부 동남아 인종과 아주 근접한 체질을 갖고 있는 것으로 평가되는 점도 중국인들의 동남아 이민을 자극한 한 요인이 되리라 생각된다. 왜냐하면 인종적 근접성이 쌍방의 경계심 내지는 적대감을 완화하는 요소로 작용할 수도 있을 것이기 때문이다.

04 화교들의 이주지–동남아

동남아지역은 지리 · 환경적으로 서로 비슷하다는 공통점을 제외한다면 차이점이 훨씬 많은 지역이다. 대부분의 지역이 열대기후권에 속한다는 점이 가장 큰 공통점이 아닌가 싶다. 지리적으로 보자면 도서 국가도 있지만 내륙국가도 있다.

문화의 수용과 발전이라는 측면에서도 내륙지역과 도서지역은 많은 차이를 보이는 것을 우리는 많은 국가의 예에서 볼 수 있다. 교통과 통신이 발달하지 않은 근대 이전 도서지역의 문화수용과 전파라는 측면에서, 그리고 강력한 정치적 지배체제의 확립이라는 점에서도 내륙(반도)과 도서지역은 차이가 나는 것이 당연하다 할 것이다. 즉 내륙지역에서는 문화의 발전이 상대적으로 고르고 통일된 강력한 정치 지배체제가 형성되기 쉬웠으나 도서지역은 그러지 못했다. 왜냐하면 통신과 교통 면에서 비교될 수 없을 만큼 낙후됐었기 때문이다. 도서지역 간에는 더욱 큰 격차가 존재하였다. 1천년 이전부터 국제교역의 중심지로 내륙보다 앞선 지역이 있는가 하면 최근까지 원시채집, 수렵단계에서 벗어나지 못한 낙후한 문화까지 도서지역에는 존재하였다.

종교적인 측면에서도 동남아처럼 다양한 스펙트럼을 보이는 곳도 세계적으로 드물다. 세계 3대 종교인 기독교, 불교, 이슬람교가 각기 이 지역에서 상당한 세력을 형성하고 있고, 식민지 경험과 관련해서도 태국과 다른 동남아 국가는 다르다. 이런 여러 요소가 중첩되어 토착민들이 외국인을 보는 시각은 상당한 편차가 있다.

제2장

청말기 중국의 사회 · 경제적 환경과 화교의 등장

강희, 옹정, 건륭 3황제의 치세 하에 청조는 국세가 크게 확장되었고, 유사 이래 가장 넓은 강역을 차지했으나[1)] 건륭제 치세의 후반으로 접어들면서 세력이 기울기 시작했다. 많은 역사에서 보여주듯 실력이 극성기를 향해 가던 국가도 정점을 넘어서면서 기울듯이 건륭제 이후 경제 · 사회적으로 중국은 제국 해체의 모습을 보여주게 된다. 중화제국은 대외적으로는 아편전쟁, 대내적으로는 태평천국 혁명을 비롯한 무수한 민란이 일어나면서 제국의 기반이 뿌리째 흔들리기 시작했다.

아편전쟁으로 인해 중국이 서구제국주의의 자본주의체제로 편입되기 이전 중국 사회는 수천년 지속되어온 소농업과 수공업이 결합된 사회 · 경제체제가 기본특징이었다.[2)] 이러한 모습의 사회에서는 농민은 자신이 필요로 하는 농산품 뿐만 아니라 대부분의 수공업품도 직접 생산하였다. 농민과 대척적 위치에 있는 지주나 귀족 등 지배층은 농민들로부터 필요로 하는 재화를 확보하게 된다. 결국 사회에서의 생산의 주체는 바로 농민이고 경제력은 바로 농업생산력으로 볼 수 있었다.

청조 嘉慶연간(1796~1820년) 통계에 의하면 전국 경지면적은(官田, 民田 총합) 8억8백만여畝로, 명조 초기 경작지보다 줄어들었다.[3)] 당시 통계기법이나 지방관의 업적이나 이해와 관련된 경작지 정보를 지방에서 중앙에 1백% 성실하게 보고했으리라고는 생각하기 어렵겠지만 추세적으로 본다면 명, 청 양대의 농업경제는 전체적으로 쇠퇴 상태에 있었다는 것을 알 수 있다.

명조 후기 상업은 이전 모든 왕조보다 더욱 발전하였고, 수많은 번영된 도시가 등장하였다. 상업과 수공업은 이들 도시를 중심으로 발전하게 된다. 청조 중엽에 이르러 이들 도시지역의 경제가 다시 발전하기 시작하였다. 명조와 청조 시기 상당한 규모의 관영 공장수공업이 등장하였고, 이곳에서 직조공업, 도자공업, 선박 및 군수품 등을 생산하였다. 그러나 이들 공장에서 생산되는 물품은 시장 공급을 위한 것이 아니라 국가와 귀족 지배계층에 대한 수요를 충족시키기 위한 것이었다.[4)] 또 이들 공장수공업의 생산관계는 자유스런 계약관계에 의한 것이 아닌 봉건성과 노동자들의 인신의 자유가 속박된 가운데서 이뤄진 것이었다. 즉, 이런 관영의 공장수공업이 직접적인 자본주의의 발전으로 이어지지는 못했고, 당시의 상업 역시 기본적으로 봉건적 생산관계에 의존한 상업형태로 직접적으로 자본주의의 발전을 자극하지 못했다. 이들 중소도시의 소수공업자와 수공 노동자는 대부분이 파산한 농민 출신이었다.

이와 함께 청조 쇠망의 징조는 세 가지 형태로 나타났다. 핵심 군사력의 상징인 8기병의 약화와 권력 정상부 관료기구의 부패와 급증한 인구에 대한 부양능력의 약화 등이 그것이다.[5] 군사력의 약화와 권력 정상부 관료기구의 부패는 서로 함수관계가 있어 보인다. 건륭체 치세 후기 황제의 총애를 받던 권신들이 부패의 사슬을 형성하면서 국가재정을 농단하였고, 부패가 심화되면서 공식적 국가기구의 재정이 크게 약화되었다. 국가재정의 약화는 국가재정으로 운용되어온 핵심 군사력인 8기병의 약화로 이어졌고, 이는 이어 터져 나온 백련교도의 난을 비롯한 각종 민란과 아편전쟁, 태평천국 혁명의 대처과정에서 그대로 증명되었다. 급여를 제대로 받지 못한 8기병들은 농민이나 수공업자로 전환되기도 하였다.

1700년대에서 1800년대로 넘어가면서 터져 나온 각종 민란의 배경에는 오랜 국내평화와 번영 그리고 인구의 증가가 있었다. 인구수의 증가는 이를 가능하게 한 평화와 번영을 파괴하였다.[6] 오랜 평화의 시기와 인구의 급증 그리고 이를 따르지 못하는 경작지와 영농기술의 발전수준 등은 결국 토지와 인구와의 불균형과 관료기구의 부패에 따른 민중의 부담 증가, 군사력의 약화 등이 어우러져 제국 청조의 실력을 서서히 돌이킬 수 없는 방향으로 악화시키게 되었다. 이는 이어서 나타난 아편전쟁과 태평천국의 혁명이라는 엄청난 내우외환에서 적절한 대응을 할 수 없게 만들었다.

01 아편전쟁의 발발과 중국

16, 17세기 이후 포르투갈, 스페인, 네델란드, 영국 등이 해로를 통해 그리고 러시아가 육로로 '중화제국'에 접근하기 시작하였다. 이들 국가는 중국으로부터 비단과 차 등을 주로 수입하여 많은 이윤을 획득했다. 이들 제국주의 국가들은 남아시아와 동남아시아는 무력으로 제압, 그들의 경제적 이익을 충족해왔으나 중국에 대해서는 중국이 베풀어주는 통상의 '은혜'에 매달릴 수밖에 없는 처지였다.[7)]

그러나 가장 먼저 산업혁명을 이룩하고 자본주의적 대량생산시대를 연 19세기 전반의 영국은 이러한 중국의 통상정책에 만족할 수 없었다. 영국은 바로 아편전쟁이란 침략전쟁을 통해 중국의 문을 열고, 자신의 세계시장에 중국을 편입시켰다. 다른 구미제국들도 영국의 길을 따라 중국시장에 들어오게 되었고, 중국은 자본주의를 타의에 의해 받아들이지 않을 수 없게 되었다.

'구미자본주의=근대'라는 도식의 세계사적 흐름은 중국을 전방위에서 압박하여 점차 주변에서 중앙으로 압박수위를 높였고, 마침내 중국을 반종속국, 반식민국가로 끌어내렸다. 명치유신 후의 일본도 제국주의의 길을 걸으며 동아시아 지역에서는 유일하게 중화제국에 도전하기 시작하였다.

불평등조약을 바탕으로 유리한 입장에 선 영국 등 구미열강의 기업들이 본격적으로 중국에서 활동을 시작하면서 중국경제의 낙후한 생산시스템은 경쟁을 견디지 못해 많은 수공업은 도산하였고, 파산한 수공업자를 수없이 많이 만들어냈다.

1. 유럽과 아시아

유럽이 아시아 지역을 탐낸 가장 기본적인 이유는 이 지역의 각종 향료 때문이었다. 오랜 세월 아시아 지역의 향료는 아랍상인에 의해 독점되었고, 유럽의 상인들은 아랍상인들로부터 동방의 향료를 구입하는데 만족해야 했다.

향료의 주산지는 현재 인도네시아 군도와 주변지역으로 이들 지역에서 향료들이 많이 생산되었다.

이러한 아랍상인의 동방 향료독점에 제일 먼저 도전한 국가가 바로 포르투갈이었다. 포르투갈은 1510년에 인도의 고아를 점령하였고, 이를 발판으로 말레카, 향료제도에 접근하였다. 이들은 또 말레카로부터 북상하여 1513년에는 중국의 광저우에 도착하여 통상을 요구하였지만 중국에 의해 거부되었다. 여러 차례에 걸친 무역충돌을 거쳐 1554년에 마카오에서 통상을 허가받았고, 57년에는 여기에 거류지를 설치하였다. 1542년 이후에는 일본과도 통상을 시작하였다. 포르투갈은 향료, 생사(生絲)를 비롯한 아시아의 상품을 독점적으로 유럽에 공급하였고, 인도의 목면을 다른 아시아 지역에 팔아 이 돈으로 향료를 구매하였다. 또 인도목면을 동아프리카로 보내 상아와 교환하였고, 중국의 생사를 인도, 마닐라에 보내 은과 교환하여 거대한 부를 축적하였다.[8)]

한편 스페인은 태평양으로 서진(西進)하였다. 1564년 마젤란의 세계일주 항해 이후 멕시코로부터 아시아원정대를 파견, 다음해 필리핀에 도착하였고, 1571년에는 전체 군도에 대한 영유권을 선언하였다. 스페인은 마닐라로 오는 중국상인과의 거래를 통해 비단과 도자기를 멕시코에서 가져온 은으로 교환하는 등 중국과의 교역에 나서게 되었다.

17세기 접어들면서 네델란드, 영국 등의 신흥국가가 포르투갈, 스페인의 아시아무역을 압도하게 되었다. 16세기말 네델란드 식민자들은 동남아에 진입하여 포르투갈인으로부터 향료무역을 탈취할 계획을 세웠다. 이 시기 이들은 이미 영국이나 기타 경쟁국가들이 갖지 못한 유리한 조건을 구비하였다. 그들은 오랜 어업무역을 통해 양호한 항해기술을 축적했고, 유럽대륙의 중개상 역할을 수행하면서 중개인으로서의 많은 경험을 쌓았다.[9)] 1595년 첫 네델란드 원정선대는 로테르담 항구에서 출발하여 동인도를 향하였다. 이 선대는 무사히 97년 향료를 싣고 귀국하여 아시아무역에 대한 관심을 고조시켰다. 1602년에는 네델란드 동인도회사가 설립되었다. 5년후에 포르투갈로부터 향료제도를 빼앗고, 1618년에는 자바섬에 바타비아(지금의 자카르타)를 건설하여 포르투갈을 대신해 이 지역 식민경영에 본격 착수하게 되었다.

한편 영국은 신대륙무역에 중점을 두고 대서양 신대륙 연안에서 스페인 선박과 자주 충돌하였다. 1600년 영국 동인도회사가 설립되었다. 이 회사는 엘리자베드 여왕으로부터 특허권을 받아 일단 15년간 동방무역의 독점권을 갖게 되었다. 회사는 자신의 무장력과 함대를 보유했고, 마젤란해협부터 희망봉에 이르는 광대한 지역의 무역독점권을 장악했으며 대외 선전(宣戰)과 강화, 그리고 조약을 체결할 권한을 위임받았다. 네델란드 동인도회사와 마찬가지로 영국 동인도회사도 비록 명칭은 회사이지만 하나의 정치권력을 가진 조직체였다. 영국 동인도회사는 1858년 폐지될 때까지 영국이 동방의 식민확장을 수행하는데 아주 중요한 도구가 되었다.

2. 중국차(中國茶)의 등장

유럽 열강들이 앞다퉈 동방의 향료를 구하는 과정에서 그들은 향료 이외 그들에게 큰 이익을 가져다 줄 상품을 찾게 되었다. 예로 아라비아에서는 커피, 인도에서는 인디고(염료), 목면, 그리고 중국에서는 차가 대표적인 상품이었다.[10)]

차의 세계최대 소비국은 영국이었다. 차가 영국에 수입되었던 것은 17세기 중엽 네델란드의 동인도회사에 의해서였다. 이어 영국 동인도회사가 1668년부터 직접 수입에 나섰다. 강희제가 海禁을 해제하고(1665년) 광동에서 영국 동인도회사가 직접 차를 구입하면서 점차 구입량을 늘려가자 중국으로부터 수입품의 순위가 바뀌었다. 종전 비단이 최고 수입품이었으나 1720년부터는 차가 비단을 제치고 최고수입품으로 변신했다. 그러나 차의 수입이 크게 늘면서 영국 본국으로부터 차의 수입대금으로 지급되는 은의 유출은 크게 늘어나게 되었다. 그러나 영국이 대량 생산해 판매에 나선 모직물의 판매실적은 저조하였다.

3. 아편무역

영국으로서는 지속적인 무역적자를 해결하기위해 무엇인가 새로운 조치가 필요하였다. 이를 위한 최초의 상품은 인도면화였다.

1704년 인도면화가 샤먼(廈門)으로 들어왔고, 18세기말에 이르러서는 모직물의 수출을 능가하게 되었다.

이어 영국이 주목한 상품이 중부 인도에서 생산되는 아편이었다. 인도산 아편은 중국에 수출되어 중국의 은과 교환되기 시작하였다. 해금의 해제로 무역이 확대되는 과정에서 아편의 유입이 늘어나면서 광동과 복건 일원의 연해지역에 아편 흡연이 급속도로 늘어났다. 아편 흡연이 늘어나면서 많은 문제를 야기하기 시작했고, 청 조정은 1729년 아편 흡연과 판매에 대한 금지령을 내렸다. 이어 1796년 청조는 아편수입금지령을 내렸다. 그러나 아편무역은 밀무역의 형태로 지속되었다.

아편무역은 지방무역상인들의 손에 의해 밀무역 형태로 이루어졌고, 영국의 아편수출액은 1820년대 초에는 인도면화의 수출을 능가했고 대중국 수출품 가운데 1위를 차지하게 됐다. 이 시기부터 중국으로 일방적으로 흐르든 은이 거꾸로 중국에서 유출되기 시작하였다.

중국 국내에서는 위로는 중앙과 지방의 관료, 지주 그리고 아래로는 상공업자, 농민, 그리고 八旗 · 綠營 등 군대에까지 아편흡연이 만연하였다. 국민의 건강문제와 함께 은이 지속적으로 유출되면서 은값의 상승을 가져왔다. 일상적으로 이 시기 동전이 교환수단이었으나 납세할 때에는 錢을 은으로 바꿔 납부해야 했던 농민들은 생활에 압박을 받게 되었고, 抗糧투쟁이 일어나는 원인이 되었다.[11] 아편의 유입은 결국 국내경제와 국가재정에 심대한 타격을 미치게 되었다.

4. 아편전쟁

아편의 폐단을 뿌리 뽑도록 임명된 사람은 임칙서였다. 그의 아편수입에 대한 대책은 중국인 아편수입업자와 아편판매업자들의 광동 조직망을 없애는 것이었고, 실제로 그런 일을 수행하였다. 외국 무역업자들에게 무력을 사용하는 것은 그의 목적이 아니었고, 더군다나 영국과 전쟁을 하려 한 것은 더욱 아니었다. 그러나 그는 무역업자들의 아편 재고품을 강제로 포기하도록 할 필요가 있다고 생각하였다. 이를 위해 임칙서는 약 350명의 외국인들을 감금하였고 그들이 아편 재고품을 양도하고서야 석방하였다. 이때 압수한 아편 2만 상자는 결국 사용하지 못하게 하였다. 이러한 일련의 조치가 영국으로 하여금 중국에 전쟁을 선포하는 근거가 되었다. 또 술 취한 영국의 수병이 한 중국인을 살해하였을 때 더 큰 문제를 야기했다. 이 사건은 합법적 재판관할권에 대한 논쟁의 상징이 되었다. 중국 당국은 범죄자를 인도하라고 요구했으나 영국은 영국 국민에 대한 중국 형법의 적용을 거부하였다. 이 또한 아편무역과 마찬가지로 외교관계와 합법적 재판관할권에 대한 중국과 서양의 갈등을 심화시켰다.

영국과 청조 사이의 첫 번째 해전은 1839년 11월에 일어났다. 그러나 전쟁 중에도 광동지역의 무역은 지속되었다. 청정부를 응징하기 위하여 영국은 최신 전투장비를 갖추고 수천명으로 구성된 기동부대를 파견하였다. 광동에서 상해에 이르는 연안을 따라 위치한 중국의 강력한 거점들을 영국이 함락시키는 일은 어렵지 않았다. 오히려 큰 문제는 영국이 중국의 대외관계와 관련된 새로운 질서를 만들어내기 위해 이 군사적 우세를 어떻게 외교측면에서 발현할 것인가에 있었다.

1840년부터 1841년 사이에 벌어진 첫 번째 전쟁에서 임칙서의 후계자인 기선은 실효를 거두지 못한 한 조약에 1841년 1월 서명하였다. 그 내용은 홍콩을 할양하고, 영국에게 외교적 평등과 배상금을 주며, 광동을 다시 개방한다는 것이었다. 두 나라 정부는 이 조약에 대해 모두 거절하였다. 1841년부터 1842년 사이에 벌어진 두 번째 단계의 전쟁에서 영국은 처음부터 해안선을 따라 샤먼

(廈門)항과 주산도와 닝뽀(寧波)에서 거점을 확보했다.

1842년 체결된 난징(南京)조약은 광동에서 외국무역에 대한 공행의 독점을 폐지하고, 협정관세율을 약속하며, 홍콩을 영국에 할양하고, 영국인의 거주와 무역을 위해 5항구 — 광저우(廣州), 샤먼(廈門), 푸저우(福州), 닝뽀(寧波), 샹하이(上海) — 를 개방하는 새로운 질서를 만드는데 기여하였다.

02 태평천국과 중국의 혼란

19세기 전반 영국이 중국에게 가한 패배는 중국을 근본적으로 동요시키는 계기가 되었다. 여러 불안 요소들 가운데는 높은 인구와 토지간의 언밸런스, 아편전쟁으로 인한 은의 지속적 유출, 군대의 약화와 관료조직의 심각한 부패, 농민들의 부단한 반란 등이 지적될 수 있다.

지속적인 농민의 반란은 바로 그들의 생존환경과 밀접한 관련이 있었다. 소작농들은 지대, 즉 소작료의 인하를 내걸며 지속적인 투쟁을 벌였다. 소작료의 인하와 함께 소작농의 경작권을 인정하라는 투쟁도 지속되었고, 지주가 바뀌어도 지속적으로 농사를 지을 수 있는 경작권을 확보하기도 하였다.

16,17세기에는 양잠지대에 양잠 · 제사 · 직조, 면화생산지역에도 면화생산 · 방적 · 직포의 각 공정이 분화되어 농민들은 그 중 하나 혹은 몇 개의 공정을 담당하게 되었다. 이러한 농촌 수공업의 발전으로 농촌지역에 새로운 상공업 도시가 출현하게 되었다. 농민이 생산하는 상품의 판로는 농촌시장은 물론 도시시장, 원격지시장까지 확장되었다.[12)]

명말 이후 농촌사회에서는 錢(동전)을 일상생활에서 교환수단으로 사용했지만 세금은 은으로 납부해야 했다. 지방관은 토지세에 해당하는 은을 수납할 때 토지세와 가외의 여러 비용을 부가하여 세금을 부과, 농민들은 실제 예상금액보다 더 많은 금액을 내는 경우가 많았다. 또 은값의 변동에 따라 농민의 부담이 늘어나기도 했다. 이러한 지방관청과 농민간의 갈등이 항조(抗租) · 항량(抗糧)으로 이어졌고, 아편전쟁 이전부터 존재했던 이러한 농민들의 투쟁은 전쟁을 거치고 태평천국운동시기에 더욱 급진적으로 전개되었다.

이러한 농촌사회의 기본적인 사회 · 경제적인 질서가 흔들리고 농민의 생존이 힘겨워지면서 그들은 자신의 생활터전을 버리고 새로운 이주지를 향해 떠났다. 지방관에 의한 가혹한 징세 뿐만 아니라 지주, 상업고리대의 부담을 견디지 못해 자신의 마을을 떠나기도 하였다. 이른바 유민(流民)현상이다.

1. 농민반란의 빈발

嘉慶연간(1796~1820)의 백련교도의 반란은 대부분이 유민이었다가 정착하여 농촌 수공업현장에서 일하는 사람을 중심으로 일어났다. 이들이 반란을 일으킨 지역은 호북 · 사천 · 섬서 등의 접경지역을 중심으로 한 지역이었으나 하남 · 감숙에까지 반란의 영향이 미쳤다. 백련교는 토속신앙의 요소에다 불교의 아미타정토를 신앙하는 종교이자 민간결사로 남송 시기부터 조정으로부터 사교로 규정되어 금지되었다. 이후 종교의 명칭이 바뀌면서도 지속적으로 존속하면서 가난한 농민들을 묶어주는 정신적 구심점 역할을 수행하였다.

이외에도 많은 반란이 일어났다. 백련교도의 반란과 거의 동시에 동남 해상에서 해적인 艇盜의 난이 일어났고, 백련교의 일파인 천리교도가 자금성을 침입한 예도 있었다.

이러한 반란의 움직임은 소수민족의 거주지역에서도 빈발했다. 1795년 귀주성 송도청에서 먀오족의 봉기가 일어났고, 1801년에는 운남성 서부 산악지대에 거주하는 리수족이 흉작을 계기로 봉기하였으며, 이 봉기에는 누족, 바이족, 나시족 등의 소수민족도 동참하였다. 또 1831년에는 호남성 영주부에 거주하는 야오족이 봉기했다.

위에서 언급한 것처럼 18세기말부터 19세기에 걸쳐 비교적 경제가 발전한 한족 거주지역의 농민들의 봉기와 투쟁에 이어 상대적으로 후진지역인 소수민족이 주로 거주하는 지역에서의 반란은 청조의 재정을 위기로 몰아넣었을 뿐 아니라 국가의 지배체제에도 심대한 손상을 가하였다.

2. 태평천국

태평천국의 지도자 홍슈추앤(洪秀全)은 1814년 광동성 화현에서 농사를 짓는 客家의 집안에서 태어났다. 그는 과거시험을 몇 차례 치렀으나 낙방하고 서당의 훈장으로 생계를 유지하였다. 이런 와중에 그는 심한 열병을 앓다가 비몽사몽간에 특이한 꿈을 꾸었다. 꿈을 꾼 6년 후인 1843년 그는 이전에 광동에서 입수한 기독교 전도팜플렛인 '勸世良言'을 읽고 그 내용이 자신이 병상에서 꾼 꿈과 일치하는 것을 알게 되었다. 꿈속에서의 노인은 天父(上帝) 즉 야훼이고, 중년의 남성은 天兄 즉 예수이며 자신은 天父의 둘째 아들, 예수의 동생으로, 모세 · 예수에 이은 제3의 구세주라는 사명을 받았고, "上帝를 섬길 것을 가르치고, 이 세상에 악마를 섬멸하도록 하라"는 명을 받았다고 생각하였다. 홍슈추앤의 拜上帝敎는 이렇게 출발하였다.

이 때는 아편전쟁의 패배와 청조 관료체제의 이완, 부패가 만연하던 시기였다. 민심은 이미 청조를 떠나 많은 농민과 수공업자들이 태평천국군에 가세, 단시간에 홍슈추앤은 그 세력을 키울 수 있었다.

그는 민중을 조직화하면서 유교 경전인 禮記에 나오는 중국인의 이상세계인 '大同세계'와 기독교의 평등사상 등을 혼합한 이상사회를 그린 '원도구세가', '원도성세훈' 등을 저술하였다. 그의 주장은 "천하는 한 가족이고, 상제는 가족의 아버지로서 그 아래 있는 모든 남녀는 형제자매이다. 천하는 공적인 것이고, 능력에 따라 지위가 주어지고, 사적인 이익을 추구하지 않는다"는 것이었다. 바로 이런 사회가 이상사회라는 것이 그의 생각이었다.

이런 가치관은 객가 농민과 토착 농민이 서로 같은 상제를 신앙하는 형제자매가 됨으로써 이전에 매우 치열했던 농민들간의 대립과 분열이 해소되는 계기가 되었다. 대신 지주와 관권을 악마적 위치에 둠으로써 자연스럽게 농민과 지주, 관권의 대립구도를 만들어 내 농민들의 투쟁의지를 강화하며 단결을 도모할 수 있었다.

1850년 7월 홍슈추앤은 각지의 상제회원을 자형산 남쪽 기슭인 금전촌에 집결시켰다. 숫자는 1만여에 달했다. 그들은 자신의 재산을 '聖庫'에 바치고 군사훈련을 받았다. 이듬해 1월 홍슈추앤은 정식으로 무장봉기를 선언하고 국호를 태평천국, 자신을 천왕으로 칭하고, 이 해를 태평천국 원년으로 선포하였다.

태평군은 1851년 가을까지 광서 — 광동의 경계지역에서 싸우다 북쪽으로 올라가 영안시를 점령하고 거대한 현금과 식량, 조직원을 확보하여 숫자가 6만을 넘어섰다. 이어 꾸이린(桂林)과 창샤(長沙)지역을 공격했으나 점령에 실패하였고, 1852년 12월에 동정호 동쪽 악주로 들어서면서 전기를 맞게 되었다.

여기서 태평군은 5천척의 배, 무기와 화약저장고 등 엄청난 전리품을 획득할 수 있었다. 이어 한커우(漢口)를, 1853년 1월에는 우창(武昌)을 점령하고 많은 선박과 지방 금고에 있던 160만냥의 돈을 확보했다. 3월에는 난징을 함락시켰다.

홍슈추앤은 난징에서 11년동안 태평천국을 다스렸다. 그러나 난징 이외의 농촌지역에서 태평천국은 실패했고, 지도부의 내분과 백성들에 대한 엄격한 생활방식요구와 엄격한 법집행 등으로 대중과 점차 유리되는 등 내부적인 이완현상이 심화되었다. 재산의 공동소유와 토지의 균등소유라는 태평천국의 이상이 거의 실현되지 못하고, 극적인 토지개혁을 추진할 헌신적 인물도 부족했다. 농민의 입장에서는 세금징수자가 단지 변했을 뿐 본질적으로 달라진 것은 없었다. 태평천국 군대와 청군이 대치하며 전투를 벌이는 동안 쌍방이 군량을 확보하기 위해 연도의 농가를 약탈할 수밖에 없어 중국에서 가장 풍요로웠던 방대한 지역이 짧은 시간에 폐허로 변하게 됐다.

태평천국은 같은 시기에 발생한 다른 두 반란 세력인 북쪽의 염군과 남쪽의 홍건적과 협력하는데도 실패했다. 아마도 태평천국의 금욕주의와 종교적 주장이 다른 반란군과의 협력을 어렵게 했을지도 모른다. 태평천국군은 서방의 동조와 협력을 얻는데도 실패했다. 처음 외국인들 특히 선교사들은 사회개혁과 비타협적인 만주족의 섬멸을 약속하는 기독교 혁명세력에 큰 기대를 걸었으나 홍슈추앤의 기독교가 기이하다는 것을 깨달았고 무역상들은 태평천국이 아편에 대해 아주 적대적이라는 사실을 알고 우려하게 되었다[13]. 결국 서구 열강은 자신의 이익을 위해 청조를 지원하게 되었다. 태평군은 수저우(蘇州)와 항저우(杭州)에 대한 대규모 반격을 통해 세력을 강화하는 계기로 삼고자 했지만 참패하고 몰락의 길을 걷게 되었다.

03 제국주의 자본의 중국침탈과 동남연안의 민족경제 해체

아편전쟁과 이에 따른 서구 열강과의 불평등조약의 체결로 중국은 많은 경제주권을 상실하였고, 관료부패와 민란이 이어지면서 국내경제의 근간이 흔들리는 아주 어려운 상황이 나타났다.

1842년 8월 29일 청정부는 중국 역사상 최초의 불평등조약인 난징조약을 체결하게 되었다. 모두 13개 조문으로 이뤄진 조약의 주요내용은 ① 홍콩을 영국에 영구할양하고, ② 5곳에 통상항구, 즉 광저우, 샤먼, 푸저우, 닝뽀, 상하이를 개방한다. 이들 항구에는 영국인들이 가족들과 함께 자유롭게 거주하고, 영사가 주재하며, 자유무역을 시행한다. ③ 중국은 배상금으로 2100만 위안을 영국에 지급하고, ④ 협정관세제를 시행한다는 것이다. 협정관세란 영국이 상품을 수출입할 때 납부 세율은 반드시 중영 쌍방이 협의해서 결정한다는 것으로, 중국의 관세자주권의 상실을 의미했다. 또 조약은 영국화물이 어떤 항구에서 관세를 납부한 후 중국상인이 이를 전국 어느 곳으로도 운반할 경우 가중 세금부과를 못하도록 했다. 즉 외화를 내지로 수송할 때 임의로 내지세를 부과하지 못하도록 한 것이다. 이처럼 외국 상품이 중국 상품에 비해 더 우대를 받게 되었고, 영국 상품은 더욱 깊이 내지로 향해 중국의 상품유통질서를 흔들게 되었다. ⑤ 행상(行商)제도를 취소하였다. 과거 영국상인이 중국에 와서 무역할 때 광저우에서 청정부가 지정한 행상(혹은 公行)을 통해서였다. 난징조약은 영국상인이 자유롭게 중국상인과 교역할 수 있도록 했다. 이에 따라 영국상인은 자신의 이익을 위해 일할 매판상인을 고르고 배양할 수 있게 되었다.

난징조약은 일반적 사항을 규정한 것이고 아직 관세율 등 구체적으로 보완해야 할 많은 부분을 남겨두고 있었다. 이어 1843년 7월과 10월 다시 영국과 청정부는 〈중영 五口통상장정〉과 〈호문조약〉 등 난징조약의 후속조약을 체결하였다. 이들 보충조약은 다음과 같은 중요한 내용을 담고 있다.

① 극도로 낮은 관세를 규정했다. 대체적으로 관세율을 5~6%로 낮췄다. 이는 품목별로 최저 58% 최고 78% 낮춘 것이었다.(표 2-1 참조) 이밖에 내지통과세는 이미 관세를 납부했기 때문에 추가로 내지 않는다고 규정했다. 중국 세관은 자유롭게 관세율을 조정할 수 없었을 뿐 아니라 내지세금도 부과하지 못해 본국 공상업을 관세로 보호하는 작용을 하지 못했고, 외국자본주의 세력이 중국에서 덤핑과 약탈적 원료획득에 대처할 수 없었다. 이런 관세 등의 문제로 중국 동남연안의 경제는 괴멸적 상태에 놓이게 되었다.

② 〈호문조약〉 규정에 의해서 조계를 설치하도록 했고

③ 영사재판권을 허용하였다.

〈표 2-1〉 1843년 中 · 英협정관세 전후 몇 가지 주요수입화물의 新舊세율 수준

(從價 %)

화 물	단 위	1843년전 舊세율	1843년 新세율	세율 감소폭
면화	100근	24.19	5.56	77.02
면사	100근	13.38	5.56	58.45
일등 백양포	필	29.93	6.95	76.78
이등 백양포	필	32.53	6.95	78.64
本色 양포	필	20.74	5.56	73.19
斜紋布	필	14.92	5.56	62.73

자료출처 : 〈 中國近代經濟史統計資料選輯 〉 p59, 孫健 : 中國經濟通史 中卷 p684 재인용.

④ 최혜국대우를 규정하였다. 이는 최혜국 불평등 조항으로 앞으로 이 조문에 의해 어느 침략자라도 중국에서 영국과 동등한 특권을 획득하게 되었다. 영국에 이어 미국과 프랑스 그 밖의 포르투갈, 벨기에, 스웨덴, 네델란드, 스페인 등도 속속 이러한 특권을 요구하였고, 청정부와 조약을 체결했다. 이처럼 1차 아편전쟁을 지나 중국의 문호는 영, 미, 불 이외 전체 자본주의 세계에 개방되었다. 이후 외국 침략자들은 불평등조약에 근거하여 점차 중국에 대한 침략을 확대하였고, 독립국가 중국은 점차 반식민지 반봉건국가로 변화했다.[14)]

제1차 아편전쟁 이후 외국침략자들이 강압적으로 청정부와 일련의 불평등조약을 체결하였고, 이들 조약체결로 획득한 특권으로 서구 제국들은 중국에 대한 경제침략에 더욱 매진할 수 있었다.

이 시기 외국 침략자의 주요 목적은 상품의 판매, 공업원료의 확보로 즉 중국을 그들의 식민지시장으로 만드는 것이었다. 그러나 문호개방에 따른 개항조치에도 불구하고 초기에 영국이 기대한 만큼 對중국 수출이 큰 폭으로 늘어나지

〈표 2-2〉 영국의 대중국 수출통계

(단위:파운드)

연 도	對中수출 화물총액	對中 면사수출액	對中 면포수출액
1840	524,198	88,748	238,389
1842	969,381	245,965	470,349
1844	2,305,617	117,853	1,457,794
1846	1,791,439	221,856	1,024,662
1848	1,445,959	?	?
1850	1,574,145	1,020,915	
1852	2,503,599	1,905,321	
1854	1,000,716	640,820	
1856	2,216,123	1,544,235	

자료출처 : 〈經濟硏究〉 p118, 1955. 孫健 상게서 p688 재인용.

않았다. 이는 중국의 문호를 열면 영국이 모든 공장을 풀가동하더라도 중국 수요를 감당하지 못할 것이란 장미빛 기대와는 완전히 어긋난 것이었다.

난징조약 체결이후 무역액은 아편전쟁 이전보다 조금 증가하긴 했지만 그러나 1844년 이후 오히려 수출이 줄어들고, 정체되었으며 1852년 비로소 회복되기 시작했으나 1856년이 되어서도 1844년의 수출액을 회복하지 못했다. 다음 표에서 제1차 아편전쟁과 제2차 아편전쟁 이전의 전체 영국의 대중국 무역상황과 면사 · 면포 수출상황을 볼 수 있다.

이는 시장개방으로 대폭적인 무역증가를 기대했던 영국의 자본가들을 실망시키기에 충분했다. 이런 현상은 영국뿐만 아니라 미국과 기타 서구 국가들에도 공통된 현상이었다. 중국으로 수출된 상품은 팔리지 않은 채 창고에 잠자고 있었고, 이에 따라 큰돈을 벌 것으로 기대했던 구미 제국의 자본가들은 큰 손해를 보았다. 중국인에게 나이프와 포크 등 식사용기와 피아노를 팔려고 한 제조업자들은 중국의 실정을 잘 몰랐다. 수천년 이어 내려온 저와 전통악기의 존재를 몰랐거나 애써 이를 무시했을 것이다.

통상항구가 광저우 1곳에서 5곳으로 늘어났으나 시장은 별로 커지지 않았고, 단지 무역의 중심지가 광저우에서 샹하이 정도로 옮겨 갔을 뿐이라는 것이다.[15] 1852년 영국의 駐광저우 대리공사 미첼은 다음과 같이 말했다.

> "이 대국이 무역개방 된지 이미 10년이 되었고, 쌍방이 모두 일체의 독점제도를 폐지했으나 방대한 인구를 가진 중국의 소비는 우리가 생산한 제품이 네델란드에서 소비되는 것의 절반에도 미치지 못하고, 인구가 작은 북미 혹은 오스레일리아 식민지의 절반에도 못 미치고, 프랑스나 브라질의 소비와 우리 자신의 소비에도 못 미친다. 다만 유럽대륙의 조그만 국가 가령 벨기에, 포르투갈 보다 조금 많은 정도이다. 아주 이상한 결과이다."[16]

이런 현상은 앞서 지적한 바와 같이 중국의 전통 경제체제, 즉 소농과 수공업이 결합한 경제구조의 견고성이 한 원인으로 지적될 수 있을 것이다. 이런 체제하에서 대부분의 사람들은 필요한 생활물자를 자급자족하였고, 따라서 시장에

〈표 2-3〉 아편수입 현황

연 도	상 자
1840	15,619
1844	23,667
1848	38,000
1852	48,600
1856	58,606

자료출처 : 〈중화제국국제관계사〉제1권 p626, 북경 삼련서점, 孫健상게서 p.692

서의 수요는 아주 제한적일 수밖에 없었다. 동시에 중국의 기층 민중들의 구매력이 아주 낮았던 점도 한 요인으로 지적될 수 있다.

그러나 아편 수입은 이러한 무역구조를 근본적으로 전환시키게 된다. 난징조약으로 아편수입은 합법이 되었고, 1843년부터 법률상의 제재를 전혀 받지 않게 되었다. 전후 아편전쟁 이전보다 아편의 수입은 큰 폭으로 늘어났다.

아편수입의 대량증가는 구매력이 아주 제한된 상태에서 다른 상품을 살 여력을 상쇄시켜버렸다. 영국 측도 중국이 영국의 제품에 대한 수요가 없거나 다른 국가와의 경쟁 때문이 아니라 중국 내의 구매력의 한계 때문임을 알았다. 한 영국인이 상하이에서 중국 고위관원에게 중국과의 무역을 늘리기 위한 가장 좋은 방법을 자문한 결과, 관원은 즉각 "당신들이 아편판매를 줄이면 우리는 당신들의 다른 제품을 사 줄수 있다"는 답변을 들었다. 그러나 영국의 자산가들은 아편 수출의 이익이 너무나 크기 때문에 중국 측의 이러한 요구를 받아들일 수 없었다.

영국으로서의 방법은 더욱 깊은 내지로 들어가 영국 상품을 내다 파는 것이었고, 이는 또 다른 차원의 개방요구이기도 했다. 이런 요구를 관철시키기 위한 방안은 무력을 동원해 청조에 압력을 가하는 것이었다. 영국은 1856년 애로우호선 사건을 빌미로 다시 전쟁을 발동한다. 이른바 제2차 아편전쟁이다. 이번 전쟁에는 프랑스도 참가했고 배후에서 미국과 러시아도 협력했다. 4년간 지속된 전쟁은 동시에 태평천국의 혁명이 일어난 시기이기도 하였다. 태평천국은 외국과의 정당한 무역을 인정하였으나 아편에 대해서는 엄금하는 입장이었다. 청조는 안팎으로 곤경에 처했고, 서구 제국주의자들은 태평천국군의 아편에 대한 확고한 반대 입장, 그리고 이들이 장악한 장강 유역이 비단과 차의 중심지로 그들의 이해에 큰 영향을 미치기 때문에 결국 청조와 협력하는 것이 유리하다는 판단을 하게 되었다. 청조는 침략자의 도움으로 태평천국군은 물리쳤으나 그에 대한 보상을 하지 않을 수 없었다. 즉 전쟁의 결과 청조는 영국, 프랑스, 미국, 러시아와 각각 텐진(天津)조약과 베이징(北京)조약을 체결했다. 조약체결로 중국은 많은 정치적, 경제적 이익을 상실했다.

새 조약체결로 협정관세율은 다시 인하 조정되었고, 대부분의 세율이 5%대 이하를 유지하게 되었다.(표 2-4 참조)

서구 제국들은 수입관세를 낮춘데 이어 이른바 내륙관세인 子口稅도 협정에 의해 정하되 높게는 매기지 못하도록 했다. 결국 서양상품이나 서양상인이 중국물품을 구매할 때 단지 한 차례의 내륙관세 2.5%만 부담하도록 했다. 이 상품이 내륙의 어느 곳을 가던 한번 납세하면 그 이후는 부담에서 벗어나나 중국산 제품이 지역을 이동할 때는 내륙세관이 있는 곳마다 세금을 납부하도록 돼있어 중국상품의 유통이 훨씬 불리하게 되었다.

〈표 2-4〉 1858년 中, 英수정 수입관세 전후 몇 가지 수입품의 세율수준

(從價 %)

물 품	단 위	1843년 세율	1858년 세율	세율감소비율 %
면화	100근	6.54	5.72	12.54
斜紋布	필	7.89	5.05	35.99
사문포(美)	필	4.63	4.63	-
捺染布	필	14.25	4.98	65.05
袈裟布	필	10.68	4.98	53.37
면사	100근	6.94	4.86	29.97
우단	3.33m	9.46	6.31	33.30

자료출처 : 〈중국근대경제사통계자료선집〉 p59, 손건 상게서 p695

두차례 아편전쟁 이후 서구 자산계급들은 조약상의 각종 특권을 이용하여 상품수출 중심의 경제침탈을 강화하였다. 정치 · 경제적 특권에 의존하여 이 중국시장을 본격적으로 장악하게 되었고, 상품의 덤핑수출이 점차 확대되었다.

수입을 보면, 2차 아편전쟁이 일어나기 전 수입화물의 수량증가는 크지 않았고, 이 가운데 아편이 큰 비중을 차지했다. 그러나 19세기 60~70년대 이후 상황은 현저히 달라졌다. 우선 수입수량이 급증했고, 다음으로 수입제품 중 기계와 면방직품이 신속히 증가했다. 洋紗, 洋布의 수입증가 속도가 아편의 수입증가속도보다 더 빨랐다. 양사와 양포가 중국 수입 중에서 차지하는 비중이 점차 높아졌다.

미주

1) 毛里和子：周緣からの中國－民族問題と國家 p.1, 동경대학출판회, 동경, 1998년
2) 胡繩：從鴉片戰爭到五四運動 p.1, 인민출판사, 북경, 1999년
3) 상게서 p.5
4) 상게서 p.6
5) 존K.페어뱅크, 에드윈O.라이샤워, 앨버트M.크레이그：동양문화사(상) p.299, 을유문화사, 서울, 1998년
6) 상게서 p.304
7) 姬田光義,阿部治平 外：中國近現代史－아편전쟁에서 1982년까지 p.20, 일월서각, 서울, 1997년
8) 상게서 p.22~23
9) 梁志明 主編：植民主義史 －東南亞卷 p.100, 북경대학출판사, 북경, 1999년
10) 嬉田光義, 阿部治平：중국근현대사 p.25
11) 상게서 p.28
12) 상게서 p.41~42
13) 조너선D.스펜서：현대중국을 찾아서 1 p.218~220
14) 孫健：中國經濟通史 中卷 p.682~685, 중국인민대학출판사, 북경,
15) 〈마르크스엥겔스 全集 〉,제12권 p.624, 孫建 상게서 p.690 재인용.
16) 嚴中平：〈英國資產階級紡織利益集團與兩次阿片戰爭的史料〉, 孫健 상게서 p.690 재인용

제3장

제국주의 확장과 19세기 이전 동남아

동남아시아는 서쪽은 미얀마와 동쪽은 인도네시아 군도의 이리안자야, 그리고 북쪽은 미얀마, 남쪽은 인도네시아 누사텡그라 군도의 풀라우 로티섬에 이르는 약 455만km²의 해수와 육지를 포함한 광대한 지역이다.

이 구역 내에는 2009년 독립한 동티모르를 포함해 모두 11개 국가로 구성되어 있다. 이 가운데 10개국이 ASEAN을 구성하고 있다. 지리적으로 대륙부와 도서부로 구분되며, 대륙부에는 미얀마, 태국, 베트남, 캄보디아, 라오스 등 5개국이, 도서부에는 필리핀, 인도네시아, 말레이시아, 싱가포르, 브루나이 그리고 동티모르의 6개국이 있다. 이 지역의 인구는 2010년 대략 5억 9천 3백만 명으로 추산되었다.[1)]

이들 동남아지역은 대부분 지역이 남쪽은 남위 10도에서 북쪽은 북회귀선 이내에 위치해 미얀마의 북부지역 등을 제외하고 기본적으로 열대기후지역이다. 이라와디강, 메남강(차오프라야강), 그리고 메콩강 하구의 넓은 충적평야와 이 수계의 풍부한 물과 강수량 그리고 높은 기온 등으로 대륙부의 미얀마와 태국, 베트남 등은 세계적인 곡창으로 자급하고 남은 쌀을 전세계로 수출하는 최대 쌀 수출국들이다. 이밖에 커피, 사탕수수, 각종 향신료, 고무나무 등 다양한 경제작물이 재배되고 있고, 주석이나 석유 등 지하자원도 많이 매장되어 있는 등 자원의 보고이기도 하다.

태국을 제외한 모든 아세안 회원국은 제2차 세계대전 이전 구미 열강의 식민지배를 받은 경험도 공유하고 있고, 이들의 문화 속에 서구적인 요소가 다양하게 녹아들어 있기도 하다. 그러나 무엇보다 이들 지역은 인도와 중국이라는 양대국의 사이에 위치해 있고, 기원 전후부터 이들 국가, 특히 인도의 영향을 강하게 받아 동남아지역의 정치제도와 종교 그리고 예술 분야에 심대한 영향을 받았다. 그러나 월남은 인도의 영향보다는 중국의 오랜 지배와 영향력 아래에 놓여 있었고, 중국의 영향을 많이 받았다. 이와 함께 동남아지역은 아랍지역 문화의 영향도 강하게 받았고, 그 핵심적인 내용이 도서부 동남아시아의 이슬람교 종교와 문화이다. 그리고 식민세력이 동진하면서 가져온 가장 큰 문화적 영향력은 기독교 (천주교)였다. 동남아는 지리적으로 열대기후대라는 공통성 이외에 정치 · 문화적으로 고유의 토착문화에다 불교, 이슬람교, 기독교가 공존하며 여러 가지 문화가 복합된 다원적인 문화의 교차로로서의 특성을 보여주는 세계에서 유례를 찾을 수 없는 지역이기도 하다.

01 다양한 문화가 공존하는 동남아

동남아지역 주민들의 일상의 삶과 그들의 정신세계를 보면 토착의 신앙체계와 함께 외래의 다양한 종교가 이들 지역에 녹아들어 있음을 알 수 있다. 기원 전후해서 지역의 대국인 인도와 중국의 문화적, 종교적 영향이 밀려들어왔고, 이어 아랍과의 교역이 늘어나면서 아랍의 문화, 특히 이슬람교의 영향이 강하게 파급되었다. 근대 서구 열강의 내침으로 기독교문화도 동남아지역에 유입되었다.

경제적인 시각에서 보자면 대륙부의 동남아권은 농업위주의 경제체제가 유지되었으나 도서부의 경우 해양지향성으로 교역과 상업 부문 중심으로 경제가 발전하였다. 기원 후 최초로 수마트라 일원에 등장한 스리비자야와 자바섬을 배경으로 등장한 마자빠힛 등 여러 해상왕국들은 인도와 중국, 그리고 아랍세계를 연결하는 교역위주의 경제시스템을 구축하였다.

신앙세계를 엿보면 인도의 영향이 아주 강하게 남아 있음을 알 수 있다. 이와 함께 근대 서구열강의 식민세력이 내침하기 이전 인도와 함께 중국, 아랍의 영향도 이 지역에 크게 미쳤고, 근대 이후 자본주의와 기독교로 대변되는 서구 문화가 유입되면서 이 지역에 엄청난 영향을 미치게 되었다.

이 지역의 정치문화도 대륙부와 도서부 그리고 국가별로 차이가 났다. 토지를 기반으로 한 내륙국가는 농업경제를 바탕으로 존립하였고, 국가체제는 농업 특히, 미작을 위한 관개시스템 구축에 주력하게 되었다. 이를 위해 국가는 강력한 중앙집권적 권력이 필요하게 되었고, 중앙집권적 관료조직과 상비군제도의 확립 등 견고한 통치체제가 수립되었다. 상대적으로 도서부의 왕국은 교역에 주로 의존하는 경제체제로 배후지역의 인구에 대한 관리역량은 내륙국가에 비해 약했다고 볼 수 있다. 즉 도서부는 내륙의 국가에 비해 관할하는 지역이 아주 협소하였고, 주로 무역에 의존하는 관계로 무역상대국의 교역정책에 따라 국운의 기복이 심해졌다. 결국 안정적인 국가경영과 국가의 영속성이라는 측면에서 해양도서국가는 약점이 많았고, 이들 지역은 많은 소국가로 분열하는 양상을 보여주었다.

1. 다양한 종교

동남아는 흔히 문명의 교차로라고 일컬어지기도 한다. 동남아지역을 국가별로 나눠보면 지리적으로 열대기후대에 속하는 공통의 특성 이외 오히려 다양성이 아주 부각되는 지역이다. 모든 역내 국가들에 고유한 토속신앙이 존속하는 가운데 역외에서 생성 전파된 고등종교들이 이 지역을 균점하는 모습을 보인다. 내륙부 국가에는 불교가, 도서부 지역에서는 이슬람교가 중심 종교로 자리잡고 있고, 도서부 국가 중에서 필리핀은 이슬람교가 아닌 가톨릭교가 중심종교가 되었다.

태국을 여행하다 보면 큰 오피스빌딩이나 혹은 개인주택의 입구 주변에 놓여있는 아주 작은 사당을 만나게 된다. 태국인들은 이를 산뿌라뿌므라고 부른다. 뿌라뿌므는 크메르어로 토지의 주인, 즉 토지신의 의미를 갖는다. 그들은 이 토지신에 양초나 선향, 꽃 기타 공물을 바치며 각종 질병이나 재난, 불행에서 벗어나게 해 줄 것을 기도하게 된다. 이 민속신앙은 원시시기부터 시작해서 지금까지 이어지고 있는 정령신앙의 자취이다.[2] 그러나 이와 유사한 신앙은 다른 나라에도 남아있다. 캄보디아에는 '네아쿠타' 신앙이 있다. 이 말은 캄보디아어로 일반적인 무수한 정령을 가리키는 말이지만 엄밀하게 말하자면 네아쿠는 정령을, 쿠는 조상을 나타낸다고 한다. 그런데 본래는 조상의 영이라고 했지만 그 기능은 토지신과 수호신의 양면을 갖고 있다. 베트남의 시골에는 딘(亭)이라고 불리는 것이 있다. 이는 촌의 수호신을 제사지내는 사당이다. 미얀마에는 '나트'신앙이 있다. 나트는 산천초목을 비롯해 대지와 공중, 비 등에 존재하고, 다양한 자연현상을 일으키는 힘으로 생각되고 있다. 오늘 미얀마에는 압도적인 불교신앙이 존재하지만 정령신앙은 각종 행사와 결합되어 그 생명력이 연면히 유지되고 있고, 미얀마 사람들의 생활에 아주 밀착되어 있다.

인도네시아, 말레이시아, 브루나이 등 도서부 국가에는 이슬람교 국가라고 불러도 좋을 만큼 전국민의 압도적 비율이 이슬람교를 신앙하고 있다. 그러나 이슬람교 신앙을 들여다 보면 중동지역의 이슬람교 신앙과 다른 부분이 많고, 자바섬 주민의 일상생활에서는 힌두교적인 요소를 많이 찾아볼 수 있다. 필리핀도 마찬가지로 현재 가톨릭교가 절대적인 지위를 차지하고 있으나 이곳에서도 토착의 원시종교가 뿌리깊게 남아있다. 이 원시종교의 핵심은 '바타라'로 불리는 정령의 숭배로 일상생활에서 어디에도 내재하며 징벌과 은혜를 내리는 존재로 여겨지고 있다. 가정의 제단에서는 그리스도의 상, 성인(聖人)의 상과 함께 '아니토'로 불리는 정령의 우상(보통사람의 모습을 띰)을 숭배하고 셀 수 없을 정도로 많은 금기와 緣起가 연관된 주술 등을 신앙하고 있다. 시골사람들은 마을의 정령에 대해서는 상세히 알고 있지만 그리스도교의 교리에 대해서는 그다지 지식이 없다고 한다.[3] 말하자면 현실 생활을 지배하는 것은 원시시대 이후 사람들의 뇌리에 형성된 정령인 셈이다.

이상이 아직도 동남아에 남아있는 개략적인 원시종교의 모습이다. 동남아 사람들은 이런 자신의 종교적 바탕위에서 기타 종교, 이른바 세계적인 고등종교를 받아들였고, 나름대로 변용해 왔다.

불교가 동남아지역에 전래된 정확한 역사기록은 보이지 않지만 학자들은 기원 전후 메콩강 하류지역인 지금의 월남의 푸난왕국시기에 전래됐다고 본다. 푸난왕국의 건국신화엔 인도의 종교계급이자 최상위 카스트인 바라문이 지역 토후의 초청으로 건너와 토후의 딸인 공주와 결혼하여 푸난왕가의 시조가 되었다고 전해진다. 즉 인도인이 건너와 토착 부녀자와 결혼했다는 것으로 이는 바로 인도문화의 유입을 강하게 암시하는 부분이라 할 수 있을 것이다. 기원 초기

이 지역은 바로 인도차이나지역에서 인도문화의 중심지였고 종교로는 힌두교와 불교 그리고 토착종교가 서로 혼합된 것으로 추측되었다.[4)]

말레이반도에는 2세기 무렵, 인도인의 식민지국가로 여겨지는 국가가 나타났다. 중부지역의 랑카수카, 탐부라링가, 다코라 등이다. 이들 국가는 당초 무슨 종교를 믿는지 명확하지 않았으나 불교의 전파를 전하는 4~5세기의 비석이 발견되었다. 중국의 사서 '양서'와 '신당서'가 이들 지역과 중국과의 교류를 기록하고 있다. 이에 의하면 랑카스카 북쪽에 있는 '반반'이란 왕국의 궁정에 다수의 바라문 승이 있었다고 기록하고 있다. 자바의 古전설에 의하면 이 지방에 인도인이 건너와 식민지를 건설한 것은 1, 2세기 경이었다고 한다. 수마트라섬도 자바로부터 힌두교가 전파된 것으로 추측된다.

이상의 내용을 정리해보면, 인도인의 동남아로의 진출과 문화의 전파는 대륙부는 인도지나 반도에서 남베트남까지 그리고 도서부는 자바, 수마트라, 보르네오에 이르기까지 광범한 지역에 인도문화 특히 힌두교가 전파되었고, 시기는 서기 2~3세기일 것으로 추정된다. 이처럼 기원후 초기에 인도문화가 광범하게 빨리 전파된 것은 토착 지역수령들의 인도문명에 대한 매료와 우호적 태도, 또 단신으로 이 지역에 건너온 청년 인도인들이 현지 여성들과 통혼하면서 이어진 혼혈의 결과로 여겨진다.

이와 같은 인도문명의 전파와는 대조적으로 중국문명은 북베트남에 강한 영향을 미쳤다. 한무제가 기원전 111년 북베트남을 침공, 駱越이란 나라를 무너뜨리고 교주자사를 파견하여 이 지역을 다스리게 한 시점부터 한의 영향력이 개시되었다. 월남은 약 1천년간의 중국 지배에 놓였고, '소중국'이라고 불릴 정도로 강한 문화적 영향을 받았다. 종교 측면에서 보자면, 중국에서 불승, 도교의 도사, 儒士가 진출했고, 이들의 교리가 전파되었고 사원의 건립도 이뤄졌다.

이후 이 지역에 새로운 종교의 파고가 밀어닥쳤다. 바로 이슬람교와 기독교였다. 이슬람교 역시 정확한 전래 연도는 밝혀지지 않고 있으나 아마도 동남아를 왕래한 아라비아 상인이나 새로 이슬람교에 귀의한 남인도의 상인들에 의해 전파되었을 것으로 학계는 보고 있다. 말레카반도에는 이미 12세기 아라비아인 이주자가 나타났다. 그리스도교는 프란시스코 사비에르가 인도의 고아에 도착한 것이 1542년이었고 이어 동남아 각지에 선교사가 파송되었고, 16세기에는 기독교의 파고가 동남아에 밀려왔다.

2. 이슬람교와 그리스도교

이슬람은 아랍어로 al-Islam으로 평화 혹은 절대적 귀의(歸依)를 의미한다. 모든 것을 유일신 알라에 맡긴다는 의미로 바로 이 종교가 이슬람교이다.

이슬람교의 핵심은 이른바 5가지 신앙과 5가지 실천으로 요약된다. 이 양자의 결합으로 진정한 이슬람교도가 된다는 것이다. 5信은 첫째, 알라신을 믿는 것 둘째, 신의 사자(使者)인 천사를 믿는 것 셋째, 신의 뜻을 완전히 전하는 '코란'을 믿는 것 넷째, 예언자인 마호메드를 존숭하는 것, 다섯째, 내세를 믿는 것이다. 5行은 첫째, '알라 이외 신은 없다. 마호메드는 그의 사도이다'라고 끊임없이 신앙을 고백하는 것, 둘째, 하루에 5차례 메카 방향으로 예배하는 것, 셋째, 이슬람력 9월에 30일간의 단식을 하는 것. 단식은 일출부터 일몰까지 일체의 음식을 먹지 않는 것이다. 넷째, 신에 대한 보은의 증표로 가진 자가 못 가진 자에게 희사하는 것, 다섯째, 경제적, 체력적 조건이 허락하면 평생 한번 이상 메카로 순례하는 것이다.

이 5信 5行에서 알 수 있듯이 이슬람교는 일상생활에서 실천하지 않으면 안 되는 종교행위가 많고 그렇기 때문에 사회적 규제가 아주 많은 종교라 할 수 있다. 예수와 석가가 종교지도자였다면 마호메드는 종교지도자인 동시에 세속사회의 지도자였고 그 후계자도 자주 종교와 세속의 지도자였다는 점이 이슬람교의 종교의 성격을 규정하는데 중요한 의미가 있다고 생각된다.

앞서 언급했듯이 동남아에 이슬람교가 전래된 정확한 연대는 기록되어 있지 않으나 마르코폴로의 동방견문록이나 아랍의 모험여행가였던 이븐 바투타의 여행기록을 보면 이슬람교가 동남아시아에 전래된 것은 12세기 말레카, 13세기중엽부터 14세기에 걸쳐 수마트라의 북부, 그리고 순차적으로 남부에 전래된 것으로 여겨진다.

자바섬에 이슬람교가 전래된 것은 15세기였다. 자바의 최후 힌두왕국인 마자빠힛왕국은 15세기 중반부터 위세를 점차 잃었고 수개의 소토후국으로 분열되었다. 이 과정에서 이들 토후국가에 이슬람교가 전파되었다. 마자빠힛 왕국은 1527년 멸망하였다. 이슬람의 침입을 싫어한 힌두교도, 불교도들은 이들을 피해 발리섬으로 이주했고 지금까지 이섬의 주민들은 힌두교도로 남아 있다.

기독교의 동남아 진출은 유럽문명과 아시아문명과의 접촉을 의미한다. 기독교의 전파는 서구 제국주의자들의 식민정책과 밀접한 관련을 맺었다. 개괄하자면 포르투갈, 스페인, 프랑스와 같은 가톨릭 국가들은 종교활동을 식민지경영의 핵심으로 간주하고 종교전파에 주력하였다. 가령 프랑스의 동화정책 등이 좋은 예로 그들은 프랑스본국과 식민지의 정치적, 문화적 동화를 겨냥하였다. 한편 네넬란드, 영국, 미국 등 프로테스탄트 국가들은 양자를 비교적 분리하여 처리한 점이 주목되었다. 예로 네델란드는 '안녕과 질서'를 목표로 소극적으로 단지 사회적 혼란을 억제하였을 뿐 '원주 토착민은 사정이 허락하는 한 자기의 수령에 직접적 지도하에 둔다'라는 법정신의 원칙에 따라 간접통치하였다. 이에 대해 영국은 같은 간접통치이지만 '법과 질서'를 목표로 적극적으로 사회질서를 유지하려 하였다. 종교정책에 대해서도 여론을 존중하였고 특정한 종교를 강요하지 않았다. 따라서 이들 국가들이 식민지배한 지역인 말레이시아와 인도네시아 그리고 미얀마 등에서 기독교 세력은 그다지 성장하지 못했고, 불교와 이슬람교등 식민자들이 들어오기 전에 이미 형성된 종교세력이 그대로 유지되는 국면을 보였다.

3. 도서부와 내륙부 정치 · 경제체제의 대비

동남아지역을 대륙부와 도서부로 나누듯 이 지역의 과거 왕조를 크게 토지를 기반으로 한 농업형 왕국과 교역을 기반으로 한 해상무역왕국으로 구분이 가능하다. 스리비자야왕국은 지금 수마트라섬의 팔렘방 부근에 일어난 동남아시아 최고(最古)의 해상왕국이었다. 스리비자야는 동남아 항로 상의 핵심요충인 말레카 해협을 7세기부터 12세기까지 통제한 왕국으로, 그 상업적 영향력이 매우 컸다. 스리비자야의 주요 국가수입은 주로 교역을 통해 획득되었다. 물론 배후의 농업지역에서 도작이 이뤄지기도 했으나 핵심 경제역량은 교역을 통한 부의 축적이었다. 그리고 이어 자바섬을 배경으로 형성된 마자빠힛왕국 역시 해상교역을 중심으로 국가경영이 이루어진 해상왕국이었다. 15세기 전후에는 말레이반도의 말레카왕국이 해상무역국으로서 발전을 이뤄나가게 되었다. 포르투갈을 필두로 한 서방국가의 동진이 시작되면서 동남아에서 발전된 해상왕국은 식민세력에 의해 위세가 위축되었고, 이어 식민제국의 영향권 아래 놓이면서 다른 발전의 경로를 걷게 된다.

해상무역왕국의 경우 주로 국제적인 교역환경에 국가 생존이 많이 좌우되었다. 가장 오랜 동남아의 해상왕국 스리비자야가 큰 세력을 갖게 된 것은 바로 무역중심국가로 발전하는 과정에 중국의 후원을 받았기 때문이라는 견해가 있다.[5] 동남아의 초기 역사에서 중요한 국제적 무역패턴은 인도와 서쪽으로 페르시아와 아랍을 포함하는 지역과 중국 사이의 동서무역이었다. 서역의 물품과 중국의 비단, 도자기, 차 등이 교역되었고, 이를 중개한 지역이 바로 수마트라의 팔렘방을 중심으로 한 스리비자야 왕국이었다. 이는 중국이 스리비자야를 조공국으로 선택한 결과로 볼 수 있다는 것이다. 조공국이란 바로 중국과 공식적으로 무역을 할 수 있는 권한을 갖는다는 의미로 스리비자야와 경쟁했던 많은 해상국가들은 이런 점에서 매우 불리한 지위에 놓이게 되었다.[6] 즉 스리비자야는 중국의 '인정'에다 그 자신의 역량으로 해양세력의 선두가 될 수 있었다.

그러나 해상무역국은 자신의 역량보다 주변 교역국의 경제환경에 의해 많이 좌우된다는 특성 때문에 교역환경이 변화하면 생존이 아주 어려워지게 된다. 가장 큰 환경의 변화 역시 중국으로부터 왔다. 중국과 동남아의 교역에서 주도적인 역할을 하던 스리비자야 무역상인들은 중국이 직접 교역에 나섬에 따라 그들의 입지가 줄어들었고, 이에 더해 경쟁관계에 있던 배후의 토지에 기반을 둔 다른 동남아 해상왕국들이 대거 경쟁에 나서면서 세력이 급격히 약화되었다. 즉 해상왕국들은 자신의 내재적인 역량보다는 대외적 환경에 의존하는 측면이 많았던 것이다.

그러나 농업을 기반으로 하는 내륙부의 국가들은 훨씬 강력한 경제시스템과 국가체제를 갖추면서 그 생명력이 해상무역왕국에 비해 강한 모습을 보여주었다. 해양도서국가들이 지리적으로 분산되고 경제적인 발전이 아주 불균형한 모습을 보인데 반해 내륙부의 국가들은 비옥한 토지를 기반으로 하는 농업국가로 탄탄한 국가 경영이 가능했다. 견고한 경제역량은 비교적 안정된 정치환경과 통일된 국가의 형성의 뒷받침이 되었다. 이라와디강 하구의 평원을 중심으로 한 파간왕국과 차오프라야강(메남강) 하류 방콕일대의 평원을 중심으로 발전한 아유타야왕국과 차크리왕국, 그리고 메콩강과 홍하유역을 배경으로 등장한 푸난왕국과 뒤이어 등장한 참파, 월남에 이르는 고대왕조들은 강력한 상비군체제와 견고한 정치시스템으로 강력한 국가체제를 유지할 수 있었다. 이들 내륙부의 농업국가는 안정적 수리관개가 국가체제 유지의 핵심적 요소였고, 강력한 중앙집권적 체제로 많은 인력을 동원하여 수리시설을 개착하고 유지 보수할 수 있었다. 비록 전체 동남아가 태국을 제외하고 구미의 식민지로 전락했지만 내륙부 국가들은 도서부의 동남아 국가와는 달리 아주 늦게 식민지로 편입된 점을 통해서도 그들의 국가역량을 판단해볼 수 있다고 생각된다.

문화적인 각도에서 보더라도 도서부의 국가들의 문화는 그 경제수준의 격차만큼이나 다양하다면 내륙부 국가의 문화는 비교적 균질적이라 할 수 있을 것이다. 스리비자야와 마자빠힛, 말레카왕국 등 고도의 경제적 번영을 구가한 해상왕국들은 문화적 수준도 상당히 높았고 세련되었으나 이들 일부 선진지역을 제외한 동남아 섬 지역의 문화는 최근까지 거의 원시의 모습을 보이는 곳이 많다.

종합적으로 동남아 도시지역의 정치발전 상황을 보자면, 내륙부와는 달리 도서지역은 섬이 너무나 많고 섬과 섬을 연결해줄 수 있는 교통 · 통신 시스템이 대륙부에 비해 훨씬 뒤떨어졌고, 섬들간의 사회 · 경제적 격차가 크며, 지역도 분산되어 정치적으로 통일된 강력한 국가가 등장하기가 구조적으로 어려웠다. 이는 이후 서구세력이 동진할 때 가장 먼저 도서지역, 즉 수마트라와 자바섬,

필리핀, 말레이반도 등이 서구의 제물이 된 중요한 원인이 된다.[7)]

농업의 형태도 동남아를 구분짓는 하나의 요소가 된다. 전통시기 동남아에서의 가장 진전되고 수확이 높은 농업의 형태는 관개농업이었다. 수도작 지역이나 계단 밭에 위쪽에서부터 아래로 물을 공급하는 형태의 농업이 가장 높은 쌀 생산과 다양한 농작물의 생산을 가능하게 해주었다.[8)] 동남아 밀림지역의 농업형태는 인류 역사상 초기의 농경모습인 화전농이 아주 보편적이었고, 이에 비해 관개농은 상당히 발전된 농업의 모습으로 평가될 수 있다.

동남아지역사회의 사회구조는 물론 지역별로 아주 다양한 모습을 보이지만 공통적인 속성도 있다. 우선 가족제도로서 확대된 가족제도는 사회조직의 주력이었다. 둘째, 마을의 노동력과 생산은 농업에서 비롯되었고 수공업이나 행상 등 상업활동은 부차적인 중요성과 지위를 가졌으며 자주 외부인에 의해 주로 수행되었다. 셋째, 지역적 협동으로 이는 가족의 범주를 넘어 공통의 목표나 지역적 수요를 충족하는 중요한 수단이 되었다. 넷째, 이런 지방 공동체주의는 일련의 문화적 가치와 도덕규범을 창출하였고 개인주의는 그다지 높은 평가를 받지 못했다.[9)]

02 제국주의의 각축장이 된 동남아

제국주의 세력으로서 동남아에 첫발을 디딘 것은 포르투갈이었다. 인도의 고아에 이미 진출했던 포르투갈은 1511년 말레카를 점령하였다. 이어 스페인은 필리핀에 진출하였고, 이어 제국주의 후발주자인 네델란드와 영국, 프랑스 등이 동남아지역에 침입하면서 이 지역을 과점하였다.

포르투갈은 최초로 동남아에 진출했지만 네델란드에 의해 대체되는 등 그 영향력이 빨리 쇠퇴되었고, 네델란드가 자바와 수마트라, 이어 전체의 인도네시아 군도에 이르는 지배권을 장악하게 되었다. 영국은 말레카와 페낭, 그리고 싱가포르 등 이른바 해협식민지를 장악하고 점차 말레이반도와 현재 보르네오섬의 사바와 사라와크 일대를 영향력 하에 두었다. 이와 함께 인도와 맞닿은 미얀마를 식민통치구조에 편입시켰다. 프랑스는 월남과 라오스, 캄보디아 등 이른바 인도차이나 반도지역을 수중에 넣었다. 동남아지역으로서 유일하게 태국만은 영국과 프랑스 세력의 틈바구니에서 적절히 균형을 취하면서 외교력을 발휘하여 독립을 유지하였으나 적지 않은 영토상의 양보를 했고 영국의 강한 영향력에서 벗어나지는 못했다.

서구의 동남아 진출 초기 그들이 이들 지역에 대한 가장 큰 목적은 염가의 향료를 많이 확보하는 것이었다. 정향과 육두구, 후추, 육계 등은 아주 고가의 향료로 유럽에서는 부의 상징이었고, 귀족층을 중심으로 높은 수요가 뒷받침되고 있었다. 유럽 국가의 향료확보를 위한 움직임은 근대 세계의 역사를 뒤바꾸어 놓을 만큼 큰 위력을 발휘하였다.

포르투갈은 이교도에게 기독교신앙을 전파한다는 종교적 소명과 함께 향료로 대변되는 경제적인 부를 확보하기 위해 동남아에 왔다. 영국의 역사가 hull은 "포르투갈인들이 주로 고려한 것은 향료무역을 통한 거대한 이익이었고, 동시에 무어인으로부터 무역독점권을 빼앗는 것이었다"고 포르투갈의 동남아 진출을 설명하고 있다.[10] 식민국가별 동남아 확보과정과 그들의 경제침탈 등에 정리해본다.

1. 포르투갈의 동진

근대 식민주의 역사상 이베리아 반도의 포르투갈과 스페인이 가장 먼저 식민지 쟁탈과 경영에 나선 국가이다. 포르투갈은 15세기 초 이미 원양항로의 개척에 나섰고 1510년에는 인도 고아를 점령, 여기에 포르투갈의 동방 식민거점을 세우고 인도양 무역을 통제하였다. 인도 지역에 생강이 생산되긴 했지만 그 가치는 그다지 높지 않았다. 肉桂는 주로 스리랑카에서 생산되었고 더욱 귀한 정향이나 육두구 등은 멀리 동남아, 특히 인도네시아의 군도에서 생산되었다. 카

리쿠트나 코친은 인도의 주요 향료집산지이긴 하나 생산지는 아니었고 더욱 중요한 향료무역항은 바로 동남아의 말레카로, 인도로부터 수주의 항해일정이 소요되는 먼 곳이었다. 당시 말레카의 향료무역은 무슬림상인의 손에 장악되었고, 포르투갈 사람들은 특히 말레카의 중요성을 잘 알고 있었다.

말레카는 말레카해협의 가장 좁은 부분으로 인도양과 남중국해 그리고 자바해의 계절풍 교차지점에 위치해 있다. 15세기 중엽, 말레카왕국은 동남아 도서지역의 중요국가가 되었고, 이 왕국은 시암(태국의 이전 명칭)의 두 차례 공격을 물리치고 세력을 말레이반도의 파항, 트렝가누, 파타니, 조호르바루 및 빈탄섬과 수마트라의 상당한 부분까지 확장하게 되었다.

말레카는 당시 동남아에서 가장 중요한 무역항이었다. 각국의 상선들이 이곳으로 몰려들었고, 여기엔 많은 중국상인들도 포함되었다. 이밖에 동남아 각지와 인도, 아랍, 에티오피아, 투루크만, 아르메니아상인까지 모여들었다고 한다. 또 당시 말레카 다운타운에서는 84종의 다른 언어들을 들을 수 있었다고 한다.[11] 이곳에서는 중국의 자기, 비단과 철기, 자바섬 등의 쌀, 수마트라의 황금과 후추, 브루나이의 장뇌, 인도의 면포, 그리고 아랍의 모사 등이 거래되었다. 특히 말루쿠군도와 다른 지방에서 온 향료는 가장 중요한 교역품목이었다. 이곳을 다녀 간 서방상인들은 말레카의 교역규모와 상품의 종류, 그리고 선박의 규모에 대해 찬탄하는 기록을 적잖이 남겼다.

이런 교역을 바탕으로 말레카는 엄청난 부를 쌓아올렸고, 주민들이 부유하고 풍족한 아주 사치스런 생활을 한 것으로 전해지고 있다. 또 말레카는 동남아의 이슬람 전파의 중심지였다. 1414년 이슬람교는 수마트라섬으로부터 전파되었고 30여년 이후 이 왕국의 국교가 되었다.

그러나 16세기후 말레카는 국운이 기울면서 내리막길을 걷기 시작했다. 1508년부터 시작된 초기 포르투갈의 공격을 말레카왕국이 잘 방어했으나 결국 1511년 8월 10일 말레카는 포르투갈의 1천여 병력에 의해 함락되었고, 포르투갈은 바로 이곳에 포대 등을 포함한 요새건설에 나서게 된다.

포르투갈은 말레카에서 교두보를 확보한 다음 동남아의 기타 지역으로 확장하게 되었다. 가장 중요한 목표는 '향료군도'로 알려진 말루쿠군도였다. 이들은 소순다열도의 북안으로 동진하면서 플로레스군도를 지나 북쪽으로 항행, 암본섬과 반다군도의 세이란섬에 상륙하였다. 그들은 정향이 많이 생산되는 지역은 찾지 못했으나 귀로에 많은 육두구를 가져올 수 있었다.

말레카와 말루쿠군도 이외 포르투갈인들은 1516년 시암의 수도인 아유타야로 진출, 국왕과 조약을 체결하였다. 조약은 시암은 포르투갈의 상업활동에 편의를 제공하고 포르투갈인이 시암에 거주하는 것을 허락하며, 동시에 신앙과 전도의 자유를 가지며 포르투갈은 이에 대한 답례로 시암에 무기와 탄약을 제공한다는 내용을 담았다. 이후 포르투갈은 파타니 등 몇 곳에 상관(商館)을 설치하였다. 이어 반단의 무역에 참여하였다. 이곳은 중국과 인도후추를 공급하는 주요항구였다. 또 브루나이 술탄과 협약으로 술루군도와 술라웨시 서해의 북부항선을 이용해 아체 등을 통제하는 동자바를 거쳐 말루쿠군도의 남부항선을 열었다. 이어 1577년엔 중국 마카오에 대중국무역기지를 건설하게 되었다.

포르투갈의 동남아 식민활동은 1511년에 시작되어 1641년 네델란드의 공격으로 말레카를 상실하게 되어 130년의 통치로 끝났다. 포르투갈의 동남아에 가한 가장 큰 충격은 경제무역방면이었다. 이들은 결코 유럽의 상품을 아시아로 수출한 것이 아니고 단지 동남아의 향료를 구입하고, 이를 중계무역하였다. 즉 16세기 40년대에 포르투갈의 무역은 이미 완전히 아시아무역체계의 일부분이 되었다고 지적됐다.[12] 더욱 중요한 것은 포르투갈인들이 동남아에 온 후 동남아와 유럽시장이 직접 연결되었고, 이는 동남아가 세계무역체계로 편입된 것을 의미한다. 유럽시장이 동남아 향료를 갈수록 많이 수요하자 말루쿠군도의 주민들은 정향과 육두구 등 향료작물만을 재배하게 되고, 양식은 수입에 의존하는 양상이 나타났다. 시일이 흘러 16세기말 자바섬 반단의 봉건주는 후추재배가 많은 이익을 가져온다는 사실을 알고 강압적으로 농민에게 후추를 심도록 요구했고, 세금을 후추로 납부하도록 했다. 동남아가 국제시장의 수요에 맞춰 상품생산을 시작하는 계기가 되었고, 근대 상품경제의 요소가 점차 성장하게 된다.

2. 스페인의 필리핀 식민경영

해상강국 스페인이 해외확장과 관련해 가장 먼저 만난 경쟁자는 포르투갈이었다. 스페인의 함대가 대서양 서안에 도달했을 때 포르투갈은 이미 아프리카 남단의 희망봉을 발견했고, 해로를 통해 인도로 향해 항해를 추진 중 이었다. 스페인과 포르투갈은 새로 쟁취하는 땅을 두고 치열한 경쟁과 충돌을 벌이게 된다. 1493년 교황 알렉산더 6세에 의해 쌍방의 긴장을 완화하기 위한 조치가 제시되었다. 이른바 유명한 分界칙령으로 '교황 자오선'으로 명명된 조치로 대서양 중부의 Azores 군도의 서쪽 100 league(1리그는 약 5.5km)를 통과하는 경도선으로, 서쪽은 스페인이 동쪽은 포르투갈이 각각 확장할 수 있다고 규정한 것이다. 이 분계선은 대체적으로 미주와 태평양 제도가 속한 서반구는 스페인의 세력범위로 하고, 아시아와 아프리카 등 동반구는 포르투갈의 세력범위로 한다는 것이다. 그러나 이에 대한 포르투갈 측의 불만 제기에 의해 서쪽 270 league로 분계선이 재조정되었다.

스페인이 처음 필리핀에 진출한 것은 1526년 4월 27일로, 원정대가 세부섬에 상륙하여 주민을 진압한 후 식민기지 건설에 나서는 한편 6월 섬의 지도자를 회유해 스페인의 통치를 받아들인다는 내용의 조약을 체결했다. 세부섬은 비사야군도의 중심에 위치해 있고 북으로는 루손섬, 남으로는 민다나오섬과 술루군도가 이어지며, 섬내에는 충분한 양식과 물산이 있으며 양호한 항구가 있어 스페인 식민군대의 전략기지로 아주 좋은 입지였다.

세부섬을 점령한 후 레가스피 원정대는 곧장 선박을 파견, 멕시코항로로 되돌아가 펠리페 2세의 명령인 환태평양항로의 개척에 성공했다. 멕시코의 아카풀코항에서 태평양을 건너 필리핀의 세부섬까지 이르는 항로는 스페인의 식민경영에서 아주 중요한 항로였다. 이후 이 항로는 마닐라와 아카풀코를 연결하는 대범선무역의 항로가 된다. 레가스피의 원정대가 1569년에는 마닐라를 점령, 제2의 식민거점을 건립했다. 스페인이 필리핀에 식민정책을 수행하는 과정에서 종교 — 기독교(천주교) — 의 역할이 아주 컸다. 이처럼 종교의 영향이 컸던 것은 필리핀사회상황과 밀접한 연관이 있었다. 16세기의 필리핀은 말레이 반도나 인도네시아 군도와는 달리 단지 남부지역에만 이슬람교가 전파되었고, 중북부지역엔 이슬람교의 영향력이 그다지 커지 않았다. 불교와 힌두교도 전파되었으나 그 영향력은 미미하였다. 현지 부락이 신앙하는 것은 자연숭배였다. 뚜렷한 종교조직도 종교건축물도 특별한 것이 없었다. 아시아 전통종교가 강력한 영향력을 행사하지 못한 상태에서 천주교가 들어올 수 있는 여지가 있었던 셈이다. 많은 필리핀인들이 천주교에 쉽게 귀의하였고, 이는 레가스피의 필리핀 식민지경영에 큰 도움이 되었다. 비록 스페인의 정복사업이 순조로웠고 천주교의 전파가 중북부지역에서 큰 성공을 거두었지만 남부지역의 무슬림지역에서는 강렬한 저항이 뒤따랐다.

이들의 필리핀 식민경영은 멕시코의 경험을 많이 이식하였다. 첫째는 정치적으로 전제주의 통치방식을 채택한 식민행정기구를 건립하고, 둘째는 정교합일제도를 시행, 천주교가 중요한 통치 지주가 되도록 한 것이다. 셋째, 중상주의를 채택, 대외무역에서 국가독점제를 실시하였다.

스페인의 세계항로는 서쪽은 중국 대륙으로부터 필리핀의 마닐라를 거쳐 동쪽으로는 라틴아메리카의 멕시코로 이어지는 이른바 '대범선무역'이다. 대범선은 스페인인이 고용한 중국인 장인이 필리핀에서 건조하였고 적재중량은 약 4백톤이다. 이 범선은 중국의 비단, 자기, 면포와 찻잎 등의 상품을, 필피핀의 진주, 목각, 직물과 자수, 일본의 和服과 紙燈을, 말루쿠의 향료 등등을 싣고 마닐라에서 멕시코의 아카풀코로 항행하고 이후 멕시코 내지의 여러 지역의 화물을 실어 스페인령의 다른 미주지역과 스페인으로 운송한다. 회항과정에 싣고 가는 주요 화물은 멕시코의 은과 은화, 구리와 양모, 카카오 등이었다.[13)] 말하자면 마닐라는 중국과 멕시코의 중계무역기지로 주요 무역품목은 중국상품이었다. 이러한 독점무역을 통해 거액의 경제이익을 확보하였다. 대범선무역은 1565년에서 1815년까지 250년간 스페인의 필리핀 통치에 큰 작용을 하였다.

필리핀 남부는 술루군도와 민다나오섬을 포함하고 있고, 이들 지역은 14세기에 이미 이슬람교화되었다. 이들은 인종적으로 중북부 필리핀인과 같은 말레이

종족이나 종교적으로 이슬람교를 받아들였다. 스페인사람들은 무슬림을 모로인이라고 부른다. 스페인의 역사가들은 필리핀 남부 무슬림들의 식민전쟁을 '모로전쟁'이라고 부르고 있다.[14] 이 전쟁은 16세기 70년대에 시작되어 3세기를 거쳤다. 그러나 스페인은 이처럼 오랜 전쟁을 통해서도 필리핀 남부지역을 완전히 정복하지 못했고, 남부지역 주민의 신앙을 개조하지도 못했다.

스페인의 아시아확장정책은 기타 식민열강의 충돌을 야기했다. 16세기 중엽에서 18세기 중엽 동남아의 식민패권을 둘러싸고 스페인과 포르투갈, 네덜란드와 영국 간에 격렬한 쟁탈이 전개되었고, 필리핀군도는 서로 쟁탈을 벌이는 중요한 장소가 되었다. 17세기 초 네덜란드의 동남아 전략목표는 향료군도를 탈취하여 동남아해상식민패권을 건립하는 것이었다. 그들은 자바섬, 술라웨시섬과 향로군도를 장악한 후 스페인령 필리핀에 전쟁을 일으켰다. 필리핀 바다에서 4차례 스페인과 네덜란드는 해상교전을 가졌다. 결국 1648년 스페인과 네덜란드는 뮌스터조약을 체결, 네덜란드의 독립을 승인하고 동시에 동남아에서의 네덜란드의 식민이익을 인정하였다. 이후 스페인과 네덜란드 간에는 대규모 전쟁이 발생하지 않았다.

18세기 접어들면서 영국의 세력이 날로 강해졌다. 1756년 영국과 프랑스간에 7년 전쟁이 폭발했고, 스페인은 프랑스편을 들어 참전했다. 이어 영국이 스페인에 선전하고 영국령 인도의 영국군인들이 필리핀을 공격했다. 스페인은 무력하게 영국에 무너졌고 1762년 마닐라는 영국군에 의해 점령당했다. 영국은 전비를 보상받고 약 20개월의 점령을 마치고 필리핀을 스페인에 양도하였다.

19세기에 접어들면서 필리핀의 내외적 환경과 사회경제상황에 큰 변화가 나타났다. 영국을 중심으로 하는 서구국가와 미국의 자본이 대규모로 필리핀에 유입되었다. 스페인이 排外법령을 반포하면서 엄격히 외국기업의 경영활동을 제한했으나 스페인 자체의 경제역량으로 충분한 상품의 공급이 이뤄지지 못해 부득이 외국기업들이 일정한 범위내에서 무역활동을 할 수 있도록 허용하였다. 이런 외국기업의 활동 허용으로 마침내 스페인이 쇄국정책을 폐기하지 않을 수 없게 됐다. 1815년 대범선무역이 종료되고 1834년엔 왕실회사를 취소하면서 동시에 마닐라를 국제무역항구로 개방하였다. 이는 스페인의 식민정책이 새로운 단계에 진입했다는 것으로, 이전의 중상주의에서 점차로 자유무역의 단계로 전환하게 된 것이다.

3. 네델란드의 동남아 식민활동

16세기말 네델란드 식민자들은 동남아에 침입하여 포르투갈인의 손에 놓여있던 향료무역을 탈취할 생각을 가졌다. 이 시기 네델란드는 이미 영국 등 경쟁적수를 물리쳐 유리한 조건이 형성되었다. 그들은 장기간 어업무역 과정에서 획득한 양호한 항해기술을 보유하고 있었다. 또한 유럽의 '마부'이자 대리인으로 그들은 오랜 중개경험을 갖고 있기도 하였다. 이밖에 자금을 조달하는데 있어서도 그들은 가장 선진적이었고, 상당한 유동자금을 장악하였다.

1595년 첫 원정대가 로테르담 항구를 떠나 희망봉을 넘어 동인도로 향했다. 휘트만이 이끈 원정대는 다음해 6월 서자바섬의 후추 무역항인 반단에 도착했다. 이어 선대는 계속 동쪽으로 항행, 자카르트타와 자바섬의 북부 기타 항구를 방문하고 최종적으로 발리섬에 닿았다. 귀국하는 과정에 1척의 선박과 1백여 명의 선원의 손실이 있었으나 싣고 온 향료로 큰 부를 거머쥐었다.

이 소식이 전해진 후 네델란드 식민자들은 속속 동남아로 몰려들기 시작했다. 1598년 5개 원정대가 모두 22척의 배를 타고 네델란드를 떠나 동인도로 향했다. 가장 규모가 큰 원정대는 遠方공사에서 파견한 것으로 이 원정에서 모리셔스섬을 발견했고, 자바섬 반단에 도착한 후 4척의 배에 후추를 가득 싣고 네델란드로 돌아왔다. 기타 선박은 큰 이익은 얻지 못했지만 항행을 계속, 수마트라, 보르네오, 시암, 마닐라, 광저우와 일본을 항행하였다. 동으로 파견되는 선박은 갈수록 많아졌고 이 시기는 바로 네델란드 역사상 '광란의 항해'시기로 명명된 시기였다. 동남아지역으로 말하자면 네델란드선박이 지나치지 않은 중요항구가 하나도 없을 정도였다는 것이다.

많은 무리의 네델란드 상인이 인도네시아 군도로 향했다. 반단에만 4개 네델란드 무역회사가 앞다퉈 후추를 구매하면서 후추값이 폭등하였고, 이윤은 크게 줄었다. 동시에 네델란드인의 활동은 포르투갈인과 스페인인에 의해 상당히 제약되었다. 그들은 이러한 난관을 극복하기 위해서는 전국적인 노력과 하나의 무역회사로 통합하는 것이 긴요하다는 것을 알게 되었다.

1602년 3월 20일 6개 지역의 상회가 구성한 네델란드 연합동인도회사(VOC)가 네델란드 의회로부터 특허를 받게 되었다. 내용은 이 회사가 희망봉에서 마젤란해협에 이르는 광대한 범위의 무역독점권을 21년간 갖는다는 것이었다. 회사는 조약체결권, 요새건설, 무장력과 법관을 설치할 권한을 갖게됐다. 회사의 본부는 암스테르담에 두고, 자회사는 전국 6곳에 두기로 했다.

동인도회사를 설립 후 독점무역을 추구하였고 식민지쟁탈전을 개시했다. 우선 포르투갈과 스페인과 향료군도 쟁탈전을 벌여 이들을 격퇴하고 암본섬과 말루쿠군도를 통제하였다. 그러나 말레카에 대한 공격은 포르투갈에 의해 패퇴당하였다. 이후 30년간의 쟁탈전 끝에 네델란드는 향료무역의 독점지위를 획득하게 됐다. 그러나 그들은 과도한 이윤을 요새를 건축하는데 사용해야 했고, 대규모 주둔군을 유지하고, 장비와 전함도 유지하여야 했다.

앤 피터슨 쿤 총독이 부임한 이후 그는 '전쟁없이 무역없다'며 이사회에 무력동원을 통해 인도네시아 정복을 강하게 설득하였다. 이로부터 동인도회사는 인도네시아 군도에 대해 무력확장의 단계로 접어든다.

네델란드 식민자의 우선 목표는 인도네시아 군도의 중심인 자바섬이었다. 1611년 네델란드인은 자카르타에 무역거점을 설립했다. 쿤이 총독으로 부임한 후 자카르타를 동인도회사의 본부로 삼기로 결정했다. 1619년 반단의 세력을 밀어내고 자카르타를 완전 장악하게 되었다. 네델란드 동인도회사의 영토확장은 자바섬에 이어 수마트라, 말루쿠군도, 술라웨시 등으로 확장되었다.

동인도회사의 초기 주요사업목적은 향료, 특히 후추, 육두구와 정향의 독점이었다. 일정한 향료의 생산으로 가격을 통제하기 위해 특정 향료는 특정지역에 국한시키는 정책을 시행하였다. 향료재배 토지는 주로 동인도회사 직원에게 배분되거나 매각되었고, 이들은 노예 혹은 노예에 준하는 인력을 동원해 경작했다. 정향생산의 감독을 용이하게 하기 위해 정향의 재배는 암본섬에만 국한하였고, 이 섬 이외 정향이 재배되면 모두 베어버렸다.[15)]

네델란드는 연이은 영국 등과의 교전과 관원들의 부패, 무역독점의 허점 등 많은 이유로 동인도회사와 본국이 재정상황이 악화되었고, 결국 식민지 인도네시아에서 강제경작제를 시행, 본국의 재정상의 위기를 극복하기로 결정하였다. 그 주요내용은 ① 자바주민은 반드시 전체 경지면적의 5분의 1이상을 유럽시장이 수요하는 작물(가령 사탕수수, 커피, 인디고, 담배 등)을 경작해야 하고 생산작물은 시장가격으로 식민정부에 판매한다. ② 이 작물을 경작하는 토지는 지대가 면제되고 생산된 작물의 가격이 납부해야 할 세금을 넘어설 때는 초과부분을 반드시 농민에게 환급하고 부족할 때는 만약 농민이 태만한 경우가 아니라면 정부가 책임을 진다. ③ 유럽시장에서 수요되는 작물 경작에 소요되는 시간이 농민이 미작을 경작하는 시간을 초과할 수 없다. ④ 이 작물을 경작하지 않는 자는 반드시 인두세를 납부해야 하거나 혹은 5분의 1이상의 업무시간을 식민정부를 위해 노역해야 한다. ⑤ 모든 이 업무는 촌장에게 위임되고, 식민정부는 비율에 따라 그들에게 일부분을 보수 혹은 어떤 특권을 준다.

네델란드 식민정부는 우선 인디고와 사탕수수지구에 이 제도를 시행했고 이후 커피, 찻잎, 담배, 후추, 면화 등의 작물로 확대하였다. 유럽인과 화교 중간상들은 정부와 계약을 체결, 이들이 농민의 생산물을 구매하여 고정가격으로 식민정부에 매각하였다. 이 제도는 내외로 많은 논란을 불러일으켰으나 네델란드 정부는 수입을 늘려, 국가가 재정위기에서 벗어나게 되었다. 그러나 강제경작제의 제도와 실제는 너무 달랐다. 농민의 토지 중 5분의 1만 강제경작제를 시행한다고 했지만 실제 1/3, 1/2로 높아진 경우가 많았고, 노동시간도 66일이 아니라 실제 120일, 266일도 있었다고 한다.[16)] 네델란드의 국가재정과 국가의 존립은 바로 인도네시아 농민의 피땀의 기반위에 세워졌다고 보아도 좋을 것이다. 강제경작 대상 토지의 면세도 규정과 달리 토지세가 부과되었고, 경작물의 시장가격 역시 구매자의 일방적인 가격후려치기로 결정되었다. 네델란드의 한 역사학자는 다음과 같이 기술하고 있다.

"당국이 확보한 상품은 유럽으로 운송되어 판매되는 과정에서 구매가격에다 운송비를 더한 비용이 유럽에서의 판매가격과 아주 큰 폭의 가격차가 나 식민당국은 엄청난 이득을 보았다." "이 강제경작제는 다른 말로 하자면 바로 순이익정책이다"라고 지적하고 있다.[17)]

4. 영국의 동남아 식민활동

영국의 동남아 식민경영은 포르투갈이나 스페인, 네델란드보다 늦었다. 영국이 동남아로 들어 온 것은 16세기였다. 엘리자베스 여왕의 지원으로 프란시스 드레이크가 대서양을 건너고 태평양에 들어와 1579년 말루쿠군도에 도착했고 이후 서쪽으로 항행하여 희망봉을 돌아 1580년 영국에 돌아갔다. 드레이크는 마젤란에 이어 두 번째로 세계항로를 운항했으며, 영국인으로서는 가장 먼저 동남아를 밟았다.

영국함대는 1588년 스페인의 무적함대를 격퇴시킨다. 무적함대의 패퇴는 16세기 한 해상패권의 몰락과 다른 해상패권의 부상을 상징적으로 보여주는 사건이었다. 1600년 영국동인도회사가 설립되었다. 이 회사는 엘리자베드여왕으로부터 15년간 동방무역을 독점할 수 있는 특허권을 부여받았다. 이 회사 역시 네델란드 동인도회사와 마찬가지로 독자의 무장력과 대외 선전과 강화, 조약체결권을 가졌다. 이름은 무역회사이지만 실제로 정권의 권능을 보유한 것이었다. 이 회사는 1858년 회사제도가 폐지되기까지 영국의 동방식민확장의 가장 중요한 수단이었다.

동인도회사의 설립을 계기로 영국은 본격적인 동남아지역 식민경영에 나서게 된다. 1602년 동인도회사의 선단이 처음으로 영국을 출발 수마트라의 아체에 도착했고 이후 자바의 반단으로 가서 이곳에 상업거점을 세웠다. 이는 동인도회사의 동남아에서의 첫 상업식민거점이었고, 가장 조기의 동남아 무역본부이기도 했다. 이후 이 선대는 후추와 각종 향료를 가득 싣고 자바에서 영국으로 돌아갔다.

영국 역시 동남아에서의 조기 식민활동은 주로 향료에 국한되었고, 이는 네델란드와의 갈등을 예고하는 것이었다. 그러나 17세기는 동남아에서 네델란드의 전성시기로 영국과 네델란드의 분쟁에서 영국은 늘 패퇴하였다. 1619년 7월 영국과 네델란드 양국은 조약을 체결, 양국이 말루쿠군도와 암본, 반다의 향료무역에서 네델란드인이 2/3를, 영국인이 1/3을 갖기로 합의했다. 자바섬의 각 항구에서의 후추무역도 동일하게 나누기로 했다. 그러나 영국은 반다군도에서 쫓겨나고 암본섬에서도 밀려나게 되었다.

18세기 후반에서 19세기 초반 영국이 우선적으로 식민확장을 도모한 곳은 말레이반도였다. 페낭섬과 말레카, 싱가포르는 이른바 영국이 해협식민지로 이들 지역을 중심으로 영국의 동남아 식민경영이 시작되었다. 1824년 영국-네델란드의 런던조약 체결 후 양국의 동남아에서의 세력범위가 분명해졌는데, 페낭섬과 말레카 그리고 싱가포르 3개 무역항의 통제권은 영국에 주어졌고, 이 지역은 바로 영국 말레이반도의 해협식민지의 중심이 되었다.

해협식민지의 건립은 영국의 대중국 무역의 해상교통로에서 하나의 중간기지를 확보한 것일 뿐 아니라 동남아확장의 전진기지가 되기도 했다. 말하자면 해협식민지는 영국의 동남아 및 태평양지역에 이르는 광대한 식민패권의 한 기반이 되어 전략적으로 중요한 의미를 담고 있었다. 영국은 이를 교두보로 하여 북칼리만탄과 말레이반도의 내지로 식민확장을 지속하였다.

북칼리만탄은 사라와크, 사바와 브루나이 3개지역으로 구성되어 있다. 17세기 영국이 칼리만탄섬 침입을 시작하면서 네델란드와 경쟁을 벌이게 되었고, 세력을 확장하였다.

또 1909년 영국은 시암 방콕왕조와 조약을 체결, 시암이 말레이반도 북부의 케다, 클란탄, 트렝가누 등 4개의 말레이지역의 종주권을 영국으로 이관하였다. 이로써 말레이반도 북부 4개邦은 영국의 보호령이 되었다. 1914년엔 영국이 강압적으로 조호르바루 술탄에게 영국의 고문관을 받아들이도록 요구, 반도에서 마지막으로 상대적으로 독립적 지위를 누렸던 지역 역시 영국의 보호령이 되었다. 이로부터 조호르와 케다, 클란탄, 트렝가누 등 지역은 '말레이속방'이 되었다. 이처럼 영국은 말레이반도 상의 모든 지역을 점령하여 말레인반도 전체를 완전 식민지화하였다.

영국이 말레이반도를 침입한 최초의 목적은 대중국무역의 거점 건립과 말레카해협의 해상교통 통제권을 장악하기 위한 것이었다. 그러나 19세기 후반에 접어들면서 영국이 독점자본주의 단계를 넘어서고 전체 말레이반도의 겸병이 완료되면서 영국은 이 지역을 동남아 식민통치중심지로 삼아, 동남아의 주요상품시장, 원료산지, 투자지역으로 삼고, 군사전략기지를 건설하려 했다.[18)]

말레이반도를 점령한 후 영국식민자들의 토지약탈이 가속화되었다. 법령의 반포를 통해 식민당국은 토지소유권, 토지세징수권, 강제노역권을 확보하였다. 1896년 영국식민당국은 토지법을 반포하면서 말레이 전부 토지를 그들의 소유로 선언했고, 말레이인들이 대대로 소유하던 땅의 소유권을 빼앗았다.[19)]

이어 1913년 제정된 말레이연방의 〈토지보류법〉은 이들 토지를 어떤 방식으로도 외지인, 즉 화교나 인도인, 기타 민족에게 넘길 수 없도록 규정했다. 표면적으로는 말레이인의 이익을 보호한 것처럼 보이나 실은 식민당국의 이익을 위한 것이었다. 이런 토지법 규정에 따라 양식작물이나 경제작물의 경작은 원주민이, 토지 소유권에서 배제된 화교나 인도인은 광산개발이나 상업 혹은 광산이나 농장의 고용노동자 혹은 철도건설이나 기타 공공부문 건설에 필요한 노동자가 될 수 있을 뿐이었다. 민족간의 분업이 자연스럽게 형성될 수 있는 제도적 기반이었던 셈이다.

말레이에서의 주석광은 화교에 의해 최초로 개발되었다. 토지법에 의해 토지소유가 규제되기 이전 말레이의 토지는 각각의 술탄에게 귀속되었고, 화교화인들은 이들로부터 채광허가를 받아 광산을 개발했다. 그러나 식민당국이 주석광 개발에 적극 개입하면서 화인은 배제되기 시작했고, 여기에다 화인의 채광기술과 설비가 낙후된데다 자금이 부족한 등의 이유로 생산규모는 영국인에 비해 큰 비율로 떨어졌다. 1910년 말레이연방의 주석 총생산량에서 화인이 78%, 영국인을 중심으로 한 유럽인이 22%를 차지했으나, 1940년엔 화인의 비중이

22%로 떨어지고, 유럽인의 비중이 78%로 높아졌다.[20] 짧은 시간내에 비율이 완전 역전된 것이다.

5. 프랑스의 식민경영

프랑스의 동남아 식민경영은 16세기 하반기와 17세기 초반부터 시작되었다. 이 시기 프랑스의 경제이념은 바로 중상주의로 대외무역의 확대를 통한 이익의 확충이 목적이었다. 교역을 위한 상품생산의 전제로 필요한 원료의 안정적 확보와 상품시장의 확보를 위해 대대적인 식민지 개척에 나서게 된다. 프랑스의 식민확장 과정에서도 국가권력이 주도적인 역할을 수행하였다. 국왕과 정부는 식민확장에 필요한 자금을 제공하고 계획과 정책을 수립하며 국가무역을 독점할 조직을 건립하였다. 국가권력 이외에 천주교회도 해외식민경영과 확장에 중요한 작용을 하였다.

1680년과 1682년 프랑스의 상선이 월남 북부에 도착 무역활동을 하였다. 이에 앞서 알렉산드 로데스란 프랑스의 선교사가 남베트남지역에 선교를 위해 1624년 입국했다. 그는 베트남어를 배워가면서 전도했고, 현지의 경제, 정치, 자원과 사회상황에 대해 광범한 조사를 벌였으며 또 아주 자세한 월남지도를 만들었다. 그는 여행기와 선교과정을 기술한 글에서 17세기 월남의 상업, 무역, 화폐유통상황을 자세하게 언급하고 또 이곳에 50여개의 良港이 있다는 점도 밝혔다. 그는 "이 지역을 점유하는 유럽의 상인들은 앞으로 엄청난 이윤과 財源을 획득하게 될 것"이라고 밝히고 있다.[21] 1671년부터 후에 등지에서 14년간 프랑스선교사로서 활동한 한 선교사의 회고록에 의하면 월남의 남쪽지역에 사금, 제비집, 후추, 진주, 흑단 등의 물산이 풍부하다는 기록이 보인다.

파리외방선교회가 프랑스의 인도차이나반도지역의 선교활동을 촉진시켰다. 1659년 교황청의 명령에 의해 월남은 남북 2곳의 주교구가 설립되어 포교에 나섰고, 주교는 프랑스인이 담임했다. 교구 산하에 소교구가 소교구 아래엔 몇 개의 교당구가 설치되었다. 그러나 월남은 전통신앙인 유교와 불교 교리에 배치

되는 천주교에 대해 규제에 나섰고 많은 신도들이 박해를 받자 포교방식은 비밀리에 혹은 음성적인 포교로 전환되었다. 이어 월남으로부터 포교의 자유를 획득한 프랑스는 신속히 교세를 확장시켜 나간다.

1830년 프랑스의 금융귀족, 대자산계급 이익을 대표하는 프랑스 정부는 선교사를 보호한다는 명분으로 무력으로 월남의 굳건한 대문을 열었다. 19세기 중엽부터 월남에 침입한 프랑스는 90년대 인도차이나 3국에 대한 식민정복을 종료하고 프랑스령 인도차이나연방을 건립, 인도차이나지역에 대한 식민통치를 확립하였다.

인도차이나 3국은 열대에 위치해 있고, 자원이 풍부하며, 종주국으로부터 멀리 떨어져 있다. 이런 특성을 감안하여 프랑스는 이 지역을 북아프리카의 알제리아와 같은 이민식민지로 개척할 계획을 세웠다.

프랑스는 식민정책을 추진하면서 이 지역을 본국의 하나의 省지역 정도로 간주, 상품시장과 원료산지로서의 의미만 부여하였고, 식민지 자체의 특성과 수요를 완전히 무시하였다. 1차 세계대전을 거치면서 종전의 방침은 폐기되었고 이른바 '연계주의'가 태동되었다. 이는 종주국과 식민지의 차이성을 인정한다는 점에서 종전의 방침과 달랐고, 식민지의 특성과 요구를 감안한다는 것이었다. 그러나 이런 정책변화도 어디까지나 본국 프랑스의 이익체계 내에 한정된 것이었다. 이런 이론의 표현으로 식민지생산전문화정책이 등장하게 된다. 프랑스령 식민지를 경제적으로 분업시키고, 이들 지역이 주로 쌀, 고무, 석탄 등 기초상품을 생산하는 역할을 담당하도록 한 것이다.

03 중국과 동남아

중국과 동남아의 교류는 漢왕조로 거슬러 올라가고 당송 시기에 들어서면서 인적교류와 함께 활발한 교역이 이뤄진다. 양국간 교역으로 중국의 문물이 동남아에, 거꾸로 동남아의 특산품이 중국으로 유입되었다. 물자의 교류는 필연적으로 사람의 교류를 동반하게 되었다. 교통수단이 발달하기 이전 중국과 동남아를 잇는 것은 바람을 동력으로 하는 범선 뿐이었다. 결국 계절풍에 의한 풍력으로 오가는 범선은 연중 한차례 이상 이 지역을 오갈 수 없게 제약했고, 동남아에 도착한 중국인은 일정 시간을 머문 뒤 계절풍을 타고 중국에 돌아 오게 되었다. 이런 과정을 통해 몇몇 상인들은 계절풍을 기다려 바로 되돌아 오는 것이 아니고 몇 년씩을 체재하기도 하였고, 아예 현지에 눌러 산 경우도 나왔다. 말하자면 이들이 바로 가장 초기 화교의 모습이었다.

화교가 상당한 규모로 나타난 것은 바로 명말청초 시기였다. 이때 상업적 목적으로 동남아에 이주한 사람도 적지 않았지만 왕조 변혁기에 정치적 목적으로 이주한 사람이 많았다. 이처럼 물적교류에 이어 인적교류도 증가하면서 동남아에는 중국문화가 대폭 전파되었고, 동남아의 토산품, 특히 각종 농산품이 전래되면서 중국인의 물질생활에 큰 변화를 몰고 오기도 했다.

1. 중국농작물 재배와 그 가공기술의 동남아 전파

중국은 역사가 오랜 농업국으로 재배기술이나 종자, 시비, 관개, 농기구 등에서 선진기술을 가졌고 이를 동남아에 많이 전파하였다. 우선 쟁기, 수차, 저수지 축조기술 등을 전해주었다. 필리핀은 화전 등 중국과 유사한 문화를 가졌고 계단밭문화는 바로 중국에서 전래되었다.[22] 화교이민자들은 또 수차, 물레방아와 水牛, 黃牛, 馬 , 유기비료 등을 필리핀 농민에 전해주었다.[23]

인도네시아 자바섬의 텡그랑지구에 현지 농민이 밭을 갈 때 중국쟁기가 많이 사용되고 있다. 17세기 중엽 중국의 쟁기를 이용한 경작방법이 인도네시아 일부 지역에 광범위하게 사용되었다. 지금까지도 이런 쟁기가 사용되고 있다. 네델란드, 인도네시아 백과사전에 "인도네시아 농민들이 논밭이나 농장에서 땅속에 약간 들어가는 쟁기를 사용했는데 이는 중국 쟁기를 모방해 만든 것"이라고 설명하고 있다. 19세기초 영국인 스펜서 · 세인트요한은 칼리만탄의 농경기술을 본 후 "나는 이런 고급 경작방식이 확실히 중국문화의 遺跡이라고 생각한다"고 소감을 밝힌바 있다.[24] 월남에서도 유사한 중국 농기사례가 보고되었다.

쌀의 경작방식도 동남아에 전파되었다. 동남아의 원시적 도작방법을 보면 우기에 종자를 논에 뿌리고 난후 오랫동안 시비하지 않고, 제초작업도 하지 않아 벼가 잡초 가운데서 자랐다. 현지인들은 잡초가 벼의 줄기를 지탱시켜 준다고 생각하였고, 수확기에 벼이삭을 떼어 냈고 남은 벼 줄기와 잡초는 태워 비료로 사용했다. 이런 원시 농법에서는 벼의 수확이 많을 수 없었다. 화교들은 비교적 진보된 경작방식인 종묘를 심고 제초작업을 벌이며, 시비하는 과정을 거쳐 수확하는 방법을 전파하였다.[25] 필리핀에서 17세기 20년대 이후 많은 중국인이 루손섬 남쪽에서 手稻를 경작하였다. 1639년 카란바 일대지역에 벼를 경작하는 중국인이 6천명이 넘었다고 한다. 이를 두고 필리핀학자들은 당시 화교들의 농경기술이 높았다고 평가하면서 이들은 농학자나 마찬가지였다고 지적하였다.[26]

사탕수수의 경작과 가공방법도 중국에서 전파되었다. 필리핀의 중국인이 사탕수수경작방법 및 사탕수수에서 설탕을 추출하는 기술을 필리핀사람들에게 전수했다.[27] 사탕수수 재배기술은 인도네시아에도 전파되었다. 사탕수수 재배와 제당 기법이 전수되기 전 인도네시아에서는 원시적 방식으로 종려나무에서 설탕 성분을 채취했으나 생산량은 아주 낮았다고 한다.[28]

후추재배기술도 중국인에 의해 전수되었다. 16세기 반단의 중국인 이민은 후추재배에 종사했고, 이어 이 지역은 후추산지로 유명해졌다. 인도네시아 유명작가인 P.A.Toer 는 "후추의 생산은 화교들이 일련의 완전한 선진 재배기술을 갖고 있어 그 생산량을 아주 높일 수 있었다. …… 과거의 경작방식보다 증산율이 100%에 달했다"고 지적하고 있다. 그는 이어 "16세기에 바로 이런 선진, 우월한 재배기술로 거의 요술처럼 반단을 세계에서 가장 큰 후추생산지로 만들었고, 국제지위를 높였으며, 세계무역의 중심이 되었다"고 말한다.[29]

이밖에 중국의 이민들은 전체 동남아에서 과수원을 경영하고, 채소를 재배하여 판매하였다. 대두와 양배추, 小靑豆, 미나리, 배추, 부추, 무, 갓 및 가지, 용안, 감귤, 중국유자 등 채소와 과일의 신품종과 그 재배가공기술을 동남아에 많이 전파했고, 이는 화인이민의 동남아 사회에 기여한 측면으로 이해할 수 있을 것이다.[30)]

2. 수공업분야의 동남아 전파

농업 이외 수공업분야에서도 동남아에 대한 영향은 아주 컸다. 중국인 이민자는 중국내의 수공업 생산과 판매 등 전통경영방식을 동남아에 갖고 가서 그대로 적용하였다. 그들 자신이 만든 상품을 자신의 상점에서 판매하거나 가두판매하였다. 한 탐험가가 아체에서 본 모습을 다음과 같이 전하고 있다.

> "…… 그들(중국인)중 상당수는 工匠이었고, 木匠, 칠기장인 등등이 있었다. 이들 工匠은 도착후 바로 일을 시작하였다. 그들이 만든 것은 장롱, 서랍, 궤짝 등과 각종 중국의 완구였다. 그들은 멀지않아 자신의 작업장에서 모든 것을 만들었고, 만든 것을 입구에 늘어놓고 바로 영업에 들어갔다."[31)]

동남아의 화인 수공업자는 일반적으로 장인이면서 동시에 상인이었다. 즉 자신이 만든 물건을 자신이 직접 판매하는 이런 형태의 이민이 화교이민의 주요 생업방식이었다.

술의 제조방식과 식용유, 양초, 제지, 인쇄술 등도 중국인에 의해 동남아로 전파되었다.[32)]

3. 항해조선기술의 전파

동남아에 정착한 중국선원과 조선공은 중국의 조선기술을 가져왔고, 이들이 동남아현지인과 조선활동을 벌였다. 동남아가 선박 건조에서 유리한 조건은 이곳이 열대우림지역으로 아주 풍부한 우수한 목재가 많다는 점이었다. 보루네오에도 거대한 소나무군이 있었고[33], 루손섬의 나무는 높이가 50척을 넘는 것도 있어 대형 선박건조에 유리하였다고 지적하고 있으나 나무 크기는 상당히 과장된 듯하다.[34] 수루섬은 돛대와 후판으로 사용할 철력목이 아주 풍부하였다.[35] 시암에서 생산되는 티크류는 아주 견고한 재질을 자랑하였다. 이밖에 철정이나 오동나무 기름 등의 조선재료는 중국에서 반출하였다.

당시 동남아 중국인의 조선실력과 관련, 서양인의 다음과 같은 기록은 매우 흥미롭다. 17세기 70년대 시암을 여행하던 J. White 는 "시암의 선박설계와 건조는 모두 중국을 모방하고 있다."[36] 또 다른 시암과 관련된 외교문서에는 영국동인도회사 駐시암대표의 보고는 "1679년 시암을 운항하는 선박은 거의 대부분이 중국인이 건조하고 경영하는 선박"[37]이라고 적고 있다. Thomas Forrest는 18세기 보르네오의 중국이민이 이미 현지의 조선자원을 유효하게 사용하는 것과 관련, 다음과 같이 말하고 있다.

> "중국인들은 하구에 가까운 토지부터 점점 내지로 들어가면서 목재를 벌목하고 이를 강물의 흐름을 이용해 내려보낸 다음 이 목재를 이용해 큰 배를 건조한다. 이배는 화물을 가득 싣고 중국으로 돌아간다. 이들은 화물을 모두 매각하고 남은 배도 팔아버린다. 그리고 다시 조그만 배를 구해 동남아로 돌아와 다시 거대 선박을 건조하게 된다."[38]

4. 건축기술의 전파

명청시기 중국이민이 전파한 중국의 건축술은 필리핀과 인도네시아에 가장 전형적으로 나타났다. 16세기 필리핀 마닐라에 식민거점을 건설할 때 많은 중국의 石匠, 진흙장인, 木匠 및 기타 건축 장인들이 노력과 솜씨가 투입되었다. 필리핀학자 E.M. Alip은 다음과 같이 말했다.

"우리 나라의 조기 예술가, 조각가와 건축사는 모두 중국인이었다."

Alip은 이어

"수많은 교회당, 수도원, 병원과 돌로 쌓아올린 주택 모두가 중국인 노동자가 짓고, 중국인이 설계한 것이다. …… 오랜 교회당과 부서진 대건축물(과거의 유적)에서 중국건축의 흔적을 볼 수 있다. 리잘성의 모롱과 타니의 고층 교당의 탑형종루, 일로코스의 성마리아성당, 나카랑 천주교공동묘지의 기와조각 등등에서 중국건축의 불후의 흔적을 엿볼 수 있다"고 지적했다.[39)]

5. 음식문화의 영향

명대의 도자기가 동남아지역에서 널리 사용된 식기가 되었다는 기록이 보인다. 〈諸蕃志〉에 따르면 "음식은 해바라기잎을 그릇으로 사용하고 숟가락은 사용하지 않으며 손으로 밥을 먹는다." 이밖에도 음식을 그릇에 담지 않는다는 기록은 여러 군데서 볼 수 있다. 그러나 명대에 접어들면서 이같은 상황은 변하기 시작하고 자기로 만든 그릇류가 대량으로 동남아에 수출된다. 주로 수입된 식기류는 큰 쟁반류, 대소 밥공기, 물병과 물을 담아 둘 항아리 등이었다. 이들 자기는 산이나 염분에 강하고 내열성이 있으며 음식이 접촉하여도 화학반응이 일어나지 않고 쉽게 세균이 번식할 수 없어 식기로 적합하였다.

6. 중국이 동남아로부터 들여온 것들

중국과 동남아의 교류에서 중국이 일방적으로 동남아에 문화를 전파한 것은 아니다. 동남아에서 중국으로 영향을 미친 것이 적지 않다. 대표적인 것이 신품종 농산물의 도입이다. 조기 대범선무역 과정에서 많은 미주지역 식물, 예로 담배, 옥수수, 코코아, 면화, 파인애플, 용설란, 낙화생, 인디고, 카사바, 파파이야, 토마토, 사포딜라, 호박, 강낭콩, 다래, 캐슈너트 등이 필리핀과 기타 동남아지역에서 도입됐다.[40)]

청대 중엽이전 품종의 도입은 기본적으로 식용 농작물 중심이었고 청대 후기에 이르러서는 중국 근대공업의 흥기와 성장으로 수많은 아열대, 열대의 공업용 경제작물을 중국에 들여왔고, 투자용의 경작을 하기 시작했다. 가장 전형적인 품목은 바로 브라질고무였다.

미주

1) UN인구통계 2010년도 :
2) 松本三郞, 福永安祥 編 : 東南アジアの展望 p.218, 勁草書房, 東京, 1986년
3) 상계서 p.221~222
4) 상계서 p.224~225
5) 밀턴오스본 著, 조흥국 역 : 한권에 담은 동남아 역사 p.44,
6) 상계서 p.46
7) 梁志明 主編 : 植民主義史 東南亞卷 p.35~39, 北京大學出版社,, 1999, 北京
8) donald G, McCloud : System and Process in Southeast Asia; The evolution of a Region p.50, westview press, 1986
9) 상계서 p.56
10) G. D. E 헐 東南亞史〈上册〉 중문판 p.302, 상무인서관
11) 梁志明 主編 상계서, p.54
12) The cambridge History of Southeast Asia, Volume 1, Cambridge University Press, 1992 p.355
13) 상계서 p.92
14) (필리핀)格雷戈里奧.F.賽義德 : 〈필피핀 共和國, 歷史, 政府與文明〉上册 p.242, 상무인서관
15) 梁志明 상계서 p.120
16) 상계서 p.184
17) Army Van den Bosch, The Dutch East Indies : its Government, Problems and Politics, Los Angels 1942, p.48
18) 梁志明 상계서 p.360~361
19) 蘇聯 瓦.巴. 科切托夫 : 〈東南亞及遠東各國近代史現代史講義〉제2분책 p.391, 상계서 재인용
20) 薛君度 : 〈英國在馬來亞的統治〉, 〈東南亞〉1987년 4기
21) Alexandre de Rhodes, Voyages at mission en la Chine et autres Loyaumes de L'orient, paris p.109~110, 梁志明 상계서 p.214 재인용
22) 劉芝田 : 〈菲律賓民族的硏究〉, 東南亞硏究所 1970년판, p.30~57
23) E.M. Alip, The Chinese in Manila,p.50, 1974, manila
24) 巴素 : 〈東南亞之華僑〉 p.723
25) 鄭甫弘 : 16,17世紀南洋華人移民與生產技術的傳播 , 南洋問題硏究 1993년 1기
26) E. Rodriguez, Pioneers of our Agriculture, China and the Philippine, manila 1936, 상계논문 재인용
27) 韓振華 ; 〈네델란드 東印度公司時代batavia 雪糖업의 중국노동자 〉, 화교역사논총 제2집, 1985년 6월 판
28) 鄭甫弘 상계논문
29) P.A.Toer, Hoa Kiau di Indonesia, p.120~121, 상계논문 재인용

30) Alip The Chinese in Manila p.64~68, manila, 1974, 鄭甫弘 상게논문
31) William Dampir; Voyages and Discoveries, London, 1931, p.195, 鄭甫弘 상게논문
32) 鄭甫弘 상게논문 p.66~68
33) J.Moor : Notices of the Indian Archipelago and adjacent Courties p.29, 楊國楨 상게서 p.82 재인용
34) 魏源 : 〈海國圖志〉권 16
35) J.Moor op.cit p.44
36) J.White, op,cit p.54
37) 田汝康 : 〈17-19世紀中葉中國帆船在東南亞洲〉 1957년 上海版
38) 巴素 : 〈東南亞之華僑〉 p.723
39) E.M.Alip : Ten centuries of Philippine-chinese Relations p.103~104, 楊國楨 상게서 p.83 재인용
40) John L. Phelan : The Hispanization of the Philippine, Madison 1959 p.110~111, 楊國楨 상게서 p.86 재인용

제4장

화교의 이주

중국과 동남아의 관계는 중국측 사료에 의하면 漢왕조시기로 거슬러 올라가고 세계제국으로 번성했던 唐왕조에는 동남아를 비롯, 인도와 페르시아, 아랍지역과의 교류도 사적에서 많이 찾아볼 수 있다. 고대 왕조시기 중국과 동남아와의 교류는 극히 일부 숫자의 서역으로 향한 구법승들의 중간 기착지로서, 그리고 중국 상인들의 무역활동의 일환으로 이뤄졌다. 물론 이 시기 본격적인 이민과정으로 볼 수 있는 정도의 인구이동에는 이르지 못했고, 간혹 장사를 위해 이 지역에 갔다가 머물러 앉은 경우가 있긴 하였다.

무역상인과 구법 승려들의 종교활동과 장사를 위한 일시적인 체류를 제외하고 본격적으로 중국인들이 동남아 땅을 밟고, 이 지역에 거주하기 시작한 것은 명말청초로부터일 것으로 연구자들은 보고 있다. 중국인들이 일시 체류가 아니라 거주를 목적으로 이주하기 시작한 것은 여러 가지 이유가 있다. 정치적인 이유가 있는가 하면 경제적인 이유도 있고, 또 다른 이유도 있었다.

그러나 중국인들이 본격적으로 동남아에 진출한 것은 서양제국주의의 확장과 밀접한 관련이 있다. 청말 중국에는 아편전쟁과 태평천국의 난이라는 내우외환의 폭풍이 몰아닥치게 된다. 관원들의 오랜 그리고 구조적인 부패와 이로 인한 전국 각지에서의 지속적인 민란의 발생으로 국력이 쇠퇴해진 가운데 영국이 일으킨 아편전쟁과 이어 다른 서구 제국들의 중국과의 전쟁으로 민생은 도탄에 빠졌다. 특히 인구밀집도가 높고 일찍이 동남아 등 외부와 교류가 빈번했던 동남지역의 중국인들이 생존을 위해 대거 동남아행에 나서게 되었고, 이들이 바로 오늘 우리가 보는 화교현상의 본질이 되었다.

즉 오늘날 동남아 화교형성의 밑바탕에는 바로 청조의 국력 쇠퇴와 전통경제의 와해에 따른 기층 민중들의 생존난이라는 복합적 현상이 깔려 있다. 그러나 청조말기 경제난은 중국 동남지역에 국한된 것이 아닌데 왜 광동과 복건지역에서 특히 많은 화교를 배출하게 되었나?

중국의 동남부인 복건과 광동지역에서만 주로 화교가 배출된 것이 단순히 경제적인 요인으로만 볼 수 있겠는가 하는 점이다. 즉 광동과 복건을 제외한 다른 지역도 경제적으로 어렵긴 마찬가지였는데 왜 이들 지역주민들의 해외이주가 특히 높았는가 하는 점을 중요과제로 보고, 이에 대해 자세히 탐색해 보고자 한다.

01 광동, 복건의 지역특성과 동남아 이주

광동과 복건지역은 중국 대륙의 동남연안에 위치한 지역으로 일찍부터 중국의 다른 어느 곳보다 먼저 해외와의 교류가 시작됐고 빈번했던 곳이다. 중국 남단의 해변을 갖고 있는 이 지역은 한왕조 이후 해외교류가 시작되었고, 당송 시기에는 동북아와 동남아 인도와 페르시아 아랍권과도 해로로 교통하고 있었다. 지정학적으로 해양사회로의 발전 가능성이 특히 높았다고 여겨진다. 중국 역사상 한족의 경제활동은 첫번째 황하 중하류 비옥한 평원지역에서 시작됐고 위진남북조를 거쳐 당왕조가 들어서면서 장강 하류 평원지역으로 경제활동 구역이 확장되었다. 이러한 농업문명의 바탕 위에 양저우와 광저우가 유명한 경제중심이 되었다. 대외무역의 발전 수요에 대응하여 당왕조는 광저우(廣州), 췐저우(泉州), 밍저우(明州-오늘의 닝뽀)와 양저우(揚州) 등 연해 도시에 대외무역관리기구인 市舶司를 설치했다. 송원시기 췐저우는 전국에서 가장 번화한 해외무역중심이 되었다.[1)]

元조가 건립된 후 중국의 북방은 정치중심, 남방은 경제중심이란 기본적 구조가 형성되었고, 明清 양조에 이런 '北政南經'이란 전통적 구조가 봉건왕조의 하나의 모델이 되었다. 화북연해지역은 상업이 번영하고 인구가 조밀한 정치중심이고 도시화가 비교적 진전되었으나 강남 연해지역은 공상업이 가장 발달한 곳이고 동시에 전국에서 가장 중요한 양식생산기지이기도 하였다. 특히 광동과 복건지역은 전국의 상품성 경제작물재배와 해외무역이 가장 번성한 곳이 되었다. 경제의 중심이 동남 연해쪽으로 향하는 흐름은 이제 거스를 수 없는 대세가 되었다.[2)]

상업농업의 반영으로 동남연해지역은 수출에 제공할 다양한 농작물이 재배. 생산되었다. 예를 들자면 찻잎이나 비단, 자기, 사탕수수와 이들 산품의 가공품 등이다. 중국의 북부를 남부와 비교해보면, 광동이나 복건, 절강과 같은 항구조건을 갖추지 못했을 뿐 아니라 자연지리조건도 달라, 찻잎이나 비단, 도자기 등의 수출상품을 생산하지 못했다.[3] 중국의 동남연해지역은 각종 찻잎이나 사탕수수 등 상품작물과 비단, 도자기 등 공산품 등의 생산 중심지가 되었다. 이런 환경을 바탕으로 성장한 광동과 복건, 절강, 휘주의 상인들은 상업자본이 막강하였다.

전통시기 토지와 인구는 밀접한 관련이 있었다. 일정 인구를 부양할 토지가 뒷받침되지 않으면, 즉 토지와 인구의 적정한 비율이 깨지면 경제적, 정치 · 사회적으로 불안정해지고 많은 문제가 드러나게 된다. 명 중엽 이런 토지인구 불균형이 나타났고, 이들 일부는 농업생산의 집약화, 상품경제로의 편입, 수공업 종사 등으로 어려움을 극복하였고, 일부는 해외이주 길에 나서기도 했다.

인구와 토지의 적정비례는 청조에 접어들면서 더욱 악화되기 시작했고, 청조 말기 아편전쟁과 태평천국의 반란을 거치면서 토지-인구비율이 도저히 생존을 유지할 수 없을 정도로 악화되었고, 이 점이 대량이민의 가장 근본적인 원인으로 지적될 수 있다.

명조부터 악화되기 시작한 토지와 인구의 비례관계가 청조에 들어서면서 더욱 악화되어 중국의 경제중심으로서의 역할과 기능도 쇠퇴하여 광동과 복건 일대의 다수 민중들은 상대적으로 토지가 많고 개간의 여지가 높은 내륙이나 아니면 동남아로 살 길을 찾아 나서게 되었던 것이다.

02 해양문화와 광동, 복건지역

해양문화란 농업문화와는 대조되는 것으로 해양이나 해양자원을 대상으로 한 생산과 교환, 분배와 소비생활이 이뤄지는 경제를 바탕으로 이와 관련된 사회조직이나 행위제도, 사상과 의식, 생활방식 등을 포함하는 것이라고 규정해보자.[4)]

중국의 해양문화는 漢唐시기로 거슬러 올라갈 수 있고, 이시기부터 해상교통이나 해상무역, 조선과 항해기술, 해상어획, 소금제조 등에서 오랜 역사를 갖고 있다.[5)] 이어 宋元대에 지속적인 해양문화의 발전에 이어 명대에는 海禁정책으로 해양발전의 기세가 꺾이는 시기가 되었다. 명청 시기를 통해 조정은 海禁과 解禁을 병행하였으나 중국 동남일대는 나름의 발전을 모색해갔다. 명청시기 사회가치 관념의 변화도 해양사회, 해양문화를 촉진하는 계기가 되었다. 명중엽 후 봉건사회의 경제 내부구조는 느슨해지기 시작하고 상품경제가 발전하면서 일단의 거상과 재력가들이 속속 등장하기 시작했다. 이들이 부를 쌓아올리면서 민간에서 재부를 좇는 움직임이 등장하고, 거상들의 호화, 사치스런 생활이 사회전체의 기풍과 풍조에 큰 영향을 미치게 되었다. 도시주민이나 紳士대부와 유생에 이르기까지 사치풍조가 만연하기 시작했다. 복식이나 주택, 일상용품에 이르기까지 이런 풍조는 확산되었다.[6)] 이러한 가치관념의 변화는 어떤 측면에서 유가의 엄격한 절제와 근면절약이라는 사상의 억압을 해방시킨 측면도 있다 할 것이다. '貴義賤利'(義가 귀한 것이고 利는 천한 것이다)란 전통관념이 변하면서 강남 연해지역을 중심으로 사회 각계층에서 부를 좇는 현상이 보편화되고 심지어 棄農, 棄儒, 棄官현상마저 나타났다고 한다.[7)] 부를 추구하는 사회적 변화는 유가 사상의 금역을 넘어서는 것으로 문화에 대한 개방성으로 이해될 수 있고, 해외문물과 경제의 흐름에 대한 관심을 촉진시키는 동인이 되기도 한다. 즉 부에 대한 추구는 상업활동, 해외무역에 대한 사람들의 관념을 바꾸면서 관료계급 뿐 아니라 일반 민중들도 대외무역에 대해 적극적인 태도를 보이게 되었고, 이점이 이 지역이 다른 지역과는 구별되는 하나의 중요한 특성이 된다. 이런 관념은 安土樂業(평안히 살면서 즐겁게 일하다)이란 중국인의 정주관념에도 영향을 미쳐, 대부분의 중국 다른 지역과는 달리 과감한 해외진출과 해상무역에 나서게 하는 하나의 강한 힘으로 작용하는 계기가 되었다.

이러한 관념의 변화와 조정의 해양무역정책의 변화는 광동과 복건 등 동남연안지역의 해양사회로의 전환과 발전에 상승작용을 하게 되었다. 비록 명조가 전 왕조인 唐 · 宋 · 元과는 달리 해외무역에 대한 열의가 약화되기는 했지만 正德(1509~1521), 嘉靖(1522~1566)연간에 점차 광동에 외국선박의 무역을 허용했고, 隆慶원년(1567년)에는 복건에서 민간의 해외무역을 개방하는 등 민간무역에 대해 느슨하고 완화된 시책을 폈다.[8)] 이 점이 바로 명 중엽이후 민간 해상무역이 신속하게 발전한 중요한 한 원인이 된다.

명 중엽이전 관방이 관장하던 무역은 점차 쇠퇴했으나 위에서 언급한 무역정책의 변화로 민간의 대외무역은 활발해졌다. 이는 사람들의 전통 가치관념의 변화에다 정책의 변화로 대외교류와 경제에 대한 의식을 더욱 해방시키는 계기가 되었다. 이런 해양문화적 요소가 이후 이들의 경제행위와 태도에 큰 영향을 미치게 된 것은 확실하다 할 것이다.

03 중국인의 해외 이주원인과 배경

명 중엽 이후 번성하기 시작한 동남연안의 무역은 이 지역의 경제발전과 함께 지역주민들의 의식변화에 큰 영향을 미쳤다는 점을 이미 지적하였다. 자본주의의 초기 모습을 보인 곳이 이곳이고 해외의 동향에 대해 어느 곳보다 밝았던 곳이 이 지역이었지만 서구 세력이 중국으로 밀어닥치면서 중국에서 가장 큰 경제적인 피해를 본 지역이기도 했다. 아편전쟁을 전후하여 많은 서구의 덤핑제품이 중국시장, 특히 대외항구가 집중되어 있고, 서구세력의 진출이 가장 용이한 동남지역 일대에 넘쳐났고, 전통적인 수공업자는 대부분 도산하였다. 앞서 지적했듯이 명조에서 청조로 그리고 말기에 접어들면서 토지와 인구의 비례는 이미 깨뜨려져 기층 민중인 농민과 수공업자들은 생존이 불가능한 상황으로 내몰리게 되었다.

좀 더 자세히 중국인의 이주배경과 원인에 대해 생각해보자.

우선 한 국가에서 다른 국가로 이주하는 현상에 대해 과거 한때 학계를 풍미했던 이론이 이른바 Push-Pull이론이다. 말하자면 이출국에서 밀어내는 요인과 이입국에서의 받아들이는 측면이 있다는 것이다. 즉 중국의 동남아로의 이민현상에는 중국에서 밀어내는 측면과 동남아지역에서 받아들이는 양 측면이 있고, 양 측면이 충족될 때 이민이 성립한다는 것이다. 이출요인 다른 말로 중국 측 요인을 먼저 살펴보자.

가장 중요하고 핵심적인 원인은 바로 생계, 생존문제라는 경제적 측면이다. 공업이 고도로 발전하기 이전 시기인 봉건왕조 시기에 가장 핵심적인 생산요소는 바로 토지, 즉 경작지였다. 인구학자들은 농업이 사회적 주력 생산부문일 때 인구와 토지는 적정한 비율 이상의 토지가 확보되어야 생존이 유지되고 사회가 안정된다고 보았다. 학자들은 이 비율을 '溫飽常數' 혹은 '飢寒限界'란 술어로 설명한다. 말하자면 최소한 굶주리지 않고, 추위에 떨지 않는 정도의 생활이란 의미를 내포한다 하겠다. 이 온포상수가 청대의 기술수준으로는 인구당 4畝(畝는 약 2백평)가 되어야 생계를 유지할 수 있다고 학자들은 보았다.[9] 이 비율보다 토지가 많으면 사회는 안정되지만 낮아지면 사회가 혼란스러워지고 동란이 발생할 수 있다는 것이다.

明清시기의 토지와 인구통계를 통해 인구당 경지면적으로 보면, 인구는 폭발적으로 늘어난 반면, 토지는 미증에 그쳤다. 1661년에서 1812년 복건의 인구는 9배 증가했으나 경지면적은 겨우 32% 증가에 그쳤고, 같은 기간 광동은 인구가 20배 증가했으나 경지면적은 27% 증가했다는 연구결과가 있다. 이 결과 청 순치제 광동인의 평균 경지면적은 7무를 넘었으나 가경 25년 인당 평균 경지면적은 2무에 못 미쳤고, 도광 20년엔 겨우 1.3무였다. 복건인의 평균 경지면적은 건륭 18년 1.7무에서 함풍 원년에는 0.65무, 광서 13년에는 0.54무로 떨어져 동남지역의 심각한 토지-인구비례의 불균형을 알 수 있다.[10]

청조의 인구분포는 그 숫자가 급격히 증가한 점과 동시에 인구가 주로 연안지대에 집중하는 특색을 갖고 있었다. 지리 측면에서 동남 연안이 저지대 평원이며 계절풍에 의한 강우가 집중되고 온난한 특성으로 농업생산력이 높아 인구

부양 능력이 상대적으로 높았기 때문일 것이다. 1812년 광동성의 인구밀도는 매km^2당 82.19인, 1851년엔 121.69인으로 늘어났다. 인구가 가장 조밀한 광저우부는 매km^2당 306.84인, 그 다음이 차오저우부로 151.45인, 이어 가응직례부, 고주부, 조경부의 순으로 높았다. 복건성은 매km^2의 인구밀도가 1812년 126.71인, 1851년 172.31인이었고 점차 인구의 중심이 沿江沿海로 옮아가고 있었다. 1829년 연해 모든 府와 州의 인구는 전체 성 인구의 61.6%로 명대에 비해 15.6% 높았고, 광서 중기에 이 비율은 70% 전후에 달했다.[11)]

복건과 광동지역은 특히 연해지역의 인구와 토지의 비율은 이 비율(온포상수)을 크게 하회하였다. 즉 당시 기술수준으로 좁은 토지에서 많은 사람을 도저히 부양할 수 없었고 결국 새로운 생활의 터전을 찾아 나설 수밖에 없는 상황이 되었다는 의미다. 이런 가운데 파산한 수많은 농민과 수공업자들이 해외로 눈길을 돌리는 것은 자연스럽고 당연한 일이기도 했다.

이러한 중국의 인구압력은 중국의 인구증가와 구조적인 관원의 부패에다 토지의 겸병 등 국내적 요인에다 서구 자본주의의 침입으로 더욱 심화되었다. 아편전쟁 이후 일련의 서구제국과의 불평등조약으로 대량의 서양 공업제품이 해일처럼 중국 동남지역을 덮치게 되었다. 샤먼에서 "서양포, 番絲, 番花, 날염직물 등 수입 직물이 중국산 직물을 99% 소멸시켰다. 푸저우나 장저우 근교에서 경영하던 상품은 모두 洋貨로 대체되었다. 수공업원료 역시 변화가 나타나 제품에 서양풍이 들어있다." 중국시장을 침투한 것은 서양 제품만이 아니었다. 安海에서는 "작은 기선이 취항한 이후 서양제품이 물밀듯 들어왔을 뿐 아니라 쌀가게에는 태국쌀과 버어마쌀 안남미가 넘쳐나고, 동남아의 사탕수수가 중국산을 밀어냈으며, 서양 면류가 중국의 방앗간을 도산시켰으며 포목점은 이미 옛모습이 사라졌다. 단추 하나 바늘 하나도 모두 서양 아니면 동양에서 왔다. 농촌생활은 갈수록 힘겨워 진다"고 기록되어 있다.[12)]

아편전쟁을 계기로 농민은 말할 것도 없고, 도시 지역의 수공업자들도 대부분 파산하였고, 이들이 대규모로 동남아행에 나서 화교의 뿌리가 된다.

대다수의 빈곤 농민과 수공업자를 제외하고 적지않은 사람은 무역과 경제활동으로 큰 돈을 벌기 위해 동남아로 이주하기도 하였다. 부유한 상인들도 경제적 동인으로 동남아를 찾았지만 빈곤 농민과 이들은 出洋배경이 달랐던 것이다.

경제요인을 제외하고 중요한 화교이민이 나타난 배경엔 정치적 요인이 있다.

명말청초 청군이 남으로 내려오면서 명의 유신과 장수들은 부득이 해외이주에 나설 수밖에 없었다. 규모가 가장 컸던 해외이주는 1679년 명의 장수 양언적, 진상천이 휘하의 5천 병사를 백척의 전함에 태우고 인도차이나반도로 이주한 것이었다. 또 다른 대량이민으로는 모구가 이끄는 4백명이 10척의 전함에 승선해 뇌주항을 출발, 캄보디아로 망명한 것이었다. 이보다 규모가 작지만 태평천국의 반란이 실패하고 잔존 병력과 반란지도자 홍슈추앤의 마을 주민들이 당국의 박해를 피해 동남아와 일본 등지로 피난하였다.

만청 시기 과거제도의 부패와 제도의 폐지로 적지 않은 서생들의 출양에 영향을 주었다. 이와 관련된 자료는 동남지역 족보를 통해 확인해볼 수 있다. 안계현 봉래 劉 氏족보에 "과거가 폐지된 연유로, 바다로 나가 장사길에 나서는 큰 뜻을 세우고……"라는 구절이 나온다.

여러 가지 정치 원인 중 청정부가 海禁정책을 해제하고 쿠리무역을 합법화한 것이 華工출국이 고조되는 가장 중요한 원인으로 볼 수 있다. 청초 국법은 사사로운 해외이주를 엄금했다. 순치 4년에 반포된 대청률은 '무릇 관원이나 병사, 백성이 사사로이 출양무역을 하거나 海島로 이주하여 경작하는 자, 적과 내통하는 자는 참한다'고 규정하였다. 비록 강희, 옹정 이후 다소간 해금정책이 완화되긴 했지만 여전히 개인의 사사로운 출양은 엄격히 금지되어 있었다. 그러나 아편전쟁 이후 이같은 상황은 완전히 일변하게 되었다. 서구 제국주의국가들과 맺은 불평등조약을 통해 중국인민의 해외이주가 완전히 합법화되었고, 이후 동남아 이주 중국인은 폭발적으로 늘어나게 되었다.

셋째는 사회적인 원인으로 크게 두 가지로 나눠볼 수 있다. 한 가지는 종파간에 벌어진 싸움인 械鬪이고 다른 하나는 지연과 혈연으로 이어진 이민의 네트워크이다.

지방사회의 파벌이나 종족간의 계투는 복건과 광동지역이 가장 극심하였다.

이 집단적 다툼에서 패배한 집단이나 약소집단은 고향을 등지고 멀리 내지로 이주하거나 혹은 해외로 이주하는 경우가 많았다. 특히 주목할 것은 1856년 광동 태산지구에서 발생한 '土客계투'는 12년을 끌었고 무려 9개현 지역에서 약 2,3만명의 목숨을 앗아갔고, 살아서 포로가 된 자들은 홍콩이나 마카오로 끌려가 미주지역으로 팔려가기도 했다. 계투에 휘말리기 싫어 대거 해외로 이주한 사례도 많다.[13)]

지연이나 혈연 등 사회적 네트워크도 중국인의 해외이주에 큰 배경이 되었다. 이점은 다음 절의 이주과정에서 자세히 살펴본다.

기술요인도 해외이주에 영향을 미친 것으로 분석된다. 즉 대중교통수단의 진보가 복건과 광동지역의 해외이주를 촉진한 것이다. 1840년대 이전 중국인의 해외이주는 기본적으로 중국의 범선에 몸을 싣고 바람의 힘에 따라 동남아로 이주하는 정도였다. 운항시간도 길었고 운항의 안전성도 낮았으며 승객과 화물의 적재량도 아주 제한적이었다. 그러나 1850년대 이후에는 외국의 기선이 중국 연해지역을 운항하면서 승객이나 화물의 적재량도 늘어나면서 아주 빠른 속도로 이동할 수 있게 되었다. 1870년대 이후는 중국의 기선과 동남아 화교가 운영하는 기선도 중국 동남아 항로에 투입되면서 동남아 이주길은 더욱 쉬워졌다.

이제까지 언급한 것이 이출국의 이출요인이었다면 이입국의 요인도 중국인의 이주를 자극하는 중요한 요인이 된다.

16세기 이후 점차 본격화하는 서구제국의 동남아 식민지배와 관련하여 제국주의자들이 식민지개발을 위해 가장 필요로 하는 것은 바로 양질의 노동력이었다. 식민도시의 건설, 경제작물의 경작, 광물자원의 채굴 등 여러 부문에서 많은 노동력이 필요하였다. 원래 식민제국들은 식민지경영과 관련하여 본국에서 노동력을 확보하려 시도했으나 이내 이것이 실현될 수 없다는 점을 깨닫고 양질의 노동력이 거의 무한대로 존재하는 중국과 인도로 눈길을 돌려 이들을 유인하기에 집중적인 노력을 기울이게 된다.

이상이 대체적으로 살펴본 중국인 동남아 이주의 요인이 된다.

04 이주자와 이주방식

일부 연구자들은 중국인의 대량 해외이주가 나타난 것은 명말청초로 보지만 화교 이주가 폭발적으로 늘어난 것은 아무래도 아편전쟁 이후의 일로 볼 수 있다. 위에서 지적했듯이 중국인의 대량 이주는 국내외적 요인이 겹쳐 다른말로 Push-Pull 요인이 중첩되어 폭발적인 증가세를 보였다.

가장 핵심적인 동인은 중국 기층민중의 생계, 생존문제를 해결하기 위한 방편으로 동남아 이주가 부각된 것이다. 이 시기 절대다수의 해외이주자는 바로 파산한 농민과 수공업자 등 가장 하층 계층의 동남연안 사람들 중심이었다. 물론 이시기에 더 큰 돈을 벌기위한 상인과 몰락 지식인과 정치적인 망명을 한 사람도 있지만 이는 거의 무시할 정도의 소수였다.

동남아로의 이주는 복건, 광동 일원의 민중들의 사회네트워크를 통해서 이뤄진 경우가 많았고, 이주가 진전되면서 식민세력에 의한 탈법적 폭력적 이주도 나타났고, 인신의 자유가 억압된 불법적인 이주도 많이 등장하게 된다.

18, 19세기 화교들의 해외이주 형태에는 몇 가지 방식이 있었다. 즉 계약華工, '외상船賃'華工, 자유화공 세 방식이다. 태국으로의 이주의 경우에 계약화공은 없었던 것으로 학계는 보고 있다. 이른바 쿠리(苦力)무역인 계약화공형태의 이주는 19세기 서인도, 페루, 동인도회사의 인도네시아와 말레이시아 지역으로 이주하는 이주자에게 적용된 이주방식이었다.[14] 즉 도서부인 인도네시아나 말레이시아와는 달리 태국은 약탈적인 계약화공 방식의 이주는 없었고, 주로 자유이민이나 아니면 선임을 외상으로 하고 방콕 등 현지 목적지에 도착한후 동향인이나 친족, 친구들이 대신 선임을 물어주고, 이주자는 선임을 물어준 사람을 위해서나 아니면 이 사람들이 지정한 농장이나 광산 등지에서 일을 해주고 빚을 갚아나간 방식이다. 단지 외상에 의존했다는 측면에서 계약화공과 유사한 측면이 있지만 계약화공은 바로 도착지에서 바로 선장이나 선주 혹은 이들의 대리인과 현지에서 인력을 필요로 하는 사업자에 넘겨지고 오랜 시간 인신의 자유를

상실하는 지위라는 측면에서 구별이 되는 개념이다. 태국의 경우는 계약화공이 아닌 외상선임방식의 이주가 주류를 이루었다는게 스키너의 주장이다.

중국 동남연안에서 이주자를 모집해 동남아로 향할 때 가장 중요한 당사자들은 선주(혹은 선장)와 客頭이다. 객두는 말하자면 이주자의 우두머리라는 정도의 의미로 이들은 내륙에서 동남아 이주자를 모집하는 역할을 담당하였다. 선장이나 객두 등은 모두 복건과 광동 연해지역의 본지역 사람들로, 지역 사람들이 대부분 잘 아는 사람들이었다. 객두가 마을을 다니면서 동남아 이주자를 모집하는 경우도 있었지만 오히려 지역주민들이 제발로 객두를 찾아와 동남아 이주의사를 밝히고 승선시켜주길 요구하는 경우가 더 많았다. 지역주민들은 이들에 대해 조금도 의심하지 않고 그들을 신뢰했다는 것이다.[15] 역사상 중국인의 태국으로의 이주는 말레이시아나 인도네시아 등과는 달리 사기적인 이주가 드물었고, 농후한 지연색채와 사회네트워크에 의한 이주가 주류를 이뤘다는 평가를 받는다.

1871년 서방인 Huber가 광동 샨터우에서 태국까지 이주한 외상선임 화공의 모집, 비용, 과정 등에 대해 관찰하고 남긴 다음 기록을 보자. "전체 차오저우(潮州) 지구에서 매년 계절풍의 방향이 바뀌는 늦여름 객두가 마을을 돌아다니면서 출국할 화공을 모집한다. 객두와 태국의 회사 샨터우 대리인은 수시로 연락을 유지한다. 객두가 태국의 회사로부터 인력모집 요청을 받게 되면 이주자들이 태국에 도착하는 즉시 바로 고용되는 조건으로 계약을 맺게 된다.

태국회사의 샨터우 대리인은 30~40명의 인력을 모집해줄 것을 객두에게 요구하고 인원이 모집되면 이들을 승선시키게 된다. 객두는 먼저 선주에게 모든 이주자의 선임을 지급하고 배표를 받는다. 선임은 방콕까지 약 6.5달러이다. 만약 승객이나 이민자가 출항 전 선임을 납부할 형편이 되지 못하면 객두가 선임을 대신 지급하고, 방콕에 도착한후 외상 선임을 이주자의 친구, 친척 혹은 고용주가 선임과 20%의 이자를 포함해 지급하게 된다. 선주는 객두가 모집한 인력의 선임의 3%를 객두에 대한 대가로 지급하게 된다. 말하자면 이것이 객두의 전체 수입인 것이다. 유랑자, 실업자와 빈곤자, 특히 도시에 거주하는 자들은 자주 객두를 만나거나 태국회사의 대리인에게 가서 태국으로 보내줄 것을 요청하곤 하였다. 출양 선박은 계절풍을 타고 남양으로 가기 때문에 매년 10월에서 4월까지 출발이 가능하였다. 돛이 가로 놓인 표준 선박기준으로 샨터우에서 방콕까지는 대략 15~25일이 걸렸다."[16]

또 다른 외상선임 이주케이스를 보자. 방콕 주재의 영국 영사가 1884년 쓴 문장에서 이런 내용을 볼 수 있다. "중국회사의 대리인이 적당한 이민 노동자를 물색하고, 이들에 대한 선임과 식비를 지급하면서 방콕의 대리인과 연락한다. 만약 이주자가 방콕에 그의 친구나 친척이 있다면 이들이 이주자를 대신해 선임과 식비에다 다시 50%를 더한 돈을 지급한다. 일반적으로 이 경우 15달러가 소요된다. 이주자는 자유의 몸이 된다. 그러나 만약 이들에게 그를 도울 친구가 없다면, 현지의 중국 제당업자나 과수업자가 대신 선임을 지급하게 되고, 이주자는 고용주의 농장에 가서 일한다. 이들은 농장이나 과수원에서 비교적 좋은 대우를 받는 것 같았고, 이주자들의 큰 불만을 듣지 못했다."[17]

위에서 언급한 Huber의 관찰 시기는 아직 기선이 등장하기 이전이었고, 범선이 계절풍을 타고 승객과 물자를 나르던 시기의 기록이다. 영국 영사의 관찰은 기선이 등장한 이후의 모습이다. 매차 출항하는 배가 승객을 가득 태우기 위해 기선회사는 그의 대리인에게 수단 불문하고 많은 승객을 모집할 것을 요구하게 되었다. 이처럼 인력송출 경쟁이 격화되는 가운데 외상선임 이주가 늘면서 보편화되었고, 이런 과정에서 강압적 이민도 등장하기 시작하였다. 그러나 태국으로의 이주는 말레이시아와 인도네시아 등지로의 이주에 비해 질서가 유지되었고, 강압적인 측면이 아주 적었으며 이주지에서의 적응도 비교적 순조로웠다. 이는 태국의 탄부리 왕조 이후 潮州人 중심의 이민자 출신지역과 태국간에 견고한 이민네트워크가 형성되었고, 수많은 이민들이 이 네트워크를 이용해 이민에 나섰고 도착 후 적응과정에서 문제가 비교적 적었기 때문이다.[18]

그러나 인도네시아와 말레이시아 지역으로의 이민과정은 태국과는 대조적이었다. 화공의 이주방식은 가장 간단하게 구분하자면 계약화공과 자유화공으로 구분이 가능하다. 조기 화공의 출양은 중국인이 이주 희망자를 모집해 남양으로 함께 가는 형식이었다. 먼저 남양으로 나갔던 중국인이 다시 중국으로 돌아와 이주희망자를 모집해 함께 남양으로 나간 것이다. 이 경우 무슨 납치나 사기적인 방법이 동원될 여지가 없었다.[19] “여러 사람이 무리를 지어 출양하였고, 최초의 객두는 여러 사람의 추천에 의해 선정되었고, 출양후 이주자들의 노동으로 비용을 보상받았다. 이런 약속은 일종의 불문규정이었고, 모두 신용에 의한 것이었다. 이들과 함께 출양한 사람들은 연합조직인 ‘公司’를 만들었다. 생산활동에서 모두 공동으로 노동했고, 우두머리는 서로 의논해서 뽑았다. 공사안에서 집단생활을 했고, 생산활동에 의한 급여 등의 분배는 평등했다. 모든 사람들은 월급을 가져가지 않고 단지 필요한 실물만 배분했으며, 일반적으로 반년 혹은 1년이 지난후 그동안 지출한 실물 등을 차감하고 급여를 배분했다. 세금이나 숙식비와 기타 생산비용을 제하고 일정비율로 모든 구성원에게 이익금을 배분한 것이다. 공인과 객두간의 관계는 주종관계가 아니고 평등하였다.”[20]

16, 17세기 서방식민주의자가 동남아로 침입한 이후 일부 해외 중국상인들은 외국회사(농장주나 광산주)의 위탁으로, 자신이 대리인이 되어 객두 자격으로 노동자를 모집, 이주시키는 업무를 수행하였다. 이때 객두는 자신이 동향인이나 친척 등을 대신해 출양비용을 제공하고, 출양노동자와 계약을 체결하였다. 이 때 이미 객두는 이주노동자와 대등한 관계가 아니었고, 이주자들의 주인 신분이 되었고, 이 경우 이주하는 사람들이 바로 계약노동자가 된 것이다. 그러나 초기 아직 사기나 납치 등의 불법적인 모객은 나타나지 않았다.

19세기 이후 다시 출현한 계약관계의 모객활동에서는 외국인이 직접 중국 노동자와 계약을 체결하였다. 외국회사는 직접 중국의 각 중요 항구에서 노동자를 모집하였고, 이들 노동자들은 간단한 몇 가지 질문과, 신체검사, 사진촬영, 계약 서명등의 절차를 거쳤다. 그러나 이때 노동력에 대한 수요가 동남아에서 크게 늘어나면서 기만과 유괴 등의 방식으로의 이주도 심심찮게 등장하였다. 또 중국인 노동자를 판매하여 이익을 올리는 조직이 등장하였고 이미 중국인 노동자는 매매와 전매의 대상 상품이 되었다.[21] 여기서 우리는 계약화공이 이미 강제적인 이주와 기만성이 나타나는 것을 잘 알 수 있다.

우평빈 등 중국학자들은 네델란드 식민세력이 인도네시아를 침입한 이후 중국인이 인도네시아로 이주하는 경로는 세 가지였다고 말한다. 첫째, 유괴되어 매매된 노예, 둘째, 유괴되어 건너 온 계약노동자, 셋째, 자신이 원해 외상으로 건너온 노동자 등이다. 첫째는 노예매매이고 둘째, 셋째가 바로 계약노동자이다. 이런 계약노동자들은 빚을 짊어진 상태로 노동하게 되고 다른 말로 債奴라고도 불렀다. 이들은 채무상환을 끝내면 비로소 자유의 몸이 된다.

17세기 네델란드 동인도회사는 이미 중국 연해에서 중국인을 납치해 인도네시아에서 노예로 부렸다.[22] 네델란드 식민당국은 중국에서 인력을 끌고와 노동력으로 사용했을 뿐 아니라 이들을 매매하기도 하였다. 이런 노예장사는 1860년에 완전히 제도적으로 폐지되었다.[23]

새로운 노동자가 객두의 손에 놓이면 이미 자유를 상실하고, 그는 이미 인격이 아닌 하나의 상품이 된다. 객두는 다른 말로 '돼지상인', 서양인은 '쿨리 중개인'으로 불렀다. 이들은 이주 노동자가 아닌 외국자본을 위해 일하였다. 동남아 각지의 농장이나 광산주가 필요로 하는 계약노동자의 숫자와 조건을 샨터우, 샤먼, 마카오, 홍콩 및 상하이의 대리인이 객두에게 통보하면, 객두는 인력을 모집하여 이들을 해외의 싱가포르나 페낭 등지에 보내고 그곳에서 인력을 배분하기도 하였다.

여기서 윌리엄 스키너와 중국학자의 노동자 출양방식에 대한 견해 차이를 엿볼 수 있다. 스키너는 외상운임 이주의 경우 이를 계약노동자로 보지 않고 별도의 카테고리로 분류했으나 우평빈은 외상운임 이주자도 계약노동자의 범주에 포함시킨 것이다. 그러나 이는 독립국가인 태국과 식민지인 인도네시아의 국가체제의 차이와 경제구조의 차이로 야기된 것으로 생각된다. 네델란드 동인도는 기본적으로 조직목적이 최대의 경제적 이익을 추구하는 것이었고 다른 어떠한 요소도 그다지 중요하지 않았다면, 태국은 사회경제질서가 안정돼 있고, 왕권이 공고한 국가로 이민자를 보는 관점이 근본적으로 인도네시아와 다른 데 기인한다 할 것이다.[24]

05 중국당국의 이주에 대한 시각과 정책의 변화

전통 왕조시기 사회생산력은 바로 농업생산력이었고, 농업생산력의 기본은 토지와 농민이었다. 농민은 농업생산만 담당한 것이 아니고 국가의 각종 부역에 노동력을 제공하여야 했다. 국가 재정의 핵심이 바로 노동력인 농민의 숫자와 밀접한 관련이 있었다. 이런 상황에서 봉건왕조는 농민을 토지에 묶어두려 하였고, 사사로이 거주를 옮기는 것은 허용되지 않았고, 국경을 넘는다는 것은 더욱 제약이 가해지는 행위이기도 했다. 노동력의 해외이주는 바로 국부의 유출로 간주되었고, 전통 왕조의 통치자들이 바로 이같은 관점을 줄곧 유지하였기 때문이다.

唐律에 다음과 같은 법규정이 있다.

> "諸非亡而浮浪他所也, 十日笞十, 二十日加一等, 罪占杖一百. 卽有官事在他所, 事了留住不還者, 亦如之."(타지를 떠도는 자가 10일 지나면 대나무 회초리로 10대를, 20일을 유랑하면 죄목이 한 등급 높아져 장 1백대에 처한다. 타지에서 송사나 관청 관련 일을 보고 난후 돌아오지 않는 자도 역시 같이 처벌한다)

청대 이전 중국정부는 아직 이렇다할 화교에 대한 정책을 갖지 않았다.[25)] 화교들의 출국이 많은 경우 대외무역과 관련되었고 역대 대외무역정책이 직접적으로 화교의 출입국 및 해외화교사회와 중국을 연결하는 역할을 하였다.

漢唐시기 해외 출국자는 주로 정부 관원이거나 상인들이었다. 정부관원들은 해외에서 임무를 수행하면 바로 귀국하였고, 상인들은 무역 때문에 해외에 장기간 머물기도 하였다. 그러나 唐 말기 이전 中西무역은 육로이든 해로이든 주로 페르시아, 아랍상인에 의해 수행되었고, 중국 상인이 해외로 출국하거나 해외에서 정주하는 것은 많지 않았다.[26)]

송왕조는 무역을 아주 장려하였고, 외국상인들을 중국내로 불러들였을 뿐 아니라 중국상인의 출양 무역도 장려하였다. 송대에 항해기술과 선박건조기술이 상당히 발달하여 중국상인들이 해외로 적극적으로 나설 물질적 기초는 마련된 셈이었다. 송왕조가 해외무역을 촉진하고 조장한 주요 목적은 국가재정수입을 늘리고자 한 것이었다. 송왕조가 해외무역을 고무하면서 화교의 출국에 큰 영향을 미치게 되었고, 이들 상인과 선원들은 남양과 인도양 연안의 여러 지역에 머물면서 점차 화교가 되었다. 송왕조는 중국상인과 선원들이 해외에 오랫동안 머무는 것에 대해 상당히 관용적인 태도를 견지하였다.

원초기 해상무역제도는 기본적으로 송대의 그것을 답습하였으나 선박과 선원, 상인들에 대한 관리는 보다 더 엄격해졌다. 모로코의 여행가 이븐 바투타가 원조 관원의 해외무역에 대한 관리상황을 보고 다음과 같은 기록을 남겼다.

> "중국의 선박이 운항하기 앞서 항구감독관과 관련 관원들이 반드시 승선하여 선박의 병사, 노동자 및 선원을 확인하고 등록한다. 이 수속을 거치지 않으면 출항할 수 없다. 선박이 중국으로 되돌아 온 후 위의 관원들은 다시 승선하여 선상의 인원이 출항할 때 등록된 인원과 일치하는지 검사한다. 만약 출항할 때 인원이 보이지 않으면 선주는 반드시 없어진 사람이 죽었는지 도주했는지 혹은 다른 이유가 있는지 여부를 밝혀야 하고, 이런 사실을 밝히지 못하면 선주는 즉각 투옥된다."[27]

법령상 원대 민중의 출양에 대한 금지가 송대에 비해 더욱 엄격해졌으나 실제 해상무역의 발전과 이에따른 재정수입의 확충 등으로 원조통치자들은 민중의 이탈에 대해 그다지 신경쓰지 않았다.

명초 해외무역은 여전히 지속되었으나 왜구들의 해안지역에서의 약탈과 소란, 그리고 잠재하고 있는 반명세력의 결집 등을 우려해 해금정책이 시행된다. 이 시기 조공무역마저 최소한의 범위로 제한되었다. 명초의 이같은 해금정책은 바다에 나서는 것과 해상무역을 금지, 송원 이래 지속적으로 발전해온 해외무역에 대한 엄청난 타격이 되었고, 중국인의 해외이주에 큰 장애가 되었다. 연해지역 주민들은 부득이하게 비밀리에 출양하고 사사로운 무역활동을 벌이게 되었다. 당송 이후 정상적으로 구축되어온 통로가 폐쇄되자 이들은 법을 어기고 바다에 나가게 되었고, 무리를 지어 관군과 충돌하기도 하였다. 명 중엽에 이르기까지 규모가 다양한 민간의 해상무장집단이 등장한 배경이었다.[28)]

隆慶원년(1561년) 해금이 개방된 후 私人무역과 중국인 출국이 신속히 늘어났다. 그러나 해금의 개방이 결코 명조 정부가 중국인의 해외이주를 인정한다는 의미가 아니었고, 어쩔 수 없다는 정도의 의미였으며 해외이주자에 대한 적대적 태도가 크게 변한 것도 아니었다.

명대의 화교에 대한 조정의 생각은 시종 부정적이었고, 강온의 차이는 있었지만 전통적인 관념에서 벗어나지 못했다고 여겨진다.

청대 초기와 중기에도 통치계층은 명대와 마찬가지로 화교에 대한 적대적인 태도를 그대로 유지하였고, 중국인의 출입국을 엄격히 제한하는 정책을 시행하였다. 해외의 화교는 棄民이나 逆徒 쯤으로 간주하였다. 그러나 청조말기인 아편전쟁 이후 청조 자신의 의지라기보다는 他力에 의해 중국인의 해외이주와 거주가 자유화되었다. 청조는 점차 해외화교의 경제력에 주목하면서 이들에 대한 적대적인 태도를 고쳐 이용하고 보호하는 시책을 펴게 되었다.

순치 초기 정성공 父子의 군대가 동남 연해를 장악하고 청의 군대와 대치하였다. 정성공 집단을 박멸하기 위해 청조는 1647년 처음으로 해금령을 내렸다.

> "광동근해 바다를 항해하는 私人의 선박은 구제도에 의해 금지한다"[29)]

1655년엔 전면적으로 해금을 실시했다.

> "下海船隻, 除有号票文引許令出洋外, 若家奸豪勢要及軍民人等擅造二桅以上違式大船, 將違禁貨物下海間往番國貿易, 潛通海賊, 同謀詰聚及爲嚮導劫掠良民者, 正犯處斬梟示, 全家發邊衛充軍."[30)](증명을 획득하여 허가를 받고 선박을 타고 바다로 항해하는 경우를 제외하고 군민과 무뢰한이 돛대 2개 이상의 규정을 넘어선 대선박을 마음대로 건조해, 금지된 화물을 싣고 주변국가와 무역에 나서

거나 해적과 내통하고, 또 양민을 약탈하면 주범은 참수하여 효수하고, 가족 전원은 변경으로 유형을 보낸다.)

1660년에 청조는 전면적인 遷界令을 내리고, 연안의 인민을 내지로 이동시켰다. 이는 정성공 해상세력과 三藩반란에 따라 이를 효과적으로 대처하기 위해 발동되었다. 그러나 1683년 청조가 대만을 통일하면서 다음해 통치에 자신감을 얻은 청조는 해금을 개방하였다. 그러나 여러 가지 제한 규정이 그대로 남아있었고, 오히려 더욱 엄밀하게 해상무역을 관리하는 규장제도를 점차 형성하였다. 청조가 대외무역에 대해서는 어느 정도 이해하고 있었으나 인력의 유출에 대해서는 부정적인 시각을 여전히 갖고 있었던 것이다.

청조의 화교출입국과 관련된 주요정책을 살펴보자.

첫째, 해로든 육로든 사사로운 출국을 엄격히 금지한다. 해로를 통해 대외무역에 나설 경우 상선은 출양하는 지점, 시간, 항로 및 상선의 규격, 톤수 등에 대한 제한이 있었고, 사람을 데리고 나갈 것을 대비해 화교의 불법 출국을 막기 위한 다양한 규정을 시행했다.

둘째, 화교의 출국금지에 이어 이미 해외로 나간 화교들의 사사로운 귀국도 금지했다. 사사로이 귀국한 화교는 청조에 의해 체포된 후 많은 박해를 받았다. 죄가 경미한 자는 재산이 몰수되었고, 무거운 자는 변경으로 유형당했다. 청조는 귀국 화교에 대한 경계를 늦추지 않았고, 감독을 강화하였다. 이들이 체제에 도전하는 불온세력화 할까 두려웠기 때문이었다.

청조가 해상무역에 제한을 가하고 화교의 출입국을 기본적으로 금지한 것은 중요한 정책적 함의가 있었다. 백만의 만주인이 문화가 발전한 억을 넘는 한족을 지배하기 위해서는 인민을 청조의 강력한 통제하에 두어야 했고, 또 의식면에서도 신민들의 우매하고, 무지한 상태를 유지하기 위해 여하한 외래의 이단사상과 문화 종교를 막아야 했을 뿐 아니라 경제적으로도 토지에 의존하는 자연경제상태를 유지하는 것이 통치에 유리하다고 판단하였기 때문이다.[31] 이런 정책목적에 화교는 정면으로 위배되는 자들이었다. 이역에 나가 오랫동안 조정의 통제 밖에 놓여 있다가 반청 무장투쟁의 참여자가 되거나 혹은 지지자가 되는 경우가 실제 적지 않았기 때문이다. 그러나 청조가 대만을 통일한 이후 이러한 조정의 우려는 점차 약화되었지만 화교의 존재는 더 이상 逆道는 아닐지 몰라도 통치자의 눈에는 여전히 도적이나 첩자, 혹은 棄民의 범주에 머물렀다.[32]

청조의 출국에 대한 엄격한 정책에도 불구하고 화교들이 출국한 몇 가지 방식이 있었다.

첫째, 정식허가를 받고 출양했으나 장기간 해외에 머물며 귀국하지 않은 경우
둘째, 남의 명의로 허가를 받아 나간 경우
셋째, 밀출국하는 경우

첫째, 둘째 경우는 아주 작았고, 대부분 출국의 방식은 바로 몰래 나가는 것이었다. 연안주민의 밀출국에는 지방관원들의 부패와도 연관이 깊었다. 뇌물의 수수로 인한 지방관원의 묵인과 방조 하에 해외로 나가는 경우가 많았기 때문이다.

해상무역의 발전과 동남아 연해지역에서의 화교경제지위가 높아지면서 청조의 화교에 대한 정책에 상당한 영향을 미쳤다. 무역의 확대가 바로 국가재정수입에 큰 보탬이 된다는 인식을 강희제와 일부 관원들이 공유하였고, 옹정제 이후 많은 지방관들이 조정에 상주, 민생이나 재정수입 측면에서 해상무역의 유리한 점을 지적하며 과도한 출양제한을 완화할 것을 요구하였다. 건륭연간 광동과 복건의 세관수입은 지역전체 재정수입의 3/4과 1/6을 각각 차지했다.[33] 화교들의 활동은 광동과 복건일대의 식량위기의 해결에도 중요한 작용을 하였다. 외국의 쌀을 수입하는 화교들의 활동에 대해 조정은 묵인하였고, 그들의 무역활동에도 간섭하지 않게 되었다. 해외 장기거주 화교들은 사사로운 귀국을 허용하지 않는 청조의 금령에 따라 귀국을 아주 두렵게 생각하였고, 실제 귀국할

경우 지방관들로부터 많은 고통과 재산상의 손실을 받기도 했다. 실제 지방관들로부터 재산을 빼앗기는 경우가 많았다.

화교에 대한 정책이 획기적으로 변한 것은 바로 아편전쟁의 결과였다. 자주적인 결정이 아니라 외부의 힘에 의해 마지못해 오랜 세월 금지되었던 자유로운 이주의 길이 열린 것이다. 2차 아편전쟁을 거치고 1860년 영국과 프랑스가 청조를 위협하여 체결한 베이징조약에서 모든 중국인은 본인이 영국과 프랑스 식민지에서 일하기를 원할 경우 조금이라도 규제해서는 안된다는 규정이 삽입되었다. 중국인의 해외이주가 사실상 자유화된데 이어 1893년이 되면 청조는 법령상 해금을 완전히 폐지, 인민의 자유로운 출입국이 보장되었다.

이어 청조는 주요국가에 영사관을 설치 교민을 관리보호하게 되었고, 화교의 경제력을 국내발전에 이용하기 위해 화교들에게 모국투자를 유도하기도 하였다. 또 중국인으로서, 청조의 백성으로서 정체성을 유지하기 위해 화문교육을 유도하였고, 지역적으로 구분되고 서로 대립되기도 했던 화교들을 하나로 묶기 위해 주요 이주국별로 화교총상회의 설립을 유도하기도 하였다.

왕조시대 전체를 관통하며 예외없이 중국인의 해외이주는 제약 가운데서 불법적으로 혹은 아주 제약된 범위에서 편법으로 이주하였으나 아편전쟁이란 외세의 힘에 의해 청조말기 자유화되었고 이는 폭발적인 화교산출에 직접적인 요인이 되었다.

미주

1) 楊國楨 鄭甫弘 孫謙 著：明清中國沿海社會與海外移民 p.5, 고등교육출판사, 1997년, 북경
2) 상게서 p.5, p.12
3) 費正清：〈中國歷史中的沿海與大陸〉, 〈劍橋中華民國史〉상권 p.12
4) 양국정 상게서 p.2~3
5) 상게서 p.4
6) 〈云間据目鈔〉卷2, 〈巢林筆談〉卷5, 〈四友齋叢說摘抄〉卷6 등, 상게서 p.17 재인용.
7) 상게서 p.17~18
8) 張彬村：〈 明清兩朝的海外貿易政策〉 吳劍雄 主編〈中國海洋發展史論〉제4집, 타이페이 1991년
9) 周源和：〈淸代人口研究〉, 〈中國社會科學〉1982년 제2기
10) 陳景盛：〈福建歷代人口論考〉p.8, 福建人民出版社, 1991, 李文治 編：〈中國近代農業史資料〉 제1집 p.6, 9
11) 梁方仲：〈中國歷代戶口, 田地, 田賦統計〉 p.272, 278, 상해인민출판사, 1987년；陳景盛：〈 福建歷代人口論考〉 p.25~26, 복건인민출판사, 1991년
12) 蔡力哲：〈晉江地區華僑史料拾綴.二〉, 〈僑史〉제2집, p.82
13) 王大魯：〈赤溪縣志〉 권8
14) G. William Skinner：Chinese Society in Thailand p.53, 洪源善 박사학위논문：當代泰國與印尼華人社會比較研究, p.32 재인용 중국사회과학원, 2003
15) 兪云平：〈五緣文化與泰國華僑華人社會〉,〈八桂僑史〉 1998년 3기, 洪源善 상게논문 p.32 재인용
16) Huber："China Trade Returns" 1870, G.William Skinner 상게서 p.55
17) G William Skinner 상게서 p.57
18) 洪源善 박사학위논문 p.33
19) 吳鳳斌：〈 契約華工演變淺析〉 華僑歷史論叢제3집, p.381
20) 상게논문 p.381~382
21) 상게논문 p.382
22) 吳鳳斌 主編：東南亞華僑通史 p.282~283
23) Bruno Lasker, Human Bondage in Southeast Asia：〈東南亞被奴役的人類〉 p.36, 朱杰勤〈 19世紀中期在印尼的契約華工, 〈華僑史論文集1〉 기남대학연구소 간 p.4 재인용
24) 洪源善박사논문 p.34
25) 吳鳳斌 主編：東南亞華僑通史 p.31~32, 복건인민출판사, 1993년, 복주
26) 상게서 p.33
27) 方豪：中西交通史 제3책, p.37, 吳鳳斌 상게서 p.36 재인용.
28) 吳鳳斌 상게서 p.38
29) 淸世祖實錄 卷33
30) 古今圖書集成 祥形典, 律令部匯考 37
31) 吳鳳斌 主編 상게서 p.90
32) 상게서 p.91
33) 상게서 p.92

제5장

화교의 정착과 화교사회의 형성

중국인들이 주로 단신으로 건너온 南洋(동남아)은 낯설고 물 선 곳이었다. 이 곳의 풍토와 언어, 관습, 인간관계 등 모든 것이 새로운 것이었고, 갓 유입된 중국인으로서는 아주 가혹한 환경이었음에 틀림없었다. 중국인들은 국가의 보호와 뒷받침 속에 남양으로 건너 온 사람, 즉 식민들이 아니었다. 정부(국가)가 버린 것과 다름없는 상태에서 살 길을 찾아 나선 유민에 가까웠다. 완전히 새롭고 비우호적인 환경에서 살아남기 위해서는 그들이 원래 생활했던 곳, 즉 고향땅에서 맺은 인연이 거의 유일하고 의지할 만한 배경이었다.

적수공권이었던 이들은 새로운 환경의 동남아로 건너와서 가혹한 노동을 견뎌내는 한편 고향땅에서의 인간관계와 사회네트워크를 새롭게 구축하여 스스로의 생존능력을 강화시켜 줄 울타리를 넓혀 나간다. 가장 핵심적인 사회네트워크는 바로 혈연조직과 지연조직이었다. 이 두가지 인연의 연장선상에 업연과 神緣도 함께 하였다.

우리의 이민역사를 되돌아봐도 地緣, 血緣과 業緣이 밀접한 연관이 있다는 점을 쉽게 이해할 수 있다. 미주지역으로 이민이 아주 왕성했던 70, 80년대 로스엔젤레스나 밴쿠버 혹은 토론토 등지의 신이민을 마중 나온 한국인이 어떤 직종에 종사하는 사람인가에 따라 신참 이민의 직업이 결정된다는 우스개 같지만 정곡을 찌르는 말을 우리는 기억하고 있다. 이민자를 마중나온 사람은 당연히 신이민의 가장 근친이거나 가장 가까운 친구일 것이다. 새로 이민 온 사람은 고국에서의 경력이 거의 무시되는 상황에서 새로운 생업을 찾을 때 가장 신뢰하는 사람의 조언은 결정적일 것이다.

혈연과 지연이라는 가장 핵심적이고 본질적인 인연이 업연과 연결된다는 점은 위에서 살펴봤지만 神緣(종교적 인연)도 그런 측면이 있다. 청조 말기 중국 땅을 밟았던 많은 서양의 선교사들은 중국인의 신앙특성과 관련, 중국인은 무신론자이면서 동시에 다신론자이고 또 범신론자이기도 하다고 지적하고 있다. 유일신 사상의 바탕에서 중국인의 종교행태를 보면 이들은 무신론자에 가깝다. 그렇다고 중국인을 유물론자로 봐서는 이 또한 제대로 된 이해라 할 수 없다. 그들은 원시신앙에서 연원한 만물유령론에서 파생된 다신관념을 갖고 있고, 특히 생전에 많은 덕을 주변에 베풀거나 국가발전에 기여한 인물, 인품이 뛰어난 사람에 대해 그의 사후 자연스럽게 종교감정이 우러나면서 시간의 추이에 따라 그들을 神格化하였다. 따라서 지역별로 존숭하는 신령이 아주 다른 특성을 보이고 있다. 가령 지금 중국인의 민간 신앙 가운데서 가장 큰 영향력을 갖고 있는 媽祖신앙의 경우, 마조는 송대 복건성에 실존했던 역사인물로 살아 생전에 주변에 덕을 많이 베풀어 주변의 칭송을 많이 받았다. 복건과 광동은 연해지역으로 바다와 관련된 직업을 가진 사람이 당연히 많았다. 어부와 무역상인 등등. 이들이 자연스럽게 역사인물 마조에게 종교적인 감정을 불어넣었고, 점차 중국 전역으로 그에 대한 신앙이 확장되면서 지금은 중국 대륙은 물론이고 동남아지역의 화교와 전 세계의 화교들에게 가장 보편적으로 신앙되는 존재가 되었다. 관우와 여러 유명했던 의사들도 죽어서 신이 된 사례이고, 이들은 지금 살아있는 중국인의 심중에 여전히 큰 영향을 미치고 있다. 이는 중국전역에서 아주 유명해진 신령의 예이고 적게는 마을 단위의 신앙대상이 존재할 수 있고, 실제 존재한다. 즉 어떤 신앙을 갖는가, 다른 말로 어떤 신령을 존숭하는가는 바로 출신지역을 구분하는 척도가 되기도 하는 것이다.

동남아의 화교들은 고통스럽고 힘겨운 이국에서의 삶을 동향인과 친족들과의 유대관계를 통한 사회생활과 여기서 기반한 동업조합이나 동일한 신앙생활을 통해 고통을 잊고 이들 집단간의 결속을 통해 다른 지역, 이른바 다른 幇이나 이민족이 가하는 고통과 난관에 공동대처하였다. 지금도 중국인 특히 동남아의 화교에게는 중국인 혈통 이전에 중국의 고향땅이 어디었는가가 상당히 중요한 자기정체성의 요소로 남아있다고 생각된다. 물론 지금은 현재 화인들의 조상이 처음 남양으로 건너왔을 때와 같은 강한 결속력으로 작용하지 않지만 그래도 화인들에게 조상의 貫籍이 아주 중요한 뿌리임에 틀림없어 보인다.

또 하나 동남아지역에서 화교사회가 형성되기 위해서는 특정지역에 상당한 규모의 중국인의 이주를 전제조건으로 한다는 점이다. 이런 측면에서 동남아의 많은 도시가 초기 화교사회 형성의 필요조건을 갖추게 된다. 즉 한 장소에 상당한 규모의 인구가 집중돼 있고 또 안정적인 직업, 즉 농업이나 상업, 수공업 등에 종사하면서 하나의 커뮤니티로서의 외연을 갖추게 되었다. 초기 동남아 화교사회를 형성하는 주요 지표로는 다음 몇 가지를 꼽을 수 있다. 첫째, 상당한 규모의 중국인이 모여살면서 중국의 생활방식을 유지하고 각종 방언을 포함해 중국어를 사용하며 중국의 전통문화와 민간의 습속을 유지하는 것이고 둘째, 전체 이민집단이 단순히 공간적으로 모여 있다는 점을 넘어 서로 간에 일정한 사회관계를 맺는다는 점이다. 즉 이민사회의 기층에 각종 지역단체나 친족단체 및 동업조합 등을 결성한다는 점이다. 여기서 우리가 가장 주목해야 할 것이 바로 幇이다.

정리하자면 이른바 幇, 쉽게 말해 동향조직은 중국인 특히 동남아의 중국인과 그 후예에게 엄청나게 중요한, 자신의 정체성을 규정하는 핵심요소였고, 그들의 삶은 방의 질서 하에 움직였다고 보아도 좋을 것이다. 동일한 방은 동일한 언어(방언)를 구사하고, 동일한 관습과 풍습을 갖고 있으며, 동일한 문화와 종교를 가지며 직업에 있어서도 모두 동일하지 않지만 직업적으로 상당한 결속력을 갖는 등 해외의 화교화인을 구분하는 핵심적 표식임에 틀림없어 보인다.

01 화교 5대幇과 그 사회 · 경제 · 문화적 특성

동남아로 이주한 중국인을 가장 많이 배출한 지역은 중국 동남 연안의 2개 성 지역 즉 복건과 광동지역이다. 해남도 출신의 화교도 많지만 청조말기와 민국시기 해남도는 광동성에 편입되어 있었기 때문에 광동성으로 분류된다.

복건지역은 샤먼을 중심으로 췐저우와 장저우 등과 기타 지역을 포괄하는 福建幇이, 광동성은 동북지역의 차오저우부 일대 지역의 이민으로 구성된 차오저우방, 그리고 지금 광저우 지역일원의 광부방, 그리고 해남도 출신으로 구성된 해남방, 마지막으로 광동과 복건, 강서성의 접경지역인 산악 구릉지대에 주로 거주한 객가인 집단인 객가방이 있다. 이들 5대방이 동남아 중국이민의 핵심체로 화교와 관련된 많은 것은 이들 5대방의 성격과 생업, 그들의 가치관념과 현지정부와 현지민과의 관계 등에서 비롯됐다. 물론 이들 5대방을 제외한 타 지역 출신의 화교도 적지 않지만 전체 비율로 봐서는 미미하고 바로 5대방이 동남아 화교세력을 대변한다고 보아도 좋을 것이다. 이들을 중심으로 화교배출이 크게 늘어난 것은 위에서 언급했듯이 경제적인 어려움에다 상대적으로 타 지역에 비해 해외문물과 정보에 밝았고, 동남아와의 이미 형성된 네트워크의 활용, 서구제국주의자들의 이들 지역에서의 노동력 확보를 위한 여러 가지 노력 등이 겹쳐졌기 때문이다.

幇은 바로 지역기반을 핵심으로 하고 바탕에는 서로 다른 방언이 자리잡고 있다. 객가들은 자신의 고유언어인 객가어를, 복건방은 민남어를, 차오저우방은 차오저우어를 구사하고 물론 광부방은 광동방언을 일상언어로 사용하며, 해남방은 또 해남의 방언을 통해 서로 교류한다.

이러한 출신지역을 기반으로 한 地緣에 대한 자기정체성이 해외에서 그대로 이어지고 강화되는 점은 다음의 4가지로 요약될 수 있을 것이다.

첫째, 구역성이다. 지연 정체성의 전제는 바로 지리공동체의 존재이다. 여기서 말하는 '地理'란 자연지리이자 동시에 행정지리이고 동시에 언어, 풍속이 동일한 '문화지리'이기도 하다. 여기서 말하는 존재란 역사적으로 존재했을 뿐 아니라 그것이 오늘에도 이어진 현실의 존재를 의미하고 또 현실에서는 이미 분산되고 흩어졌더라도 심리적으로 여전히 과거와 연결돼 있는 의사존재를 의미한다.

둘째, 非시장성이다. 중국에서 지연정체성의 경제기초는 농업경제이고, 그 본질은 비시장성에 있다. 중국 해외이민의 경제기초는 주로 소상품경제로 그 자금이나 상품, 노동력시장은 완전시장형이 아니고 지연에 의존하는 측면이 강하다. 즉 지연관계가 생업과정과 경제운용과정에서 자금이나 신용, 이윤 등과 상호작용하면서 지연정체성을 강화하는 지렛대로 작용하고 있다.

셋째, 禮俗성이다. 지연정체성은 다른 말로 하나의 질서로 볼 수 있다. 지연

질서와 일반 사회질서는 좀 다르다. 사회질서란 사회의 주도적 가치관의 법령화와 법령에 의한 유지이나 지연질서란 대대로 전해 내려온 습속과 관습에 의해 유지되는 것을 말한다고 볼 수 있다. 지연집단은 오랜 시간을 이어내려오면서 일련의 禮俗규범을 생산해왔는데 가령 여기엔 중국 정통적인 전통문화와 각지의 민간문화가 어우러져 있는 것으로 孝親, 이웃과의 화목, 義氣, 지방종교, 勤勞, 검약, 빈자와 약자를 돕는 것 등등이 있다. 이러한 가치관은 지연단체의 질서를 강화하였고, 지연정체성의 사회학적 특성을 반영한다고 생각된다.

넷째, 내향성이다. 지연집단은 거주지역이 상대적으로 좁은 지역에 집중돼있고, 경제활동은 자급성이 높으며, 학교교육은 방언에 의존하며, 문화활동도 강한 지방특성을 띠고 사유방식의 내향성으로 이어지게 한다. 오랜 내향성 추세와 외부 지연집단과의 교류가 거의 없는 상황에서 서로 접촉하는 과정에서 쉽게 충돌이 일어날 수 있고, 외부의 경제역량이나 정보역량의 유입을 차단하는 기능도 수행하게 된다. 결국 집단심리와 성격, 관습에 수구적인 경향을 갖게 된다.[1)]

해외로 이주한 중국인 특히 아편전쟁 전후로 동남아로 건너 온 중국인들은 자신들을 중국인으로 인식한 것이 아니라 바로 자신의 출신지로 자신의 정체성을 자리매김한 것이다. 이에따라 같은 언어(방언)를 사용하지 않고, 같은 지역 출신이 아닌 중국인은 과장되게 표현하자면 외국인과 다를 바 없이 간주했고, 모든 경제 사회 문화생활은 바로 방의 범주내에서 이뤄지게 되었다.

이들 5개방에 공통되는 특성으로는 이들이 모두 중국 동남지역에 오래 살면서 외국과의 교류가 빈번한 곳에서 생활하였고, 상대적으로 해외정보 획득에 용이했다는 점과 명 중기 이후로 일어난 중국 동남지역의 자본주의적 움직임의 영향을 받았다는 점을 지적할 수 있다. 중국인의 전통 가치관념에 '安土重遷, 黎民之性'(자신이 살던 고향을 떠나려 하지 않는 것이 백성의 마음이다) 관념이 강하게 존재하였다. 그러나 위에서 언급했듯이 지역의 지정학적인 위치와 해양문화 등의 영향으로 해양으로 진출하고자 하는 욕구가 높았고, 실제 이를 행동으로 옮긴 것이 많은 화교 배출의 직접적인 원인이라 할수 있을 것이다. 중국인의 전통관념에다 해양문화적 진취적인 자세가 이 지역을 특징짓는 하나의 문화였다고 생각해 볼 수 있을 것이다.

이들 방들의 조직으로는 '회관', '동향회' 등이 많이 보인다. 이들 지연조직의 설립 취지는 동향인들간의 정을 함께 나누고, 고향을 생각하며, 지식을 교환하고, 서로 협력하여 공상업을 발전시키고, 공익을 증진하며, 교육사업을 확대하고, 전통예절과 습속을 지킨다는 것들이 주로 포함되어 있다.

이런 기본설립목적에 따라 조직된 각급 지연단체들은 동향에서 신이민이 오면, 이들이 새로운 환경에 적응할 때까지 숙식을 제공하고 일자리를 마련해주며 공동의 제사를 지내는 한편 빈곤자와 약자를 부조하고 분쟁을 조정하며 당국과 교섭이나 자제를 교육하기 위한 학교를 개설하고 각종 경축일을 함께 보내는 일을 구체적으로 수행하였다.

02 화교사회의 혈연조직으로서의 특성

전통 중국사회의 가장 기본적인 사회조직은 바로 혈연조직이었다. 가족의 확대판인 종족과 문중의 개념은 특히 중국 동남방에서 큰 역할을 감당하였다. 이러한 종족이나 문중 등 親屬집단은 가장 핵심적이고 일차적인 중국인의 사회단위로 특히 해외로 이주한 중국인에게 가장 점착성과 유대가 깊은 조직이었다. 그러나 해외, 즉 동남아에서 혈연을 위주로 한 친속집단과 단체의 등장은 지연을 중심으로 한 幇의 등장보다 오히려 좀 늦었다. 이는 중국인의 동남아 이주를 좀 더 생각해보면 알 수 있는 일이다. 중국인이 집단으로 동남아로 이주를 시작한 청말, 아편전쟁 이후 남양으로 이주한 사람은 거의 대부분이 단신의 젊은 남성위주였다. 이들이 각고 근면 끝에 어느 정도 현지에서 경제력을 갖춘 후 고향으로 돌아가 비로소 가정을 이루기 시작했고, 부인은 고향에서 부모를 공양하고 아이들을 키웠으며 남자들은 다시 남양으로 가서 생업에 종사하는 패턴이 보편적이었다. 이어 고향에서 태어난 아이가 어느 정도 성장하면 부친을 찾아 동남아로 가거나 가족이 전부 이주하는 사례가 나타났다. 또 다른 경우로는 동남아에 머문 화교들이 현지인을 처로 맞아들여 가정을 이루기도 하였다. 동향집단 출신들이 초기 화교사회를 구성하는 핵심이었으나 시간이 경과함에 따라 가정을 이룬 사람들이 고향의 친척을 불러, 이민 현지에서 종족의 세력이 점차 확대되면서 혈연단체의 결성필요성이 높아지게 되었고, 이는 동남아 화교사회에서 지연조직 다음으로 혈연조직이 등장하는 원인이 되었다. 지연조직과 혈연조직은 이처럼 상당한 시차를 두고 동남아에서 형성되기 시작했다. 同宗을 중심으로 하나의 혈연집단을 형성하되 세력이 약할 경우 몇몇 성씨가 공동으로 혈연집단을 형성하는 사례도 많이 나타났다. 이는 지연조직의 경우 특정지역의 경우 하나의 현지역 출신만으로도 지연단체를 구성하는 사례가 있는가 하면 출신 현의 인구수가 적어 여러 개 지역이 연합하여 지연단체를 만드는 것과 유사한 모습이라 할 수 있을 것이다.

중국 해외이민사회에서 혈연관계의 형성은 두 가지 기본형태로 구분할 수 있다. 하나는 동일 村縣에서 왔고, 같은 방언을 구사하는 서로 유사한 조상을 모시고 있는 지역성 종친회이고 다른 하나는 몇 개의 府나 현에서 오고 아주 오랜 과거의 공통 조상이라고 여겨지거나 혹은 아예 형제결연을 통한 다른 혈통간의 결합, 즉 유사 혈연에 의한 비지역성 혈연조직이다. 다른 말로 하자면 종친회는 同宗을 기초로 결합한 단체이나 종족관계는 이미 아주 약화되었고 결국은 실제적으로 혈연관계는 없고 단지 성씨만 같은 사람들의 무리가 되기도 한다.[2)]

종족은 중국 전통사회의 핵심으로 남중국 특히 광동과 복건지역에서 종족 친속단체는 매우 강력한 집단으로 남아있다. 중국 해외이민은 대다수가 연해지역의 농촌사회에서 나왔고 농촌의 혈연관계는 도시지역의 그것보다 훨씬 강하고 끈끈하다. 해외로 이주한 이들은 고향과 지속적으로 강한 유대를 가졌고, 이는 바로 친족을 중심으로 한 '이민사슬'에서 여실히 드러난다. 먼저 나간 가족이 현지에서 정착한 후 고향에 남은 직계가족 뿐 아니라 방계가족, 종족에 이르기까지 일종의 이민 초청을 하게 되는 것을 말한다. 이것이 지속적 이민의 강한 원동력이 되었고, 신중국 건국이후 개혁개방이 실행되면서 앞서 유럽으로 이주했던 절강의 온주인들이 지금도 이런 방식으로 유럽으로 동향과 동족을 불러들이고 있다. 이처럼 가족, 친족이 해외로 옮겨지면서 중국 전통의 강한 친족집단의 응집력은 해외에서도 더욱 강하게 유지, 발전되고 있는 것이다.

일반적으로 가장 초기의 혈연성 조직은 가경 24년(1819년) 싱가포르에서 성립된 曺家館으로 알려져 있다. 이밖에도 아편전쟁이후 싱가포르지역에서 혈연조직이 꾸준히 늘어났다. 한편 말레이시아에서는 도광5년(1825년) 말레카에서 江夏堂 黃씨의 사당이, 필리핀에서는 상당히 늦은 광서 10년(1884년)에 각각 최초의 혈연 조직이 설립되었다.[3)] 사람수가 비교적 적은 성씨들은 타성과 연합하여 연합성씨 단체를 결성하기도 했다.

단일 성씨로 조직된 종친단체와 다수 성씨로 조직된 聯姓단체, 동일성씨로 여러 지역의 종친회가 결합된 종친총회 등은 모두 종친조직이 상당히 규모가 커지고 있고, 그 구조가 복잡화되고 있다는 점을 보여준다.

시간과 지역 등의 영향으로 중국 대륙내의 종친회와 동남아 중국인 이민사회에서의 종친회는 많은 변화를 보여주고 있다. 특히 親緣의 약화, 인구수의 부족으로 인한 연합성씨의 단체 등장 등이 주목된다. 그러나 종친회는 대륙에서 이전된 중국의 문화로 양자는 조직구조나 족산의 보유, 사회기능 측면에서 유사한 부분이 아주 많다.

혈연조직의 두드러진 한 가지 특성은 재산을 보유하고 있다는 점이다. 이른바 族産(혹은 族田)이다. 종친활동에 소요되는 경비는 족산에서 감당하게 된다. 족산은 문중의 제사나 문중 자제의 교육, 族人의 빈궁을 救恤하는 재원으로 사용된다. 해외에 있는 중국인의 족산은 도시의 경우 임대수입을 올릴 수 있는 빌딩으로 농촌의 전답을 대체하고 있고, 모든 종친회는 자신의 종친회 건물을 갖는 것을 목표로 삼고 있고 다수의 종친회는 자신의 종친회 건물을 보유하고 있기도 하다. 이는 족인들의 단결과 종친회의 항구적인 존속을 보증하는 것이기도 하다.

종친회의 목적은 종친들의 단합과 우의의 증진, 서로 돕고 어려움을 함께 극복하는 것으로 이해될 수 있다. 이런 목적을 위해 다음과 같은 기능을 수행하게 된다.

첫째, 조상에 공동으로 제사를 지낸다. 이에 따라 종친회는 공공의 사당을 설치하고 내부에 모두 감실을 두고 조상의 위패나 초상화를 모셔두며, 경우에 따라서는 집안의 보호신의 소상을 모셔두기도 한다. 조상이나 神主에게 崇敬과 감사를 표시하기 위해 종족성원들은 매년 2차례 제사를 드리고 예전의 방식으로 의식을 치른다. 제사가 끝나면 모두 함께 음식을 나누며 즐거운 시간을 가지면서 동족으로서의 일체감을 증진시킨다. 제사활동은 단체의식을 배양하고 증진시키는 가장 중요한 활동이 된다.

둘째, 일반적인 종친회의 章程에는 족인을 위한 복리방면의 의무를 규정하고 있다. 가령 막 고향에서 동남아로 건너 온 친족이 있다면 종친회는 그를 위해 식사와 숙소, 그리고 입을 것을 제공하고 일자리를 찾는데도 도움을 준다. 경제형편이 어려운 족인에 대해서는 질병과 실업, 사망시에 종친회가 필요한 구제와 장례를 도와준다.[4] 이런 물질적 도움은 바로 종족단결 정신의 가장 현저한 표현이고 구성원들에게 안전감과 소속집단에 대한 자부심을 심어준다.

셋째, 분쟁의 조정기능이다. 종족 내부와 종족간에 금전이나 민사상의 분규가 발생하고 이들 분규가 잘 해결되지 않으면 종족의 단결이나 심지어 종족의 존립에도 심대한 영향을 준다. 따라서 종친회는 내외 분규에 대한 조정을 조직의 중요한 직능으로 삼고 있다.

넷째, 교육을 강조한다. 중국 대륙에서는 오랜 기간 교육이 바로 사회지위를 끌어올리는 가장 중요한 수단이었다. 그러나 해외, 즉 남양에서는 교육이 입신출세와는 직접적인 연관이 없었다. 생존을 위해 고향땅을 떠난 중국인에게 있어서 가장 핵심적인 가치는 바로 돈이었다. 사람의 평가는 철저히 그가 가진 돈(경제력)에 의해 평가되었고, 지금도 이러한 가치관은 상당 부분 유지되고 있다. 다만 교육은 성공한 화교화인의 하나의 장식으로서의 역할을 수행할 수 있었다. 그러나 또 다른 한편으로 동남아 중국인들의 강렬한 뿌리의식으로 자식들을 중국인으로 키우기 위한 노력의 일환으로 교육을 강조한 측면은 있었다. 이주 초기 가정에서 교육을 방기하면 동남아의 중국인 2세는 현지인으로 성장할 수밖에 없었으나 그들은 문중이나 지연단위의 학교를 설립하여 중국인으로서의 정체성을 유지할 교육은 시키고자 노력하였다.

동남아의 중국인 종친조직은 중국내 종족조직을 그대로 옮겨온 것은 아니지만 그것이 의거한 조직원칙, 즉 혈연관계가 기본적으로 일치하고 추구하는 목적이 종족의 단결, 전통사상의 보존, 종족의 영속이라는 측면에서 동일하였다.

03 동남아 화교들의 주요 거주 지역

중국에서 동남아로 이주한 정확한 화교숫자에 대한 통계는 찾아보기 어렵다. 특히 아편전쟁 이전 화교에 관해서는 많은 동서양의 사서에서 동남아지역에 중국인이 살고 있다는 정도의 단편적인 언급이 있을 뿐 숫자에 대한 기록은 보이지 않는다. 그나마 숫자로 화교의 규모가 언급된 것은 아편전쟁 이후의 일이다.

화교사에서 중국인이 급속하게 동남아로 이주를 시작한 것은 물론 아편전쟁 이후의 일이지만 명말청초에도 많은 중국인들이 정치적 경제적 이유로 이주한 것으로 보고 있다. 명말 이후 중국인들이 많이 거주하기 시작한 동남아 도시로는 필리핀의 마닐라, 자바섬의 자카르타, 수라바야 말레이시아의 말레카, 태국의 아유타야, 방콕 싱가포르 등지였다.

명말 화교가 가장 많았던 곳은 필리핀이었다. 1571년 스페인이 필리핀을 점령했을 때 이미 화교가 150여명에 달했다는 기록이 있다. 또 1588년엔 화교숫자가 만명을 넘었고, 1603년엔 2만 5천명에 달했다. 이후 급증하는 화교세력에 두려움을 느낀 스페인 식민당국은 화교대학살에 나섰고 화교숫자는 급감했으나 화교 숫자의 감소는 식민지경영에 막대한 차질이 초래되어 다시 화교를 불러들이는 정책을 취하게 된다. 이에 따라 화교숫자는 다시 늘어났으며 청조초기에는 화교숫자가 2만~3만 이르렀을 것으로 추산되었다.

인도네시아 자바섬에서도 네델란드 식민세력이 들어왔을 때 이미 수백명의 화교들이 이곳에서 생활하고 있었다. 1619년 네델란드 식민세력이 새로운 도시를 건설하기 위해 자카르타에 진입한 후 위와 같은 숫자의 중국인이 생활하였고, 이어 다음해는 8백명으로 1627년엔 3천 5백명으로 늘어났다. 1658년엔 5천명으로 늘어났다는 기록도 보인다.

이러한 서양의 기록과 함께 중국인에 의해 기록된 자료에서도 화교규모를 알 수 있다. 張燮의 東西洋考에 의하면 명말 인도네시아 자바섬 수라바야의 주민은 천여 호로 이 가운데 절반 이상이 중국인이라는 구절이 나온다. 만약 한 호를 5인으로 계산한다면 화교인구는 약 3천 가까이 되는 셈이다. 자바섬 서북쪽의 반단은 17세기 초 향료무역항으로 중요했는데 중국상인들이 끊이지 않고 이곳을 내왕했다는 기록이 있다. 1609년 독일인 존 울레켄은 "반단의 화교는 수천명에 달하며 그들 대부분은 매우 부유하다"고 적고 있다.

말레이반도의 파타니는 명대 태국의 속지였다. 네델란드 동인도회사 자료에 의하면 만력 30년(1602년) 네델란드의 선단이 파타니에 정박했을 때 이 도시의 건장한 남자의 절반은 화교이고 나머지 절반은 태국인과 말레이인으로 구성됐다고 전한다. 송의 역사서에 파타니의 인구가 1만여에 이르고 명대에 이 숫자가 큰 변동을 보이지 않는다는 전제하에서 화교인구는 3천~5천에 이르렀을 것으로 중국학계는 본다.

이밖에 태국의 아유타야, 인도네시아 수마트라섬의 팔렘방에도 많은 화교가 진출했고, 칼리만탄섬과 암본섬에서도 적지않은 화교가 명말 이후 거주하고 있었다. 이상의 동남아 여러 곳의 화교숫자를 감안하여 추산해보면 명말기 이미 동남아의 화교숫자는 10만명을 넘어섰을 것으로 중국학계는 내다본다.

청초로 접어들면서 화교인구는 급속한 증가세를 보인다. 이미 지적했듯이 청대로 들어서면서 광동과 복건지역의 인구가 폭발적으로 늘어났고, 경작지 증가세는 제자리에 맴돌아 이민압력이 높아졌고, 태평천국의 난과 아편전쟁을 계기로 이민흐름이 폭발적으로 증가했다.

동남아를 장악한 식민세력들은 효과적인 식민지 경영을 위해 식민지 거점도시를 건설해야 했고, 또한 그들이 필요로 하는 각종 공업의 원자재인 농산물과 광산물의 개발과 확보가 시급하였다. 이를 위해서는 이를 생산하고 채굴할 양질의 노동력이 필요하였다. 당초 식민세력은 본국에서 식민지경영에 필요한 노동력을 확보한다는 계획이었으나 이 계획은 바로 수정되었다. 근면하고 의욕적인 노동력이 열대우림지역에서 그들의 젊음을 바치고자 하지 않았기 때문이다. 결국 양질 노동력의 확보를 위한 대책으로 식민당국은 중국과 인도에 주목하였고, 특히 지리적으로 근접한 중국의 동남연안지역이 인력의 보급기지로서 중요성이 부각되었다.

인도네시아의 자카르타, 태국의 방콕, 필리핀의 마닐라, 말레이시아 쿠알라룸푸르는 바로 중국 노동력에 의해 건설된 대표적인 도시들이었다. 이밖에 페낭과 말레카, 싱가포르 등 영국의 해협식민지 역시 중국인의 땀에 의해 건설된 도시들이었다.

이와 함께 자카르타의 사탕수수 플란테이션, 칼리만탄의 금광채굴, 말레이시아 후추 플란테이션 등도 주로 중국인 노동자의 손에 의해 만들어졌다. 태국은 광동 차오저우계의 화교출신인 탁신이 미얀마와의 전투에 큰 무공을 세우고 왕조를 개창하면서 광동 차오저우 출신의 이민을 대거 받아들이면서 태국의 화교숫자가 급증하기 시작한다. 차오저우로부터 이주한 중국인들은 皇室화교란 별칭으로 불릴만큼 사회적 지위가 높았고, 또 지속적으로 중국으로부터 이민을 받아들임으로서 그들의 지위를 더욱 공고히 할 수 있었다. 명대의 화교 거주의 기초위에서 청대에 들어와 화교숫자는 급격한 증가세를 보였다.

특히 방콕을 중심으로 한 태국의 화교숫자가 급속히 증가했고 많은 차오저우인들은 경작업에 종사했다. 자카르타의 화교인구도 명말의 기초위에 급속한 증가세를 보여 적지 않은 화교거주구역이 새로 나타났다. 말레이반도에서도 경작업, 광산채굴업의 발전으로 많은 중국인을 흡수하였다. 영국인들은 페낭, 말레카, 싱가포르를 건설했고 이 과정에서 중국이민이 크게 늘어났다. 칼리만탄섬은 금광 발견으로 객가 노동자의 이주가 크게 늘어났다.

아편전쟁 이전 동남아 화교의 주요 거주지 중 으뜸을 차지한 태국의 화교숫자는 이미 1백만 가까운 것으로 추산되었고 자바섬은 11만5천~12만, 칼리만탄섬은 약 15만명, 말레이반도의 술탄지배지역과 해협식민지에는 약 5만이 거주한 것으로 학자들은 추산하고 있다. 이밖에 월남에 십수만명, 미얀마는 11만~13만명이, 필리핀은 약 7천명의 화교가 살고 있었던 것으로 보고있다. 이밖에 기타 지역의 화교를 포함해 전체 동남아의 화교숫자는 약 150만 전후에 이를 것으로 추산되었다. 아편전쟁 이전 이미 동남아 화교사회는 상당한 규모를 갖추게 되었다고 볼 수 있다.

04 초기 화교들의 생업과 신앙

초기 동남아 이주 중국인의 생업은 상업과 수공업이었다. 상업에 종사하는 화교들은 자신들의 판매네트워크를 형성하였을 뿐 아니라 이를 토착민사회에까지 확장하였다. 동시에 화교상인은 화교 수공업자, 즉 목수, 신발제조업자, 직물 · 의복업자, 은세공자, 칠기장인, 양초업자 등 다양한 수공업분야와 연계해 이들이 생산한 제품을 화교상인이 판매하는 시스템을 오랜 시간 유지시켜왔다. 물론 수공업자 자신이 생산한 제품을 자신이 판매하는 경우도 많았다. 즉 先售後廠(상점 뒤쪽에서 제품을 만들어 앞에서 판다. 즉 생산과 판매를 한 장소에서 동시에 수행한다는 의미)도 상당히 보편적인 생업의 유형이었다.

이러한 화교들의 직업구조는 18세기 들어서면서 변화를 보이는데 상업과 수공업에 이어 농장경영과 광산업으로 확대된다. 물론 이 시기 이전에도 광산이나 농장경영이 전혀 존재하지 않았다는 것이 아니라 18세기 이후 더욱 활발해지고 종사하는 사람이 큰 폭으로 늘었다는 의미가 된다.

화교들이 그들의 경제적인 힘을 조금씩 축적하면서 그들의 관심사인 공익사업에도 눈을 돌리게 되었다. 17~18세기 동남아화교들이 관심을 기울인 공익사업이라면 대표적인 것으로 사원의 건립이나 동일 종족이나 동일 지역 출신자를 위한 공동묘지의 조성이었다. 18세기말 인도네시아 세마랑지역에 대각사, 동가, 진흥가, 만백가 등 6곳에 사원을 건립하였다. 곽씨 형제들이 1650년(순치 7년) 자카르타에 당산의총이란 공동묘지를 건설한데 이어 이후 각지에서 화교들이 돈을 추렴해 공동묘지를 건설했다. 이처럼 공동묘지 건설과 사원건설은 화교들의 동남아 생활이 일시 거주에서 定住로 전환하는 큰 흐름의 변화를 보여주는 표지로 볼 수 있다. 왜냐하면 중국인의 가치관념 중 낙엽귀근(落葉歸根 : 해외에 흩어져 있더라도 결국 고향으로 돌아간다)이란 강렬한 회귀의식이 자리잡고 있어 설사 해외에서 죽음을 맞아도 시신을 고향으로 보내 매장할 정도였다. 이런 강한 가치관념의 발로로 초기 이민사회에서 살아서 고국으로 돌아간 사례가 대부분이지만 설사 여러 가지 이유로 이주국에서 삶을 마감한 경우, 시신을 고향으로 보낸 사례가 적지 않이 보고되었다. 이런 강렬한 회귀의식을 가진 중국인의 가치관념에서 보자면 동남아 화교사회에 공동묘지가 등장했다는 것은 귀국하지 못하는 화교의 숫자가 늘어나고 있고, 이들의 관념이 크게 변화하고 있다는 점을 보여준다고 할 수 있을 것이다. 다른 말로 표현하자면 동남아 화교사회가 하나의 커뮤니티로 뿌리를 내렸다고 볼 수 있는 것이다.

화교들의 지연과 직업은 즉 상당히 밀접한 연관관계가 있다. 물론 이를 절대적인 것으로 볼 수는 없고 어느 정도의 경향성이 있는 것으로 이해할 수 있다. 가령 태국의 차오저우 출신 화교들은 쌀 관련업무와 환전, 목재, 토산품, 방직품 수 · 출입에 전문화되어 있고, 광저우 출신 이민자들은 정미소, 제재소, 여관, 식당, 철물점등을 주로 경영하였으나 객가들은 주로 소상점을 운영하거나 피혁, 재봉 등을 주로 영위하기도 했다. 해남출신들은 이발업과 찻집, 목공, 채소농사, 어업으로 생계를 꾸렸고, 복건방들은 주로 광업이나 고무농장, 차잎생산, 원예업에 종사하였다.

신해혁명이 일어나기 이전 동남아화교들은 중국이라는 자신의 정체성을 거의 의식하지 않았고 기껏 자신의 출신지인 현이나 촌, 넓게는 성을 인식하는 정도였다. 즉 중국인의 중국에 대한 의식은 고향땅 차원에 머물렀을 뿐 국가관념은 이 시기 제대로 형성되지 않았다는 게 학계의 일반적인 평가였다.

05 주요국가별 화교사회 모습

중국인들이 동남아지역에 거주한 것은 이미 수백년이 지났고, 거주 역사의 진전에 따라 초기화교사회에서 점차 진화 발전된 모습을 보여왔다. 제대로 규모를 갖춘 화교사회는 대략 18, 19세기로 볼 수 있다. 주요 동남아 국가의 대도시지역에 자신들의 생활권을 형성해 경제적으로 토착민과 그리고 식민세력과 구별되고 또 문화 · 종교방면에서도 그들 나름대로의 독특한 사회를 형성, 발전시켜 나갔다. 특히 화교들은 출신지역과 혈연에 대한 상호의존과 연대가 매우 강한 종족 집단으로 화교사회를 들여다 볼 때 중요변수로 고려해야 함은 이미 지적한 바 있다. 중국인들은 자신들의 사회에 고향땅에서의 생활습관과 언어 풍속 종교 등을 그대로 유지해왔고, 토착민과는 분명히 구별되는 사회를 만들었다.

여기서 우리가 주목할 것은 화교 전체가 하나의 집단으로 뭉뚱그려질 그런 사회구조가 아니었다는 점이다. 즉 화교사회 내부를 들여다보면 그들도 출신지역과 사용방언, 경제력의 크기, 이민 1세대(新客화교)냐 아니면 현지에서 태어난 화교냐(주로 인도네시아에서 구분하는 개념, 다른 지역은 이같은 구분이 심하지 않았음) 등으로 구분되었다. 국가별 화교사회의 특성을 본다.

1. 태 국

18세기 중엽 이후 태국 화교사회는 두 가지 점에서 큰 변화가 있었다. 하나는 광동 차오저우 출신의 중국인이 큰 폭으로 증가하면서 이제까지 가장 다수를 차지했던 복건인들이 2위로 밀려났다는 점이다. 둘은 종전에 중국인이 주로 도성과 항구지역에 집중 거주하던 주거 패턴에서 벗어나 도시 주변의 농촌으로 분산 거주하며 원래 상업 무역과 항운업 그리고 수공업에 주로 종사하던 생업 패턴에서 벗어나 사탕수수, 후추 등 경제작물의 재배와 광산업 등으로 생업범위의 외연을 넓혔다는 점이다.

1767년 아유타야 왕조가 멸망하고 태국인 어머니와 중국 광동 차오저우 출신의 아버지 사이에서 태어난 탁신이 국가멸망기에 타이족과 중국계를 아우르며 침략자를 내쫓고 1768년 새왕조를 개창했는데 바로 탄부리 왕조다. 탁신이 전장을 누비는 과정에서 중국계의 역할이 적지 않았고 새 왕조를 창건한 후 중국계 중에서도 차오저우인들은 황실화교란 별칭으로 태국사회에서 우대받았으며 이는 또 차오저우 지역의 이민을 촉진하는 계기가 되었다. 이전에 아유타야에서 거주하던 중국인들도 대거 새 왕조의 수도 방콕으로 이주해 이때부터 방콕이 화교들의 중심적인 거주지가 되었다. 이미 태국 내에 살고 있던 차오저우인들은 고향땅에서 친구와 친지들을 불러들였고 이웃나라인 월남과 캄보디아의 차오저우인들도 불러들여 차오저우인의 세력이 급격히 커지게 되었다. 이를 계기로 차오저우방이 태국 내에서 가장 큰 화교 규모를 갖게 되었다.

탄부리왕조는 탁신왕 1대로 끝나고 이어 현재의 태국왕조인 차크릿(방콕) 왕조가 수립되면서 화교들의 세력이 더욱 급격히 커진다. 차크릿 왕조의 왕족들에게도 화교의 피가 흐르고 있었다. 왕조는 바뀌었지만 방콕왕조도 방콕을 가로지르는 차오프라야강을 건너 왕궁을 건설하는 등 전왕조의 정책을 대부분 그대로 이어받았고 이런 정책의 영속성이 화교세력의 성장에 도움이 되었다.

한 통계에 의하면 19세기 30년대 40만 방콕주민의 절반인 20만정도가 화교였다고 한다. 국제시장에서 설탕수요가 증가하는 것을 감안해 방콕왕조의 라마 3세왕은 차오저우계들이 방콕교외에서 대단위 사탕수수를 재배할 수 있도록 토지를 임대해 주었다. 태국 남부의 광산이 개발되면서 화교들이 광산경영에 나섰고 많은 중국인 노동력을 수요하게 되었다. 태국 화교사회는 영국인 관원

보링과 태국 간에 보링조약이 체결되면서 또 다시 큰 변화를 보이게 된다. 이 조약으로 태국이 자국의 시장을 영국에 개방하였고, 결국 세계 자본주의시장 체계로 편입되었으며, 이에 따라 태국내 각종 경제 사회적인 개혁이 불가피해졌다. 각종 사회제도 개혁과 함께 사회간접시설 즉 수리시설과 운하 · 철도 · 도로 건설 등 교통방의 확충과 전신시설 보급 등 대대적인 개발이 일어나면서 화교 인력에 대한 수요가 급격히 커지게 되었다.

이런 과정을 거쳐 급격히 커진 화교사회의 사회계층을 보면, 고향 중국과는 너무 이질적이었다. 동남아화교사회에서 신분과 사회지위를 구분짓는 핵심 요소는 선비로서의 소양이나 관료로서의 경력은 사회신분을 구성하는 변수가 전혀 아니었고 유일하게 사회적 신분을 결정짓는 요소는 그들이 가진 부의 크기였다. 다른 동남아 국가도 마찬가지이지만 화교사회에서 비중이 높은 인물은 바로 부를 많이 가진 자였다. 또 다른 화교사회의 구성요소는 출신지역과 혈연이었다.

태국에서의 상류층은 경제규모가 큰 독점상인들과 정미소 경영자, 매판 등이었다. 사회의 바닥층은 행상, 농업노동자, 거리의 이발사, 연예인, 인력거꾼 등으로 이들은 자본이 없었고 지역 화교사회와도 별 교류가 없었다. 이들보다 약간 상위계층이 공장과 부두의 노동자들로 이들은 하층 직업군에 비해 수입이 조금 높았다. 크게 봐서 이들 계층이 하층을 형성하였고 앞서 언급한 계층이 상층을 중간층은 대량의 일반상인과 기술장인, 수입이 적은 농민, 점원, 장인의 도제, 아편점, 도박장, 징세대리인의 피용인, 서양은행과 회사의 직원 등이었다. 화교사회에서 수입이 비슷할 경우 피용자보다는 자영업자의 사회적인 위신이 좀 더 높았다.

다른 동남아 국가도 비슷하지만 태국 화교사회에서 사회지위와 교육정도는 별 상관관계가 없었고 중요하지 않았다. 말하자면 화교사회에서 학문적인 성취란 부를 축적하고 사회지위를 획득한 후 누리는 일종의 사치품이었고, 사회지위를 올리는데 활용될 수 있는 도구는 아니었다. 그러나 부유한 상인들은 중국에서 혹은 현지에서 중국인 가정교사를 채용, 자녀들에게 중국의 경전을 교육시켰고 고국의 전통문화를 전수시키려 했다. 즉 18, 19세기 화교들의 교육에 대한 관념은 자식들에게 고국의 문화를 전수시키고 자신들의 전통관념을 주입하는 방편으로 생각했지 교육을 통해 입신출세시킨다는 관념은 없었다고 볼 수 있다. 생업은 바로 자신의 사업, 구체적으로 상업을 통해서 성장시켜 나간다는 가치관이 뿌리 깊었다고 볼 수 있다.

태국에서 사회적 지위가 가장 높았던 방언집단은 차오저우인과 복건인이었다. 대부분의 징세대리인과 정미소 경영자는 차오저우인이었고 그 다음으로 복건인이 차지했다. 18~19세기 태국엔 오늘 우리가 보는 국세청이나 세무서 같은 국가과세기관이 없었다. 정부는 경매방식 등을 통해 징세권을 민간에 위탁했고 대부분의 징세권은 화교 특히 차오저우 출신의 화교들이 담당했고, 이를 통해 큰 부를 거머쥐었다. 이밖에 차오저우인은 돈벌이에 유리한 각종 상업을 장악했다. 쌀 관련 산업과 전당업, 토산품과 특산품의 수출입 업무 등을 차지했고, 복건인들은 차잎의 수입판매에 독점적 지위를 누렸다. 이들 다음으로 광동사람들의 사회적 지위가 높았다. 이들 3개 방언집단이 사회의 상층을 구성했지만 이들 방언집단 가운데서도 물론 사회지위가 낮은 직업에 종사하는 사람 역시 많았다. 예로 차오저우인 가운데 다수가 부두노동자와 운하 및 철도 건설노동자로 일했고, 복건인 중 상당수가 태국 남부의 주석광산에서 노동자로 광동인 중 많은 사람은 건축공사장의 인부로 일하였다.

객가인과 해남인은 직업으로 본 그들의 사회적 지위가 전반적으로 낮은 편이었다. 객가는 주로 소상인이 많았고, 잡화점을 경영하거나 장인, 즉 은세공이나 피혁공, 의류제조업, 육체노동자, 행상, 이발사로 활동하였다. 해남인은 주로 벌목공, 야채경작, 어업, 광산노동자, 행상, 식당종업원 등의 일을 담당했다.

그러나 태국의 화교사회는 유동성이 아주 큰 사회로 이민자들의 급격한 신분상승이 하나의 전형적인 패턴을 이루었다. 이민자 대부분은 그들의 중국 고향땅을 떠날 때 그저 "한장의 멍석과 하나의 베개"만을 안고 그들이 입는 남루한 옷 이외는 돈을 벌겠다는 일념만을 갖고 있었다. 이런 출발선상에서 그들은 각고의 노력과 인내를 통해 많은 경우 돈을 벌게 되고 다수 종업원을 거느리는 기업주로 성장하기도 하였다. 19세기 이래 빈곤한 화교가 경제적으로 성공하고 신분 상승을 한 예가 태국에서는 얼마든지 있다. 화교연구의 세계적인 권위자인 미국의 G 윌리엄 스키너 교수는 "19세기 후반 무일푼에서 백만장자로 일어선 성공담은 태국에서의 중국인이 유럽인이 미국에서 거둔 성공사례보다 많다"고 지적하고 있다. 말하자면 태국은 중국 동남지역의 중국인에게 기회의 땅이었던 셈이다. 당시 중국이민자들은 수중에 아무런 물건도 한 푼의 돈도 없었으나 이들에게 무산자의식은 거의 없었다. 열심히 일하면 반드시 성공한다는 의식이 널리 퍼져있었다고 볼 수 있다.

2. 인도네시아

명말 인도네시아 영토 범위내 화교들이 분포한 지역은 자카르타, 수루마이, 반단, 新村 등지였다. 1740년 이전 자카르타 화교의 계급성분은 노예를 제외하고 소농, 수공업자, 상인 등이 있었다. 그들은 각각 수도작, 채소, 과일, 후추, 사탕수수 등 농업생산과 제당, 양주, 착유 등 농산품 가공업, 어로, 가축 사육, 벌목, 선원, 운하개착, 제초, 물긷기, 재봉, 제화, 벽돌공, 木匠, 주택건설, 中醫 등의 부문에서 일했고 상업활동을 벌였다.[5)]

추정에 의하면 18세기 중엽 자카르타 화교는 제당업과 양조, 도자기 제작 등 농산품 가공업과 수공업생산인구가 가장 많았고, 당시 자카르타 총인구의 60% 이상을 차지했다고 한다. 한 학자는 1742년 자카르타 화교 가운데 농업(주로 사탕수수재배)과 수공업 장인이 77%를, 상인은 23%에 불과하다고 평가하였다.[6)]

19~20세기초 인도네시아 화교사회는 태국의 화교사회와는 기본 특성이 좀 다르다. 가장 중요한 특성의 차이는 인도네시아에는 분명하게 성격이 다른 토생화인사회와 신객화인사회로 구분되어 있다는 점이다. 이에 비해 태국화교사회는 중국의 출신지별로 화교의 서브카테고리를 형성했으나 인도네시아는 지연보다는 오히려 인도네시아 현지인과의 혼혈인 토생화인이냐 아니면 중국에서 태어났거나 인도네시아에서 태어났더라도 부모가 모두 중국혈통인 신객화

교냐로 서브카테고리를 형성했다는 점에서 다르다.

특히 자카르타의 경우 이러한 토생화인 사회가 신객화인 사회보다 규모가 훨씬 컸다. 19세기 자바섬의 신객화교 외에 다수 토생화인들은 이미 여러 대에 걸쳐서 이곳에 살아왔기 때문에 중국어나 고향땅의 방언을 잊어버렸다. 중국 동남연안 어떤 지역에서 그들의 조상들이 건너왔더라도 그들은 이미 父祖의 고향땅에 대한 무슨 특별한 감정상의 유대나 관계를 맺고 있지 않았다. 이런 특성은 신객화교와는 완전히 다른 것이었다. 신객화교들은 돈을 벌어 고향땅으로 금의환향하겠다는 생각이 깔려 있었기 때문에 인도네시아 내부 사정보다는 모든 관심이 고향땅으로 향해 있었고, 일체의 생활습관이나 종교신앙, 언어 등은 완전한 중국인의 모습이었다.

19세기 중반 이전 인도네시아로 건너 온 화교들은 주로 남성 청년들이었다. 이들 중 상당수는 여러해 일하고 고향으로 돌아갔으나 일부는 이곳에 눌러앉아 현지 여성과 결혼하고 자녀를 가졌다. 이들의 후예 즉 중국인 아버지와 토착민 어머니 사이에 태어난 화교가 점차 늘어나면서 점차 하나의 사회를 형성하는데 이를 토생화인사회라 한다. 19세기가 되면서 토생화인사회가 점차 안정되면서 남녀간의 비율도 평형을 이루게 되고 토생화인 남성이 인도네시아 토착여성과 결혼 비율은 대폭적으로 낮아지고 토생화인간의 혼인이 주로 이뤄지게 된다. 이들은 신객화교와도 구별되지만 토착민과도 여러 가지로 차이를 보이게 된다. 즉 사회·문화적으로 하나의 독자적인 집단을 형성하고 그들 나름대로의 독특한 색채를 갖게 되었다. 이들은 이미 중국어나 고향의 방언을 구사하지 못하고 중국 글은 더더욱 쓰지 못했다. 이들은 일상생활에서는 농후한 토착색채를 띠고 있었지만 동시에 중국인으로서의 문화특성, 예를 들면 중국식 성씨, 조상에 대한 제사, 돼지고기 먹기 등의 관습은 그대로 유지하였다. 달리 말하자면 그들은 아직 완전히 토착민으로 동화되지는 않은 것이다. 외관상 인도네시아 토착민의 모습을 닮고 생활습관의 많은 부분이 동화됐지만 여전히 중국인으로서의 특성도 보존한 제3의 인구집단의 특성을 보인 것이다.

19세기말에서 20세기 초 많은 중국인이 인도네시아 군도로 이주해왔다. 이

때는 과거와 달리 부녀자들도 많이 포함되었다. 이때 새로 온 중국인 남녀들은 인구 숫자가 많았기 때문에 중국인끼리 가정을 구성했고 이미 이곳에 형성돼 있는 토생화교사회에 흡수되지 않았다. 그들 나름대로 새로운 집단을 형성했는데 바로 신객화교사회다. 이들의 2세들은 토생화인과 다른 신객사회를 만든다. 그들은 중국 전통과 생활습관을 유지하고 중국말과 방언을 사용하며 중화민족의식이 매우 강렬하다. 그들은 일상생활의 편의를 위해 인도네시아어를 배우긴 하나 그 수준은 별로 높지 않았다.

다시 정리하면 토생이란 개념은 지리적인 개념이 아니라 혼합혈통이라는 개념이다. 즉 중국계와 인도네시아 토착민의 피가 섞여 있는 화교라는 개념이다. 인종학적으로 외관상으로 신객, 토생화교는 다른 것이다. 토생과 신객의 구분에서 출생지는 그다지 중요한 요소가 아니다. 비록 인도네시아에서 태어났다 해도 양친이 모두 중국계이면 자식은 토생화인이 아니라 신객화인의 범주에 포함되는 것이다. 왜냐하면 그들의 언어나 종교신앙 생활습관 등 문화전반이 부모의 모습과 같았기 때문이다.

토생화교는 일반적으로 그들의 조상이 태어난 곳인 중국이 아닌 자신의 출생지인 인도네시아인으로 스스로를 인식하였다. 그러나 토생화교도 전체를 아우를 수 있는 통일된 집단은 아니었다. 서자바섬의 토생화인은 동부 자바나 外島 토생화인에 대한 상당한 거리감과 편견을 느꼈고 같은 서자바의 토생화인에 대해 더 강한 동질감을 가졌다. 그러나 토생화교들간의 거리감과 이질감은 토생화교와 신객화교에 비해서는 거리감이 훨씬 적었고 동질감이 더 강했다.[7] 마찬가지로 고향이 다른 신객화교들, 복건화교와 차오저우화교 혹은 해남화교와 객가화교간의 거리감은 신객화교와 토생화교에 비해선 훨씬 덜한 편이었다. 즉 동남아화교사회에서 출신지역과 방언에 따른 화교사회의 분파가 일차적으로 화교사회를 구분짓는 기준이 되나 인도네시아 화교사회에서는 출신지역과 방언의 차이 이전에 순수 중국계냐 혹은 혼합혈통의 화교냐는 신객과 토생의 구분이 일차적인 분파의 기준이 된다는 것이다.

인도네시아 화교사회의 최대 지연집단은 복건방과 객가방이고 그 다음이 차오저우방과 광부방이며 5대방 가운데 해남방이 가장 미약한 편이었다. 통계에 따르면 복건인이 주로 분포하는 지역은 자바섬과 수마트라섬이고, 복건인을 제외한 다른 방의 사람들은 외도에서 주로 생활하고 있다.

출신지별 화교들의 거주 지역이 차이를 보이는 것과 함께 그들의 경제생활도 출신지역별로 많은 편차를 보이고 있다. 푸셀의 동남아 화인이란 책에 의하면 인도네시아 화교의 출신지별 직업특성이 잘 묘사돼 있다. “대부분의 복건인은 상인계층이다. 그러나 바타비아부근의 서자바와 수마트라 서해안의 대규모 중국인은 농경에 종사하고 있다. 또 수마트라 일부 지역엔 어민도 있다. 자바와 마두라섬의 객가인은 상인도 적지 않지만 많은 객가인은 공업방면에 큰 흥미를 가지고 있고 수마트라의 객가인은 광산업에, 서 보르네오섬에선 농업에 많이 종사한다. 대다수 차오저우인은 양식 및 채소농사에 종사하나 수마트라섬의 동해안 플란테이션 지역에서 그들 대다수는 담배경작지의 농업노동자로 일하고 있다. 인도네시아 기타 군도의 화교들은 다수는 상인이고 또한 공업활동에 종사하는 사람도 많다.”

푸셀의 연구를 보면 우리는 인도네시아의 5대방 중에서 상업에 종사하는 비중이 높은 것은 복건방이고 농업에 종사하는 사람은 차오저우인이 많으며 객가는 직업분포가 비교적 고르며 광부인은 공업에 종사하는 사람이 많다. 이 역시 인도네시아 화교사회도 동향의 구이민이 신이민인 친지와 친구를 이끌어주고 다시 현지에 정착한 신이민이 고향땅의 친지 친구를 이민길에 오르도록 하고 새로운 이민에게 자신이 종사하는 익숙한 일을 소개하기 때문에 특정 출신지역과 직업과의 연관이 꾸준히 이어지는 추세를 보이는 것이다.

3. 말레이시아

말레이시아 화교사회의 형성은 영국의 식민지배와 밀접한 상관관계에 있다. 영국인들이 말레이시아에 들어오기 전에도 중국인이 말레이시아반도와 북보르네오에 거주한 것이 사실이지만 이를 본격적인 화교사회의 형성으로 보긴 어렵다. 영국이 페낭섬을 점령한 후 도시개발 등을 위한 많은 노동력이 필요했고 그 노동력 수요는 중국인 노동자로 충당하게 되면서 화교들의 인구가 크게 늘어났고, 바로 말레이시아 화교사회의 인적 기초가 된다.

각종 농작물 경작 이외 주석광산의 개발이 화교들의 주요사업이자 노동력을 수요하는 부문이었다.

말레이시아 화교사회를 계급으로 구분해보면 플란테이션 주인과 노동자, 주석광산주와 노동자, 상점의 주인과 점원 등으로 나눠볼 수 있다.

4. 필리핀

필리핀 화교사회는 스페인의 식민통치의 경과와 밀접한 관련이 있다. 중국과 필리핀이 교류한 것은 스페인 세력이 필리핀을 침입하기 훨씬 이전부터였으나 화교사회의 형성은 스페인의 식민지배와 함께 그들의 식민지 경영전략과 맞물려 있다. 1582년 식민당국은 마닐라의 파시즈 강변 일대에 상업과 수공업 기타 각종 직업에 종사하는 중국인들을 한곳에 모여 생활하게 했는데 이를 '파리안'이라고 부른다. 식민당국의 정책에 의해 그동안 이곳 저곳 흩어져 살던 사람과 교역을 위해 이곳에 일시 머물던 사람들이 마닐라 동북부 강변에 중국인 마을을 형성하게 된 것이다. 이 파리안은 280년간 존속한 후 1860년에 완전 폐지된다. 중국인의 거주지인 파리안은 스페인은 물론 필리핀 토착민에게도 중요한 곳이었다. 그들은 대부분의 생활필수품을 이곳에서 조달했고 토착민은 또 이곳에서 자신이 경작한 농산물이나 토산품을 팔기도 했기 때문이다.

중국인 거주구역 파리안 내부에는 각종 업소가 들어서 있었다. 양재점, 신발수리점, 빵집, 목공소, 양초제조업체, 과자점, 약방, 칠기장인, 은세공업자 등 다양한 직종이 한곳에 모여 있었던 것이다.

16세기말 파리안은 직업구성으로 볼 때 상업과 수공업이 중심이 된 화교지역사회였다. 시장이 지역사회 안에 존재했지만 기본적으로 화교들이 커뮤니티라는 점에서 더욱 주목해야 할 것이 바로 파리안이었다. 이 화교 지역사회에 대한 식민당국의 관리는 2원적이었다. 우선 화교의 대표자(캐피탄)를 선발해 일상업무를 위임하고, 식민당국은 캐피탄을 감독하는 방식이었다. 스페인의 식민방식은 물론 무력의 뒷받침이 있었지만 가톨릭에 의한 지배방식에 주로 의존했다.

미주

1) 楊國楨, 鄭甫弘, 孫謙 著 : 明淸中國沿海社會與海外移民 p.124~125
2) 상게서 p.134
3) 상게서 p.135
4) 〈九龍堂林公司章程旣附則〉 p.9, 상게서 p.136 재인용
5) 巴素 : 東南亞的中國人, 譯叢 1958년 2-3기, p.128
6) 黃文鷹 등 : 〈 荷屬東印度公司統治時期巴城華僑人口分析〉 p.52
7) Leo Suryadinata : "Pribumi indonesia, The Chinese minority and china p.91~92

제6장

화교들의 경제성취

초기 화교들은 대부분 중국에서의 직업이 농민과 수공업자였고, 일부 상인계층도 있었다. 이들은 동남아로 이주한 후 주로 농사를 짓거나 광산에서 일했고 아니면 자신의 고향땅에서 생업을 유지해온 각종 소규모 가내수공업 방식으로 생활용품을 제조하여 이른바 '前販後廠'(뒤에서 만든 물건을 앞에서 판다. 즉 집안에서 제작한 각종 상품을 현장에서 판다는 의미) 방식의 가내공장과 가게를 겸한 상업활동을 하게 된다. 일부 유력 상인들은 중국과 동남아를 연결하는 무역업에 종사하기도 했으나 이는 아주 소수였다. 따라서 화교들의 이주 초기에는 화교자본이라 일컬을 만한 경제력 규모가 나타나지 않았고, 글자 그대로 생존을 위한 생업 차원의 경제 모습을 보이게 된다.

그러나 시간이 흐르고 미약한 화교들의 자본이 그들의 특유한 근면과 돈에 대한 신앙과 같은 차원의 집착, 동남아화교사회의 기본질서를 규정하는 경제력에 대한 보편적인 관념 등이 어우러져 세대가 이어져 내려가면서 보잘 것 없던 자본이 점차 구르는 눈덩이처럼 그 몸집을 키워 나가게 된다. 광산이나 농장에서 일하거나 아니면 좌판상이거나 행상이거나 할 것 없이 화교들이 추구하는 가장 핵심적인 목표는 그가 가진 돈(경제력)을 키우는 것이었다. 이점에 대해서는 논란의 여지가 없다고 보아도 좋을 정도였다. 결국 농업노동자이거나 광산노동자이거나 아니면 행상 등 모든 화교들이 추구하는 생업 가운데 이들이 궁극적으로 지향하게 된 것은 상인의 길이었다. 자신의 점포를 갖고 장사를 벌이는 것 — 바로 이것이 성공한 화교의 전형적인 모습이었다. 즉 초기 화교사회 구성원들의 지향점이자 추구하는 가치는 상업자본을 키우는 것이었다. 이는 토지소유에 대한 식민정부와 제2차 세계대전 후 등장한 민족정부의 여러 가지 제약과 함께 토착민이 아닌 유입된 민족이라는 태생적 한계와도 밀접히 연관된 문제였다. 동남아 이주지의 주인은 원래 토착주민이었고, 식민지배 이후에는 서구식민주의자가 주인이 되었다. 화인들은 이역에서 정치적인 권력을 획득할 수 없었다. 원래 이들이 이주해온 배경도 정치적인 박해를 피해 건너온 것도 아니었다. 물론 명말청초 시기 권력의 교체기에 아주 소수의 정치적 난민으로 볼 수 있는 이주자가 있긴 했으나 극소수에 지나지 않았다.

동남아 거주지의 정치환경이 결코 화교들에게 우호적이라고 볼 수 없었다. 서구 제국의 식민주의자와 토착민의 틈바구니에서 끼어 생존을 이어가면서 그들의 경제력을 온존시킬 필요가 있었다. 그러나 땅이나 이러한 고정자산에 재산이 묶이게 되면 유동성이 떨어지게 되고 유사시 변신이 어렵다. 그러나 상업자본은 공업이나 농업에 비해 기동과 변신이 용이하고 정치적으로 불안정한 화교들의 입장에서는 재산의 유지와 증식, 타 부문으로의 전환과 변신에 유리하며, 원래 출신지역의 상업적 특성과 어우러져 화교자본의 상업적 특성은 갈수록 심화되게 된다.

동남아지역을 주요 지역별로 보자면 태국 등 대륙부의 화교들은 상대적으로 쌀관련 산업에 많이 종사하게 되었고, 말레이나 인도네시아 등의 지역에서는 주석광산 등 광산 업무에 종사하는 화교들의 비중이 높았다. 또 후일 고무플란테이션도 화교자본에 의해 조성되고 이곳에 많은 화교노동자들이 일하게 되기도 했다.

또 한 가지 주목할 사실은 중국인들이 동남아에서 상업활동에 주력할 수 있고, 이 부문에서 역량을 발휘할 수 있었던 것은 이른바 민족 간의 분업이 형성되었기 때문이다. 동남아는 전통적으로 농업국이었고, 일부 도서지역은 어업이나 각종 향료작물의 경작 등을 생업으로 수행하였고, 이를 아랍이나 중국, 인도상인과 교역을 통해 환금하였다. 즉 기본적으로 상업활동이 존재하지 않았고, 생활용품에 대한 공급도 이렇다 할 것이 없고 주로 모든 생활용품을 자급자족하는 형편이었다. 이런 상황에서 화교상인이 동남아에서 형성한 상업네트워크로 동남아 원주민들은 자신들의 상품농산물에 대한 판로를 확보하였고, 거꾸로 자신들이 필요로 하는 생활용품과 농사자재 혹은 자금 등을 화교상인을 통해 구매하거나 대출받게 됐다. 즉 자급자족농업에서 상업형 농업으로 전환하는데 화교들이 결정적 작용을 하게 된 것이다.

민족 간에 자연스럽게 형성된 분업관계는 화교들이 이 지역에서 빨리 뿌리내리는데 큰 기여가 되었던 셈이다. 이제 동남아지역별 초기 화교들의 경제적 발전과정을 탐색해보자.

01 태국화교의 초기 경제활동 – 미작관련 산업과 화교들

태국에 중국인이 이주하기 이전부터 중국과 태국 간에 경제교류가 있었다. 이들 양국의 경제교류는 관방무역의 형식으로 이뤄졌다. 역사기록에 의하면 1370년 태국 아유타야왕조와 명왕조는 외교관계를 수립하고 조공무역을 시작했다. 명조 시기 "아유타야왕조와 중국이 32차례 조공무역을 가졌다. 청조 시기에도 30여 차례의 조공무역이 이뤄졌다."[1)]

1722년 강희제는 연해지역의 식량부족 문제를 해결하기 위해 시암에서 쌀 30만석을 구입하여 복건과 광동, 절강 등지에 판매할 것을 명령하였다. 수입관세는 면세조치하였다. 1751년 건륭제는 민간이 시암에 가서 쌀을 사오는 것을 허가하여, 이제까지 전통적으로 사치품위주로 형성된 '조공무역'의 성질을 변화시켰으며, 이는 시암사회에 경제 · 사회적으로 큰 영향을 미쳤다.[2)]

쌀무역은 시암의 화인사회와 중국 동남연안지역에 엄청난 영향을 미치게 된다. 이 조치는 중국과 태국 사이의 무역을 촉진했을 뿐 아니라 태국에 거주하고 장사를 벌이는 중국인에게 새로운 사업기회를 제공하는 것이기도 했다. 쌀 수입자유화 정책 이후 이어 역사무대에 등장한 탄부리왕조(1768년), 방콕왕조(1782년) 등 중대한 태국의 정치변혁이 태국으로 대규모 중국인의 이주를 촉진하게 되었다. 즉 중국의 쌀수입정책이 태국으로 중국 이민을 결과적으로 촉진시킨 계기가 되었고, 이어 아주 짧은 시간에 발생한 2차례 태국왕조의 교체는 태국으로 하여금 더욱 큰 폭의 대량 이민수요를 발생시켰다. 중국의 쌀수입 개방정책은 많은 상인들로 하여금 中泰간의 무역활동에 종사하게 하였고, 또 태국에서 상업활동 즉 쌀의 구매, 중국산품의 수출 등의 업무를 담당하게 되었다. 이런 과정에서 태국에 거주하는 중국인이 점차 증가하게 되었다. 이밖에 신왕조의 건립은 수많은 건설노동자를 수요하게 되었다. 이상의 논의를 정리한다면 초기 태국으로 이주한 중국인은 주로 상인과 건설노동자였던 것이다.[3)]

전통 태국사회는 농업위주의 봉건사회였다. 그 사회구조의 기본특징은 중앙집권제와 '삭디나'로 불리는 授田등급제도이고, 이는 모든 귀족과 지방봉건영주에게 그 사회지위의 고저에 따라 각기 다른 등급의 작위를 내리고 국왕의 명의로 각기 다른 수량의 '食田'을 하사하는 것이었다. 이러한 태국 특색의 봉건제도는 15세기 중엽에서 시작되어 20세기 초에 점차 와해되었다.[4] 전통시기 전체 태국사회는 대체로 2가지 계층으로 구분이 가능하였다. 즉 하나는 지배계층(왕실과 귀족)이고 다른 하나는 평민(농민과 농노 등)이었다. 전통시기 태국에서는 근본적으로 독립된 공인과 상인계층이 없었다. 중국의 상인과 工匠들이 대량으로 태국으로 들어오기 전 단지 강제노동의무가 있는 농민이 경작 시간외에 동원되어 대규모 토목공정, 가령 운하를 개착하거나 도로의 건설, 사원의 건설 등에 충당되었을 뿐이다.[5]

태국 조정은 대규모 중국 노동력을 흡수하기 위해 본국사람보다 중국인을 더 우대하는 정책을 시행했다. 중국인은 기본적으로 여행과 거주의 자유가 있었고, 강제노동에 동원되지 않았다. 중국인들이 태국에서 생활하면서 누리는 신체상의 자유로 이들은 경제적인 이익을 올릴 수 있는 많은 기회를 갖게 되었다. 태국인들은 기본적으로 토지에 예속되었고, 따라서 신체의 자유가 주어지지 않았다. 이 점이 바로 인도네시아나 다른 지역으로 간 중국이민에 비해 유리한 조건이었다.[6]

이에 따라 탄부리왕조의 건립을 전후로 대량의 이민이 태국에 들어온 후 이른바 민족 간의 분업현상이 아주 분명하게 나타났다. 19, 20세기 태국인이 선호한 일은 농경이나 정부기관의 공직을 담당하는 것이었으나 중국인과 그들의 후예는 태국인과 달리 모든 상업활동, 산업, 금융, 채광, 工人 등 직업을 선호하였다.[7] 이러한 민족 간의 자연스런 분업의 배경 하에 화인들은 해외무역을 포함한 상업활동과 각종 공업부문에서 점차 발전의 기초를 다지게 된다.

조기에 태국으로 이주한 중국인들은 주로 항운업과 관련된 해외무역, 선원, 부두노동자, 각종 工匠, 국내 각종 상업활동과 쿠리 등 태국이 종사하는 농경과 정부부문을 제외한 거의 모든 분야에 종사하였다. 그러나 대량으로 이주한 초기 중국인들이 맡게 된 가장 중요한 부문은 바로 도성 건설에 필요한 건설노동

자가 되는 것과 왕실무역을 담당할 상인이 되는 것이었다.[8)]

1855년 태국과 영국 사이에 보링조약이 체결되기 이전, 태국의 대중국무역은 장기 호황이었고, 명 · 청시대 모두 조공이란 명목으로 태국의 특산품을 중국으로 운반하여 판매하였다. 당시의 조공은 정부(正副) 공물로 양분되었고, 정공물은 규정에 따라 베이징으로 운반되어 수장되었고, 부공품 가운데 덜 중요한 물품은 모두 광동에서 상인을 찾아 시가대로 팔았고, 또 면세로 상품을 구입하여 한배 가득 싣고 태국으로 돌아갔다. 이는 완전히 영리 목적의 동기로, 조공사신의 배에 승선하는 것은 단지 구실일 뿐이었고, 다만 세금의 납부를 피하기 위한 것이 목적이었다. 따라서 2척의 가장 큰 상선은 선박당 중량이 1천톤으로 매년 상품을 가득 싣고 방콕을 출항하여 광저우에 도착하였다.[9)] 프랑스의 선교사 Pallogoix 는 1854년 저작한 "시암國志"에서 "매년 국왕은 15~20척의 선박을 싱가포르와 자바 그리고 중국에 파견한다. 높은 관직에 있는 관원은 범선 2, 3척을, 약간의 부유한 화교는 5,6척을 보내는데 이들 선박은 자신이 건조한 것들이다. 매년 중국의 신년에 해남도와 광동, 복건 및 기타 여러 항구에 50~60척의 선박이 이곳에 와서 화물을 싣는 이외에 수천의 이민을 싣고 시암에 간다" 고 기록하고 있다.[10)] 이러한 기록으로 미루어 19세기 중국과 태국간에 빈번한 무역과 이민현상이 존재했음을 잘 알 수 있다.

태국은 1370년 아유타야 왕조와 명조가 외교관계를 수립하여 '조공무역'을 시작한 이후 대외무역은 줄곧 국왕이 독점하였다. 역대 국왕은 화교들에게 선박을 건조하게 하였고, 선장이나 선원, 통역 및 대리인을 화교로 충당하였다. 화교들의 왕실 무역 대행은 더욱 발전하였고, 왕실 이외 귀족과 태국 상인을 대신하여 중국과의 중개기능을 발휘하였고, 양호한 신용을 구축할 수 있었다. 이와 함께 태국 왕실을 위해 각종 세무업무와 상업중개, 대외무역의 부분 중개업무도 수행하였다. 스페인, 포르투갈, 네델란드 각국은 태국과의 통상권을 획득한 후 태국에 양행을 설립하였다. 그러나 이들은 태국의 현지실정과 언어에 익숙하지 못해 그들을 위해 일할 많은 화교상인들을 고용하였다. 그러나 화교들의 해외무역은 보링조약 이후 서방국가와의 치열한 경쟁과정에서 점차 쇠퇴하

면서 새로운 경제부문으로 대체되었다.[11]

화교들의 새로운 사업 가운데 가장 중요한 것은 각종 세금징수청부업, 쌀무역, 채광, 농업플란테이션 등이었다. 우선 세금징수 청부업을 생각해보자. 세금징수청부업은 원래 국왕부부가 갖고 있던 수출입권리와 판매독점권을 화교상인에게 임대한 것으로, 화교상인들은 국·내외 판매독점권에 대한 대가를 국왕에게 지급하게 됐다.[12] 차크리왕조의 라마4세 국왕에 의해 무역독점권은 전부 폐지되었으나 새로운 수입독점, 가령 아편수입이 새로 규정되었다. 1852년 아편은 수입독점물품으로 편입되었고, 1855년 보링조약에 의해 아편은 면세로 수입되었으나 수입아편은 전량 반드시 아편청부상인에게 매각되어야 했다.[13] 말하자면 아편수입은 개방되었으나 국내 판매는 아편청부업자만이 할 수 있는 엄격한 제한을 가하여 서방의 무역상과 왕실의 재정수입 등 양자를 모두 만족시킬 수 있었다.

왕실이 무역독점권을 폐지하자 수입이 크게 줄어들었고, 독점권 포기에 따른 손실을 보충하기 위해, 태국은 새로운 수입을 올릴 수 있는 조치를 취했다. 19세기 후반 태국 전체 국가수입의 40~50%는 청부물품으로서 아편, 도박, 복권, 酒精 등이었다. 태국왕실은 부분적인 독점권을 화교에게 양도하였다. 이런 독점권은 조세징수권, 운하개착권, 알루미늄광개발권, 아편교역권 및 토산품, 어업, 도박장, 유곽 등을 경영할 권리 등 모두 90여종의 독점권이었다.[14]

근대 태국 경제성장의 주요동인은 쌀의 수출이었다. 세금징수청부업을 수행하면서 돈을 번 화교자본가들은 태국 정부가 각종 청부업제도를 폐지하자 쌀상인으로 변화하기 시작하였다. 쌀의 생산과 무역, 그리고 태국경제의 발전의 모든 단계에서 화교상인들은 서로 아주 긴밀히 연결되어 있었다. 오늘도 태국은 여전히 세계최대의 쌀 수출국의 지위를 유지하고 있다. 태국에서 화교화인들이 경영하는 쌀 도정업은 전체 산업에서 아주 큰 비중을 차지하고 있다. 1889년 시암에서 화교가 경영하는 기계식 도정업체는 모두 17곳이었고, 1895년 23곳, 1912년 50여 곳으로 늘어나 대부분의 도정업체는 화교화인에 의해 운영되었고, 외국인의 도정공장은 겨우 3곳에 불과했다.[15] 도정업은 한 역사시기에 태국에서 화교들이 경영한 주요산업이었다. 화교화인들이 쌀 수출업에서 획득한 두드러진 성취는 화교네트워크에 의해 수행되었다. 태국 국내 사정을 보자면, 쌀의 전체 수출과정은 우선 농가로부터 벼를 수매하고, 이를 도정공장으로 운반하며, 이를 가공하고 다시 도매상으로 쌀을 보내거나 혹은 부두에서 포장하여 수출하게 된다. 벼 생산을 제외하고 모든 부문은 화교들이 경영해 다른 사람들에 비해 훨씬 유리한 경쟁조건을 갖췄다.

쌀 산업이외에 목재 무역도 주요한 화교상인들의 사업이었다. 태국은 아주 이름높은 티크재의 산지였다. 품질이 높은 티크재는 주로 화교상인에 의해 해외로 팔려나가게 되었고, 티크재를 가공하는 제재소의 대부분은 화교경영자와 노동자에 의해 운영되었다. 목재 역시 쌀과 마찬가지로 화교상인과 화교노동자들의 전통적인 산업분야였다. 19세기말 이후 태국은 각종 개발사업을 벌이면서 대량의 화교노동자를 고용하게 되었다. 가령 남부의 주석광산의 노동자나 후추, 사탕수수, 담배, 채소, 면화 등의 경작업 역시 대량의 화교노동자를 고용하게 되었다. 또한 국가적 토목공정에도 많은 화교노동력이 동원되었다. 예로 1837년 화교노동자들은 방콕과 주변을 잇는 54km 의 운하 개착에 동원되었고, 1873년에는 출라룽콘 왕이 화교노동자를 동원하여 방콕에서 아유타야로 이어지는 운하개착 공사를 했다. 1890~1910년 사이 방콕이란 수상도시가 육상도시로 전환되면서 항구, 새로운 가로, 상점, 주택과 정부청사의 준공에 많은 화교의 노동력이 소요되었다.[16) 당시 수백개 화교가 경영하는 건축회사가 이 업무를 청부받았고, 1910년 방콕에 건축 관련 화교 종사자가 수천명에 달했다고 한 연구는 전하고 있다.[17) 19세기말에서 20세기 초 태국 방콕에서 주위로 뻗어나가는 3개 노선의 주요철로가 건설되었고, 수만명의 화교노동자가 시공에 참여하였다. 철로를 건설하는 화교노동자들은 산을 만나면 터널을 뚫고, 물을 만나면 다리를 세우는 아주 어려운 공사를 진행하였고 공사현장에는 열대의 瘴氣와 열악한 환경으로 화교노동자 수천명은 목숨을 잃었다. 화교연구의 세계적 권위자인 G. William Skinner 는 태국의 국가적 개발사업과 관련, 다음과 같이 말하고 있다.

"1892년 시작된 태국 철도망의 몇 가지 간선철도망의 건설은 만약 화교노동자가 없었다면 불가능했을 것이다."[18)]

태국에서 중국인이 농사를 지은 역사도 오래 된다. 명 만력 6년(1578년) 임도건이란 인물이 무리를 이끌고 지금의 태국의 최남단 지역인 파타니에 도착하였다. 그로부터 파타니의 개발이 시작되었으며 이어 차오저우인들이 춘부리로, 민남사람들이 송카에 정착하여 농작물과 채소 등을 재배, 자급자족하였다.[19)]

19세기 초반 이미 상당 규모의 중국인이 시암의 중남부, 동남부와 서남부의 농촌에 정주했으며, 이들은 태국여자와 혼인하고 후추, 사탕수수, 담배, 면화, 과수와 채소 및 벼를 경작했다. 이 가운데 상당수는 농장주가 되었고, 이들 가운데 대다수는 최초 정주한 화교와 태국여자 사이의 후손들이었다.[20)]

후추는 예전부터 시암의 중요 물산이었다. 17세기말 시암에는 이미 후추가 있었고, 그 생산량은 3천톤에 달했으며, 이 시기 후추의 재배자는 캄보디아인과 시암인이었다. 19세기에 접어들면서 후추경작은 이미 화인들이 경영하는 중요사업이 되었다. 19세기 30년대 시암의 동남부 지역의 차오저우인들은 대부분 농민이었고, 그들은 우수한 농민이자 재배기술자였다.[21)]

1810년경 차오저우인들이 사탕수수 재배기술을 들여왔고, 10년 후 사탕수수는 시암의 가장 중요한 수출품목 가운데 하나가 되었다. 19세기 50, 60년대 수천에 이르는 화교들이 사탕수수 농장이나 제당공장에서 일했고, 나콘 · 파툼 한 곳에서만 30여 제당공장이 들어섰고, 매 제당공장마다 약 200~300명의 중국노동자를 고용했다고 한다.[22)]

19세기 상반기 시암 서남부에는 이미 소규모의 면화재배가 시작되었고, 60, 70년대에 해남인들이 중부와 북부의 밀림을 개발하여 면화를 심기 시작했고, 점차 중국에 면화를 수출하기 위한 중심기지도 건설하였다. 그러나 국제경쟁이 격화되면서 면화생산은 몰락의 길을 걸었다.

중국인들의 과채원은 주로 방콕부근 혹은 기타 주요도시의 부근에 위치했다. 1836년 Blradley가 쓴 '방콕 기사'에 다음과 같은 묘사가 나온다.

"완두콩의 苗床, 상추, 양파, 무, 빈랑 등이 가득 과채원을 채웠다."

그러나 19세기 70년대 농장 농업 규모는 감소하기 시작하는데 그 주요한 원인은 도시개발을 위한 노동력 수요가 급격히 늘어났기 때문이었다.

종합적으로 보건대, 시암의 농업에서 경제작물의 대부분은 화인들에 의해 경작되었고, 경영되었으며, 이러한 경제작물로는 후추, 사탕수수, 면화, 찻잎, 리츠, 용안 및 채소 등의 품종이 있다. 화인이 종사한 농업분야가 단일의 농업경제에서 점차로 다양성의 농업경제로 발전하였고, 이는 시암 농업경제발전을 촉진하였다.

시암의 주석광산은 동남아 다른 지역에 비해 더 일찍 화교에 의해 개발되었다.[23] G.William Skinner에 의하면 타이족이 13세기 차오프라야강에 도착하기 이전 중국인이 이미 시암만 연안 지역과 교역하였고, 그들은 무역업무를 수행하는 과정에 주석광을 발견하였다는 것이다. 독일학자 Credner와 Helbig에 의하면 시암의 주석광산은 14세기 이전 발견되고 제련되었다는 것이다.[24]

1821년 복건인 오복성과 오만리 父子가 파타니에 도착 주석광을 채굴하였고, 수출입회사 '金利号'를 창립했다. 이후 오만리는 파타니의 초대 세관의 감독이 되었고, 오씨 문중사람들이 속속 이민와서 시암의 주석광산은 많은 복건사람들에 의해 개발되었다.[25]

19세기를 통틀어 남 시암 주석광산은 거의 대부분 화교의 손에 의해 경영되었다.주석광산의 분포지역은 크게 둘로 나뉘는데 하나는 푸켓섬이다. 1870년 푸켓섬에는 중국인 2만8천명이, 1884년엔 4만명 이상이 거주했는데 이들 절대다수가 주석광산의 노동자였다.[26] 두 번째 반도지역이다.

02 주석광산과 고무플란테이션

태국에서 전통 화교들의 주요산업이 쌀관련 산업이었다면 말레이시아와 인도네시아의 주요산업은 바로 주석광산과 고무플란테이션이었다.

보르네오섬에서의 채금역사는 아주 오래 되었다. 중국의 古典籍 太平御覽에 "諸薄國之西北有薄嘆州, 土地出金, 常以採金爲業"(제박국 서북에 박탄주가 있고, 이 지역에서 금이 나오고 있고, 채금업으로 생업을 영위한다)이라는 문장이 나온다. 박탄주는 지금의 칼리만탄섬을 가리킨다. 이 문장으로 봐서 이미 3세기에 이 일대에서 채금했음을 알 수 있다.

레이플스의 자바역사에도 1738년경 란다 일대에 이미 화교들이 금강석광산 11곳에서 채굴을 하고 있다고 기록되어있다. 매 광산에서는 평균 20, 30명이 일하였다. 이때부터 네델란드 상인들은 이곳 광산에서 매년 20만위안(인민폐) 상당의 금강석을 구입하였다.[27] 화교들의 근면성과 기술 숙련도를 잘 알고 있는 이 지역 술탄도 화교지도자에게 사람을 보내 화교들을 모집하여 광산개발을 해줄 것을 요구하기도 하였다. 1740년에서 1745년 사이 한 칼리만탄의 술탄은 브루나이에서 20명의 중국노동자를 모집하여, 금 채취에 나서 많은 금을 생산하기도 했다.[28]

초기 칼리만탄 섬에는 소규모의 화인이 경영하는 채광회사가 무수히 많았고, 1822년 이후엔 칼리만탄섬 서부에 3대 광업회사가 형성되었다. 19세기 20, 30년대는 화교들의 채광업이 아주 흥왕한 시기였고, 이 때 서 칼리만탄 일대 화교인구 12만 2천여명 가운데 채광노동자가 5만 3천여명으로 전체 화교인구의 43%를 차지했다.[29] 화교들의 채광회사는 채굴과정에 만난 정글은 개발하여 길을 내고 항만을 건설했고, 농업과 각종 작물 재배를 통해 자신의 식료품을 자급했다. 화교들이 가져온 가축은 현지의 축목업 발전에 기초가 되었다. 오늘날 서 칼리만탄의 우량 전답과 사통팔달의 도로는 바로 초기 화교 광산노동자들에 의해 개발되었다.[30]

1823년 사라와크 지역에 안티몬광산이 발견되었다. 3년 후 브루나이 술탄이 광산개발을 명령했고, 이런 조치에 따라 많은 화교노동자들이 삼바스에서 사라와크로 이주했고 이들이 안티몬광산을 개발하는 과정에 다이아몬드를 발견하기도 하였다. 이들 노동자들은 위의 서 칼리만탄의 화교노동자와 마찬가지로 경지를 개간하고, 벼를 심었으며, 빈랑과 기장, 고구마를 재배했다.

1841년에는 사라와크 술탄과 중국인이 경영하는 삼조구공사가 협정을 체결, 삼조구공사의 중국인 노동자를 파견하여 자회사를 만들어 채광업무를 진행하도록 했다.

수마트라섬의 동남쪽에 있는 방카섬의 주석광은 1710년에 발견되었고, 원주민이 가장 먼저 채굴업무를 담당했고, 팔렘방의 술탄은 화교를 주석광을 채굴 관리할 관리자로 임명했다. 화교지도자인 캐피탄이 중국인을 데리고 이 섬에 왔다.

벌리퉁섬은 방카섬의 동쪽에 위치해 있고, 명조 초기 정화의 선박이 이 섬의 시죽에 정박한 적이 있다. 1825년 식민당국의 명령으로 중국인이 이 섬 일대를 탐측하였고, 1850년대부터 생산에 나섰다.

주석광산과 고무가 말레이경제의 양대지주였다. 화교들은 이 양대산업 발전의 주역이었고 선봉이었다. 주석광산의 채굴과 제련 노동력은 거의 대부분이 중국인 노동자였다. 19세기 40, 50년대에 말레이반도에서 풍부한 주석광 매장을 확인한 이후 대량의 중국 노동자가 모집되어 각 광산에 보내졌고, 이에 따라 화교인구는 급속도로 늘어나게 되었고, 주석생산량도 크게 늘어난다. 한 추산에 의하면 1891년 말레이반도에서 주석을 채굴하는 중국인 노동자가 이미 10만명을 넘어섰고, 19세기말 주석광산은 거의 대부분 중국인 손에 의해 경영되었다. 화교들은 주석 채취를 위한 다양한 방법을 개발해냈고, 주석의 생산량도 큰 폭으로 늘어나게 되었다. 1874년 4,200톤으로 세계 생산량의 11.5%를 차지했으나 1883년엔 16,957톤을 생산, 세계생산량의 51.9%를 차지했고 이후 장기간 세계생산량의 절반 이상을 유지하였다. 1870~1914년 주석은 줄곧 말레이의 최대수출품이었다. 1907년 말레이연방의 수출 총액은 8,060만위안으로, 이 가운데 주석수출액이 7,800만위안으로 전체의 96.7%를 차지하였다. 즉 주석은 말레이시아에 거대한 부를 가져다 주었지만 이는 화교노동자들의 많은 희생과 고통 가운데서 획득된 것이라 할 수 있다. 20세기 초 영국자본은 영국정부의 화교세력 억제정책의 비호 하에 화교주석광산을 대거 매입하고 새로운 채굴기술을 선보이면서 화교의 주석산업은 점차 약화되기 시작하였다.

초기 말레이 경제에서 주요지위를 차지한 주석채굴 및 제련은 1915년이 되면서 고무업으로 대체되었다. 싱가포르, 말레이의 고무나무재배의 성공과 이후 고무업이 발전한 것은 화교의 역량에 힘입은 바 크다. 말레이의 고무재배 역사는 1877년부터 시작된다. 그러나 상업적 재배는 1895년부터 시작되었다. 20세기 초 구미의 자동차공업이 일어나면서 고무에 대한 수요가 크게 늘어나게 되었다. 이에 따라 싱가포르, 말레이 화교의 고무재배업이 우후죽순처럼 늘어나게 됐다. 싱가포르의 화교 임문경이 가장 먼저 제창한 고무재배는 화교 진제현이 1896년 고무 시험재배 성공으로 이어졌다. 이후 화교들은 속속 고무농장을 경영하게 되었다. 제1차 세계대전 전후 고무수요가 급증했고, 이를 계기로 화교들의 고무사업 발전이 아주 빨라졌으며 말레카를 중심으로 한 말레이반도 서부 고무지대를 형성하였다. 유명한 화교사업가인 진가경 역시 이 시기 고무재배를 시작하였다. 화교고무농장의 기본 노동력은 중국인 노동자였다. 짧은 시간에 말레이시아는 세계 최대의 고무생산국이 되었다. 1905년 말레이가 처음으로 유럽에 175톤을 수출하였고, 1914년엔 4.8만톤으로 급증하여 브라질을 제치고 세계 생산량의 절반 이상을 차지했다.

고무재배가 증가하면서 싱가포르의 고무가공업과 판매업의 발전도 동반, 중계무역항인 싱가포르의 번영을 촉진하는 계기가 되었다. 고무농장주들은 기초단계의 제품공장을 건립하여 가공한 제품을 각지의 중간상을 통해 이를 도매상에게 넘기고 이들 도매상은 구미의 무역업자에게 고무를 판매하였다. 이처럼 화교들이 경영하는 고무업은 생산, 가공, 수집체계를 네트워크화하여 경영효율을 크게 높이게 되었다. 이 가운데 가장 완비되고 규모가 큰 것은 진가경과 장영복 등이 경영한 회사와 가공공장이었다. 진가경은 고무를 재배하여 원료를 생산했을 뿐 아니라 동시에 싱가포르에서 고무 제품공장을 운영하면서 신발과 타

이어 일상용품도 생산하였다. 그는 이를 중국과 동남아 그리고 세계 각지 100여 곳에 판매 대리점을 설치, 판매하였다. 고무재배업의 발전으로 화교가 경영하는 고무 관련 상점도 크게 증가하여, 1919년 이미 45家, 1926년에 261家로 늘어나면서 남양 고무재배업의 황금시대를 맞았다. 화교들의 고무재배업과 그 가공업의 발전은 말레이 고무왕국의 기초를 다지게 되었고, 말레이시아 경제발전에 큰 밑받침이 되었다.[31] 그러나 말레이의 주석광업이 점차 서구자본의 손아귀에 떨어진 것처럼 영국자본이 고무산업에 대한 전망이 좋다고 보고 높은 가격으로 고무농장을 매입하는 등 신속하게 고무재배업에서 그 세력을 늘려나갔다. 20세기 30년대 말레이의 대고무농장은 기본적으로 영국자본의 수중에 떨어졌다. 1931년 국별 고무농장 소유현황에 의하면 백畝 이상의 고무농장 가운데 화교가 소유한 것은 전체 농장 수의 12.5%, 영국 및 구미자본이 소유한 것은 84%, 인도자본은 2.3%였다.[32]

말레이와 싱가포르 경제사에서 화교의 주석광산의 개발과 고무재배에 대한 공헌은 아주 높게 평가된다. 영국의 해협식민지 고위관원이 1906년에 쓴 "英屬말레이 — 영국경영말레이의 기원과 경과"란 책에서 화교의 말레이 경제개발에 대해 다음과 같이 서술하고 있다.

> "중국인의 채굴기술은 매우 원시적이나 그들의 개발계획은 효율을 많이 고려하고 있다. 가장 먼저 말레이반도에서 주석광산 개발에 나선 것은 일군의 중국인이었다. 그들은 줄곧 말레이에서 주석광산을 개발, 채굴하였고 그들의 노력으로 말레이를 세계 주석생산량의 절반 이상을 차지하도록 만들었다. 말레이의 오늘은 바로 중국인의 정신과 사업에 의존하였다. 일찍이 서방인이 말레이반도 항선을 발견하기 이전 중국인은 이미 이곳에서 광산을 개발하였고 상업활동에 종사하였다. 어떤 사람들은 이곳에서 농업, 어업활동을 벌였다. 조기 건축공사와 기타 공용사업의 경비, 현지 정부의 기타 행정비용은 모두 중국인의 근로에 의해 충당되었다."[33]

03 인도네시아 화교들의 초기 경제활동

인도네시아에서 중국인들은 다른 곳도 마찬가지이지만 유럽인이나 혹은 토착민이 할 수 없는 혹은 하지 않으려는 일을 하는 사람이라고 묘사되곤 한다.[34)] 중국인들은 그의 동료들과 모여 바라크와 같은 집에 살면서 한 움큼의 쌀과 타피오카만 있으면 생선소스로 요리해서 식사를 하고, 아주 쾌활하게 강인하게 생활하고, 일주일 동안 식비로 소요되는 돈도 겨우 1센트에 불과하다고 Furnivall 은 지적하고 있다. 중국인들은 신용으로 떼온 물건을 행상을 해서 판매하고, 그의 이익금은 돈놀이를 하여 오래지 않아 아주 작은 자본가가 된다. 인도네시아에서의 중국인들의 삶을 요약해서 보여주는 것이라 할 수 있다. 네델란드 식민당국이 실시한 인도네시아 인구조사에 의하면 중국인들의 주요한 직업은 바로 상업으로, 직업을 가진 사람 가운데 무려 36.6%에 이르렀다. 약 20%는 산업활동에 종사했으며 주로 소규모 장인들이었다. 이밖에는 채소경작이나 농장을 운영하거나 아니면 농장이나 광산의 노동자로 일하였다. 즉 화교상인들이란 인도네시아 전역에 걸쳐 마치 실핏줄처럼 퍼져, 소규모 생산자인 농민과 소비자를 서로 연결하여 주는 역할도 수행하고, 또 한편으로 서구 식민자들과 토착민을 이어주는 역할을 수행하면서 경제적인 부를 축적시켜 나갔다. 상인으로서의 강한 특성도 갖고 있지만 중국인들은 장인, 즉 목수나 제화공, 양복장인, 세탁업자, 제빵사 등 다양한 분야에서 재화와 서비스를 생산하여 토착민과 서양인에게 공급하는 역할도 수행하였다. 인도네시아에서 가장 중심 도서인 자바섬 이외 다른 섬, 예를 들자면 수마트라나 칼리만탄 술라웨시 등지에서는 농업이나 어업 등에 종사하는 중국인도 많았다.

중국인들이 더 많은 돈을 축적하게 된 것은 아편판매와 전당포, 고리대금업을 하면서 부터로 볼 수 있다. 전당포는 종종 불법적인 아편소굴이기도 했다. 대금업자로서 그들은 지역관원을 자기 세력으로 끌어들이고 관원들의 힘을 이용해 농민을 압박하였다. 상인들의 수익의 많은 부분은 본업보다는 바로 대금업에서 나왔다. 이들 모든 경제활동에서 화교들은 자치와 비밀조직에 가담하여, 오랫동안 형성되어 온 지역사회에서 화교들의 탐욕을 규제하기 위해 만든 규정들을 무시하게 만들었다.[35] 그러나 국가가 아편업무와 전당업을 국가독점으로 환수하면서 국가 차원에서 중국인의 사업에 제약을 가하였다. 중요한 사업기회를 상실한 중국인들은 눈길을 사탕수수와 목재로 돌렸다.

네델란드령 동인도(즉 인도네시아)로 이주한 중국인들은 절대다수가 광동과 복건지역에서 건너 온 빈궁한 농민출신이었다. 그들이 이곳으로 건너온 가장 절실한 이유는 생존을 위한 것이었다. 이들은 고통을 견디고 근면하게 일하는 품성을 중국에서 내면화하였고, 또 이곳보다 상당히 높은 농사경험과 기술을 갖고 있었다. 따라서 인도네시아에 건너온 화교들은 장사에 종사하는 사람들 이외에는 주로 농업에 종사하게 된다. "자바섬에서는 토착민을 제외하고 각국에서 건너온 외국인들이 신속히 증가하였다. 이 가운데 수량이 가장 많고 가장 중요한 사람이 바로 중국인이었다 ……, 그들은 자유무역과 자유경작제도를 가졌다."[36] 이들은 조기 벼와 사탕수수 등을 재배하였다. 농업활동에 종사한 중국인들은 개별 소규모 자경농 성질을 갖고 있었다. 그들이 경작한 땅은 대부분이 토후의 자치령을 임차하여 개간한 것이거나 혹은 동인도 회사 통치 시기 이 회사가 현지 토착민의 땅을 임의로 싸게 유럽인(네델란드인이나 영국인)과 아시아 사람(아랍인과 화교)에게 경매를 부칠 때 구입한 것들이다.[37] 그러나 당시 화교들의 경제력은 미약하여 이러한 토지를 구매할 수 있는 사람은 많지 않았다. 통계에 의하면, 네델란드 동인도 회사 시기부터 영국인 레이플스가 짧은 시간 인도네시아를 통치하던 시기에 식민자들이 모두 1,146,950ha의 토착민의 땅을 매각하였다. 이 가운데 4분의 3은 유럽인 지주에게 넘겨졌고, 4분의 1은 토착민과 화교들에게 넘겨졌다. 화교지주의 땅은 28만 6737ha였다. 또 다른 자료에 의하면 이보다 적은 22만 9390ha가 화교의 소유가 되었다고 한다.[38]

인도네시아에서 자신의 농장을 경영하는 중국인은 대부분 소규모의 농장이거나 과수원을 보유하였다. 이들은 원래 인도네시아에서 소규모의 행상이나 좌판상을 거치며 돈을 모으거나 혹은 수공업을 통해 자본을 축적하여 소규모 농업자본가로 변신하게 된 것이다.

화교들이 인도네시아에서 종사한 농업활동은 크게 두 가지로 구분이 가능하다. 하나는 네델란드 혹은 기타 서방국가의 농장주들이 모집하거나 유괴하여 오게 된 농업노동자로 주로 수마트라섬에 농업노동에 종사했고, 다른 하나는 기타 농업부문에서 일한 화교들이다.

농사에 종사한 화교들의 분포지역은 주로 서보르네오, 수마트라 그리고 자바섬의 일부 지역이다. 서보르네오 섬의 토지는 대부분 술탄이나 토후의 사유지이고, 이들 땅의 대부분은 전인미답의 황무지로 개간이 필요하였다. 살기 위해 이곳에 온 화교들은 땅을 임차하여 농사를 짓게 되었다. 19세기 말 이전 이들은 주로 벼, 카사바, 고구마, 각종 채소와 과일을 경작했고, 작은 과채원이나 소규모 농장으로 모두 자경농이었다. 19세기 말과 20세기 초에 걸쳐 서방자본의 유입이 크게 늘면서 무역이 확대되었고, 고무나 코프라(야자씨의 배유를 말린 것, 기름원료로 비누, 인조버터 등을 만든다)의 가격이 폭등하면서 수출이 크게 늘었다. 많은 화교들이 토지를 임차, 개간하고 고무와 야자, 후추 등 경제작물을 심어 이 지역 농업발전에 큰 기여를 하게 되었다.

화교들의 적극적인 개간과 영농으로 경제작물의 생산량과 수출량이 신속히 증가했다. 코프라는 1900년 7천톤에서 1928년 7만 9천톤으로 늘어났고, 고무는 1911년 수출이 시작되었으나 1919년 2,700톤, 1929년엔 20,315톤, 1934년엔 34,685톤으로 가파른 상승세를 보여주었다. 후추는 1886년 화교들이 처음 재배하기 시작했고 수출량이 큰 폭으로 늘어났다.[39)]

수마트라섬은 서방 독점자본이 완전히 통제하고 지배하는 지역으로, 대부분 대농장은 서방자본 소유였다. 중국인들은 이곳의 농업노동자로 건너왔거나 채소나 사탕수수 고무 등을 아주 소규모로 생산하는 자경농이었다.

자바섬에서 화교들의 농업생산은 아주 오래 전에 시작되었다. 이 지역에서 이뤄진 화교들의 농업은 두 가지로 나눌 수 있다. 한 가지는 벼, 카사바, 채소 등의 보통 작물을 재배하는 것이고 다른 한 가지는 사탕수수, 차, 담배, 커피 등을 재배하는 대농장이다. 함중함의 '建源公司'는 일찍이 1만 7천문의(1무는 2백평)

땅에 사탕수수를, 약 5천에이커의 땅에 카사바를 경작했다. 1930년대의 통계에 의하면 자바와 마두라섬에서 농업에 종사하는 화교 숫자는 모두 14,547명으로 이 가운데 보통 농업에 종사하는 사람이 10,738인, 사탕수수 등 각종 플란테이션에서 일하는 농업노동자가 3,809명이었다.[40)]

인도네시아는 풍부한 임업자원을 보유하고 있다. 특히 수마트라와 보르네오, 술라웨시 등의 섬은 깊은 밀림지역으로 임산자원이 매우 풍부하다. 임업에 종사하는 화교들은 수마트라섬의 동안, 즉 싱가포르에서 가까운 지역에서 주로 집중되어 있다.

네델란드령 인도의 화교 임업경영자 및 노동자 숫자는, 1930년대의 통계에 의하면 1,192명(자바섬 40명, 外島 1,152명)이었다. 수마트라섬 이외에 자바, 보르네오, 술라웨시 등의 섬에서 임업과 벌목, 숯 제작을 하는 화교들이 있었고, 이들은 대부분 아주 소규모 경영을 하거나 소규모 업자들이 협력경영을 하기도 했다.

04 필리핀 화교들의 초기 경제활동

18세기 스페인 식민정부가 필리핀에서 시행한 경제제도는 그들의 식민통치 초기의 경제제도를 원용한 것이었다. 마닐라에서 주로 일어나는 무역은 중국과 인도에서 방직품을 수입하여 이를 멕시코의 아카풀코로 운송하는 중계무역이 중심이었다. 아카풀코로부터 실어오는 것은 주로 아시아 지역 무역에서 교환의 매개가 되는 멕시코 은이었다. 따라서 이 항선의 양 끝 지역의 교역은 유기적으로 상호 연결되었다. 필리핀의 경제는 거의 중계무역에 의존하였고 농업이나 기타 부문은 전혀 활기가 없었다. 스페인 식민정부의 주요 수입원은 아시아 지역 상선으로부터 징수하는 관세였고, 화교들로부터 걷는 거류허가장 수수료와 멕시코의 보조금이 수입의 대부분이었다. 그러나 대범선 교역은 갈수록 그 위세가 약화되었고, 마닐라의 중계무역기지로서 기능이 하강하였다. 1815년 멕시코 혁명의 결과로 마닐라의 중계무역 역할은 기본적으로 종료되었고, 재정비용을 충당하기 위해 식민정부는 서방 상인들이 마닐라에서 필리핀 산품의 수출업무를 수행하도록 허용하였다. 1809년 영국 상인이 마닐라에 무역회사를 설립한 이래 유럽상인들이 많이 몰려들었고 속속 마닐라에 무역사무소를 개설하였다. 이어 식민정부는 마닐라와 아세아 각 항구 사이에 무역활동을 허가하였다. 이때 白銀은 미주지역에 폭발한 혁명으로 유입이 완전 중단되었고, 필리핀 식민정부의 재정비용은 단지 수출하는 지역 산품으로 충당되었다. 이어 식민정부는 외국상인에 대한 규제를 대폭 완화하였고 마침내 전통적 무역독점정책을 폐기하였다.

이런 환경 하에서 화교들은 영세상업과 수공업 등에 종사하면서 그들의 경제실력을 키웠다. 또 마닐라와 중국간 혹은 제3국간의 무역활동에 종사하기도 하였다. 18세기말과 19세기 상반기 마닐라는 화교 영세소매상과 수공업의 중심지였다. 1797년 마닐라의 화교들의 거주지인 파리안에 3000명의 화교가 살았다는 기록이 있다.[41)] 1828년 마닐라와 그 주변 지역에 전체 필리핀 화교의 93%가, 1949년엔 92%가 모여 살았을 정도로 대다수의 화교들은 삶의 터전을 마닐라 지역에 뿌리내렸다.[42)]

소매업은 이들에게 가장 중요한 경제활동이었다. 1840년대 한 영국상인이 화교들의 상업활동과 관련, 다음과 같은 글을 남겼다.

> "화교들은 점포안에서 생활한다. 새벽 5시 문을 열고 영업을 시작한다. 가족들간의 연계를 통해 그들은 마닐라 省 바깥 지역의 어떤 특정한 상품을 독점하였다. 가족간의 긴밀한 연계의 유지가 그들이 소매업 부문에서 성공한 요소였다. 전체 마닐라 지역에서 어떤 특정 상품을 취급하는 모든 상점은 통상적으로 한 가족집단의 소유이다."[43)]

프랑스의 여행가 J 마라트는 같은 시기 화교들의 상점경영을 관찰하고, 화교들이 소매업 방면에서 유럽인의 경영을 넘어선다고 지적하였다. 그는 "화교상인들이 구입하는 쓸모 있는 모든 상품은 이를 화교소매상인에게 분배하고, 이를 통일된 고정가격으로 팔도록 규정하고 있다. 또 화교소매상인들은 언제나 자신의 사람(가족이나 동향인)을 고용하기 때문에 어떠한 경쟁자라도 능히 물리칠 수 있다"고 말하고 있다.[44)]

19세기 후반기 마닐라는 여전히 화교경제활동의 중심지였다.

상업활동 이외 화교들의 중요 경제활동분야는 필리핀에서 가장 필요로 하는 물자를 생산하는 각종 工匠분야였다. 이들은 주로 대도시에 집중 거주하면서 전통적 직업, 이발, 제빵, 과자류, 도살, 직물염색, 마부, 건축, 조선 및 목공, 대장장이, 제화 등의 생업에 종사하였다.[45)] 1858년 마닐라의 784곳의 제화상점 가운데 무려 633곳이 화교가 경영하는 곳이었다고 한다.[46)]

1850년 이후 대외무역이 신속히 발전하면서 부두창고에 많은 노동자가 필요하였고 이런 일은 필리핀 토착민들이 하기 싫어하는 것으로 대부분 화교들이 담당하였다. 이밖에 화교들은 도로건설이나 공공건축물 등의 건축 등 공공건설이나 광산에서 일을 하는 등 육체적으로 가장 힘든 일을 수행하였다.

스페인 식민당국은 농업생산 분야에 화교를 끌어들이기 위해서 1850년 농업을 영위하는 화교는 필리핀 토착민과 동등한 권리를 갖는다고 선포했다. 즉 1년에 단지 12리얄만 납세하게 되었고, 담배를 경작하는 화교는 5년간 면세한다는 우대규정을 공포하였다. 그러나 이러한 식민당국의 정책변화에도 불구하고 별 효과를 거두지 못했다. 화교들이 도시에서 멀리 떨어진 곳에서는 신변보장이 되지 않는다는 등의 이유로 농사를 짓지 않았기 때문이다. 1870년 농사를 짓는 화교는 500명에도 못 미쳤다.[47)] 농업 생산을 늘리기 위한 화교이민을 많이 받아들였으나 새로 건너온 화교들은 농업 노동에 종사하길 싫어하고 도시 혹은 농촌에서 工匠이나 小販이나 小店主로 생활하였다.

1855년 이후 필리핀은 대량의 쌀을 수입하여야 했다. 이는 경제작물의 생산에 치중하여 곡물생산이 부족해진 결과였다. 쌀의 수입은 주로 화교의 손에 의해 이뤄졌고 쌀 무역상은 이를 각 성 지역으로 운송하여 화교소매상에게 공급하였다. 이후 1896~1901년 필리핀의 독립전쟁 시기, 화교들의 쌀 수입이 절정에 이르렀고, 위험을 무릅쓴 결과로 많은 이득을 볼 수 있었다. 이때 축적한 이익이 이후 화교자본의 발전에 기초가 되게 된다. 이를 바탕으로 공업자본으로 전환하면서 적지 않은 공장을 건설하게 되었다.[48] 화교들은 양조업과 목재업 등에도 경영의 손을 뻗었다. 1880년 식민정부가 양조전매제도를 폐지한 후 세부, 바탕가스, 누에바에시자 등 여러 곳에 양조장을 개설하여 럼주와 종려술을 만들었다. 마닐라에는 적어도 10곳 이상의 목재상이 있었다.[49] 화교들은 정미업에도 참여했으며 20세기에 들어선 후 화교들의 정미업은 전체의 75%에 이르렀다.[50]

05 초기 화교들의 상업망과 무역

동남아 화교역사를 보면, 초기 동남아 화교사회는 중국 동남연안의 해상무역 상인이 바다 건너 동남아에서 교역활동을 시작하면서 형성되었다. 이후 이주국 항구도시에서 거주하는 화교상인이 등장하게 되었고, 이어 동남아 내륙에서 정주하며 상업에 종사하거나 더 깊은 농촌지역과 벽지에 거주하며 상업활동과 고리대금업을 동시에 벌이는 화교들도 등장하게 되었다.[51] 화교들의 이같은 상업자본은 점차 거주국가의 경제에서 착실히 뿌리를 내리게 되었고, 중국 동남연안(주로 복건과 광동)에서 이어 건너온 이민인 동향인과 동족관계의 사회조직을 형성하게 되었다. 이들 조직은 상업활동을 위주로 서로 연계되었고, 네트워크를 형성하여 화교들의 상업망을 형성하게 되었다. 따라서 중국인의 이민 후 경제활동은 우선은 상업활동, 유통영역에서 출발하여 확장되었고, 이를 바탕으로 그들의 자본을 키워나가게 되었다.

서구 식민자들이 동남아지역을 식민통치한 역사는 수백년에 이르고 이들은 초기 향료의 획득을 식민경영의 주요 목표로 세웠으나 빠른 시일에 향료를 확보한 이후 유럽지역에서 필요로 하는 물품의 공급으로 눈을 돌렸고, 이어 서구 자본주의 제품생산에 필요한 원료공급기지로서 식민지를 보는 관점이 바뀌었다.

식민시기 동남아지역의 경제는 두 가지 다른 경제유형이 존재하였다. 하나는 원주민의 경제유형으로 농림어업 등 생계를 위한 전통적인 경제유형이었다면 다른 하나는 식민자가 가져 온 근대자본주의 경제로, 이를 쌍중경제구조로 부르기도 한다. 그렇다면 이런 쌍중구조 가운데 화교화인의 위상은 어떻게 되는 것인가? 화교들이 담당하는 경제 유형은 바로 식민자와 토착민의 경제를 중간 고리처럼 연결해주는 역할을 수행하였다고 볼 수 있다. 말하자면 하나의 '매개' 혹은 '교량'의 역할을 수행하는 것이다. 이 중개기능의 핵심이 바로 상업, 유통 기능으로 볼 수 있다.

화교상인들의 활동(소매상, 중개상, 도매상)은 주로 전통경제부문의 농민 소생산자가 생산한 원료, 초급생산품을 수매, 운반하고 이어 근대경제부문인 가공, 수출업자에게 판매하는 것이다. 즉 소생산자와 가공업자를 연결시켜 주거나 이를 통합하는 기능을 수행하게 된다. 다른 한편으로 서방 자본주의국가의 공산품과 소비품목을 화교들의 유통채널을 통해 즉 항구 창고를 가진 도매상에서 화교소매상과 소상인(견판, 탄판 등)에게 물건을 넘겨 이들이 현지에서 각 민족에게 최종적으로 상품을 판매하게 되는 것이다. 만약 화교들의 상업활동(중개기능)이 없다면, 즉 화교중개상을 통하지 않는다면 서방의 대무역상인도 동남아 현지의 언어와 제반사정에 어둡기 때문에 현지의 광대한 소생산자와 소비자를 접촉하기 매우 어려워진다. 상업활동은 장기적으로 형성되어 온 화교들 사업의 본체에 해당된다. 화교상업자본은 이런 장기간의 중개기능을 수행하면서 점차 누적 형성되어온 것이다.

유통분야에서도 다양한 형태의 상업형태가 존재하지만 국내의 교역에서 가장 보편적이고 분포지역이 넓고, 가장 많은 화교들이 종사한 유통의 형태는 바로 소매상이었다. 화교소매상은 小攤販, 소상점 등을 중심으로 구성되어 있고, 화교경제의 가장 중요한 구성 부분이었다.

화교소매업의 역사는 아주 깊다. 17세기 화교의 노점상은 이미 자바 등지에 출현하였다. 19세기 이후에는 동남아 국가에 거의 모든 지역이 식민지로, 혹은 반식민지로 전환되는 과정에서 서방 자본의 충격이 동남아의 자연경제를 점차 파괴하게 되었다. 이런 과정에 한편으로 동남아 각국은 서방국가의 공업제품의 원료공급지, 상품시장, 투자장소로 변모해갔고 다른 한편으로 외국자본주의의 진입으로 동남아 각국 상품경제를 발전시키는 계기가 되기도 했다. 즉 동남아 지역이 세계자본주의의 구조로 편입되게 된 것이다. 이런 경제구조는 동남아에서의 원료작물과 양곡의 생산, 수매, 가공, 수출로 이어지고 역으로 서방국가 상품의 수입과 배분, 판매 및 이를 둘러싼 활동으로서 금융, 서비스 등이 수반된다. 화교상업은 특히 소매업의 발달은 바로 이러한 식민지경제의 상품경제환경 가운데서 발생한 것이다.[52)]

왜 화교들 가운데 소매업에 종사하는 사람이 많았나? 19세기 특히 19세기 말 이후 화교소매업이 거주국 소매업의 주체가 되었는가? 이에는 위와 같은 식민지상품경제발전의 요구 이외에 몇 가지 원인이 있다.

첫째, 식민자와 서방 私人자본은 주로 대규모 무역활동에 종사하였다는 점이다. 동남아 각지의 수입무역권한은 이들이 독점하였고, 화교들이 대도매상이나 무역활동을 벌이는데 많은 제약과 압박을 가했다.

둘째, 식민지정부가 거주지의 토지 취득을 금지했다. 가령 1870년 네델란드 동인도정부는 토지법을 공포, 화교는 농장 일을 할 수 없고, 토착민은 토지를 토착민이 아닌 사람에게 매각할 수 없도록 했다. 이에 따라 화교들은 농업 이외의 영역으로 생업을 전환하지 않을 수 없었다.

셋째, 소매업은 대규모 자본의 투입도, 전문적인 경영지식도 필요 없었다. 시작도 빠르고, 수익도 빨리 나오고 규모는 클 수도 작을 수도 있어 융통성이 아주 큰 편이라 화교들의 생업으로는 아주 이상적인 길이었다.

넷째, 동남아의 원주민의 다수는 아직 자급자족의 자연경제와 전통경제 생활방식에서 벗어나지 못했고, 다수가 토지에 묶여 있어 상품의식이 부족하였다. 바로 이점 때문에 화교들이 손쉽게 유통영역에 진입하여 신속히 주도권을 거머쥐게 되었다고 볼 수 있다.[53)]

화교 소매상들은 동남아 각지에 도농간에 널리 분포하였다. 네델란드령 동인도(인도네시아)가 1870년 토지법을 공포한 후 화교가 경영하는 토지와 연관된 농업 등이 제한되고, 네델란드 동인도 정부가 채택한 '자유경제정책'의 실행으로 화교공상업은 발전의 계기를 맞게 됐다. 소상인이나 잡화점의 소매상들은 발전이 아주 빨랐다. 인도네시아에서 화교들이 경영하는 소규모 소매상은 '아농 상점'이라고 불렸다. 이들 상점은 생활용품을 취급했으며 이는 현지 주민들의 일상생활과 밀접한 관계를 맺고, 박리다매의 판매원칙을 택하였다. 1893년 화교가 상업에 종사하는 인구가 38,890명으로 이는 화교취업자 전체의 20.8%에 해당하고, 이 가운데 중소상인이 25,927명으로 화교 상업취업 인구 가운데 66.7%를 차지했다.[54] 19세기말이 되면 상업에 종사하는 화교 가운데 다양한 형태의 소매상을 운영하는 사람이 대부분이 된 것이다. 이런 추세는 20세기 들어서도 지속되었다. 통계에 의하면 1930년 상업에 종사하는 화교는 전체 화교 취업자 수의 36.6%, 이 가운데 58.3%가 잡화점을 경영하였다.[55] 필리핀에서는 화교소매상이 아주 종류가 다양했다. 농촌지역에 존재한 아주 전형적인 소매점을 '菜籽店'(Tienda De Saril-Sari)이라 불렀고, 이 가게는 일반 주민에게 가정생활용품 즉 땔감, 야자유, 비누, 성냥, 용설란 섬유로 만든 밧줄, 양초, 침, 단추, 포장지, 시거, 담배와 빈랑 말린 것 등을 모두 판매하였다.[56] 화교들이 상점이 없는 市鎮에서는 이곳에서 열리는 정기시장에 참가하여 물건을 팔았다. 도시지역에서는 채자점이 없는 경우가 거의 없었고 이밖에 전문상점도 많이 등장하였다. 즉 포목점, 목재상 등등. 이밖에 마닐라에서는 화교 소매상이 고용한 행상 — Corredores 라고 불렸다 — 들은 가가호호 방문하면서 직물이나 철기, 가정용품을 팔았다. 모든 Corredores 들은 그들간에 매일 최저가격을 결정하여 상호간의 과당경쟁을 피했다. 요컨대 화교 소매상인들은 마닐라에서 그 영향력이 매우 컸고 전체 필리핀으로 확장되었으며 새로운 수입상품의 국내 판매라는 새로운 영역도 개척하였다. 주로 수입된 유럽의 상품은 布와 철기, 그리고 사치품 등이었다.[57]

화교들의 국내교역에서 중요한 지위를 차지한 상업유형으로는 중개상이 있다. 19세기말 독점자본이 자본주의가 발전한 서구를 중심으로 급속히 성장하면서 외국의 사인자본이 갈수록 동남아로의 진출을 늘렸다. 이는 필연적으로 동남아의 경제지형을 변화시키고 화교상인은 이 거대 서구자본(대무역회사)과 현지의 소생산자 간을 연결해 주는 역할을 강화하였고, 종사자 수도 큰 폭으로 늘어나게 되었다. 화교자본 위주의 중개상업이 광범한 발전을 하게 되었고, 이 부문에는 인도상인과 아랍상인도 경쟁을 벌였으나 화교상인에 비해서는 열세의 지위에 놓였다.[58)]

화교들이 중개업에서 두각을 드러낸 것은 몇가지 이유가 있다. 첫째, 그들이 장기간 동남아에서 생활하면서 쌓은 경영경험 및 수입업자와 소비자간의 밀접한 관계형성, 둘째, 화교들의 지연조직과 중개업의 연관관계이다. 특히 동향모임은 화교중개상의 강력한 네트워크로 작용해 중개업무에 큰 기여가 되었다. 예로 태국의 쌀관련 산업은 차오저우계 화교가 장악하고 있는데, 이들은 싱가포르와 홍콩의 차오저우계 동향회의 거대 쌀 상인과 밀접히 연결되어 업무협력을 하고 신뢰관계를 쌓아 경영상의 우세요인이 되었다.

화교중개상의 지위와 영향력을 간파한 서구의 대무역회사들은 자기들끼리 경쟁하면서 화교중개상들에게 유리한 거래조건을 제시하였고, 자본금이 5천길더에 불과한 화교상인에게 무려 10만길더 어치의 상품을 외상으로 공급하는 사례도 나왔다. 이런 외상기간은 3~6개월이었고, 화상들은 이 기간내에 이를 말끔히 처분하였다. 이들 중개상의 물건을 소화해줄 많은 화교소매상들이 네트워크처럼 연결되어 있었고, 중개상들은 자신의 이익을 최대한 낮춰 공급하였기 때문에 쌍방의 상생이 가능했던 것이다.

다른 한편으로 화교중개상들은 현지의 농특산물, 가령 고무, 야자 말린 것, 고구마 분말, 빈랑 말린 것, 설탕, 잎담배, 커피, 후추, 각종 과일, 소·양의 피혁, 등칠기 등을 수집하여 무역상에게 넘기는 방식으로 외상을 결제하였다.[59)]

1. 화교들의 무역망

화교들의 국제교역망은 국내교역망에 비해 훨씬 규모가 작았고, 특히 서구 거대자본의 대무역회사에 비하면 왜소한 편이었다. 18, 19세기의 동남아지역의 국제무역은 바로 식민정부의 비호를 받는 서방의 대무역상들이 장악하였고, 중국 상인들은 기본적으로 동남아지역과 중국, 일본 등지의 교역에만 국한된 정도였고, 일부 품목에서는 상당한 우위를 보이기도 했다.

앞서 지적했듯이 태국의 주요 수출상품은 바로 쌀이다. 화교상인들은 19세기말 태국 대외무역의 절반이상을 차지하였다.[60] 이는

첫째, 태국 이외 주요 쌀시장이 싱가포르, 홍콩(이 두 항구도시는 중계항 역할도 수행)과 중국의 화남지역으로 소비자가 주로 중국인이었고, 태국의 쌀 수출상인들이 중국인이 경영하는 쌀 수입상과 밀접히 연관되었기 때문이다.

둘째, 태국의 화교수출상은 현지 사정에 익숙하고 특히 화교중개상과 밀접한 관계를 유지했기 때문이다.

셋째, 태국 정부는 태국민족주의가 발흥하고 정치체제를 변경하기 이전인 1930년대 이전 화교경제활동에 간여하지 않았다.

넷째, 벼를 수매하는 중개상이 거의 전부가 바로 화교여서 화교 정미업자나 화교 쌀 무역업자에게 충분히 상품을 공급해 줄 수 있었기 때문이다.

이런 여건에서 1880년 화교정미업자들은 직접 해외에 쌀을 수출하기 시작했다. 1907년 방콕의 도정회사는 런던을 통하여 유럽시장에 쌀을 수출하기 시작했다.

태국 이외 화교무역상들은 싱가포르를 중심으로 하는 말레이, 필리핀과 인도네시아의 부분 지역 및 원동지역(중국과 일본) 무역에서 중요한 작용을 하게 되었다. 싱가포르, 말레카와 페낭에서 화교들은 대규모 중계무역을 했다. 즉 중국의 도자기, 土布, 生絲, 비단, 찻잎, 식품 및 일상생활용품을 싱가포르나 페낭

등지로 수입하였고, 해협식민지의 특산품과 인도의 아편, 영국의 공업제품 등을 중국으로 수출하였다. 화교 수출입상 역시 싱가포르, 페낭과 동남아 각 항구 및 일본 등 지역에 대한 중계무역을 수행했다. 무역량이 대폭 늘어나면서 화교 무역상들은 자기 선박을 구매하거나 혹은 용선 방식으로 운항전문의 해운회사를 경영하기도 하였다. 1869년 싱가포르에 등록된 선박은 178척으로, 이 가운데 화교들이 보유한 선박은 120척으로 절대 우세를 차지했다. 19세기 하반기 싱가포르 화교가 개설한 항운회사는 상당한 규모에 달했는데, 황민공사는 20여척의 선박을 보유했고, 중국과 인도네시아 여러 섬을 연결했다. 또 구충파가 싱가포르에서 설립한 기선회사는 페낭과 홍콩, 샨터우, 샤먼에 지점을 개설하였고 정기선편이 페낭과 샤먼을 연결하였고, 동남아와 중국 동남연해의 주요 항구를 운항하였다.[61]

많은 대도매상이나 무역상은 행상에서 소매상, 다시 중개상으로 성장하였고, 다시 도매상으로 성장한 뒤 무역상으로 발전하는 경로를 밟았다. 말하자면 소규모 상업활동으로부터 점차 자본과 경험을 쌓으면서 종국에는 무역상이나 대도매상으로 성장하는 패턴을 밟게 된 것이다.

필리핀의 화교들은 스페인 식민자들이 내침하기 이전, 이미 중국과 필리핀간의 범선무역의 주역이었다. 스페인 세력이 필리핀에 침입한 이후 중국과 마닐라간의 범선무역은 더욱 발전하였고 1750년대 중국-필리핀간의 무역은 거의 완전히 중국 범선에 의해 장악되었고, 화물의 매매는 화교수입상에 의해 수행되었다. 1890년대 이후 스페인과 기타 유럽의 선박들이 중국 범선의 중계무역 업무에 뛰어들었다. 이들은 絲류를 수입하여 멕시코로 운항하였고, 멕시코의 銀元을 중국에 수출했다. 그러나 유럽 선박이 수입해온 상품도 마닐라의 화교 수입상에게 판매가 위탁되었다. 1880~1890년대에 마닐라와 이랑, 세부의 화교 수입상과 수출상은 그들의 영업지역을 대폭 확대하여, 단지 중국에만 한정하지 않고 일본과 서방국가까지 무역권에 포함시켰다. 1897년 화교가 필리핀에 납부한 수입관세는 전체 관세의 3분의 1로 추정되었다.[62] 한 서양인 관찰자에 의하면 "마닐라 세관을 통관한 화물의 절반은 화교상인에 판매가 위탁되었

고, 이 도시의 489명 수입상 중 199명이 중국인이었다"고 한다.[63]

06 초기 화교들의 대금업과 징세청부업(Tax Farming)

초기 동남아 국가들에게는 오늘 우리가 보는 국가조직으로서의 세무서나 국세청 등의 기관이 존재하지 않았다. 그러나 국가를 유지하기 위해서는 세금은 필요한 것이었고, 이러한 각종 세금을 징수하는 것은 정부의 특허에 의해 민간에 위탁되었다. 이것이 바로 이른바 징세청부업(Tax Farming)이다. 이처럼 초기 동남아 국가에 과세기관이 없었던 것은 국가가 직접 세수를 확보하는 것보다 민간에 위임하는 것이 더 효율적이었고, 공적 조직은 다른 부문으로 활용할 수 있었기 때문으로 보인다. 이러한 징세청부업은 정부가 경매방식으로 입찰액이 가장 높은 민간업체에 위탁하였고, 가장 높은 낙착율을 보인 것은 화교들이었다. 징세청부업자는 정부의 위탁에 의해 자신들의 수익이 포함된 각종 세금을 납세자에게 부과, 징수하고 일정한 금액을 국가에 납부하게 된다. 따라서 징세청부업이 반드시 수익을 남긴다는 보장은 없었다. 세수가 국가에 납부하기로 약속한 액수보다 적을 수도 있었기 때문이다. 그러나 대부분의 경우 징세청부를 낙찰받은 화교상인들은 이 부문에서 큰 돈을 거머쥐게 되고, 이 제도가 유지되는 기간 동안 상당한 자본축적을 하여 금융자본이나 공업자본으로 변신하는 계기가 되었다.

징세청부업은 달리 보자면 국가에 의한 일종의 독점사업권이라 볼 수도 있었다. 특정부문의 사업을 독점적으로 수행하면서 약정한 부문의 수익을 정부에 납부하는 것으로 볼 수도 있다.

태국의 경우 무역은 왕실이 오랫동안 독점하였고, 이 무역업무는 주로 화교들이 대행하였다. 국내 특산품의 구매와 수출은 지정된 화교상인만 수행할 수 있었고 외국상인에게 판매하는 권한은 이들이 독점하였다. 그러나 화교상인들은 독점 무역에 따른 대가로 높은 이익의 상당부분을 왕실에 상납하여야 했다.

이러한 왕실의 무역독점은 태국과 영국간의 통상협정인 1855년의 보링조약의 체결로 폐지되었다. 왕실독점무역의 폐지로 인한 국가 재정의 대폭적 감소를 대체하기 위해 다른 종류의 국가에 의한 독점사업이 시행되었다.

첫째, 전통적 세금이 청부되었다. 이는 백성들이 징세대행업자(즉 징세청부업자)에게 정부에 의해 지정된 세율에 따라 납부하는 것이다. 정부는 각 세종별로 가장 높은 금액을 써낸 입찰자에게 징세청부권을 부여하고, 징세청부업자의 수입은 그가 얼마나 광범하게 그리고 모든 납세대상자에게 철저히 쥐어짜내는가에 달렸다. 징세청부업은 처음에 상점과 선박세에 국한되었으나 이후 농산품과 토지 관련 세금 역시 화교상인에게 위탁되었다.[64]

둘째, 특정 재화나 서비스를 생산하고 공급할 때 역시 징세청부하였다. 가장 중요한 것은 복권판매와 도박장의 개설 그리고 술의 판매였고, 징세청부업자는 특정지역과 특정시간의 청부권한에 대한 상당한 금액을 왕실에 납부하여야 했다. 이 세금은 이들 재화나 서비스를 소비하는 사람들로부터 징수하는 아주 효과적인 간접세였다. 정부는 고정된 수익이 확실하였지만 청부업자들은 입찰 시에 면밀한 검토를 하지만 어느 정도 리스크도 지게 되었다.

셋째, 특정한 상품의 관세도 청부대상이었다. 이런 종류의 청부는 교역독점청부와는 다른 것으로 청부업자에 의해 구매와 판매가 이뤄지는 것이 아니었고, 단지 정부에 의해 정해진 관세율에 따라 세금을 거두는 것이었다.

몽굿왕 통치 시기 기존에 존속하였던 모든 교역독점은 폐지되었다. 그러나 새로운 독점이 확립되었는데, 그것은 수입독점이었고, 가장 중요한 품목은 1852년 지정된 아편이었다. 보링조약에 의해 아편은 면세품이 되었으나 수입된 아편은 반드시 중국 아편징세청부업자에게 판매되어야 했다.

보링조약의 결과로 중국인들은 무역독점권이 폐지되어 많은 손실을 보았으나 결국에는 수많은 종류의 징세청부업을 통해 보다 큰 이익을 올릴 수 있었다.[65]

가장 두드러진 4종류의 징세청부 대상 사업으로 19세기 후반 태국 정부 세수의 40~50%를 확보하게 되었다.[66] 이 청부업은 바로 아편, 도박, 복권 그리고 주정과 관련된 징세청부업으로 이 모든 재화와 서비스는 주로 중국인에 의해 소비되었다. 이들 서비스와 재화의 사용자도 중국인이었고, 이들로부터 세금을 징수하는 사람도 중국인으로, 태국에서 중국인의 위치가 얼마나 커졌는가를 여실히 보여주는 사례라 할 수 있을 것이다. 태국이 중국인의 미덕 — 즉 교역과 산업의 확장 — 에 의존하고, 중국인의 악덕 — 도박, 복권, 아편, 술 등 — 으로 국가 재정을 확충하였다는 말은 이 나라에서 중국인의 경제적 기여가 어떠했는가에 대한 정곡을 찌르는 표현이라 생각된다. 이들 4가지 징세청부업은 화교사회에서도 매우 중요한 일이었지만, 정부재정에도 매우 큰 기여를 하였다.

여러 가지의 세금과 징세청부업은 출라룽콘왕 통치 후기에 접어들면서 점차 줄어들었다. 1910년엔 단지 몇 종류만 그것도 많이 수정된 형태로 존속하였고, 이 가운데 가장 중요한 것은 제비집을 대상으로 한 것이었다.

태국왕실이 화교들에게 준 사업독점권은 징세청부업과 함께 운하개착권, 알루미늄광산 채굴권, 아편교역권 및 토산품 경영, 어업, 도박장, 유곽을 관리하는 권리 등 모두 90여종에 달했다.[67] 이 가운데 화교들에게 가장 중요하고 자본축적에 큰 기여가 된 것은 징세청부업이었다.

태국의 역사학자인 판니 · 모로의 〈1914~1939년간 태국자본가의 형태〉란 논문에 의하면, 화교징세청부업자는 바로 화교자본가의 전신으로, 태국 자산계급의 맹아에 해당한다고 주장한다.

19세기 후반들어 마닐라의 화교들의 사업 가운데 징세청부업이 매우 중요한 지위로 떠오른다. 이 시기 스페인 식민정부는 많은 지역단위의 세금부과를 규정하고, 이 가운데 공공시장, 중량 및 칭량, 가축의 도축, 투계장소에 세금을 부과하고 이밖에 마차와 마필 그리고 교량에도 일반세금을 부과한다.

1850년 이전 화교들은 위에서 지적한 세목에 대한 징세청부계약에 입찰할 수 없었다. 화교들이 유일하게 입찰할 수 있었던 청부계약은 화교에 대한 세금이나 육류를 마닐라에 공급하는 경우에 한정되었다. 가장 돈을 많이 벌 수 있는 것은 아편청부계약이었다. 아편의 사용은 적어도 19세기 20년대 이후 필리핀에서 문제가 되었다. 이에 관한 가장 조기의 입법은 1814년 아편의 재배와 수입, 판매 사용을 금지한 것이다. 비록 이런한 금지규정이 생겼지만 필리핀의 화교들은 — 적어도 마닐라에 거주하는 화교 — 영향력 있는 스페인 사람의 주택의 일부를 임차하였고, 이들 스페인 사람들은 이들의 활동 비밀을 지켜줄 것으로 기대하였고 설사 그들이 발견되더라도 보호되었다.[68)]

19세기 20년대와 30년대 스페인 식민정부는 아편정책에 대해 새로운 구상을 하기 시작하였다. 인근의 중국에 아편시장이 발전하고 있고, 논란이 있지만 필리핀은 인도보다 훨씬 근접해 있어 더욱 싸게 아편을 재배하고 중국시장에 수출할 수 있다는 점이 부각되면서 아편무역이 고무되었다. 마침내 1828년 스페인 왕실의 명령으로 엄격히 관리하는 기초위에 필리핀의 아편재배가 허가되었다. 그러나 필리핀 국내에서의 아편사용은 여전히 금지되었다. 필리핀 국내 아편금지 여부에 대해서는 많은 논란에 이어 ① 아편이 신체에 손상을 가져온다는 결론적인 증거가 없다는 점, ② 화교에 대해 아편을 금지하는 것은 불가능하다는 점, ③ 스페인과 중국의 무역협정의 담판이 필리핀의 화교주민에 대한 가혹한 대우로 해로울 수 있다는 점, ④ 재정수입을 위해서라도 이러한 독점이 필요하다는 결론이 났다.

처음 독점의 범위는 마닐라지역에 국한되었다. 그러나 1850년 독점권을 가진 스페인상인이 마닐라 인근지역까지 독점권을 확대해줄 것을 요구하면서 아편독점권은 군도 전역으로 확장되게 된다.

매3년마다 아편독점권을 가진 청부업자가 선정되었고, 태국의 예와 마찬가지로 청부계약은 최고가 입찰자에게 낙찰되었다. 마닐라 일대에서 가장 부유한 화교가 아편독점권을 갖게 되었다.[69)]

인도네시아에서도 징세청부업은 화교상인들에게 매우 중요한 정치, 경제적 의미를 갖고 있었다. 화교 징세청부업자들은 많은 자본을 축적한 부유한 상인이었을 뿐 아니라 상당수는 현지 식민정부에 의해 관원으로 임명된 정치적인 권력도 상당히 갖고 있는 인물들이 많았다. 그러나 이들은 주로 화교에 대한 세금과 관련된 분야에서 많은 업무를 수행하여 기층의 화교와 상층부의 화교간에 상당한 간극이 존재하였고, 이를 더욱 심화시키는 기능도 있었던 것으로 생각된다.

인도네시아의 징세청부업은 네델란드 식민세력이 내침하기 이전부터 토착통치자들에 의해 실행되었으나 이 제도가 광범위하게 실행된 것은 식민세력이 내침한 이후의 일이다.[70] 네델란드 식민세력은 장기간에 걸쳐 자바섬에 대한 지배를 넓혀갔으나 일손의 부족으로 모든 지역에 공무인원을 직접 파견하여 통치할 수 없었다. 이들은 징세청부업을 통해 일손부족을 완화하고 공무인원 및 행정비용을 줄여나가면서 직접 세금을 징수하는데 따른 번잡함을 피할 수 있었다.

네델란드 식민세력은 독점사업 징세청부제를 입찰의 방식으로 위탁자를 선정하였다. 각종 세수청부업은 입찰자 중 최고가격을 제시하는 사람이 낙찰받게 되는 것이었다. 이 제도를 통해 네델란드 식민자들은 고액의 세금을 징수했을 뿐 아니라 기층의 납세자들의 세금에 대한 불만도 징세업자에게 전가하는 효과를 보게 되었다. 왜냐하면 일반 백성들에게 일선에서 세금을 걷는 자는 징세청부업자로 특히 다양한 시장세와 인두세 등은 많은 불만이 있는 세금이었고, 이에 대한 불만은 바로 징세청부업자에게로 향하게 되었다.

이 제도를 통해 식민자들은 '以華制華'의 효과도 누렸다. 일부 청부제 세금항목은 오로지 화교를 겨냥한 것이 몇 가지 있었다. 가령 아편세나 도박세 등은 대상이 화교들이었다. 다른 민족의 경우 도박장 출입이 금지되었고 심지어 도박장 입구에서 머물러 서 있는 것도 금지되었다.[71] 바타비아의 화교 인두세는 1620년 10월부터 징수되었으며 초기 공사의 인원이 직접 파견되어 징수하였다. 그러나 1658년부터 식민당국은 수속절차의 번잡을 덜고 세수손실을 막기 위해 인두세징수를 화교들에게 청부하였다. 이 역시 아편독점이나 시장세와 마찬가지로 주로 화교를 겨냥한 세목이었다.

1679년 12월 바타비아 독점특허사업과 그 청부업자 상황을 보면, 모두 20개 독점 항목에 화교가 징세청부를 맡은 것은 11개 항목이었고, 전체 세수에서 화교 징세업자의 세금이 68%를 차지했다.[72]

독점사업 청부업은 위에서 보듯 상업활동으로 화교청부업자들은 대부분 화교중의 상층인물이었다. 이 가운데 적지 않은 사람은 정치권력도 쥐고 있는 마요, 캐피탄 등 화교관원이기도 했다.

필리핀이나 인도네시아의 농촌에서 소매상을 경영하는 화교들은 동시에 대금업자이기도 했다. 이들은 벼가 수확되고 다음해 다시 벼를 수확할 때까지 그와 거래하는 농가의 자금사정을 훤하게 파악하고 그들이 필요로 하는 영농자금이나 아니면 가정의 대소사로 돈이 필요할 경우 돈을 토착농민에게 빌려준다. 화교상인들은 다음해 벼가 수확되면 우선적으로 현물로 상환받게 되고, 벼로 상환이 충분하지 않으면 농민들이 키우는 물소 등 가축으로 상환받기도 한다. 한 연구에 의하면 화교들이 토착농민에게 물리는 이자율은 연률이 1백%에 이른다.[73] 또 다음해 토착민이 빌려준 돈을 전액 상환하려고 하면 화교상인들은 갖은 감언으로 빚을 다 갚지 않고 일부는 남겨둘 것을 설득하여 그들은 높은 이자수입을 올렸다고 지적한다.

인도네시아 화교들의 신용공여는 그들의 상업활동 가운데 중요한 의미를 갖고 있다. 가장 자주 보는 신용대출의 방식은 화물을 당좌대월의 담보로 잡는 것이다.[74] 이 시기 창고제도가 보편화되지 않아 세관의 창고보관증이 대출의 방법으로 사용되는 것이 성행하지 않았으나 이에 상응한 대출방식인 채무인의 창고화물을 담보물로 잡는 것이었다.

법률적, 실제적인 제약으로 상점의 상품을 담보로 하는 은행대출은 거의 없었으나 수입상 대부분이 위탁판매의 방법으로 화물을 공급하였고, 상점 주인들은 대출이 필요하지 않았다.[75] 화교 상점주인은 그들이 구매한 화물에 대해 환어음을 발행하고 수입상은 환어음을 인수하여 이를 은행에 교부, 당좌대월에 대한 담보로 제공한다. 이런 상황에서 은행은 원하진 않았지만 실제로 소매상들에게 자금을 공급하는 기능을 수행하게 된다.

또 다른 특수한 대출의 방식도 있다. 우선 標會(通財會), 즉 계이다. 이런 계는 사실상 일종의 대출이나 상호부조모임이다. 이들은 10~30명의 회원으로 구성되고, 각 회원은 일정금액을 납부하여 전체 회원이 낸 돈을 모아 정기적으로(보통 1개월)로 한 회원에게 이를 대출하게 된다. 대출받는 회원은 이자를 미리 떼게 되고 이 돈은 다른 회원들에게 배분된다. 다른 회원들은 같은 조건으로 차례로 돌아가면서 대출을 받게 된다. 만약 이런 계모임이 매월 한 차례 열린다면 회원 수 만큼의 개월에 걸쳐 모든 회원이 돌아가면서 대출을 받게 되는 것이다.

통상적으로 발기인(계를 조직한 자)이 가장 먼저 대출받게 되나 그는 계를 관리하는 노력에 대한 대가로 이자를 부담하지 않는다. 다음 순서부터는 가장 높은 이자를 제시하는 회원이 이 돈을 사용할 수 있게 된다. 모든 회원은 단 한번 돈을 빌리게 되고, 마지막 순번은 이자없이 돈을 쓰게 된다.

이런 계 제도는 완전히 양호한 신용 위에 성립하는 것이고 발기인이 계 운영에 책임을 지나 자주 계가 깨지는 사례가 등장하였다.

같은 원칙에 기반하여 건립된 신용제도는 일본과 영국 동인도, 유럽 및 말레이 군도의 수많은 섬에서도 관찰되었다.[76]

자바섬에서 유행한 또 다른 대출형식은 '분기상환 대출'이다.[77] 한 동안 이는 진정한 대금업이었으나 또 한때는 방직품 생산과 관련된 것이기도 했다. 그러나 이런 두 가지 상황에서 그것은 일종의 작은 자본으로 하는 장사로 주로 행상에 의해 수행되었다. 이런 대출업무(이는 주로 복건성의 복청인에 의해 수행되었다)는 정식의 대출기구(상업대출은행, 정부가 개설한 전당포)보다 훨씬 많았다. 이는 이 경영방식이 훨씬 편리하고, 주로 대출을 하는 사람과 대출을 받는 사람 개인간에 접촉이 이뤄진다. 촌민 가운데 대출이 필요한 사람이 있으면 그의 집에 가서 돈을 빌려 주고, 만기가 되면 또 그 집에 가서 돈을 회수하게 된다.

이는 우리의 일수와 유사한 것으로, 이런 직업적인 대출업의 대출규모는 통상적으로 1~30길더 정도였고, 50길더를 넘는 경우는 아주 적었다.[78]

자바 농촌의 향촌 대출은행에 대해 살펴보자. 이 은행 역시 소액대출로 촌민의 수요를 만족시켜주었다. 이 업무는 우선 각 지역의 대금업자가 지역을 돌아다니면서 지역 사람들과 접촉해 긴밀한 관계를 맺도록 하였고, 대금업자가 신체가 건강할 것이 요구되었다. 전해진 바에 의하면 인도네시아에서 태어난 화인은 체격이 작아 이 일을 수행하지 못했고, 주로 중국에서 건너온 화교에 의해 수행되었다고 한다. 이런 대금업에는 중개인이 필요 없었고, 바로 이점이 이런 대금업의 생명력으로 경영방식이 편리하고 아주 융통성이 높았으며 대출과 상환 모두 어떠한 증빙서류가 필요 없었고 채무자의 사정에 잘 적응하였다.[79)]

이런 대금업은 종종 고율의 이자와 관련, 분쟁이 생겼고, 드물게는 법정으로 비화되는 경우도 있었다. 사람들은 이런 대금업의 배후에는 반드시 몇몇의 거대한 화인대출기업이 있을 것으로 여겼다. 그러나 실제 상황은 그렇지 못했다. 왜냐하면 이들 대금업자들 사이에도 상호간에 치열한 경쟁이 벌어져 몇 개의 거대 대출기업에 이들이 종속된 것이 아니었기 때문이다. 이밖에 대금업자 상호협력 역시 반드시 그들 간의 상업적인 이익집단이 형성되었다는 것을 의미하지 않고, 아마도 가정이나 동향 혹은 종족집단의 의식에 의해 생겨난 것으로 여겨진다.[80)]

막 중국에서 건너온 사람들이 이런 분기상환대출업을 하고자 할 경우 그들 대다수는 자바에서 이런 사업의 좋은 환경을 만나게 된다. 몇 년간의 도제생활을 거쳐 그들은 대출을 받아 이 업무를 수행하는데 필요한 자금을 마련하게 된다.

전당업을 하는 중국인도 아주 많았고, 전당표는 주로 분기상환 대금업을 영위하는 사람들이 주로 구매하였다. 무릇 기한 내에 전당물을 되찾지 못하는 사람들이 있으면 이를 대금업자가 되찾게 되고 이는 상당한 수입이 된다. 전당품의 가치는 원래 대출금과 이자보다 훨씬 높기 때문이다. 전당표 구매자가 이것으로 전당물을 확보하고 그 차액은 자신의 수입으로 하게 된다. 이런 활동은 아주 보편화되었고, 일부 지역에서 이는 화교들의 주업이 되었다.[81)]

미주

1) 李國卿 著, 郭梁, 金永勳譯 : 華僑資本的形成與發展, 香港, 香港科學出版社, 2000年版, p.66~67
2) 丘立本 : 〈從世界看華人〉,香港, 南島出版社, 2000년, p.108~109, 洪源善박사논문 p.50 재인용
3) 洪源善학위논문, p.49~50
4) 丘立本 상게서 p.108
5) 洪源善 상게논문 p.50
6) 상게논문
7) G. William Skinner 상게서 p.108
8) 洪源善상게논문 p.50
9) 李國卿 : 泰國華人經濟的演變與前瞻, 華僑協會總會, 1988년, p.85, 洪源善학위논문 p.50 재인용
10) Victor Purcell 著, 郭湘章 譯 〈 東南亞之華僑〉 上册, p.117, 상게논문 p.51 재인용
11) 洪源善 상게논문 p.50,51
12) (泰) 楊作爲 : 〈由歷史上移民到現代化企業家- 泰國華人社會與經濟變化和泰中經濟合作前景〉, 泰國 亞洲日報, 1995년 2월 25일자, 洪源善 상게논문 p.51 재인용
13) G. William Skinner 상게서 p.119
14) 鄧水正;〈19世紀中期以前泰國華人經濟概述〉,(泰)楊作爲 : 〈潮州座山新陳代謝〉, 〈東南亞研究〉2002년2기, p.21 재인용
15) 游仲勛著, 郭梁, 劉曉民譯 : 〈 東南亞華僑經濟簡論〉 厦門大學校出版社, 1987년, p.32
16) 郭梁 : 〈東南亞華僑華人經濟簡史〉 p.80, 經濟科學出版社, 1998년 北京
17) 상게서
18) G. W. 史金納〈泰國華僑社會;史的分析〉,郭梁 상게서 p.80
19) 吳鳳斌 주편 상게서 p.126~127
20) G.W. 史金納 상게서, 南洋資料譯叢 1964년 2기 p.130 재인용
21) 상게서 p.11~12
22) Bowing : Kingdom&People of Siam, Vol 1, p.203, 吳鳳斌 상게서 p.128 재인용
23) 日本〈南洋華僑研究調査〉, 楊建成〈泰國的華僑〉 p.103, 오봉빈 상게서 p.164 재인용
24) G. William Skinner 상게서 p.1~2
25) H, W. Smyth : Five Years in Siam, 1896, London, Vol.1 p.316~320, Vol.11 p.10~29
26) G. William Skinner
27) Sophia Raffles : The History of Java, Second Edition, 1830, London, Vol.1 p.266~268
28) 오봉빈 상게서 p.140~141
29) 溫廣益, 蔡仁龍, 劉愛華, 駱明卿 : 〈印度尼西亞華僑史〉 p.120~121
30) 오봉빈 상게서 p.144
31) 郭梁 : 東南亞華僑華人經濟簡史 p.74, 경제과학출판사,북경

32) 상게서 p.75
33) 郭威白 : 〈馬來亞中國人在發展當地經濟中的作用〉 中山大學學報 1959년 제4기
34) J. S furnivall : Neatherlands India A study of plural Economy, p.411,
35) 상게서 p.412~413
36) 萊佛士 : 〈爪와史〉第1卷 p.82~83, 倫敦, 1830년, 蔡仁龍 : 印尼華僑與華人槪論 p.80 재인용, 남도출판사, 홍콩
37) 張肇强 : 前後印度尼西亞的政治和經濟〉 p.128, 세계지식출판사, 1956, 북경 : (日) 福田省三 : 華僑經濟論 p.297~298. 岩松堂書店, 1930, 동경
38) 林克明 : 印尼土地關係史簡述,, 蔡仁龍 상게서 p.81
39) 蔡仁龍 상게서 p.86~87
40) 상게서
41) Purcell : The Chinese in Southeast Asia p.529
42) 黃滋生, 何思兵 著 : 菲律賓華僑史 p.256,, 광동고등교육출판사,
43) 상게서 p.257
44) Arensmeyer, Foreign Accounts, p.89~90
45) 黃滋生,등 상게서 p.259
46) 상게서
47) Wickberg; The Chinese in Philippine Life p.58
48) 황자생 등의 상게서 p.262~263
49) Valdepenas : The Emergence of the Philippine Economy p.107
50) Wickberg : The Chinese in Philippine Life p.122
51) 郭梁 : 東南亞華僑華人經濟簡史 p.82, 경제과학출판사, 북경
52) 상게서 p.84
53) 상게서
54) 荷文印尼百科全書 卷一 p.352, 魏菘壽 : 印泥的華僑小商販和各族小商販的發展過程初探, 南洋硏究所集刊 1963年
55) 蔡仁龍 등 主編 : 印度尼西亞華僑史, p.384~385, 海洋出版社,
56) 郭梁 상게서 p.85
57) Edgar Wickberg 著 吳文煥 譯 : 菲律賓生活中的華人(1850~1898) p.102~105, 菲律賓華裔靑年聯合會, 世界日報社 1989年版
58) 郭梁 상게서
59) 상게서 p.87
60) H. A. 西莫尼亞 著 : 〈 東南亞各國的中國居民〉, 하문대학교 남양연구소 〈 南洋問題資料譯叢〉1964年 第二期
61) 林遠輝, 張應龍 : 新加坡, 馬來亞華僑史, p.50, 광동고등교육출판사.
62) Wickberg 상게서 p.8
63) 상게서

미주

64) G. William. Skinner 상게서 p.118~119
65) 상게서 120
66) 상게서
67) 鄧水正 : 19世紀中期以前泰國華人經濟概述,, 楊作潮 爲州座山新陳代謝에서 재인용
68) E. Wickberg 著, 吳文煥 譯 : 菲律賓生活中的華人 p.110~111
69) 상게서 p.113
70) 溫廣益, 蔡仁龍 등 著 : 印度尼西亞華僑史 p.107
71) 〈巴城布告集〉 第二卷, p.238 1657년 3월 16일-19일, 상게서 p.018 재인용
72) 〈巴城日記〉 1679년 12월 30일 p.634, 상게서 재인용
73) F. Fokkens : The Power of Money-Lenders in Java 논문, Chinese Economic Activity in Neatherlands India p.46
74) (英)W.J.凱特 著, 王云翔 等譯 : 荷屬東印度華人的經濟地位 p.86, 厦門大學出版社
75) 상게서
76) 상게서 p.87 재인용
77) 弗栄明 : 荷屬東印度華人的商業生活 p.213, 巴維達亞, 1926
78) (英) J.W. 凱特 상게서 p.88
79) 상게서 p.89
80) V.B. 範 古坦 : 華人的貸款業, p.126; 상게서 p.90 재인용
81) 상게서 p.90~91

제7장

화교와 서구식민자, 그리고 동남아 토착사회

서구 제국주의자들이 동남아 식민경영에 나선 이후 동남아 사회는 이전과는 다른 새로운 모습을 보이게 된다. 토착민 위주의 사회가 서구 식민자와 화교 그리고 토착민이 공존하는 사회로 전환된 것이다. 원래 대륙부 동남아의 경우 농업을 바탕으로 한 안정적인 정치공동체가 형성되었으나 도서부 동남아에서는 각 지역별로 작게 정치권역이 분할되었고, 전반적인 문화와 생산수준이 대륙부에 비해 크게 뒤떨어졌었다. 특히 도서부 동남아는 지금 우리가 보는 도서부의 동남아 국가처럼 강력하게 조직화된 정치적 통일체는 존재하지 않았다. 좁은 지역단위의 세력들이 분할, 할거하였을 뿐이었다.

서구 식민자들이 동남아에, 특히 도서부에 들어왔을 때 그들이 접한 것은 밀림으로 우거진 원시의 자연과 드문드문 적은 단위로 모여 사는 사람들 정도였을 것이다. 비록 그들이 향료에 대한 욕구로 먼 길을 왔지만 동남아를 경영하고 지속적인 경제적 이익의 획득을 위해서는 많은 인적, 물적투자와 노력이 필요하다는 것을 깨닫게 된다.

아주 소수의 식민자들이 광대한 영역의 식민지를 유지 관리하고, 개발하기 위해서는 식민자들을 도울 세력이 필요하게 된다. 18, 19세기 동남아의 대다수 주민은 농민으로 이들은 토지에 묶여 있었다. 땅을 일구고 생산한 농산물의 일부는 세금으로 바치고, 나머지 농산물은 자신의 생활용도로 소비하는 자연경제 상태였다. 식민당국은 이들을 동원하는 것은 동원 자체도 어렵거니와 그다지 효율적이지 못하다는 결론에서 결국 광대한 식민지 경영에 필요한 인력은 외부에서 충원하기로 결정했다. 이들 외지 인력이 바로 중국인과 인도인이었다.

자연경제에서 상품경제로 이행하는 과정에서 화교상인들은 결정적이고 핵심적인 역할을 수행하게 된다. 화교들이 이런 역할을 즐거이 수행한 것은 바로 자신의 이익 때문이었지만 이는 동시에 식민자들의 이익에도 부합되는 것이었다. 말하자면 식민자와 화교들의 이익의 일치였던 셈이다. 화교는 동남아 각 식민지에서 일시적으로 또 제한적으로 식민세력에 의해 제약되고 박해받는 경우도 있었으나 기본적으로 그들과 협조하면서 자신들의 세력과 이익을 확충할 수 있었다. 화교와 토착민의 관계를 보자면 기본적으로 화교와 토착민은 민족간 분업이 시행되어 근본적이고 본질적인 갈등과 모순은 적었다고 볼 수 있을 것이다. 즉 토착민은 농업에, 화교는 상업활동과 제조업 기타 대금업 등 원시적인 금융업을 수행하면서 경제적으로 치열한 경쟁관계를 야기하지는 않았다. 식민자와 토착민의 관계를 보자면, 식민자는 바로 자신들의 통치자였지만 일상생활과 관련해 직접적으로 그들과 부딪히는 일은 별로 없었다. 많은 부분에서 토착민 귀족이나 화교들이 식민자들을 대신하여 토착민과 접촉하는 일이 많았기 때문이었다.

다시 말하면, 식민자들은 동남아 사회 피라밋 구조의 정점에 위치, 통치와 질서유지, 전체 경제의 조정과 대무역업의 독점, 대농장과 대광산 등을 장악했으나, 토착민은 농업에, 화교는 식민자와 토착민이 수행하지 않는 기타 모든 산업 분야에 뛰어들어 균형을 이루었다. 경제적인 측면과 유사하게 정치 · 사회적인 지위도 화교들이 중간층을 형성하게 되었다.

01 식민시기 동남아 사회의 피라밋 구조

초기 동남아 화교사회는 태국을 제외한 거의 대부분 지역이 서구 식민자의 영향하에 놓여 있었다. 식민자들은 자국 경제이익의 극대화를 위해 각 지역의 실정에 맞게 강력한 경제 관련 정책을 시행하였고, 이런 경제정책 하에서 크게 3분되는 사회세력들은 자신에게 주어진 역할을 수행하였다. 동남아 식민지의 사회경제 구조에서 최정점은 식민자들로 이들은 식민지 정부를 경영하는 정부관원과 지역을 방어하는 군대, 종교지도자, 그리고 경제업무를 수행하는 민간인들로 구성되었다. 식민정부는 경제운용의 틀을 만들고 동시에 경제활동도 벌이는 말하자면 경기장의 감독이면서 동시에 선수의 역할도 수행했다고 볼 수 있을 것이다. 식민자들이 수행한 경제활동은 주로 대무역업이나 대농장 혹은 대광산을 운영하는 것이었다.

토착민들은 내부적으로 지배계급과 피지배계급으로 구분되나, 이들 지배계급은 식민자의 관료계급의 일원으로 편입되었고, 절대다수인 보통의 토착민은 주로 농업에 종사하였다. 즉 식민자가 내침하기 이전부터 동남아의 토착민은 농업에 종사했고, 농업은 전통시기 산업의 거의 대부분을 차지하였고, 식민지로 전환된 이후에도 이들의 생업은 기본적으로 큰 변화가 없었다.

식민자가 동남아에 내침한 이후 대부분의 화교들이 중국에서 건너왔다. 물론 서구식민자들이 동남아로 진입하기 이전부터 이곳에 거주, 생활해온 화교도 있으나 이들은 극히 소수였다. 대다수의 화교는 식민세력이 동남아로 진입한 후 그들도 동남아로 건너왔고, 이는 식민자의 식민지 운용정책과도 밀접한 관련이 있었다. 즉 초기 식민자들이 식민지경영을 통해 각종 산업 원자재(주로 농산물과 일부 광산물)의 확보와 유럽에서 생산된 공산품의 수출과 판매, 그리고 식민지 경영을 위한 거점도시의 건설 등에서 우량 노동력의 확보는 아주 절실한 과제였다.

가장 광대한 식민지를 경영하게 된 네델란드는 식민지 개척 초기 식민지 건설에 필요한 인력을 본국에서 데려오는 방안을 강구하였으나 바로 이 계획을 포기하게 된다. 왜냐하면 의욕과 투지에 넘치는 젊은이들이 밀림과 풍토병, 그리고 열대의 혹서에 생활하기를 원하지 않았고, 건너오려는 자들은 모두 이곳에서 귀족 같은 삶을 꿈꾸었기 때문이었다. 식민당국의 다음 선택방안은 바로 중국인과 인도인이었다. 토착민은 우선 지역적으로 드문드문 흩어져 분포하였고, 이들이 주로 농업에만 종사했으며, 식민세력에 그다지 우호적인 태도를 갖고 있지 않아 역시 대상에서 제외되었다. 노동력 동원이 쉽지도 않았지만 설사 동원이 된다 해도 노동력의 효율이라는 측면에서 그다지 바람직하지 않다고 식민당국은 판단을 내렸다.

식민자들이 본격적인 식민지 개척에 나서게 되는 19세기에 중국의 내부도 내우외환의 격심한 변화를 겪으면서 그 어느 때 보다도 이민 수요가 커졌다. 이른바 push-pull 이론에서 말하는 유출요인과 유입요인이 일치해 엄청난 이민의 파고가 일어나게 되었다. 특히 중국의 이민자들은 대부분 단신의 젊은 남성들로 이들은 오로지 돈을 벌겠다는 일념으로 동남아를 건너와 혹독한 자연환경과 조건에서 힘든 일도 감당하였다. 또 많은 중국인들이 단순한 노동력이 아니라 중국에서 이미 수공업 분야에서 숙달한 상당한 기술과 기능을 가진 사람도 많아 새로운 도시 건설에 중국인은 큰 역할을 수행하게 되었다. 또 동남아 사회가 자연경제에서 식민자의 내침으로 점차 상업경제로 전환되면서 중국인들은 자연스럽게 상업, 유통업 분야에서 자신의 입지를 굳히고 전국적인 상업네트워크를 형성하는 등 중요한 역할을 담당하게 된다.

이제까지 언급한 내용을 정리하자면, 식민지 동남아의 경제 · 사회구조를 들여다보면 기본적으로 피라밋구조를 보이고 있다. 이 피라밋에서 가장 광대한 바닥을 형성하는 것은 토착 농민들로 이들은 양식 등 주로 농작물을 생산하였고, 정점에는 서구 식민자들이 정부를 운영하고 군대를 유지하여 방위업무를 수행하는 한편, 식민종주국의 민간인들은 주로 거대 사업분야, 즉 대무역업과 대농장, 대광산을 경영하였다. 이들의 중간지대 즉, 허리부분에 화교들이 자리잡았다. 화교는 거대자본의 무역업체들이 서구에서 수입해온 물건을 전국 곳곳에 자신의 유통망을 통해 판매하였고, 또 전국 각지에서 화교상인들은 각종 원자재(농산물로 가령 사탕수수나 커피, 담배, 인디고 등등의 상업작물이나 주석 등 주요 광산물)를 수집하여 대도매상이나 무역상에게 넘기는 역할을 수행하였다. 즉 서구 식민자들의 식민지경영에서 절대 불가결한 존재가 바로 화교였던 셈이다. 이 역할은 서구 식민자가 도저히 직접 수행할 수 없는 직역이었다. 왜냐하면 전국을 실핏줄처럼 연결한 인적자원 자체도 없었지만 설사 인적자원이 있었다 해도 현지의 언어와 풍습, 문화를 화교처럼 심층적으로 체득할 수 없었기 때문이었다. 서구 자본주의 체제로 동남아가 편입되면서 자연경제 체제의 동남아는 세계적인 상품경제, 자본주의 경제체제로 편입되면서 화폐가 유통되고 상품생산이 이어지게 된다. 화교상인들은 식민지 전역에 분포하면서 원자재를 구매하고 공산품을 판매하면서 춘궁기에 농민들에게 고리대금업도 하여 더 큰 돈을 벌게 되었고, 거주지의 경제력을 서서히 장악하게 되었다. 대무역업자와 비교할 수는 없지만 동남아와 중국 혹은 일본을 연결하는 근거리 무역업에도 뛰어들게 되었고, 쌀이나 주석 광산 등에서도 역량을 발휘하게 된다.

02 식민자들의 동남아 경영 – 경제 · 사회정책과 화교, 토착민 통치

식민자들의 동남아 식민지의 각종 정책은 바로 그들의 경제적 이익의 극대화에 포커스가 맞춰졌다. 토착민과 화교는 식민자들의 동남아 경영에서 필요한 수단이었다. 화교를 적절히 활용하였고, 화교들의 세력이나 영향력이 식민지 경영에 불리할 경우 제약하는 정책을 시행하였다. 또한 화교와 토착민이라는 2대 세력의 존재는 이들 양자를 적절히 분할하고 이간질하는 방법 등을 동원하여 안정적인 식민지 경영을 도모했다. 즉 식민당국은 분할통치정책(Divide and Rule)을 시행하였다.

식민자들의 정책 가운데 아주 핵심적인 부분이 화교에 대한 정책이었다. 화교들이 식민지 경영에 꼭 필요하였지만, 이들의 세력이 강대해지거나 식민당국이 통제가 여의치 않을 경우에는 강력한 제재를 마련하기도 했다. 화교에 대한 정책의 첫 번째 조치는 초빙과 제약으로 볼 수 있다.

스페인은 1571년 마닐라를 점령한 이후 화교상인을 보호하는 시책을 폈다. 화교들의 선박에 대한 우대조치 등으로 화교상인들이 중국과 마닐라 간을 많이 오가면서 무역을 하도록 고무했고, 이런 조치에 따라 중국인은 식민경영 이전과 마찬가지로 마닐라와 무역을 지속할 수 있었다. 중국상인들이 식민당국에 안전 보장을 요구하자 스페인 마닐라 총독 꾸이도데 라베사레스는 바로 신분보증서를 발급해 주었다. 또 스페인 사람들은 마닐라 내에 있던 중국인 노예를 해방시켜 중국선박을 타고 귀국하도록 해주었다. 이들이 중국에 돌아가 이 정보를 전파하여 더욱 많은 중국인들을 필리핀에 데려오도록 기대했기 때문이다.[1] 이런 정책에 힘입어 이후 매년 많은 중국인 상인들이 필리핀으로 건너와 활발한 무역활동을 벌였다. 1587년 필리핀 식민당국은 스페인 펠리페 2세 국왕에게 다음과 같이 보고하였다.

> "금년 30여척의 선박이 스페인 사람이 필요로 하는 각종 상품과 특산품을 싣고 왔다. 따라서 이곳에서 필요로 하는 의식은 전혀 걱정할 필요가 없어졌다."

다음해 마닐라최고법원은 다음과 같이 국왕에게 정무 보고하였다.

> "금년에 다시 많은 화교가 건너왔고, 여기에다 원래 마닐라에 거주하던 화교를 더하면 총 숫자는 만명을 넘었다. 폐하의 명령에 따라 신들은 그들에 대한 예우를 다했고, 그들(중국인)은 스페인 사람들에 매우 호감을 갖고 있었다."[2)]

이처럼 필리핀 식민당국은 조기 화교들을 우대하였고, 이는 오로지 식민지 경영을 공고화하기 위해서였다. 마닐라 도시를 건설하기 위해 각종 장인들은 모두 중국인들로 충당되었다. 어부와 정원사, 사냥꾼, 직조공, 기와장인, 소석회장인, 목수, 대장장이, 제화공, 양총제조장인, 油漆장인, 은세공업자 등 각종 직역에 모두 화교장인들이 일했다. 또 화교상인들은 스페인 사람들이 필요로 하는 닭과 돼지, 소, 빵, 채소와 땔감 등도 시장에 가져와 판매하였다. 이밖에도 화교들의 저렴한 인건비로 마닐라의 각종 건축물도 단기간에 완성했다는 기록도 보인다.[3)] 중국상인들은 스페인에서 높은 인기를 얻고 있는 중국 상품인 비단과 도자기 등도 마닐라로 싣고 왔고, 스페인 무역선은 이를 싣고 스페인으로 향했다. 명조가 외국과 직접적인 교역을 금지했기 때문에 스페인 사람들은 이렇게 중국선박이 싣고 오는 중국 상품을 넘겨받아 본국으로 보내는 중계무역에 만족해야 했다.

네델란드 식민자들도 화교들의 마음을 얻기 위해 많은 노력을 쏟았다. 1619년 네델란드인이 자카르타를 점령한 후 폐허 위에서 바타비아를 건설하였다. 바타비아의 총독 잔 피에터슨 쿤은 중국과의 통상을 몇 차례 시도한 후 늘 실패하고 바타비아를 무역 총본부로 건설하기로 했다. 도시건설을 위해 우선적으로 필요한 것이 바타비아의 인구를 늘리는 것으로 그는 중국인과 네델란드의 보통 사람들을 대거 데려오기로 마음을 먹었다. 그러나 네델란드 이민을 받겠다는 그의 생각은 바로 철회되었다. 왜냐하면 보통의 네델란드인들이 열대로 그것도 개발이 안 된 지역으로 이주할 생각이 근본적으로 없었기 때문이었다. 소수 이곳으로 건너온 네델란드인은 자질이 가장 떨어지는 시민들이었다고 쿤은 지적했다.[4] 이에 따라 그는 장차 바타비아 건설을 중국인의 힘을 빌어 수행할 것을 결심했다. 반단지역에 있는 중국인들을 이곳으로 오도록 유도하고, 중국상인에게 동인도 회사의 자금을 대출해주기도 했다. 그는 예하의 함대와 동남아 다른 지역에 분포한 商館에 화교들을 바타비아로 이주시키라고 명령을 내렸고, 바타비아 행을 꺼리는 중국인들에게 동인도회사 명의로 고용하거나 가족들의 동반도 허용하는 등 우호적인 화교유인책을 동원하였다. 네델란드 동인도회사는 바타비아市 건설 초기에 화교들을 유치했을 뿐 아니라 도시건설이 기본적으로 완성된 후에도 화교를 유치하는 정책을 지속하였다. 중국 상선은 유럽인이 교역하고자 하는 상품, 가령 도자기나 비단, 차잎 등을 많이 싣고 왔고, 이 지역 이주를 원하는 중국인도 함께 싣고 왔다. 신속히 증가하는 중국인은 거의 모든 성채와 성벽, 운하, 주택 등의 건설업무와 건축자재인 목재, 석회, 석재 등을 생산 공급하였다.

이후 영국식민자들도 중국이민의 경제적인 기여에 대해 주목하게 되었다. 영국의 최초 동남아식민지였던 페낭 지역의 식민관원이었던 레이플스는 그의 상관에게 보내는 서신에서 "이곳에 거주하는 중국인은 약 3천명으로, 그들은 木匠, 미장이, 대장장이, 상인, 점원 및 농장주 등 다양한 직업을 갖고 있다. 그들은 선박을 용선하여 부근 각국과 교역하고 있고, 이들은 동양인 가운데 유일하게 정부가 별다른 지출이나 많은 노력을 기울이지 않고도 세금을 거둘 수 있는 사람"이라고 지적했다.[5] 페낭에 식민지거점을 마련한 영국인들은 이 지역에 대해 만족하지 못하고, 1819년 말레카 이남의 황량한 어촌마을인 싱가포르를 자유항으로 만들어 각국 상인들이 건너와 장사를 하도록 했다.

이처럼 식민정권 초창기 서방 식민자들은 보편적으로 중국인을 불러 우대하는 시책을 시행하였고, 중국인들은 동남아로 건너와 밀림을 개간하고 상업무역으로 번영을 가져왔다. 이런 식민당국의 정책은 상당한 성공을 거둬 마닐라, 바타비아, 페낭, 말레카, 싱가포르 등 동남아의 주요 무역도시가 모두 화교들의 피땀에 의해 건설되고 번영을 구가하였다.[6)]

그러나 동남아에 중국인이 크게 늘어나고 중국인들의 경제실력이 급격히 커지면서 중국인의 이주에 대해 제한정책을 시행하게 되었다. 프랑스의 경우는 처음부터 인도차이나반도로 이주해오는 중국인에 대해 제한 정책을 펴, 네델란드나 스페인과는 대조적인 모습을 보였다.

식민자들의 화교에 대한 정책은 필요할 경우 적극 이주를 유도하고, 화교들의 경제실력이 커지고 인구 규모가 식민당국이 감당하기 벅찰 정도로 커지면 제약을 가하는 정책을 수행한 것이 하나의 두드러진 화교에 대한 정책이었다.

이와는 달리 동남아 식민지에 화교들이 거주하는 지역을 토착민들이 거주하는 지역과 엄격히 구분한 점은 화교에 대한 또 다른 정책으로 볼 수 있다. 화교들이 집중 거주하는 지역에는 화교지도자가 화교에 대한 일반사무를 관장하였다. 말하자면 화교들의 자치인 셈이다. 식민자들은 토착민의 반항과 화교들의 경제역량이 서로 결합하여 식민세력에 대항하는 것을 가장 두려워했고, 따라서 토착민과 화교들은 서로 분할하고 서로 견제시키는 정책을 구사하였다. 이러한 분할통치의 기법은 다음과 같은 몇 가지가 있었다.

첫째, 토착민과 화교를 각각 집중 거주하도록 해 공간적으로 서로 분리시켰고, 둘째, 중국인들은 방언집단별로 서로 간격을 유지하고 견제하도록 유도했으며, 셋째, 계층을 분화시켜 소수의 화교사회 지도자에게 어떤 경제특권을 부여, 화교사회를 관리하도록 하는 방식으로 화교사회를 분열시켰다.

분리하여 통치하는 식민통치방식과 함께 서로 보완관계를 맺은 것이 바로 간접통치방식이었다. 화교사회의 내부에 제한된 의미의 자치권을 부여하는 것으로 화교사회의 수령이 식민당국의 위임에 의해 화교내무사무를 관장하게 된다.

이들 화교지도자들은 캐피탄, 幇長, 亭長 등 다양한 명칭으로 불렸으나 실질은 동일하였다.

가장 먼저 화교사회에 간접통치방식이 적용된 곳은 포르투갈 식민지였던 말레카에서였다. 이곳에서 처음 화교 캐피탄제도가 실시되었고, 이어 네델란드에 의해 포르투갈이 말레카에서 축출된 이후에도 캐피탄제도는 유지되었으며 이후 영국인에 의해서도 제도는 유지되었고, 1825년 해협식민지가 통일된 후 캐피탄제도는 폐지되었다.

03 화교의 위상과 역할

인도네시아에서 화교들은 법적으로 토착민보다 사회지위가 높았으나 화교들의 거주지는 유럽인, 토착민과 다른 지역이었다. 말하자면 인도네시아의 유럽인과 토착민, 그리고 화교들은 각자 거주구역이 다른 서로 독자적인 생활공간을 갖는 복합사회를 구성하였다.[7)]

중국인은 유럽인과 토착민 사이에 위치하면서 동시에 두 계층에 모두 필요한 존재였다. 중국인들은 아편가게와 전당포, 도박장을 개설하였고 상당한 부를 축적할 수 있었다. 또 중국인들은 교역을 통해서 그리고 도소매업을 통해 수익을 올렸고, 유럽인이나 토착민들은 화교상업망을 통해 재화를 사거나 팔게 되었다.

영국인들이 네델란드인으로부터 페낭, 싱가포르와 말레카를 넘겨받은 것은 각각 1786년과 1824년이었다. 영국은 이 지역을 넘겨받고 말레이반도 전역에 대한 침략에 착수하였다. 페낭에 관심을 가진 이유는 이곳이 인도와 중국의 중간지대로 선박의 수리와 선박운항에 대한 필요물자를 보충하기 적당했고, 무역의 중심기지이기도 했으며, 향료기지로도 적합하였기 때문이었다. 이들 해협식민지의 향료 플란테이션이 흥기하면서 말레이반도로의 중국과 인도의 노동자이민이 급증했다. 농장의 소유자와 경작자, 상인 그리고 수공업자의 대부분은 바로 화교였다.[8)] 인구의 증가속도도 매우 빨랐고, 그들의 경제활동도 왕성하였다. 페낭의 중국인 인구는 1860년 28,018명으로 전체 인구의 47%를 차지했고, 인도인은 1840년 9,681명이었다. 싱가포르의 중국인 인구증가는 더 가팔랐다. 1819년 영국이 싱가포르를 침략했을 때 싱가포르의 인구는 단지 150명의 말레이인이 전부였으나 1860년엔 중국인과 인도인이 함께 73,902명으로 전체 인구의 85%를 차지했다.[9)]

네델란드인과 영국인은 모두 중국인이 현지에서 가장 사업심이 강하고 부유한 계층으로 이들이 식민정부에 재정적으로 가장 큰 기여를 하고 있다고 지적하고 있다. 당시 재정수입은 화교들의 도박활동과 아편소비에서 비롯된 세금으로, 이 두 가지 세수가 페낭의 1805년 전체 재정수입의 60%를 차지했다고 한다.[10)]

중국인의 주석광산 개발은 또 하나의 중요한 생산활동으로 말레이 토착 지배자와 중국인이 광권을 둘러싸고 새로운 관계를 맺게 되었다. 또 이 주석은 주로 서구 대무역상에 의해 수요되어 주석은 토착지배자와 식민자 그리고 화교가 연관된 주요한 상품이자 말레이반도의 주요 종족을 연계시키는 상품이 되기도 하였다. 말레이반도에서 주석광산의 개발은 이 지역의 종족별 인구구성을 바꾸었을 뿐 아니라 이 지역 추장들 간의 장기간 반목과 대립을 불러왔고, 중국인들 간에는 서로 좋은 광구를 차지하기 위한 계투가 이어지는 계기가 되었다. 평온한 지역에 교역과 주석광산 개발이란 경제변화와 발전이 일어나면서 말레이족과 중국인끼리 서로 연합된 세력이 경쟁하고 연합하면서 종족간 긴장관계가 조성되기도 하였다.

즉, 영국인의 향료와 주석에 대한 수요가 높아지면서 중국의 자본과 노동력이 대거 이곳으로 유입되었고, 광산개발이 확대되면서 광권을 둘러싼 말레이 지배계층의 불화가 심화되었다. 이지역의 주요 갈등은 중국인 광산개발자와 상인 그리고 말레이 지배계층(추장)이 연합한 세력들 간의 경제적 이익을 둘러싼 다툼과 갈등이었다.

말레이반도에서 주석광산이 본격적으로 개발되고 향료에 대한 수요가 커지면서 이를 담당할 노동력인 중국인과 인도인 노동자의 말레이반도로의 이주는 폭발적으로 늘어나게 되었다. 그러나 이들은 자연스럽게 경제활동의 분업화를 이루었다. 인도인은 주로 대농장에서 농업노동자로 힘든 노동을 견뎌냈고, 중국인은 주로 주석광산에서 노동자로 일했다. 말레이 토착민들은 누구라도 플란테이션의 농업노동자나 열악한 광산에서 일하려 하지 않았다. 이들은 주로 식량생산에 나서 기층의 경제활동에 대해서는 이처럼 종족별로 자연스럽게 구분되었다.

자본가들이 이민 노동력을 즐겨 고용한 이유는 인건비가 저렴하고 통제하기 쉬웠기 때문이다. 이민노동자들은 이곳에서 정치적 권력이 없었고 동시에 경제자원도 없었기 때문에 그들의 세력을 결집하여 자본가들과 협상할 여력이 없어 낮은 인건비를 유지하는데 유리하였다. 또 노동력에 대한 교육비용 등은 모두 본국에서 감당하였고, 일단 이곳에서 노동능력을 상실하게 되면 이민법 등의 규정에 의해 본국으로 송환하였기 때문에 자본가들로서는 여러 가지 측면에서 유리한 노동자들이기도 했다.[11)]

토착민이 고용노동자가 되지 않고 식량생산활동에 종사하는 것 역시 자본가들에게 유리한 측면이었다. 이들이 지속적으로 식량생산에 나서 염가로 양곡을 공급함으로써 자본가들이 중국인이나 인도인 노동자들에게 적은 임금을 지급해도 좋았고, 또한 토착민을 농사에 묶어둠으로서 이들을 무산계급화하지 않았기 때문에 치안 유지에도 도움이 되었다는 것이다.[12)]

말레이지역에서 토지의 법정 사유관념은 식민지 시기이전에는 존재하지 않았다. 오늘 우리가 이해하는 토지 사유개념은 19세기 후반기에 발전하였다. 토지자원이 풍부했기 때문에 말레이주민은 누구라도 토지를 사용하고 경작할 권리를 가졌다. 그러나 이런 권리는 이교도인 외국인에게는 주어지지 않았고, 이교도인 외국인은 재산과 생명도 보호되지 않았다. 식민자인 영국인은 당연히 이런 상황을 변경하길 원했고, 농장과 채광기업의 설립에 필요한 개인 소유제의 신토지법을 만들었다. 처음 토지법은 비말레이인이 토지거래 시장에 참여하는 것을 금지하였다. 즉 말레이인 사이에만 토지거래가 허용되었던 것이다. 그러나 이후 말레이농민을 보호한다는 이 규정은 삭제되었고, 토지의 상품화가 가속화되었으며, 영국 농장주와 광산주에 유리한 지위가 부여되었다. 이어 이들 자본가들의 토지잠식은 빠른 속도로 확대되었다. 이어 말레이인토지보유법안이 통과되면서 말레이농민이 보유한 땅을 비말레이인에게 매각하는 것을 금지했으나 엄격하게 시행되지는 않았다.

이런 토지제도는 말레이농민의 지위를 약화시켰다. 이런 토지제도가 결국 말레이인과 비말레이인 간의 적대감을 고조시키는 계기가 되었다. 이어 말레이농민의 토지는 금융시장에 담보물로 등장하고, 그들의 토지는 점차 잠식되었다.

싱가포르의 초기 중국인들은 영국 식민자들에 의해 비교적 긍정적인 평가를 받았다. 화교들은 평화적이고, 에너지가 넘치면서 열심히 일하고, 부유하여 자신들에게 아주 유용하다는 평가를 내렸다. 영국식민자들은 화교들이 싱가포르의 건설과 번영에 크게 기여한다는 사실을 잘 알았으나 그러나 결점으로는 지나친 아편흡입과 도박 및 불법조직 간의 계투 등이 법률과 질서의 유지에 나쁜 악습이었다고 보았다.[13] 그러나 전체적으로 봐서 화교사회가 영국인에게 주는 기여와 이익이 훨씬 컸다고 볼 수 있었다. 영국인들은 화교사회에서 영어를 할 줄 아는 사람을 우대하고 이들을 식민당국과 화교사회를 연결하는 중간단계로 활용하였다. 영어를 하는 중국인은 싱가포르에서 태어난 토생화교들로 막 대륙에서 건너온 중국인과는 차별되었다. 이들은 영국의 신민으로 영국적 가치관인 자유, 민주 등의 사상과 영국인의 생활방식에 상대적으로 더 경도되어 있었다. 1910년 이후 중국인 부녀자의 자유로운 이민이 허용되고 이민사회는 영구 거주지로서의 성격이 강해졌고, 다수의 중국 지향적인 화교들이 등장하는 계기가 되기도 했다. 싱가포르 화교사회는 영국 지향적인 토생화교와 중국 지향적인 신객들로 구성되었다. 신객화교사회의 확장과 비밀조직의 확장으로 식민당국은 자신들의 식민통치권에 영향을 받지 않을까 우려하였으나 싱가포르 사회에서 영국의 통치권에 대항하는 변화는 등장하지 않았다.

04 토착민의 사회 · 문화적 특성

전통시기 말레이인의 생업은 크게 두 가지로 나눌 수 있었다. 한 가지는 농업이고, 다른 한 가지는 어로였다. 농업은 기본적으로 벼농사로 手稻와 함께 旱稻가 병존하였다. 지대가 높거나 관개가 불편한 지역에는 旱稻가 파종되었고, 평원지역엔 수도가 파종되었다.[14] 이들이 벼를 수확하는 가장 큰 특징은 대략적으로 벼를 베지 않고 벼이삭을 떼 내고 나머지는 그냥 논에 내버려 두었다. 이는 지력을 증진하기 위한 비료용도였던 셈이다.

어로 역시 아주 보편적인 직업이었다. 이런 경제활동 가운데 말레이 부녀자들은 큰 역할을 담당하였다. 모내기와 벼의 수확이나 직물을 짜는 것 등이 부녀자들의 손에 의해서도 이루어졌다.

말레이인들의 중심 종교는 이슬람교이지만 그들의 일상적인 삶에서 주술적인 민간신앙도 큰 역할을 담당하였다. 즉 이슬람교도 순수한 형태의 이슬람교가 아니라 오히려 힌두교적인 요소가 많이 가미되었다. 많은 사례에서 살펴보면, 말레이인들은 일상의 삶에서 종교가 아닌 마법에 의지하여 질병을 치료하고, 악운을 피하려 하며, 진정으로 어려움이 닥치면 역시 마법을 통해 이를 벗어나려 한다.[15]

말레이반도의 전통 통치자들은 신민들을 한 곳에 집중 거주시키는 것이 통치에 용이하다고 생각했고, 농민들도 한 지역에 집중 거주하는 것이 유익하다는 점을 알았다. 왜냐하면 농민들이 모여 있을 경우 많은 노동력이 필요한 수리시설 관리가 용이하고 적의를 가진 부락의 침입에 대비할 수 있었기 때문이다. 이러한 적대 부락의 부단한 침입은 농민에게 자신을 보호해줄 주인, 통치자가 필요하고 유리하다는 인식을 심어주었다. 그러나 전쟁이나 압제가 감당할 수 없을 경우엔 항거하거나 타 지역으로 도망가는 것이 또 하나의 선택방법이었다.

말레이지역에서 술탄은 토지의 최고 권리를 갖는 자였고, 모든 사회구성원은 이들 토지를 사용할 자격이 있었다. 그러나 이들 토지를 경작하면 반드시 영주나 혹은 술탄에게 세금을 납부해야 했다. 즉 토지자원은 아주 풍부하였으나 경작에 따른 댓가는 술탄이나 영주에게 납부하여야 했다.

이슬람교가 15세기 관방종교로 자리잡으면서 말레이반도의 봉건통치는 아주 유리해졌다. 왜냐하면 종교기구가 지역 통치의 협조적인 작용을 하였기 때문이다. 지역의 모스크는 부락 가운데 가장 중요한 정치기구의 하나가 되었다.

말레이반도에 중앙집권적 정치적 권위는 15세기에 비로소 형성되었다. 이는 말레카 술탄의 세력이 강대해진 이후부터로 여겨지고 있다. 모든 통치자의 권력행사 범위는 유한하였고, 일반적으로 자신의 영지 범위 이내였다. 그러나 말레카 술탄의 권위는 기본적으로 전체 말레이반도에 미쳤다. 전통 말레이사회에서 계급체계는 매우 간단하였다. 통치계급과 통치를 받는 농민인 신민으로, 이런 관계는 정치이념과 최고통치자인 술탄에 의해 확고하게 연계되었다. 술탄은 각 지구의 수령과 관원을 선정하였고, 이들이 현지의 귀족이 되었다. 이같은 신분은 세습되어 사회변동은 거의 일어나지 않았다. 19세기에 접어들면서 술탄의 주요수입은 주석의 수출세, 지주의 공납, 주류에 대한 수입세 등이었다. 술탄이나 영주의 수행원 중에는 채무노예와 부채를 진 남녀가 있었다. 그들의 지위는 가축과 비슷하였고, 생산활동에 종사하지 않았다.[16] 이들은 일반적으로 무슬림이 아니었고, 수마트라 등지에서 데려온 자들이었다. 이슬람교의에 의하면 한 무슬림이 다른 무슬림을 노예로 만들지 못하도록 되어 있다.

식민시기 이전 말레이반도의 술탄의 지위에 대해 많은 연구자들은 술탄의 지위가 상대적으로 허약했다고 본다. 술탄의 지위는 예하의 각지 수령의 지위와 매우 밀접한 관계가 있었다. 만약 지역 수령의 지위가 약하면 감히 술탄의 지위에 대해 도전하지 않으나 수령의 세력이 강대해지면 술탄으로서는 감당이 어려웠다는 것이다. 이러한 세력의 균형과 허점이 식민자들로 하여금 이 지역을 비집고 들어올 수 있는 여지를 제공하여, 식민통치를 용이하게 했다는 것이다.[17]

지방수령의 입장에서 보자면, 그들의 강렬한 욕망인 많은 부를 축적하기 위해서는 인구증가가 아주 긴요한 과제였다. 인구의 증가는 바로 세수의 증가로 이어지고, 보다 많은 수행인원을 둘 수 있어 술탄에 도전할 실력을 갖출 수 있기 때문이었다.

그러나 15세기 이후 말레카의 술탄은 그의 영향력을 반도지역의 다른 지역까지 확대하였고, 이들 지역의 수령은 무슬림인 술탄에게 경의를 표시하였고, 이들이 각 지역의 술탄의 대리인이자 지역의 귀족으로 전환되었다. 이런 술탄과 수령들의 관계는 식민통치 이후까지 줄곧 유지되었고, 말레이시아 사회체제의 근간을 이루었다.

말레카는 처음 포르투갈에 의해, 이어 네델란드에 의해 점령되고 통치되었고, 최종적으로 영국의 식민지가 되면서 술탄의 권한이 제한되었고, 주요 이권은 식민자의 손으로 넘어가게 되었다.

식민자들이 내침하기 이전 인도네시아는 여러 토착 부족들로 구성된 사회로 많은 지역으로 집단이 세분되었다. 주요 민족으로는 인도네시아 전체 인구의 거의 절반을 차지하는 자바족이 주류민족이고 이밖에 순다족, 마두라족, 미난카보족, 바탁족, 멀라위족, 아체족, 발리족 등이 주요 민족으로 각지에 포진하고 있었다. 전체적으로 보면 약 100여개 부족으로 구성되어 있으며 각 부족들은 나름 풍부하고 다양한 문화를 갖고 있다. 자바문화, 말레이문화, 순다문화, 발리문화 등이 이들 가운데서 가장 두드러진 발달된 문화이다. 이들 토착민족 이외 외래민족으로 화교와 인도인, 아랍인 등이 식민경영 이후 크게 늘어나게 되었다.

주류민족인 자바족은 전국인구의 약 47%를 차지하고 있고, 절대다수가 주로 중자바와 동자바 지역에 거주하며 주로 농업과 각종 경제작물의 재배, 어업을 영위하고 있다. 도시지역에 거주하는 자바인은 정부기관이나 기업과 각급단체에서 일하고 나머지 상인과 수공업자들로 구성되어 있다.[18)]

인도네시아 문화의 두드러진 특성은 바로 외래문화와 지속적으로 교류하고 융합해왔다는 점이다. 지리측면에서 보자면, 인도네시아군도는 중국과 인도, 태평양과 인도양, 동아시아와 아랍세계 및 유럽 각국의 교통요도에 있다. 요컨대 인도네시아는 예부터 중국, 인도, 아랍, 유럽과 관계를 맺어왔다는 점이다.

둘째, 민족의 연원이나 구성으로 볼 때 인도네시아는 아시아대륙 남부 이민과 밀접한 관련을 맺고 있다는 점이다. 기원전 1500년경 아시아 남부에서 전쟁과 재해 등으로 대량의 원시 말레이인이 인도네시아 군도로 건너왔고, 이어 기원전 200~300년 아시아 남부에서 다시 대량 이민이 인도네시아 군도로 건너왔다. 이들이 신말레이인들이다. 이들 신말레인들과 구말레이인(원시 말레이인)들이 통혼하면서 이들의 후예가 현재 인도네시아 민족의 주류를 형성하고 있다는 것이다.[19)]

네델란드의 식민경영이 심화되면서 자연경제였던 인도네시아 농업도 점차 상품농업화의 길을 걷게 되었고, 세금도 현물에서 화폐납부로 전환되었고, 토지의 상품화도 촉진되었다. 또 토지 점유권의 이동을 수반한 농민의 계층분화가 나타나게 되었다.[20)] 한 연구조사에 의하면 토지 점유의 이동은 중간층을 줄어들게 하고 양극단을 확대시키는 결과를 가져왔다. 토지를 많이 소유한 부재지주와 상층농민은 하층 농민에게 토지를 임대하였고, 소작인의 다수는 농지가 없는 농민이었다. 20세기 초반의 소작관행은 소작인의 생산액을 절반씩 지주와 나누는 것이었다.[21)]

동부 수마트라에 거주하는 현지주민은 하천유역과 연안지방에 거주하는 반농반어 혹은 지역교역에 종사하는 소수파인 말레이인과 내륙 · 산악지역에 광범하게 분포하는 화전영농을 영위하는 바탁인으로 구성되었다. 술탄의 지배하에 있는 현지인은 주로 말레이인이고, 바탁인의 거주지역은 술탄의 지배가 미치지 않는 지역으로 그들은 '우룽'이라고 불리는 지연적 성격이 강한 공동체를 조직하여 생활하였다.

네델란드 식민정부는 동부 수마트라의 지배에서 말레이인 술탄을 유일한 지배자로 간주하고, 술탄과의 계약에 의한 농장용지의 임대를 의무화하였다. 그러나 술탄의 실질적인 지배하에 있지 않았던 바탁인의 거주지역에도 네델란드 식민정부는 이것을 술탄령으로 간주하고, 농업조차지를 일방적으로 설정한 것이다. 바탁인의 '우룽공동체'로서의 일체성은 완전히 무시되고, 조차지의 경계설정으로 우룽의 분단이 빈발하였다.[22)] 바탁인사회에 유입된 이러한 교란에 대해 식민당국은 바탁인의 당연한 반발에 부딪혔다. 이런 반발로 부족간 및 식민당국과의 충돌이 야기되었고, 네델란드는 군대를 동원하여 바탁인의 저항을 진압하였다.

전통시기 태국사회의 사회 · 경제구조의 핵심은 보호와 피보호의 관계로 사회구조가 형성되었다는 점이다. 유력자와 귀족들은 추수하는 많은 피보호자를 거느리고 이들을 보호하고 후원하였으며, 다수의 농민이나 일반 민중들은 보호를 받는 대신 이들에게 충성을 바치는 구조였다. 그러나 이런 관계는 공식적인 관계가 아니라 비공식적인 관계이므로 관계가 세습되는 것도 아니고, 사정에 의해 이 관계가 해지될 수도 있었다. 많은 피보호자를 갖는 것은 자신의 세력의 한 표시일 수 있었고, 피보호자의 입장에서는 사회생활에서 닥칠 수 있는 어려움에 대한 보호막이자 울타리가 되었다.

또 아유타야 왕조 때부터 이른바 '삭디나' 제도로 불리는 토지정책이 이어져 내려왔고, 이는 19세기까지 지속되었다. 이 제도는 다른 말로 표현하자면 '授田等級制'로 국왕이 각기 다른 등급의 귀족, 관리, 백성에게 각기 다른 크기의 토지를 분배하는 제도로 이에 대한 구체적인 규정을 두었다. 그 수량은 최고위 등급인 차오프라야에게 1만莱를, 일반 백성에게는 25莱를 분배했다.[23] 이 토지는 바로 관료에 대한 급여를 대신한 것으로 국왕이 수중에 강력한 권한을 집중하게 된 것을 보여주는 것이었다. 이 제도는 관원에 대한 일종의 급여체제로 19세기말까지 존속되었다가 현재 태국의 방콕왕조가 행정개혁을 추진하는 과정에서 봉급제를 실시하게 되면서 폐지되었다.[24] 태국의 봉건왕조의 시각에서 보자면, 노동력을 장악하는 것이 무엇보다 중요한 국정의 최우선 과제였다. 왜냐하면 태국은 땅은 넓으나 사람은 적었다. 인구는 바로 평시에 토지를 경작(경제)하고 일단 전쟁이 발발하면 또 이 토지를 지켜야(방위)하기 때문에 무엇보다 중요한 자원이었고, 따라서 토지보다는 인구가 훨씬 중요하였다.[25] 그러므로 삭디나제도하에서 누구라도 자유로이 토지를 떠날 수 없었고, 이 제도는 전통태국에 있어서 가장 핵심적인 사회 · 경제적 제도이자 태국사회 발전을 제약하는 요인이 되기도 했다.[26]

태국을 사회 · 경제적으로 규정할 때 또 하나 중요한 요소는 바로 불교다. 태국은 국교가 인정되지 않지만 국왕은 불교의 수호자라고 규정되어 있다. 즉 국왕은 정치를 장악하는 것과 동시에 종교의 가장 큰 후원자이자 보호자이다. 불교국가인 태국에서 불교는 동시에 경제에 막강한 영향력을 직 · 간접적으로 행사하고 있다. 이 나라에서 승려는 남성만이 될 수 있고, 일종의 의무로 남아있다. 모든 남성이 적어도 일생에 한 차례 승려가 되어 수행해야 한다. 태국 남성은 결국 종교지향적이거나 국가 통치를 담당하는 정치쪽에 비교적 전문화하였고, 경제는 많은 부분이 여성의 몫이 되었다.[27] 스키너에 의하면, 여성들이 남성보다 3배 많이 대기업의 소유자이거나 매니저이고, 중소기업소유자 및 매니저, 상점 판매원, 행상, 좌판상, 소상인과 야채재배자가 많았다. 1947년 센서스에 의하면 태국 여성이 90%의 방콕부동산을 소유하고 있었고, 운수회사, 건설회사와 레스트랑의 주식을 상당히 많이 보유하였다.[28] 태국 남성들은 보다 더 관료조직이나 전문직에 전문화되어 종사하였다. 예를 들자면, 남성은 여성의 10배 이상 정부 고위직에, 고위의 전문직에, 고위직위의 산업계에 그리고 비교적 지위가 낮은 공직이나 정부의 말단직원, 회사원으로 일하였다. 여성은 경제부문에 특화되어 있고, 남성은 관료조직 혹은 정치부문에 특화되어 있는 것이다. 또한 남성은 종교부문에 특화되었다.

태국사회를 불교적 세계관에서 그 위계를 살펴보면, 평민인 농민에서 정부관료와 귀족을 거쳐 국왕에 이른다. 국왕을 포함한 상층부에는 승려그룹이 있다. 태국에는 불교와 정치가 밀접한 연관이 있으나, 종교적인 범주와 경제활동이 가깝게 연관을 맺었던 적이 결코 없었다.[29] 태국의 불교적 가치관과 신앙체계는 태국사람들에게 경제적인 성취보다는 정치적인 성취를 더욱 중요시하게 하였고, 더욱 적극적으로 추구해야 할 가치로 여기게 만들었다. 말하자면 경제활동은 태국인들의 포부나 목표에서 잔여적인 것이었다. 바로 불교적인 요소가 태국인의 경제활동의 지향에 큰 영향을 미치고 이는 바로 화교들의 경제활동공간과 함수관계를 이루며 화교들의 발전에도 큰 영향을 미치게 된다. 즉 태국인들이 가장 지향하는 바는 종교적인 분야, 다음이 정치, 경제는 가장 하위에 존재하였고, 이부문은 태국 여성이나 태국인이 아닌 사람들이 주로 종사하였다.[30]

미주

1) E. H. Blair and J. A. Robertson, The Philippine Islands Vol 3; 張國土：早期東南亞各植民政權對華僑政策的特點,논문, 華僑華人歷史硏究 1994년 4기 재인용
2) 상게논문
3) 상게논문
4) H.T. Colenbrander&Lan Pierterszon Coen：Besdreiden Omtrent Zijn Bedrijf in indie Vol,2 p.559, 庄國土 상게논문 재인용
5) 巴素：東南亞的中國人 제27장 p.39
6) 장국토 상게논문
7) J.S. Furnivall 상게서 p.213
8) (말레이시아) 林馬輝：馬來西亞的種族關係和階級關係(上), 南洋資料譯叢, 1987년 1기
9) 상게논문
10) 珀塞爾 논문, 1967년, 상게논문 재인용
11) 상게논문
12) 상게논문
13) 楊進發：新加坡英植民地官員對本地華人領袖的態度(1819~1941), 南洋資料譯叢, 1988년 4기
14) 陳曉律：馬來西亞 - 多元文化中的民主與權威 p.17, 四川인민출판사.
15) 상게서
16) 상게서 p.23
17) 상게서 p.24
18) 梁敏和, 孔遠志 編著：印度尼西亞文化與社會 p.26
19) 상게서 p.339
20) 宮本謙介：インドネシア經濟史 p.143~144, 有斐閣選書, 동경
21) 상게서 p.144~145
22) 상게서 p.170
23) 桂光華：阿瑜陀耶王國的興起與發展,논문, 〈南洋問題硏究〉1988년 3기, p.13~14
24) 中山大學東南亞硏究所編：泰國史, p.174~175
25) John L.S. Girling : "Thailand Society and Politics" p.26, Cornell University
26) 洪源善 상게논문 p.28
27) G. William Skinner 상게서 p.302
28) A. Thomas Kirsch：Economy, Polity, and Religion in Thailand 논문, Change and Persistence in Thai Society p.175, Cornell University
29) 상게논문 p.190
30) 상게논문 p.191

제8장 화교문화론

동남아 중국인 이주의 역사는 짧게는 1백 70년 전의 청조말기로, 더 거슬러 올라가자면 당송 시기로까지 소급될 수 있다. 이들이 이 지역에 살면서 중국인끼리 혼인하기도 했지만 많은 경우 중국인 남성과 현지의 여성이 결혼하는 이른바 민족간의 통혼이 더욱 빈번하였고 절대 다수를 차지했다. 동남아지역에는 화교화인 그리고 화예들에 이르기까지 이미 수대에 걸쳐 세대가 바뀌었고, 경우에 따라서는 십수대로 이어져 내려오는 세대도 존재한다.

오랜 시간 동남아에 살아온 중국계 혈통의 화인 혹은 화예들은 도대체 누구인가? 중국인으로 봐야 할 것인가, 아니면 완전한 태국인, 인도네시아인 혹은 말레이인으로 봐야 할 것인가? 아니면 문화적으로 중국인도 아니고 그렇다고 동남아의 현지인도 아닌 제3의 민족일까? 또 이러한 구분은 객관적인 표식이 존재하는가 아니면 이른바 중국 혈통의 후예들이 주관적으로 판단할 문제인가?

많은 중국인들이 동남아로 건너와 세대를 이어가면서 거주한 관계로 우리는 이제 화교화인들의 정체성에 대해 주목하게 된다. 물론 이들의 절대다수는 정치적으로 이미 현지 국적을 취득하여 거주국가의 국민이 되었다. 문제는 중국인 후예들 자신이 스스로를 문화적으로 혹은 민족적으로 어떻게 자신을 자리매김하는가이다. 이점에 대해 중국 대륙에서 보는 관점과 동남아 현지 중국인 후예들이 보는 시각이 약간 다른 점이 있고, 자신을 중국인으로 인식하더라도 중국인으로서의 특성의 크기도 다양한 스펙트럼을 보이고 있기도 하다. 또한 자신의 정체성의 문제는 이른바 그들의 조국이 처한 국제적인 위상과도 맞물리는 측면을 가지고 있다. 즉 중국의 국제적인 위세가 높아지면 동남아 중국계 사람들의 재중국화(Resinification)가 약간 강해지고, 중국의 국제적 위상이 약화되면 현지 지향적인 움직임이 컸던 것이 역사적 경험이었으나 시간이 경과하면서 중국인성(Chineseness)이 추세적으로 약화되고 있는 것은 분명하다 할 것이다.

동남아지역의 중국혈통 사람의 민족적 특징을 어떻게 규정할 것인가라는 과제를 두고 우리는 그들이 일상의 삶에서 어떤 생활방식과 풍습, 관습을 유지하고 있는가? 넓게 보자면 여전히 중국인으로서의 문화를 보유하고 있는가 여부로 따져볼 수 있을 것이다. 앞서 살펴보았듯이 동남아는 중국문화 이외 강력한 서방문화, 이슬람(아랍)문화와 불교문화(특히 남방불교)의 영향이 강하게 남아 왔고, 이밖에 동남아인들의 일상의 삶에 전통 인도문화인 힌두이즘도 강하게 남아있는 지역이기도 하다.

결국 중국혈통의 후예들이 중국인성(Chineseness)을 얼마나 일상생활에서 체현하고 있는가에 따라 그들을 중국민족으로 분류할 수 있지 않을까 하는 생각이 든다.

구체적으로는 그들의 신앙행태와 절기를 보내는 풍속과 그들의 언어문제, 그리고 중국인이 갖는 가치관과 세계관 등에서 중국인과 비중국인을 가르는 기준이 마련될 수 있다고 보는 것이다. 중국 대륙에서는 아무리 중국혈통의 후예가 적은 부분의 중국인 특성을 가졌다 하더라도 화인화예의 범주로 분류하려는 경향을 보이고 있으나 많은 동남아 현지의 중국계 혈통의 사람들은 많은 경우 자신의 중국계 피의 성분이 낮을 경우 중국인으로 인식하는 비율 역시 크게 낮은 것으로 연구자들은 보고 있다. 특히 태국의 경우 공식적으로 중국계가 3대를 이어 내려가면 민족분류가 타이족으로 분류되는 등 국가 규정으로 과다한 이민족을 인정하지 않는 경우도 있다.

01 화교들의 가치관과 자기 정체성

중국인을 핵심적으로 규정하는 그들의 가치관은 유가사상이라고 지적할 수 있다고 생각된다. 유가사상은 중국 지배계층의 핵심가치관이자 엘리트문화의 대표적인 것인 동시에 기층 민중도 그 가치관을 내면화한 사상과 신념의 체계였다고 생각된다. 따라서 서민의 문화도 유가사상을 벗어날 수 없었고, 전통시기 엘리트문화와 서민문화의 공통영역으로 유가사상이 기반하였고 서로 영향을 미쳤다 할 수 있을 것이다. 유가사상이라 하더라도 엘리트문화가 형식과 哲理와 사유에 주력한 것과는 달리 서민문화는 일상생활의 수요와 현실적인 측면

그리고 질박한 것을 추구했다는 점에서 구분이 가능하다 할 것이다.[1)]

이런 중국인의 핵심가치관은 청조 말기 조정이 동남아 각지에 관원을 파견해 유가적 가치관을 고양한 한편 중국 동남지역에서 이곳으로 이주한 중국인 스스로가 자신들의 기본가치관을 유지하고 후손에게 이를 전승하려는 적극적인 노력을 기울였다는 점에 주목해야 할 것이다.

광서 3년(1877년) 중국은 싱가포르에 영사관을 설립하고, 이곳을 중심으로 화교들에게 정치적인 충성을 청 조정에 바칠 것을 유도하는 한편 충효를 핵심가치로 하는 유가사상의 전파에 주력하게 되었다. '문화사막'으로 비유된 동남아 화교사회에 유가문화의 불꽃이 영사관을 중심으로 넓게 확산되어 나갔다. 좌병융과 황준헌은 유가문화의 확산에 크게 기여한 영사관의 관원들이었다. 좌병융은 싱가포르에 '會賢社'란 단체를 조직하여 신문기자, 교사 및 일부 부상들, 화교사회의 엘리트들과 문학활동을 벌였다. 이들은 문화활동으로 각종 詩文대회도 거행하였고, 주로 유학경전이나 중국 時事에 대한 실력을 겨뤘고, 우수자에게 포상하고 이를 叻報, 星報 등 중문신문에 게재하기도 했다.[2)] 좌병융을 이은 황준헌은 유가문화의 확산에 더욱 적극적이었다. 그는 회현사를 '圖南社'로 개명하고 유가사상의 확산에 주력했으며 忠君, 孝悌, 정절 등 전통가치관념을 제창하였고, 이와 관련된 모범사례를 발굴, 포상하고 旌門을 세웠다.[3)] 이런 활동을 통해 유가사상의 선전과 더욱 깊은 침투가 이뤄졌다.

싱가포르, 말레이 화교들이 유교를 부흥하는 것과 함께 인도네시아 화교들도 유학을 진흥하였다. 광서 27년(1900년) 자카르타의 화교지도자 반경혁, 홍수창 등 20인이 발기하여 인도네시아 화교사회의 첫 단체인 중화회관을 발족하였다. 이 단체는 화교들의 문화를 발전시키고, 처한 환경을 개선하기 위한 것으로 공자학설의 중요성과 그 보급을 강조하고 있다.[4)]

유교부흥운동은 몇몇 국가에서 활발히 진행되었고, 그 영향은 주로 성인층에 미쳤다. 또 유학교육은 거의 대부분 화교사회에서 시행되었으며, 화교 자제들의 유가가치관의 형성에 아주 유효한 수단이었다. 해외 화교사회에서 시행된 화교교육은 주로 유교경전이 주요한 교재였고, 유학의 가르침이 자연스럽게 화교 2세들에 전수되었다.

동남아 사회에서 중국인과 토착민을 구분하는 가장 핵심적인 요소 가운데 하나로 민속과 풍습, 종교 등을 들 수 있다. 화교이민들이 조국을 떠나기 이전 체득하고 내면화한 그들의 풍속과 종교 등이 그대로 이민지로 이식되었고, 이들이 후손에 전수되어 현지 토착민과 화교의 민족속성의 뚜렷한 차이를 보이게 되었다. 문제는 동남아에 이주한 중국인들이 초기 대부분 젊은 남성 위주로, 독신이거나 단신이었다는 점이다. 즉 이들은 그들의 조국인 중국에서 이미 결혼한 예도 적지 않았지만 대부분은 독신이었다. 이들이 이곳에 정착하면서 자연스럽게 현지 토착여성과 결혼하게 되었고, 이에 따라 화교의 상당 부분은 혼혈인으로 구성되게 된다. 중국인으로서의 문화를 내면화한 이주 중국인이나 동남아 현지에서 중국인 부부 사이에 태어난 사람은 당연히 중국인으로서의 특성을 종신토록 유지하였으나 혼혈 중국계는 사정이 좀 달라지게 된다. 혼혈 1세대는 많은 연구자들의 연구 결과에 의하면 자신을 중국인으로 자리매김하고 있으나 혼혈 2, 3세대로 넘어가면서 이들은 자신을 토착민의 일원으로 인식하게 된다는 것이다. 혼혈화교인의 상황을 좀 살펴보자.

태국화교와 태국 부녀자 사이에 태어난 혼혈자손을 룩진이라고 부른다. 룩진은 즉 중국인 아버지와 태국인 어머니 사이에 태어나 자신을 중국인으로 간주한다. 그러나 이 혼혈 중국인이 장성하여 태국 여성이나 아니면 룩진 여성과 결혼하여 낳은 자식은 일반적으로 자신을 태국인으로 간주하게 된다. 즉 중국인이 현지인과 결혼하여 3대로 내려가게 되면 그들은 자신의 정체성과 관련해 중국이 아닌 현지지향적으로 변한다는 게 많은 서방 연구자들의 관찰결과이다.

Gutzlaff의 글을 인용한다.

> "룩진은 자주 자신의 변발을 자르고 어느 시기 시암의 승려로 된다. 2~3 세대만에 모든 뚜렷한 중국인으로서의 특성을 나타내는 표지가 완전히 없어지고, 강력하게 유지했던 민족적 관습이 완전히 태국인으로 변하게 된다. 이들은 일반적으로 그들의 글(華文)을 경시하고 자신을 태국인으로 여긴다."

Campbell은 1902년 다음과 같이 지적했다.

> "비록 그가 태국어를 제외하고 다른 말을 못 하지만 그는(룩진) 자신이 중국인임을 자랑스럽게 여기고, 다른 중국인처럼 변발을 땋고 그의 종족의 성을 유지한다. ……. 물론 2대, 3대가 되면 원래 갖고 있던 특성은 상실되는 경향이 나타난다."

Thomson은 1906년 다음과 같이 말했다.

> "중국 아버지와 태국 어머니의 혼혈혈통의 아이들은 ……. 태국어를 말하고, 변발에 대한 특별한 존중의 감정을 갖지 않고 있으며, 종종 그것을 없애버리고, 룩진들은 완전한 태국인이 된다."[5)]

위의 예문들의 결론은 3세대 중국인 이주자의 후손은 일반적으로 문화적인 측면이나 정체성에서 자신을 태국인으로 간주한다는 점을 엿볼 수 있다. 상대적으로 중국인 후손들의 태국으로의 신속한 동화 현상도 나타났지만, 꾸준이 이어지는 이민에 의해 중국인사회가 지속되는 현상도 보여주었다. 보링의 관찰에 의하면, "중국인은 ……. 그들의 언어와 국적, 자신들의 복장과 종교적 관습과 전통, 습관과 사회적 조직을 유지한다." 이런 지적은 중국인의 어떠한 非변화의 특성을 지적한다고 보기 보다는 지속적인 이민에 의해 중국인사회가 유지되고 있음을 증명하는 것이라 할 것이다.[6)]

인도네시아 화교들도 토착화교와 신객화교로 그 혈통에 따라 구분되고 있다. 토착화인은 peranakan, 신객화교는 totok으로 부른다. 즉 토생화교는 중국인 아버지와 인도네시아 토착인 어머니 사이에 태어난 혼혈이고, 신객화교는 중국에서 태어나 인도네시아로 이주했거나, 혹은 중국인을 부모로 두고 인도네시아에서 태어난 중국인의 후예도 포함하는 개념이다. 이들 혼혈 중국인으로 구성된 사회를 '프라나칸화교사회'로 명명한다.

이 화교사회는 초기 중국인과 토착여성 사이에 혼인이 이뤄지던 것이 점차 혼혈중국인인 프라나칸들 간에 혼인하는 형태로 전환된 것으로, 대규모의 신규 이민이 없는 상황에서 소수의 이민자들 역시 이 프라나칸 화교사회로 융합되었다.[7] 초기 자바로 건너온 중국인은 남성으로 그들은 무슬림이 아니거나 명목상으로만 무슬림인 토착여성과 결혼하였다.[8]

프라나칸들은 중국어 구사능력을 상실하였지만 여전히 토착민과도 구별되었다. 토착민들은 이런 프라나칸인 남성을 바바, 여성을 논야(기혼여성)와 노나(미혼여성)로 구분해서 불렀다.

일부 부유한 프라나칸 남성은 전통교육을 받았으나 여성은 일반적으로 교육을 받지 못했다. 이들은 어머니에 의해 같은 방식으로 양육되었다. 가난한 프라나칸 남성은 인도네시아 현지교육을 받았다.(네델란드어는 보완적인 언어였다) 그러나 중화민족주의의 인도네시아에서의 발흥으로 인도네시아 중국어학교가 설립되면서 프라나칸 아이들은 근대적 중국어 교육을 받게 되었다.[9]

전후 새로운 프라나칸 세대들은 네델란드 식민통치를 경험하지 못했다. 이들은 토착 인도네시아인이 피지배자가 아닌 지배자가 된 즉 독립 인도네시아에서 성장하였다. 이들 다수 전후 세대의 프라나칸은 인도네시아 국민이 되었다. 이들의 자손은 인도네시아인의 방식으로 키워졌고 그들의 부모 세대보다 더욱 통합되었다.[10]

전후 세대의 프라나칸의 신앙체계는 그들의 부모세대와 유사했다. 1965년 수하르토의 쿠데타 이후 종교활동의 고무에 의해 프라나칸 사이에는 유교와 불교가 부활했고 상당수는 기독교로 개종하였다.[11]

위와 같은 프라나칸 화교사회와는 달리 중국인 특성을 그대로 유지한 '토톡 화교사회'는 다른 모습을 그리고 있다. 대량의 중국인 이민 가운데 중국인 여성이 상당수 포함되면서 새로운 이주자들이 프라나칸사회로 편입되는 것이 억제되었다. 인도네시아 토착민들은 중국(외국)에서 태어난 사람을 토톡(순수 혈통의 외국인)이라고 불렀다. 프라나칸 사회에서는 이들을 新客이라 불렀다. 이들은 기본적으로 중국어 방언을 사용하였고, 그들은 언어별로 조직화되었다. 그들의 중국과의 유대는 매우 긴밀하였다. 신객들도 인도네시아어의 필요성을 느꼈으나 이들의 인도네시아어 수준은 별로 높지 않았다. 제2차 세계대전 이전의 프라나칸과 마찬가지로 토톡도 그들 자신의 신문과 잡지와 책들을 발간하였다. 토톡은 그들의 문화적 유산을 더욱 의식하였다. 토톡들은 언어장벽과 가치관의 차이로 식민정부의 관원이 되거나 전문직에 종사할 수 없었다. 이들 부문에 진입하기 위한 필수적인 언어는 바로 네델란드어와 인도네시아어였으나 토톡들은 기본적으로 중국어 방언을 사용하였고, 낮은 수준의 현지 언어를 구사할 수 있는 정도였기 때문이다. 더 교육을 받고자 하는 토톡의 자녀들은 중국으로 보내져 교육을 받은 후 다시 돌아와 공직이나 전문직이 아닌 중국인이 조직한 분야, 가령 중국계 회사나 중국어 학교의 교사로 활동하게 되었다.

戰前의 토톡세대는 중국 대륙에서 내면화한 그들의 신앙체계를 가져왔고, 중국사원에서 기도했으며 조상숭배의식을 보존하였다.[12] 신앙체계가 토착문화와 강하게 뒤섞여 있는 전전 프라나칸과는 달리, 토톡의 신앙체계와 관습은 전통 중국인의 그것을 유지하였다. 교육수준이 높은 전전 토톡세대들은 보다 덜 종교적이었다.[13] 이들은 종교활동보다 중국의 정치와 민족주의에 더 깊은 관심을 가졌다.

전전의 토톡 아이들이 전후 장성하여 토톡사회의 하위그룹을 형성하였다. 이들은 교육이나 인생경험에서 그들의 부모세대와 좀 달랐다. 대부분의 전후 세대 토톡들은 그들의 부모와는 달리 인도네시아에서 태어났다. 이들은 어린시절 일본제국주의나 독립 인도네시아 정부시절에 성장하였고, 네델란드 식민통치에 대한 기억은 없었다. 이들은 국가의 통치자가 된 토착 인도네시아인과 접촉하여야 했다.

자바에서는 전후 세대 토톡들은 집에서는 중국어를 말하고(주로 자신의 부모에게) 그러나 그들의 형제들, 외부인과는 인도네시아어와 중국어가 혼합된 말을 사용하였다.

프라나칸 중국인은 일반적으로 인도네시아 지향적이었다. 그들은 자신을 인도네시아인으로 인식하였고, 자신의 조상이 건너온 중국 남부지역과 자신을 동일시하지 않았다. 이들에게는 중국어방언집단으로의 구분은 자신들이 더 이상 중국어를 구사할 수 없게 되었을 때 그 의미를 상실하였다. 그러나 프라나칸은 단일한 집단이 아니었다.

많은 인도네시아의 중국인 민족주의자들은 프라나칸과 토톡을 중국에 통합시키고자 했으나 그들의 노력은 이들 두 집단의 깊이 뿌리박힌 문화적 차이 때문에 실패했다. 프라나칸과 토톡의 알력과 마찰은 자주 발생했고, 이는 범중국운동의 퇴조와 다양한 목표를 가진 정치·사회적 조직의 출현으로 명확해졌다. 프라나칸 중국인은 토톡중국인이 프라나칸 중국인의 희생위에 경제부문을 지배한다고 불만을 가졌고, 한편 토톡중국인 역시 프라나칸 중국인은 비애국적이며 중국인이 아닌 것처럼 행동한다고 불평하였다.[14)]

토톡사회가 프라나칸 사회보다 규모가 조금 더 컸다. 1920년 인구센서스에 의하면, 식민지 인도네시아에는 809,000명의 중국인이 있었다. 이 가운데 311,000(38.4%)은 그들의 일상언어로 인도네시아어를 사용하였고, 498,000(16.6%) 은 중국어를 일상어로 사용하였다. 또 이 인구조사는 자바섬은 프라나칸이 70%로 높은 비율을 차지하고 있고, 이에 반해 외도지역은 토톡이 90%를 차지하는 등 압도적인 비율을 보여주고 있다.[15)]

1930년 인구센서스 자료는 중국인의 일상언어에 대한 정보를 주지 않지만 그러나 그들의 부모가 인도네시아 혹은 외국(중국)에서 태어났는지 여부의 출생지정보를 제공해주고 있다. 1930년 인도네시아에는 1,190,000명의 중국인이 인도네시아에 살았고, 이 가운데 582,000명은 자바섬에 나머지 608,000명이 外島에 살았다. 자바섬에 사는 중국인의 79%의 부모는 인도네시아에서 태어났고, 21%만이 외국에서 태어났다. 외도에 사는 중국인 48% 부모는 인도네시아에서, 나머지 52%는 다른 곳에서 태어났다. 부친의 출생지는 프라나칸과 토톡을 결정짓는 믿을만한 지표가 되지 못한다. 왜냐하면 이것이 중국인들의 문화적 배경을 드러내주지 못하기 때문이다.[16)]

말레이시아가 독립하기 전 중국에서 건너 온 이민과 토생화인의 자칭인 프라나칸은 서로 달랐다. Cina Peranakan 은 즉 토생화인을 일컫는 말이다. 학계에서는 토생화인을 바바로 부른다. 바바는 복잡한 종합체로서 혈통적으로 그들은 중국과 말레이 그리고 영국의 성분을 갖고 있고, 문화적으로 그들은 중국인의 풍습과 관습을 유지했으며, 언어적으로는 말레이어를 중심으로 하되 중국어와 영어도 병용하였다.[17] 말레이시아가 독립한 이후 정부정책과 공산주의와 자본주의 진영의 대립으로 중국에서 오는 새로운 이민자, 즉 新客이 끊겼다. 이후 30여년 동안 말레이시아의 화인들은 중국에서 직접 건너 온 노년세대들 이외에 대부분이 현지에서 출생한 화인들이었다. 이들 현지 출생 화인들에 대해 일률적으로 戰前의 화교집단처럼 바바라고 부르지 않는다. 왜냐하면 이들 현지 출생 화인들은 다시 두 가지 부류로 구분되기 때문이다. 첫 부류는 중국인과 중국인이 결혼하여 태어난 후대이고 다른 한 부류는 중국인과 말레이인과 결혼하여 출생한 바바이기 때문이다. 이들은 중국인의 혈통과 말레이인의 혈통을 동시에 갖고 있는 혼혈이나 중국인들 사이에 태어난 후대는 이런 특징을 갖고 있지 않다.

말레이시아에서 바바가 비교적 집중 거주하는 지역은 말레카와 클란탄의 일부지역이다. 말레카에 남아있는 바바는 현지의 특수한 인구집단으로 이들은 중국어나 중국어 방언을 모르고, 복건방언이 뒤섞인 말레이어를 사용한다. 말레카의 바바는 종교신앙이나 생활습속에서 화교와 다를 바가 없다. 말레카 옛 시가지에 거주하는 화인들은 대부분 중국어를 구사할 줄 안다. 바바는 이러한 환경에서 갈수록 화인사회에 편입되는 추세이다.[18] 그들은 자녀들을 중국어 학교로 보내 모국어교육을 받도록 하여 바바의 후대는 이미 부모세대의 협착한 생활영역에서 벗어나 보다 넓은 말레카 화인사회에 융합되고 있다. 클란탄의 바바 90%는 농사를 짓는다. 이들 대부분 바바들의 경제능력은 말레이인들과 별 차가 없다. 이들의 음식과 주거 관습은 말레이인과 별 차이가 없고 손으로 음식을 집어 먹고, 입는 옷은 말레이인의 치마인 사롱이다. 혼례도 말레이인과 유사하며, 일반 화교들의 전통혼례와는 다르고 부조금의 크기에 신경쓰지 않으며 결코 부조금의 크기에 따라 감정이 상하는 일은 없다고 한다.[19] 외양으로 보자면 그들은 완전한 말레이인들이다. 클란탄의 바바들과 말레이인을 구별짓는 유일한 기준은 종교로, 바바는 여전히 전통의 불교와 도교 등을 신봉한다. 따라서 두 명의 바바가 유창한 말레이어로 대화한다 해도 이들이 반드시 화예 무슬림이라고 단정해서는 안 된다는 것이다.

02 현지문화와 화교들의 신앙

중국 연해지역에서 보편적으로 유행한 전통신앙은 도교와 불교, 이슬람교 등의 종교였고 이밖에 지역에 따라 각종 다른 민간종교가 광범히 신앙되었다. 동남 연안 지역의 중국인들이 동남아로 이주함에 따라 그들은 고향에서 신앙하던 종교를 동남아 현지로 이식, 지속적으로 전통신앙을 유지하였다.

중국해외이민의 종교신앙의 특색은 기본적으로 전통적으로 내려오는 민간신앙과 다신숭배를 계승했다는 점이다. 해외 중국인 이민사회에서 보편적으로 존숭되는 것으로 관제신앙과 마조신앙이 있다.

關帝신앙은 원래 북방의 민간신앙이었고, 관제는 바로 忠義의 화신으로 여겨졌다. 송대 이후 중국불교는 관우를 신으로 공봉하였고, 도교는 그를 '충혜공', '의용무안왕'으로 추봉하였으며, 청조 순치 9년(1652년)엔 '忠義神武關聖大帝'로 추존하였다. 그러나 후일 관제신앙이 남방으로 전래되면서 특히 동남연안지역으로 전파된 후 현지의 인문사회환경과 결합, 적응하였고 이 지역이 상업과 해상무역의 번영을 구가하게 되면서 관제는 財神과 해상보호신이 되었다. 즉 관제신앙은 연해 상인과 항해자들의 핵심적인 민간신앙이 되었다.[20)]

명대 후기 관제신앙은 일본과 중국 이민지역에 전파되었고, 청이 건국된 후 유구와 동남아 각국에 보편적으로 전파되었다. 19세기 중엽 이후 미주지역으로는 미국, 캐나다 아프리카의 모리시어스, 마다가스카르, 호주 지역 등 중국이민이 거주하는 지역에 관제신앙이 보편적으로 전파되었다.[21)]

또 하나 해외 중국인 이민사회에서 보편적으로 신앙된 민간종교는 바로 媽祖(天妃, 天后, 天上聖母) 신앙이다. 원래 마조는 송대 복건 연해지역에서 생성된 지방신령으로, 어민과 해상무역상과 선원들이 신봉하였고 海神이 되었다. 명대이후 해양무역이 확장되면서 일본과 조선, 유구와 동서양 각국, 즉 포르투갈인과 스페인인의 중개로 미주지역과 구주지역에도 전파되었다. 청대에 전 세계 화교 이민사회에는 예외없이 모두 媽祖廟를 두게 되었다.

이밖에 각기 다른 연해지역에서 해외로 이주한 이민들은 각기 다른 그들만의 신을 예배하고 존숭하였다. 가령 말레이, 싱가포르 지역의 복건인들은 지방신으로 保生大帝, 淸水祖師, 廣澤尊王, 聖候恩主, 開漳聖王, 大使爺 등을 존숭하였고, 광동객가인의 지방신으로는 三仙國王, 차오저우인의 지방신으로는 玄天上帝, 해남인의 지방신으로는 水尾聖娘 등등이 있다.[22)]

남방연해사회에서 민간신앙은 확실한 기능과 실용적 공리성, 다원성과 융합성을 갖고 있다. 즉 각기 다른 정신적 수요에서 배례하는 각기 다른 신령들이 존재하고, 한 사원에서 多神, 즉 유불도를 통합하고 지방신과 조상의 위패까지 공봉하는 전통이 이어져왔다. 이는 해외이민사회에서도 그대로 체현, 동남아 중국인 사묘의 큰 특징이 되어왔다. 말레카의 靑雲亭을 예로 들면, 正殿에는 觀音이, 좌측엔 關帝, 우측엔 天上聖母(媽祖)가 모셔져 있다. 이밖에 大使爺, 大伯公(土地公; 福德正神), 三寶公(鄭和), 孔夫子 및 중국이민의 조상의 위패 등이 모셔져 있다. 페낭의 廣福宮에는 관음을 주된 신령으로 모시고 좌측엔 천상성모를, 우측에 協天大帝를 모시고 있다. 싱가포르의 天福宮에는 正殿에 마조를, 東堂에는 關帝를, 書堂에는 保生大帝를 모시고 있다. 수마트라섬 메단의 관제묘엔 관제와 토지신인 福德正神이 존봉되고 있다.[23)]

동남아 화교사회에서 종교는 사람들의 마음의 평정이라는 수요에 대응하여 매우 번성한 측면이 강하다. 해외이민은 새로운 환경에 노출되면서 많은 위험과 어려움 그리고 생업을 유지하는데 따른 고통 등으로 종교에 대한 수요는 더욱 컸다고 생각할 수 있다. 이들은 혈연에 의한 유대인 종친회와 고향출신자들의 모임인 동향조직의 도움 이외에 각종 神明에게 어려움을 호소하면서 축복과 행운을 가져다줄 것을 기도하였다. 그들의 신앙과 요구는 재난을 없애고 복을 내려주고, 큰 돈을 벌고, 자식을 갖게 되고, 생활이 평안하고 행복해지는 것이었다. 이들의 신앙은 현실적이며 아주 공리적인 특징을 갖고 있었다. 이들 종교는 무슨 큰 전통을 가졌다거나, 특별한 教義와 경전을 가진 것도 아니었다. 단지 이들 여러 신령들에게 평안과 降福을 기구할 뿐이었다.

동남아 화교들의 종교 가운데 지적할 또 하나 중요한 것은 바로 조상숭배 관념의 강렬함이다. 물론 조상숭배 관념은 어느 민족이라도 정도의 강약이 있을 지언정 거의 존재한다고 보더라도 중국인은 그 정도가 강렬하고 종교적 차원으로까지 올라가 있다는 점에서 주목된다. 조상숭배는 일종의 종교관념일 뿐 아니라 하나의 습속이자 의식이고 문화심리이기도 하다. 중국인들은 동남아에 왔을 때 조상숭배 관념도 함께 했고, 일련의 습속과 의식은 더욱 강렬히 표현되었다. 동남아에서도 가령 자바섬의 자바인들도 조상숭배 관념이 있지만 그들은 무서운 귀신관념과 습속이 강하다면 영속되는 가족관계 속에서의 종법관념은 매우 박약하였다고 볼 수 있다. 따라서 그들의 조상숭배는 내용과 형식면에서 화인과 차이가 있다는 것이다.[24)]

동남아 화인 가정에서는 일반적으로 조상의 위패(神主)를 모셔두고 매년 忌誕日과 경축일에 의식과 기도를 드린다. 제사를 지낼 때 바치는 공물은 전통적인 제사상에 오르는 것들 이외에 꽃이나 과일 등을 바치는 경우가 많다. 동남아 화인 가운데 적지 않은 사람들이 전통문화와 거리가 있는 기독교와 이슬람교, 힌두교를 신봉하는 것으로 드러났으나 중국의 후예들은 천주와 알라, 그리고 브라만(梵天)을 신앙하지만 동시에 조상을 숭배하고 있다. 이들은 이러한 종교행태에 대해 하등의 불편함이나 모순을 느끼지 못한다. 특히 동남아 화인사회에서 수많은 종친회와 宗祠의 활동이 매우 활발하다. 종친회와 종사의 존재와 발전은 화인의 독특하고 강렬한 종족관념과 조상숭배 관념의 중요한 표현이라 할 수 있다.[25)] 즉 강렬한 종법제도와 밀접한 관련이 있는 조상숭배 관념은 동남아 화인의 종교와 기타 민족종교의 큰 차이라 할 수 있다.

중국인 동남아의 화인들의 종교에 대한 가장 근본적인 목적은 공리실용을 추구한다는 점일 것이다. 중국인의 종교관념에는 하나의 명확한 특질이 있는데 그것은 하나의 순수한 신앙이 아니고 내재 초월성을 갖는 것도 아니고 하나의 참여, 즉 때와 사정에 따라 달라지는 실제적인 참여란 것이다.[26] 이러한 공리적이고 실용적인 중국인의 종교관은 다음과 같은 중국의 속어에 잘 표현되어 있다.

> "平時不燒香, 急來抱佛脚"(평소엔 향을 사르지도 않다가 급하면 부처님 다리를 붙잡는다.)

특히 동남아 화인들의 입장에서는 이역 땅에서의 발전을 위해 이러한 공리실용적인 지향이 더욱 두드러졌다고 봐야 할 것이다. 특성을 몇 가지로 정리하자면 첫째, 화인과 신봉하는 신과의 관계는 일종의 거래관계로 볼 수 있다. 화인들의 다양한 형태의 수요를 만족시키기 위한 각기 다른 기능과 목적의 신명을 만들고 이들을 신령으로 섬기고 있다. 경제적인 성공과 풍요, 각종 재난의 회피, 가족간의 융화와 행복 등등의 목적을 충족시켜 줄 복수의 신령이 필요했던 것이고, 화교들의 사원엔 각각의 목적에 따른 다양한 신명을 예배하게 되었다. 둘째, 동일한 신도가 자신의 수요에 따라 각기 다른 장소에서 다른 신명을 섬긴다. 예를 들면, 그가 생업으로 하는 상점에는 財神과 行業神을 섬기며 큰 돈을 벌기를 기구하고, 가정에서는 조상의 위패를 모셔 자손후대가 평안하고 순조롭게 되기를 원하며, 불당에서는 관음보살에게 재난을 제거하고 복을 내려 줄 것을 기도하게 된다.

이러한 화인들의 종교행태에 대해 비판적인 시각, 특히 해외에서 비판적이 시각이 있다. 다음은 현재 태국 차크리왕조의 6대 와치라웃왕의 말이다. "우리의 종교 목적은 시비선악을 분명히 가리는 것이다. 중국인이 신앙하는 종교는 완전히 이익을 추구하는 것으로, 중국인들은 자신에게 유리한 것을 가져다 준다면 그들은 무슨 신이라도 모두 믿고 절한다." 그는 이어 화인은 '배금주의자'이며 '동방의 유태인'이라고 규정하였다.[27]

동남아 화교 가운데 중국전통의 종교에서 현지의 종교나 세계적 고등종교로 전향한 사람도 적지 않다. 동남아로 이주한 후 그들이 종교를 바꾼 것은 거주국의 문화와 생활방식에 많이 적응하고 심지어는 그들의 가치관도 상당 부분 변화되어 현지문화에 상당 부분 동화된 결과로 생각할 수 있을 것이다.

우선 동남아로 이주한 후 무슬림으로 전환한 예다. 동남아의 화인무슬림이 분포하는 지역은 주로 인도네시아, 말레이시아 그리고 필리핀 남부지역이다. 제2차 세계대전 이전 화인 무슬림은 주로 경제 · 사회지위가 낮은 빈궁한 사람들이었고, 전후 경제개발 연대를 지나면서 새로 이슬람교에 귀의한 사람은 기업가나 지식인과 청년학생이 많다고 한다.[28] 인도네시아 당국은 줄곧 화인들이 이슬람교로 개종할 것을 고무하였고, 개종을 통해 화인들이 더욱 현지 민족과 사회에 잘 동화할 수 있을 것으로 생각했다.

말레이시아에서는 특히 서말레이시아 지역에서 화인 무슬림이 크게 늘어났다. 특히 지난 60년대 이후 화교 무슬림이 크게 늘어났으며 지난 80~90년대에도 꾸준히 그 숫자가 늘었다는 것이다.[29]

왜 화인이 이슬람교로 개종하였고 그들의 목적은 무엇인가? 연구자들의 연구결과에 의하면 그 목적은 인도네시아 토착민족과 동등한 대우를 받고, 현지 주류사회에 더욱 잘 융합되고 말레이시아 사회에서 더욱 안전감을 느낄 수 있다고 믿기 때문이었다고 한다.[30] 말레이시아의 일부 학자들은 말레이시아에서 화인들이 이슬람교로 개종하는 것은 다음과 같은 이유라고 본다.

① 무슬림과의 결혼
② 어떤 일이나 생계를 획득하기 위한 것
③ 말레이시아 시민이 되는 것
④ 말레이인의 친구가 되기 위한 것
⑤ 말레이인과 같은 권리와 정부가 말레이인에게 제공하는 각종 보호성 조치를 누리기 위한 것
⑥ 무슬림 형제들의 情誼가 흡인[31]

이들 원인 중에 가장 중요한 것이 경세요인이다. 1969년 말레이인과 화교들간의 민족충돌이 일어난 후, 특히 신경제정책을 실시한 이후 이슬람교로 개종

하는 화인이 크게 증가했다는 것이다.[32] 왜냐하면 말레이인이 신경제정책이란 국가정책으로 그들의 일자리를 빼앗아 갔다고 보기 때문이다. 이슬람교로 개종한 화인들의 절대다수는 저소득 계층 화교였고, 직업별로는 목공장인, 기계공, 운전기사, 체력노동자와 실업자 위주였고, 화인 가운데 중간 이상의 수입을 올리는 전문직 인사는 개종자가 거의 없었다는 점이다.[33] 화인이 개종한 후 그들은 바로 경제상의 이득, 즉 말레이시아 무슬림 사회복지연합회와 국가종교 사무부로부터 소액의 자금지원을 받고, 또 일자리를 찾는데 도움을 받고, 다른 말레이인 무슬림과 마찬가지로 면세조치나 각종 융자와 장학금 등의 혜택을 받는다. 이들이 개종한 것은 자신의 이익도 중요하였지만 무엇보다 자신과 가족의 미래에 대한 안전감을 확보하는 것 때문이었다고 한다.[34]

한 연구에 의하면 "대다수 개종자는 그들의 사회생활을 새로운 말레이환경에 적응한다. 말레이인 역시 이들을 중국인이 아닌 말레이인으로 대우한다. 말레이 사회는 비교적 개방된 사회로 가령 개종자가 말레이인의 생활방식을 받아들이고, 그가 거주하는 캄풍(커뮤니티)의 사회활동에 참여하고 그의 종교책임을 수행하며, 무슬림의 계율을 지킨다면 그리고 화인사회와의 교류를 중단한다면 그는 하나의 완전한 말레이인으로 말레이사회에 받아들여진다"는 것이다.[35]

광의의 기독교로 개종한 화인도 상당히 증가하고 있다. 기독교로 개종한 화인의 지역분포는 싱가포르, 말레이시아, 필리핀(주로 가톨릭)과 인도네시아, 태국에 퍼져있다.

기독교는 인도네시아 화인들에게 비교적 큰 영향력을 갖고 있다. 네델란드 식민세력이 인도네시아에 들어온 이후 화교 기독교도가 나타났으나 19세기 중엽이 되어서야 일정한 규모를 갖추게 되었다. 네델란드로부터 인도네시아가 독립하고 권력이 수카르노에서 수하르토로 넘어간 후 화인들이 대거 기독교로 개종하였다. 수하르토 정부는 모든 국민에게 종교신앙을 밝힐 것을 요구하였고, 그가 믿는 신앙을 신분증에 기록하도록 했다. 많은 화인들은 종교가 없다고 할 경우 장차 '신앙 공산주의'로 비쳐 박해를 받을 것을 우려해 기독교를 선택했다는 것이다. 일부 이슬람교를 선택하기는 싫은 화인들은 불교 역시 원주민들에게 폐쇄된 '외국종교'라는 인식이 강했고, 이른바 孔教(유교)는 정부당국이 승인하지 않아 이런 환경 하에서 화인들이 기독교나 천주교로 전환했다는 것이다.[36)]

싱가포르에서는 적지 않은 화인들이 기독교를 신앙하고 있다. 이들이 기독교를 선택한 것은 여러 가지 이유로 설명되고 있다. 이 가운데 가장 중요한 것은 사회문화요인으로, 영어교육에 의한 서방가치관이 젊은 층에 깊은 영향을 미쳤기 때문인 것으로 보인다. 이밖에 화인들의 전통종교인 도교와 불교 등이 활력이 부족하고 젊은 층에 대한 흡인력이 부족하여 화인 청년들이 기독교를 선택한 것으로 분석되기도 한다.

필리핀에서는 화인들의 기독교비율이 압도적으로 높다. 한 조사에 의하면 전체 화인의 78%가 기독교도(천주교와 개신교 포함)이다.[37)] 태국은 불교국가이지만 적지 않은 화인 기독교도가 있다. 서방의 선교사들은 태국 현지에서 태국인과 화인과 비교했을 때 화인이 더욱 잘 기독교를 받아들였다는 것이다.

기독교를 신앙하는 화인들의 문화적응은 서방화를 지향하였다. 식민지시기 동남아에서 기독교를 신앙한 화인들은 일반적으로 교육을 많이 받은 사람들이었고 혹은 식민정권과 밀접한 관련을 맺고 있는 부유한 상인들이었다. 화인들이 기독교를 선택한 것은 경제적인 이익이 그 동인이 되었지만 문화적인 이유로 선택한 사람도 적지 않았다.

03 화교들의 말과 글 : 언어교육과 신문발행

민족의 말과 글은 그 자체가 민족특성의 많은 부분을 담고 있지만 동시에 그것은 민족과 문화, 그리고 역사를 전달하는 매개체이기도 하다. 한 민족이 민족으로서의 지위와 자격을 유지하는데 말과 글이 결정적인 영향을 미치는 이유다. 이 점을 일찍이 남양으로 건너온 중국인들은 잘 알았다. 중국인의 속언에 다음과 같은 말이 있다.

"生於中國人, 死於中國鬼"(살아서는 중국인이요 죽어서는 중국의 귀신이다.)

즉 한번 중국인은 영원히 중국인으로서의 속성을 변하지 않는다는 말쯤 될 것이다. 누구에게 쉽게 동화되거나 혹은 영향을 받아 민족본질이 쉽사리 변하지 않는다는 의미일 것이다. 말하자면 민족적 자부심과 자기 중심적인 사고의 한 측면을 강하게 부각한 것으로 생각된다.

중국인들은 중국인으로서의 특성을 유지하기 위해서 무엇보다 중요한 것이 고향의 말과 글을 지키는 것이라 보았고, 이를 위한 많은 노력을 이주지인 남양에서 기울이게 된다. 그들이 말을 지킨다는 것은 중국에서 건너온 당대 이민의 문제가 아니라 동남아 현지에서 태어난 중국인의 후대의 문제였다. 동남아 현지의 사회 · 경제환경에서 후손들을 그대로 방치하면 이들은 필연적으로 동남아인으로 성장할 수밖에 없을 것이다. 이를 극복하기 위해 화교들은 자신들이 거주하는 지역에 화문학교(중국어 학교)를 설립하고, 이를 통해 동남아 현지에서 태어난 후손에게 중국어 교육을 시키게 된다. 물론 파산한 수공업자와 파산한 농민이 주축이 된 동남아 화교사회에서 이들이 세운 화문학교라는 것은 실제 하나의 서당 정도의 수준으로 시설이 열악했을 뿐 아니라 교사의 수준도 아주 낮았다. 그러나 이런 노력이 결집되어 동남아지역에서 중국인들의 후손도 중국인으로서 자기정체성을 오랜 시간 이어갈 수 있었던 것은 분명하다 할 것이다.

화문학교가 중국인에게 그들의 말과 글 교육을 통해 민족의 결속과 통합을 도모했다면 화교신문(중국어 신문)은 그들의 고향땅의 문화와 지식 그리고 화교사회에 직면한 문제에 대한 제반 정보의 제공과 논의를 통해 화교사회를 통합하였다. 즉 민족의식의 고양과 고향땅과의 지속적인 유대, 중국인으로서의 자기 정체성의 확립에 가장 큰 기여를 한 것은 바로 화교 자신들에 의해 발행된 신문들이었다.

화문학교와 화교신문은 바로 동남아에 흩어진 화교들을 하나로 결속하고 통합하며, 단순히 출신 고향을 넘어서 중국인으로서 단합을 유도하는데 큰 기여를 했다고 평가할 수 있을 것이다.

19세기 이전 동남아 각지의 화교는, 네델란드령 동인도(인도네시아)에서 화교들이 개설한 몇몇 '義學'(캐피탄 등 화교지도자들이 출자하여 만든 서당 정도의 학교) 이외에 대체적으로 2가지 경로를 통해 화문교육이 진행됐다.

첫째는 일부 지역의 화교단체 혹은 화교들이 거주하는 지역의 화교들의 宗祠, 廟宇 등이 설립한 私塾(사사로이 연 조그만 교육시설로 家塾, 書堂으로 표현할 수도 있다)이다.

둘째, 각지에서 거주하는 중국에서 교육을 받았던 문인들이 호구를 위해 개설한 사숙이나 혹은 개별적으로 소수의 화교상인들이 대륙에서 공부한 사람을 가정교사로 고용해 그들의 자제들에게 중문을 교육시킨 것이다.

요약하자면 동남아의 화문교육은 가장 멀리 거슬러 올라가면 17세기까지 소급되고, 18세기에 일부 義學과 私塾이 손꼽을 정도로 나타났고, 학생 수도 아주 적었다. 19세기에 접어들면서 동남아로 이민 온 지식인 가운데 일부는 자신이 선생으로 家塾이나 教館, 座館 등의 명칭으로 사숙을 개설하였다. 이들 학교는 동남아 각국에 모두 있었고, 학생은 적게는 1, 2명 많게는 10~20명에 이르렀다.[38] 또 다른 방식의 중국어 교육기관은 위에서 언급했듯이 화인관원(캐피탄, 마요 등), 기구(華人公館), 단체, 화교상인들의 단체 혹은 개인이 자금을 출연하여 건립한 '義學', '學塾', '書院' 등이 있다.

19세기 화문교육의 초창기 모습으로 미뤄보면, 다음과 같은 특색을 지적할 수 있다.

첫째, 당시 동남아 각지 화교들이 세운 사숙, 의학, 書室, 서원 및 그 학생들 숫자는 명확히 증가, 발전하였고, 이는 화교들이 연합해 자금을 출연, 학교를 개설하는데 긍정적 전망을 주었다. 이는 또한 화교들의 민족의식이 초보적으로 각성되고 있다는 점을 반영한다고 생각된다.

둘째, 이들은 학교 설립의 기본 목적을 중국의 전통민족문화를 계승하고 발양하기 위한 것이고 동시에 주공과 공자의 가르침 및 禮教를 가르쳐 화교 자제를 배양하기 위한 것이라고 분명히 하고 있다. 이들 학교의 주요 교학내용은 '三字經', '百家姓','四書', '五經' 등이었다.

셋째, 소수의 富商들이 자금을 지원하여 만든 學塾이외에 대부분의 사숙은 학교시설이나 교사의 수준이 아주 열악하고 낮았다. 이들 학교의 교사는 과거에 낙제한 유생이나 직업을 구하지 못한 실업자, 혹은 점쟁이, 편지를 대신 써 주는 사람들 정도였다.

넷째, 이 시기 동남아 각지의 화교교육의 발전상황은 아주 불균일하였고, 교육의 내용이나 학교규모 등에 있어서 큰 편차가 존재하였다. 싱가포르와 말레이가 발전이 비교적 빨랐고, 학숙이나 의학 서원 등이 비교적 많았으며, 캄보디아나 라오스는 수준이 아주 낮았으며 나머지 동남아 국가는 중간 정도였다고 한다.[39]

이러한 화교들의 화문교육에 대응해 식민당국은 식민지경영의 효율을 위해 서방언어(즉 영어나 불어 네델란드어 등)와 현지 토착민의 언어에 대해 우대를 하고, 중국인들도 이들 언어를 습득할 것을 유도하였다. 즉 식민당국의 언어를 구사하면 일자리를 구하기가 쉬울 뿐 아니라 급여도 비교적 높았다. 이러한 식민당국의 정책은 많은 화교 자제들을 영어나 불어 네델란드어를 배우게 유인하였으며, 화문학교는 우선 서방의 외국어를 배우는 기회를 박탈할 뿐 아니라 중국학교에서 배우는 사서오경이 현실적으로 사용될 곳이 없다는 점이 약점으로 부각되었다. 이에 따라 화교사회 내부에서는 어느 언어를 배울 것인가를 두고 활발한 논쟁과 토론이 벌어지기도 했다.

20세기 초부터 제2차 세계대전이 끝날 때가지 동남아 화교교육은 상당한 발전을 이룬 시기였다. 화교단체나 부유한 화교상인들 중심으로 속속 동남아 각지에서 화교학교 건립이 매우 활발해졌다. 이 단계에서 동남아 각지에 화교가 창건한 화교학교는 다음과 같은 몇 가지 특징을 갖고 있다.

첫째, 인도네시아 자바섬 및 외도 각지에서 학교가 건립되었고, 이들 대다수가 현지 화교들이 공동으로 참가하는 중화회관, 화교공회 등 단체가 주관이 되었고, 좁은 지역관념을 탈피하여 발전이 비교적 빨랐다는 점이다. 그러나 인도네시아를 제외한 다른 지역은 화교들이 각각 출신 省별로 학교를 건립한 것이 뚜렷하다. 가령 싱가포르의 복건출신 화교들이 1905년 1월 설립한 양정학당, 광동출신 화교가 같은해 3월 설립한 광조학당, 차오저우 출신의 화교가 1906년 10월 건립한 단몽학교, 객가출신의 화교가 같은해 설립한 응신학교, 해남출신 화교가 1910년 세운 육영학원 등은 그 전형적인 예이다.[40] 다른 지역도 대체적으로 이와 같았다. 각 지역의 화교들이 열심히 학교를 설립한 것은 농후한 지역관념과 종족향친관념을 반영하는 것으로 본 省지역 출신의 화교자제들을 교육하려 한 것이었다. 이는 다른 각도에서 보자면 화교사회의 뿌리깊은 지역관념과 단결하지 못하는 측면을 반영하는 것이라고도 생각할 수 있다.

둘째, 이 시기 역시 경비와 경험이 부족하고, 교사의 자질이 떨어지며, 校舍의 시설이 너무 낙후하여 전반적인 교육수준은 낮았다고 정리할 수 있다.

그러나 신해혁명이 동남아 각지의 화교들에게 엄청난 영향을 미치면서, 민족자존, 자강, 자신의 사상이 크게 증강되었다. 이런 관념상의 변화가 화교교육에도 지대한 영향을 미치게 된다.

가장 큰 변화는 화교학교가 각지에서 크게 늘어나면서 궁벽한 지역에까지 확장되었고, 화교학교가 화교사회의 중요한 구성요소로 변화했다는 점이다. 화교학교 수와 학생이 크게 늘어난 것은 인도네시아, 말레이, 필리핀, 태국 등 거의 모든 동남아에서 공통적으로 관찰되는 현상이었다. 또 다른 특징으로는 그동안 소학(초등학교) 중심이었던 화교학교에 중학이 등장하게 되었고, 여자학교도 출현했다는 점이다.

네델란드령 인도네시아에서 중화회관이 성립한 후 제일 먼저 착수한 사업이 인도네시아 화교사회의 첫번째 신식학교를 설립하는 것이었다. 1901년 3월 중화학당이 자카르타에서 출범하였다. 이 학교는 방언이 아닌 보통어로 수업을 진행했고, 공자의 가르침도 교육하되 교과과정에는 한어와 산술, 상식, 음악,

체육, 편지쓰기와 영어 등 현대교육과정이 대폭 확충되었다.[41] 중화학당이 출범했을 때 자카르타에 명성학원이라는 구식 화교학교도 있었으며, 이 학교는 중화학당의 교육방법과 교과내용에 대해 견결히 반대하며 비난을 퍼부었다. 결국 이들 두 학교의 학생들의 실력고사를 통해 어느 학교가 과연 우수한 교육을 수행하는가를 판가름하게 되었고, 중화학당의 학생들이 한어의 이해나 운용 능력면에서 구식 학교를 압도하면서 신교육의 우월성을 증명하였다. 보수의 명성학원은 신식교육의 우월성을 인정하지 않을 수 없었고, 결국 중화학당에 흡수되었다. 중화학당의 영향력은 외도에까지 확장되면서 신식 화교학교가 크게 늘어나는 계기가 되었다.

20세기 20년대 전후해서 자바섬에서 주로 화교교육이 발전했다면 20년대 이후는 발전의 중점이 외도로 옮아갔다. 가령 1919년 자바에 128곳의 화문학교가 있었으나 1926년에는 173곳으로 45곳이 늘었으나 같은 기간 외도에서는 87곳에서 140곳으로 57곳으로 늘어나는 등 외도의 증가속도가 빨랐다.[42] 외도의 화교학교가 발전이 빨랐던 것은 경비가 자바보다 상대적으로 풍족했고, 외도의 신객화교가 토생화교보다 많아 한어를 이해하는 사람이 자바보다 훨씬 많았고, 화교교육을 중시했기 때문이다.

20세기 20년대 이후 화교교육은 확실한 분화의 모습을 보이게 된다. 식민정부의 적대적인 태도 등으로 인하여 화교교육은 크게 2가지로 분화된다. 한 파는 토생화교 영수를 대표로 한 분파로 그들은 다수의 화교자녀들이 성장한 후 현지에서 취업하여야 하기 때문에 중국어 교육의 효용에 대해 의문을 품었다. 더구나 네덜란드 식민정부에 의한 학교 건립이 늘어나면서 이런 의문은 더욱 강화되었다. 이들 세력은 주로 토생화인으로 부유한 상인중심이었다. 또 다른 한 파는 신객화교 위주였다. 이들의 교육에 대한 기본입장은 자신의 조상의 문화를 잊어서는 안 된다는 것이었다. 따라서 화교 아동들은 중국문화 교육을 받아야 한다는 것으로, 한자와 한어의 듣고 말하기, 독해, 글쓰기, 중국의 지리와 역사 등을 배워야 한다는 입장이었다. 동시에 화교 자제들이 장차 현지에서 생존하기 위해서 토착 언어와 역사, 지리와 직업기능교육도 강화해야 한다는 생각을 갖고 있었다.

태국의 화문학교는 인도네시아나 말레이에 비해서 학교 수도 적었고, 학생 수도 크게 적었다. 1928년 시암의 화문학교는 188곳, 1933년에는 271곳이었고, 1932년 화교학교의 학생수는 7,726명이었다. 이에 반해 1931년 네델란드 동인도(인도네시아)에는 약 600곳 화교학교와 30,000명이 넘는 학생이 있었고, 말레이의 화교커뮤니티에는 1933년 370곳 화문학교와 약 25,000명의 화교학생이 재학했다고 한다.[43] 1932~1933년 사이 가장 신뢰할만한 이들 동남아 국가의 화교인구 추정치에 의해 계산하자면 대략 네델란드령 동인도에서는 43명 중 1명이, 말레이에서는 68명 중 1명이 화문학교를 다니고 있으나 태국의 경우에는 약 200명당 1명이 화문학교에 다녔다.[44] 몇가지 이유로 설명할 수 있다. 우선 말레이에서는 전체 화교중 68%가 중국에서 태어났어나 태국에서는 이 비율이 46%로 낮고, 중국어를 필요로 하는 것은 토착의 화교보다는 중국출생의 화교부모가 더 절실히 필요했다는 점이다. 또 무엇보다 중요한 이유는 태국당국이 다른 동남아식민지정부보다 더욱 강하게 화문교육을 제한하고 통제하였기 때문이다. 가령 중국에서 건너온 화문학교 교사에 대해 태국 당국은 태국어 시험을 통과한 경우에만 교사가 될 수 있도록 해 태국의 화문학교는 교사를 구하는데 결정적인 어려움을 겪게 되었다. 또 화문학교에도 매주 3시간 이상 태국어 교육을 하도록 의무화하였다. 이어 1933년 공포된 강제교육법안은 화문학교도 이제 외국어로서 중국어를 가르칠 수밖에 없게 되었고, 최대한 1주에 7시간 밖에 강의할 수 없도록 했다. 부유한 화교부모들은 자식을 위해 가정에 가정교사를 고용하거나 아니면 학생 수가 7명 이하인 소규모 서당에 학생을 보내게 되었다. 태국법에 의하면 학생이 7명 이하인 경우 학교로 보지 않기 때문에 교사의 자격요건이나 교과내용에 대해 전혀 간섭을 받지 않았기 때문이다. 자제를 대륙으로 보내 교육시키는 예도 많이 나왔다. 그러나 이런 교육은 부유한 부모에 국한되었고, 다수의 빈궁한 부모는 자식을 위해 가정교사를 두거나 대륙으로 유학을 보낼 처지가 못 되었다.

말레이시아의 화교들의 언어변화는 경제, 사회, 문화 등 각종 요소에 의해 나타나게 되었다. 초기 화교들은 언어상 큰 변화를 겪지 않았다. 그들은 정규적인 교육도 받지 않았고, 설사 받았다 하더라도 보편적으로 중국에서 출판된 교재를 사용하였고, 방언을 강의에서 사용하였다. 또 이들은 주로 주석광산이나 농장에서 혹은 소상인으로 일하면서 활동범위가 아주 좁아 그 언어가 변화할 환경이 아니었다. 또 초기 그들의 삶이 혈연이나 지연으로 얽혀있어 일상용어로는 방언으로 충분히 교류할수 있었다는 것이다. 이어 화교들의 언어가 변하면서 유행한 언어가 보통어이다. 이유는 다음과 같이 설명된다.

첫째, 말레이사회 내에 화교들의 인구유동이 활발해진다.

둘째, 1917년 말레이화교들이 중국의 백화운동에 영향을 받아 화문학교를 설립하면서 보통어 사용을 추진하게 된 점이다. 원래 방언으로 교육되었던 사숙에서 1920년 이후 모든 화문학교와 사숙이 방언을 버리고 보편적으로 보통어를 교학의 매개로 사용하게 되었다.

셋째, 화교들의 인구유동은 화교내부 각 幇의 통혼을 확대하게 되었다.[45)]

인도네시아의 화교신문은 20세기초 흥기한 민족주의운동과 맞물리면서 나타났다. 1900년 바타비아 중화회관의 성립으로 신문사업은 새로운 단계로 진입하게 되었다. 화교들의 민족의식이 고양되고 또 말레이어와 한어를 모두 할 줄 아는 화교들이 갈수록 증가하면서 화교들은 자신이 발행하는 신문이 절실히 필요하였다. 이는 화교들이 자신의 목소리와 요구를 반영하고, 중국정세를 이해하며, 화교민족주의를 선전하기 위해 신문 발행이 필요하였기 때문이다. 1905년 중국동맹회가 성립되고 계획적으로 혁명지사를 인도네시아에 보내 혁명활동을 전개하도록 했고, 각지에서는 西報社가 성립되고 많은 사람들이 화교자제들을 학교에서 가르치고 있었다. 혁명가들과 화교들은 계속해서 신문을 창간했고, 이러한 다양한 채널을 통해 화교들에게 청조의 전복, 공화정의 건립을 주장하는 민주주의 사상을 전파하였다. 1909년 간행된 華鐸報가 가장 유명하였다. 이 신문은 보황사상을 공격하고 혁명을 고취하였다. 초기 주간으로 출발

했으나 이어 3일간으로 바뀌었고, 발행부수는 3천부 가까이 되었다.[46)]

1910년 이후 자바의 정치경향이 분화되면서 인도네시아 화교신문도 논조가 세 가지로 명확히 구분되기 시작했다.

첫 번째, 흐름은 新報派이다. 이들은 중국지향을 대표하는 신문으로 화교가 네덜란드 국적을 취득하는 것을 반대하는 입장이었다. 新報는 화교사회에서 가장 영향력이 큰 신문이었고, 발행부수는 창간한 지 얼마 지나지 않아 1만부에 이를 정도였다.[47)]

두 번째, 흐름은 中華會로 이 조직의 입장을 대변하는 신문이 商報였고 발행부수는 5천부였다. 이 신문은 네덜란드와 협력해야 하고, 화교들이 네덜란드의 신민이 되어야 한다는 논조를 내세웠다. 1934년 중화회는 다시 친네덜란드파와 중립파로 분열되었다.

세 번째, 흐름은 印尼中華黨으로 1929년 수라바야에서 출판된 말레이어 신문 신직보가 기관지였다. 이는 인도네시아민족의 독립을 지지하는 것으로 화교들은 마땅히 인도네시아를 조국으로 여기고 인도네시아 국적을 취득해야 한다는 것이었다.

말레이시아에서는 세계에서 가장 먼저 중국어신문이 1815년 말레카에서 창간되었다. 이 신문은 2명의 영국선교사와 중국 광동인 1명이 창간한 것으로 중문 명칭은 '察世俗每月統計傳'이었다. 발행취지는 기독교 교의를 전파하는 것을 목적으로, 과학신지식을 소개하고, 세계의 뉴스를 알려주는 것이었다. 발행장소는 말레이반도 이외 보르네오섬과 태국으로까지 확대되었다.[48)] 말레이시아는 역사적으로 중문 신문이 중국을 제외하고 가장 많이 발행된 지역으로 지난 세기 80년대에 미국으로의 중국인 이민이 격증하면서 비로소 말레이시아에서 발행되는 중국어 신문 부수가 미국에 역전되었다.[49)]

현재 말레이시아에서 발행되는 화문신문은 모두 18가지가 있고, 이 가운데 제2차 세계대전 이전에 발행되기 시작한 것으로는 광화일보(1910년 12월 창간),

중화일보(1937년 창간), 화교일보(1935년 3월 창간), 성주일보(1929년 1월 창간) 등이 있다.

필리핀에서의 신문업은 화교경제발전의 수요와 어느 정도 화교사회의 민족의식의 태동과 강화를 배경으로 하고 있다. 필리핀에서 가장 먼저 발행된 화교신문은 楊匯溪란 사람이 1888년 독자적으로 창간한 華報이다. 그러나 이 신문은 경영상의 어려움과 독자층의 제한, 광고제약 등 여러 가지 원인으로 2년만에 문을 닫게 되었다.[50)]

중국어 신문은 이어 1908년 '警鐸신문'이 발행되었다. 이 신문의 발행취지는 화교들에게 조국의 정치에 대한 관심을 고취시키고, 애국열정을 고무하기 위한 것이었다. 그러나 이 신문은 일반민중의 경제에 대한 소식과 시장정보에 대한 요구를 만족시키지 못했고, 일반인의 욕구를 수렴하지 못했다. 1909년 정간했다.

1911년 公理報가 창간되었다. 이 신문은 대중의 많은 환영을 받았다. 중국대륙의 베이징, 샹하이, 광저우, 홍콩, 샤먼 등과 정기적인 통신을 통해 각종 정보를 수집하여 지면의 내용이 아주 충실하다는 평판을 얻었다. 공리보가 창간된 이후 태평양전쟁이 발발하기 전까지 수많은 신문이 우후죽순처럼 창간되었다. 모두 17종의 화문신문이 발행되었으나 수개월에서 길게는 2, 3년에 걸쳐 정간했고 태평양전쟁이 발발했을 때는 단지 5개 신문만 발행되었다.[51)]

04 화교들의 관습과 풍습

민족의 특성을 나타내는 지표로 언어와 글, 그리고 민족으로서의 정신세계를 엿볼 수 있는 종교신앙이 있다면 이밖에 한 민족단위로서 전래의 풍속과 관습 역시 민족의 특성을 표출하는 중요한 요소라 할 수 있을 것이다.

대다수 동남아의 화교화인들은 그들의 고향땅인 중국 동남연안지역을 떠나면서 사회화하고 내면화한 각종 가치관념과 관습, 풍속을 많은 부분 동남아 거주국에서도 유지하였다. 이러한 독특한 풍속과 관습은 중국인과 토착민 그리고 다른 외국인 가령 인도인이나 아랍인을 구분짓는 핵심적인 표지이기도 하였다.

풍속이나 관습은 오랜 시간에 걸쳐 자연스럽게 형성되고 구성원들은 이를 내면화했으며 상대적으로 이민족에 대해서는 폐쇄적인 측면으로 부각되기도 했다. 가장 기본적인 것으로는 의복과 음식 그리고 두발의 형태 등을 들 수 있다. 음식으로 가장 두드러진 것으로는 말레이와 인도네시아와 달리 돼지고기를 즐겨 먹는 습속을 들 수 있고, 두발 형태로는 청조의 변발 형태를 지적할 수 있을 것이다. 중국인 특유의 다양한 조리기구 등도 동남아와는 많이 차별되는 부분이기도 하였다.

이런 의식주 범주를 넘어 각종 경축일을 보더라도 두드러진 중국적 특색을 엿볼 수 있다. 인도네시아지역을 예로 들면 일찍이 네델란드 식민시기 혹은 이보다 더 이른 시기에 자카르트타 등지에서 중국인은 전통 節日, 춘절이나 原宵節을 아주 흥겹게 보냈다. 이 절일이 되면 중국인이 거주하는 각지에서 설날에 소용되는 각종 음식이나 장식품 등을 판매하였고, 또 성대한 폭죽놀이가 이어졌다. 이때 사람들은 서로 세배를 나누고, 아랫사람에게 세뱃돈을 주었다. 또 사자춤이 곳곳에서 펼쳐져 분위기가 아주 고조되었다. 또 매년 단오절에는 자카르타와 기타 도시의 중국이민 심지어 인도네시아인도 모두 강에서 龍船경주를 벌였고, 중국의 전통음식인 쫑즈를 먹었다.[52)]

청명절은 조상의 묘소에서 벌초하는 날로 벌초와 함께 향을 사르고 촛불을 밝히면서 酒食을 조상에게 바쳤다. 七姉妹節은 젊은 처녀가 남편을 달라고 기도하는 절일이고, 단오절은 쫑즈를, 중추절은 월병을 먹고, 이밖에도 중원절, 중양절, 동지 등에도 특별한 기념내용을 갖고 있다.[53)]

종합하자면 거의 모든 해외이민사회에서는 중국의 전통 절일에 대한 동일한 활동내용을 기념하고 있는 것이다. 이러한 활동은 단조로운 이민생활에서 새로운 활력을 불어넣어 주고 동시에 이민집단의 결속을 다지는데 도움을 주게 된다. 이밖에 모든 절일은 각각 다른 방언집단의 중국이민에게 하나의 공통적인 기초를 제공해주고 이에 따라 각 집단이 모두 단합하는 중요한 계기가 되는 사

회적 효과를 가져 온다.[54)]

중국 해외이민들은 연해지역의 사회풍속의 영향으로 전통의 해양성 민간신앙을 강화하였고, 고향땅의 습속을 형성하였다. 종교 관념과 혼합된 민간신앙이 아주 강한 힘으로 해외까지 확장된 예가 많다. 중국인들이 해외에 이주한 후 고향에 돌아와 조상의 사당을 참배하고 신명들의 보우에 감사를 표시하게 된다. 이들은 자주 거액의 돈을 출연하여 조상의 사당을 수리하거나 신축하기도 하고, 고향땅에서 각종 자선사업을 벌이기도 한다. 이같은 과정은 해외이민들에게 해양성 민간신앙을 더욱 공고히 하고 새로운 에너지를 불어넣는 결과를 가져오게 된다. 사료에서도 이와 같은 사실을 찾기가 어렵지 않다.

전통적인 민간신앙의 강화는 이와 같은 긍정적인 역할을 수행하기도 하지만 부정적인 측면, 예를 들자면 미신관념의 확산 등을 지적할 수도 있을 것이다. 그러나 이 이면에는 해양모험정신과 상업의식 등을 전파하는 기능이 있기 때문에 대외 개척의식의 확산이라는 점과 서로 상응하고 있는 측면도 있다. 즉 내지 농업사회의 민간신앙과는 또 다른 특색이 있다는 점으로 정리할 수 있다.[55)]

연해 화교들의 고향의 사회풍속은 아주 다양한 성분이 녹아있다. 미신적 요소와 함께 자본주의적 요소, 서방의 근대적 문명이 있는가 하면 중국전통의 문화도 녹아있고, 신구 요소가 뒤섞여 있다.

인도네시아 화인은 통상적으로 두 가지로 분류된다. 하나는 토생화인(프라나칸)이고 다른 하나는 신객화인(토톡)이다. 토생화인은 일상용어로 이미 말레이어를 사용하고, 현지 토착민과 같은 복장을 하며, 자바인과 같은 음식을 먹는다. 부근의 자바인과 교류하며 겉으로 봐서 자바인의 문화와 대체적으로 일치한다. 그러나 그들은 중국 전통문화의 핵심인 가령 조상에 대한 제사와 중국식 가정구조를 유지한다. 신객화인은 자바에 도착한지 얼마 시간이 지나지 않아 중국의 전통문화를 그대로 유지하고 있다. 중국어를 말하고, 중국식 복장이나 혹은 서구식 복장을 하며 전통 중국음식을 먹는다. 자바인과 교류가 비교적 드물고 자바인의 사교관습에 그다지 밝지 않다.[56)]

화교 여성학자인 Goik Lan Tan 은 토생화인과 신객화인 그리고 자바인의 관계에 대한 자세한 묘사를 하고 있다. 그는 중부 자바섬의 도시 수카부미에서 조사연구를 진행했다. 1956년 수카부미의 인구는 66,800인으로 이 가운데 1만인(15%)이 화인이고 신객은 6천, 토생은 4천의 구성을 갖고 있었다. 당초 수카부미의 화인은 거의 모두 토생화인으로 화인 남성과 인도네시아 여성의 결혼이 매우 보편적이었다. 상당한 시간이 경과한 후 복건의 이민이 토생화인사회에 편입되면서 토생화인 부녀자와 결혼하면서 그들 자신이 토생화하였다. 그러나 1920년대 말기 대규모의 복건 남녀의 이민이 이어지면서 하나의 독립된 신객사회가 형성되었다. 이들은 문화보존과 자신만의 독립된 방식을 택하고 현지사회에 적응하는 방식을 택하지 않았다. 신객의 대다수(70%)가 수카부미의 상업지역에 거주하였고, 토생화인은 도시지역에 흩어져 분포하거나 교외에 거주하였다.[57)]

문화풍습이란 측면에서 보자면, 토생화인의 경우 일부 중국적 가치관을 유지한 면이 있지만 의식주와 사회적 교제 등의 측면에서 적극적으로 인도네시아 사회에 융합하려는 측면이 강했지만 신객화인은 인도네시아인과 구별되는 자신만의 중국적 가치관과 삶의 방식을 견지했다고 볼 수 있는 것이다.

과거 중국의 음력 신년은 중국적 특색을 보여주는 가장 두드러진 시간이었다. 즉 폭죽놀이나 차이나타운과 중국 사원의 경축인파로 넘쳐나는 것 등등. 그러나 지금은 음력 신년은 거의 가정사 차원으로 바뀌었고, 특별히 조부모가 생존해 있을 때 비로소 경축활동을 벌이게 되나 노년세대가 세상을 떠나면 이런 경축일은 젊은 화인들에게서 사라지고 더 이상 존재하지 않게 된다.[58)]

이러한 상황의 발전에 따라 화인들이 점차 중국의 전통문화를 준수하지도 인정하지도 않는 단계로 진입하게 되고, 이런 현상은 젊은 화인일수록 심화된다. 이런 젊은이들은 주로 기독교나 혹은 천주교가 설립한 사립학교에 재학하거나 졸업한 예가 많고, 이미 중국 전통의 문화와 습속에 대해 알지 못한다.[59)]

그러나 젊은 세대의 화인이 그들의 '중국전통'에서 벗어났다고 하지만 화인 소수민족과 토착 인도네시아인의 관계는 그다지 융합된 것은 아니고 심지어 여전히 상호간에 적의가 잠복해 있는 경우도 있다고 지적되고 있다.[60)]

말레이시아의 경우 인도네시아와는 달리 화인의 인구비중이 전체 국민의 35%에 이를 만큼 높은 편이고 따라서 자신의 언어나 전통문화를 지켜나가는데 유리한 측면이 있다. 화인들의 강렬한 민족의식과 주류민족인 말레이족과의 언어와 문화의 상이가 결국 상호간에 의심과 마찰을 야기하여 1969년의 민족충돌을 야기하기도 했다. 인도네시아와 달리 말레이시아 내에 화인들 숫자가 많아 민족간의 통혼 필요성이 낮고, 또 말레이인의 경우 이슬람교를 신앙하기 때문에 자연스럽게 중국혈통간의 혼인이 이어져 혈통상으로도 인도네시아와는 뚜렷이 대비되는 모습을 보여왔다. 화인들은 자신들의 거주 구역에서 주로 모여 살기 때문에 거주구역이 말레이인과 뒤섞이는 일은 별로 없어 자신의 중국적 가치관과 문화를 유지하는데 유리하며, 화인과 말레이인이 교류하는 것은 주로 사업 분야에 국한된다. 즉 화인은 문화의 독립성을 유지하고 있다는 점이다. 구체적인 표현으로는 그들이 입는 옷이나 건축양식 그리고 음식에 강한 중국적 특성이 배어있다.

피터윌슨은 셀랑고르의 한 말레이인 마을에서 관찰한 것을 다음과 같이 지적하고 있다.

> "비록 말레이인이 화인의 경제활동에 의존하지만, 마을 안의 말레이인과 화인간의 접촉은 아주 적다. 화인들은 도시지역에 거주하고, 농촌마을에는 나이가 비교적 많은 화인들만 소수 거주한다. 또한 양 민족의 접촉은 단지 경제문제에 한정되고 있다. 다른 부문의 교류는 거의 없고 결과적으로 화인의 문화보존과 문화독립이 그들의 두드러진 경제활동에 부가되어, 말레이인들의 화인에 대한 편견을 강화하게 된다. 즉 말레이인의 눈에 비친 화인은 그들은 오로지 돈을 벌기 위해 자신들을 접촉하고 감정적인 교류는 없으며, 이점은 말레이인들에게 매우 중요하다고 인식하게 된다. 이런 선입관은 화인사회에 대한 적대감을 강화하며, 화인 상인이 거래를 위해 말레이마을을 드나들 때 불안감을 느끼게 되고 상당수 화인들은 익숙하지 않은 말레이인의 마을에 가기를 원하지 않게 된다. 자칫 모욕을 당하거나 재산을 뺏길 것을 우려해서다."[61]

윌슨이 관찰한 화인과 말레이인간의 이러한 부정적인 관계는 극단적인 예라 할 수 있을 것이다. 트렝가누 한 농촌지역 화인은 말레이문화를 전반적으로 받아들이고 있다. 이들은 건축양식이나 음식, 언어와 일상생활 방식에서 많은 부분을 수용하고 있는 것이다. 생김새도 말레이인과 비슷할 뿐 아니라 손짓이나 악수, 음식을 먹는 방식, 빈랑을 씹는 것, 쪼그려 앉는 것, 배변, 담소 등이 모두 말레이인과 같다는 것이다. 그러나 이런 것은 겉으로 드러난 것이고 내면의 세계를 들여다 보면 다르다는 것이다. 화인의 가정에서는 여전히 복건어를 사용하며 혼인과 가정생활방식, 사회질서와 종교신앙은 여전히 화인방식이라는 것이다.[62] 이런 말레이인 문화의 수용태세는 효과가 아주 크고 말레이이인과 화인사회 간의 관계가 아주 좋다고 평가된다는 점이다.

클란탄의 말레이인들은 문화를 표준으로 하여 화인을 3종류로 분류하고 있다. 한 종류는 화인(Orang China)으로 이는 공개적으로 중국문화를 과시하고, 클란탄 문화를 상대하지 않는다. 이 범주에는 도시 클란탄화인이 포함된다. 클란탄말레이인들은 이런 화인들에 대해 아주 비우호적인 태도와 편견을 갖고 있다. 이는 위에서 윌슨이 언급한 서해안 화인의 상황과 유사하다. 또 하나 협의의 명칭인 클란탄화인(Orang China Kelantan)은 통상적으로 클란탄 문화성분을 갖고 있고, 말레이인들에게 예의로 말레이인을 대하는 농촌화인을 말한다. 말레이인들은이들 화인에 대해 그들에게 어떤 위협도 되지 않는다고 여기나, 그들이 그다지 익숙하지 않은 개별 클란탄화인에게 의심하는 태도를 갖는다. 마지막으로 화인의 종류는 '우리들의 화인'(Orang China Kita) 혹은 '이편의 화인'(Orang China Sini)으로 이들은 클란탄 전통문화를 표현하고 말레이인과 함께 같은 마을에 거주한다. 이지역의 말레이인들의 화인에 대한 태도는 매우 적극적이고, 여러 세대에 걸쳐 이런 생활방식을 이어온 화인은 더욱 그렇다. 이들 화인은 이슬람 전통축제일에 초대받아 함께 활동도 하게 된다.[63]

말레이화인의 신년 습속으로 화인상호간의 방문이 있다. 예전에는 같은 피부색의 친척과 친구만 방문했으나 지금은 각 민족이 서로 방문하는 정도로 진전되었다.[64] 또 신년에는 신년을 경축하는 가곡이 많이 방송되고, 화인들의 신년

행사가 다른 민족에게도 별 거부감없이 자연스럽게 받아들여지며 대중 가요 중에도 축하한다는 의미의 '꽁시'란 단어가 말레이아이와 인도계 아이들의 입에서도 자연스럽게 흘러나온다.

각종 절기의 제사활동 중 말레이시아 화인들의 조상에 대한 숭배는 여전히 중시되고 있다.

태국의 문화는 많은 부분 중국의 남방문화와 유사한 면이 있다. 가령 양자는 주요식품으로 쌀과 생선 그리고 돼지고기를 좋아한다는 측면에서 동일하고, 종교측면에서 보더라도 불교라는 공통의 범주가 있다. 비록 태국은 남방불교이고 중국은 북방불교라는 약간의 차이는 있지만 이 차이가 양 민족의 사회교류와 문화친선에 전혀 장애가 되지는 않는다. 신체 특성을 보더라도 중국 남방의 화인들과 태국인은 큰 차이를 보이지 않는다.

Skinner에 의하면, 태국화인들은 자유롭게 태국의 어떤 지방에도 거주하거나 여행할 수 있었고, 가령 방콕 근교의 모든 주택지구에 화인은 태국인의 집 사이에 아무 제약없이 혼거하였으며 이웃간에 조금의 거리낌이 없었다는 것이다. 심지어 막 이민 온 중국인 가정들도 바로 태국인 마을에 정착하여 화인과 태국인간의 사회교류가 아주 활발했다는 것이다.

화교 5대방 가운데 객가는 문화적인 측면에서 독특한 존재다. 객가방을 제외한 차오저우방, 광부방, 복건방과 해남방은 모두 지역적인 기반을 두고 있다. 즉 지연이 각각의 방을 규정하는 핵심적인 요소이다. 그러나 객가는 지역보다는 바로 객가어가 방을 규정하는 핵심요소가 된다. 대륙내에서 출신지역이 어디든 객가방언을 구사한다면 그는 객가방의 일원이 되는 것이다. 지연이나 혈연은 다른 방과는 달리 결정적인 요소가 아니란 것이다. 즉 객가로서의 언어와 공통의 문화를 가지면 모두 객가방으로 분류될 수 있다. 객가문화에서 고향을 그리워하고 조상을 섬기는 원시의식이 점차 예를 숭상하고 학문을 닦으며, 교육을 부흥하는 구체적인 움직임으로 나타났고 해외화인의 문화차원과 정신소양을 제고시키는 계기가 되었다.[65]

해외의 여러 지역 출신의 화인들과 비교해서 객가인은 지식수준이나 문화 소양에서 다른 방보다 분명한 우세를 보이고 있다. 한 연구에 의하면 객가인은 경제 방면에서는 그다지 성공을 거두지 못하고 활발한 활약을 보이지 못했지만 문화나 교육과 정치 분야에서는 다른 화인들을 압도하는 성취를 보였다.[66] 정계를 예로 들자면, 말레이시아 사바주의 화인 가운데 객가인이 수가 많고, 지난 세기 70,80년대 사바주의 유권자들의 객가정신이 현지 정계에 깊은 영향을 미쳤고, 1991년에는 사바주의 10명 華裔 주의원 중 7명이 객가 출신이었다.[67]

미주

1) 楊國楨 등 著 : 明淸中國沿海社會與海外移民, p.170, 고등교육출판사, 북경
2) 叻報1889년 12월 7일; 星報 1892년 1월 1일, 상게서 p.171 재인용
3) 상게서
4) 梁友蘭 : 巴城中華會館40年歷史, 巴城中華會館 1940년판, p.202
5) J.William. Skinner 상게서 p.134에서 재인용
6) 상게서
7) G. William Skinner : The Chinese Minority p.111, Leo Suryadinata : Pribumi Indonesian, The Chinese Minority and China p.86 재인용
8) Kwee : Modern Chinese Movement p.8~9 ;
9) Leo Suryadinata 상게서 p.87
10) 상게서 p.89
11) 상게서 p.90
12) G.William Skinner : The Chinese of Java p.6
13) Leo 상게서 p.92
14) Willmott : The Chinese of Semarang p.108~109
15) Charles A. Coppel : Mapping the Peranakan Chinese in Indonesia, papers on Far Eastern History No8 p.143~167, Leo 상게서 p.94 재인용
16) Leo 상게서 p.94~95
17) 黃露夏 : 馬來西亞的華人, p.219, 복건인민출판사.
18) 상게서 p.220
19) 상게서
20) 楊國楨, 鄭甫弘, 孫謙 : 明淸中國沿海社會與海外移民 p.178, 고등교육출판사, 북경
21) 상게서
22) 상게서 p.179
23) 상게서
24) 張禹東 : 試論東南亞華人宗教的基本特質, 華僑華人歷史研究 창간10주년 增刊호, p.26, 북경
25) 상계논문
26) 상계논문 p.27
27) 상계논문 p.28
28) 孔遠志 : 印度尼西亞華人穆斯林的歷史與現狀, 華人月刊 p.33(홍콩) 1993, 12
29) 曹云華 : 宗教信仰對東南亞華人文化適應的影響, 華僑華人歷史研究 2002년 제1기, p.22~23
30) 상계논문
31) Cheu Hock Tong : Chinese Beliefs and Practices in Southeast Asia, Malaysia : Pelanduck Publications Sdn. Bhd, 74, 1997
32) 조운화 상계논문
33) 상계논문, 1967~1975년 사이 전문직 화인 전문직 인사 가운데 개종한 사람은 겨우 5케이

스가 있다고 한다.

34) Chen Hoch Tong 상계논문
35) 상계논문
36) 孔 遠志; 中國印度尼西亞文化交流 p.42~43, 북경대학출판사
37) 남양자료역총 1989년 3기 p.59
38) 상계 東南亞華僑通史 p.828
39) 상계서 p.833~834
40) 상계서 p.849
41) 李學民, 黃昆章：印尼華僑史 p.372, 광동고등교육출판사.
42) 상계서 p.380
43) Skinner 상계서 p.227
44) 상계서
45) 黃露夏：馬來西亞的華人 p.23, 복건인민출판사.
46) 상계 印尼華僑史 p.395
47) 상계서 p.396
48) 상계 馬來西亞的華人 p.157
49) 상계서
50) 黃滋生, 何思兵：菲律賓華僑史 p.348, 광동고등교육출판사,
51) 상계서 p.351
52) 楊國楨 등：明淸中國沿海社會與海外移民 p.176~177
53) 薩莉 巴克豪斯：新加坡的民族與民俗, 南洋問題資料譯叢 1982년 제4기 p.97~98
54) 楊國楨 상계서 p.177
55) 상계서 p.193
56) 美 道格拉斯 雷伯克 著, 張斌 등 譯：東南亞華人的文化適應模式, 華僑華人歷史硏究 1993년 3기. p.38
57) 상계논문 p.39
58) 인도네시아 梅利 G 坦：華人在印度尼西亞發展中的作用, 南洋資料譯叢 1989년 2기 p.81
59) 상계논문
60) 상계논문
61) 167주 인용 논문 p.40
62) 상계논문 p.41
63) 상계논문 p.41~42
64) 駱靜山 編：宗敎與禮俗論集 p.164
65) 李定國：在海外華人中的繼承與發展, 華僑華人歷史硏究 1994년 4기 p.68
66) 馬來西亞, 星洲日報 1991년 7월 26일, 상계논문 재인용
67) 싱가포르, 聯合早報 1991년 10월 20일, 상계논문 p.69 재인용

제9장

제2차 세계대전과 화교사회 변화

제2차 세계대전은 인류역사의 흐름을 바꾼 거대한 사건이었지만 동시에 동남아 화교사회도 경천동지할 변화를 몰고 왔다. 가장 큰 변화는 동남아 사회를 규정한 삼자관계, 즉 서방 식민자와 화교, 그리고 토착민이라는 정치사회질서가 무너지게 됐다는 점이다.

이제까지 동남아 사회에서 정점에 위치하여 정치권력과 경제적 실력을 농단한 제국 식민자들은 그들의 나라로 돌아가게 되었고, 식민지 사회에서 기층을 이루고 있었던 토착민들이 정치권력을 장악하게 되었다. 동남아 사회의 중간자적인 역할을 수행하였던 화교들은 이제 사회 · 경제적 지위가 자신보다 열위에 있다고 여겨진 토착민의 지배를 받게 된 것이다. 토착민들이 화교를 보는 시각은 그다지 우호적일 수가 없었다. 과거 식민자들은 자신들의 식민지 통치 방침에 의해 토착민을 직접 접촉하는 일은 가급적 귀족 토착민이나 유력 화교들에게 넘겼고, 식민자들은 이들을 통제하는 방식으로, 즉 간접방식으로 식민지를 통치하였다. 토착민으로서는 동족에 의한 통치는 감수할 수 있었으나 토착민이 아닌 유입민족인 이종족, 이민족인 화교의 간여에 대해서는 상당히 부정적 혹은 적대적이기까지 하였다.

동남아에서 속속 민족독립정부가 들어서면서 그들은 국가체제를 새롭게 수립하는 과정에 식민지 시대의 잔재를 여러 방면에서 털어내려 하였고, 이런 차원에서 화교에게 과도하게 주어졌다고 생각한 사회 · 경제적 지위에 대해서도 제약하려 하였다. 동남아 국가들은 또 자기정체성이 확고한 화교들이 자국 내에 많이 거주하면서 중국적 가치관과 정치적으로 중국 지향적인 태도를 고수하는 것이 국가안전에 상당한 위해가 된다고 보게 되었다. 또한 화교들이 쌓아올린 경제력에 대해서도 토착민과의 너무 큰 격차에 대해 주목하고, 이를 해소하는 방안을 적극적으로 추진하게 된다.

이제 중국인은 정치적, 경제적, 사회적, 문화적으로 제2차 세계대전 이전과는 완전히 달라진 환경에서 살아갈 수밖에 없는 상황에 놓이게 되었다. 또 한 가지 중요한 측면은 전후 중국은 몇 년간의 국공내전을 거치면서 결국 공산화되었다는 점이다. 이 점이 동남아의 많은 자본주의 진영의 국가들을 경악하게 만들었고, 자국내의 다수의 중국인의 존재에 대한 무엇인가 획기적인 대응책이 필요하다고 생각하게 되었다. 적성국가의 국민이 자국내에 많이 존재하는 것은 자국의 국가안전에 위해가 된다고 보는 것은 어쩌면 당연한 흐름으로, 이 대목이 바로 앞으로 화교들에 대한 강압적이고 제약적인 정책이 추진될 것임을 강하게 암시하는 요소가 되었다.

자기정체성이 강한 중국인이, 그것도 공산화한 대국 중국의 국적을 그대로 보유하고 있다는 것은 동남아 신생정권으로서는 엄청난 도전이기도 하였다. 실제 전후 동남아지역의 공산화운동은 상당한 정도로 전개되었고, 이들에 대한 대응이 민족정부의 주요 정치적 과제이기도 하였다.

이제 동남아의 중국인, 특히 자유진영 국가에 거주하는 화교들이 선택할 수 있는 선택지는 아주 좁아졌다. 자꾸만 옥죄어오는 민족정부의 압박 하에 그들의 조국과의 관계를 끊고 정치적 충성을 거주국에 바치는, 즉 현지국적을 취득하는가 아니면 귀국하는가 선택의 기로에 놓이게 된다. 설사 거주국의 국적을 취득하더라도 그들에게는 경제적인 많은 제약과 사회 · 문화적으로 현지로의 동화압박 등이 기다리고 있었다. 국가별로 약간의 차이가 존재하였지만 모든 국가가 화교들을 현지 주류문화로 동화시키기 위한 정책을 더욱 강화하고 지속하였다.

가장 중요한 흐름은 중국인의 자기정체성 확립에 가장 큰 요소가 된 중국어 교육에 대한 거주국 정부의 규제이다. 식민지 시기 식민당국이 권장하지도 않았지만 그렇다고 제약도 가하지 않은 화교들의 중국어 학교 건립과 교육이 이제는 강력한 규제의 대상이 되었다. 중국어를 못 쓰고, 말 못하는 화교들의 자손들이 과연 중국인의 정체성을 온전히 유지할 수 있을 것인가?

이와 함께 인도네시아의 경우 중국인 고유의 관습과 풍습을 공개적인 장소에서 전혀 표출할 수 없도록 하였고, 중국어로 된 신문이나 잡지 혹은 책과 각종 공연 영상물이나 일체의 자료를 수입 금지시키기도 하였다. 중국과의 교류가 끊긴 가운데 자체적으로 중국어와 중국문화를 학습할 수 있는 채널도 끊겨 화교들의 자제는 현지인으로 성장할 수밖에 없었고, 실제 그들은 현지에 그렇게 동화되어 갔다. 물론 이들이 돼지고기를 먹는 관습이나 그들 특유의 가정에서의 조상에 대한 제사, 중국식 성명 등의 중국문화의 아주 작은 부분을 유지하기는 하였으나 큰 흐름으로 보면 현지의 거대하고 지속적인 사회 · 문화적인 압박과 흐름에 의해 그들은 조금씩 그러나 되돌릴 수 없는 방향으로 확실히 현지인으로 변모해 나갔다.

이런 시각과 관련해 중국 측 연구자와 비중국 측 연구자가 의견이 좀 엇갈리기는 하지만 큰 흐름으로 보아서 제2차 세계대전이 종료하고 대다수의 화교 후예들은 현지 문화와 사회 · 경제 환경에 흡수, 동화되었다는데 의견을 같이한다. 물론 일부에서는 중국이 세계 무대에서 그 위치가 부각되고 그 경제력으로 주변지역에 대한 영향이 커지면서 동남아에서 화교 후예들의 재중국화(resinicization) 움직임이 있다고 보는 견해도 있으나 그렇다고 이들이 다시 중국인이 될 수 있는 것은 결코 아니다. 말하자면 그들의 의식 속에 중국에 대한 어렴풋한 기억이 있을 수 있고, 아주 작은 부분의 중국적 가치관을 유지할 수 있으나 중국 대륙에서 태어나 이민 온 그들의 선조와 같아질 수는 없다. 이미 이들은 민족단위로서 특성은 기본적으로 많은 부분 현지에 동화되었고, 아주 적은 부분 중국적 특성을 갖고 있다고 볼 수 있을 뿐으로 이미 그들의 가치관이나 행태, 국가관은 초기 대륙을 건너온 그들의 조상과는 아주 달라졌다.

이런 측면에서 동남아에서 이미 여러 세대를 이어 내려온 화교들의 후손은 절대다수가 벌써 현지국적을 취득했고, 문화적으로도 상당 부분 현지 주류문화에 동화되었기 때문에 호칭은 당연히 화인 혹은 화예로 부르는 것이 그들의 정체성과 관련해 더욱 정확하고 사실에 가까운 표현일 것이다.

또 화교들의 경제력에 대해서도 많은 부분 잘못 전달된 부분이 있다고 생각된다. 화교들이 경제력에 집착하고, 또 그들이 상대적으로 더 근면하며, 인간관계망을 활용하여 활발한 경제활동을 벌이고 엄청난 경제력을 쌓아올린 것은 맞다. 하지만 '화교=부유한 사람'이란 도식적인 관점은 잘못된 것이다. 동남아 화교사회에서 모든 화인과 화예들이 경제적으로 부유한 것이 아니기 때문이다. 비교적 다수가 경제적으로 성공하고, 그들의 부가 지속적으로 자손에게 이어질 수 있도록 기울이는 그들의 노력은 우리가 이해하고 평가할 수 있겠으나 화교가 모두 부유층이란 등식은 잘못된 관점이다. 곤궁한 극빈층도 화교 후예 가운데 많이 있다는데 모든 연구자들의 견해가 일치한다.

우리가 화교경제력에 주목하는 것은 그들이 처한 아주 열악한 상황에서 맨손으로 부를 쌓아올린 과정과 이를 바탕으로 선조의 사업을 더욱 굳건히 또 효율적으로 확대하여 동남아의 주도적 경제집단으로 등장하고 다시 글로벌시대에 세계적인 변신을 하는 화교자본의 역동성 때문일 것이다.

이러한 화교경제의 성공 이면에는 바로 그들의 경제를 만들어낸 그들의 정신문화가 아주 확고하게 자리잡고 있다고 여겨진다. 물론 그들의 정신세계와 독자적인 문화체계가 화교화인 경제의 형성과 발전에 큰 뒷받침이 되었지만 이것만으로 그들의 경제를 모두 설명하는 것은 논리의 비약으로 볼 수 있을 것이다. 그러나 동남아란 지리적인 한계 속에서 토착민과는 확실히 구별되는 그들의 경제세계는 우리에게 화교화인의 정신세계를 주목하게 하는 충분한 조건이 된다.

01 민족정부의 등장과 화교의 정치지향 변화

제2차 세계대전은 동남아 대부분의 식민지에서 서구 식민자들을 몰아내는 계기가 되었다. 약간의 시차를 두고 모든 식민자들은 이곳에서 물러났다. 인도네시아에서 네덜란드가, 말레이와 미얀마에서 영국이, 인도차이나 반도지역에서 프랑스가, 필리핀에서 미국이 물러나게 되었다. 태국은 동남아 국가 가운데서 유일하게 통치자들의 적절한 외교활동과 국가개혁 등의 조치로 식민지로 전락을 막고 민족자존을 유지할 수 있었다.

제2차 세계대전이 일어나기 전 동남아 화교들의 정치지향은 주로 중국이었다. 다수의 화교들은 기본적으로 이곳에 오랫동안 거주한다거나 세대를 이어 정주한다는 관념이 별로 없었다. 식민지 경영자들도 중국인들의 국적취득 등에 대해서 그다지 예민하지 않았다. 말하자면 중국인들의 머리 속에 거주국에 대한 정치적인 관심이 그다지 높지 않았고, 다만 동남아 현지에서 많은 돈을 벌어 언젠가 고향으로 돌아간다는 생각이 가득했을 뿐이었다.

그러나 제2차 세계대전이 끝나고 동남아 각 식민지에서 민족정부가 들어서고 난 뒤 상황은 많이 바뀌게 된다. 특히 1949년 중국 대륙에서 공산당이 국민당을 몰아내고 공산정권을 수립하면서 동남아의 자본주의진영 국가들, 즉 필리핀, 태국, 말레이시아와 인도네시아에서는 상황이 급변하게 된다. 동남아 신생국가들로서는 수많은 중국인 이주자들이 적성국가인 중국 국적을 그대로 보유한 채 살아간다는 것은 국가안전의 차원에서 큰 과제였다.

다른 각도에서 보자면, 동남아에서 생활해온 화교들로서도 아주 불안하며 불안정한 삶이 될 수밖에 없는 상황이었다. 전쟁 후 동남아지역엔 화교들이 포함된 공산주의 운동이 벌어졌고, 실제 공산중국과 연계된 움직임도 나타났다. 이런 상황에서 동남아화교들이 선택할 수 있는 것은 그들의 조국인 중국으로 돌아가거나 아니라면 거주국에 대한 정치적 충성을 보여야 했다. 가장 일차적인 충성의 표시라면 제2차 세계대전 이전까지 중국적을 유지한 화교들이 이제 거주국의 국적을 취득하는 것이었다. 즉 정치적 충성의 대상을 명확히 하여야 하게 된 것이다. 그러나 이 역시 제도적으로 큰 장애가 가로놓여 있었다.

중국은 1909년 처음 혈통주의를 원칙으로 하는 중국 국적법-大清국적조례를 반포하였다. 이 법규 가운데 중국 국적과 관련, 다음과 같은 구체적인 규정을 두고 있다.

> "父가 중국인인 자, 父가 죽은 후 태어난 자로 父가 죽을 때 중국인이었던 자, 母가 중국인이고 父를 잘 모르거나 혹은 무국적자인 경우는 출생지를 불문하고 중국인이다."

이런 중국의 국적법에 대해 네델란드 정부는 이 국적법을 근거로 장차 중국이 인도네시아에서 태어난 중국인 2세에 대한 간여를 우려해 1910년 2월 10일

출생지주의 원칙에 의거한 네델란드령 東印度籍民조례를 공포했다. 이 법에는 어떤 범주의 사람이 네델란드 국적에 포함되는지 다음과 같이 구체적으로 규정하고 있다.

> "네델란드령 동인도, 수리남 혹은 쿠라사오에서 태어난 자로 그 부모가 이 지역에서 거주하거나, 혹은 父를 잘 모르나 그 母가 이들 지역거주인 경우는 네델란드 국적자가 된다. 네델란드령 동인도, 수리남 혹은 쿠라사오에서 태어나고 그 부모를 잘 모를 경우 네델란드 국적자가 된다." [1)]

이 국적법은 청정부가 반포한 국적조례와 서로 모순되고 있다. 중국국적법에 의하면 네델란드령 동인도(인도네시아)를 포함해 동남아 각국에서 출생한 중국혈통주민은 모두 중국민이고, 즉 중국의 교민이 된다. 그러나 네델란드령 동인도국적법에 의하면 현지 출생자는(중국혈통자이든 아니든 관계없이) 모두 네델란드 국민이 되는 것이다. 이 밖의 다른 동남아 국가 정부와 식민당국도 출생지주의 원칙에 따라 유사한 국적법을 반포하였고, 결국 동남아에서 출생한 화교 후예들의 이중국적문제가 나타나게 되었다.

중화민국 건립후 민국정부는 1912년 다시 중화민국 국적법을 제정, 반포했다. 이어 1914년과 1929년 국적법을 수정하고 실시세칙도 반포하였다. 그러나 국적취득요건은 청말기의 국적법과 별반 다를 바가 없었고, 이후 1949년 중화인민공화국 성립 전 동남아에서 출생한 화교 후예는 줄곧 이중국적 신분이었다. 해외에 거주하는 중국인과 그 국적에 대해 상충하는 법규정이 존재하게 되면서 화교와 이들의 후예가 정치적으로 아주 불안정한 상태에 놓이게 되었다.

제2차 세계대전이 끝나면서 동남아 각국은 독립을 획득하고 민족정부를 수립하였다. 동남아 각국은 정치적, 경제적, 문화적으로 각각 정도는 다르지만 민족주의적 정책을 채택하였고, 이점이 화교들의 거주국에서의 생활을 더욱 어렵게 만들었다. 특히 국적법의 충돌이 동남아에 거주하는 1세대 화교는 물론 후예들마저 어려움에 처하게 하면서 결국 중국이 조약을 통해 이중국적 정책을 포기한다고 천명하게 되었다. 1955년 4월 중국과 인도네시아가 체결한 이중국적 문제에 대한 조약 제1조는 "무릇 동시에 중화인민공화국국적과 인도네시아 공화국국적을 가진 사람은 모두 본인의 자원 원칙에 따라 2개 국적 중 한 가지를 선택한다." 제4조는 더 나아가 다음과 같이 규정하고 있다. "1조에서 규정한 국적 가운데 중국적을 선택한 자는 당연히 인도네시아 국적을 상실하고, 인도네시아 국적을 선택한 자는 당연히 중국적을 상실한다." 중국과 인도네시아가 서명한 이 국적조약은 다른 동남아 국가들로부터 환영을 받았고, 이들 국가도 각각 인도네시아와 유사한 방식으로 자신의 국가내의 화교들의 이중국적문제를 해결했다.[2)]

1974년 5월 31일 중국과 말레이시아는 수교발표를 하면서 다시 다음과 같이 명확히 지적하였다.

> "중화인민공화국과 말레이시아는 모두 이중국적을 인정하지 않는다. 이 원칙에 따라 중국정부는 자원해서 말레이시아 국적을 취득했거나 말레이시아 국적의 중국혈통의 사람은 모두 자동적으로 중국국적을 상실토록 한다."

1980년 9월 중국정부는 정식으로 중화인민공화국국적법을 공포하였고, 제 3조는 다음과 같이 명확히 규정하였다. "중화인민공화국은 중국공민이 이중국적을 갖는 것을 인정하지 않는다." 제5조에는 더 나아가 "부모 쌍방 혹은 일방이 중국공민이고 동시에 외국에 거주할 경우, 본인이 출생시에 외국국적을 가질 경우, 중국국적을 갖지 못한다"고 규정했다. 제9조는 "외국에 정주하는 중국공민이 자원하여 외국국적을 취득하면 자동적으로 중국국적은 상실한다"고 규정하고 있다.

1. 인도네시아화교의 신분변화

제2차 세계대전 이전 인도네시아 화교들의 정치적 정체성은 몇 가지로 분류가 가능했다. 중국 지향의 정체성, 인도네시아를 지향하는 정체성, 그리고 식민자인 네델란드를 지향하는 정체성 세 가지다. 인도네시아가 네델란드로부터 독립하면서 많은 화교들이 인도네시아 국적을 취득하게 된다. 말하자면 중국교민에서 인도네시아 국민으로 전환된 것이다.

비록 인도네시아가 독립한 후 많은 화교들이 현지 국적을 취득했지만 인도네시아 당국이 화교들에게 인도네시아 국적을 부여한 것은 독립 초기 일정한 시간을 제외하고는 그다지 적극적이지 않았다. 제2차 세계대전 후 인도네시아 정부는 국가건설과 사회안정을 위해 비교적 짧은 시간 화교들이 인도네시아 국적을 취득하는 것을 환영했지만 이후 그 태도는 소극적이며, 억제하는 방침으로 전환되었다.[3)]

인도네시아 국적법이 규정한 국적취득 방법은 크게 '주동제'와 '피동제'로 구분되었다. 이른바 주동제란 국적 변경을 원하는 화교가 반드시 규정된 시간 내에 필요한 각종 서류를 준비하여 국적 신청을 하여 국적을 취득하는 것을 말한다. 이른바 피동제는 규정된 시간에 화교가 정부가 지정한 기관에 가서 등록하지 않으면 자동적으로 인도네시아 국적을 취득한 것으로 간주하는 방식을 말한다. 1945년 11월 인도네시아 정부가 발표한 〈정치선언〉엔 다음과 같은 규정이 있다. "우리 국가는 진지하게 국적법을 제정하고, 민권주의를 실행하여 아시아와 유럽인의 후예들이 가능한 빨리 진정한 인도네시아인이 되게 해야 하고, 인도네시아 민주파와 애국자가 되게 해야 한다"[4)]고 지적하면서 현지에서 출생한 화교들의 인도네시아 국적 취득에 적극적인 입장을 보였다.

1946년 4월 제1차 인도네시아 공화국 공민법과 주민법이 공포되었다. 이 공민법은 출생지원칙과 국적 취득의 피동제 원칙 및 인도네시아 국적을 포기할 권리를 규정하였다. 이 규정 가운데 화교 관련 부분은 다음과 같다.

> "원주민에 속하지 않으나 부모 일방이 원주민으로 인도네시아에서 출생하고 최근 연속해서 5년을 인도네시아에서 거주하고 만21세 이상이거나 혹은 결혼한 자는 규정된 시간(1946년 4월 10일~1947년 4월)에 자신의 태도를 표시하지 않으면 인도네시아 국적을 취득한 것으로 간주한다."[5)]

1949년 12월 인도네시아와 네델란드 양국이 체결한 〈원탁회의협정〉은 재차 1946년 인도네시아 국적법 중의 출생지 주의와 피동제원칙을 확인하고, 화예들이 국적을 선택하는 기한을 1949년 12월 27일에서 1951년 12월 27일로 연장할 것을 규정하였다. 동시에 인도네시아에서 출생하지 않은 화교이지만 인도네시아에서 5년 이상 생활한 사람은 역시 인도네시아 국적을 취득할 수 있도록 했다. 1950년 8월 통일된 인도네시아 공화국이 성립한 당일 반포한 국적법은 다시 '피동제' 국적법의 합법성을 선언하였다.[6)]

인도네시아 외국교민사무국의 통계에 의하면, 1954년 인도네시아의 화교화인은 약 300만명으로 위에서 지적한 국적법이 시행된 이후 '피동제'에 의해 인도네시아 국적을 취득한 비율이 약 30%, 인도네시아 국적을 거부한 비율이 70%였다. 대략 90만명이 국적을 취득했고, 210만은 중국 국적을 유지했다.[7)]

인도네시아 정부는 적극적으로 화교들의 인도네시아 국적 취득을 고무했지만 그 결과는 위의 숫자가 보여주듯 기대에 크게 미치지 못했다. 이는 당시 화교들이 여전히 자신을 중국인으로 의식하고 중국지향적인 태도를 갖고 있었음을 보여주는 것으로 생각된다. 인도네시아 정부가 화교들의 대폭적인 국적 취득을 원한 배경은 다음과 같다.

첫째, 네델란드와 전투를 벌일 때 화교화인의 재력과 인력이 필요하였고, 독립전쟁 후 경제를 회복하는데 역시 화교의 기술과 자본이 필요하였기 때문이다. 또 다른 이유는 외국교민의 숫자가 과도하게 많으면 이들의 조국과 분쟁에 휘말리기 쉽고, 결국 국가안전을 위해서도 외국교민의 숫자는 최대한 낮출 필요가 있었다는 것이다.[8)] 1954년 인도네시아 정부는 주동제와 더욱 엄격한 출생지주의 위주의 국적법의 개정을 추진하였으나 일부 정당의 반대로 부득이하게 폐기하지 않을 수 없었다.

1965년 인도네시아에서 군사쿠데타가 발생한 이후 인도네시아 각지에서는 수시로 排華폭동이 일어났다. 생존을 위해서 적지 않은 화교들이 인도네시아 국적 취득을 신청하였다. 그러나 인도네시아 당국은 화교들이 국적 취득 후 사회불안정 요인이 되지 않을까 우려하여 국적관련 업무를 잠정적으로 중단하였다. 1969년 4월 인도네시아 국회는 인도네시아와 중국 간에 체결된 〈이중국적 문제에 관한 조약〉을 더 이상 집행하지 않고, 인도네시아 단독으로 조약을 폐기한다는 결의를 통과시켰다. 이는 조약에서 화교와 그 후예들이 국적을 선택하는 문제와 관련해 중국의 관여를 차단하기 위한 조처였다.[9] 이후 화교의 국적 문제는 완전히 인도네시아 측에서 단독으로 결정하게 되었다. 조약폐기 후 무릇 모든 외국교민 신분의 사람 및 연령이 만18세가 넘은 자녀들은 단지 1958년 국적법에 의해 국적취득을 신청할 수 있었다. 이는 번잡한 수속(필요한 서류가 14종)과 고비용(75~250달러)을 지불해야 하는 일이었다.[10]

1979년 인도네시아 정부가 공포한 화교인구는 914,112인으로 이는 1965년에 비해 화교숫자는 단지 9만명 감소에 불과하였다. 이는 '주동제' 국적법과 화교의 국적취득을 엄격하게 제한한 인도네시아 당국의 정책 때문이었다고 분석된다.[11]

1979년 이후 위와 같은 상황이 바뀌기 시작했고, 인도네시아 정부는 화교들의 국적취득을 환영하는 입장으로 전환됐다. 이는 중국의 대외개방, 중국과 미국의 수교 등 국제형세의 중대한 변화와 인도네시아 국내 정치 · 경제적인 수요로 인해 그렇게 되었다. 1980년 1월 수하르토의 지시로 인도네시아 정부는 2호 법령을 반포, "아직 국적증명서를 획득하지 못한 외국교민의 후예들이 아직 법률상 인정을 못 받았다 하더라도 그들에게 인도네시아 국적 증명을 발급할 필요가 있다"고 지적하였다.[12]

이 조치에 힘입어 많은 화교들이 인도네시아 국적을 취득하였다. 1980년 4월 말 인도네시아 관방에서는 전국적으로 82,433명 화교들이 인도네시아 국적을 신청했다고 발표했다.[13] 이후 화교들의 숫자는 30만명(무국적자 포함) 정도였고, 이는 화교화인의 전체의 약 5%를 차지하는 것이다. 이로써 인도네시아에서 중국 혈통 주민이 중국인에서 인도네시아인으로 전환하는 역사적 전환이 거의 마무리되었다고 볼 수 있을 것이다. 국적 변경을 원하지 않은 사람들은 주로 연령대가 높은 사람들로 그들의 삶은 인도네시아 국적 취득여부와 큰 상관이 없고, 빠른 시간 내에 역사무대에서 사라질 것이었다.

2. 태국화교의 신분변화

20세기 이전 태국에는 아직 국적법이 없었고, 태국의 현왕조인 방콕왕조(차크리왕조) 조정은 태국에서 거주하는 화교를 왕조의 백성으로 간주하였고, 태국에서 출생한 화교자녀들은 당연히 진짜 태국인으로 여겼다.[14)]

중국인이 태국으로 이주한 시기를 나눠보면 이민이 집중적으로 늘어난 시기를 크게 3개 시기로 볼 수 있다. 첫째 18세기말 탄부리왕조가 개창되고(1767년) 이후 일정한 시간 차오저우인을 중심으로 대규모 이주가 이뤄졌고, 둘째 현 방콕왕조의 5대왕인 출라룽콘왕 재위시기(1868~1910년)인 19세기말, 셋째 20세기 초에서 중화인민공화국이 건국되기 전까지이다.[15)]

이들 3개 시기 가운데 마지막으로 이주가 크게 늘어난 20세기 전반 이주의 최대 특성은 중국 부녀자들의 이주가 크게 늘어났다는 점이다. 이는 화교사회의 구성 및 성격과 관련하여 매우 중대한 의미를 갖는다. G. William Skinner에 의하면 "1921년4월부터 1931년말까지 중국인으로 방콕으로 이주해 사는 남성이 765,265명이고 여성은 201,842명으로 여성의 비율이 20.87%이고, 같은 시기 태국을 떠난 중국인 남성 489,617인, 여성 116,586인, 남은 인구는 남성이 275,648인, 여성은 85,256인으로 전체의 23.62%를 차지한다."[16)] 19세기 태국의 화교사회는 거의 남성위주의 사회였다. 1893년 이전 중국여성은 태국으로 이주가 거의 불가능했다. 1882~1892년 사이 중국여성들의 태국 이주 비율은 2~3%를 넘지 못할 것이라고 지적되었다.[17)] 이 두 시기 중국이주여성 비율을 보면, 20세기 들어서 무려 10배 가까이 여성들의 이주비율이 높아진 것을 알 수 있다.

이후에도 중국인 여성들의 이민비율은 지속적으로 증가했고, 1931~1941년 사이 중국인의 태국 이민 남녀비율은 여성이 31.63%로 높아졌고, 1945~1949년 비율은 34.12%, 제2차 세계대전이 끝난 이후 비율도 전체의 3분의 1을 넘었다.[18)]

이처럼 중국여성의 태국 이주가 늘면서 태국 화교사회에 가져온 가장 큰 변화는 이제까지 중국인 남성과 태국인 여성으로 구성된 화교가정이 중국인 남녀로 구성되는 순수한 화교가정이 큰 폭으로 증가하게 됐다는 점이다. 그동안 중국인 남성들이 태국에서 어쩔 수 없이 태국인 여성과 결혼했으나 이제 조국에서 젊은 여성이 이주해옴에 따라 그들과 가정을 이루는 비중이 크게 늘어난 것이다. 이전 태국 여성과 결혼하여 자녀를 가진 화교가정의 2세는 성장과정에서 자연스럽게 태국 문화에 동화되고 점차 태국인으로 성장해왔으나 젊은 중국인 여성이 이주해옴에 따라 이런 흐름에 큰 변화가 나타난 것이다. 중국인 남녀로 구성된 가정에서 태어난 2세는 부모의 영향으로 자신을 중국인으로 인식하게 되고, 현지문화에 동화되는 속도는 당연히 혼혈가정보다는 늦게 됐다.

20세기 이전 중국인이 태국으로 이주하여 태국에 순조롭게 동화하는 과정은 별다른 문제가 없었다. 그러나 중국인 간의 결혼으로 태어난 2세가 태국보다는 중국지향적이라는 점을 주목한 태국 조정은 국가안전과 사회안정을 위하여 일련의 화교동화정책을 시행하게 된다.

1909년 청조정의 혈통주의 원칙의 국적법에 대응하여 태국 정부는 1913년 4월 반포 시행한 최초의 국적법에서 태국에 거주하는 외국교민들의 국적을 다음과 같이 규정하였다.

① 父가 태국인이면 출생지가 태국이든 외국이든 불문한다.
② 父가 분명하지 않으나, 그 母가 태국인인 자
③ 태국에서 출생한 자
④ 외국여성으로 관습법에 따라 태국남성과 결혼한 자
⑤ 외국인으로 귀화하여 국적을 취득한 자[19)]

위의 조건을 충족한 자는 태국 국민이 된다는 것이다.

이외에도 이 국적법은 외국교민이 다음 4개 조건에 부합하면 국적취득을 신청할 수 있다고 밝히고 있다.

① 태국 및 그 본국의 법률에 근거하여 이미 성년이 되고
② 품행이 단정하고 고정적인 직업이 있으며
③ 국적취득 신청일로부터 10년 이상 태국에 거주하였고
④ 교육부가 규정한 태국 語文에 능통한 자

이 태국 국적법의 가장 큰 특징은 부모의 국적이 어디든지 태국에서 태어난 그들의 자녀는 태국인이 된다는 규정이다. 즉 태국에서 출생한 화교자녀들에 대해서 출생지주의 원칙을 적용한다는 것이다. 태국 정부가 국적법에서 혈통주의와 출생지주의 2개 원칙을 채택한 원인은 가능한 한 최대로 비교적 자질이 높다고 여겨지는 화교들을 본국의 국민으로 만들기 위해서다. 왜냐하면 당시 태국의 권력자들은 자질이 높은 노동력을 확보하는 것이 국가안전과 발전에 필수적인 요소라고 보았기 때문이다.[20)] 이 국적법이 시행된 이후 태국에서 출생한 화교들의 자녀는 법에 의해 태국인이 되었다. 비록 태국 정부가 1939년과 1965년 국적법을 수정하였지만 출생지주의 원칙은 변하지 않았다.

제2차 세계대전 후 태국 정부는 기본적으로 1939년의 국적법을 승계하였으나 화교들의 요구로 귀화자격에 대해 더욱 완화된 조치를 취했다. 그러나 중화인민공화국 성립이후 태국 정부는 화교에 대해 엄격한 귀화조치를 시행했다. 1953년 피분 정부는 태국에서 출생한 화교자녀들이 태국국적을 취득하고 공민이 되는 것을 금지하는 명령을 내렸으나 태국 조야의 강력한 반발과 비난 가운데 이 조치는 1년도 안 돼 취소되었다.

1956년 태국 정부는 다시 국적법을 수정, 국적취득을 제한하는 규정을 완화하였다. ① 누구라도 태국에서 태어나면 자동으로 태국국적을 취득한다. ② 국적취득 신청일로부터 5년 이상 태국에서 거주한 자는 태국국적 취득을 신청할 수 있다. ③ 태국에 대한 특수공헌자는 태국 국적 취득에 우대한다. ④ 이미 태국 국적을 취득한 부모의 성년 자녀도 태국 국적 취득 허가를 받는다. 이밖에 피분정부는 화교와 태국여성의 결혼을 고무하였다.[21)]

1975년 7월 1일 태국과 중국이 수교한 후 태국 정부는 같은 해 9월 16일 회의

에서 한 걸음 더 완화된 화교 국적취득 조건에 대해 결정했다. ① 반드시 연속해서 태국에서 5년 이상 거주해야 국적취득을 할 수 있다는 제한을 취소한다. ② 국적취득 신청자는 매월 수입이 1백달러 이상이고, 태국어를 말할 수 있으며, 비정치범이라는 조건만 갖추면 된다.[22)]

종합하자면 피분이 권좌에 오른 후 排華운동이 일어난 일정 시간 화교 후대들의 태국국적 취득을 금지한 것을 제외하고 몇 차례 개정된 태국 국적법은 기본적으로 출생지주의 원칙을 채택하였고, 특히 태국에서 태어나지 않은 화교들이 쉽게 태국 국적을 취득, 태국국민이 되도록 했다.

대부분 태국으로 이주한 화교들은 중국인 신분을 종신토록 유지하였지만 그들의 후대는 순수 중국혈통이든 혼혈이든 상관없이 법률의 보장에 의해 태국인 신분을 획득했다. 제2차 세계대전과 신중국 성립 등 거대한 역사의 변화 과정에서, 상당 기간 중국인의 새로운 이민공급이 끊기면서 태국의 화교사회는 신속하게 화인사회로 전향하게 되었다.

3. 말레이시아화교의 신분변화

제2차 세계대전 이전 말레이는 영국의 식민지로, 하나의 독립된 국가도 아니었으며 더더욱 통일된 시민권이란 개념은 존재하지 않았다. 해협식민지 화인들은 대다수가 영국국적을 가진, 즉 영국여왕의 신민이었다. 현지의 말레이토착민은 술탄의 신민이었다. 말레이 제 지역의 화교는 혈통주의 원칙의 중국 국적법에 의해 중국국적을 가졌고, 영국의 보호민이었다. 그들은 현지인에 의해 외래자로 여겨졌고, 그들 스스로 자신들이 중국인임을 자랑스럽게 생각했다.[23)]

제2차 세계대전이 끝난 후 영국은 말레이에 새로운 식민통치를 시행하고 화교의 공민권 문제 역시 주요 의제로 다루기로 했다. 1946년 1월 22일 영국은 말레이연방에서 새로운 정치제도와 관련된 백서를 공포했고, 이 가운데 화교의 공민권과 관련된 규정도 들어있었다. 이 백서가 확인한 공민권 원칙은 "말레이를 고향으로 여기는 사람들에게는 말레이인과 동등한 공민권을 누린다"는 것으로 다음 5가지 경우에 해당하는 사람은 자동으로 공민이 된다고 규정하였다.

① 법령이 발효되기 전에 말레이연방이나 싱가포르에서 태어난 자
② 만 18세이상으로 법령이 발효되기 전 말레이연방 혹은 싱가포르의 보통 거주민으로 1942년 이전 15년내 위의 2지역에서 10년 이상 거주한 자
③ 법령 발효 시 혹은 발효 후 말레이연방이나 싱가포르에서 출생한 자
④ 법령이 발효 혹은 발효 후 말레이연방이나 싱가포르 이외에서 태어났으나 출생 시점에 그 父가 말레이연방의 공민인 자
⑤ 18세 이하로 그 부모가 1항이나 2항의 자격을 가진 자

기타 인사는 반드시 다음과 같은 조건에 부합하면 공민자격취득을 신청할 수 있다.

① 신청일 이전 1년 이내 말레이연방이나 싱가포르에 거주하거나 혹은 신청일 이전 8년 이내 위의 2 지역에서 4년 이상 거주
② 품행이 양호하고 상당한 말레이글 혹은 영문 지식이 있을 것
③ 반드시 말레이연방에 대한 충성 선서를 할 것, 또 국적취득 신청이 승인되면 말레이연방이나 싱가포르에서 거주할 의사가 있을 것

위에서 지적한 공민권 규정은 출생지주의 원칙에 기초하여 종족이나 종교신앙을 따지지 않아 화인들이 공민권을 취득하기는 쉬웠다. 1947년 인구통계에 의하면 화교사회는 63.5%가 말레이에서 태어났고, 21.3%가 1930년 이전 말레이에 도착하였다. 국적 관련 백서의 공민권 규정에 따라 대략 83%의 화교가 자동적으로 말레이연방의 공민이 되었다.

그러나 이런 느슨한 국적취득 규정에 대해 토착 말레이인들이 대거 반발하였고, 이에 따라 영국당국은 외국인들의 국적 취득을 까다롭게 하는 국적 규정을 새로 만들었다. 우선 외국인이 자동으로 말레이국적을 취득하기 위해서는 말레

인이 아닌 경우 부모가 15년 이상 말레이에서 거주해야 자동으로 공민권을 취득하도록 수정되었다. 다음으로 비말레이인이 공민권을 신청할 때 거주연한과 관련, 말레이에서 태어나지 않은 자는 국적신청 이전 20년 이내에 15년을 현지에 거주해야 한다고 규정하였다. 원래 국적취득 규정을 게재한 백서에는 4년 거주하면 국적취득이 가능하도록 돼 있었다. 마지막으로 품행의 양호와 말레이에 대한 충성 이외에 영문이나 말레이문 시험을 통과하여야 국적 취득이 되도록 수정되었다.

이런 새로운 국적조례에 의해 1950년 말 대략 35만 화교가 자동으로 공민권을 취득했고 약 15만인이 공민권신청을 통해 국적을 취득했다.[24] 공민권을 가진 화인은 말레이인의 18%, 화교화인 총인구의 22.3%로 그 비율은 아주 낮았다.[25] 이와 같은 국적 규정의 후퇴에 대해 화인들은 큰 불만을 가졌고, 중화총상회를 중심으로 여론을 수렴하여 공민권과 관련, 출생지주의 원칙을 채택할 것을 강하게 요구하는 한편 무릇 말레이에서 태어난 자는 모두 자동적으로 공민권을 취득하도록 해줄 것을 요구했다.[26] 이어 1952년 공민권에 관한 규정이 다시 수정되었고, 1953년 6월 대략 1,157,000명의 화교가 말레이연방 공민이 되었다. 이는 말레이화교화인 인구의 절반이었다.[27]

말레이연방의 역사발전 과정에서 화인들에게 가장 큰 영향을 미친 변화라면 바로 공민권 문제일 것이다. 화교들의 공민권과 국적문제에 대한 인식은 상당한 변화과정을 보였다. 즉 제2차 세계대전 이전 말레이화교들은 기본적으로 다른 동남아와 마찬가지로 정치적으로 중국 지향적이었고(해협화교는 다르다) 자신을 중국인으로 인식하였다. 그러나 소수의 지식인들은 화교의 '쌍중특성문제'를 제기했다. 즉 화교는 중화민족의 한 지류이기도 하지만 현지에서 중요한 골간 민족이기도 하다는 것이다.[28] 초기 이런 견해는 그다지 지지를 받지 못했으나 제2차 세계대전이 종료되고 50년대 초 말레이화인들은 이런 '쌍중국적'의 관념을 보편적으로 받아들였고, 이는 싱가포르에서 발간되는 남교일보가 1947년 3월에서 6월까지 걸쳐 조사한 "말레이정치제도 민의조사"에서도 엿볼 수 있다. 이 조사에 참가한 독자는 24,012명으로 이 가운데 95.6%가 쌍중국적을 선택했다. 이들은 말레이공민이면서 동시에 중국적을 보유하였다. 단지 0.1%의 사람만이 말레이공민이 되는 것을 거부하였다.[29] 그러나 이런 화교들의 행태에 대해 말레이토착민은 강렬한 반대를 표시하였다. 말레이연방에서 화교들이 쌍중국적을 갖는 것을 비난했을 뿐 아니라 해협식민지의 중국인이 영국적과 말레이공민권을 갖는 쌍중국적에 대해서도 비판하였다. 쌍중국적을 가진 자들이 충성하는 곳은 말레이가 아닌 다른 국가이고, 이는 말레이의 이익을 해친다는 것이었다.

말레이 거주 화교들은 1954년 이후 국적문제에 대한 관점이 변화하면서, 쌍중국적에서 말레이공민권을 획득하는 것으로 큰 흐름이 전환되었다. 이에는 몇 가지 요인이 있었다. 한 요인은 1954년 이후 말레이의 독립투쟁이 큰 진전을 보였고 독립이 임박할 경우 미리 공민권을 확보하는 것이 독립 후 별다른 절차 없이 말레이의 공민지위를 향유할 수 있다고 보았기 때문이다.[30]

1957년 7월 2일 말레이연방 신헌법 백서가 런던과 쿠알라품푸르에서 동시에 발표되었고, 10일 입법회의를 통과하였다. 8월 31일 말레이연방은 독립을 선언했다. 1957년 헌법은 독립 후 말레이시아 공민권에 대한 자세한 규정을 두었다. 주요내용은 다음과 같다.

첫째, 자동으로 공민권을 취득할 수 있는자. ① 독립일 전, 1948년의 말레이연방조례에 따라 이미 공민권을 획득한 자, ② 독립일 혹은 독립일 이후 말레이연방에서 출생한 자.

둘째, 공민의 처와 자녀를 공민으로 등록할 조건, ① 독립일 전 말레이연방에서 출생하고 신청 전 7년 이내 적어도 5년 이상 말레이연방에 거주하고 기본적인 말레이어문지식을 갖고 연방에 충성을 선서할 것을 원하는 자, ② 말레이연방 이외 지역에서 출생하고 신청 전 12년 내에 8년 이 지역에서 거주했으며 기본적인 말레이어문지식을 갖고 있을 것, 그러나 만약 신청자가 나이가 만 45세에 이르고 동시에 독립 후 1년 내 신청하면 말레이어시험을 면제한다.

셋째, 공민을 신청할 조건 ① 21세 이상이고, ② 품행이 양호하며, ③ 신청일

전 12년 이내 10년을 연방 내에 거주할 것, ④ 연방에 영구 거주를 원할 것, ⑤ 말레이어에 능숙할 것. 새헌법은 또 공민은 반드시 연방에 충성을 바쳐야 하고, 기타 국가의 국적 및 권리를 포기해야 한다고 규정했다. 1957년 독립헌법은 기본적으로 공민권이 국적과 동등하다고 규정하고 있다.

말레이연방이 독립 후 화교화인단체들은 적극적으로 화교들의 국적취득을 독려하였다. 1958년 8월 공민권을 신청한 사람은 모두 1,003,831명으로 이 가운데 화교가 803,064명으로 전체의 80%를 차지했다.[31)]

1980년 인구센서스결과 중국에서 태어난 화교화인의 숫자는 말레이반도 화교화인 총수의 6.5%에 불과했고, 이미 반도의 화교 98%는 말레이시아 국민이 되었다.[32)]

4. 필리핀화교의 신분변화

1946년 필리핀이 독립한 후 민족주의 정서가 부단히 높아지면서 排華운동이 상당 기간 지속적으로 나타났다. 필리핀 국적을 가진 사람은 경제적 권익을 누리나(가령 부동산 구입이나 직업선택 등) 외국교민(이 가운데 90%가 화교)이 필리핀 국적을 취득하는 것은 엄격히 통제되었다. 1975년 귀화방안이 수정되기 전까지 외국교민이 필리핀 국적을 취득하기는 매우 어려웠다. 국적취득 법령 자체가 매우 복잡하고 또한 시간이 많이 소요되는 과정이었기 때문이었다. 즉 신청인이 법원에 국적취득 신청서류를 제출하면 각종 심사단계를 거쳐 정식 허가를 받을 때까지 200여 차례 서명과 적어도 3년 혹은 그보다 더 많은 시간이 소요되었다고 한다.[33)] 둘째, 금전적 부담이 컸다. 변호사 비용과 각종 수속비용을 합쳐서 통상적으로 국적취득에 3만~5만페소가 소요되었고, 이는 자동차 한 대 값과 맞먹을 정도였다는 것이다. 셋째, 국적취득 조건이 까다로워 소수의 재력가나 지식인 정도가 이 장벽을 넘을 수 있었고, 수속과정에서 사법부문의 부패와 부조리가 만연했다는 지적이다.[34)]

그러나 1970년대에 진입하면서 미국과 중국의 관계 개선 등 국제정세의 변화와 이어 중국과 동남아지역의 대립국면의 개선 등의 변화로 화교들이 겪는 입적의 어려움이 완화되는 새로운 전기가 마련되었다. 동서해빙과 동남아 국가들과 중국의 수교 등에 자극받아 필리핀과 중국의 수교문제도 양국의 현안으로 등장하게 되었다. 이런 와중에 필리핀 당국은 화교들의 국적취득 문제에 적극적으로 나서기 시작했고, 화교들의 귀화문제 해결에 속도를 내기 시작했다. 이는 수교이후 화교들 가운데 친중국 경향이 나타나고 이들이 필리핀과 관계가 소원해질 것을 우려해 수교이전에 화교문제를 해결하기 위한 것이었다.

1975년 4월 11일 필리핀과 중국이 수교하기 전 마르크스대통령은 270호 대통령령을 반포, 행정수단을 통해 화교들의 집단 국적취득 문제를 해결하였다. 법령은 외국교민의 국적취득 조건을 완화했고 입적과정 절차를 간소화하였으며, 대통령 산하에 특별귀화위원회를 설치해 외국교민의 국적취득 신청을 접수하였다.

02 점증하는 동화압력과 화교 정체성 – 언어

제2차 세계대전 이후 독립을 쟁취한 동남아 대부분 국가들은 국가의 통합과 발전을 위해 외국교민(특히 화교)에 대한 나름대로의 고려, 국제정세의 흐름과 변화 등을 감안해 자국민으로 받아들이게 된다. 그러나 이 과정도 단시간에 걸쳐 끝난 것이 아니고 국가별로 국내외 상황에 따라 우여곡절을 겪었다. 그러나 더욱 중요한 문제는 외국교민의 국적 취득보다 이들이 과연 국적 취득 이후 확실히 거주국을 향한 정치지향성을 가질 것인가, 국가에 지속적으로 충성할 것인가 하는 점이었다.

한 나라의 말은 국가와 민족의 문화를 담고 있는 매체이기도 하지만 동시에 말 자체가 문화의 큰 부분을 차지한다. 외국교민이 지속적으로 자신의 모국어를 쓰고 이를 자손에게 전수하면 거주국으로의 동화는 사실상 어렵다는 것이 보편적인 인식이었고, 동남아의 새로 독립한 국가나 태국도 마찬가지 관점을 가졌다. 외국교민의 국적문제로 많은 에너지를 쏟은 민족정부는 이제 새로 국적을 취득한 외국교민을 자신의 국가에 충성하게 하며, 자신을 향한 정치지향성을 유지하도록 하는 거대한 동화작업에 나서게 된다. 동화의 핵심은 바로 외국교민의 자국민 자손들에게 그들의 모국어가 아닌 새로 국적을 취득한 거주국의 언어를 교육하는 것이었다. 거주국의 언어교육은 언어 자체에 거주국의 역사와 문화가 포함되어 있어 외국 교민 후예들의 가치관 형성에도 직접적인 영향을 미칠 수 있게 된다.

제2차 세계대전 이전까지 동남아의 식민세력은 화교들이 그들의 자제에게 중국어와 방언을 교육하는 것에 대해서는 적극적인 고무도 않았지만 그렇다고 특별한 규제를 가하지도 않았다. 이것이 식민지경영과 직접적으로 큰 관련이 없다고 보았기 때문이다. 이런 식민당국의 태도에 따라 화교들은 여러 경로를 통해 동남아 각 화교거주지에 화문학교를 세우고 화교 자제들에게 고국의 말과 전통가치관을 가르쳤다. 이로 인해 동남아에서 태어난 화교 2세들이 중국인으로 정체성을 확고히 유지할 수 있었다.

그러나 제2차 세계대전 이후 동남아 국가는 어느 하나 예외 없이 화교들이 시행하는 화교 자제들에 대한 중국어 교육을 폐지시키거나 극도로 축소시켰다. 즉 동남아 각 지역에 설립된 대부분 화문학교가 폐쇄되었고, 화교자제들은 원주민의 학교나 혹은 영어권 학교로 보내져야 했다. 1949년 대륙이 공산화되고 동남아 자유진영과 정치이데올로기가 달라지면서 동남아 많은 국가와 중국 간의 인적교류는 완전히 단절된다. 즉 신규로 중국 대륙으로부터 중국인의 유입이 없는 가운데 동남아 현지에서 중국어 교육기관이 모두 폐쇄되고 현지어를 사용하는 화교후손들이 늘어나면서 동남아의 중국계 혈통 인구는 빠르게 현지로 동화되어 갔다. 물론 이들이 비록 중국어를 잊고 중국적인 가치관을 많은 부분 상실했지만 조상에 대한 제사나 돼지고기를 먹는 관습, 기타 일부 문화는 온존되기도 했다. 그러나 이제 대륙이 아닌 동남아 현지에서 태어나고 현지교육을 받고 현지문화를 내면화한 화예들은 더 이상 대륙에서 건너온 그들의 조상과는 이미 민족적 성분이 상당히 달라졌고, 중국인으로서의 특성은 아주 많은 부분 탈색되었다. 그렇다고 이들이 완전히 토착민으로 동화되었다고 보기도 어렵고, 결국 동남아 현지에서 또 다른 소수민족의 하나로 정착되었다고 볼 수 있을 것이다.

1. 태국 화예의 언어와 문화

태국은 중국인의 태국 이주를 환영하고 그들이 태국에서 자유스런 경제활동과 일상생활을 보장하는 등 태국인보다 더 우대조치를 취했다. 예를들면 거주와 여행의 자유가 중국인에게 주어졌으나 태국의 농민들은 토지에 묶여 거주지를 함부로 옮길 수가 없었다. 그러나 태국 당국자들은 중국인의 숫자가 태국에서 급격히 늘어나면서 그들이 자신의 문화를 온존시키는 것은 국가 통합에 결코 바람직하지 않다고 판단하고 다른 식민지 동남아 국가에 앞서 가장 먼저 화교에 의한 2세의 중국어 교육에 대한 규제에 나선다.

태국정부는 1918년 화문교육에 대한 제한을 시작하였고 이에 대한 관리를 강화하였다. 이 시기 이전 태국당국은 화문학교의 건립과 운영에 대해서는 방임적인 태도를 취했다.[35)]

1918년 4월 태국정부는 제1부 〈民校조례〉를 반포했다. 이 조례는 모두 5절 33개 조문으로 구성되어 있는데, 이 가운데 중요한 규정은 다음과 같다.

① 민립학교의 이사는 학생이 보통 태국어를 완전히 익힐 수 있도록 교수하여야 한다. 학생을 양호한 국민으로 양성해야 하고, 애국심을 배양해야 하며 적어도 국가정세와 역사지리 과목을 충분히 익힐 수 있도록 해야 한다.

② 민립학교 교장의 자격은 보통 태국어에 능숙해야 한다는 것이다.

③ 태국 글을 모르거나 태국 글 시험에 불합격한 화문교사는 사퇴, 퇴출시켜야 한다.

④ 만약 민립학교가 이 본 법률과 교육당국의 유권명령을 위배할 경우 일시적 혹은 영구적으로 폐교 조치한다.[36)]

그러나 이 조례가 반포된 초기에는 조례가 엄격히 집행되지 않았고, 화문학교가 단지 태국인을 교장으로 초빙하고 매주 태국어 교육을 몇 시간 배정하면 별 문제가 되지 않았다.

1922년 태국 정부는 〈강제교육실시조례〉를 반포하여, 7세에서 14세 사이의 아동은 반드시 태국어문 초등학교 4학년과정까지 강제적으로 교육을 받도록 규정하였다. 이 조례의 목적은 교민에게도 초등학교 교육을 보급시키고, 이를 학령 화교 자제에게도 적용하기 위한 것이었다.[37)]

절대군주정을 유지했던 태국에 1932년 군사정변이 발생했고, 이어 성립된 신정부는 사상문화 측면에서 화교자녀들을 동화하는 방안에 주의를 기울였다. 신정부는 엄격하게 〈강제교육실시조례〉를 시행하였다. 그 주요내용은 매주 태국어 교육을 25시간 실시하되 화문에 대해서는 주당 6시간을 초과할 수 없도록 했다. 또 화문학교의 중국어교원의 태국어 실력은 초등학교 3학년 수준에서 4학년 수준으로 높였다. 이밖에 신정부는 자주 감독관을 파견하여 일선 화문학교를 감독하고, 일부 규정을 못 지키는 화문학교는 모두 수업을 정지시키고 폐교 조치하였다. 통계에 의하면 1933~1935년 태국 화문학교는 모두 79곳이 폐쇄되었다.[38)]

1938년 이후 피분이 집정한 후 아주 강한 배화정책을 채택하였고, 화문교육에 대해서는 더욱 압박을 가했다. 1939년 4월 태국 교육부는 화문학교가 매주 2시간 범위 내에서 화문교육을 하도록 했다. 같은 해 8월 피분정부는 대규모로 화문학교를 폐쇄하였고, 연말까지 폐쇄된 화문학교는 285곳에 달했다.

제2차 세계대전 이후 태국 정부는 잠시 화교의 각종 활동에 대해 방임적 태도를 취했다. 이전에 폐쇄된 학교도 다시 문을 열었고 새로 개설된 화문학교도 적지 않았다. 1946년 1월 중국과 태국 간에 중국-태국우호조약이 체결되면서 화문교육에 대한 제한이 완화되었다. 이어 태국 각지에서 화문학교가 우후죽순처럼 등장했고, 7월에 태국 전역에서 화문학교는 300곳으로 늘어나게 되었다. 연말에는 500여 곳으로 늘어났다.

1947년 피분이 다시 권력을 장악하면서 다시 화문교육에 대해 제한을 가했다. 그는 1948년 5월 각급 화문학교에 다음과 같은 명령을 내렸다.

① 화문학교의 중문과정은 매주 수업시간이 10시간을 넘을 수 없다.
② 화문학교의 교주와 교장은 반드시 태국인이어야 한다.
③ 화문학교는 반드시 태국 교육부가 편집한 중문교본을 사용해야 하고, 이 가운데 중국역사, 문화 및 풍속 등은 모두 취급해서는 안 된다.
④ 무릇 모든 화문학교는 〈민립학교조례〉에 의해 등록해야 한다.

전후 출생하여 성장한 태국 3대 화교는 그들의 앞선 세대와는 완전히 다른 언어환경에서 성장하였다. 화문학교는 완전 폐쇄되었고, 화문을 전파할 매개체도 엄격히 제한되었고 태국민 자녀와 같은 학교에서 교육을 받으면서 함께 성장했다. 태국어가 이미 그들의 모어가 되었고 보통어는 결코 말할 수가 없었다. 단지 몇 마디 차오저우어나 기타 방언을 좀 구사할 정도였다.[39] 한 태국학자가 1980년대에 태국 각 민족의 인구, 풍속관습을 조사 연구한 바에 의하면, 조사대상 화인 1,640명 가운데 약 84%의 화인이 태국어를 그들의 모어로 생각하고 있었고, 10% 정도만이 중국어를 모어로 생각하였다. 화인들이 생업현장에서 태국어를 사용하는 비율은 95% 정도로 나타났다.[40]

화교와 토착민의 관계가 가장 모범적이고 갈등이 적은 태국에서는 태국 당국의 동화노력에 의해 태국 화교 후예들은 위의 조사결과와 같이 대다수가 태국인으로 동화한 것으로 지적된다.

2. 인도네시아 화예의 언어와 문화

제2차 세계대전이 끝난 후 아주 짧은 시간 인도네시아 화교정부는 화인의 언어교육에 대해서 방임적인 정책을 택했다. 이 시기 독립정부는 네델란드 식민세력과의 독립전쟁을 둘러싸고 무장투쟁을 전개해야 했기 때문에 역량을 이 부분에 집중할 수밖에 없었기 때문이었다. 1950년 통일된 인도네시아 공화국이 성립된 후 수카르노대통령이 영도하는 정부는 외국교민과 관련된 정책을 마련, 화문교육에 대해 규제를 가했다. 주요 내용은 다음과 같다.

첫째, 화문학교에 대한 자금지원을 취소했다. 인도네시아 당국은 1950년 7월부터 원래 네델란드 식민세력이 통제하였던 연방구역의 화문학교에 대한 보조를 취소했다. 인도네시아 교육부가 규정한 인도네시아 국적의 화예가 세운 학교는 정부가 경비의 80%를 보조했으나, 중국국적의 화교가 설립한 학교는 자금지원이 없었다.

둘째, 감독과 관리를 강화했다. 외국교민이 설립한 학교는 반드시 정부에 등록하고 정부의 감독을 받도록 했다. 1955년 1월 인도네시아 정부는 〈외국교민 사립학교 감독조례〉를 발표했고, 그 주요내용으로는 ① 외국교민이 세운 학교는 초등학교 3학년부터 반드시 인도네시아어를 필수과목으로 매주 4시간 교육하여야 한다. ② 초등학교 5학년부터 매주 인도네시아 역사와 지리를 한차례 수업하여야 하고 중 · 고등학교에서는 인도네시아 동급학교의 인도네시아 역사와 지리과목의 25% 분량을 교수해야 한다. ③ 화문학교에서는 어떠한 인도네시아 안전을 위배하는 정치활동을 해서는 안 된다는 내용이 규정되었다.

셋째, 각기 다른 국적을 가진 학생은 같은 학교가 아닌 다른 학교에서 수업을 받는다. 1957년 이전 정부는 일부 인도네시아 국적의 화예학생이 화문학교에서 학습하는 것을 허락하였다. 그러나 같은 해 11월 〈감독외국교민교육조례〉를 반포, 국적이 다른 학생은 다른 학교에서 교육을 받도록 제도를 바꿨다.

넷째, 교사는 반드시 인도네시아 어문시험에 통과해야 하고, 자격증을 획득해야 교원이 될 수 있다.

다섯째, 일부 화문학교를 규제하였다.[41]

1959년부터 인도네시아 각지에서 배화움직임이 거세지면서 화문학교는 군

정당국에 의해 각종 명의와 수단에 의해 폐쇄되었고, 학교수업은 중단되었다. 1959~1960년 사이에 화교학교의 72%가 문을 닫았다. 이어 1967년 인도네시아 정부는 "외국사절이 그들의 가정 성원을 위해 개설한 학교를 제외하고 외국학교는 설립할 수 없다"고 규정하였다. 이 조치로 인도네시아에서 화문학교는 완전히 없어졌다.[42)]

이후 특종학교라는 아주 제한적 의미에서의 화문교육을 실시할 수 있는 학교가 설립되었으나 학생이나 육성회의 구성과 교과과정에서 많은 제약이 따랐다. 1969년 설립된 이 학교도 인도네시아 정부의 우려 가운데 1974년 인도네시아어로 교육하는 학교로 개조되었다. 이제 화교화인 가정에서 화예들에게 중국어를 가르칠 수 있는 통로는 가정교사를 두어 중국어 교육을 시키거나 아니면 말레이시아나 대만으로 유학을 보내는 길 뿐이었다.

1990년대에 접어들면서 화문교육 환경이 크게 변화했다. 중국과 인도네시아 간에 외교관계가 회복되고 양국의 무역교류의 증가와 경제협력의 발전으로 중국어에 대한 수요가 인도네시아에서 크게 늘어나면서 인도네시아 당국은 국제정세의 변화에 따라 국부적으로 화문교육에 대한 제한을 완화했다. 또 대학에서도 중국어 전공을 설치하고 중국어에 능숙한 인재를 양성하기 시작했다. 1994년 8월 인도네시아 정부는 일정 범위에서 중국어 사용의 금령을 해제했다.

3. 말레이시아 화예의 언어와 문화

제2차 세계대전 이후 말레이지역에서 토착 말레이인이 보는 화교들의 중문교육은 중국민족주의의 표현으로 간주하였고, 중국 대륙이 공산화된 이후에는 공산당의 해외확산이라는 시각에서 보기도 하였다.[43)]

제2차 세계대전 이전 말레이지역의 화문교육이 상당히 발전했지만 그 대부분의 교육기관은 화문 초등학교였고, 화문 중 · 고등학교 단계의 교육기구는 아주 적었다. 비록 중 · 고등단계의 교육이 이뤄졌다 해도 거의 대부분이 중학과정이었다.

제2차 세계대전이 끝나고 일본제국주의에 의해 폐쇄되었던 수많은 화문학교가 다시 문을 열게 되었다. 전쟁이 끝난 후 전쟁 전 방언집단별로 구분되었던 화문학교가 복구되는 과정에 방언집단별 구분이 약화되었고 소형학교가 점차 대형화되는 변화를 보였다.[44] 동시에 말레이 화문학교 수도 급격히 늘었다. 1946년 말레이지역에서 화문학교는 1,000여 곳으로 학생 수는 16만 8천여명이나 됐다.[45] 이처럼 전후 중국어 교육이 매우 활발해지고 학교 숫자가 급격히 늘어난 것은 전후 중화민국의 부상과 연관이 있다. 말레이 화교들은 중국인으로서의 자부심으로 중국어 학습에 열심이었고, 중화민국도 말레이 각 지역의 화문교육을 위해 1946년 4백만달러의 거액을 출연하기도 했다.[46]

제2차 세계대전이 끝나고 영국지배하의 말레이 식민지정부는 화문교육에 대한 지지 의사를 표시하였고 말레이 지역의 각 민족은 자신의 모어를 학습하여 자신의 문화유산을 풍부하게 할 것을 강조했다.[47] Cheeman이 제출한 교육정책백서의 주요 내용은 다음과 같다.

① 초등교육은 무료로 하고 모어(말레이어, 중국어, 인도어, 영어)를 교학의 언어로 사용한다.
② 모든 학교에서 영어를 교육한다.
③ 남녀교육과 기회균등 등이 포함되어 있다.

제2차 세계대전 이전 초등학교 위주의 화문학교는 전후 점차 중·고등교육 중심으로 발전하게 되었다. 전전 설립된 중·고등학교 모두 복교되었고 새로운 중·고등학교도 속속 등장하였다. 1959년 말레이연방이 독립을 선언했을 때 연방 내에 화문 중·고등학교는 60곳에 달했고, 싱가포르에도 23곳의 중·고등학교가 있었다. 이어 1961년 기준으로 말레이에는 모두 150곳의 중·고등학교가 존재하였다.[48]

토착 말레이인들의 민족주의가 고조되면서 영국 식민지 정부도 화문교육에 대한 규제정책을 내놓게 되고, 말레이내의 공산당 활동이 이어지면서 반정부 언론활동에 대한 규제가 강화되었고 동시에 화문교육에 대한 통제도 강화되었다. 이런 와중에 말레이 교육관련 위원회의 위원장인 Barnes 는 이른바 바네스 보고서를 채택, 말레이 교육방향에 대한 큰 줄기를 제시했다. 이 보고서는 말레이지역에 영문이나 말레이문을 교학의 매개로 사용하는 국민형 학교교육을 제시했다. 즉 영문이나 말레이문을 교육매개의 원칙으로 삼고, 화문과 타밀어는 제 3종의 어문으로 규정하여 화문학교나 타밀어학교를 정부교육제도에서 배제하였다.[49)]

보고서는 말레이어를 중심으로 언어교육을 시행해야 한다는 것으로 이민족인 화교와 인도인들의 민족언어 교육 욕구를 배제하는 것이었다. 화교화인 사회는 이 보고서가 발표되자마자 강렬한 반대의사를 표시하면서 이는 화교교육에 대한 사형이자 화교문화를 소멸시키려는 의도라고 반발했다.[50)]

1954년 영국식민정부는 화교들의 반발에도 불구하고 〈1954년 교육정책백서〉를 반포하였고, 이 가운데 6년 이내에 화문학교를 영문이나 말레이어를 매개로 하는 초등학교로 개조하는 구체적인 조치를 담았다.

1957년 말레이시아는 독립했다. 독립 후 말레이시아 정부는 가장 긴박한 임무로 정치적으로 각 민족이 공동의 국가의식을 갖는 것으로 보았고, 교육은 이를 위한 유효한 수단이라고 생각했다. 이런 배경에서 말레이시아 정부는 1956년 9월 교육정책과 관련된 라자크보고서를 발표했다. 주요 내용은 앞으로 말레이시아에서 교육정책의 최종적 목표는 각 민족의 아동들에게 전국적인 교육제도 하에서 말레이어문을 주요 교학의 언어로 채택한다는 점이었다. 이에 대해 화교사회는 강한 반발과 함께 화문으로 화교자제를 교육시킬 권리 보장 등을 요구하며 말레이시아 당국과 지속적인 논쟁과 권리투쟁에 나서게 되었다.

이어 1967년 말레이시아 정부는 국어법안을 반포, 말레이어를 국어로 또 유일한 관방언어로 규정하였다. 1969년 발표된 Aziz 보고서는 교사의 최저자격요건을 말레이시아 고등학교 졸업이상의 학력을 요구하였고, 원래 교사자격을 가진 등록된 교사들로 말레이시아 고등학교 학력을 가지지 못한 2만 5천의 교사들은 3년 내에 자격을 취득해야 하고, 자격을 획득한 사람은 누구라도 공무원으로 처우하기로 했다.[51] 이런 규정의 영향으로 화문학교의 교육은 위축되기 시작했다. 1958년 정부의 자금지원을 받는 화문학교와 사립 화교화인 초등학생 숫자는 388,142명이었으나 1967년 이 숫자는 359,955명으로 줄었다. 화문독립중학교의 상황은 더욱 어려워졌다. 학교숫자가 1960년 53곳에서 1970년 38곳으로 줄어들었을 뿐 아니라 대량의 낙제생(국민중학 입학시험에 떨어진 화문학교 학생이 전체의 70%를 차지)을 모집한 결과 교육의 질이 떨어졌다. 또 교육 경비도 부족한 가운데 교사에 대한 대우도 크게 저하되어, 우수교사는 학교를 떠나는 등 학교에 악성순환현상이 나타났다. 이런 객관적인 각종 교육지표로 화교사회에서나 학부모 모두 이들 독립중학에 대한 인상이 극도로 나빠졌다.[52]

화인사회 지도자들은 화문교육에 대한 위기를 근본적으로 해결하기 위해서는 화문을 관방언어로 편입시켜야 한다는 생각을 갖고 적극적인 움직임을 보였으나 이는 결코 채택되지 않았다.

1969년 5.13사건이 터진 후 말레이시아 정부는 종족충돌의 원인 가운데 한 가지가 바로 국민의 통일의식이 강하지 못한 탓이라고 보고, 이에 대해 교육부가 단계별로 국어(즉 말레이어)를 각급 학교 주요 교학 및 매개 언어로 하는 조치를 강화하기로 하고 언어교육을 통한 동화정책을 적극 추진하기로 했다.

이런 정책에 따라 영어학교와 영어는 말레이시아 교육체계에서 중요한 지위를 상실했고, 국민형 중학의 화문중학도 말레이어 중학으로 변경되었다. 그러나 화문 초등학교와 독립화문 중 · 고등학교의 지위는 그대로 유지되었다.

1970년대말 이후 화문 독립중 · 고등학교는 줄곧 60곳 정도 유지되었고, 학생수는 1973년의 35,094명에서 1982년 44,486명으로 늘었고, 1992년에는 58,212명으로 증가했다.

말레이시아 화문교육의 발전에는 여전히 몇 가지 문제가 있다.

첫째, 교육경비 문제이다. 교사는 낡았고, 도서와 설비도 부족하다.

둘째, 화문교육을 담당할 교사가 부족하다. 화문교사의 자질과 숫자 모두 수요에 비해 부족하다는 점이다.

셋째, 정부의 화문교육에 대한 태도가 매우 중요하다는 점이다. 80% 이상의 화인가장은 자녀들이 화문초등학교에서 학습하여 중국어에 대한 기초를 다지고 중·고등학교에서는 말레이어와 영어를 학습하여 3개 국어를 능숙히 구사하기를 바라고 있다. 말레이시아와 같은 다원 민족사회에서 다양한 언어의 구사능력은 사회생활에서 큰 경쟁력의 관건이라고 그들이 판단하기 때문이다. 또 근년 중국의 경제규모가 급격히 커지고 중국과 동남아의 교류가 활발해지면서 정부당국의 화문교육에 대한 규제는 많이 약화되는 추세에 있고, 화교의 후예가 아닌 토착민들도 중국어에 대한 관심이 고조되는 움직임을 보여주고 있다.

결론적으로 말레이시아의 화문교육은 상당히 잘 보존되었고 앞으로는 더욱 발전할 것으로 예상되된다. 말레이시아 정부의 관용적인 정책 이외에 화인사회의 단결된 힘이 오늘의 말레이시아에서의 화문교육의 발전을 가져온 가장 중요한 요소라고 지적할 수 있을 것이다.

4. 필리핀 화예의 언어와 문화

전후 필리핀의 화인교육사업은 말레이시아와 유사한 발전경로를 거쳐 왔고, 발전과정도 크게 두 시기로 구분이 가능하다.

필리핀에서의 화문교육은 오랜 역사를 갖고 있고, 동남아에서 가장 오랜 화문학교를 갖고 있는 국가이기도 하다. 또 일부 학교에서는 일찍부터 교내에 화문과 영문을 함께 가르치는 쌍중학제라는 교학체제를 유지하였다.[53] 특히 식민지정부가 화교들의 화문교육에 대해 방임적인 태도여서 화교들이 적극적으로 화문학교를 설립하는 등 제2차 세계대전 이전 필리핀에서 화문교육은 매우 활발한 모습을 보였다. 1940년 필리핀 내 화문학교는 모두 124곳이었으며, 대다수는 초등학교 과정이었고 아주 소수가 중·고등과정이었다.[54]

일본군이 필리핀을 점령한 약 3년 동안 화문교육은 중단되었고, 대전 후 경제의 회복과 함께 다시 화문교육도 회복되기 시작했다.

1946년 필리핀이 미국으로부터 정식으로 독립을 획득했다. 이어 1947년 4월 18일 중국과 필리핀은 중국-필리핀 우호조약을 체결하였다. 이 조약 가운데 계약 쌍방은 상대방 국가에서 학교를 설립하고 그 자녀들을 교육할 자유를 가진다고 규정하였다. 이 조약은 화문학교의 존재와 새로 설립할 합법적인 권리를 보장하였다.

그러나 정부당국은 1955년 좌경분자의 침투로 필리핀 국가안전이 위협받을 수 있다고 판단하여 화문학교에 대한 엄격한 감독을 제기하였고, 필리핀 외교부와 대만 주 필리핀 대사가 반복교섭을 통해 필리핀 내의 화문학교에 대한 학사운영과 감독에 대한 합의를 도출했다.

1956년에서 60년대 초에 걸쳐 필리핀 전역에 화문학교가 지속적으로 개설되었고, 1957년 화문학교 수는 160여곳, 교사와 학생수는 47,700명이었고, 1962년 필리핀에는 중 · 고등학교 19곳, 중학 33곳, 초등학교 173곳 등 모두 225곳으로 늘어났다.

법률의 각도에서 보자면, 화문학교는 모두 사립학교에 속하나 그 개설형식은 각기 다르다. 이 시기 화문학교의 개설형식은 다른 동남아 국가와 대동소이하나 스페인의 오랜 식민통치의 결과로 종교단체가 설립한 화문학교가 많다는 점이 한 특징이 되고 있다.

필리핀의 화문학교 개설형식은 크게 네 가지로 나눌 수 있다.

첫째, 화교사회가 공동으로 설립한 것으로 소규모 도시에는 일반적으로 한곳에 화문학교가 있다.

둘째, 종교단체가 설립한 것이다. 이 가운데는 천주교회가 설립한 것이 가장 많고 다음으로는 개신교회가, 이어 불교계 순이다.

셋째, 화교단체가 창립한 것이다. 이런 종류의 화문학교는 주로 마닐라에 많다.

넷째, 한명의 중심인물에 의해 설립된 것이다.

1973년 1월 필리핀 국회는 신헌법을 통과시켰다. 이 헌법 15조에는 "종교단체나 사절단과 자선단체가 설립한 학교 이외에 교육기구는 필리핀 공민이나 혹은 필리핀 공민의 자금이 60%이상 차지하는 단체만이 소유할 수 있다. 필리핀 공민이 교육기구를 관리, 통제해야 하고, 외국교민이 교육기구를 설립하는 것을 불허하고, 어떤 외국교민의 자제도 특정 학교의 학생 수의 3분의 1을 넘을 수 없다"고 규정하였다.

그러나 이 규정은 필리핀 화교들이 현지국적을 많이 취득하여 큰 제약이 되지 못했고, 화문학교는 순리적으로 필리핀화의 규정을 이행하게 되었다.

그러나 화문학교가 필리핀화로 초래된 가장 큰 변화는 화문교육과정의 제한이었다. 법령은 화문은 선택과목으로만 교수되었고, 수업시간도 매일 120분을 넘지 못하도록 했다. 그리고 법령은 '中國', '中華' 등의 글자가 들어간 학교명을 바꾸도록 했고, 교내에서는 단지 필리핀 국기만 게양하고, 필리핀국가만 부르며, 각 절기에는 반드시 필리핀의 전통관습을 지키도록 했다.[55] 정리하자면 필리핀화한 화문학교는 매주 600분의 화문교육을 제외하고는 나머지는 필리핀의 다른 사립학교와 완전히 같은 과정이었다.

필리핀화 이후 나타난 또 다른 변화는 화문학교의 지위가 확정되었고, 그 소유권은 필리핀 국적의 화인이고 주요 경비는 화인이 조달하며, 교사는 여전히 화인들이 자금을 출연하여 건설하는 등 필리핀 정부가 화인이 법률에 근거해 학교를 설립하는 것에 대해 관용적인 태도를 취한 점이다.

필리핀화 이후 또 나타난 화문교육의 변화는 이미 기울기 시작한 화문교육의 수준이 더욱 하강하여 화인자녀의 필리핀화가 가속화되었다는 점이다.

03 민족정부의 화교경제 규제

제2차 세계대전 이전 동남아 화교경제는 이미 1백년 가까운 시간 동안 그들의 근면과 절약, 적극적 상업활동, 지속적인 재투자와 확장 등의 노력으로 상당한 규모에 도달하였다. 태국의 경우 왕실무역 대행에 이어 각종 징세청부업과 쌀 관련 산업을 독점한 가운데 화교 자본은 점차 금융과 공업으로 뻗어나갈 정도로 상당한 축적을 보였다. 인도네시아와 말레이에서도 화교기업인들은 주석광산이나 고무플란테이션을 중심으로 다양한 분야에서 상당한 경제적 실력을 키우면서 토착민에 비해 우월한 경제지위를 구축하였다. 필리핀에서도 농업중심의 토착주민과 달리 상업과 무역업 등을 통한 화교들의 경제력이 이미 제2차 세계대전 이전 상당한 규모로 성장하였다.

그러나 제2차 세계대전이 종전되고 동남아에서 속속 민족독립정부가 들어서면서 토착민들이 정치권력을 장악하게 되었고, 새로 권력을 담당한 토착민들은 특히 화교와 토착민들의 경제격차에 주목하게 되었다. 새 집권층은 국가경제발전과 민족간의 현저한 경제력 격차 해소를 위해 화교들에 대한 제한적인 경제정책을 수립, 시행하게 된다. 즉 전후 초기 독립정부의 경제정책은 화교경제력을 억제하고, 토착민에게 더욱 많은 경제적 기회를 주는 방향으로 정책이 주로 수립되었고, 특정 국가에서는 정책이 아주 가혹하여 화교들의 생존에 엄청난 충격과 고통을 던져 주었다. 예로 인도네시아에서 시행한 화교의 소매업 종사 금지 등의 조치는 화교들의 삶을 밑동부터 뽑아내는 것으로 실제 생존에 큰 위협이 되었다. 많은 화교들이 이 정책의 시행으로 어쩔 수 없이 거주지를 떠나 대륙이나 홍콩, 대만 등으로 재이주에 나서기도 했다.

1. 태국 화교에 대한 경제정책

일찍이 태국당국에 의해 시행된 화교에 대한 제반정책은 매우 우호적이었고,

자국민보다 더 우대책을 채택, 시행했다.

그러나 20세기 10년대부터 태국 민족주의가 발흥하면서 경제방면에서 화교에 대한 관리 강화가 요구되었고, 20년대부터는 규제정책이 시행되기 시작했다. 1932년 태국에서 군사정변이 발생하고 정치체제가 절대군주제에서 입헌군주제로 전환되면서 화교경제를 제한하는 일련의 정책 구상에 이어 화교기업인에게 비교적 높은 소득세가 부과되기 시작했다. 1936년 태국정부는 〈상업등기조례〉를 반포하고, 태국 내에서 활동하는 어떤 회사라도 등기할 것을 규정하고, 이를 위반할 경우 500바트의 벌금을 부과한다고 규정했다. 이는 화교의 각종 상업 활동을 규제하기 위한 목적이었다.[56)]

피분이 1938년 권력을 장악한 후, 경제의 타이화를 내걸면서 화교들이 영위하는 주요한 경제영역에서 이들을 배제하기로 했고, 제일 먼저 취한 조치가 징용이나 구매의 방식으로 화교들의 정미업을 확보하여 태국미업공사를 건립한 것이었다. 이 회사의 주식지분의 51%는 정부가 소유하고 기타 주식은 태국국적을 갖는 주주가 소유하였다. 이 회사는 국영철도가 운반하는 벼의 우선구매권을 갖고, 또 가장 낮은 세율을 적용받았다. 1939년 이 회사는 11개의 정미소를 확보하였고, 이후 27개 정미소로 커졌다.[57)]

그러나 태국인들은 정미소를 경영, 관리해본 바가 별로 없어서, 태국 정부는 부득이 하게 화교기업인의 힘을 빌어 태국미업공사를 경영하였다. 이밖에 화교들의 목재제재소와 다른 기업을 구매하는 과정에서도 마찬가지 상황이 발생했다. 이는 결국 피분이 집정시기에 강제수단을 동원해 경제의 타이화를 추구하려 했지만 경제현장에서 화교들의 역할과 작용을 결코 배제할 수 없었다. 여러가지 요소를 고려하고 타이민족의 이익을 위해서라도 결국 경제정책은 민족의 단위가 아닌 국적을 기준으로 구분해서 처리, 시행하게 되었다.[58)] 이점은 전후 인도네시아 민족정부의 화교에 대한 경제정책과 아주 대조되는 부분이다.

이밖에도 〈식염조례〉, 〈연초조례〉 등을 제정해 이들 산업에 대한 엄격한 관리와 함께 중과세했고, 〈식용가축도살조례〉를 만들어 외국교민이 이 사업을 하지 못하도록 막아 태국인만이 도살업과 돼지고기 도매상을 할 수 있도록 했다.

〈간판조례〉, 〈신국세법〉을 제정하여 점포세를 대폭 높이고, 간판도 간판면적에 따라 세금을 부과하되 태국어 간판은 아주 저렴하게 그러나 다른 말로 쓰면 무려 10배 이상의 세금을 물렸다. 이 모두 화교상인을 겨냥한 조치였다. 이밖에 화교에게는 어업면허 지급도 정지되었고, 〈기동차량관리법〉은 태국국적을 갖지 않는 사람은 택시영업면허를 취득하지 못하도록 했다.

제2차 세계대전이 한창 진행되고 있던 1942년 태국 정부는 〈보류직업조례〉를 반포, 27종의 직업은 태국인만 담당하도록 하고, 외국교민(주로 화교)은 90일에서 1년 이내에 이들 직업에서 떠나도록 규정했다. 1943년에는 〈외국교민토지법〉을 반포하여 외국교민이 가질 수 있는 토지최고면적을 규정했다. 이법은 사실상 화교들이 자유롭게 토지를 매매하거나 보유하는 것을 제한하기 위한 목적이었다.[59)]

제2차 세계대전 이후 〈폭리방지조례〉, 〈일부분 상품수출 통제조례〉 등이 공포되었고, 이 규정도 주로 화교상인들을 겨냥해 만들어졌다.

또 1949년 2월 〈제1회 직업보류법령〉을 반포하고 태국인들이 영위할 직업으로 불상의 제조, 상감기구 제조, 칠기용구 제조, 삼륜차 운송업, 삼륜차나 택시의 운전기사, 벼농사, 염전의 경영, 이발, 태국어 식자공 등의 업무는 태국민만 담당하도록 했다. 이어 이와 비슷한 직업보류조례는 많이 등장하였다. 이후 토지법과 국세법의 수정법이 나타났고, 자유스런 화교의 환전업무에도 제한을 가했다.

제2차 세계대전 이후 태국 정부가 화교경제를 제약한 또 다른 중대한 조치는 어떤 중요한 경제부문에 대한 독점경영을 실시한 점이다. 앞서 지적한 泰米공사가 정부가 경영한 독점경영의 효시로 볼 수 있고, 이밖에도 여러 가지 사업을 정부가 독점 경영하였다. 예를 들면 태국 정부는 1951년 7월 목재수출을 금지하는 동시에 산림청 직속의 하나의 삼림관리기구를 발족시켰고, 이 기구가 태국 전체의 벌목경영을 통제하도록 하였다. 또 하나의 대형 목제제재소를 건립하여 티크목재를 독점, 가공하였고 몇몇 제재소를 건립해 다른 목재를 종합 가공하였다.

1950년대 초 피분 정부는 운수회사를 설립하고, 이 회사가 태국 육상운수회사를 독점 경영하여 당시 태국의 300곳 화교자동차운수회사는 아주 어려운 상황에 몰리게 됐다.

이처럼 외국교민들의 경제활동이 갈수록 규제받는 상황에서 화교는 자신의 생존과 발전을 위하여 각기 다음과 같은 방식으로 새로운 환경에 적응하였다.

① 일부 노쇠한 화교상인들은 기업이나 직업을 태국국적을 가진 자녀에게 승계시키고 경영을 맡겼다. 이 과정을 통해 화교경제는 이제 태국국적을 가진 화인경제 혹은 화예경제로 전환되었고,

② 경영상의 편리와 보호 그리고 기업의 장기생존을 위해 절대다수 화교 공상업자들은 서둘러 태국국적을 취득했고, 이로써 태국인과 동등한 우대정책을 수혜하게 되었고, 화교화인의 경제가 진일보 성장하는 계기가 되었다.

③ 직업보류법령에 규정된 직업을 가진 화교는 태국국적을 취득하거나 아니면 이런 규제가 없는 직업으로 바꿨다.

④ 전후 태국 관료자본은 태국 국민경제에서 차지하는 비중이 상당히 컸으나 기업경영에서 필요한 능력이나 경험이 부족하여 부득불 경영경험이 풍부한 화교 상층부 공상업 기업가와 협력하게 되었다.[60]

즉, 고위관료는 화교상인의 정치적 보호세력이 되었고, 각종 정부의 인 · 허가에 큰 편리를 주었으며 화교자본은 자금력으로 태국 정치세력을 후원하게 되는 등 화교상인의 경제력과 태국 관료의 정치적 권력이 서로 결합하는 모습을 보이게 되었다.

2. 인도네시아 화교에 대한 경제정책

네델란드 동인도 시기 인도네시아의 화교경제의 기본 성격은 중개상으로서의 역할이 강했다는 점이다. 제2차 세계대전 이후 인도네시아에 민족독립정부

가 들어서고 정부당국은 원주민 위주의 경제정책을 수립, 시행하는 과정에 화교경제는 심각한 어려움에 봉착하게 된다.

제2차 세계대전 후 인도네시아의 화교화인 경제를 시기별로 구분한다면 수카르토 집정시기(1945~1965년), 수하르토 집정시기(1966~1998년)와 민주화시기(1998년 이후)로 구분할 수 있다.

제2차 세계대전이 끝나고 인도네시아가 네덜란드와 치열한 독립전쟁을 진행하는 4년 동안 인도네시아 당국은 제민족의 단결과 식민세력에 대한 대항을 위해 각 민족을 통합하는 시책을 폈고, 對화교화인정책도 비교적 느슨하고 고무적인 경제정책을 시행했다. 그러나 네덜란드가 정권을 완전히 인도네시아 당국에 넘긴 후부터는 화교의 경제력을 제한하는 방향으로 정책이 전환됐다.[61] 주요한 몇 가지 화교경제규제 정책은 다음과 같다.

① 인도네시아 공민을 원주민과 비원주민으로 구분, 민족자본을 보호하고 비원주민자본에는 타격을 가한다.(주로 화교자본) 이 경우 인도네시아 국적을 취득했는가 여부는 중요하지 않다.

② 외국교민의 수입기업을 제한한다. 인도네시아 정부는 1950년 자본의 70%가 인도네시아 원주민에게 속한 기업은 '보루'수입상으로 정부가 보호한다고 규정했다. 이들은 외화의 10%를 우선 획득하고, 십여종 상품의 수입특권을 누리며 또 정부측으로부터 공업발전을 위한 대출도 받는다. 이 정책의 시행으로 화교경제는 큰 영향을 받았고, 1953년 7월 이전 수입업무의 대부분을 조종하던 외국국적 상인이 이후 큰 폭으로 영업이 하강했다. 가령 수입총액을 보면, 1952년 외국국적 상인이 전체의 57.3%, 민족수입상이 42.7%를 차지했으나 1953년 9월 1일에서 11월 7일까지 외국국적 상인의 비중은 23.8%, 민족수입상은 76.2%로 높아졌다.[62] 1955년 12월 정부는 조례를 반포, 외국교민 수입상은 보증금 500만 루피아를 보증금으로 인도네시아 은행에 예치하도록 했고, 결과적으로 4개의 화교수입상만 보증금을 예치했을 뿐 나머지 1천여 화교수입상은 보증금을 내지

못해 영업정지를 당했다.[63)]

③ 1958년 6월 정부는 외자공상업 등기조례를 시행하면서 27종의 외자기업은 일정한 연한 내에 이를 민족공상업자에게 기업을 넘기도록 규정했다. 이런 업종에는 방직공장, 담배공장, 인쇄공장, 제빙공장, 고무공장, 정미소 등이 포함되어 있다. 이들 업종 대부분은 화교들이 경영하였고 화교공상업에 엄청난 타격이 되었다.[64)]

④ 수카르노 통치 시기 화교들에게 가장 영향이 큰 재난적인 조치는 외국교민은 현 이하 지역에서 소매업을 못하도록 금지한 것이다. 이는 화교화인의 대중소기업에 대한 규제에 이어 인도네시아 정부가 화교경제에 타격을 가할 대상을 화교소상인에게까지 미쳤다는 점에서 아주 주목된다. 1959년 5월 상업부장관은 현 이하의 외국교민 소매점은 반드시 연말까지 폐업하고 이를 인도네시아 원주민이나 합작사가 경영하도록 하는 명령을 내렸다. 당시 화교 소매상들은 약 8만 4천에 이른 것으로 집계되었다.[65)] 당시 인도네시아 외교부장관에 의하면, 80~90% 화교소상인은 향촌지역에 거주하였고, 이들 가운데 4분의 1은 이미 인도네시아 국적을 취득하였다.[66)] 당시 추산으로 이 정책조치에 의해 영향을 받은 사람은 대략 50만명에 이르고 이 가운데 13만명이 어쩔수 없이 중국이나 홍콩, 싱가포르로 이주했고, 이들 대다수가 다시 인도네시아로 돌아오지 않았다.[67)] 같은 해 8월 인도네시아정부는 돌연 루피아 환율을 절하하고 예금을 동결, 은행예금이 2만 5,000루피아 이상인 사람의 초과액 90%를 정부 발행의 200억루피아 채권기금으로 동결했다.

1959년 인도네이사 정부는 돌연 500루피아와 1,000루피아의 화폐를 각각 50루피아와 100루피아로 평가절하, 하룻밤만에 90%의 손실을 보게했다. 이 화폐가치절하 가운데 가장 큰 타격을 받은 사람들은 바로 화교소상인이었다. 왜냐하면 이들은 위의 소매업 중지 정부명령에 따라 이미 갖고 있던 자산을 헐값에 팔아버렸고 이를 현금화했기 때문이었다.[68)]

수하르토가 권좌에 오른 후 기왕에 제한했던 화교화인 자본에 대해 이용하는 방향으로 정책을 전환하였다. 1967년 37호 법령은 필요할 경우 현존하는 국내 자금과 역량을 이용하고 공고히 하여 장차 이런 자금과 기업을 적당한 지위에 두어야 한다고 선포하였다. 이어 1968년 반포된 〈국내자본투자법령〉 역시 화인기업의 경험과 자본, 기술을 충분히 이용하기 위해, 국 · 내외 외국교민의 자금을 충분히 이용해야 한다고 천명하였다. 인도네시아 정부가 조야의 反화교화인정서를 고려하여 한편으로 화인자본을 이용하면서 한편으로 제한정책을 시행하는 가운데 종국에는 화교경제를 인도네시아 경제로 편입시키려는 움직임을 보인 것이다.

첫째, 화교들의 상업활동을 규제하였다. 1968년 6호법령은 기업을 민족기업과 외국교민기업으로 구분하고 전자를 인도네시아공민이 경영하거나 혹은 인도네시아 공민이 주식의 51% 이상을 가진 기업을 말하고 나머지는 모두 외국교민의 기업으로 규정했다. 기업을 민족화하기 위해 국내의 외국교민기업의 상업영역에서 활동은 10년으로 제한하였다.

둘째, 정부는 외국교민기업은 공업 분야로 유도하였고, 이들의 공업분야로의 투자기한은 30년으로 길게 잡았다.

셋째, 화교화인 기업가의 영업범위를 제한하였다. 1980년 정부는 화교화인의 자본영업범위를 제한, 도급액 2000~5000만루피아 항목은 단지 원주민 기업가가 경영하도록 하였고, 5000만~1억루피아 항목은 원주민 도급자가 10%의 배려를 받고, 즉 원주민이 제시한 입찰가격이 10% 높아도 원주민에게 낙찰되도록 했다. 이 규정이 1979년에는 5%로 낮아졌다.[69)]

규정은 또 종족을 구분하여 '경제취약'과 '경제강대' 집단으로 구분하였다. 전자는 자본이 적어도 50%가 원주민 소유이고, 상업 및 서비스성 사업의 자본이 2500만루피아 이하인 것이고, 공업 및 건축업의 자본은 1억루피아 이하의 기업으로 이들은 더욱 우대를 받게 된다.

1986년 이후 비로소 화교화인들이 여러 가지 제약요소에서 벗어나게 되었고 수 · 출입, 금융, 공농업 등 투자영역에서 일련의 더욱 자유화된 계획이 제정되었고 화인기업 집단을 국가경제건설의 골간역량으로 보게 되었다. 그들의 자금을 흡수하여 경제5개년 계획에 투입하기로 하였다. 이와 함께 인도네시아 정부는 '원주민'과 '비원주민'이란 구분을 취소하고 이를 대신해 '경제역량 박약집단'과 '경제역량 강대집단'으로 고쳐 부르기로 했다.

수하르토가 집정한 후 화인경제에 대한 이용 위주로 정책을 펴되 제한은 보조적인 것에 그쳤다. 이런 정책의 뒷받침으로 화인경제는 장족의 발전을 거듭했고 동시에 인도네시아 민족경제에 혼연일체가 되면서 인도네시아 국가경제에도 큰 기여가 되었다.

3. 말레이시아 화교에 대한 경제정책

정치 · 경제상의 고려로 말레이시아 당국은 1969년까지 종전의 소유제방식을 보호하는 한편 자유경제발전의 원칙을 유지하였다.

말레이연방 정부가 화교에 대해 이런 정책을 채택한 것은 첫째 집권당이 말레이인과 화교, 인도인 정치세력의 연합체로 각 소수민족의 지지를 필요로 했기 때문에 강경한 정책을 취할 수가 없었기 때문이다. 게다가 1960년대 초기 말레이인은 정치와 교육분야에서의 우세 역량으로 말레이시아 건국 전후하여 일어난 여러 내외적 문제를 해결해야 했고, 아직 경제문제를 보살필 여력이 없었다.

다음으로 식민자들의 상층경제와 대조되는 화교화인들의 중하층 경제에 대한 자유발전의 원칙은 당시 정부의 경제발전계획 방침과 일치하였다. IBRD 은행의 건의는 공상업부문의 발달은 사인기업이 주도하고 정부의 임무는 기초시설을 제공하여 사인기업의 발전에 필요한 조건을 갖추라는 것이었다. 당시 말레이의 민족자본은 주로 화교화인 자본이었다. 정부의 정책은 화교화인이 공상업 방면에서 자유롭게 발전하도록 하는 것이었다.

또 이 시기 말레이시아는 수입 대체공업 발전단계로 정부는 신흥공업에 투자하는 기업가에게 여러 가지 우대를 해주었다.

그러나 부인할 수 없는 것은 정부가 이미 말레이인 우선정책, 가령 말레이인 보류지, 말레이인에게 특수한 사업을 경영을 할 수 있는 허가증 발급, 말레이인 사영기업가에게 저리의 대출 제공의 혜택을 주었다는 점이다. 이러한 정책은 화인의 입장으로는 불공평한 것이었으나, 이런 정책만으로 말레이토착민의 경제에 이렇다 할 큰 변화를 가져오지 못했고, 화교경제에도 그다지 큰 위협이 되지는 않았다. 말레이인들은 자본도 부족했고, 사업의 경험도 충분하지 않아 화교상인과 동업을 하는 경우가 많았다. 일단 합작 후 그들은 기업경영에 그다지 관심을 기울이지 않는 경우가 많았고, 아주 소수 말레이인만이 공상업에서 성공을 거뒀다는 것이다.[70)]

말레이족과 화교 간에 대규모 민족충돌인 5.13사건이 1969년 발발한 후 말레이시아당국은 1970~1990년까지 신경제정책을 추진하였다. 말레이민족과 화교들 간의 민족충돌 이면에 경제문제가 자리잡고 있고, 이 문제를 해결하기 위해서는 기층의 다수 토착원주민에 대해 경제적인 우대책을 펴야 한다는 점이 깔려있었다. 1970년 말레이인의 월평균 수입은 177링깃이었으나 화인은 무려 399링깃으로 2배를 훌쩍 넘어섰다.[71)]

5.13사건이 터지기 이전 말레이인들 사이에 자유경쟁 체제하에서는 말레이인과 화인간의 경제격차가 해소되기 어렵다는 점이 많이 지적되었다. 이를 해소하기 위한 여러 가지 강제적인 경제시책이 논의되었고, 5.13 민족충돌 이후 이런 논의 중인 시책들이 더욱 구체화되었다.

한 말레이인의 지적은 민족간 갈등과 이에 대한 치유에 관해 큰 시사를 던져준다. "독립 이후 화인은 보다 많은 경제적 기교로 경제의 통제권을 장악했다. 말레이인의 경제는 곤경을 맞았다. '5.13'사건은 말레이인이 품고 있던 불만의 강력한 폭발이었다. 자유기업 제도하에서 한 집단이 절대우세를 차지하고 다른 집단을 능가하게 되면 이는 공평한 경쟁이라 말할 수 없다. 법률상의 평등만으로는 불충분하다. 진정한 평등에 도달하기 위해 각 종족이 사회, 경제와 정치 각 영역에서 각 종족의 인구구성비에 걸맞게 수용되어야 한다."[72)] 이 결론이 바로 말레이시아 신경제정책의 핵심으로, 달리 말하면 종족별 주식한도제를 시행해야 한다는 것이었다.

민족충돌이 일어난 후 새로 들어선 정권은 신경제정책의 근본 취지는 빈곤을 몰아내고 사회를 재구축하며 전국민의 단결을 도모하고 동시에 합리적이고 공평하며, 진보와 번영된 국가를 만드는 것이라고 선언했다.

화인들에게 가장 큰 영향을 미친 것은 '사회의 재구축'으로 경제의 불균형을 바로잡고 말레이인의 공상업 사회를 만들어 말레이인 및 기타 원주민이 국가경제활동의 동반자가 되어 최종적으로 경제적인 측면에서 종족의 구분을 없앤다는 것이다. 정부의 목표는 1990년까지 공상업의 각 분야에서 주식분배를 토착민 30%, 비토착민 40%, 외자 30%로 하겠다는 것이었다.

당시 말레이시아의 주식분포로 봤을 때 대략 20년 만에 이 목표를 달성하는 것은 아주 힘든 일이었다. 가령 1969년 서말레이시아의 유한회사 주식분포 상황을 보면, 말레이인 1%, 말레이인의 이익을 대변하는 기구가 0.5%, 화인 22.8%, 인도인 0.9 %, 연방 및 주정부가 0.5%, 다른 회사의 위임 2.1%, 기타 개인 및 본지역 사람이 갖고 있는 것이 10.1%, 외국인 62.1%였다.[73] 말레이인이 갖고 있는 전체 주식비중은 1.5%에 불과했고, 이를 1990년에 30%에 도달하게 하려면 매년 25%의 성장이 필요하였다. 따라서 이를 달성하기 위해서는 필연적으로 정부의 유력한 부조정책이 요구되었고, 이 정책은 결국 많든 적든 서말레이시아에서 화교화인 경제의 발전을 억압하여야 했다.

이런 정책 추진의 일환으로 말레이시아 국회는 1975년 공업협조법을 통과시켰다. 이 법은 노동자 25명 이상, 자본 10만링깃 이상의 소형제조공업 설립허가를 신청할 경우 반드시 토착민이 30%의 주식을 가져야 하고, 고용노동자의 토착민 비중을 50% 이상으로 높여야 한다고 규정하였다. 이런 규정을 충분히 강제할 만큼 정부당국은 사업허가증의 발급과 영업허가의 거절이나 취소, 부가조건의 설정, 기업에 대한 검사권 등 기업활동과 관련한 막강한 권력을 갖고 있었다. 이 법안이 발표되자 화인들은 격렬히 반발하였고, 1년여에 걸친 논쟁과 협상을 벌였으나 결국 자본금 규정을 10만링깃에서 25만링깃으로 인상하는 것을 제외하고는 원안대로 통과되었다.

이런 신경제정책 이외에 정부당국은 많은 국유 공공기관과 기업을 설립하여 이를 원주민인 말레이인에게 경영을 맡기고 대부분 노동자를 말레이인으로 충당하였다. 또 정부의 막대한 자금력을 바탕으로 외국인의 대무역회사를 구매하여 말레이시아 경제의 핵심영역이었던 금융업과 플란테이션, 그리고 주석광산 등에 빠른 속도로 사업범위를 확대했고 이는 결국 화인들의 경제이익에 대한 중대한 위협이기도 했다. 화인들이 경영하던 정미소와 쌀도매, 소매상은 말레이시아 국가기관에 의해 통제되게 되었고, 화상들이 경영하던 주석광산은 다수 도산하였다. 1972년 1,200개소였던 주석광산사업자가 1977년 700여곳으로 줄었고, 전국에서 소매상을 경영하던 화인상점은 1970년 75%에서 1980년 56%로 낮아졌다.[74)]

말레이시아 정부의 행정 간여로 경제영역에서 상당 부분 말레이화가 진행되었다. 신경제정책은 정부의 강제수단으로 말레이인의 경제를 촉진했으나 이는 상당부분 화인들 이익의 희생 위에서 이뤄진 것이었다.

이러한 정부의 강압적인 조치로 화인들의 불만이 고조되었고, 화인들은 국내투자를 억제하고 제3국의 투자로 눈길을 돌리게 되었다. 공식통계자료로 이런 사실이 뒷받침되고 있다. 말레이시아 중앙은행에 의하면, 1984년 자금이 바깥으로 유출된 것이 14억링깃이고 이 가운데 적지 않은 부분이 화인의 돈이었다. 이는 지속적인 투자를 필요로 하는 말레이시아로선 상당한 타격이 되었다.

화인들의 강력한 반발과 경제발전에 대한 수요에 의해 말레이시아 당국은 신경제정책에 대한 재검토에 착수하여 우선적으로 '공업협조법'을 수정하였다. 몇 차례 수정 끝에 영업허가증의 발급 대상과 관련, 자본금이 250만링깃 이하, 노동자가 75명 이하의 공장은 영업허가증 발급 대상에서 제외하였다. 즉 이런 규모의 기업은 주식비율과 토착민 노동자 수, 수출에 대한 정부규제에서 벗어나게 된 것이었다.

이어 발표된 '투자촉진법'은 소형공업 등에 감세혜택을 주었고, 후속된 소형공업장려책에 의해 자본금이 50만링깃을 넘지 않는 소형공업을 신흥공업으로 지정, 원료나 부품, 기계를 수입할 때 수입관세의 절반을 감면해주는 등의 조치를 취했다.

이런 정부의 조치는 화인기업에도 적용되는 것으로 원주민과 동등한 권리를 누리게 됐다.

4. 필리핀 화교에 대한 경제정책

제2차 세계대전 후 필리핀에 민족정부가 들어서면서 민족주의 운동이 강화되었고, 이와 함께 화교경제에 대한 강한 제재를 위한 법률들이 채택되었다.

필리핀 자치정부(미국으로부터 완전 독립하기 이전) 국회는 1941년 공공시장 필리핀 化법을 통과시켰으나 태평양전쟁의 발발로 시행이 늦춰졌다가 결국 1947년 1월부터 시행되었다. 이 법률은 공공시장의 좌판임대권은 이날부터 완전 취소되고 다시 신청하도록 했다. 만약 1946년 12월 좌판을 임대받은 자가 필리핀 국적이면 임대권은 유지된다. 비필리핀 국적자가 좌판을 갖고 있으면 이를 필리핀 국적자에게 넘겨야 하고, 필리핀 국적자가 좌판에 대한 임대신청을 하지 않을 경우 외국 교민(주로 화교)에게 임대할 수 있도록 한 것이다.

은행법에서도 화교경제를 규제하였다. 1948년부터 발효된 은행 필리핀화법은 새로 설립되는 은행의 이사는 3분의 2이상을 필리핀 사람으로 하고, 자본의 60%이상을 필리핀인이 보유해야 한다고 규정하였다.

수입업무도 필리핀화하였다. 필리핀 공민이나 필리핀 공민이 자본의 60% 이상을 소유한 기업이 비로소 수입업을 신청할 수 있게 규정한 것이다. 이어 나온 새로운 규정은 외국교민 수입상은 수입상품의 50%를 공정가격에 필리핀 상인에게 팔도록 규정했다. 1955년에는 필리핀 국회가 〈소매상대출법〉의 규정에서 외국교민 수입상은 수입상품의 30%를 필리핀의 소매상인에게 팔 것을 규정하였다. 이런 규정들은 화교수입상들의 영업활동을 위축시키면서 필리핀 무역업에서 그들이 차지하는 비중을 낮추는 결정적인 요인이 되었다.

필리핀 화교들에게 경제적으로 가장 큰 영향을 미친 입법은 화교소매상에 대한 입법조치이다. 1954년 시행에 들어간 소매업관련법은 "필리핀 공민, 필리핀인의 자본이 소유하지 않은 단체나 합영회사, 주식회사는 모두 직접 혹은 간접적으로 소매업을 경영할 수 없다."

더욱더 외국교민의 소매상업을 제한하고 필리핀인의 소매업을 부축하기 위해 필리핀 정부는 2가지 보조적인 법률을 추가 제정했다.

첫째, 필리핀인 소매상을 위한 기금을 조성하고 수입상들은 수입상품의 최소 30%를 정상무역가격으로 필리핀인 소매상에 팔도록 한 것이다.

둘째, 국영유통회사를 만들어 이 회사가 필리핀인 소매상들에게 공급할 상품을 구매하도록 한 것이다. 자본금은 3,000만페소로 하고, 또 중앙은행으로 하여금 외화 2천만달러를 지원하도록 했다.

한편 외국교민 소매상들은 법률상 제한과 배척을, 다른 한편으로 필리핀인 소매상에게는 적극적인 조치로 고무하고 부조하여, 화교상인들이 큰 타격을 받게 되었다.

소매업 필리핀화법은 두 가지 효과를 가져왔다. 하나는 예측이 가능했던 직접적 효과로 필리핀인의 소매점포가 급격히 늘어나고, 화교상인의 소매상점이 대량으로 감소한 점이다. 다른 한 가지 효과는 정부당국도 미처 예상하지 못한 것으로 외국인이 필리핀에 투자하거나 혹은 외국인과 필리핀인이 합자하여 경영하는 상업도 위축된 점이다.[75] 필리핀 국내시장은 이 법으로 혼란으로 빠져들어 마닐라법원은 1964년 기타 소매업 필리핀화 법률의 실시를 금지하였다. 또 상공부장관도 같은 해 7월 화교들에게 이 법률에 의한 어떠한 규제행위도 않겠다고 천명하였다.

필리핀 사람들의 주식은 쌀과 옥수수이다. 1961년 법률을 통해 필리핀 공민 혹은 필리핀인에 의해 1백% 주식이 보유되지 않은 회사는 쌀과 옥수수 매매업을 못하도록 규정했다. 이 법률을 어기면 5~10년의 징역형과 벌금 5천~1만페소를 병과하기로 했다. 구금기간이 만료되면 강제 출국시키기로 했다.

이 법에 의해 모든 외국교민 쌀 및 옥수수판매상은 영향을 받았다. 1961년 이 법이 시행되면서 필리핀 전역에서 쌀, 옥수수상을 영위하는 소매상은 2,845家, 도매상은 1,231家, 총투자는 22,396,121페소, 정미소나 쌀 창고를 운영하는 자가 390家, 투자는 약 1억페소였다.[76)]

1963년과 1964년 외국교민 쌀 · 옥수수상의 경영기한이 만기가 되면서 전부 이 상업에서 퇴출당했다. 사전 조사에 의하면 60%의 외국교민 양곡상은 창고와 설비, 기계를 필리핀상인에게 넘겼고, 24%는 문을 닫았으며, 16%는 다른 사업으로 방향을 돌렸다고 한다.[77)] 이 조치로 수백년간 필리핀에서 양곡업을 경영하던 화교상인들의 역사는 끝이 났다. 또 양곡소매업을 위주로 전 필리핀지역에 흩어져 있던 필리핀 채자점 역시 도태되었고, 이들 화교상인들이 자금을 출연하여 운영하던 화교학교도 문을 닫게 되었다. 그러나 이 법률이 너무 급격히 시행되어 필리핀 상인들이 자본부족과 경영의 미숙으로 사업을 잘 꾸려가지 못했고, 1963년 화교양곡상들이 퇴출된 시기 직후부터 양곡가격이 수직커브를 그리며 상승하는 등 사회생활에 큰 혼란을 야기하였다. 마침내 필리핀 정부는 1973년 부득불 이 법률의 폐지를 선포하였고, 화교들은 다시 양곡업을 경영할 수 있게 되었다.

마르크스가 집정한 후 국가공업화에 주력하게 된다. 기초공업의 발전과 수출지향 제조업의 육성을 위해 수출가공구역(대외무역구역)을 건립하는 등 당국은 일련의 우대정책을 만들어 외국자본, 필리핀자본, 외국교민자본이 적극 투자하도록 유도하였다. 이 가운데 중요한 법률은 1967년 투자장려법, 1970년의 수출장려법, 1974년의 여행장려법이었다. 이밖에도 농업장려법령, 외자실업관리법 등등을 공포하였다. 이들 법률과 법령은 외국인이 필리핀공업에서 부족한 부문 즉 화학공업이나 기계공업과 운수기기제조업, 광산업 및 수출작물재배업에 투자할 수 있도록 하고 있다. 자본량이 크고 기술장비가 높은 부문에 전문적으로 투자하는 외국인에게는 면세혜택과 외환업의 자유 등을 보장하고 있다.[78)] 정부당국의 이같은 조치로 화교, 화인은 필리핀인과 마찬가지로 모두 필리핀 당국으로부터 세수나 대출 등에서 우대를 받았다.

04 화교들의 종교와 풍속의 변화

중국인들이 그들의 고향을 떠날 때 갖고 왔던 그들의 종교와 풍속은 기본적으로 동남아 거주국에서 존속되었지만 현지 문화와 종교 풍속이 화교화인들의 삶에도 적지 않게 영향을 미쳤다. 가장 쉽게 현지문화와 융합한 국가는 불교국가인 태국이었으나 이슬람을 기본 신앙으로 하는 인도네시아와 말레이시아에서는 현지문화를 받아들이는데 상당히 거리감이 존재하였다. 여러 연구자들이 지적한 바와 같이 경제활동은 식민자와 화교, 토착민이 한 공간에서 수행했으나 일단 경제활동이 끝나고 자신의 커뮤니티로 돌아가면 토착민과 중국인은 거주 공간과 문화에서 완전히 이질적인 존재로 서로 내왕하는 경우가 거의 없었던 것이다. 태국이 문화적으로 화교화인과 가장 근접하고 인도네시아와 말레이시아가 가장 멀었다면 중간적인 존재가 바로 필리핀으로 볼 수 있을 것이다. 필리핀의 국교는 바로 가톨릭으로, 이 종교는 이슬람교와 달리 개종하면 상당한 경제적인 혜택을 받았을 뿐 아니라, 신앙생활로 인해 커뮤니티 내의 동족인 화교화인들과 교류하는데 별 제약이 없었다. 이 점은 일단 개종하면 화교화인들과의 인간관계를 단절해야 하는 이슬람문화권과 달랐고, 화교들의 입장에서는 가톨릭이 이슬람교보다 상대적으로 쉽게 다가설 수 있는 종교였다. 실제 기독교를 신앙하는 신도의 숫자가 이슬람을 믿는 화교화인의 숫자보다 훨씬 많다는 점에서 실증적으로도 밝혀지고 있다.

중국의 종교는 크게 두 가지로 분류할 수 있다. 하나는 경전과 교규 등을 갖춘 일반종교 가령, 불교와 도교이고 다른 하나는 전통적으로 이어져 오나 정식의 경전이나 교규 등을 갖추지 않는 민간종교로 구분할 수 있을 것이다. 민간종교에는 관제나 마조를 신앙하거나 성황당에 치성을 드리는 것 등을 우선 예시할 수 있다. 화교들이 동남아 거주국에서 토착민이나 식민자들과 접촉하고 경제활동을 수행하는 과정에 맞닥뜨리는 어려움과 고통을 조국에서 갖고 온 이들 신령이나 조상 등에게 기도함으로써 극복하였고, 초기 중국에서 가져온 신앙이 그 원형으로 화교사회에 뿌리를 내리게 된다.

그러나 중국인 이민은 지역적으로 큰 편차를 보이고, 현지에서의 사회경제 혹은 문화적으로 적응하기 위해 그 신앙도 그에 맞춰 적정하게 조정하고 적응하게 된다. 필리핀을 예로 들자면 필리핀 사회는 동남아 어느 곳 못지 않게 종교적인 분위기가 강렬한 곳으로 사람들의 종교신앙도 매우 다종다양하다. 적지 않은 필리핀 화교들은 천주교를 받아들였다. 여러 이유가 있겠지만 이는 그들이 사회 · 경제적인 혜택을 겨냥한 측면이 강했던 것으로 보인다. 필리핀 화교 화인들이 받아들인 기독교는 식민자가 스페인에서 미국으로 전환되면서 점차 구교에서 신교로 전환되는 모습을 보이게 된다.

필리핀의 많은 화인 기독교인들은 경건한 신앙생활을 했지만 일부 기독교도들은 형식적으로 종교활동을 하고 내심으로는 중국전통의 종교신앙을 유지한 경우도 적지 않았다. 식민시기 필리핀은 신권국가로 천주교는 국교이던 시절이었다. 천주교를 전파하는 것도 식민자들이 열심히 추구한 식민경영 목표의 하나였다. 스페인 국왕 필리페 2세는 다음과 같이 밝힌 바 있다.

> "짐은 하나님의 도구이다. 중요한 문제는 필리핀의 천주교로의 귀의이고, 하나님은 이미 짐이 이런 목적을 실현하도록 정하셨다."

표면적으로 보면 스페인의 신앙심이 돋보이나 깊이 살펴보면 바로 종교가 식민통치의 하나의 중요한 수단임을 알 수 있게 된다. 규모가 작은 식민군대와 관료로 방대한 식민지를 다스리기 위해서는 이를 보충할 수단이 필요하였고, 종교가 그 역할을 충실히 해 냈던 것이다. 스페인이 필리핀을 통치할 때 필리핀은 가장 전형적인 정교합일의 정치체제였고 천주교는 여러 방면에서 매우 큰 특권을 보유하였다. 스페인 사람들은 화교의 천주교 귀의를 고무하였고, 화교들의 변발을 자르도록 요구하였다. 그러나 중국인에게 변발을 자르도록 한 것이 천주교로 개종시키는데 장애요소로 등장하였다. 변발을 잘라야 하는가를 둘러싸고 필리핀 총독과 교회간에 논란이 일어났고, 총독 산티아고 드 베라는 1587년과 다음해 2차례 스페인 국왕에게 편지를 보내 화인들이 머리털을 자르지 않고도 천주교로 귀의할 수 있도록 해 줄 것을 주청하였다. 그가 국왕에 정무보고한 편지는 다음과 같다.

> "이미 폐하께 보고드린 대로 일부 본 市로 건너온 중국인이 본국의 신민과 기독교도가 되었습니다. 주교가 바로 그들에게 명령, 우리의 풍속대로 그들의 두발을 잘랐습니다. 본래 그들은 그들의 풍속에 따라 그것을 길게 기르고, 일정한 방식으로 땋았습니다. 그들은 변발을 자르는 것을 극단적으로 싫어했고, 단지 변발을 자르지 않기 위해 세례를 거부하는 사람이 많습니다. 왜냐하면 그들의 나라에서는 이는 엄청난 모욕이고 참수할 만큼 큰 죄로 여겨지고, 변발을 제거한다면 그들은 이곳으로 그들의 재산과 처자를 데리고 와서 정착하지도 않았을 것입니다. 저는 이미 대주교에게 이것은 풍속이지 종교 의례가 아니고, 마치 우리의 짧은 머리의 풍속과 마찬가지로 그것을 잘라서는 안 된다고 말했습니다. 이점은 매우 중요하기 때문에 저는 다시 폐하께 이점을 간청합니다."[79)]

펠레페 2세의 이에 대한 지시는 다음과 같다.

> "이에 관한 것을 관련 부서에 통지하였고, 중국인의 두발을 자르는 것과 관련해서 주교에게 편지를 보내겠다. 이는 부적절한 것이다. 왜냐하면 그들의 종교귀의가 두발문제로 지체되기 때문이다. 이러한 중국인의 장발의 풍속은 식민지의 다른 풍속에 비하면 보통의 일이고 원래 부적절한 것이라고 말할 수 없다. 주교로 하여금 각 교파의 수령 및 기타 학식을 갖춘 자를 소집하여 토론하게 하여 중국인의 종교 귀의에 적절한 조치를 결정하도록 하라"[80)]

신부들의 전도와 권유에 의해 상당수 화인들이 천주교를 믿기 시작했고, 신실한 교도가 되었다. 그러나 많은 화인들이 환경에 적응하기 위해 어쩔 수 없이 믿기 시작한 측면이 있다. 왜냐하면 생업과 필리핀의 거주 자격과 관련해, 천주교도인가 아닌가에 따라 식민당국이 다른 대우를 했기 때문이다.

앞서 언급한대로 필리핀에는 도관이나 불교사원 혹은 화교들의 민간 神廟와 화인 기독교회와 천주교회가 그들의 종교의 범주에 포함되었다. 앞의 세 가지 종교는 중국인의 전통 종교범주에 포함되는 것으로, 그들이 조국에서 거주지로 건너올 때 함께 한 것이나 뒤의 두 가지 종교는 서방의 종교로 필리핀에서 비로소 접촉한 종교로 그들의 종교가 정치적인 식민당국의 목적에 의해 화교화인의 종교가 확장된 것이고 이는 식민정책의 일환으로 수행된 것이었다.

필리핀에 주로 이주해온 복건인의 종교신앙관은 철저히 현실지향적이었다는 평가가 많다. 그들은 내세의 구원보다는 현세에서의 행복 특히 큰 돈을 버는 것에 아주 높은 가치를 두었고, 당연히 그들의 종교활동도 이런 점에 초점이 맞춰져 있다는 것이다. 피용자는 고용자가 되고, 소상인은 대상인이 되는 것이 삶의 목표였고, 생활의 원동력은 바로 모두 財富의 추구로부터 나왔고, 극단적으로 실용적인 인생관을 내면화하게 되었다.

> "한 사람의 중국인으로서 나는 내세를 믿지 않는다. 그러나 나의 현실생활과 행복에 대해서 매우 관심이 크다. 나로 말하자면 중요한 것은 나의 가정과 나의 사업이다."[81]

이들은 변화 막심한 현실생활에서 문제를 만나면 그때 가서 신의 가호를 빌게 된다. 따라서 공리주의 특징의 종교신앙은 필리핀 화교사회에서 보편적으로 받아들여지는 종교방식이 되었고 위의 예에서 그 모습을 짐작해볼 수 있다.

공리주의 종교신앙의 내면적 핵심은 바로 이익의 추구로, 이는 종교신앙 동기의 변이로 심령의 구원에서 재물과 복을 부르는 것, 부귀를 추구하는 것으로 전환된 것이다.

태국의 주류민족인 타이족과 화교화인들의 종교에는 큰 간극이 없었다. 중국인이 보편적으로 신앙하는 불교는 북방불교(대승불교, 중국불교)이나 태국은 남방불교(소승불교)라는 약간의 차이가 있지만 기본적으로 불교권이라는 공통성이 있다. 중국인들은 원래 신앙의 공리성이 강하여 태국식 사원에 출입하는데 아무런 제약이나 거리낌이 없었고, 태국인도 중국식 사원을 드나드는데 별다른 거부감이 없다는 많은 관찰과 기록이 있다. 신세대의 화인화예들이 태국의 사원을 드나들고 태국불교를 신봉한다해도 그들은 여전히 중국적 전통과 의식도 공유하면서 중국과 태국의 불교가 서로 혼합된 가운데 그들의 종교활동을 영위하는 경우가 보편적이라는 지적이다. 또한 불교 이외의 도교적 요소나 중국의 오랜 민간신앙 부분의 신령 등도 함께 供奉되면서 화인들의 종교 외연이 확장되고 있는 것이다. 중국 전통종교가 미신적 요소가 강했다면 신세대 태국의 화인들은 근거없는 귀신을 추수하지 않고 중국의 유불도 혼합의 전통종교에다 태국의 소승불교가 융합된 새로운 차원의 불교를 그들의 정신 귀의처로 삼고 있다고 볼 수 있다.

전통습속이라는 측면에서 보자면, 태국의 화예들은 여전히 중국의 전통 습속, 가령 혼례, 탄생과 공덕법회를 여전히 보존하고 있다. 이들 세 가지 전통 습속은 화예 신세대들은 이 가운데 미신적 요소를 제거하고 소승불교의 의식에 용해시키고 있다. 예로 혼례에서 기존에 중국식으로 웃어른들에게 차를 올리고 절을 하는 의식과 함께 태국식으로 승려에게 시주하고 예불하는 의식을 추가한다. 공덕법회를 거행하는 가운데 대승불교의 중국승려를 초빙해 독경하는 한편 소승불교의 의식에 의해 화장의식을 거행한다. 생신 축하의식에는 손님을 초대할 뿐 아니라 승려에게 시주하고 예불하며, 여기에는 중국식과 태국식이 혼합되어있고 이를 '中泰合壁'이라 표현하고 있다. 이러한 중국식과 태국식의 각종 의례의 혼합은 이미 형성되어 젊은 세대의 화인 화예들은 이를 새로운 습속으로 이어가고 있다.

전통 기념일이나 節日의 풍속도 중국과 태국식의 혼합이 엿보이고 있다. 화예청년들이 중국 전통절일 가운데 지속적으로 보존하고자 하는 절일은 바로 춘절과 청명절이다. 그들은 춘절은 음력 정월 초하루로 반드시 태국의 중요 절일인 송크란(宋干節)과 마찬가지로 보존해야 한다는 것이다. 청명절은 후손이 선조에 대한 기념과 존숭의 날로 여겨 또한 반드시 보존해야 한다고 생각한다. 이 두 가지 절일과 관련, 화예 청년들은 이미 태국식 의전에 이 절일의 신념을 집어넣어 새로운 형식을 창안해내 이를 기념, 유지 발전시키고 있는 것이다.

청명절에는 조상의 묘소를 벌초하고 제사하는 이외에 태국식의 물을 뿌리는 의식도 동시에 거행한다. 이런 예에서 보듯 중국의 전통습속을 계승하는 측면에서 화예청년들은 중국식과 태국식의 상호융합을 도모하고 있는 것이다. 그러나 이들 두 절기를 제외한 그밖의 중국의 중요한 절일인 가령 중원절, 단오절, 중추절 등등에 대해서는 점차 소원해지는 경향에 있다.

태국의 화예들은 태국사회에서 태어나서 성장하고 있고, 그들이 태국사회가 수용하는 태국문화의 영향을 받는 것은 너무나 당연하다. 화예청년들이 중국문화를 받아들이는 유일한 통로는 바로 그들의 가정이다. 그러나 화인가정이 다음 세대에 미치는 영향력은 아주 한정적이다. 왜냐하면 화예청년들이 집에서 보내는 시간이 그들이 학교나 친구들과 보내는 시간에 훨씬 못 미치기 때문이다. 그러므로 그들의 부모는 자녀들에게 부모에게 효도하고 사업에 적극적일 것 정도를 자손들에게 요구할 뿐이다. 따라서 화예청년들의 중국전통 종교의식과 절일에 대한 관심은 단지 조상에 효를 다하고 사업이 흥왕하여 부귀와 행복을 누리라는 이런 측면에 국한되게 된다. 중국인, 나아가 화교화인들의 이러한 공리주의적 종교관에 대해 비판적인 견해도 있고, 특히 태국내에서 이런 견해가 있었다. 현재 태국 차크리왕조의 6대 왕인 와치라웃왕(재위 1910~1925년) 화교화인의 종교행태에 대해 다음과 같은 비판의견을 제기했다.

> "우리들의 종교는 시비선악을 분명히 가리는 것이다. 그러나 중국인의 종교신앙은 오로지 이익을 도모하기 위한 것이다. 그들에게 좋은 것을 가져다 준다면 그들은 무슨 신에게라도 절한다."

이와함께 그는 화인은 "배금주의자이며 동시에 동방의 유태인"이라고 규정했다.[82)]

와치라웃왕은 중국의 다신신앙과 그들의 집요하리만치 돈에 집착하는 것을 그들의 종교행태와 관련해 신랄한 비판을 가했던 것이다. 중국인의 종교는 전통의 유불도 이외에 조상신이나 각양각색의 민족보호신 등을 섬기고 필요한 경우 기존의 신격에 또 다른 권능을 부여하는 방식으로 그들의 신앙을 확장하는 것이다.

일본학자 市川信愛는 태국 화인들의 종교활동을 관찰한 후 내린 결론에서 거의 대부분의 광동과 복건지역의 민간 신령이 태국에 모두 존재하고 있다고 말했다. 가장 보편적으로 화인들이 신앙하는 민간의 신령으로는 관음보살, 福德正神, 關帝, 天后媽祖와 명 영락제 때 함대를 이끌고 무려 7차례에 걸쳐 멀리 아프리카 동안까지 해상외교활동을 벌였던 정화와 이밖에 이들지역의 현단위의 수호신까지 모시는 神廟를 두고 있다는 것이다.[83] 객가인의 三奶夫人廟和關帝廟가 태국화인이 건립한 가장 최초의 神廟이다. 객가회관이 관할하는 신묘는 위의 2곳 신묘 외에 본두공묘, 한왕묘, 관음묘, 여공묘 등 모두 6좌가 있다. 태국에서 가장 큰 세력을 가진 차오저우인들의 보호신은 대봉조사와 七聖媽(혹은 天后聖母)로 이는 방콕 조주회관내에 3좌의 신묘가 있다. 해남인들은 주로 천후성모, 수미낭낭 등을 주로 섬기고 있다.[84] 방콕의 복건회관은 순흥궁, 복련궁, 신흥궁, 마조궁과 관음정 등 5좌의 신묘를 두고 있다. 복건방들은 다시 지역별로 섬기는 신령이 세분되는데 샤먼과 장저우회관은 보생대제를, 영춘, 안계지역은 청수조사를 섬기고 있다.

이들 신묘는 화인들의 종교활동 장소일 뿐 아니라 화인들의 사회적 교류와 활동의 중심으로 화인 응집력의 상징이기도 하다. 말하자면 화인들의 동향조직은 거의 모두 神廟의 기초위에서 발전했다.

조상 숭봉이 화인과 태국인의 신앙에서 가장 큰 차이점이고 타이족은 종족관념이 박약한데 비해 화인은 가족관계 종법관계에 대해 여전히 큰 비중을 두고 있다.

그러나 태국의 화인과 타이족의 종교는 궁극적으로 거의 접근하고 있다. 종교신앙으로 봐서 동남아지역에서 태국만큼 현지 종교에 완전 동화한 예는 찾을 수 없다. 지난 세기 80년대의 조사에 의하면 96.6%의 화인들이 태국인과 마찬가지로 소승불교를 신앙하는 것으로 나타났다.[85] 이처럼 화인과 태국인의 고도의 종교통합성을 보이는 것은 바로 절대다수의 화교 이민자들이 본국에서 믿어온 대승불교와 태국의 국교인 소승불교가 본질적으로 별 다른 차이가 없고, 자연스럽게 중국인들이 태국인의 사원에 가는데 큰 현실적 종교적 제약이 없었다는 점을 반영한다.

조기 바다를 건너온 화인 대다수는 빈궁한 농민이었고, 이들의 교육수준은 당연히 낮았으며 이들이 소승불교를 받아들이게 되면서 주류민족과 정신, 신앙세계를 공유하면서 보다 잘 주류사회에 적응하고 진입할 수 있게 되었다. 초기 이민자들이 보기에 拜佛은 신을 섬기는 것과 같았다. 연구자들은 중국불교를 學理型 과 民俗型으로 구분한다. 즉 전자는 경전을 중심으로 教義에 대한 전면적인 이해와 파악을 추구하는 지식수준이 비교적 높은 신도에게 유행한 불교 측면이라면, 후자는 우상숭배와 신에게 비는 것을 주요특징으로 하며 지식수준이 비교적 낮은 계층에게 유행한 불교 차원을 말한다. 9세기 중국은 학리형 불교가 쇠퇴하고, 송대 이후 큰 발전을 보인 것은 민속형 불교이다.[86] 출국 전 중국인들이 접촉한 것은 대승불교로 그들의 종교감정은 부처에게 귀의하는 것이지 교의를 염두에 둔 것은 아니었다. 이런 측면에서 빈궁한 화인들이 거주지의 소승불교에 접근한 것은 심리적인 장애요소가 되지 않았고, 현지의 신과 불에 대해 평안과 재복을 기원하였다.

인도네시아는 1960년대 이후 화교화인에 대한 전면적인 강압적인 동화정책을 시행하였다. 강제동화정책을 간략히 보자면, 화인단체의 폐쇄, 화문학교의 폐쇄, 중국어 신문의 폐간, 중국어문을 통해 중국문화를 전파하는 것 금지, 전통종교와 풍속절일 활동 금지, 중국어 서적 인쇄물 혹은 녹음이나 음반, 비디오 등을 수입, 판매, 유포의 금지, 인도네시아식으로 개명 등 거의 모든 화인문화의 금지가 이뤄졌다. 이런 상황하에서 인도네시아 화인들은 민족특성을 유지하는 근본 바탕을 상실하였고 다만 대승불교나 공교, 전통 민속신앙과 조상숭배 등이 유일하게 인도네시아 화인들이 민족성을 유지할 수 있는 통로가 되었다.

1969년 인도네시아 정부는 6대 종교의 존재를 인정하였다. 이 가운데는 이슬람교, 천주교, 기독교, 힌두교, 불교와 공교가 포함되었다. 화인의 민속신앙 예로 媽祖, 대백공(토지신), 관제, 정화를 섬기는 것은 불교에 포함되어 존속될 수 있었다. 조상에 제사지내는 것은 宗祠를 중심으로 한 종친회는 역시 종교단체로 보존되었고 공교를 포함한 화인의 민족종교는 완전히 보전되었다.[87]

현재 인도네시아 화인들의 주류종교는 대승불교이고, 그 역사도 상당히 오래된다. 인도네시아 정부가 1971년 공포한 인구센서스에 의하면 불교도는 100만, 공교를 신앙하는 사람도 100만이다. 이는 공식적인 숫자이고 실제 현재 인도네시아 화인의 상당수가 불교와 민속종교를 신앙하고 있는 것으로 추정된다.

불교 이외 화인들이 주로 신앙하는 것은 전통의 민간신앙이다. 인도네시아 각지 화인들이 집중 거주하는 지역에는 모두 神廟가 있다. 이 가운데 가장 유명한 것은 정화를 모시는 三寶廟이다. 세마랑의 삼보묘 이외 자카르타, 수라바야, 보호르, 시러본, 발리섬 등지에 모두 삼보묘가 있고, 媽祖신앙도 인도네시아에서 성행하고 있다. 이밖에 토지신을 모신 사당도 널리 분포하고, 관제묘도 화인들이 존숭하는 신령이다.

화인들의 다신 숭배의 전통에 의해 인도네시아 神廟에서는 여러 가지 신령을 동시에 공봉한 것을 쉽게 볼 수 있다. 가령 자카르타의 관음정에는 불교의 관음보살상과 동시에 공자를 모시고 있다.

인도네시아에서는 이슬람교를 신앙하는 화인도 있다. 특히 수하르토 집정시기 화인 무슬림이 상당수 늘어난 것으로 추정되고 있다.[88] 제2차 세계대전 이전 화인 무슬림들은 경제 · 사회지위가 낮은 빈곤층이었으나 20세기 후반 이후 이슬람교에 귀의하는 화인 가운데는 기업가와 지식인 그리고 청년학생이 적지 않다고 한다.[89]

인도네시아 당국은 줄곧 화인의 이슬람교로의 개종을 고무하고 있다. 왜냐하면 이슬람교의 신앙을 통해 화인들이 더욱 현지 민족과 사회에 잘 동화할 수 있다고 보기 때문이다. 인도네시아의 동화파는 화인들이 이슬람교 개종을 통해 진정으로 동화되어 인도네시아 주류사회에 진입해야 한다고 주장한다.

화인들은 왜 이슬람교로 개종하나? 그들의 동기는 무엇인가? 일부 연구에 의하면 인도네시아 화인이 이슬람교로 개종하는 중요 동기는 자신의 비원주민 신분을 변경하고 싶기 때문이다. 비록 인도네시아 정부가 재차 화예에게도 원주민과 동등한 권리를 부여하겠다고 하지만 화인은 여전히 각양각색의 직접 혹은 간접적인 압력을 받기 때문이다. 많은 화인들은 이슬람교가 민족을 구분하지 않고 일률적으로 평등하게 대우한다고 하기 때문에 만약 그들이 이슬람교를 믿게 되면 장차 비교적 공평한 대우를 받게 되고 따라서 보다 더 현지주류사회에 편입되면서 안전감이 커질 것으로 기대한다. 또한 일부 화인 청년들은 이슬람을 믿는 이성과의 결혼을 위해 이슬람교로 개종하는 경우도 있다. 이슬람교도는 반드시 이슬람교도와 결혼해야 한다는 코란의 규정 때문이다.

화인 무슬림은 현지에서 민족동화의 정도가 비교적 높은 것으로 지적된다. 그들의 문화적응 방향은 바로 본토화이고, 다른 종교를 믿는 화인과 비교해서 화인무슬림은 현지인과 관계가 비교적 밀접하고 기본적으로 혹은 완전히 현지문화를 받아들여 이를 내면화 한다. 이러한 상황은 현지인과 혼합 거주할 때 더욱 분명히 드러난다고 한다. 인도네시아의 많은 농촌지역에서 화인과 현지인이 캄풍(마을)에서 어려서부터 같이 놀고, 같은 학교에 다니고, 같은 말을 하면 동화 현상은 자연스럽게 나타나게 된다. 일부 연구에 의하면 인도네시아의 대다수 화인무슬림과 현지 토착민과는 기본적으로 무슨 차별이 없다는 것이다. "이슬람교로 개종한다는 것은 실제 의미는 이름과 의복 및 기타 방면에서 완전히 거주지와 일체화하는 것이다."

인도네시아 화인 가운데는 기독교를 신앙하는 사람도 적지 않다. 인도네시아에 기독교가 전래된 것은 17세기 내델란드 식민자가 인도네시아에 내침할 때였고, 화인들이 기독교를 받아들이고 어느 정도 규모에 달한 것은 19세기 중엽이다.[90] 1965년 6월 30일 수하르토가 인도네시아 공산세력을 제거하는 쿠데타로 권력을 장악하게 되자 신변에 불안을 느낀 많은 화교화인들은 대거 기독교로 귀의하여 종교의 보호를 받고자 했다. 당시 인도네시아는 비록 이슬람교를 강요한 것은 아니지만 종교를 갖지 않는 무신론자에 대해서는 아주 부정적인 분위기여서 신세대를 중심으로 기독교를 많이 받아들였다. 수하르토정부는 모든 국민이 신분증의 종교신앙란에 자신의 종교를 기재하도록 하였다. 많은 화인들은 종교가 없다면 공산주의자로 간주될 것이 두려워 종교를 선택해야 했다. 그러나 이들은 이슬람교는 원하지 않았고, 불교는 상당수 원주민에 의해 폐쇄적인 외국종교로 간주되었고, 공교는 당국이 인정하는 공식종교에서 제외되어 기독교를 선택하게 된 측면이 적지 않았다. 이런 상황에서 화인들은 천주교 혹은 기독교를 그들의 종교로 선택하게 된 것이다.[91)]

한 연구에 의하면 화인기독교도가 전체 화인 인구의 약 12%에 이른다고 한다.[92)] 인도네시아 일부 지역에서의 기독교도는 소수가 아닌 다수도 있다. 가령 북 술라웨시와 말루꾸가 그곳이다. 기독교는 화인에게 안전감을 주고 동시에 화인의 자제는 기독교학교가 제공하는 비교적 좋은 교육을 받고 또 기독교 교의도 받아들이게 된다. 무슬림인구가 많은 도시지역에도 일부 기독교 학교가 있고 이들 학교는 화인들에게 상당한 흡인력으로 작용한다.

말레이시아는 종족, 종교, 언어 등에서 다원화된 국가이다. 이에 따라 민족별로 다양한 종교행태를 보이고 있고, 인도네시아와는 달리 화인들이 자신의 종교를 선택함에 있어서 강압적인 상황에 놓여있는 것도 아니다. 무슨 종교를 갖든 혹은 갖지 않든 이것이 큰 장애가 되지 않는 사회 · 경제적 환경이다. 물론 건국 초기 이슬람을 믿는 토착민에게 여러 가지 유리한 시책을 폈지만 토착민이 아니라고 억압적인 조치를 취한 것은 아니었다. 말레이시아 당국이 1991년 조사 발표한 민족별 종교인구분포를 보면 말레이시아에서의 화인들의 종교현황을 일목요연하게 알 수 있다. 화인의 68.3%는 불교를, 20.2%는 유교와 도교 및 기타 중국전통종교를 신앙하여 두 가지를 합하면 88.5%로 압도적인 비중을 차지했다. 이밖에 기독교가 7.8%, 이슬람교가 0.4%, 힌두교가 0.2%, 기타종교가 0.4% 그리고 무신론자가 2.7%를 차지했다.[93)]

화인들의 종교 가운데 전통종교의 비중이 두드러진다. 여전히 화인들의 전통종교가 말레이시아화인들의 주류 종교임이 명확히 드러난다. 정치적으로 이미 말레이시아와 자신을 동일시하고 정치적인 충성의 대상으로 삼고 있지만 종교적인 측면에서는 주류 민족인 말레이족과는 완전히 다른 모습을 보인 것이다.

여기서 주목할 것은 아주 소수이긴 하지만 0.4%의 화인이 이슬람교를 선택했다는 점이다. 일부 연구에 의하면 말레이시아에서 화인이 이슬람교를 선택한 것은 다음 몇 가지 이유로 정리된다. 첫째, 무슬림과 결혼하기 위해서다. 둘째는 어떤 일자리를 얻거나 생계에 도움을 받기 위해서다. 셋째는 말레이민족과 같은 권리와 정부가 말레이인에게 제공하는 각종 보호성 조치를 기대해서다. 넷째는 무슬림 형제와의 情誼에 의해서 귀의한 것이다.[94] 여기서 언급한 이유를 보면 경제적 동기가 가장 주요한 이유임을 알 수 있다. 왜냐하면 말레이시아 정부의 신경제정책이 비말레이인에게 많은 불안감을 안겨주었고, 그들의 일자리와 기회를 말레이인이 많이 가져갔기 때문이다. 이슬람교로 개종한 화인 가운데 98%는 저수입계층으로 이들의 직업은 목공이나 기계공, 운전기사, 병원 간호인력 그밖에 육체노동자와 고무농장 노동자 등이다. 화인 가운데 고수입의 전문직은 이슬람교로 개종한 사례가 거의 없다고 한다. 1967년부터 1975까지 겨우 5사례만 발견되었다.[95]

이슬람교로 개종한 후 바로 경제적으로 혜택을 보는 것은 말레이시아무슬림사회복지연합회와 국가종교사무부로부터 작은 금액의 돈을 보조받고(6개월) 또 무슬림복지연합회의 도움으로 일자리를 찾으며, 다른 말레이인과 마찬가지로 면세나 각종 대출, 장학금 지원 등의 혜택을 받게 된다. 이보다 더 중요한 것은 개종자는 자신과 함께 가족의 미래에 대한 일종의 안전감을, 특히 자녀의 안전을 위한다는 점이다.[96] 경제적 목적으로 개종한다는 위의 연구결과와 다른 연구결과도 있어 단순히 경제적 목적이 가장 중요한 화인의 이슬람교로의 개종원인이라고 단정적으로 말하기는 어렵다.

말레이시아에서 새로 이슬람을 믿게 된 사람은 새형제라고 부른다. 연구에 의하면 화인무슬림은 결혼 후 그의 원래 가정에서 떠나고 다시는 이전의 부모형제와 함께 생활할 수 없다. 90%의 개종자는 말레이인의 거주구역에서 생활하고 그들의 말레이인 장인장모와 같이 생활하거나 분가해서 생활한다. 이렇게 개종을 한 화인의 대부분은 말레이인 친구가 있고, 이들 친구들이 그들의 일상생활과 종교활동에 대해 안내하고 지도해준다. 일반적인 상황에서 화인 개종자는 다시는 화인사회와는 교류를 않게 되고 그의 사회생활의 범위는 말레이인 사회로 전환, 한정된다.[97]

대부분의 화인 개종자는 그들의 사회생활을 변경, 조정하고 새로운 말레이환경에 적응하게 된다. 말레이인들은 이들 화인 개종자를 말레이인으로 대우한다. 개인차원에서 보자면 말레이사회는 비교적 개방된 사회로 만약 개종자가 말레이인의 생활방식을 받아들이고 그가 거주하는 캄풍의 사회활동에 참여하고 종교의무를 수행하며 무슬림의 계율을 지키고 화인사회와의 교류를 중단하면 이 개종자는 완전한 하나의 완전한 말레이인으로 말레이인사회에서 받아들여진다는 것이다.[98)]

화인종교의 중요한 특성은 바로 공리성과 실용성이다. 화인사회의 수많은 신령과 화인 종교신앙의 공리성은 밀접한 연관이 있는 것으로 여겨진다. 이런 종교적 행태는 중국인이 원래 갖고 있던 것으로 말레이시아 화인사회에서 이런 특성이 더욱 강화된 것으로 생각할 수 있다. 현상적으로 보면 화인사회는 매우 종교화된 사회로 볼 수 있다. 다양한 신불, 수많은 寺廟, 그리고 기도 중에 사르는 많은 향들. 화인들이 공봉하는 신령에는 하늘로부터 인간세계 그리고 지하세계까지 그 스펙트럼이 아주 넓고, 단순히 중국국내에 그치지 않고 외국에서 연원한 신령도 적지 않다. 각 신령들은 모두 각자의 역할이 있다. 가령 재복을 주는 신령, 해상항해 안전을 지켜주는 신령, 질병을 물리치는 신령, 가족의 행복을 가져다 주는 신령 등등. 이런 특성이 동남아 이주지에서도 여전히 중국전통의 종교를 전승하고 고수하는 가장 강한 동력으로 작용하였다고 생각된다.

위에서 지적했듯이 말레이시아에서 아주 소수의 화인이 이슬람을 받아들인 것도 바로 공리적인 이유, 즉 경제적 이익을 위한 것이 주요 고려였다는 점을 이미 지적하였다. 말레이시아에서 말레이인들이 타민족에 대해 종교를 개방하고 이슬람교로 개종시키기 위해 노력하고 있는 것은 정치적으로 아주 중요한 일이다. 그러나 종교신앙과 개종에 대한 생각은 화인과 말레이인은 근본적으로 다르다. 화인의 종교행태는 특정 종교에 대한 진입과 변경이 자유롭지만 말레이인에게 있어서 종교는 한번 선택하면 바꿀 수 없는 그런 것으로 여겨지고 있다. 사실상 개종이 불가능한 상황인 것이다. 말레이시아 전통종교 가운데 DATOH 숭배가 있었다. 말레이시아에 이슬람교가 전래된 후 이에 대한 신앙을 폐기했으나 도리어 이곳에 거주한 화인들은 가정에 평안을 가져오고, 재난을 물리치는 신명으로 여겨 존숭하였다. 재미있는 사실은 말레이시아 셀란고르의 한 DATOH 사당이 도로와 교량공사로 철거하게 되었는데 이를 철거하지 말고 보호하도록 요구한 것이 말레이인이 아니라 화인이었다는 점이다.[99)]

화인들의 종교의 또 한 특성으로 융합성을 들 수 있다. 德教會의 발전을 예로 들 수 있다. 德教는 중국남방에서 창립되었는데 그것이 더욱 발전한 것은 홍콩과 동남아지역이었다. 특히 말레이시아와 싱가포르에서 크게 발전하였다.[100)] 이 종교의 핵심교리는 五教 즉 孔教, 도교, 불교, 기독교, 이슬람교가 결국 同源同宗이고 교의는 忠恕, 감응, 자비, 박애, 慈恕를 융합한 것이며 핵심은 德이며 이는 선을 행하고 보시함으로써 도달할 수 있다는 것이다. 덕교회는 동남아 각국에 모두 조직을 갖고 있고, 이 가운데 말레이시아에서 발전이 가장 빠르다고 한다.[101)]

앞으로 말레이시아에서 화인들의 종교는 대내외적 환경과 여건에 따라 변화될 가능성이 커 보인다. 말레이시아가 세속국가를 헌법상에 천명하고 각 민족의 자유스런 종교활동을 보장한다고 선언했지만 국가를 이끄는 기본 이념이 이슬람 정신에 의존하는 만큼 국가차원의 이슬람화는 지속적으로 강화될 것이다. 이에 대한 반작용으로 화인들은 자신의 종교를 지켜나갈 가능성은 커지만 청년화인들이 중국전통종교의 미신적 요소 때문에 이들에 대한 흡인력이 떨어지고 있고, 대신 불교 등이 이런 자리를 차지할 가능성이 높아 보인다. 이슬람교는 말레이정부와 사회에서 지속적인 포교활동을 펼치고 있지만 화인들이 이를 받아들이는 숫자는 미미한 수준에 그치지 않을까 하는 연구자들의 견해가 많다. 천주교나 기독교는 자신들의 포교활동에 의해 상당수를 교도로 끌어들일 수 있을 것이다. 말레이시아야 말로 동남아지역 가운데서도 화인들의 가장 다양한 종교 활동이 역동적으로 이뤄지는 곳이라 생각된다.

05 동남아 각국의 排華사태와 동화 압력

제2차 세계대전 이후 동남아 각국에는 거의 예외없이 강력한 排華의 바람이 불었고 동시에 화교화인들을 주류민족으로 동화시키려는 정책적 노력도 추진되었다. 동남아에 거주하는 화교화인에게 큰 변화의 바람이 불어 온 것은 바로 역사의 필연이었다. 아시아의 대국인 중국을 조국으로 하는 중국교민 다수가 자국에 거주하는 것, 그리고 그들은 자신의 문화에 대한 높은 자부심과 이에 따른 동화에 대한 거부감, 이에 더해 그들의 조국인 중국의 공산화로 동남아 화교거주국들은 이제 국가의 안전보장이 수많은 화교의 존재로 불안정한 상황이 된 것 등의 요인으로 화교화인 문제에 대해 심각한 고려를 하게 되었다. 또한 예외없이 모든 동남아 화교거주 국가에서 화교화인의 우월한 경제적 지위와 주류토착민족의 경제적 열세 또한 민족정부의 큰 정치적 과제이기도 했다. 이런 상황을 감안할 때 배화움직임은 예측할 수 있는 흐름이었다. 그러나 동남아도 각 국가의 처한 역사적 환경과 상황에 따라 배화정책의 강도와 실제 추진, 그리고 동화 움직임에서 상당한 차이를 보인 것도 사실이다.

정치, 경제, 사회, 문화 제 방면에서 가장 철저한 동화를 추진하고, 오랫 시간 폭력적인 배화움직임을 보여 온 인도네시아에 이어 태국의 경우는 문화적으로 중국어 교육과 교육기관의 폐쇄를 결정하고 일부 경제정책에서 화교들의 역량을 약화시키는 조치를 취했지만 상대적으로 덜 격렬했다. 말레이시아는 동남아 국가 가운데서도 인구 구성비로 봐서 화교가 두 번째로 큰 민족집단으로 주류민족인 말레이인들의 다방면의 견제에도 불구하고 상당한 정도로 독자적인 문화를 지속 발전시킬 수 있는 활동공간을 확보하였으나 지속적으로 견제받는 상황이었다. 특히 신경제정책으로 표현되는 화교경제에 대한 제약과 교육분야에서는 말레이족과는 차별되는 대우를 받았다. 말하자면 2등 시민으로서의 화인들의 정치, 사회적 지위는 그대로 유지되고 있는 것이다. 필리핀은 독립이후 화교들의 경제를 근저에서 뒤흔드는 경제제약 정책을 수립, 강력히 시행하여 화교들이 경제적으로 큰 타격을 받기도 하였다.

이들 국가들은 예외없이 중국인 화교들에 의한 자제를 위한 중국어 교육에 대해 규제를 가했다. 서방식민세력으로부터 새로운 민족정부가 출범했음에도 이들이 모국어교육을 그대로 방치했다간 새로운 국가의 구성원을 키우는 것이 아니라 중국이 아닌 곳에서 중국인을 키우는 결과를 야기하게 될 것이라는 민족정부의 우려 때문이었다. 이는 화교에 대해 가장 우호적이고 친화적인 정책과 기층의 민족 간에도 가장 화합이 잘된 태국도 예외가 아니었다. 이런 중국어 교육이 완화된 것은 지난 세기 70년대 초반 미국과 중국 관계가 해빙되고 이어 일본과 중국, 동남아 국가와 중국이 외교관계를 수립하면서 점차 완화되었고, 지금은 상업적 경제적 이유로 동남아 각국에서 화예뿐만 아니라 다른 민족들도 중국어를 열심히 배우는 등 환경이 크게 달라졌다.

요컨대 하나의 민족이 다민족국가에서 주류 민족으로 국가를 이끌어나갈 때 결국 그들의 언어와 주요 이데올로기로서의 종교신앙, 그리고 정치권력과 경제력의 고른 우위가 요구되는데 독립 초기 동남아 대부분의 국가에서는 정치적 권력을 제외하고 경제적인 측면에서 화교를 전혀 압도하지 못했다. 또 문화적인 측면에서는 다원 가운데 비주류민족의 이질적인 요소가 상당한 세력을 차지한 국면이었다.

이같은 일반적인 분석과 함께 중국인 연구자들이 보는 동남아의 배화움직임과 동화압력은 조금 시각을 달리하고 있다. 우선 배화움직임의 원인과 관련, 경제적 요소는 내외학자들이 공통적으로 지적하는 사항이다. 모든 동남아 국가에서 화교들의 경제적 성취가 토착민의 그것을 훨씬 뛰어넘었고, 또 화교들의 상당수가 자신이 쌓아올린 경제적인 부를 주변의 토착민에게 과시하는, 즉 이들의 사치풍조 등이 겹쳐 토착민의 시기심과 배화감정을 부추겼다는 지적이다. 또한 과거 식민시기 동남아 화교의 경제성취는 기본적으로 화교들의 근검절약과 노력의 결과였지만 일부는 유럽 식민자들이 식민지 경영전략과 관련, 화교들에게 토착민에 비해 유리한 경제환경을 제공한 측면도 있었다는 지적이다. 이런 요인에 의해 제2차 세계대전이 종료되고 속속 들어선 동남아의 토착민족정부는 외국인 특히 화교에 의한 과도한 경제력 장악을 바로 잡고 민족경제를 발전시키기 위해 화교화인들의 경제활동범위에 대해 법률로 많은 제한을 가했다.

경제요소 이외 정치적인 요소도 배화의 단초가 된 것으로 중국 연구자들은 보고 있다. 독립 후 경제적 낙후와 빈곤, 사회적 분배의 불균형과 화교들의 재부에 대한 시기심과 질투심을 돌파할 수 있는 하나의 방안으로 배화법률이나 각종 대중매체를 동원한 배화선동으로 나타났다고 연구자들은 보고 있다. 그 예로 1947~1964년 필리핀의 국회의원들은 매년 국회를 무대로 경쟁적으로 배화법안, 특히 화교들의 경제력, 바로 그들의 생업을 제한하는 각종 법안을 제출하였다는 것이다.[102] 특히 동남아 국가들의 배화정책 가운데 가장 충격적인 조치는 1959년 인도네시아 수카르노 대통령의 10호 명령으로 모든 외국교민(실질적으로 화교를 의미)이 경영하는 군 단위 이하의 소매상의 영업을 종료시킨 것이었다. 정치적인 요소 중 또 하나 식민지배에서 벗어난 동남아 각국의 정치지도자들이 동서 양 진영의 이념대결 가운데서 미국의 지지와 원조를 더욱 많이 받기 위해 대외적으로 반공정책과 함께 대내적으로 배화와 반공을 추진했다는 점도 지적되고 있다.

그러나 이러한 정치 · 경제적 요인 이외에 원래 토착민과 화교 간에 형성된 서로의 생활방식과 문화배경의 차이와 이로 인한 편견과 고정관념의 고착화와 확산 등에 따라 토착민의 화교에 대한 배화감정의 등장도 중요한 요소로 지적할 수 있다. 토착민은 주인이라는 의식하에 화교를 객으로 보는 주객관념에다 화교들의 경제적인 성공에 대한 배외심리가 겹쳐져 배화움직임이 강화되었다는 것이다. 이런 토착민과 화교 간의 간극을 확대 강화한 것은 과거 식민시대의 유산이기도 하다. 식민지경영 전략상 네델란드와 영국 등은 화교의 경제 · 사회지위를 토착민의 위에 그리고 식민자의 아래에 두는 중간자적인 위치에 화교들을 위치시켰다. 이는 화교들이 농업경제 체제인 동남아 경제에서 각종 농산물을 수집하거나 식민자들이 생산한 각종 공산물을 판매하는 중간자적인 역할분담에도 기인하지만 실제 식민정책의 수행에서 가령 징세청부업의 경우 화교를 내세워 식민자들은 직접 토착민과 부딪히는 일이 없도록 하기 위한 깊은 고려도 작용한 것이었다. 일상적으로 경제문제 등으로 화교와 토착민이 직접 부딪히는 경우가 많지만 식민자와 토착민이 부딪힐 일은 거의 없고, 식민통치와 관련된 악역은 식민자들이 화교에게 전가할 수 있었다. 이런 과정을 통해 토착민의 화교에 대한 부정적인 감정은 확대 재생산되었다고 볼 수 있다.

또 하나 중요한 요인으로 화교 자신의 문제로 야기된 배화움직임이다. 화교들의 대다수는 문화교육수준이 아주 낮았다. 그들은 자신의 경제적 성공을 대외적인 과시로, 사치생활로 드러내고 싶어하고 이 점이 현지 빈곤 토착민과 큰 대조를 이루며 반발심을 불렀다. 특히 결혼식이나 장례식을 엄청나게 화려하게 치르며, 가정 불당이나 조상들의 묘지를 호화롭게 꾸미는 일 등이 현지 토착민을 충분히 자극하고 이것들이 쌓여 배화를 더욱 촉진하는 작용을 한다는 것이다. 또한 지난 세기 50, 60년대 동남아지역 화인커뮤니티에서 출판된 서적 가운데 적지 않게 화교들의 경제역량을 실제보다 과장되게 실적을 나열했고, 화교들은 이를 적극적으로 선전해 불필요하게 토착민을 자극한 측면도 있었다는 것이다.[103] 이는 바로 독립정부로 하여금 진정한 독립을 위하여 잘못된 경제를 바로잡아야겠다는 인식을 심어주는 측면도 있었다는 점이다. 또 정치적으로 예민한 부분에 화교가 개입하여 피해를 본 케이스도 있다. 가령 필리핀의 일부 화교들은 1946년 대통령 선거에서 특정 태통령 후보를 지원하면서 시위의 방식으로 상대 후보를 반대하여 현지 주민에게 충격적으로 비춰졌다. 선거 결과 화교들이 반대한 인물이 당선되면서 바로 약 20년에 걸친 정부차원의 배화조치가 시작되었다. 1958년 인도네시아 일부 지방에서 미국의 지원을 받고 중앙정부를 반대하는 군사반란이 일어났으나 성공하지 못했다. 이어 당국은 바로 이 움직임과 관련된 친 대만인사의 숙청과 대규모적인 배화가 일어나면서 친대만 단체의 해체, 중국어학교의 전면적 폐쇄, 대부분 중국어신문의 폐간 등의 조치가 지속적으로 이어졌다. 무엇보다 중요한 것은 중국의 정치적인 분열(즉 중공과 대만의 분열)에 의한 화교사회의 분열로 동남아 거주국의 배화 움직임에 대한 화교사회가 적절히 대응할 수 없었다는 점도 지적할 수 있다.

이제 주요 국가별로 배화 움직임과 정부차원의 동화조치를 살펴보자.

1. 인도네시아의 배화정책

지난 1960년대 인도네시아 당국은 정치권력을 동원하여 전면적인 동화정책을 시행했다. 몇 가지 중요한 조치를 보면 화인단체의 폐쇄, 중국어학교의 폐교조치, 중국어 신문이나 잡지의 폐간, 중국어로 기록된 각종 중국문화 관련 서적의 수입금지, 중국 전통종교활동과 습속 및 경축일의 행사금지, 중국어로 된 서적이나 신문잡지, 기타 인쇄물과 중국어 음성기록물 등의 수입, 판매, 살포 등의 금지, 중국식 이름의 인도네시아식 개명 등 거의 전 분야에 걸친 중국문화의 금지를 실행하였다. 말하자면 중국 화교화인들의 중국인 특성을 지워나가겠다는 정부의 의지였고 실천이었던 셈이다. 이러한 중국문화의 전반적인 금지에도 불구하고 화교화인들의 종교, 즉 대승불교와 孔教, 전통민속신앙과 조상숭배 등은 약간의 활동여지가 남겨져 있어 완전한 화교화인 문화의 소멸에까지 이르지는 않았다.

인도네시아의 종교신앙자유 정책은 헌법에서 규정하는 건국 5원칙, 즉 신에 대한 신앙, 민족주의, 인도주의, 사회공정과 민주에서 잘 나타나 있다. 인도네시아에서 종교에 범주에 드는 6대 종교는 원래 이슬람교, 천주교, 기독교, 힌두교, 불교와 공교였다. 화교화인들이 신봉하는 정화, 媽祖, 토지신(대백공) 그리고 관제는 불교에 포함되어 존속되었다. 조상에 대한 제사와 공교를 포함한 화교화인의 민족종교신앙도 비교적 완전하게 유지될 수 있었다.[104)]

한 연구에 의하면 동남아 특히 인도네시아에서 종교신앙정책은 反共의 필요에 의해 나왔고, 무신론자만이 공산주의를 받아들인다고 보았다. 그러므로 인도네시아에서는 모든 시민이 마땅히 자신의 종교신앙을 가져야 하고 이를 신분증에 표시하게 되었다는 것이다. 신앙은 바로 건국 5원칙의 가장 중요한 원칙이고, 따라서 화교화인들의 종교도 인정되었고, 화교화인들이 자신들의 종교신앙을 지켜갈 수 있도록 했다는 것이다.[105)]

그러나 인도네시아 당국자들은 화교화인들이 자신의 전통종교신앙을 유지하는 것이 인도네시아가 추구하는 외국교민의 전면 동화정책에 저촉된다는 점을 잘 인식하고 있었다. 1967년 수하르토는 '화인종교신앙과 풍속관습에 관한 대통령 제14호 결정서'를 통해 "원래 화교 조상의 고향에서 전래된 화인의 종교신앙과 습속 및 그들의 각종 표현형태는 인도네시아 공민의 심리, 정신과 도덕에 부자연스런 영향을 줄 수 있고, 이에 따라 동화추세를 방해할 수 있다"고 지적했다. 이어 종교사무부에서는 "화인은 단지 집안에서만 종교 활동을 하고 만약 반드시 공공장소에서 종교 활동과 풍속의식을 거행할 때는 조용히 해야 하며 다른 사람의 주목을 끌어서는 안된다"고 지시하였다. 이후로 화인 종교활동에도 여러 가지 제약이 가해졌고, 특히 공교는 수하르토의 명령으로 1979년 1월부터 인도네시아 6대 종교의 범주에서 제외되었다. 이와함께 화인들에 대한 이슬람으로의 개종이 추진되었으나 이는 화인들의 반발로 별다른 성과를 거두지 못했다. 화인들에게 무슬림이 된다는 의미는 바로 화인사회를 떠나야 된다는 의미이고 많은 제약(이슬람교 교규에 의한 제한)을 받아들인다는 의미로 화교화인들은 이슬람을 받아들이는 데는 아주 소극적이었다. 다만 새로운 젊은 층을 중심으로 천주교나 기독교로 귀의한 예는 상당히 증가하고 있다.

인도네시아에서 배화 폭력사태는 수시로 발생하고 있다. 가장 최근의 가장 규모가 컸던 배화폭동은 지난 1998년 5월 자카르타와 메남 등지에서 발생한 폭동사태이다. 수많은 화인공장과 상점, 주택의 파괴와 약탈로 여러 세대에 걸쳐 형성한 화교화인들의 사업체가 한 순간에 잿더미가 된 아주 심각한 사태였다. 이 사태로 11만의 화인이 인도네시아를 떠났다. 이밖에 수하르토가 집권한 이후 1998년의 배화폭동 이외 1996년과 1997년 2년에 걸쳐 연속 6차례 배화사건이 발생했다.

1998년의 대규모 배화폭동은 인도네시아 경제위기가 심화되는 가운데 정치위기가 겹쳐 일어난 것이다. 말하자면 이는 정치위기의 사회적 표출이라 할 수 있을 것이다. 1997년부터 시작된 동남아 금융위기로 인도네시아의 경제상황은 극도로 악화되면서 인도네시아 루피아는 80% 정도 평가절하되었고, 이에 따라

물가가 폭증했으며 실업인구와 빈곤인구가 급격히 증가하였다. 수하르토정부의 경제위기 완화노력은 주효하지 못했고, 주민들의 삶은 극도로 악화되면서 수하르토의 권력퇴진을 요구하기에 이르렀다. 이런 수하르토 독재정치를 규탄하고 하야를 요구하는 민주개혁운동 가운데 인도네시아는 시종 불안한 기운이 고조되었고, 수시로 화인상점에 대한 습격과 약탈이 이어지는 사회동란이 발생하였다.

1998년 5월 13일에서 15일 사이에 화인부녀자를 주요 표적으로 하는 종족간의 폭력이 발생하였다. 같은 기간 자카르타와 솔로 등지에서 대규모의 조직적이고 계획적인 화인을 주요 대상으로 하는 종족폭력사태가 발생하여 수천을 헤아리는 화인상점과 그들의 주택이 피습, 파괴되었고 수많은 화인부녀자들이 성폭행 당했다. 이런 조직적인 폭력행위에 대해 여러 논란이 있는 가운데 일부에서는 인도네시아 정부 내부의 특정세력이 불순한 정치목적을 달성하기 위해 저질렀다는 관측도 당시에 있었다.

1998년 5월 폭란의 결과 32년 권좌에 앉아있던 수하르토가 퇴진하였다. 이어 등장한 하비비 시대부터 인도네시아에 민주화과정이 개시되었다. 수하르토 정권이 무너지고 역대 인도네시아 정부는 화인의 공상업에 대한 제한과 중국어 중문 사용에 대한 제한조치를 완화하였다. 중국어 신문과 각종 화인 단체들이 비온 뒤 죽순처럼 신속히 늘어났고 세 가지 언어(즉 인도네시어어, 영어, 중국어)로 수업을 하는 학교도 속속 설립되었으며, 화인사회는 공개적으로 춘절, 단오절, 중추절 행사를 거행할 수 있게 되었고 각종 민속활동도 벌일 수 있게 되었다. 이처럼 인도네시아 화인들은 사업상의 발전을 도모할 새로운 기회를 맞았을 뿐 아니라 이전과는 달리 비교적 여유로운 정치, 사회환경을 맞게 되었다.

1990년 중국과 인도네시아가 외교관계를 재수립하고 양국간에 무역과 투자활동이 새로운 발전의 단계로 접어들었다. 인도네시아 화인들은 중국이 동남아에서 작용하는 정치적 영향력과 경제발전에서 차지하는 역량, 그리고 인도네시아에 미치는 영향력에 주목하면서 내면적으로 그들의 심정은 아주 복잡, 미묘해졌다. 그들은 자신들의 조국이 강력해지면서 영향력이 커지는데 대해 자부심을 느끼면서도 다른 한편으로 중국의 상품이 인도네시아 시장에 쏟아져 들어오면서 인도네시아 중소기업의 경영에 큰 영향을 미치는 것을 목도하였다. 이에 더해 가짜 상품의 기승으로 인도네시아 내의 많은 중소기업들이 도산하게 되었고, 이 가운데는 많은 화인들의 중소기업도 당연히 포함되어있었다. 인도네시아 방직공직업노조와 피혁노조의 통계에 의하면 2009년까지 271곳의 방직기업이 도산했고, 이 가운데 100곳이 서자바에 있다.[106] 이들 방직품과 기타 일용품 등 경공업제품은 화인들이 경영하는 것이고 절대다수의 직공들은 비화인들이다. 따라서 공장의 도산은 화인경영자들의 손해이기도 하지만 일터를 잃은 다수 기타 민족들의 실업문제를 야기하는 등 문제가 되었다.

중국문화에 대한 인도네시아 당국의 각종 행사에 대한 규제와 제한이 철폐되고 화인들의 각종 절일에는 인도네시아 주요 도시에서 대규모 행사가 거행되고 있다. 가령 2010년 3월 3일 자카르타에서 열린 원소절 경축행사에는 인도네시아의 정부통령 부부와 다수의 장관, 국회의원 및 중국대사를 포함한 다수의 외교사절이 초청돼 행사가 성황을 이뤘고 참가인원은 5천명을 넘었다.

인도네시아에서는 일부 관원과 지식인들은 신세대 화인 청년들이 다시 중국문화의 흡인력에 의해 다시 재중국화(resinicization) 현상이 등장하지 않을까 우려하는 분위기다. 물론 정치적 지향으로서 중국화를 우려하는 것과, 문화적인 측면에서 중국화와는 구별되어야 한다는 관점도 있다. 이 문제는 간단히 규정할 수 없는 복잡한 측면이 있다. 각각의 화인들이 개인이든 집단이든 정치이데올로기의 관점, 국가 정체성, 민족감정과 문화가치의 전승, 종교신앙과 언어예속의 관습 등 여러 문제에서 다양한 분기를 보이는 것도 사실이기 때문이다.

인도네시아에서 화인들의 동화에 대한 경과는 단순히 화인만의 노력이 아닌 인도네시아 당국과 주류민족의 노력도 병행되어야 한다고 생각된다. 이런 측면에서 지난 2006년 인도네시아 국적법이 '원주민'과 '비원주민'으로 국민을 구분하던 제도를 폐지한 것은 상당한 진전이라 여겨진다.[107] 긍정적인 인도네시아 당국의 정책변화로는 수하르토정권 시절 화인에 대한 강제동화정책이 폐기되고 화인을 차별하는 각종 법령 등이 폐지되는 가운데 인도네시아를 다종족,

다문화가 병존하는 사실을 정부당국이 받아들이기 시작했다는 점이다. 한 가지 더 중요한 측면은 화교와 화인을 엄격히 구분해서 보아야 하고, 화인의 문제는 어디까지나 인도네시아의 내정문제라는 점을 화인자신은 물론이고 중국도 이를 명확히 해야 한다는 점이다. 중국국적을 보유하고 있는 화교는 본국에서 그들에 대한 여러 가지 관심을 표시하고 정책수행의 대상이 될 수 있지만 이미 거주국의 국적을 획득한 화인에 대한 과도한 중국의 관심은 내정간여가 될 수 있고 국가간 마찰을 야기할 수 있기 때문이다. 화인에 대한 정부당국 차원의 주류민족에 의한 박해와 압박은 이제 제도적으로 많이 완화되었고, 결국 주류민족과 화인들간의 쌍방에 노력에 의해 더욱 진전되고 안정될 것으로 예측할 수 있을 것이다.

2. 말레이시아의 배화정책

말레이시아 화인들의 상황은 다른 동남아 국가와는 근본적으로 성격이 다른 측면이 있다. 태국이나 인도네시아 필리핀은 화인이 차지하는 비중이 전체의 10% 이내의 아주 소수민족에 불과하나 말레이시아는 전체 인구의 약 30%를 차지하는 말레이인에 이어 제2대 민족이라는 점이다. 이같은 말레이시아 화인들의 인구비중은 다른 동남아 국가와는 또 다른 화인의 사회경제환경과 문화적 발전의 토양이 되고 제약점이 되기도 했다. 주류민족인 말레이족으로서는 건국 초기 거의 50%에 달했던 이종족의 인구비중이 말레이족의 정치, 경제, 문화의 주도적 위치와 발전에 위협에 될 것으로 간주하여 강력한 견제에 나섰고, 이는 1969년 5월 13일 사태라는 종족간 유혈폭동으로 발전하였다. 이 사건을 계기로 폭력 유혈충돌은 없어진 대신 말레이인에 의한 말레이시아 경영이 더욱 두드러졌다. 이를 달리 말하자면 말레이시아에서 제2의 종족인 화인들은 정치, 경제, 문화 다방면에서 강력한 견제로 자신의 문화발전에 상당한 억압을 받게 되었다. 영국 식민지배에서 벗어난 말레이시아는 건국 후 첫 단계에서는 주로 화교문화에 대한 견제, 즉 중국어 교육에 대한 제약을 가했다. 앞서 지적했듯이 화인들의 초등학교는 허용하는 대신 중 · 고등학교는 상당한 제약을 가해 정부의 보조를 받지 않는 자신들의 경비로 학교를 운영하는 독립중학이 허용되었고, 중국어로 교육을 수행하는 독립된 대학의 설립은 건국이후 지금까지 정부당국에 의해 거부되고 있다. 당연히 관방의 공식언어는 말레이어이고, 공무원 채용 등이나 대학입학고사는 말레이어로 치러진다. 결국 화인들은 초등과정과 중 · 고등과정을 자신의 언어로 교육을 받을 수 있으나 대학교육(전문대학 제외)은 말레이어로 교수하는 말레이대학에 입학하거나 혹은 중국어로 교수하는 대륙이나 대만이나 혹은 영어권의 대학으로 유학을 갈 수밖에 없게 되었다. 그렇지만 말레이시아는 중국과 대만 이외 지역에서는 그래도 가장 완전에 가까운 중국어 교육시스템(초등학교-중 · 고등학교-전문대학)을 갖추고 있다.

69년 종족 폭력충돌 이후 말레이시아 정부당국은 약 20년간 시행된 말레이인 우선의 신경제정책을 시행하게 되었다. 이 경제정책은 빈곤의 소멸, 사회 재구축을 구호로 내세우며 전국의 공상업 각 영역에서 토착민이 주식의 30%, 비토착민이 40%, 외국인이 30%를 갖도록 한다는 목표를 내세웠다. 이 정책은 말레이시아 화인사회에 엄청난 충격을 몰고 왔다. 그러나 화인기업의 90% 이상을 차지하는 화인중소기업에게는 이 규정이 적용되지 않아 상대적으로 다른 동남아 국가의 화인에 대한 경제제한조치에 비해 영향이 크지 않았다는 평가이다.[108] 문제는 화인대기업의 경우였는데 이들은 자신들이 양보할 30% 주식을 현지의 유력 토착민 권력자와의 거래를 통해 오히려 자신의 기업을 확장하는데 활용한 측면도 있다. 전반적으로 80년대 말레이시아 경제가 확장되면서 화인기업은 물론이고 말레이인들에게도 유리한 경제국면으로 전개되었다.

문화측면에서 말레이시아 당국은 1971년 이른바 국가문화의 3대 원칙을 통과시켰다. 그것은

첫째, 국가문화는 토착문화를 핵심으로 한다.

둘째, 기타 문화 가운데 적합하고 적당한 것은 국가문화의 일부분으로 받아들일 수 있다.

셋째, 이슬람교는 국가문화를 형성하는 중요한 부분이다.[109)]

이것으로 우리는 말레이인들이 69년 5월 13일 사건후 극력 국가정치, 경제, 문화 등의 방면에서 주도적인 지위를 추구한다는 점을 알 수 있다. 말레이인들이 추구하는 목표는 바로 하나의 언어(말레이어), 하나의 문화(말레이인의 주류문화) 하나의 종교(이슬람교)로 나아가고자 하는 것을 명확히 파악할 수 있다.

말레이인이란 무엇인가? 이에 대한 가장 조기의 개념과 정의는 1913년 말레이인 토지보유법안에 나타나 있고 지금까지 이어지고 있다. 말레이시아 연방헌법 제160조 2항의 규정에 의하면 "말레이인"은 이슬람교를 신앙하고, 말레이어를 말하며, 말레이 풍속관습을 준수하는 사람"이라고 규정되어 있다. 종족의 개념이나 혈통으로 구분하는 개념이 아니라는 점이 주목된다. 그러므로 말레이인의 구성은 아주 복잡하다. 아랍인도 자바인도 또 다른 종족도 위의 조건을 충족할 수 있다면 그는 말레이인이 되는 것이다. 이 세 가지 요건 가운데 가장 중요한 요소는 무엇보다 이슬람교를 믿는가 여부이다. 토착 말레이인은 출생 즉시 자연스럽게 이슬람신앙을 전승하게 된다. 2000년 인구센서스에 의하면 무슬림의 말레이시아 전체 인구 가운데 비중은 60.4%를 차지하고 있고, 약 1,322만에 이른다.[110)] 완전히 일치한다고 보긴 어렵지만 거의 대부분이 바로 말레이인이다. 이미 숫적으로 기타 화인이나 인도계 혈통을 압도하게 되었다. 1947년 통계를 보면 말레이인의 비중은 49.5%, 화인 38.4%[111)]이었던 점을 감안하면 줄곧 말레이인의 비중은 높아졌고, 화인의 비중은 낮아진 것이다.

말레이시아 헌법은 국회가 무슬림들에게 다른 종교교의 혹은 신앙 행동을 전파하는 것을 규제할 수 있는 법률을 만들 수 있는 권한이 있다고 규정하고 있다. 적지 않은 주에서 무슬림에게 다른 종교를 전파하는 것을 법률로 금지시키고 있다. [112)]

그러나 정부당국과 관련 이슬람관련단체의 적극적인 무슬림으로의 귀의 노력에도 불구하고 화인들의 종교지향은 그다지 변치 않았다. 특히 화인들은 이슬람교의 엄격한 교의와 돼지고기를 금지하는 종교관습, 이슬람으로의 개종 후에는 화인사회와의 단절 등의 요인으로 개종자는 아주 적다. 1980년과 1991년의 인구센서스에서 이슬람을 신앙하는 화인의 비율은 각각 화인 전체인구의 0.2%와 0.4%에 불과했다.[113]

이런 화인들의 종교지향은 민족간의 통혼에 그대로 드러난다. 이슬람교는 무슬림과 비무슬림의 혼인을 금지하고 있고, 비무슬림이 무슬림과 결혼하고자 하면 반드시 이슬람교로 개종할 것을 요구하고 있다. 이런 상황에서 무슬림과 결혼하기 위해 이슬람교를 받아들이면 그 화인은 동족사회에서 배제되고 그는 새로운 이슬람권의 사람과 교유하게 된다. 이런 이슬람의 엄격성과 화인들의 분방한 종교행태가 어떤 측면에서 말레이시아 사회의 민족간 융합을 막는 장애요소로 작용한다고도 볼 수 있을 것이다. 일상생활에서 말레이인과 화인, 인도계 후예들은 함께 일하고 교제의 범위에 포함되나 일단 업무시간이 끝나고 귀가하면 그들은 자신이 속한 종족의 범위를 벗어나지 못하는, 이에 갇혀버리는 독특한 모습을 그려내게 된다.

3. 태국의 배화정책

태국은 동남아 국가 가운데서 화교화인에게 가장 우호적이고 친근한 국가였고, 그들이 자신의 생업이나 경제활동과 문화활동을 함에 있어서 가장 자유스럽고 제한을 가하지 않은 국가였다. 그러나 신해혁명을 전후하여 중국 대륙에서 중화민족주의가 발흥하는 것과 마찬가지로 태국에서도 민족주의의 바람이 불었고 이는 현 태국왕조인 차크리왕조의 6대 왕인 와치라웃왕에 의해 전국적으로 확산되었다. 그가 죽은 후 청년장교그룹이 입헌군주정 정변을 통해 집권하면서 더욱 거세게 민족주의의 파고를 일으켰다. 이는 화교화인들의 입장에서는 바로 배화 움직임이었고, 강제적인 민족동화의 흐름이기도 했다.

와치라웃왕의 민족주의는 시대적인 배경을 깔고 있다. 그는 어린 시절 영국유학에 올라 샘허스트군사대학과 옥스퍼드대학에서 군사학과 법률학을 공부했고 영국 육군에 복무한 경험도 가지고 있다. 그가 서방정치사상을 공부하는 과정에 스스로 민족주의 사상체계를 수립하였고 이어 1902년 귀국한 후 바로 일본과 미국도 방문하고 특히 일본에서 천황제도에 대해 심취하였다. 또 1905년 일본이 러시아를 패퇴시킨것을 보고 일본모델에 대해 많은 고려를 하게 되었다고 한다.[114) 이것으로 와치라웃은 등극하기 전에 이미 강렬한 민족주의 정서를 갖고 있었다.

20세기 초 중국에서 이전까지와는 달리 많은 여성들이 태국으로 이주함으로서 중국 미혼남성들이 주로 중국여성과 혼인하고 그들의 2세는 태국인이 아닌 중국인으로 성장하는 점을 우려, 이제까지 우대와는 달리 화교를 외국인으로 간주하여 차별에 나섰다. 문화적으로는 불교를 태국의 주요 신앙으로 하여 이를 전국적으로 확산시켜 서구사조의 위협에 대응하려 하였다.

와치라웃은 중국을 비롯한 동남아의 혁명바람에 대응해 왕정을 유지하고 외세의 국권침탈 기도에 맞서 완전한 국가의 독립과 화교경제의 억제, 태국전통문화의 유지 확산을 위해 민족주의를 제창하게 되었다. 그의 민족주의의 요체는 "민족, 군주, 종교"의 3위 1체로 이 3자는 통합되어 분할될 수 없다는 것이 요지이다.

이런 그의 민족주의 사상은 그가 죽은 후 군사정변으로 등장한 청년장교집단에 의해 구체화되고 실행되었고, 수많은 화교화인들에게 배화조치로 나타났다. 청년 장교집단이 1933년부터 1944년까지 집권하는 과정에 많은 민족주의 정책, 특히 배화조치를 많이 생산 시행에 옮겼다. 경제적인 측면에서 보자면 태국은 '태국인의 태국'이란 슬로건 하에 엄혹한 경제민족주의 정책을 시행했다. 그 구체적 조치는 외국자본을 국가경제에서 축출하고 화교자산계급을 동화시키거나 배제하며 타이족에 의한 경제발전을 도모한다는 것이었다. 이어 화교들에 대한 규제조치로 1938년에서 1939년 5월까지 10개 부문의 중요한 상업과 공업부문의 경영을 제한하였고, 1941년에서 1942년 사이에는 직업조례를 발표, 태국인이 가질 수 있는 직업과 전문기술분야 및 모든 공장과 어떤 직업군에서 일정비율의 노동자는 반드시 타이족을 채용할 것 등을 규정하였다. 이런 제약을 받는 직업은 모두 27종에 달했다. 1941년 5월에는 화교화인들이 거주할 수 없는 지역을 법령으로 공포하였고, 1943년에는 화교들이 토지구매를 금지시키는 법령을 공포하였다.[115)]

문화적인 측면에서 보자면 중국어 교육에 대해 대폭적인 규제에 나섰다. 民校조례를 발표, 화인학교는 반드시 태국어 교육을 강화해야 한다고 규정하고, 기본적인 교학언어는 태국어로 하도록 했다. 또 화인학교의 교장은 태국어를 아는 태국국민이어야 하고, 화인학교도 태국어로 교육하도록 했다. 화인학교는 일종의 외국어로서 중국어는 주당 5,6시간으로 제한되었다. 수십년에 이르는 오랜 시간 중국어 교육이 제한되어 지금 대부분의 태국 화인들은 중국어를 구사하지 못하는 상황이 되었다.[116)]

4. 필리핀의 배화정책

필리핀은 화교화인 문제와 관련해 다른 동남아 국가와는 다른 국가적 특성을 갖고 있다. 우선 화교 인구수와 토착민과의 비율이 모두 다른 동남아 국가 말레이시아, 인도네시아, 태국에 비해 낮다는 점이다. 이들 3개 국가의 화인숫자가 적어도 600만, 700만을 헤아리는 가운데 필리핀은 겨우 1백만을 넘는 정도이고 전체 인구에서 차지하는 비중도 1.5~2% 정도로 추정된다. 그리고 필리핀의 화교사회는 전통적으로 상업사회였다는 점이다. 1932년 필리핀정부의 농상부 통계에 의하면 화교들의 총투자액은 5억여 페소, 절반이상이 소매상업에 종사했고, 전후 초기인 1948년 화교총투자액의 3분의 2이상이 상업부문에 투자되었고, 이 부문에 종사하는 화교의 비중도 58.8%에 달했다.[117)] 1971년에는 화교화인이 필리핀 상업부문 총투자액의 40%를 차지했다.[118)] 이상의 통계치로 필리핀 화교사회의 경제적 특성을 엿볼 수 있다. 기본적으로 화교들의 상업의 가장 전형적인 모습은 주로 부부 혹은 형제간에 경영하는 '菜仔店'으로 불리는 소매점으로 전국 방방곡곡 뿌리를 내리지 않은 곳이 없고, 이들 가게는 지역주민이 필요로 하는 일상용품을 거의 모두 구비하고 있는 특성을 갖고 있다. 이 가게는 영업시간이 길고, 아주 작은 이문을 붙이며, 외상으로도 물건을 파는 특성으로 지역주민과의 밀착성이 아주 높다. 이런 필리핀 화교사회의 경제특성에서 전후 민족정부가 들어서면서 시행된 화교에 대한 각종 경제규제정책은 다수의 화교들의 생업에 심대한 타격을 가하게 되었다.

경제적인 측면에서 필리핀 당국의 배화조치는 건국초기인 1946~1965년에 주로 집중되었다. 이러한 시기 여러 가지 경제적인 배화조치가 나왔지만 가장 영향이 컸던 것은 화교의 소매업금지 조치와 곡물판매 금지조치였다. 이들 조치 이외에도 식료품시장에서 판매는 필리핀 토착민만 하도록 하는 법안과 은행 경영의 필리핀화에 따라 새로 설립되는 은행의 주주 3분의 2 이상은 필리핀 국적자여야 한다고 규정해 화교들의 은행업 진출을 막았고, 수입제한법에 따라 외국교민 수입상이 수입한 물품은 절반 이상을 싼 값으로 필리핀 상인에게 판매하도록 하는 법안도 시행되었다.[119)]

소매상 필리핀 화법안의 요지는 필리핀 국적자만이 소매업을 경영할 수 있고, 예외적으로 현재 이미 소매업을 하는 자는 본인이 살아있을 때까지나 혹은 스스로 영업을 그만둘 때까지 할 수 있으나 동업이나 기업형태의 경영의 경우에는 10년간 유예기간을 주었다. 여기서 말하는 소매업은 직접 상품, 화물 등을 대중 소비를 위해 판매하는 어떤 행위나 직업도 모두 포함하는 개념이다. 그러나 자본이 5천페소를 넘지 않는 공장이나 제조업자, 공장노동자와 자신이 생산하거나 가공한 산품을 판매하는 경우와 농업종사자가 생산한 물품을 직접 판매하는 것은 제외되었다.[120)]

이들 법안의 내용을 정리해보면 농장이나 소규모 식당, 소규모 공장을 경영하는 자 이외 직접 대중에게 물건을 파는 위로는 백화점에서부터 아래로 좌판상에 이르기까지 모든 유통업 형태는 소매점의 범주에 들고 화교들은 직접적 타격을 받게 되었다. 이법을 공포할 때 필리핀 전국에 20,268개의 화교가 경영하는 각종 소매점이 있었다. 이들이 모두 영향권 내에 들게 되었다.[121)]

이같은 당국의 조치에 의해 화교의 소매점은 급속히 감소했다. 필리핀 공상부문 당국의 통계에 의하면 1964년까지 이 법률에 의해 영업 종료한 외국교민의 소매점은 9,190개였고, 1971년에는 마닐라와 근교지역에 다만 2,740개의 화교소매점이 계속 영업을 하였다.[122] 기타 지역에서는 겨우 4,884곳만이 계속 영업을 해 전체적으로 7,624곳만이 영업을 지속하였고, 이는 배화법안이 시행되기 이전에 비해 무려 3분의 2가 줄어든 것이다.

양곡업 필리핀화 법은 양곡판매 관련 업종은 1백% 필리핀 토착민 자본의 회사만이 영위할 수 있도록 했고, 이법이 시행된 후 외국교민 사업자는 부문별로 2년 혹은 3년 이내에 폐업하도록 했다. 또 외국교민은 양곡업을 경영하는 필리핀 기업에 취업할 수 없게 규제하였다.

이 법은 소매업금지법보다 화교들에게 더욱 가혹한 것으로 여겨졌다. 소매업 필리핀화법은 법 시행전에 소매업을 경영하는 화교는 자신이 죽을 때까지 혹은 동업이나 회사조직을 가졌을 경우 계속 10년간 경영할 수 있도록 했으나 양곡업은 최장 3년 이내에 사업권을 반납해야 했다.

이러한 경제규제책은 1965년 마르코스가 집권하면서 점차 완화되었고, 필리핀 정부는 토착민과 거의 동등한 경제활동의 기회를 제공하게 되었다. 민족정부의 정치적 독립에 이어 진정한 경제독립을 쟁취하기 위해 외국교민, 특히 화교경제를 겨냥해 그들의 경제를 옥죄는 수많은 조치를 취했으나 소기의 성과는 거두지 못하고 물가앙등과 경제의 위축이라는 원치 않는 결과를 얻게 되었다. 이런 과정을 거치면서 필리핀 당국은 화교경제를 규제할 것이 아니라 그들의 자본과 경영기법 그리고 근면함을 이용하는 것이 좋다고 판단하여 점차 화교에 대한 경제완화책으로 전환하게 된다. 이와함께 마르코스정부는 그동안 강력히 억제했던 화교들의 국적취득을 중국과의 수교와 세계정세 등에 맞춰 대거 완화하는 국적취득 규정을 새로 마련, 화교들이 대거 화인으로, 필리핀공민으로 전환하도록 조치했다. 과거 화교신분으로 엄청난 사업상의 제약을 경험했던 화교들은 대거 필리핀 국적취득에 나서게 되었고, 이는 필리핀 화교화인의 현지동화에 큰 변화의 흐름이기도 하였다.

미주

1) 溫廣益 主編: '二戰' 後東南亞華僑華人史 p.27, 중산대학출판사
2) 상게서 p.28~29
3) 洪源善 학위논문 p.64
4) 蕭玉燦 : 殊途同歸 p.59, 홍콩 지평선출판사.
5) 상게서 p.63
6) 溫廣益 主編 상게서 p.32
7) 雅加達 : 〈生活報〉 1954. 3. 18일자, 洪源善 상게논문 p.65 재인용
8) 蕭玉燦 : 〈五個時代〉 p.249
9) 洪源善 상게논문 p.65
10) 溫廣益 상게서 p.35
11) 상게서
12) 雅加達 〈羅盤報 〉 1980년 2월 28일 : 상게서 p.36 재인용
13) 雅加達電訊 1980년 4월 25일, 상게서 재인용
14) 상게서 p.40
15) 陳健民 : 〈泰國的華僑與華人〉, 泰中學刊 p.47, 1999년
16) G. William Skinner 상게서 p.190~191
17) 상게서 p.126
18) 상게서 p.191
19) 謝猶榮 : 暹羅國志 p.279~280 蔓谷南洋出版社,
20) 洪源善 상게논문 p.63
21) 온광익 상게서 p.41
22) 상게서 p.42
23) 溫廣益 상게서 p.55
24) 崔貴强 : 新馬華人國家認同的轉向 p.329, 복건, 하문대학출판사.
25) 1950년 말레이연방 연도보고
26) 온광익 상게서 p.57
27) K.J. Ratnam : Communalism and the Political Process in Malaya p.92, University of Malaya Press
28) 최규강 상게서 p.166~167
29) 상게서 p.173~174
30) 상게서 p.231
31) 남양상보 1958년 9월 8일자, 온광익 상게서 p.61 재인용
32) 말레이시아 통계국,1983년 p.59, 154; 온광익 상게서 p.62 재인용
33) 상게서 p.38
34) 상게서
35) 洪源善 상게논문 p.93
36) 1918년 〈欽定民立學校法〉의 번역, 劉眞 主編 : 화교교육 p.519~525, 臺北, 상게논문 재인용

미주

37) 상게논문
38) 王綿長 : 戰後泰國政府的華僑, 華人的政策〉, 前後東南亞國家的華僑華人政策 p.103
39) 曺云華 : 泰國華人第二,三代的政治認同, 民族認同和文化認同及加强對他們工作的思考 p.532
40) Suchart Prasithrathsint : "Ethnicity and Fertility in Thailand" Institute of Southeast Asian Studies, 1985, 洪源善 상게논문 p.94 재인용
41) 黃昆章 : 전후 印尼政府的華僑華人政策, 전후동남아 국가적화교화인정책 p.13~15
42) 洪源善 상게논문 p.95
43) 古鴻廷 著 : 教育與認同 : 馬來西亞華文中學教育之硏究(1945~2000) p.1, 廈門대학출판사.
44) 林水豪 : 馬來西亞小學及中學華文教育的發展 p.3
45) 古鴻廷 상게서 p.8
46) 林連玉 : 〈風雨十八年〉 上集 p.18~22
47) H. R. Cheeseman "The Post-War Policy in education in Malaya" The Yearbook of Education 1949 p.548
48) 고홍정 상게서 p.9~10
49) Report of the Committee on Malay Education 1951, 상게서 p.15
50) 온광익 상게서 p.233~234
51) 온광익 상게서 p.242
52) 상게서 p.243
53) 상게서 p.255
54) 陳國華 : 先驅者的脚印-海外華人教育三百年
55) 상게서 p.269
56) 暨南大學東南亞硏究所, 廣州華僑硏究會 編著 : 戰後東南亞國家的華僑華人政策 p.110
57) G. William Skinner 상게서 p.262
58) 戰後東南亞國家的 華僑華人政策 p.111
59) 泰國指南 11장 華僑須知族律例輯要 p.286~351
60) 상게서 p.120~121
61) 洪源善 상게논문 p.78
62) 戴鴻琪 〈印尼華僑經濟〉 臺北海外出版社 p.94, 전후동남아 국가적 화교화인정책 p.21~22 재인용
63) 何宜武 : 華僑經濟硏究, 臺北 p.83 상게서 p.22
64) 黃滋生, 溫北炎 주편 : 前後 東南亞華人經濟 p.5
65) 華僑志編纂委員會編印 : 印尼華僑志 p.93
66) 中國新聞社編 : 印泥排華問題和印尼情況 p.19
67) 홍콩 亞洲週刊 1983년 6월 3일 p.36, 戰後東南亞國家的華僑華人政策 p.24 재인용
68) 온광익 主編 상게서 p.86

69) 61주 p.26~27
70) 상게서 p.69
71) 林水豪, 駱靜山 〈馬來西亞華人史〉 p.273, 吉隆坡
72) 주 64) p.70
73) 임수호 상게서 p.269
74) 華僑問題資料 1979년 제2기 p.74, 華僑歷史 1986년 1~2기 合刊 p.18
75) 전후동남아 국가적 화교화인정책 p.208
76) 상게서
77) 何若庸 : 菲化十二年與華僑, p.27, 香港東南亞硏究所
78) 전후동남아 국가적 화교화인정책 p.209
79) 曾少聰 : 漂泊與根植 p.237, 중국사회과학출판사, 북경
80) 상게서
81) marilies von Brevern : Once a chinese, Always a chinese? The Chinese of Manila - Tradition and Change, p.33, Lyceum press Inc
82) 許國棟 : 泰國的 '同化' 政策 , 화교화인역사연구 1994년 제2기 p.29 재인용
83) 市川信愛 : "泰國華人社會特點和各種華僑幇派的形成, 남양자료역총 1981년 3기
84) 華僑日報 1989년 6월 7일, 주76 논문 재인용
85) 曺云華 : 變異與保持 - 東南亞 華人的文化適應 p.270 북경, 중국화교출판사.
86) 張曉華 : 佛教文化傳播論 p.111~112, 인민출판사, 북경
87) 星州日報 1989년 12월 17일,
88) 曺云華 : 宗教信仰對東南亞華人文化適應的影響, 화교화인역사연구 2002년 1기 p.23
89) 孔遠志 : 印度尼西亞華人穆斯林的歷史與現狀, 華人月刊 1993년 p.12
90) 조운화, 상게논문 p.25
91) 孔遠志 : 中國印度尼西亞文化交流 p.42~43 북경대학 출판사.
92) Cheu Hock Tong : Chinese Beliefs and Practices in Southeast Asia, Malaysia : Pelanduck Publications
93) 張禹東 : 馬來西亞族華人宗教文化, 화교화인역사문화 1999년 제1기 p.65
94) 주 86
95) 조운화 상게논문 p.23
96) 주86
97) 조운화 상게논문 p.24
98) 상게논문
99) 張禹東 : 馬來西亞的華人宗教文化 p.67, 화교화인역사연구 1999년 제1기
100) Tan Chee Beng : The Study of Chinese Religions in Southeast Asia, 상게논문 재인용
101) 상게논문 p.67
102) 黃滋生 : 淺析戰後東南亞國家的排華及其趨勢, 화교화인역사연구 1993년 제3기 p.32

미주

103) 상게논문 p.33
104) 星州日報 1989년 12월 17일
105) 蕭依劍：六大宗教盛行, 성주일보 1989년 12월 17일
106) 인도네시아 Tempo 2010년 1월 7일 보도, 梁英明：印度尼西亞與祖籍國關係及其民族融合問題, 歷史與現實 화교화인역사연구 2010년 4기 p.7 재인용
107) 梁英明：新國籍法與華人國家認同, 印尼焦點 제19기, 홍콩印尼硏究學社出版
108) 廖小健：馬來西亞華人政策的特點, 화교화인역사연구 1998년 제2기 p.17
109) 張應龍：馬來西亞國民陣線的組成與華人政黨的分化, 화교화인역사연구 2002년 제2기 p.16
110) Population and Housing Census 2000, 말레이시아 정부통계사이트.
111) 李國卿：東南亞華僑資本的形成與發展, p.107, 복건인민출판사.
112) 張文光：三角關係, 大馬宗教自由法律淺析, p.141 쿠알라룸푸르 셀랑고르 중화대회당.
113) 廖小健：影響馬來西亞馬華兩族關係的文化與政治因素, 화교화인역사연구 p.20
114) 東南亞史：(下册)：p.910 商務印書館
115) 黃煥宗：試論近代泰國當權集團的民族主義, 남양문제연구 1988년 3기 p.8
116) 許肇林：泰國華人社區的變遷, 화교화인역사연구 1995년 1기 p.55
117) 黃明德：菲律賓華僑經濟 p.123, 타이베이출관, 郭梁：戰後菲律賓的華僑政策和華僑同化, 南洋問題 1986년 제3기 p.22 재인용
118) 日本：東南亞要覽 1972년판, 상게논문 재인용
119) 상게논문 p.24
120) 상게논문 p.25
121) 李國卿：華僑資本的形成和發展 p.215, 복건인민출판사
122) 華僑經濟參考資料 제394기, 臺灣僑務委員會編, 郭梁 상게논문 p.25 재인용

제10장 경제환경의 변화와 화인경제력의 부상

제2차 세계대전이 끝나고 속속 독립하게 된 동남아 국가는 완전한 독립을 위해 정치적인 권력의 장악과 함께 주류민족의 경제적 독립을 위해 새로운 정책을 수립, 추진하게 된다. 대전 이후 동남아지역의 경제력은 상당부분 화교화인들의 손에 장악되었고, 이를 명확히 인식하고 있던 토착민의 민족정부는 화교화인의 경제력을 약화시키는 정책을 시행하였다. 대신 토착민에 대해서는 이들의 경제를 증강시키기 위한 정책이 수립되고 시행되었다.

태국의 경우는 피분정권에 의해 제2차 세계대전 이전부터 경제부문의 배화정책이 수립, 시행되었고 전후에까지 이어졌다. 인도네시아는 수카르노 정권의 등장과 함께 화교들에게 재난적인 소매업 금지 등의 조치로 많은 화교들의 생계가 직접적인 타격을 받았다. 이런 강력한 경제적 배화조치가 시행되면서 생계 확보가 막연해진 많은 수의 화교들은 그들의 조국인 중화인민공화국이나 대만, 홍콩 등지로 돌아간 사례가 많았다. 말레이시아는 건국 후 정치적, 문화적으로 강력한 말레이족 중심의 정책을 전개하였다. 1969년 5월 13일 말레이인과 화교화인간의 종족폭동 사태를 계기로 화교화인들의 경제력을 억제, 축소하고 대신 말레이족의 경제력을 강화하기 위한 강력한 신경제정책이 시행되었다. 팔리핀에서도 화교화인들의 소매업 금지, 양곡업 금지 등의 강력한 배화 경제조치가 시행되었다.

그러나 전후 민족정부의 등장과 동시적으로 시행된 강력한 경제적 배화조치는 60년대 후반과 70년대에 접어들면서 점차 완화되었고, 민족정부가 화교화인 자본을 보는 시각도 점차 교정되었다. 새 국가의 경제발전에 유해한 존재로 여겨졌던 화교화인 자본이 결국 중국이 아닌 거주국의 자본이라는 인식의 변화가 일어난 것이다. 그리고 이들 자본을 잘 활용하는 것이 경제발전의 선결조건이라 본 민족정부는 화교화인 자본을 적극적으로 활용하는 방향으로 정책을 전환하게 되었다.

세계적인 시각에서 보자면 60년대 후반과 70년대에 접어들면서 선진국이 수행해왔던 경공업 중심의 공업체계가 높은 인건비 등으로 점차 경쟁력을 상실하면서 생산공장을 인건비가 저렴한 개발도상국으로 이전하는 추세가 두드러졌다. 이러한 글로벌한 움직임에 따라 동남아 각국 정부도 외자를 도입하여 수입대체 및 수출지향적인 산업을 육성할 필요성을 절감하게 되었다. 일본 등의 선진자본이 아세안 회원국인 태국, 인도네시아, 말레이시아, 필리핀 등으로 유입되었고 현지 기업과 합작으로 공장을 세우면서 공업발전을 통한 경제개발 움직임이 본격화하였다. 이들 선진자본과 합작을 하는 동남아 기업은 대부분이 바로 화교화인 기업들이었다.

이처럼 국내외 경제 환경이 변화하면서 상업유통 자본중심의 영세 규모 화교자본이 공업화를 계기로 점차 자본규모가 커지면서 화교기업들은 그룹으로 성장하게 되었다. 이런 과정을 통해 화인기업들은 그 사업범위와 규모를 급격히 확장하였고, 동남아 화인재벌이 등장하는 계기가 되었다. 특히 화인기업들은 정치권력을 장악한 토착의 고위관료, 군인들과 제휴하고 협력관계를 형성하여, 정부의 지원과 협력을 이끌어냈고 기업의 보호막, 울타리가 되도록 만들었다. 이에 대한 반대급부로 토착의 고위관료와 군인 등 정치권력가들은 화인기업인들이 제공하는 경제적인 혜택을 누리게 되었다. 즉 화교재벌과 토착정치세력이 공고히 결합하는 정치권력과 자본이 교환되는 독특한 기업문화를 만들어냈다. 이는 인도네시아 등 토착민과 화교간에 민족분규가 자주 발생하는 지역에서는 하나의 배화의 빌미가 되어 민족간 폭력 충돌의 한 원인이 되기도 하였다.

화교자본은 자본의 특성이 주로 금융과 부동산 그리고 상업부문에 특화되어 있었고, 그들 간의 네트워크에 의존하며 문어발식 확장으로 여타 부문으로도 사업이 확장되었다. 말하자면 전문화된 자신의 영역을 심화, 발전시키기 보다는 상업자본에서 금융과 부동산에 이어 다양한 사업을 영위함으로써 몸집을 빠른 시간에 늘리게 되었다는 것이다. 이런 경영방식은 1997년 동남아를 덮친 금융위기 시기에 동남아 화인재벌이 아주 큰 충격을 받게 되었고, 화인재벌이 결정적으로 약화되는 계기가 되었다.

화인 고유의 경영방식에 대해서 여전히 학계에서는 논란이 있으나 전통의 화인경영방식으로는 21세기의 비즈니스대전에서 견뎌내기 어렵다는 견해도 상당하다. 현재 거대 화인기업군의 경우 전통 화교경영방식에서 선진화된 서구화된 경영기법이 도입되고, 그들이 영위하는 사업 분야도 과거 전통 분야에서 벗어나 새로운 첨단 하이테크 부분으로 전환하는 예도 적잖게 등장하고 있다.

01 새로운 경제환경과 동남아 각국의 화교에 대한 경제정책 전환

동남아 민족독립정부가 건국 이후 초기 정치적 독립에 이어 경제적 독립과 자립을 위해 건국 이전 경제의 핵심역량이었던 식민세력과 화교경제력에 대한 규제책을 수립, 시행한 점은 앞서 간략히 지적하였다. 그러나 화교화인에 대한 경제적 배화정책을 지속적으로 유지할 수는 없었다. 독립정부는 화교화인의 경제역량을 억제하고 제한하는 것이 결코 토착민의 경제나 국가경제에 도움이 되지 않는다는 점을 곧 인식하였기 때문이다.

결국 일시적으로 동남아 각국에서 시행된 경제적 배화정책은 세계 경제정세의 변화와 국내 산업구조의 전환 등의 움직임에 의해 점차 화교화인 경제를 고무하고 자극하는 방향으로 전환되었다.

식민지 시기 토착민의 경제는 1차산업에 집중되었고 독립정부로서는 이러한 과거의 산업구조로는 국가 경영이 어려웠고, 자립경제를 위한 새로운 국민경제 모델을 창출해야만 했다. 구체적으로 보자면 1차산품(농산물 혹은 광산물)을 수출하고 공업제품을 수입하는 이전의 경제패턴을 그대로 유지할 수 없었고, 수입 대체공업의 육성을 통해 공업제품의 수입을 줄여나갈 필요성이 커지게 되었다. 이는 자국 내의 자본이나 외자를 통해 공업화를 빨리 달성해야 한다는 새로운 정책변화를 예고하는 것이었고, 이제까지 주로 상업자본의 성격을 유지했던 화교들에게는 새로운 발전의 기회가 되었다.

공업개발을 추진하기 위해서는 자금과 기술 그리고 제품시장이 필요하다. 이 제품시장은 대부분의 국가가 개발초기단계에 수입대체형전략 — 수입관세장벽으로 공업제품의 수입을 억제하여 국내시장을 보호하고, 공업제품수출국의 기업이 이전하는 공장을 유치해 자국의 산업을 육성한다 — 을 채택하는 것으로 별 문제없이 창출할 수 있다.[1] 문제는 자본과 기술인데 민족집단에는 이것을 가진 기업가가 거의 존재하지 않는다. 만약 동남아에 자본가가 있다면 그것은 화교화인 기업가일 수밖에 없었다. 그러나 민족정부는 초기 다음 세 가지 이유로 화교기업가를 활용할 수 없다고 보았다.[2]

첫째, 정치적 이유이다. 민족정부에 있어서 화교화인은 배제의 대상이었지, 그 화교화인의 자본을 사용한 경제개발 등을 생각해보지 않았다는 것이다.

둘째, 기술적 이유이다. 일부 아시아 국가 정부는 경공업의 진흥이 아닌 제철, 조선, 석유화학, 화학 등 중화학공업을 기반으로 하는 중공업화전략을 채택했지만 그것에는 거대한 자본과 전문기술이 필요하나 상업형 자본 특성을 가진 화교자본은 전문기술에는 미치지 못하고 자금규모에서도 능력을 벗어나는 것이었다. 그러므로 중화학공업화의 담당자는 '국가자본'이거나 아니면 '외국자본'일 수밖에 없었고, 결국 아시아 지역 국가의 지배적인 '국가 주도형개발'과 '외자의존형개발'은 여기서 나왔다.

셋째, 가장 중요한 것으로 다른 의미의 정치적 이유이다. 민족정부가 정치적 자립달성을 위해 경제발전을 고려한 것은 그 논리적 귀결로서 민족자본을 육성하여 국민경제를 강화할 필요가 있다는 것이었다. 이로서 화교화인에 비해 경제적 열위에 있는 민족 집단의 경제적, 사회적 지위를 개선하고 정부의 정치적 기반의 강화를 기대할 수 있다. 이를 위해서는 거대한 자본과 고도의 기술을 꼭 필요로 하는 것은 아니다. 따라서 비교적 진입이 용이한 수입대체형 경공업부문에는 적극적인 민족자본의 보호 육성이 채택되었다.

이상 측면에서 동남아시아 국가들의 개발은 '국가(정부자본)' '외국자본' '민족자본'을 키워드로 하는 것으로 그곳에는 화인자본이 누락되어 있다.

그러나 이상의 관점은 표면적인 것이고, 현실세계는 그렇게 단순하지 않고 미묘한 것이었다. 일본인 학자 岩崎育夫 는 다음과 같이 이를 명쾌하게 설명하고 있다.

> "그러나 흥미로운 것은 동남아시아 화인자본을 둘러싼 정치 · 경제학은 이러한 표면적인 논리만으로 설명할 수 없다는 것이다. 동남아시아 제국가의 발전은 국가와 외국자본에 의해 견인되어 민족자본도 서서히 대두한다고 해도 동시에 거의 모든 국가에서 화인자본이 비약적인 발전을 거두었다는 것을 누구라도 부정할 수 없다. 이런 모순된 현상의 이면에 무엇이 있는가. 여기에 동남아 화인자본의 외면과 내면을 연결하는 열쇠가 내재해 있다."

민족정부는 국민통합과정에 있어서 민족집단을 우선시하였고, 화인집단의 경제력을 배제하는 정책을 채택했음에도 불구하고 왜 화인자본이 대두하게 되었는가? 이에 대한 해명은 동남아시아 화인자본의 생성과 발전에 관한 중요한 주제가 된다고 여겨지지만 이제까지 그다지 연구되지 않은 분야이기도 하다. 이에 대해 岩崎育夫는 다음과 같은 흥미로운 그의 가설을 제시하고 있다.

> "첫째, 민족정부가 국민통합과 경제개발에서 배제대상으로 한 것은 추상적인 '華人일반'이었다는 점이다. 그러나 정치권력자는 민족국가건설의 이념을 따라, 또 민족집단의 反화인감정을 참작하여 화인을 정치권력구조로부터 배제했지만, 그러나 경제개발에는 겉으로 드러나지 않은 형태로 하되, 권력자의 '개인적 필요(이익획득)'를 위해 화인자본을 이용했다는 것이다. 더욱 구체적으로 말하자면 권력자는 형식적, 표면적으로는 화인기업을 배제했지만 수입대체형 공업개발로 생겨난 거대한 이권을 낳는 국내시장에서의 이익획득을 노리고 화인자본을 이용했다는 것이다. 이후에 살펴볼 바이지만 정치와 비즈니스의 결합이 화인자본의 유력한 발전패턴의 하나였다.
>
> 둘째, 이와 관련되는 바이지만 정치권력의 비호를 받게 된 화인자본은 오히려 형편이 좋게 되었다는 것이다. 화인은 아무리 큰 경제력을 갖고 있어도 그것이 사회적 실권, 더구나 정치력으로 환치될 수 없는 입장에 놓여 있었다. 말하자면 경제력을 정치력으로 옮길 수 없는 존재라는 의미로, 그런 까닭에 권력자는 개발과 이

권을 위해 오로지 자신들의 입장에서 화교자본을 이용할 수 있는 것이었다.

셋째, 실리적인 이유로 아무리 민족자본육성을 제창해도 개발의 단서를 잡지 못하는 단계에서는 결국 자본과 네트워크를 가진 경제활동의 경험이 풍부한 화인자본에 의존하지 않을 수 없었다는 것이다. 즉 민족자본이 미성숙하고 정부자본도 개발에 직접 참가하지 않고, 그리고 외국자본은 진입에 엄격한 제한을 두고 있는 국가(이의 가장 전형적인 국가가 인도네시아)에 있어서는 화인자본 이외에 이렇다 할 자본가가 없었다. 동남아시아의 경제 현실은 정부의 화인배제의 공적 자세의 이면에 화인자본의 등장을 요청하고 그곳에 화인자본의 생성과 발전의 길이 열렸다고 할 수 있지 않을까"[3)]

岩崎育夫의 이런 가설은 상당한 설득력을 갖고 있다고 생각된다. 특히 그가 지적한 세 번째 이유는 오랜 식민통치시기를 거쳐 온 동남아 대부분의 국가에서 그대로 적용될 수 있는 가설이라 생각된다. 토착민의 경제를 발전시키고 싶은 마음이 가득하나 현실적으로 이를 뒷받침할 수단이 없고, 유일하게 국내에서 조달하여 경제개발과 공업화를 추진할 자본이라면 그것이 비록 화인자본이라 할지라도 활용할 수밖에 없다는 것이 전후 초기 많은 동남아 민족정치지도자들의 생각이었다. 동시에 정치적으로 무력하고 수세에 있는 화인자본은 정치권력에 대항해 그들의 입지에 결코 불리한 영향을 미칠 수 없다는 권력자들의 자신감이 이런 정치권력과 화인자본의 결합을 더욱 쉽게 하지 않았나 생각된다. 즉 민족정부의 정치지도자들로서는 신생 독립국가의 경제발전이라는 대의와 명분에서도 국내자본을 활용하는 것이 좋았던데다 나아가 개인적 이득(경제적 이익)까지 도모할 수 있어서 더욱 좋았다. 또 정치권력자들은 화인기업인들과의 연합이 결코 자신의 정치적 기반에 부정적인 영향을 미치지 않을 것이란 자신감이 있었고, 동시에 화인자본은 특히 거대 화인자본은 권력과의 유착으로 새로운 발전의 전기를 맞는 기회가 될 수 있다고 여겼다.

동남아가 제2차 세계대전 후 자력으로 공업화를 추진했지만 지체되고 진전되지 않아 결국 1950년대 후반에 IMF와 세계은행의 권고에 따라 외자도입에 의해 종전의 자력갱생 경제건설노선을 전환하게 되었다. 국가별로 보면 타이에서는 사릿정권에서, 인도네시아에서는 1965년 쿠데타로 집권한 수하르토정권의 등장과 필리핀은 마르코스가 권력을 장악한 60년대부터 시작되었다. 세계은행측은 이들에게 5개년 경제계획을 만들고 시장경제체제를 육성, 강화하며 외국으로부터 자본과 기술을 도입하여 공업화를 도모할 것을 권유하였다. 이는 당시 베트남이 남북간에 전쟁이 격화한 시기로 동남아시아 제 국가들의 공산화를 방지하기 위한 목적이 그 주요한 배경이 되었다는 점은 잘 알려진 사실이다. 세계은행과 IMF의 가장 강력한 후원자이고 대주주였던 미국은 당시로서는 반공정권이기만 하면 독재정권이든 군사정권이든 그 어떤 성격의 권력이라도 손잡고 경제개발을 지원하였다. 민족정부가 들어선 초기 동남아 아세안국가들은 바로 이런 미국의 대외전략에 의해 공업화에 진입하였다. 구체적으로는 수입대체형 공업에 이어 수출주도형 산업으로 경제체제를 전환하면서 경제개발에 나섰고, 화교화인 자본은 이런 과정에서 권력자들과의 '빅딜'(사업기회와 인허가의 획득과 금전적 이익의 교환)을 통해 자신들의 입지를 넓혀 나간 것이다.

동남아지역에서 화교자본이 전후 급성장하게 된 이유를 다른 각도에서 보자면, 신생 독립정부의 경제정책과 밀접한 연관을 맺고 있다. 민족정부의 경제정책의 큰 흐름은 빨리 식민지 경제체제를 벗어나 민족경제를 진정으로 독립시키고 또 세계적인 흐름인 공업화의 길에 나서 수입상품에 의존하는 시스템을 벗어나 우선 경공업상품으로 수출시장에 나선다는 것이었다.

이러한 시대적 요청에 따라, 동남아 민족정부는 공업화를 중심으로 산업구조다원화를 통한 경제발전전략을 수립하였다. 우선 1960년대 노동집약형 소비품을 수입 대체하는 공업을, 이어 70년대에는 노동자본집약적인 상품을 수출하는 단계, 80년대는 지속적으로 수출을 늘려가는 동시에 자본과 기술집약적인 기초공업과 중화학공업으로 전환하는 산업구조고도화를 추진하고자 하는 원대한 정책방향을 수립하게 되었다.

이들 국가는 우선 수입대체산업을 육성하기 위해 자국기업에 관세보호, 수입제한, 통화가치의 절하 등의 정책수단을 동원하여 국내 수입 대체공업 기업에 대해 전폭 지원하였다. 이런 과정을 통해 화교자본은 종전의 상업자본의 특성에서 공업자본, 산업자본으로 전환하게 되었다. 수많은 화교기업들이 60, 70년대 본격적인 성장세에 진입했고, 상업무역에서 점차로 공업기업으로 전환되면서, 수입대체 공산품의 생산에 주력하게 되었고 국내시장의 점유를 크게 늘려 나갔다.

많은 화교화인 기업들은 외국자본과의 합자를 통해 설립한 수출기업으로 가공, 조립 혹은 중간제품을 생산해 국제시장에 판매하게 되었다. 인도네시아, 말레이시아, 태국의 적지 않은 신흥 화인기업 집단들이 이로써 신속히 성장하고 발전하게 되었다.[4)]

동남아 국가들의 공업화 움직임에 발맞춰 제3차산업도 더욱 체계화되고 심화발전의 길로 들어서게 된다. 금융이나 부동산업은 원래 화교화인들이 익숙한 사업분야였지만 국가 공업화로 이들 부문과 여행업 등의 제3차산업은 더욱 중요한 산업부문으로 자리잡게 된다. 화인기업 집단들의 투자영역도 부단히 확대되면서 경영구조가 갈수록 다원화되었다. 특히 화인기업인들의 금융업에 대한 높은 관심과 투자로 상당한 규모를 가진 화인금융기업집단이 출현하였고 거의 모든 화인재벌들이 관심을 쏟는 영역이 되었다. 또한 부동산 분야에도 화인기업들이 경쟁적으로 뛰어드는데 이는 이후 아시아 금융위기를 겪으면서 부동산 버블이 꺼지는 상황에서 다수 화인기업 집단의 생존을 위협하는 위험요소가 되었다.

역설적으로 동남아 화인기업인들이 전후 급격히 성장할 수 있었던 것은 그들의 경제에 대한 타고난 능력과 노력 이외에 바로 거주국의 경제정책과 밀접히 연관되어 있다는 점이다. 민족정부가 등장한 전후 초기 화인기업인들은 예외없이 모두 화교화인 경제규제를 위한 배화적 경제정책에 의해 큰 어려움을 겪었으나 앞서 지적한 여러 이유로 화인자본을 포함한 국내의 모든 자본이 경제건설에 동원되어야 한다는 정치권력자들의 극적인 사고전환과 이은 적극적인 경제정책으로 그들은 큰 발전의 길로 들어서게 된 것이다.

전후 말레이시아의 4인의 수상은 강약의 차이는 있지만 모두 '부미푸트라정책'을 강력히 시행하였다. '부미푸트라'는 '토지의 아들'이라는 의미로 종족적으로 말레이인을 가리킨다. 즉 말레이인을 보호하고 특정분야에서 말레이인에게 우선권을 주는 방식으로 화교화인의 경제적 독점, 지배체제를 저지하고 말레이인의 경제적 지위를 향상시키고자 하는 정책을 말한다. 이런 화인에 대한 제약적인 경제시책에도 불구하고 일시 위축되었던 화인자본은 역시 정치권력층과의 협력과 유착으로 혹은 이른바 알리바바(알리는 말레이인으로 표면적으로 기업을 대표하지만 바바는 화교화인들로 실질적으로 기업을 통제)모델로 경영수완을 발휘하였고, 공업화의 흐름에 맞춰 그들의 경제규모를 크게 확장할 수 있었다.

태국은 1957년 사릿 육군사령관이 쿠데타를 일으켜 피분수상을 축출하고 개발정책을 추진했다. 피분시대는 국영기업 중심으로 경제건설을 추진하려 한 시대였다. 사릿정권의 출범으로 미국과 타이의 관계가 밀접해졌고, 사릿이 태국사회에 가져온 것은 왕실존중주의라는 국수주의적 정체였다.[5] 사릿의 집권시기는 미국의 원조에 의해 라오스와 국경을 접하고 있는 동북지대에 도로망, 통신망, 군사기지를 건설하는 등 미국의 군수 수요에 의해 적지 않은 개발이 이뤄졌다. 동시에 사릿정권은 공업화를 외국자본의 도입을 통해 추진하였고 투자위원회를 설치하는 한편 방콕에 근접한 사뭇프라칸 지역에 공업단지를 개설하면서 외자도입 개방조치를 시행했다.[6]

타이의 공업화의 특징은 말레이시아와 마찬가지로 전기, 전자부품산업이 큰 지위를 차지하였고 자동차산업도 인도네시아를 추격, 아세안 4개 국가의 시장점유비가 40%를 넘고 다른 기계산업에도 비교적 폭넓게 진출하였다.

화교화인들의 입장에서는 제2차 세계대전 전후하여 피분정권이 타이민족주의를 내세우며 화교화인의 경제에 대한 상당한 규제를 가했으나, 이 경우도 국적을 취득하면 인도네시아나 말레이시아와 같은 민족성분에 따른 경제차별이 없어 화교들의 경제활동에는 상대적으로 제약이 크지 않았다고 볼 수 있다.

인도네시아는 민족자본의 육성이라는 방침하에 시행된 pribumi(토착민)에 대한 원조정책이 화인을 옥죄는 방향으로 나타났고, '알리바바' 경제로 불리는 왜곡된 경제형태를 띠게 되었다. 즉 일부 특권적인 인도네시아인이 우선권을 이용하여 각종 비즈니스의 인허가 라이센스를 취득하고, 그것을 화교가 구입하는 거래를 통해 인도네시아인이 치부하는 방식이다. 달리 말하자면 인허가권을 가진 관료가 부패하는 하나의 통로였던 셈이다.

1965년 9월 30일 수하르토는 공산주의자를 대거 제거하고 권력을 장악했으며 그의 주변에는 이른바 '主公=政商'으로 불리는 오랜 중국인 친구 살림그룹의 림샤오량이 거대재벌로 성장하게 되었다. 그는 신질서를 제창하면서 개발과 안정을 내세우고 '자원의 효율적 배분'이란 명분에서 수많은 독점기업을 출범시켰다. 이 가운데는 다수가 국영기업이었지만 특정의 화인자본도 포함되었다.

필리핀은 마르코스 정권이 들어선 1965년말부터 경제개발, 농업개혁 등을 목표로 한 경제발전전략이 본격적으로 추진되었다.

02 동남아 화인재벌의 등장과 성장: 케이스 연구

동남아 화교가 대폭적으로 늘어나기 시작한 것은 1840년 아편전쟁 이후라는 점은 이미 지적한 바 있다. 글자 그대로 맨손으로 남양으로 건너온 중국인들은 오로지 자신의 근면성과 종친과 동향인들의 결속과 상호원조 그리고 많은 돈을 벌어 꼭 고향에 돌아가겠다는 일념으로 생업전선에 뛰어들게 되었다. 이 가운데 사업적 재능이 뛰어난 사람은 비교적 빠른 시간에 상당한 경제적 성취를 이루었고, 또 상당수의 화교들은 현지 토착민과 경제수준에서 별반 다를 게 없는 보통의 경제적 삶을 사는 사람도 많았다. 이런 가운데 부를 축적한 사람은 점차 두드러졌고, 특히 화교의 이민이 본격화된 아편전쟁이후 거의 1백년이 경과한 제2차 세계대전 이후 즉, 식민자들이 물러나고 동남아지역에 새로운 민족정부가 들어서면서 이들 정부의 경제개발 정책의 거대한 흐름 가운데 재벌로 성장한 화교화인 기업인들이 속속 등장하게 되었다. 바로 이들 화교화인 재벌들은 글로벌한 시각에서 화교화인 자본을 대변하고 상징하는 존재가 되었고, 이들의 실체는 실제보다 과장되거나 혹은 미화되는 경우도 많았고 악의적으로 왜곡되는 경우도 있었다. 그러나 화교화인 경제에서 우리가 주목할 것은 아주 소수의 화교재벌이 화교화인 경제의 전부도, 그 전형적인 모습도 아니라는 점이다. 물론 동남아지역에서 화교화인들의 경제적 수준은 토착민보다 훨씬 높은 것은 사실이지만 모든 화교화인이 부자인 것은 아니다.

이제 전세계의 화교의 상징으로서 많은 사람들의 머리속에 관념되고 이미지화된 화교재벌들의 태동, 그 성장과정과 굴절과정을 살펴보자.

1. 태 국

태국에 등장한 화교화인 재벌의 형성과 그 유형은 대체로 다음과 같이 요약할 수 있다. 우선 1930년대 곡물재벌이 출현하였고, 1940~1950년대에 금융그룹이, 이어 60~70년대에 제조업그룹이, 또한 농업전반에 관련된 아그리비즈니스그룹도 등장하였다. 1980년대에는 태국에서 부동산서비스 그룹이 발전을 거듭한 시기이기도 하였다.[7)]

태국의 화교재벌에 대한 논의에 앞서 태국기업들의 일반적인 특징을 좀 살펴보자. 태국기업의 조직 특징은 다음 6가지로 정리할 수 있다.[8)]

첫째, 대기업들이 취업자 수나 투자 측면에서 매우 큰 우세를 보인다. 계산에 의하면 1978~1984년 사이 대형기업의 판매총액 성장률, 같은 기간의 GDP성장률을 비교해보면 전자의 성장속도가 후자보다 훨씬 빠르다는 것을 알 수 있다.

둘째, 이들 대형 기업들은 결코 단일 유형의 자본원천이 아닌 세 가지 다른 자본원천을 갖고 있다. 즉 국영 및 공영기업, 외국 혹은 다국적기업, 그리고 국내 사영기업이다. 따라서 태국 공업기업의 조직은 흔히 '삼각구조'라고 부르기도 한다.

셋째, 태국의 경제는 대형 기업이 지배할 뿐 아니라 이들 대형 기업들은 60년대 이후 형성된 많지 않은 수의 연합대기업집단을 구성하고 있다.

넷째, 이들 기업을 중요한 경제기초에 의거하여 분류한다면 크게 금융연합대기업, 제조업집단, 그리고 상업집단으로 구분할 수 있다. 이 가운데 상업은행을 중심으로 한 금융연합대기업이 가장 규모가 크다.

다섯째, 국내의 대형기업과 대기업집단은 기본적으로 단일 가족에 의해 지배되고 있다.

마지막으로 거의 대부분 태국 대기업의 소유자 혹은 통제자는 화교의 후예라는 점이다. 하나의 유명한 태국 원주민 자본가집단은 시암시멘트집단이다.

제2차 세계대전 이전 태국에는 20개 상업은행이 있었다. 이들 가운데는 유럽 식민은행의 지점과 싱가포르 화교은행의 지점 등과 20세기 초부터 방콕의 화교 도정업자와 수출상인들이 중심이 되어 출범한 은행들이 다수 포함된다.

태국 정부가 1930년 은행법을 처음 공포한 이후 화교 쌀 수출업자들이 상업은행과 보험회사를 설립하기 시작했다. 이들의 은행설립목적은 자신들의 기업에 필요한 자금을 조달하기 위한 창구를 만들기 위해서였다.

이들 은행 가운데 5개 집단이 성공적으로 은행 및 보험 분야에서 기업집단을 형성하였다. 이들 집단은 바로 亞洲신탁(혹은 방콕은행집단), 泰華집단, 蘭三-饗利집단, 大城집단, 瑪哈坤집단이다.

이 가운데 가장 두드러진 금융집단이 바로 방콕은행집단이었다. 이 집단의 주요 업무는 황금 수출입업무로 차오저우 상인들에 의해 창건되었다. 대주주이자 가장 핵심인물은 천삐천(陳弼臣)으로 이 집단 가운데 방콕은행이 핵심기업이었다. 천삐천은 이 은행의 총재직에 올랐고 이 집단의 다른 주요기업은 방콕金銀무역회사로 천삐천과 정수문의 합자기업이었다. 이들은 이밖에 아주무역회사를 설립하여 국제무역과 외환거래를 위주로 했으나 이후 보험업으로 전환하였다.

방콕은행집단은 위에 언급한 핵심기업들의 사업 이외에 태국의 화교기업가들과 홍콩이나 샨터우와 싱가포르 등 주요항구에 광범한 私人간의 무역네트워크를 형성하였다.[9)]

위의 예에서 보듯 한 기업집단의 기업은 결코 단일가족이 세운 것은 아니고 많은 경우 동족이나 동일 방언집단의 지연관계 혹은 동일한 직업배경을 가진 가족이 공동으로 건립하는 경우가 많았다. 방콕은행집단은 주로 차오저우와 징해현의 차오저우계 화교화인들로 구성되어 있다. 위의 주요 금융기업집단들이 50년대에 신속하게 발전한 것은 하나의 공통적 요소, 즉 이들이 고위직 군인을 중심으로 한 태국 통치집단과 합작하였다는 점을 들 수 있다. 이는 몇 가지 국내외 정세와 연관이 있다. 1949년 공산당의 중국 대륙 장악이 태국 통치집단에 큰 영향을 주었고, 국가 안전보장과 관련해 정부당국은 화교화인들에 대해서 강한 통제정책으로 전환하려 하였다. 이런 정책 변화 추이는 화교상인들에게 매우 큰 위협이 되었고, 안정적인 사업수행을 위해서는 반드시 군대와 경찰의 정치보호가 필요하였다. 이는 거꾸로 군사지도자들도 필요로 하는 부분이었다. 이 시기 피분정권은 무역과 금융, 제조업 영역에서 거의 국영 및 공영기업에 대한 강력한 지원책을 시행하였고 50년대 중반기 전 경제부문에 걸친 100여 개의 국 · 공영기업을 경영하였다. 그러나 군대와 정치관료는 이들 기업경영에 필요한 원시자본, 경험과 경영능력이 모두 부족하여 화교화인의 도움을 받지 않을 수 없었다.

천삐천은 1952년 경찰총감인 포를 아주신탁회사의 회장으로 영입했고, 다음해에는 한 명의 군장성을 방콕은행회장으로 영입하였다. 이런 방콕은행의 인사는 다른 화교화인 금융집단이 그대로 모방하여 태국의 정치실력자들이 경영진에 대거 포함되는 계기가 되었다.

60~70년대 주요 태국화인상업은행의 경영과 관련해 주목할 변화가 나타났다. 가장 중대한 변화는 바로 그들의 자본소유권 구조의 변화였다. 원래 한 은행집단의 주주 구성은 단일의 집안이 아닌 복수의 집안이었고 태국의 정치실력자들까지 경영층에 가세하여 소유구조가 상당히 복잡했었다. 그러나 60년대 이후 한 가문이 한 은행집단을 지배하는 것으로 변화되기 시작한 것이다. 예로 50년대 초기 방콕은행의 최대주주는 정부(재정부)로 60%의 지분을 보유했으나, 1952~1971년 사이 방콕은행은 등기자본이 2천만바트에서 5억바트로 증가하

면서 정부의 지분율이 15%로 크게 낮아졌다. 대신 천삐천 집안의 지분은 33%로 증가, 최대 주주집단이 되었다. 다른 주요 금융집단도 점차 소유가문이 하나로 통합되었고, 60~70년대를 거치면서 빠른 성장세를 거듭했다. 이처럼 화교 화인그룹들이 은행지분소유를 늘리고 경영권을 한 가문으로 집중할 수 있었던 것은 바로 군최고책임자와 경찰책임자 등의 강력한 후원과 비호가 있었기 때문이었다. 이들에게는 후원과 비호의 대가로 엄청난 은행의 주식과 경영진에 참여하는 권리가 주어졌다.

1973년 태국에서의 쿠데타로 새로 권력을 장악한 신집권층은 특별위원회를 구성하여 이전 군사지도자들의 민간경제참여활동에 조사를 벌였고, 결과 타놈 총리와 부총리를 지낸 파보와 타놈의 아들이자 파보의 사위인 나롱 등 3인과 가족들이 137개의 사영기업에 참여하고 있고 국내 전체 저축액의 3%를 차지하고 있다고 밝혔다. 이 숫자는 바로 군대지도자들이 광범하게 사영기업 활동에 참여하고 있음을 증명해주는 것이었다. 비록 이 시기 군대 지도자들이 권좌에서 밀려났지만 그들의 영향력에 의해 설립되고 경영해온 은행의 전반적 국면은 아시아 금융위기가 몰아닥치기 이전까지 유지되었다.

(1) 태국의 正大卜蜂집단

이 집단은 이미 20여 국가에 진출하여 경영하고 있고 연간 매출규모도 70억 달러를 넘었다. 중국에는 29개 省市에 진출해 170여 三資기업을 경영중에 있다.[10] 태국 내에서 해외사업의 비중이 아주 높은 거의 유일한 거대 다국적기업이다.

정대복봉집단의 전신은 현재 그룹의 총수로 있는 씨에궈민(謝國民)의 부친인 씨에이추(謝易初)가 1922년 태국으로 건너와 얼마 뒤 세운 正大荣籽상행이었다. 이 회사는 30년대에 어느 정도 규모를 갖추고 40년대에는 창립자인 씨에이추는 쿠알라룸푸르에 正大棧을 설립하여 채자영업을 말레이시아까지 확대하였다. 50년대에는 방콕에서 이른바 正大복봉(약칭하여 正大그룹으로 부르기도 한다.)집단을 창설하였다. 이 그룹은 농업생산과 관련된 광범한 부문을 경영하였다. 60년대에는 정대복봉집단은 다국적기업으로 전환을 시작했다. 우선 홍콩에 무역회사를 설립하고, 인도네시아에는 어업회사와 사료회사를 각각 설립했다. 70년대에는 이 그룹은 적극적으로 해외시장개척에 나섰다. 1974년에는 홍콩에 正大국제투자유한공사를 설립하였고, 이후 이 회사를 통해 계속해서 미국, 중동과 대만에 사료회사와 냉동 닭고기 판매회사를 설립했다. 1979년에는 홍콩에서 正大국제투자회사를 설립, 미국대륙곡물회사와 공동 출자하여 대륙정대국제투자회사를 창립하였다. 이후 이 지주회사는 적극적으로 중국 대륙투자에 나섰다. 그러나 계속 사업다각화를 벌이면서 경영이 방만해졌고 금융위기 후 큰 어려움에 빠졌으나, 다시 본연의 중심업무인 농산물과 관련 산업분야를 중심으로 사업분야를 재조정하였다. 출범 후 80년대 말까지 정대그룹은 줄곧 핵심업무에 주력해왔다. 농업에 기반을 둔 공업영역으로 발전을 도모해왔고 농업종합경영기업으로서 입지를 다져왔다. 1992년 이 집단의 국내 경영상황을 보면 농업을 기본으로 한 공업분야가 전체 수익의 85.6%를 차지했고, 이 가운데 사료생산과 양계업이 핵심을 이루었다.

그러나 80년대 후반 중대변화가 나타났다. 1989년 정대그룹은 야심찬 90년대 발전계획을 수립했고 이런 전략에 따라 부동산과 편의점 사업 등 5대 핵심항목에 6억 3천만달러를 투자하는 등 사업다각화에 나섰다. 이와 함께 해외사업도 매우 큰 스케일로 추진, 중국 해남성에 석유화학공장을 건설하는 등 모두 5개 투자항목에 25억 7,500만달러를 투자하기로 하였다. 이는 태국 국내 투자의 3배를 넘어서는 투자규모였다. 그러나 중국 대륙에서 투자하기로 한 부문은 해남성의 새우양식 사업 이외에는 핵심사업과 전혀 관련이 없고 경험이 없는 업종이었다.

正大집단은 40년간 자신의 본업에 충실했는데 왜 90년대 들어 본업과 상관이 없는 다각화 확장에 나서게 됐나?

이는 우선 동남아 화인기업 집단이 보편적으로 80년대부터 다원화 확장에 나선 것과 관련이 있다. 이 시기 70년대 형성된 수입대체산업집단과 수출공업집단이나 50, 60년대부터 존재해온 기업집단 가릴 것 없이 모두 기타 사업 분야로 눈길을 돌려 한 가지 주업에 다종의 사업을 혼합하는 경영모델이 유행하였다.

둘째, 80년대 이후 중국 대륙이든 태국이든 혹은 다른 동남아 국가이든 경제가 비교적 고성장을 거듭한 시기로 개인이든 기업이든 공격적으로 투자계획을 세운 시기였다. 기업들은 너나 할 것 없이 새로운 영역의 사업성을 높게 평가하였고, 수익률도 높게 본 시기였다고 할 수 있다.

셋째, 90년대 국제자본이 끊임없이 유입되면서 기업들이 손쉽게 돈을 조달할 수 있게 해주었다.

이런 요인들이 정대집단의 다원화 결심을 재촉하였고 전반적인 투자계획이 크게 늘었을 뿐 아니라 주업이 아닌 주변의 다양한 업종에까지 눈길을 돌리게 만들었다고 분석된다.

2. 인도네시아

인도네시아 국내 기업가집단은 몇 가지로 분류가 가능하다. 상업자본집단 혹은 제조업자본집단의 소자본계층과 국제자본과 국가자본이 결합한 비교적 큰 기업부문도 존재한다. 또 다른 측면에서는 금융자본, 제조업자본, 상업자본, 농업자본 등으로 분류도 가능할 것이다. 또 다른 분류라면 화인자본과 토착자본으로 구분하는 방식도 가능하다.

화인자본이 본격적으로 성장하게 된 것은 역설적으로도 수하르토정권이 들어선 이후의 일이다. 반공을 국시로 하여 등장한 수하르토는 피폐한 경제를 빨리 끌어올리는 것이 정치적으로 아주 중요한 과제가 되었다. 국내자본(화인자본 포함)은 물론이고 해외자본도 도입하여 경제개발에 나서게 되면서 이는 화인기업가들에게 매우 유리한 요소로 작용하였다. 왜냐하면 국내자본으로서는 전국적인 유통망이나 경영능력, 자본력 등에서 화교화인 기업이 토착기업에 비해 월등히 높은 수준에 놓여있었기 때문이다. 이런 이유로 거대 해외자본들도 주로 화인기업가와 제휴하여 사업을 전개하기를 원하였고, 화인기업들은 해외자본과 합작하는 방식으로 자신들의 자본력을 보충하였다. 또 화교화인 기업들은 해외자본과의 협력을 통해 새로운 사업에 진출하고 그들의 경영노하우도 습득하는 등 경제시야를 확장하는 효과를 거두었다.

정치권력자와 화교화인 기업가 간에 형성된 主公관계(다른 말로 官商 혹은 政商; 유력정치인과 관계를 맺고 있는 화인기업인)를 맺어 화인기업가들은 강력한 정치적인 비호와 함께 사업과 관련된 각종 행정 인허가상의 우대를 받으며 그들의 실력을 키워 나갈 수 있었다. 즉 국내 정치권력자의 강력한 비호와 행정편의에 이어 해외자본과의 제휴로 그들의 자본과 기술을 활용하여 국내시장을 급속도록 확장하고 사업규모를 키울 수 있게 된 것이었다.

인도네시아 화인기업을 대표하는 상징적인 기업집단으로는 살림(salim 혹은 三林) 그룹과 金光그룹을 들 수 있다.

(1) Salim 그룹

살림그룹의 창업자는 린샤오량(林紹良)으로 그는 1917년 중국 복건성 복청현에서 태어나 집안에서 전통한어교육을 받고, 1938년 인도네시아 자바섬으로 건너가 숙부가 경영하는 작은 식품점포에서 4년간 도제로 일했다. 제2차 세계대전 후 린샤오량은 비로소 자신의 일을 시작할 수 있었다. 전후 식량, 식용유와 다른 식품 등을 판매하는 사업에 뛰어들었다. 이 때 그는 네델란드에 대항해 투쟁하던 인도네시아 군대를 지원하게 되었고, 당시 영관급 장교였던 수하르토를 만나 많은 지원을 하게 되었고 긴밀한 관계를 유지하였다. 그는 각종 군수물품과 생활용품, 식품을 공급하면서 보급에 어려움을 겪던 인도네시아 군대에 큰 도움을 주었고, 이를 계기로 군인들에게 깊은 인상을 심어주게 되었다. 이후 린샤오량은 담배사업에 뛰어들었고 담배의 가장 중요한 원료인 정향을 인도네시아의 말루꾸군도와 아프리카의 잔지바르, 마다가스카르 등지로부터 수입하게 되었다. 그는 군부와의 친밀한 관계를 이용, 싱가포르를 통해 정향을 수입할 수 있었고, 이를 계기로 사업을 크게 확장할 수 있었다.

1965년 수하르토가 집권한 후 '외국자본투자법령', '화인문제 해결의 기본정책'을 반포했고, 1968년 국내자본투자법령을 반포, 시행에 들어갔다. 린샤오량은 수하르토와의 친분을 활용하여 본격적인 사업확장에 나섰고 여러 기업을 설립했다. 1973년엔 정식으로 살림경제개발기업유한공사를 설립했다. 이는 린샤요량 기업집단의 중심기업으로 산하에 공업, 무역, 금융, 개발, 건축, 판매와 공동경영의 7개 부문으로 구성되어 있다.[11)]

그는 인도네시아 정부로부터 담배와 관련된 핵심 원료인 정향의 독점수입권을 획득했고, 그와 수하르토의 동생이 생산하는 담배가 인도네시아 전역에 소비되는 담배의 75% 이상을 공급하게 되면서 큰 부를 축적하게 되었다. 이 시기 축적된 자금은 이후 사업 확장의 바탕이 되었다.

린샤오량은 1969년 인도식품집단의 전신인 제분공장인 보가사리제분공장을 설립하게 되었다. 당시는 수하르토 정권이 출범한 초기로 국민의 의식주 문제가 아주 중요한 정책과제로 떠오른 시점에 밀가루공장의 건설은 정권차원에서도 상당히 중요한 사업이었다. 이 공장에서 생산하는 밀가루는 주로 자바와 수마트라 그리고 칼리만탄 등 인도네시아 서부지역에 생산량의 80%를 공급하였다. 이어 동자바의 수라바야에 제2공장을 세운 후 점차 인도네시아 전역으로 판로를 확장하고, 기업규모를 크게 키울 수 있었다. 정부의 규정에 의하면 소맥과 밀가루는 전략물자로 이의 수입과 판매는 완전히 인도네시아 정부에 의해 통제되었다. 보가사리제분공장도 외국에서 소맥수입허가를 받아 생산하였고, 이를 전량 정부부문에 판매하고 정부가 물량을 배분, 판매업무를 담당했다.[12)]

제분사업을 바탕으로 그는 다시 라면시장에 뛰어들었고, 여러 가지 식품시장을 설립하는 등 이 부문에 대한 투자를 늘렸다.

인도네시아 살림집단은 식품공업의 발전으로 살림그룹이 100% 지분을 소유하는 인도식품유한공사를 설립하였다. 이 기업에는 식품조미료부문, 식용유부문, 설탕부문, 우유와 기타 음료부문, 아동과 영아 식품부문 등을 두었고 점차 사업을 확장하였다. 1993년 이 그룹의 산하기업체수와 식품제조와 판매는 모두 18개사에 판매액은 약 5억달러, 순이익은 약 6천만달러를 기록했다. 1994년 매출액은 약 6.12억달러, 이익은 1.2억달러 정도였다.[13)]

인도식품에 이어 살림그룹의 핵심사업부문은 인도시멘트기업집단이다. 그는 도시건설과 부동산 및 각종 공장, 기업의 발전에 따라 장차 건설수요가 폭증할 것으로 보고 모든 건축의 가장 기본자재인 시멘트 사업부문이 유망할 것으로 판단하고 이 사업에 뛰어들었다. 식품에 이어 야심찬 투자분야로 채택한 것이 바로 시멘트 분야였던 것이다. 당시 이미 인도네시아에는 여러 개의 국영시멘트회사가 있었다. 그러나 시멘트에 대한 수요가 매년 거의 15% 이상씩 증가하면서 이들 공장이 수요를 충분히 만족시킬 수가 없었다. 1973년 Distinct Indonesia Cement Enterprise 를 설립하였다. 이어 지속적으로 공장을 확장하고 신축하여 1985년 연산 770만t, 1994년에는 생산능력을 연산 940만t 으로 확대하였다.

또 다른 중요한 사업부문으로는 금융업이 있다. 그는 50년대 소형은행을 설립한 이래 1956년 10월 아주은행을 창립했고, 다음해 이를 아주중앙은행으로 개명했다. 1960년에는 이를 다시 중앙아시아은행으로 바꾸었고, 간단히 中亞은행으로 불렀다. 초기에는 화교화인 경제에 대한 규제책으로 은행의 경영상황은 그다지 좋지 못 했다. 그러나 1967년부터 수하르토 정부가 신질서 및 경제건설 발전정책을 공포한 후 위에서 언급한 각종 실물산업에서 발전의 길로 접어든 것과 함께 中亞은행 역시 발전을 향한 큰 걸음을 내딛게 되었다. 은행이 발전의 길로 확실한 진전을 보인 것은 1975년 은행경영에 탁월한 능력을 가진 리원정(李文正)을 영입하고 난 이후이다. 1974년말 린샤오량과 리원정은 같은 비행기로 자카르타에서 홍콩으로 출장을 가게 되었다. 이들은 기내에서 여러 가지 사업 얘기를 주고받았고 특히 은행경영과 관련해서는 완전히 의기가 투합했다고 한다. 린샤오량은 당시 은행전문가를 초빙해 중아은행의 경영을 위임할 생각을 갖고 있었다. 리원정도 당시 泛印은행에 23%의 주식을 갖고 경영하고 있었으나 다른 주주인 형제들과 의견이 맞지 않았다. 이런 사정에 의해 린샤오량은 리원정에게 중아은행의 경영을 맡아달라고 요청했고, 리원정은 흔쾌히 이를 수락했다. 그는 두 가지 조건을 제시했다. 하나는 중아은행의 25% 주식을 넘겨달라는 것이었고, 결국 양자간의 타협 끝에 17.5%로 낙착되었으며, 리원정이 경영을 주도하면서 이 은행이 린샤오량의 기업확장과 관련되거나 제약요인이 되어서는 안 된다는 점을 확인한 것이었다. 즉 대출과 관련해 그룹기업이라고 해서 과도한 혜택을 주지 않는다는 것이자 동시에 역차별을 하지도 않는다는 의미였다. 린샤오량은 이들 조건을 모두 수락했다. 1975년 3월 린샤오량은 은행 창립 18주년을 맞아 은행 관리조직과 이사회를 개조하였다. 린샤오량은 회장, 리원정은 이사 겸 총경리로 경영을 책임지게 되었다. 75년말 이 은행의 경영실적을 전년과 비교하면 은행고객이 660%, 예금총액 증가액 437.8%, 대출액 증가액 1351%, 순이익은 3486% 증가하였다. 이런 실적은 창립 후 최고 성적이었다.

이어 보험업과 파이넌스회사, 리스회사 등에도 진출하였고 해외에도 은행과 금융회사를 설립하는 등 제3국 진출도 적극 도모하였다.

이밖에도 삼림그룹은 자동차공업과 해운업에도 참여하였고, 부동산업, 컴퓨터, 통신업에도 확장하였다. 그러나 살림그룹은 600여개가 넘는 기업으로 인도네시아 최대 그룹으로 성장했으나 동남아의 금융위기와 인도네시아의 민족 폭동 그리고 수하르토의 실각으로 살림그룹의 경영은 괴멸적인 타격을 입었고, 기업의 세력은 극도로 축소되었다.

(2) 금광집단

이 그룹의 창립자이자 총수는 황이총(黃奕聰)이다. 금광집단의 경제규모는 살림그룹에 이어 인도네시아의 2위였다. 그러나 1997년 아시아 금융위기가 발생한 이후 황이총과 금광집단은 린샤오량 기업집단과 마찬가지로 자산은 큰 폭으로 줄어들었고 기업경영은 큰 위기를 맞게 되었다.

황이총은 복건성 천주시 출신으로 1923년 출생했고, 1930년 모친을 따라 고향을 떠나 아버지가 있는 술라웨시섬의 마카사르에서 소규모 잡화점을 경영하는 부친과 합류하였다. 1931년에서 1941년까지 황이총은 화문 초 · 중학교를 다녔다. 1942년 일본군이 인도네시아 각지를 점령하면서 그는 학업을 중단하고 부모의 장사를 도왔다. 이어 그는 과자와 빵 등을 외상으로 구매하여 마카사르 시가지를 오가며 행상을 하였고, 부모로부터 독립하였다. 제2차 세계대전이 끝나고 네델란드 식민군이 다시 인도네시아로 돌아와 인도네시아 인민들은 이들을 상대로 치열한 독립전쟁을 벌였다. 이 시기 모든 물자가 부족하였고, 그는 그동안 축적한 자금으로 과자와 빵류의 판매에 이어 작은 빵과 과자 공장도 지어 생산물을 술라웨시 중부와 북부지역에 판매하였다. 50년대 초기에는 야자 농민으로부터 야자를 구입해 이를 가공하여 자바의 수라바야와 자카르타 등지에서 판매하였고, 매월 1천t 내외의 물량을 팔아 매출의 약 10%를 이익으로 확보하게 되었다.[14] 이 시기 그는 약간의 명성을 얻은 상인이 되었다.

1960년 그는 자카르타로 이주, 금광공사를 창립하였다. 주요 사업범위는 농업특산물을 수출입하는 것으로, 건조 야자열매와 육두구를 수출하고 담배종이와 정향 및 방직품 등을 수입하였다.

1967년부터 인도네시아 정부는 경제건설 중심의 신질서 시기로 진입하게 되었다. 신정부는 외국자본투자법령과 국내자본투자법령을 반포하면서 1차 5개년 사회경제건설계획을 실시했다. 이와 동시에 인도네시아 화인 기본법령을 반포하고 화인자본을 적극적으로 동원하고 이용하기로 했다. 그는 이 기회를 이용해 다시 말린 야자사업에 본격 뛰어들었고 1968년에는 야자기름 공장을 건설했다. 그가 린샤오량과 공동으로 출자, 설립한 비몰리 식용유 공장은 80년대 초기 이미 인도네시아에서 가장 큰 식용유 기업이 되었고, 황이총은 '식용유왕'이란 별칭으로 불리기도 했다. 그러나 기업경영과 관련, 살림그룹과 잦은 마찰과 충돌 결과로 1990년 이 회사 보유지분을 린샤오량에게 모두 넘기고 그는 필마(filma) 식용유 기업을 새로 창건하였다. 1991년 그는 다시 필마 브랜드로 식용유시장에 진입하였다. 그의 오랜 식용유 분야의 경험을 바탕으로 빨리 시장을 장악하였고, 1992년에는 자바섬에서 전체 인도네시아로 판매지역을 확장하였다.

1992년 금광집단은 호주의 메도 식품회사와 공동 출자, 자카르타에 인도네시아 금광메도국제유한회사를 설립하였다. 금광집단의 출자액은 490억루피아로 연간 56만t 의 식용유를 생산하였다. 공장 건설 후 금광집단이 생산하는 식용유는 인도네시아 전체 식용유시장의 절반 이상을 차지하였고, 린샤오량의 살림그룹(시장의 30% 차지) 보다 훨씬 많은 양을 생산, 인도네시아 최대의 식용유 기업이 되었다. 이밖에 그는 식용유의 생산 이외에 농산물의 생산과 무역으로 사업영역을 확대하였다.

지난 70년대 황이총의 금광집단은 식용유 사업과 함께 제지업에도 참여, 현재는 식용유 사업을 훨씬 뛰어넘는 주력사업으로 자리잡았다. 황이총은 제지업을 매우 중시하였고, 사람들의 생활과 교육수준이 높아질수록 종이에 대한 소비와 수요는 급격히 증가할 것으로 내다보았다. 그가 설립한 키미아 제지회사와 인수한 인다키앗 제지회사는 1990년 주식상장을 통해 많은 자금을 확보하였고, 국외의 선진 현대화설비를 도입하여 생산규모를 확충하고 품질을 높였다. 시설을 개선한 후 펄프의 생산량은 연산 30만t에서 1993년 80만t 으로 늘어났고, 종이 생산량은 34.4만t에서 74만t 으로 늘었다. 이들 펄프공장에 대한 원료공급을 원활히 하기 위해 삼림개발에도 적극 나섰다. 1991년 키미아 제지회사가 판매한 인쇄용지는 인도네시아 전체의 35%를 차지하였고, 미국이나 유럽, 중동지역으로도 많은 종이를 수출하고 있다.

황이총과 금광집단이 금융업에 뛰어든 것은 비교적 늦었다. 이는 금광집단이 70년대 이전 주로 식용유와 제지업 부문에서 발전 중에 있었고, 자금역량이 부족했기 때문이었다. 70년대 접어들면서 식용유와 제지업 분야에서 경제역량이 대폭 강화되면서 그는 인도네시아 국제은행의 경영활동에 참여하게 되었다. 그러나 자금 투입이 많지 않았고 은행 경영의 핵심에는 진입하지 못했다. 1982년 8월 황이총의 금광집단은 인도네시아 국제은행을 인수, 경영권을 장악하였다. 그러나 이 은행은 81년 12월 말 불입자본이 20억루피아, 총자산은 122억루피아, 예금액은 32.5억루피아, 대출액은 79억루피아이고 당해연도 이익은 4.5억루피아인 명성이 없는 아주 작은 은행이었다. 1982년 황이총은 1백억루피아를 투입, 대부분의 주식지분을 구매한 후 대대적인 조직정비에 나섰다. 1988년 이 은행은 인도네시아 재정부에 의해 외환은행으로 승격되었고, 1989년 10월 은행 주식이 정식으로 자카르타 증권거래소에 상장되었다. 당시 이 은행의 총주식수는 3억주로 주식의 액면가는 1천루피아 전체 주식의 액면가는 3천억루피아였다. 이후 수년 동안 은행업무는 호황을 거듭했다. 인도네시아 정부는 1988년 10월 은행금융자유화 정책을 시행한 후 은행 간에 경쟁은 매우 치열해졌다.

금광집단은 식용유업과 제지업, 그리고 금융업이라는 3대 핵심 사업 이외에 기타 사업 즉 플라스틱공업, 전력공업, 화학공업, 부동산업 등으로도 사업을 확장하였다.

아시아 금융위기로 인도네시아 기업들이 특히 큰 타격을 받았고, 인도네시아 최대 기업군인 살림그룹에 이어 황이총의 금광집단 역시 엄청난 타격을 받았다. 특히 부동산업과 종려 등 농산물 및 농산물 가공, 식용유 등에서 손실이 발생했으나 그룹전체의 채무위기는 나타나지 않았고 오히려 반대로 제지업 등의 분야에서는 오히려 일정 규모로 발전하였다. 그룹 내의 2대 제지 및 펄프회사의 제품은 80%가 수출되고 국내에서 판매되는 것은 20%에 불과하였다. 80% 국외로 수출되는 물품은 전체의 35%가 유럽, 일본과 홍콩 및 중국이 30%, 미국이 20%를 차지하고 있고, 중동 등 기타지역은 15%를 차지한다. 그러므로 이들 매출의 대부분은 미국 달러화로 결제돼 인도네시아 루피아의 평가절하에도 불구하고 큰 손실을 보지 않았고 미달러화 수입은 기업운영에 대한 경영부담과 비용을 낮추었다.

금광집단이 발전하게 된 과정은 많은 1세대 화교화인 기업가들이 걸어온 길과 크게 다르지 않다. 황이총은 어려서 길거리를 다니면서 사탕과 과자를 파는 등 식품 행상을 거쳐 50년의 노력으로 인도네시아 2, 3위 대기업집단으로 발전하였다. 1995년 금광집단의 자회사는 모두 205곳으로 홍콩과 싱가포르, 미국과 중국 등지의 해외기업이 14곳, 총자산은 39조 2,920억루피아(약 190억달러) 매출액은 15조 2천억루피아(약 76억달러)였다. 홍콩의 아주주간이 조사 발표하는 국제화인 기업인 500家 상장 기업 중 인도네시아 화인기업이 30家로 이 가운데 황이총의 금광집단 소속기업이 5곳으로 1위를 기록했다. 2000년 11월 15일자 아주주간은 국제화인 기업 500곳 가운데 인도네시아 화인기업이 12곳이고 금광집단은 무려 5곳을 차지했다고 보도했다.

1998년 통계에 의하면 금광집단이 경영하는 4개 핵심기업 가운데 아시아펄프제지회사의 순자산은 156억달러로 아시아 최대 펄프기업이다. 금융업의 인도네시아 국제은행의 총자산은 40억달러로 지점망은 모두 200여곳에 이른다. 아시아식품 및 부동산회사는 종려 등 농업부문의 경작과 식품가공이 주력으로 총자산은 61억달러이고 인도네시아에서 가장 큰 종려기름 생산업체이다. 그러나 2003년 아주주간의 보도에 의하면 이 부문의 자산액은 24.858억달러로 크게 줄어들었다.[15]

금광집단이 사업에서 큰 성공을 거둔 것은 몇 가지 이유로 설명이 된다. 우선 수하르토 정부 등장 이후 가장 긴급한 과제였던 국민의 의식주 문제해결과 관련해 사업방향을 수립하고 이를 적극 추진한 점이다. 식용유 사업이 가장 대표적인 것이고 이어 소득수준과 국민의 교육수준의 향상 그리고 컴퓨터의 광범한 응용에 따른 종이류의 수요가 급증할 것으로 예상하고 이 분야 투자에 앞서 나선점이 가장 두드러진 성공의 요인이라 여겨진다. 은행업에도 후발로 참여하여 조직개편과 전문 인재의 영입 등 새로운 경영방식으로 빠른 시일 내에 크게 키웠다. 둘째 그의 성공요인은 부단한 반복투자와 이를 통한 규모의 증대를 지적할 수 있다. 그는 "가령 내가 10원을 벌었다면 단지 5각을 쓰고 나머지 9.5원은 모두 재투자하여 생산규모를 늘렸다. 말하자면 내가 번 돈 거의 전부를 재투자한 것이다. 그렇지 않고 모두 써 버리고 먹어 치웠다면 우리 기업이 언제 이처럼 커졌겠는가?" 라고 말했다.[16]

그러나 97년의 아시아 금융위기로 금광집단의 경영은 극도로 악화되었고, 그룹의 주요 6개 계열사의 총자산은 2000년 1분기 26억 3,700만달러에서 4분기 7억 2,300만달러로 19.14억달러(72.58%) 축소되었다.[17] 과도한 금융차입과 종려기름과 펄프 제지가격의 급락 등이 서로 복합적으로 작용하면서 금융위기와 인도네시아의 종족 갈등이 가세하면서 대표적인 화인기업이었던 금광집단의 세력은 살림그룹과 마찬가지로 거의 빈사상태로 내몰리며 아주 약화되었다.

3. 말레이시아

말레이시아의 화인기업가들은 원주민인 말레이인들의 경제력을 강화시키려는 신경제정책에 의해 불리한 위치에 놓여 있는 가운데서도 그들의 경제력을 큰 폭으로 키우면서 진전하고 있다. 이런 정부의 시책에서 화교화인 기업들이 그들의 활로를 열고 발전을 거듭한 것은 말레이인과의 연합경영 방식을 통해 화교화인 기업들이 대정부 관계를 용이하게 하여 각종 사업의 인허가와 대출 등에서 도움을 받는 등 적극적으로 권력을 이용한 점을 들 수 있다. 또 화교화인 기업들은 국내에서의 사업을 벗어나 해외로도 눈길을 돌리며 사업지역을 글로벌화하는 방식으로 정부의 규제에 일면 대응하는 방식을 택하기도 하였다. 말레이시아의 주요 화교기업인들로는 궈허녠(郭鶴年), 린우동(林悟棟), 궈링찬(郭令燦), 리라이성(李萊生) 등을 들 수 있다.

이들을 비롯한 성공한 화인기업인들은 몇 가지 특성을 갖고 있다. 그들 대부분이 거부의 반열에 들어선 것은 신경제정책을 채택한 이후의 일로 이 시기 큰 부를 쌓아올렸다. 그들은 경영하는 사업부문을 다각화했고, 글로벌화했으며, 말레이인 권력층과의 밀접한 관계를 맺었다.

(1) 곽씨형제그룹

말레이시아의 설탕왕이라 불린 궈허녠(郭鶴年)은 곽씨 형제그룹의 총수로, 말레이시아 남단의 조호르주의 조호르바르느시에서 태어났다. 부친 郭欽鑑은 16세에 고향인 복건성 복주에서 조호르바루로 이주했고 처음 가게 점원으로 일했고 이후 형들과 사탕수수, 쌀, 잡화 등을 판매하였다.

궈허녠은 말레이시아에서 화문소학교와 영문중학교에서 공부했고, 이후 싱가포르의 레이플스대학에서 수학했다. 이런 그의 비교적 높은 학력과 다양한 언어 학습은 그의 후일 사업전개에 큰 도움이 된다. 초기 말레이시아의 4대에 걸친 수상과 싱가포르의 이콴유와도 그는 동창관계를 맺어 학연으로 이미 말레이시아와 싱가포르의 유력한 정치인을 그의 인적네트워크 안에 둘 수 있었다.

그는 일본군의 침략으로 대학을 끝내지 못하고 일본기업의 米穀식량파트에서 일했다.

그는 전후 부친의 기업에서 잠시 일한 후 독립하였다. 싱가포르에서 백부와 종형제들과 함께 郭氏兄弟私人有限公司(Kuok Brothers Co)를 설립하여 쌀, 설탕, 소맥분 매매 사업을 했다. 52년과 55년 사이에 런던상품거래소와 이 지역의 기업경영 방법을 시찰하였다. 그 후 말레이시아 북부에 설탕공장, 소맥분공장을 설립하고, 사탕수수재배를 시작했다. 70년 세계적인 설탕가격의 급등을 맞으면서 큰 돈을 거머쥐게 되었다. 이후 그는 말레이시아 原糖시장의 80%, 세계시장의 10%를 지배하게 되었고 아시아 지역의 설탕왕이란 별칭으로 불리게 됐다.[18)]

이어 70년대에 호텔사업에 뛰어들었고, 샹그리라 브랜드의 샹그리라호텔그룹을 조직하였다. 싱가포르, 말레이시아, 태국, 홍콩, 피지, 필리핀, 인도네시아, 중국 대륙의 여러 곳 등 모두 30여 곳에 호텔을 건설하고 경영하는 등 아시아 지역의 최대 호텔그룹의 하나가 되었다. 74년에는 홍콩에 嘉里貿易公司를 설립했고, 76년에는 그룹의 본부를 쿠알라룸푸르에서 홍콩으로 이전하였다. 여러 가지 요인이 있었겠지만 말레이시아의 신경제정책과 궈허녠의 장기적인 글로벌화전략이 그룹본부를 이전하는데 적지 않은 영향을 미쳤을 것으로 여겨진다.

말레이시아가 80년대부터 세계 최대의 팜오일 생산국이 되면서 팜오일 거래와 그 선물매매에 진출하였다. 현재 그는 중국 대륙에 대한 최대의 팜오일 공급업자이기도 하다.[19)] 지난 93년 그가 일상적으로 영위하던 업종과는 동떨어진 분야에 거액의 투자로 세계적인 주목을 받기도 했다. 26억 5천만 홍콩달러를 들여 호주의 미디어왕이라 불리는 머독으로부터 홍콩에서 가장 영향력이 있는 영자지 South China Morning Post 의 주식 34.9%를 취득한 것이다. 이밖에 93~94년에 걸쳐 새로운 투자는 중국 천진에 5성급의 샹그리라 호텔, 쇼핑센터, 상업용 빌딩 등을 건설한 것과 부친의 고향인 복건성의 복주에 사무용과 주택 복합빌딩, 샹그리라호텔, 사무실, 고급주택, 쇼핑센터 등을 건설한 것, 필리핀의 마닐라 마카티금융센터에 40층의 사무실 겸 주택빌딩을 건설한 것 등을 들 수 있다.[20] 태국의 씨에궈민(謝國民) 正大복봉그룹회장과 마찬가지로 궈허넨은 중국에 대한 투자를 크게 늘리고 있기도 하다. 주요 관심분야는 호텔, 그리고 기타 대형부동산 시설 등의 건설이다.

(2) 豐隆집단

또 하나 싱가포르와 말레이시아를 기반으로 활발한 사업을 전개하고 있는 화인기업 집단은 바로 豐隆집단이다. 이 그룹은 싱가포르에서 사업이 시작되었고 뿌리를 두고 있지만 지금 말레이시아에도 거대한 기업군을 형성하고 있고 더 나아가 동남아와 동아시아 지역에도 투자를 늘려나가는 등 글로벌화에 아주 성공적으로 적응하고 있는 기업군이기도 하다.

기업의 창설자 궈팡펑(郭芳楓)은 1928년 배표와 거적, 이불만 들고 하문에서 싱가포르로 건너왔다. 무일푼의 16세 궈팡펑은 처남의 철물점에서 실습점원이 되었다. 이 철물점은 동남아 각지의 고무농장에 필요한 설비를 공급하였고, 궈팡펑은 실습점원으로 일을 시작하여 사무원, 회계, 회계부 책임자로 점차 직급이 높아졌다. 고국에서 초등학교 5년 공부를 한 그는 배움이 짧다고 생각하고 야간에 공부를 많이 했고, 경영자로서의 경영관리기법은 12년의 철물점 직원 시기 습득하였다.

그는 이민 초기부터 남에게 고용되기를 원하지 않았고, 자신의 회사를 갖기를 원했다. 어느 정도 지식과 경험을 축적했다고 생각한 그는 1941년 일하면서 번 돈 7,000싱가포르달러로 무역회사 豐隆公司를 설립했다. 이것이 지금의 풍융그룹의 첫 걸음으로, 이후 싱가포르에 온 궈팡가이, 궈팡라이, 궈팡량 등 3동생과 함께 설립했다. 지분은 궈팡펑이 35%를 나머지 65%를 세 명의 형제가 보유하는 형태였다.[21] 이회사는 건자재 매매와 고무농장에 각종 설비를 공급하는 업무를 시작했다.

전후 풍융은 점차 사업기초를 다지게 된다. 영국식민자들이 물러나고 말레이연방의 자치주에서 다시 독립을 추구한 싱가포르는 집권당 인민행동당이 경제발전을 위한 청사진을 제시하면서 상업자본 위주로 구성돼 있던 자본을 제조업 위주의 공업화로 전환하였다. 이러한 정부의 정책 흐름에 풍륭은 적극 편승하면서 발전의 길로 들어섰다. 즉 공업화 초기 각종 개발과 건설사업에는 건자재에 대한 높은 수요로 이어졌고, 이런 흐름의 변화는 풍융그룹의 건자재시장의 활황으로 이어지게 됐다.

60년대 후반 풍융그룹은 건자재시장에서 축적한 자본을 기타 영역으로 재투자하였다. 첫걸음은 부동산 부문이었다. 궈팡펑은 이미 가까운 장래 부동산 시장의 활황이 있을 것으로 내다보고 50년대부터 값싼 토지구입에 주력하였다. 그는 부동산에 대한 투자와 함께 호텔분야에도 투자하기 시작했다.

싱가포르의 공업화는 비록 외자기업을 중심으로 전개되었지만 그러나 현지의 중소기업은 여전히 전통산업 등 외자가 참여가 미치지 못하는 영역에서 활동하였으나 이들 중소기업은 자금조달에 큰 어려움이 있었다. 풍융은 바로 이 점에 착안하여 중소기업에 대한 대출을 목적으로 한 금융업에 참여하였다. 1966년 설립한 풍융금융공사는 바로 금융분야에서 그룹의 핵심기업이 되었다.

풍융그룹은 무역, 건자재업으로 시작하여 60년대 후반 부동산업, 호텔업, 금융업 등 사업다각화를 추진하였고 방대한 기업집단을 이루었다. 그룹은 풍융투자지주회사를 정점으로 아래에 풍융금융공사, 도시발전공사(부동산 부문), 도시호텔국제공사와 무역, 제조업풍융유한공사, 풍융국제말레이시아와 풍융 등으로 하부 기업군이 구성되었다.

풍융집단은 말레이시아에 방대한 기업집단을 건립했다. 초기에 궈팡펑의 동생 궈팡라이와 궈팡펑의 장자 궈링밍이 경영했으나 이후 궈팡라이의 장자 궈링찬이 경영권을 장악하였다. 궈링찬은 1969년 회사 총경리로 취임했고, 1973년부터 말레이시아의 사업을 전부 통제하였다. 말레이시아집단은 궈링찬의 손에서 독립하였고 자신의 길을 걷게 되었다. 이 독립의 길은 풍융공업공사를 중심으로 전개되었다.

말레이시아 집단의 진정한 발전은 80년대 이후 진전되었다. 제조업부문에서의 실력증강과 함께 부동산영역에서도 대규모 투자를 진행했다. 이와 함께 80

년대 전후하여 금융업영역에 투자를 진행했다. 우선 1979년 그룹 산하에 제조업회사를 풍융신용금융회사로 개조하고, 이 그룹의 금융업영역의 투자회사가 되었다. 이후 보험업과 증권업으로 영역을 확장하였다.

이상에서 간략히 언급한 바대로 풍융말레이시아그룹은 궈링찬의 적극적인 경영에 의해 70년대 건자재사업과 모터사이클사업에서 기초를 다지고 이어 80년대 부동산, 금융관련회사를 취득해 대기업그룹으로서 사업군을 형성하였다.

현재 이 그룹의 소속 기업 가운데 쿠알라품푸르 증권거래소에 상장되어 있는 업체는 11곳으로 국내 매출액은 18억 9천만 링키트를 넘었고, 직원수도 국 · 내외 3만 3천을 넘고 있다. 이는 싱가포르 풍융집단의 3배를 넘는 수치다.[22] 그룹의 이런 경영규모는 말레이시아 전체 화인기업 가운데 순위 1,2위를 다투는 수준이다.[23]

풍융말레이시아그룹이 거대한 그룹으로 성장한 원인은 무엇인가? 가장 중요한 원인은 말레이시아가 독립한 이후 추구한 경제정책에 의한 발전분야에 대해 집중적인 투자를 했다는 점이다. 즉 60년대 후반에서 70년대 전반기 그룹은 공업화 기초건설이란 정부의 방향에 목표를 두고 이 분야에 거액의 투자 기회를 잡았고, 70년대말에서 80년대 후반기까지 말레이시아가 수출주도형 경제로 전환 후 개인 소비품목에(모터사이클, 복권, 소비자금융, 신문) 대한 대폭적인 투자를 집중했다는 점이다. 80년대 후반기에는 말레이시아 산업이 공업제품 수출구조로 전환 후 수출형 투자를 늘렸다는 점이다. 둘째는 공업화 이외의 원인으로 자신의 자회사를 직접 설립하는 것보다 M&A를 통해 필요한 부분에 진출했고, 셋째 말레이시아 정치권력집단과 우호적인 관계를 잘 유지했다는 점이다.[24]

4. 필리핀

전후 수십년에 걸친 새로운 경제환경하에서의 경영을 통해 필리핀에서도 상당한 경제력을 갖춘 화인기업 집단이 성장하였다. 화인기업 집단의 성장은 화인거주국의 경제정책과 경제발전의 정도와 직접적인 연관이 있고, 이점은 필리핀도 예외가 아니다. 정치적, 경제적 여러 요인으로 필리핀의 경제발전수준은 다른 구 아세안국가들에 비해 낮고 빈곤율도 높은 편이었다. 이런 기본적인 제약조건 가운데서 화인기업군이 활동하게 되고 영향을 받게 되었다.

필리핀 화인기업군 가운데 천용차이(陳永裁)그룹이 있다. 그의 영문명은 Lucio Tan 이고 1934년 출생이다. 그의 부모 관적은 복건성 진강현이고 자신은 필리핀인으로 필리핀화인 기업인으로서 매우 중요한 위치를 차지하고 있다.

천용차이는 4세때 부모를 따라 필리핀으로 건너왔다. 필리핀에 처음 도착한 곳은 세부로 이곳에서 부모는 소점포를 열었다. 9세가 되었을 때 부친이 질병으로 노동력을 상실하여 모친은 그를 부친과 함께 고향으로 돌려보냈고 다시 11세때 숙부와 함께 필리핀으로 다시 나와 세부시 부근 담배공장에서 잡역공으로 일을 시작했다. 그는 일과 학습을 병행하는 고학을 통해 대학과정의 교육을 이수하고 졸업 후 한 기업의 실험실 조수로 취직했다. 여기서도 학습과 일을 병행하여 열심히 근무한 결과 2년 후 생산파트 책임자가 되었다. 60년대 중반이 되어 그의 모친은 홍콩의 동향인과 친족들에게 70만홍콩달러를 빌어 천용차이의 사업체인 복주담배공장을 건립하는데 큰 도움을 주었다.

처음 복주담배제조창은 공장건물과 시설이 너무 낡고 설비가 낙후되어 거의 모든 생산공정에서 손으로 일일이 조작하지 않으면 안될 정도였다. 그는 거의 매일 공장에서 생산지도를 했으며 대중적인 중급제품을 생산하여 제품판로를 개척하여, 회사 설립 후 빠른 성장을 이룩했다. 생산과 이익이 배증하였고, 수년 만에 전국 담배시장에서 매우 높은 시장점유율을 차지하게 되었다. 일부 브랜드는 해외수출까지 하게 되었다.

1993년 복주담배제조창은 모두 177억 개피의 담배를 생산했고, 이 공장 생산량이 필리핀 궐련시장에서 차지하는 비중이 1985년 44%에서 1991년 64%로 높아졌다.[25] 복주담배제조창은 고용이나 세수 및 농민 지원 등의 측면에서 큰 기여를 해왔다.

천용차이는 그룹의 발전과정에서 특히 시장의 수급동향에 대해 면밀한 주의를 기울였고, 제 때 비즈니스 기회를 잡았다. 담배제조공장으로 어느 정도 기초를 다진 후인 60년대 말 마닐라의 돼지시장이 공급부족에 있다는 점을 파악하고 바로 투자에 나서, 대형 양돈장을 시작했다. 자동화 사료가공공장과 외국에서 우수 종돈을 들여오는 등 현대적 사양을 위해 많은 투자와 노력을 기울였다. 선진화된 기법의 양돈업 참여에 의해 빠른 시일 내에 필리핀 주요지역의 돼지고기시장을 장악하게 되었다.

이외에도 그는 경영다각화에 눈을 돌려, 팜유공장, 비누공장 등의 제조업 이외에 수출입, 부동산, 건축 및 전자산업으로 다각화를 진행했다. 70년대 후기에는 이미 축적한 재력을 바탕으로 금융계에 진입하였다. 1977년 그는 다른 화인기업가와 함께 도산 직전의 보통은행(general bank)를 취득하여 연맹은행(Allied Banking Corporation)으로 개명하고 은행의 이사회 회장으로 취임했다. 이 은행은 90년대 이미 전국 10대 은행의 범위에 들어섰고, 화인은행만으로 총자산이나 대출액으로 보면 이미 3위로 올라섰다.[26)]

이와 함께 그는 맥주시장에도 뛰어들었고, 1989년에는 850만달러를 투자해 쉐라톤호텔을 인수하여 호텔업에도 투신하여 매년 10억페소 정도의 수익을 올렸다. 또 항공사업에도 참여해, 필리핀 항공의 주식을 33.5% 보유하였고 필리핀 항공의 부회장직을 담임하였다.[27)]

80년대 이후는 이제 그의 사업은 국경을 넘는 글로벌화로 전환되고 있다. 우선 홍콩에 법인을 설립하고 이 법인을 중심으로 세계적인 확장전략을 추진한다는 것이다. 특히 그의 관심 분야는 중국 대륙 진출로 샤먼에 상업은행을 설립하여 이를 거점으로 중국 대륙의 도시를 연결해보겠다는 전략이다.

이제 그의 발전과정을 특징별로 정리해보자.

첫째, 자본투자구조로 보면 단일 영역투자에서 다원화투자 영역으로 변화해왔다는 점이다.

둘째, 자본투자지역으로 보자면 국내경영에서 점차 글로벌경영으로 전환하였다. 80년대 이전 경제실력의 제약으로 투자는 필리핀 국내에 국한되었다. 그러나 80년대 이후에는 그동안의 축적을 바탕으로 해외투자에 나섰고 주로 홍콩과 미국 캐나다, 뉴질랜드 등에 투자가 이뤄지고 있다.

셋째, 산업자본과 금융자본이 서로 결합하는 발전경로를 보여주고 있다.

넷째, 필리핀에서 대가족 독점영역에 과감히 뛰어들어 경쟁을 벌이면서 경영영역과 영향력의 확대를 도모하고 있다. 예를 들면 맥주분야에서 막강한 세력을 장악하고 있는 샨미겔맥주에 도전한 것 등이다.

다섯째, 중요한 것으로 기업경영에서 폐쇄성과 가족성이 아주 두드러진다는 점이다.

03 화인기업가의 일반적 성장패턴과 특성

동남아 화인기업은 거주국에 따른 개성과 함께 화인기업이라는 큰 범주에서 공통성도 갖고 있다. 이 장에서는 주로 그 공통성에 대해 논의하되 그 거주국에 따른 개성도 함께 생각해보자.

가장 보편적이고 기본적인 동남아 화인기업의 공통적 특성이라면 가족주의 경영을 지적할 수 있을 것이다. 이는 중국 전통문화와 밀접한 연관이 있다. 중국의 전통산업은 농업 중심의 소농경영체제였다. 즉 가족이 영농의 한 단위였고, 이는 공산중국에서 전통 농업방식을 변경하는 하나의 거대한 실험인 인민공사제가 도입되기까지 수천년 동안 이어 내려온 생산방식이었다. 개인이 경제주체가 아니라 가족이 그 단위가 된 것이 그대로 동남아 사회에서, 그것도 농업이 아닌 상업 등 다른 산업분야로 전이되었지만 가족적 경영의 형태는 유지된 것이다. 이는 중국의 전통적 가치관인 가족중심적 윤리관과 표리를 이루면서 강력한 화인기업의 구성특성을 반영하는 것이기도 하다.

물론 동남아 화인기업이 이미 국제적 경쟁 환경에 노출되었고, 서구적 경영방식이 물밀듯 들어오고 있어 많은 부분에서 근대적인 경영요소가 도입되고 있지만 기업은 가족에 의해 운영되고 관리되어야 한다는 기본적인 믿음은 여전히 유지되는 것으로 볼 수 있는 것이다.

동남아 화인들의 가족주의 경영의 구체적인 모습은 다음과 같이 귀납할 수 있다.

첫째, 기업의 소유권과 경영권이 고도로 통일되어 있어 경영권을 가족이 독점한다는 점.

둘째, 앞의 특성에서 연원하는 것이지만 기업의 주요 의사결정은 거의 모두 가족 성원에 의해 이뤄지고 외부인사가 여기에 거의 끼어들 수 없다는 점.

셋째, 현대기업제도로 전환된 후 가족기업은 가족의 지배지분을 장악함으로서 모든 계열 회사에 대한 통제력을 행사한다는 점 등을 들 수 있을 것이다.

이처럼 새로운 경영사조에 맞서 동남아 화인기업들이 가족주의적 경영방식을 그대로 지켜 나가고 생명력을 유지하는 것은 화인기업들의 보수성을 드러내는 측면이라 할 수 있다. 하지만 가족주의 경영이 독립 후 동남아 국가들의 급격한 국내외 경제 환경 변화에 따른 기민한 대처를 위해 빠른 의사결정에 도움이 된다는 견해도 적지 않다. 이러한 경영시스템을 바탕으로 빠른 시일 내에 기업을 확장할 수 있었다는 것이다. 또 한 측면으로 비록 동남아 화인기업에 여전히 가족주의적 경영이 지속되고 있지만 이주 초기의 가족주의 경영이 기계적으로 그대로 답습된 것은 아니라는 점이다. 주변상황의 변화에 따라 이 제도의 문제점이 보완되면서 특히 많이 지적되는 기업의 지나친 폐쇄성이나 배타성을 벗어나기 위한 노력들이 근년에 많이 시도되고 있기도 하다. 즉 전문인력을 영입하고 또 기업의 의사결정도 반드시 가족에 의해서만 이뤄지는 것이 아니라 영입한 전문경영인에게도 위임하는 사례도 등장하고 있는 것이다. 그러나 이런 움직임이 추세적인 흐름의 변화라고 보기 어렵고 여전히 동남아 화인기업들의 가족주의적 경영 색채가 농후하다고 평가해야 할 것이다.

또 하나 동남아 화인기업의 경영상의 특성은 사업영역의 다각화를 들 수 있다. 원래 화교 사업가들은 "不熟不做"란 관념이 강했다. 익숙하지 않은 부문의 사업은 하지 않는다는 뜻이다. 초기 화교이민자들이 동남아에 온 후 그들은 대륙에서 영위하던 부문에서 사업을 시작했다. 이들이 주로 파산농민이거나 수공업자, 소상인이었던 관계로 동남아에서의 사업도 주로 농목업이나 소규모상업이나 수공업에 주로 치중하였고 대를 이어가면서 가업을 잇는 것이 보편적인 화교화인 기업인들의 사업모습이자 삶의 방식이기도 했다. 그러나 동남아 국가들이 식민지배에서 벗어난 후 실질적으로 토착민의 경제수준을 끌어올리기 위해 화교경제를 제약하는 과정에서 많은 화교화인들이 본래 경영하던 사업을 접고 또 다른 생업으로 전환한 경우가 많았다. 또한 독립초기 민족정부들이 화교들의 경제에 대한 규제와 간섭에 이어 세계적인 경제흐름에서 전통산업에서 벗어나 공업화를 추구하는 과정에서 화교화인 기업인들은 그들의 사업과 관련, 또 다른 획기적인 변화를 맞게 된다. 즉 종전까지 주로 상업적 자본의 속성에 묶여 있었던 화교화인 자본이 세계적인 경제흐름과 이에 따른 거주국 정부의 경제정책의 변화에 따라 산업자본, 공업자본으로 전환하는 등 화교화인 자본 성격이 근본적인 전환을 맞게 된 것이다. 예를 들자면 새로운 사업영역으로 등장한 것이 앞서 개별 기업에 대한 고찰에서 살펴봤듯이 금융업과 부동산업, 제조업 그리고 새로운 서비스업종인 호텔업과 여행업, 오락업 등이었다. 말하자면 사업경영범위의 다각화를 통한 사업성장을 도모하면서 위험의 분산이라는 측면도 고려한 것이다. 그러나 이러한 익숙하지 않았던 분야로의 사업다각화는 위험의 분산이라는 당초 기대와는 달리 이후 금융위기가 닥쳤을 때 기업경영에 엄청난 부담이 되었고, 그 부담을 이기지 못한 화교화인 기업군 가운데 도산하는 사례도 적지 않게 등장하게 된다.

또 다른 특성으로는 업종다각화에 이어 경영의 지역적 범위가 세계적으로 확장된다는 점이다. 이른바 글로벌경영이다. 이는 두 가지 측면에서 고찰이 가능하다. 동남아에 민족 독립정부가 들어선 이후 그들은 실질적인 경제적 독립을 위해 외국자본과 함께 화교자본에 대한 혹독한 규제를 가한 것은 이미 지적한 바 있다. 이런 환경에서 국내 사업이 용이하지 않게 되자 동남아 화교기업인들은 해외로 진출하여, 특히 홍콩을 중심으로 투자회사를 설립하여 이를 기반으로 동남아 다른 국가나 기타 지역으로 사업을 확장하는 방식을 택하였다. 그러나 이후 세계적인 경제흐름의 변화에 따라 동남아 각국 정부들이 국내경제개발전략을 채택하면서 화교들의 사업도 발전의 계기를 맞아 새로운 확장을 위한 국제화 전략을 수행하게 된다. 즉 초기에는 민족정부의 규제와 압박을 피하기 위해 이후에는 기업 본연의 사업확장 욕구에 의해 동남아 화인기업들의 글로벌화는 이미 거대한 세계적 흐름이 되었다. 동남아지역에서 동서해빙에 따른 중국 대륙과의 정치적 화해의 결과로 동남아 화인기업들의 주요 투자처로 중국대륙이 부상하였다. 오늘 화인들의 중국에 대한 투자자는 크게 두 가지 흐름으로 볼 수 있다. 한 가지는 홍콩을 통한 화인기업가들의 중국투자이고 다른 하나의 흐름은 동남아 현지에서 직접 대륙투자에 나서는 것으로 중국투자에서 가장 활발한 움직임을 보이는 것은 홍콩과 대만을 포함해 동남아 화인기업인이라는 점은 분명한 사실로 보인다.

이후 자세히 살펴볼 것이지만 화인기업인들의 거주국에서의 성장과 발전은 현지 정치권력과의 유착과 보호라는 점을 결코 빼놓고 생각할 수 없다. 동남아 화인들은 오랜 시기 경제력을 축적하면서, 경제력에 있어서는 현지 원주민을 압도하였으나 정치권력이라는 측면에서는 거의 제로 상태에 가까웠다고 할 수 있다. 말레이시아를 제외하고 인도네시아나 필리핀, 태국 등도 전체 국민에서 차지하는 비중이 10%에도 못 미치고 특히 필리핀이나 인도네시아는 3% 전후일 것으로 추산된다.

결국 이런 정치 · 경제적 상황에서 사업을 지속적으로 전개하고 발전을 하기 위해서는 정치권력의 비호가 절대적으로 필요하고, 이에 따라 화인기업가들은 그들의 경제력으로 정치권력과 상호 보완 관계를 맺게 된다. 또 현지의 정치권력집단은 그들의 권력으로 경제력을 보충하는 등, 이들 양자간에는 권력과 금전을 교환하는 거래가 성립된다. 그러나 정치실권이 없는 대다수의 토착민의 눈에 이는 화교기업인들의 부정과 불법으로, 그리고 정치권력자는 부도덕한 측면으로 비치게 되는 것은 너무나 당연하고 한번씩 민족폭동이 일어날 때 이런 측면이 두드러지게 부각되었다.

또 화인기업가들의 사업은 이른바 그들의 네트워크가 상당한 위력을 발휘한다는 것이다. 화인기업인들의 여러 가지 인연이 서로 얽혀 도움과 정보를 주고받는데 인간관계의 핵심적인 인연은 바로 조국의 출신지에 의한 地緣, 동일 성씨의 종친관계인 血緣, 그리고 동일업종의 사업을 영위하는 사람들의 인연인 業緣이 그것이다. 이밖에 신앙의 동일성에 따른 神緣 등이 그들의 결속과 협력을 묶어주는 강력한 유대가 되고 있다. 이런 인연이 확장되어 전 세계에 흩어져 있는 화인들은 서로 연결되고 국제적인 사업정보나 금전융통, 사업협력과 합작 등의 다양한 협력관계를 만들어내고 있다. 이러한 화교화인 기업인들의 네트워크는 한족이라는 동족의 범주에 한정되지 않고 이제 세계 각국의 다른 민족의 기업인들과도 연결이 된다. 대륙에 진출하는 서구의 기업과 화인기업인들 간의 협력, 지난 70,80년대 일본기업들이 동남아에 진출할 때 일본기업인과 화인기업인들이 협력한 사례 등 그 예는 이루 헤아릴 수 없을 만큼 많다고 여겨진다.

이제 국가별 화교경영 특성의 한 측면을 보자.

태국의 경우 일찍이 화인기업가들과 태국의 관방 혹은 민간기업과 합작 경영하는 사례가 나타났다. 앞서 지적했듯이 동남아 국가 가운데 태국은 중국 이민이 가장 쉽게 잘 적응하고 동화한 국가이고 태국 토착민인 타이족도 한족을 차별없이 자신들의 사회에 받아들였다. 화교기업인들은 이런 정치 · 사회적인 태국 사회의 분위기에서 자연스럽게 현지 관방이나 토착민 기업과 합작기업을 설립 운영하기도 했으나 피분정권의 화교자본에 대한 규제가 강화되면서 이를 극복하기 위한 방안으로 태국관방과의 합작사업이 강화되었다.

화인기업인에게는 특히 중국 차오저우 문화의 영향이 크다는 점도 지적할 수 있다. 전 세계 40여 국가에 걸쳐 1천만 전후의 차오저우계 화인들이 거주하고 있고, 특히 태국에서 차오저우계 화인은 숫적으로나 그 사업규모나 화인사회에서의 영향력 등을 감안할 때 가장 중요한 화인세력이라 할 수 있다. 이들은 전세계적으로 약 500개에 이르는 많은 단체를 결성하여 활동하고 있는데, 이 가운데 태국에만 215개가 있는 등 태국의 차오저우계 화인들의 각종 사회단체활동이 왕성하다는 점을 반영하고 있다.[28)] 차오저우 출신 화인들은 지난 81년부터 격년으로 전세계 차오저우인 대회를 열어 차오저우인들의 국제적인 네트워크를 공식화, 제도화하면서 동향인들의 친목도모와 함께 전세계적인 사업전개에서 서로 간에 힘을 보태고 있다.

또 하나 태국 화인기업의 경영특성을 지적하자면 이들은 비교적 안정적이고 우호적인 정치 · 경제환경에서 이 사회에서 생활하고 사업을 전개해와 다른 동남아 국가와는 달리 도피성 해외투자가 없고 거의 경제적 목적을 위한 글로벌 사업확장에 나서고 있다는 점이다. 씨에궈민(謝國民)의 正大집단 등이 중국 대륙이나 다른 지역에 엄청난 투자를 하고 있지만 이는 오로지 경제적인, 사업적 측면에서의 고려이지 국내 정치 · 사회정세의 불안정에 기인한 투자는 아니라는 점이다.

인도네시아 화인기업의 기본적인 경영특성은 역시 가족주의적 특성이 강하다는 점이다. 식민지시기 화교기업인들의 인도네시아에서의 경제적 역할은 바로 식민자와 토착민을 연결하는 중개상으로서의 기능 수행이었다. 독립 후에도 어느 시기까지 여러 가지 원인으로 화인기업 규모는 비교적 작았고 기본적으로 네델란드 시기의 활동방식을 그대로 유지하는 상업활동이 중심이었으며, 화인기업의 경영관리는 여전히 가족식 경영관리였다.

수하르토가 집권하고 인도네시아 정부가 대외개방정책을 시행하면서 경제발전을 위해 서구, 미 · 일 등의 자본이 유입되었고 이들 구미기업들과 화교화인 기업인들의 합작이 활발해졌다. 가족적 경영방식이 온존된 가운데서도 화인경영자들의 2,3세들은 서구지역에서 기업경영과 관련된 경영학 등을 학습하고 현대적 경영지식으로 무장하고 다시 경영현장에 등장하게 되었다. 화인들의 가족경영방식은 원래 모습이 아니라 시대의 흐름과 변화에 따라 , 또 서구적 경영방식의 전세계적 확장에 따라 점차 변용되었다는 점이다. 특히 수하르토 집권 이후 대외적인 경제개방과 해외자본유치 등의 개방적 정책에 발맞춰 화인기업들도 가족이 아닌 전문가를 영입하는 등 가족경영의 기본 틀이 조금씩 바뀌어 나가고 있다.

화인가족 기업운영방식은 기업의 경영자나 노동자들이 가족이나 종친 혹은 동향인으로 구성되어 조직 구성원 간의 일체감이 비교적 높고, 이런 면에서 기업운영과 관련한 비용이 줄어드는 효과를 거둘 수 있다. 또한 직원들의 직장 안정감이 비교적 높고, 구성원들 간의 신뢰감이 상대적으로 높고 창업자의 창업 정신이나 좋은 전통을 이어가는데 유리한 측면이 있다는 것이다.[29)]

말레이시아 화인기업의 경영관리는 기업규모에 따라 좀 차이가 있다. 일반적으로 중 · 소형기업의 경우 여전히 전통적이고 폐쇄적인 경영방식을 따른다고 본다. 기업의 창설과 자금조달 측면에서 가족창업과 혹은 동업경영이 비교적 보편화되어 있고, 동업의 경우에도 주로 친척이나 친한 친구 혹은 동창들 간에 이뤄진다. 특히 중 · 소형 기업을 경영하는 기업가들은 주로 은행대출이나 정부의 중소기업 우대대출에 주로 의존할 뿐 그 외 자금원에 대한 대출에는 거의 의존하지 않는다.[30)] 이는 타인의 자금에 많이 의존하게 되면 자칫 자신의 기업이 다른 기업에 흡수될 것을 우려하기 때문이다.

경영영역으로 보면, 말레이시아 화인중소기업의 영위업종은 비교적 그 범위가 좁다. 제조업으로 보면 8할 이상의 영위 업종이 5대 상품군으로 즉 식품, 목기, 방직품(약 60%), 금속제조와 간단한 기계생산(약 20%)이 주를 이루고 이밖에 화공용품(세제류 등)과 고무제품, 플라스틱 제품도 생산한다. 이들은 주로 국내시장에 판매를 위주로 하고, 일부 중소기업은 대기업의 보조기업으로 반제품이나 부품 등을 생산하여 공급한다. 따라서 국내시장의 수급이나 거래하는 대기업의 경영에 큰 영향을 받고 있는 실정이다. 이들은 일반적으로 기술이나 자금, 경영관리 등에서 대기업에 비해 약세에 놓여 있으나, 강점은 경영비용이 낮고 제품의 가격이 비교적 낮은 점이라고 지적할 수 있다.

말레이시아 화인대기업의 경우 정계 실력자와 밀접한 관계를 맺고 있다. 말레이족을 중심으로 한 다민족사회에서 화인기업가가 성장과 발전을 도모하기 위해서는 현지 정치권력과 우호관계를 유지하는 것, 즉 금권과 정치권력의 교환은 불가피한 일일지 모른다.

국영기업의 경우 주류민족인 말레이족이 화인기업가를 초청해 회사경영을 위임하기도 하였다. 화인기업인 가운데서도 가령 궈허녠(郭鶴年)이나 린우동(林梧桐)은 특히 권력층과의 관계가 매우 밀접하였고, 정부 구성 이후 초기의 수상들은 이들과 아주 친한 친구 사이이기도 하였다. 린우동이 도박장을 공개적으로 경영할 수 있었던 것도 역대 정부가 그에게 독점권을 부여하는 등 적극적인 지지를 보냈기 때문이다. 정부는 설립하는 국영기업에 화인기업가들의 지분참여를 요청하였고 경영을 위임하기도 하였다. 당국이 말레이국제船務공사와 토착은행을 설립할 때 궈허녠은 정부의 요청에 의해 초대 이사회 회장이 되기도 했다.[31)]

거꾸로 이들 화인기업인들은 자신의 기업을 창립할 때 많은 경우 정부 혹은 그 대표인물과 합자하여 기업을 설립하였다. 궈허녠은 국제선무공사 이외에 연방제분공장, 샹그리라호텔 및 정부 중의 일부 법정기구 가령 연방토지발전국, 회교기금국 등에 상당한 지분을 갖고 있다.[32)] 린우동은 1965년 云頂고원을 레저타운으로 건설할 때 그와 당시 국회의장직에 있던 말레이인 대자본가와 합작, 운정고원유한회사를 설립했고, 이를 기점으로 현재의 운정집단을 형성하였다. 이 회사의 9명 이사중 3명은 말레이족 고급관원이었다.[33)] 이런 예는 다른 화인대기업집단에서도 볼 수 있다.

이러한 화인기업과 말레이 정치실권자와의 관계라는 경영인과 정치인의 유착관계는 해외로까지 확산되었다. 가령 말레이시아 궈허녠과 싱가포르의 수상이었던 리콴유, 인도네시아 수하르토 대통령과의 긴밀한 관계는 잘 알려져 있다. 화인기업인들의 인적네트워크의 광범성과 긴밀성은 앞서 지적하였다. 하버드 대학의 한 연구에 의하면 화인기업 가운데 국내업무의 52%, 해외업무의 39%는 화인기업간에 진행되었다고 한다.[34)]

말레이시아 화인기업인들은 해외 화인기업인들의 사업협력은 공동경영회사, 지주회사, 다국적기업 등과 함께 연결되어 있다. 특히 궈허녠의 사업은 동남아지역의 여러 화인기업과 종횡의 관계로 얽혀있다. 태국의 가장 유력한 화인기업인 방콕은행은 홍콩 샹그리라 호텔의 지분참여를 통해 궈허녠과 관계를 맺고 있고, 궈허녠은 또 린샤오량의 살림공사를 통해 인도에 설탕을 수출하며,

살림이 생산한 밀가루는 궈허넨의 무역회사를 통해 말레이시아로 수입하며, 홍콩의 샹그리라호텔의 주주로 방콕은행 이외에 린샤오량과 싱가포르의 거상 허야오쿤(何瑤昆) 등이 참여하고 있다. 인도네시아 롬복섬의 플란테이션과 설탕공장 건설에는 린샤오량과 수하르토의 자녀가 공동경영을 하고 있다. 궈허넨은 이밖에 싱가포르의 황팅팡(黃廷芳), 홍콩의 리지아청(李嘉誠) 그리고 중국 대륙의 기업과도 합작관계를 유지하고 있다.

이러한 자본과 경영에서 합작관계는 화인기업가 사이에만 일어나는 것은 아니다. 화인기업가와 외자와의 사이에도 밀접한 협력관계는 여러 곳에서 볼 수 있다. 가령 풍융그룹의 궈링찬(郭令燦)이 홍콩에 상장한 국호집단의 주식은 자신의 것 27% 이외에 쿠웨이트왕실의 쿠웨이트투자회사가 18%, 이태리의 회사가 4%, 리지아청의 장강실업이 7.2%, 대만기업인 황셔후이(黃世惠)가 7%의 지분을 각각 보유하고 있다.[35)]

말레이시아에서의 신경제정책으로 화교대기업들이 정책 시행 초기 어쩔 수 없이 말레이인(정부기구나 개인, 기업 등)에 주식의 30%를 양도하는 등 경영에 제약을 받았다. 그러나 이 정책이 시행되고 외부 말레이계 지분참여자를 선정하는 과정에서 유력정치인이나 실력자를 영입함으로써 그들의 자금확보나 판로 혹은 정부의 각종 인허가 획득 등에 있어서 상당한 특권과 보호를 받는 상황이 되었다. 처음에 제약으로 여겨졌던 부분이 오히려 기업의 경영에 도움이 되는 요인으로 전환되어 화인기업인들이 오히려 적극적으로 말레이측과 적극적으로 협력하는 상황도 나타나게 되었다.

필리핀 화인기업인의 경영관리는 다른 동남아 국가의 화인기업인과 마찬가지로 가족경영제도가 확고하다. 또한 혈연, 지연, 업연과 관련한 화인기업인 간의 인적 네트워크를 형성하고 있다는 점도 공통점이다.

04 화인재벌과 토착 정치권력

화인기업의 성장은 역설적으로 거주국가의 정치권력과의 유착관계를 떠나 설명하기 어렵다. 제2차 세계대전 후 동남아의 독립정부는 진정한 경제독립을 수립하기 위해 외국 및 외국교민의 경제에 대한 규제책을 강력히 시행하였다. 화교화인들로서는 아주 어렵고 힘든 시기였지만 이후 세계 경제조류의 변화와 동남아 각국의 국내적인 상황 때문에 화인기업에 대한 규제는 점차 완화되었다. 오히려 화교화인 자본을 적극적으로 활용하여야 한다는 주류민족들의 관점이 등장하면서 화인기업인들은 발전의 전기를 맞게 된다. 말하자면 위기를 오히려 기회로 살려내는 화인들의 능력과 그들의 다양하면서 심도있는 네트워크를 동원하여 더욱 굳건한 사업환경을 마련하는데 성공하면서 화인대기업들은 새로운 발전의 전기를 맞게 되었다.

다른 각도에서 보자면 주류민족인 집권세력은 화인들의 비즈니스능력을 인정하고 그들을 활용하게 됐다는 점에서 국가 경제에 도움이 되었고, 화인들에게는 안정적으로 사업을 할 환경이 마련되었다는 점에서 쌍방에 유리한 국면이 되었다.

동남아 화인들의 기업경영과 관련해 우리가 또 하나 주목해야 할 것은 경영이 반드시 법규와 규정에 충실했다기보다는 폐쇄성을 기본으로 탈법적이고 편법적인 경영을 포함하는 '비투명경영'이 상당히 보편화되어있다는 점이었다. 이 점이 바로 동남아 화인 기업군의 독특한 경영방식에 포함되어야 할 부분이기도 하다.

인도네시아의 경우 화인기업가와 정치권력자의 관계수립은 주로 유력 정치인의 자제와 화인기업인의 합작기업설립형태로 표출되었다. 혹은 인도네시아 토착민족기업과의 합작도 이뤄졌으나 주요한 형태는 바로 화인기업과 정치실권자의 자제의 연합형태였다.

인도네시아의 군부와 관료는 비즈니스와 관련한 각종 권력을 장악하였다. 이들은 원주민 기업과도 연계되었으나 이들 기업은 자금이나 경영관리, 판매망, 그리고 전문 인재라는 측면에서 부족한 점이 많았다. 화인기업인들은 정치상의 비호와 경제적인 각종 특권과 우대, 편리를 제공받기 위해 권력자들과 적극적인 협력을 도모했다. 가령 정부은행으로부터의 저리융자나 삼림개발권의 획득, 토지구매, 부동산 진출을 위한 정부의 허가, 정부공사의 발주, 각종 상품 가령 정향이나 휘발유, 고무 등에 대한 독점 수입사용권 등에 대한 권한을 정부로부터 받는 것 등이다. 이런 협력은 쌍방이 필요로 하고 원하는 것으로 서로를 이용하는 이러한 자본과 권력의 결합은 공개적인 부분도 있고 비밀스런 부분도 있다. 인도네시아에서는 이런 정치권력과 화인기업가의 결합을 主公제도 혹은 주공경제형태 등으로 부르고 있다. 이들 화인기업인을 바로 주공 혹은 주공집단이라고 부르고 있다. 가장 두드러진 주공은 salim 집단이다. 이 집단의 총수는 앞서 지적했듯이 오랜시간 권좌에 있었던 수하르토의 오랜 막역한 친구 사이인 린샤오량이다. 그의 인도네시아 시멘트그룹 지분 구성에서 인도네시아 정부가 30.83%의 지분을 가졌다.[36)]

또 다른 화인자본과 권력의 결합방식은 은퇴하거나 퇴역한 군과 정부의 고관들과 합작하거나 공동경영을 하는 방식이다. 예로 쉬칭화(徐淸華)의 耶雅집단과 자카르타 시장을 지낸 아리샤티징 장군이 지난 70년대 공동경영한 '耶雅건축집단'은 수도권의 많은 도시와 각급 공공기관, 주민주택 건설 등을 수행했고 이런 사업으로 기업규모를 크게 키웠고, 주요 화인기업가로 진입하게 되었다.[37)] 인도네시아의 유명한 화인기업가 그룹인 아스트라그룹의 쎄젠롱(謝建隆)은 국민석유회사 총재였던 수투워 중장과 합작경영한 사례가 있고 이런 사례는 아주 많다.

앞서 언급했지만 린샤오량의 삼림그룹 외에 펑윈펑(彭雲鵬)의 바리토 태평양집단, 정젠신(鄭建信)의 보브하산집단 등 수하르토의 자녀와 자본합작, 연합경영한 사례는 잘 알려져 있다.

또 하나 정치권력과의 협력 형태로는 각종 권력자들의 영향력으로 만든 펀드와 화인기업가가 합작 경영하는 형태이다. 이들 기금에 여러 화인기업가들이 일정부분 출자하거나 역으로 한 화인기업에 여러 기금이 출자하는 경우도 있다. 화인기업가 정젠신의 누산바 잉다그룹에 주요 기금이 72%를 출자했고, 정젠신 자신은 9%, 수하르토의 한 아들이 별도로 9%를 출자한 바 있다.[38)]

또 다른 형태는 화인기업가와 원주민 기업이 합자경영하는 방식이다. 그러나 이 경우도 순수한 민간 원주민 기업이 아니라 관료자본의 원주민 기업이 주류를 이룬다. 한 화인기업이 여러 원주민 기업과 혹은 한 원주민 기업과 복수의 화인기업이 합자하는 등 여러 가지 케이스가 있다. 그러나 어떤 경우라도 원주민 기업은 자금은 물론이고 기술이나 기업관리에 대한 지식이 부족하여 실제 경영은 화인기업인에게 위임되는 경우가 많다.

위의 예에서 보듯 화인기업가와 원주민 정치실력자와의 합작은 공개되는 경우도 있지만 많은 경우 사적인 통로로 비밀리에 이뤄지는 경우가 많다.

태국의 경우도 화인기업가와 거주국의 정치권력자와의 유착관계는 그 역사가 오래다. 한 연구에 의하면 "피분정권은 각종 화교기업가들에 대한 규제정책의 실시로 화교자본의 현지화 과정이 진전되면서 화교화인 자본이 과거 왕실에 의존하던 것이 권력을 장악한 핵심 군사관료에게로 전환되었고, 태평양전쟁의 폭발로 이런 관계는 아직 충분히 발전하지 못했다"고 지적하고 있다.[39)] 즉 제2차 세계대전 전후 화인기업가들이 이전 태국 절대왕조시절 왕실과의 맺은 관계가 이 시기를 전후하여 군사관료와의 관계로 전환했다는 것이다.

소수민족 기업가로서 정부당국이 수시로 화인에 대한 경제제한조치를 발동한데 대해 화교화인들로서는 가장 중요한 과제가 정치상의 안전과 당국의 보호를 받는 것이었다. 결국 그들은 정치실력자에게 의존하게 되고 자신이 보호받기를 기대한 것이다.[40)] 제2차 세계대전 이후 화인기업군 특히 금융그룹이 출현하고 그들은 모두 군대나 경찰의 고급관료에게 의존하고 그들과 연합경영의 방식으로 정치적 보호와 안전을 확보하였다.

일본학자 末廣昭는 ≪전후 태국의 자본주의 발전: 상업은행가, 공업가 거두와 농산기업집단≫이란 논문에서 "금융집단의 50년대 신속한 발전에는 하나의 공통요소가 있다. 그것은 그들이 군인을 중심으로 하는 태국 통치집단과 합작한데 따른 것이다. 40년대말 이후의 국제 및 국내정치 발전상황이 이런 연합을 촉진하였다. 우선 1949년 공산주의 혁명이 중국 대륙에서 승리한 후 태국 통치계급은 큰 영향을 받았고 이들은 화인에 대하여 더욱 엄격한 규제정책을 펴기 시작했다. 공산주의자가 아닌지 의심스럽다며 많은 화교화인이 고통을 겪게 되었고, 이는 특히 화인기업가에게 현실적인 위협이 되었다. 화인들은 군대와 경찰의 정치보호로 개인과 기업의 안전을 획득할 수 있었다"고 지적했다.[41)]

당시 화인은 극도로 정치실력자의 보호가 필요하였고, 마찬가지로 정치실력자들도 화인기업가의 지원이 필요하였다. 왜냐하면 50년대 태국 정부는 민족주의의 발흥에 따라 주류민족인 타이족의 경제발전을 고무하기 위해 국가가 직접 100개의 국영, 공영기업을 경영했으나 전문관리 기술인원이 부족하여 기업경영상 많은 어려움에 직면했고, 집권자들은 화인기업가들의 관리역량에 의지하여 문제를 해결해야 했다. 이러한 쌍방의 절실한 수요에 의하여 임시방편의 연합이 이뤄지게 됐다.[42)]

예를 들자면 천삐천(陳弼臣)은 1952년 포 경찰총감을 초빙해 아주신탁공사의 이사회 회장에 추대했고, 다음해는 시릿 실왓딩 준장(당시 경제사무부의 차관직 수행)을 방콕은행 회장으로 추대했다. 정부는 이 은행에 3,000만바트의 자금을 출자했고 이것으로 은행의 자본금은 5,000만바트로 증가하게 되었다. 다른 화인대기업집단도 이러한 방식을 본받았다. 화인기업인 京華보험공사는 핑 군원수의 사위(준장)를 이사회 멤버로 영입하였고, 다른 보험회사도 고위 군인을 이사회에 영입하였다.[43)]

이러한 이사회 개조 이외에 화인기업가와 태국의 정치실력자들은 1952년 이후의 국영기업 및 군대와 관련된 기업에 합작협력관계를 맺었다. 일반적으로 50년대 건립된 주요 기업들은 거의 대부분 華泰합작기업이다. 즉 화인이 기업자금을 대고 관리기술과 상업재능을 제공하고 태국의 군부, 즉 화인기업가의 파트너는 경영상의 편리와 보호를 제공하게 된다. 이러한 상호동맹으로 정치·군사지도자들은 예산 범위 밖의 수입을 올리게 되고 이는 그들의 정치권력을 유지 확장하는데 사용되게 된다.

G. William Skinner는 화인기업가과 정치권력자들이 결합하는 방식을 세 가지로 분류한다.

첫째, 화인기업가들이 정부 최고관료나 혹은 인간관계가 아주 좋은 지식인을 그들의 주요기업 혹은 금융기관의 이사로 영입한다.

둘째, 1951년 정변 이후 태국에 설립된 대부분 주요기업은 화인과 타이족의 합작기업이다. 화인이 자본과 관리기술을 제공하고, 태국인 관료들은 화인을 보호하고 관료들의 특권으로 정부와 관련된 계약 체결을 돕는다.

셋째, 준 국영기업, 금융기관은 태국 국적을 가진 화인을 초빙해 이들을 회사의 이사나 직원으로 채용하여 그들의 관리기술을 활용한다.[44)]

60년대 이후 출현한 공업집단이 상술한 상업은행과 다른 것은 공업집단은 군대지도자의 강력한 정치적 비호없이 기업을 발전시켰다는 점이다. 공업집단 입장에서는 기업운영에서 가장 중요한 것이 권력을 장악한 군대지도자의 비호가 아니라 외국기업의 생산기술과 그들의 자금이었다는 점이다. 그러므로 태국에서 '권자결합' 구조는 상업금융부문에서 관찰되는 것이었다. 그러나 이러한 태국의 권자구조는 이차 세계대전 이후 일시적으로 성행했고, 시간의 흐름에 따라 점차 약화되었다.

말레이시아는 독립 후 원주민(부미푸트라) 우대정책을 시행하였고, 69년 인종폭동을 계기로 원주민에 대한 경제력 강화를 촉진하는 신경제정책을 수행하는 과정에 화교화인들의 경제활동은 큰 제약을 받았다.

말레이시아 정부가 시행한 원주민정책은 말레이인의 경제력을 강화하기 위한 것으로 1970년의 말레이시아 기업의 자본비율을 1990년에 토착민, 비토착민(화인포함), 외국자본 3자의 비율을 3:4:3으로 하겠다는 것이었다. 1970년 토착자본비율은 1.9%인 것을 20년 후인 1990년에 30%(결과적으로 20.3%가 되었다)로 끌어올린다는 것이었다. 결국 화인만의 100% 자본기업을 인정하지 않겠다는 의미였다.

말레이시아 정부의 이런 방침에 대해 화인기업인들은 어떻게 대처해왔나? 세 가지로 요약이 가능하다.

첫째, 정부의 정책에 의해 명의상으로 말레이인의 자본을 참여시키는 것이다. 원주민 정책에 의한 화인자본에 대한 제한이 실시된 후 '알리바바자본'이란 말이 생겨났다. 여기서 '알리'는 말레이인에게 아주 보편적인 이름이며, '바바'는 말레이인화한 중국인을 일컫는다. 이는 원주민정책에 대한 풍자적인 표현으로 명의상으로 말레이인이 기업을 관리하지만, 실제적으로 자유스럽게 화인이 경영하는 기업을 말한다. 즉 화인자본은 표면적으로 정책을 수용하였지만 실질적으로는 원래 경영권을 유지하는 방식이다.

둘째, 정치와 결합한 유형이다. 구체적으로는 화인기업가가 말레이정당이나 최고권력집단의 엘리트 정치가들과 특별한 관계를 맺어, 이를 배경으로 하여 국내에서 사업을 전개하는 방식이다.

셋째, 제한이 심한 국내를 벗어나 다른 출로를 찾는 것이다. 일부 말레이시아 화인자본의 해외투자가 이런 곤경을 벗어나는 가장 큰 이유가 되었다.

일본인 학자 岩崎育夫는 위의 세 가지 경우 중 말레이시아 화인기업의 대표주자인 궈허녠은 3의 케이스에, 풍룽집단은 1,2케이스에 해당한다고 보았다.[45)]

05 동남아 금융위기와 화인재벌

1. 금융위기와 동남아 화인기업

동남아 화인기업가들의 사업확장은 초기 민족정부의 경제제한조치로 난관에 부딪혔으나 화인기업가들은 권력과 자본의 거래라는 독특한 방식으로 이를 극복하였다. 경제규제조치를 벗어나는 것과 함께 정치권력자와의 거래를 통해 각종 사업이권이나 면허취득 등에서 오히려 혜택을 보며 승승장구하는 모습이 60년대 후반 이후의 동남아 화인기업가들의 대체적인 모습이었다.

그러나 이들에게 또 다른 시련이 찾아왔다. 이는 민족정부의 규제에 의한 것이 아니라 세계적인 경제의 흐름 혹은 거대 투기자본의 음모라는 시각도 존재했던 동남아를 덮친 금융위기였다. 이 글로벌 경제의 동남아에 대한 충격파는 바로 동남아의 취약한 경제상황을 그대로 노출시키게 되었다. 이 사태의 여파로 화인기업가의 사업은 급격하게 위축되었고, 동남아경제에도 엄청난 타격이 되었다. 그러나 한편으로는 양적 팽창에 의존한 화인기업들의 거품이 결국 터졌다는 점에서 향후 동남아 화인기업들의 체질 개선의 기회가 될 것으로 기대되기도 했다.

지난 97년 동남아 금융위기의 직접적인 결과는 동남아 국가들의 통화가치 급락, 금융기구의 도산, 증권시장과 부동산시장의 폭락, 외화준비의 유출과 대외부채의 급증으로 나타났다. 금융위기의 충격은 동남아 국가에 엄청난 경기후퇴를 몰고 왔다. 기업의 도산과 실업률의 급증, 주민 삶의 질의 급격한 하락 등등. 이런 경제적 충격과 위축에 따라 일부 국가에서는 정치 · 사회적인 혼란도 이어졌다.

이러한 전체적인 경제 충격 하에 화인기업들은 다른 기업들과 마찬가지로 엄청난 고통과 어려움을 겪었고, 많은 기업들이 이 거대한 풍파를 견디지 못해 도산하기도 했다. 동남아 화인기업에 국한해서 보자면 화인기업들에게 금융위기는 큰 위기와 손실을 가져왔다. 그러나 그 충격파는 화인기업인들의 경영 지역과 경영방식, 그리고 영위 업종에 따라 그 크기가 달랐다.

경영 영역의 측면에서 보자면 금융, 부동산을 주요 사업대상으로 하는 기업집단이 받는 충격이 가장 컸다. 또 제조업 가운데는 국내시장을 주로 대상으로 하는 기업이 수출위주의 기업이 받는 충격보다 훨씬 컸다.

지역적인 측면에서 보자면 금융위기가 엄중한 지역일수록 화인기업이 받는 영향은 컸다. 즉 인도네시아와 태국 등의 화인기업이 받는 부정적 영향이 가장 컸고, 말레이시아와 필리핀도 상당히 많은 화인기업들이 경영상의 곤란을 겪었으나 싱가포르나 홍콩, 대만의 기업들은 충격이 상대적으로 작았다.

자금조달과 관련된 경영방식의 측면에서 보자면 채무가 많은 기업집단과 채무가 적은 집단이 받는 충격은 각기 달랐다. 외채가 많고 특히 채무가 미국 달러화로 표시된 경우 그 충격이 가장 컸다. 이를 다른 각도에서 살펴보면 자본규모가 작은 중소규모 화인기업의 충격이 작았고, 이 상황을 비교적 잘 극복해낼 수 있었다는 의미가 될 것이다.

동남아 화인기업들이 겪은 경영상의 어려움과 충격을 구체적으로 살펴보자.

첫째, 금융위기 가운데 동남아 각국의 경기가 급격히 위축되면서 수요가 격감했고 이에 따라 영업실적이 악화되면서 이익이 대폭 축소되거나 적자로 돌아섰다. 태국 석유화학공업의 최대기업인 廖漢渲(Prachai Leophairatana)의 泰國石化는 1966년 8.8억바트의 이익을 올렸으나 1997년 260억 9천만바트의 이익을 올렸고, 1998년 1분기에는 692억 6천만바트의 결손을 기록했다. 1997년 말레이시아의 대중은행(Public Bank)의 세전이익은 1996년에 비해 21% 감소했고, 대중금융(Public Finance)은 세전이익이 24.9%, 태평은행은 31.1% 각각 줄어들었다. 또 10개 화인은행을 포함한 태국 상업은행의 1998년 1~9월의 경영실적을 보면 모두 적자경영을 하였다.[46)]

금융위기가 발생하기 이전 수년 동안 동남아 각국은 금융자유화를 적극 추진하였고 부동산 부문에 대한 투자도 매우 활발하였다. 금융위기가 발생한 후 가장 큰 충격을 받은 부문이 바로 국가의 전반적인 경제능력이나 환경에 대한 충분한 고려없이 과도한 자유화를 추진한 금융부문과 역시 과도한 투자가 일어난 부동산 부문이었다. 1997년 이후 인도네시아 국내에서 3분의 2이상 은행이 예금인출 움직임이 나타났다. 국제통화기금(IMF)의 압력에 의해 인도네시아는 1997년 10월 16개 은행을 폐쇄하고 1998년 4월 다시 14개 은행을 접수, 직접관리에 나섰다. 이 가운데 다수가 화인자본 은행들이었다. 태국의 화인은행들도 금융위기 이후 엄청난 충격을 받았고 거액의 결손, 부실채권의 급증이 나타났다. 1998년 방콕은행은 495억바트, 태화농민은행은 398.8억바트의 결손을 각각 기록했다. 부실채권비율은 방콕은행이 29.8%, 태화농민은행은 23.18%였다. 그러나 경화은행의 부실비율은 65%, 태국제일은행의 부실비율은 63%로 이들 은행은 정부가 접수, 직접 관리에 나섰다.[47)]

또 본국화폐가치가 폭락하면서 미국 달러화로 표시된 외채의 상환부담이 급격히 커졌다. 금융위기가 발생하고 기업의 자금조달이 곤란해지면서 채무연장을 요청하는 기업이 급격히 늘어났고, 위에서 언급한 태국석화공업집단의 외채는 모두 미화 38억달러로 1998년 4월 이를 상환하기 위해 주력업체를 제외한 예하의 150개 기업을 매각했다. 다른 예로 인도네시아의 아스트라그룹은 2001~2003년 만기 도래된 상환해야 할 국외채무가 20억달러에 이르렀고, 국내채무는 2조루피아에 달했다. 살림집단은 정치적 충격 이외에 부채상황도 매우 심각하였다. 1997년말 그룹 산하의 인도식품의 외채가 10억달러, 인도 시멘트회사가 8.3억달러의 채무를 갖고 있었다.[48)]

경영환경의 변화로 자금조달이 어려워지고 추진중이었던 대형프로젝트는 연기 내지는 취소되었다. 말레이시아의 에크란집단은 1995년 사라와크주의 바콩지역에 동남아지역 최대의 수력발전소 건설 프로젝트를 수주했으나 동남아 금융위기로 1997년 11월 이 사업에서 손을 뗐다. 사업 참여에 따른 손실을 벌충하기 위해 1998년 4월 이 집단은 상장기업인 Wembley Industry 의 주식을 처분하고 다른 보유 주식도 처분해야 했다. 이런 상황은 인도네시아 최대 화인기업인 살림그룹에서도 나타났다.[49)]

금융위기는 많은 화인기업을 도산으로 몰고 갔다. 태국에서는 1997년 8월 금융당국이 56곳의 금융회사의 영업을 정지시켰고, 이 가운데 다수가 화인금융회사였다. 1998년 2월에서 4월에 걸쳐 부실채권이 과다한 경화은행(Bangkok Metropolitan Bank) 태국제일은행(First Bangkok City Bank) 경도은행(Siam City Bank)과 방콕상업은행(Bangkok Bank of Commerce) 등 4개 은행이 금융당국에 의해 국유화되었다. 인도네시아에서 민영은행의 대부분은 화인자본으로 이 가운데 가장 큰 은행이 살림그룹의 산하에 있는 중아은행(Bank Central Asia)으로 1998년 5월 인도네시아 금융당국으로 경영권이 이전되었다. 경영권을 가진 린샤오량 가문이 중아은행의 주식의 70%를, 수하르토 가족이 30%를 가졌었다. 1998년 5월 인도네시아 민족폭동으로 이 은행은 본점과 122개 지점이 영향을 받았고, 150 ATM 기기가 파손되는 등 직접 손실액이 30억루피아에 달했다. 수하르토가 하야하고 권력이 교체되면서 대량의 예금이 인출되는 사태로 은행은 어쩔 수 없이 자본금의 2배에 달하는 30조루피아의 특별융자를 중앙은행으로부터 받았다. 8월 인도네시아 정부는 살림집단에 특별융자 포함하여 모두 48조루피아를 9월 21일까지 상환하도록 통첩하였고, 만기가 된 후 그룹측은 27조루피아를 상환할 수 없었다. 이에 따라 살림그룹은 주력기업인 인도식품, 인도시멘트 등을 포함하여 104개 기업의 부분 혹은 대부분 주식을 정부가 새로 설립한 지주회사로 이관했다. 이처럼 인도네시아 최대 화인기업인 살림집단은 비록 그 명칭을 유지한 기업군을 경영할 수 있었지만 이미 이전의 살림그룹이 아닌 아주 축소된 기업형태를 유지할 수밖에 없었다. 말레이시아의 화인기업들도 금융위기로 큰 곤경을 겪었고 1997년 7월에서 1998년 4월까지 435개 대기업이 채무상환 불능으로 법원의 청산절차에 들어갔다.[50)]

동남아 각국의 화폐가치의 절하와 주식시장 부동산시장의 폭락 등으로 화인기업과 화인기업가의 자산 역시 대폭적으로 축소됐다. 그 결과로 동남아 4개 국가의 거대 화인기업가와 기업집단의 자산 순위는 대거 후순위로 밀려나고 대만이나 홍콩의 기업들이 앞 순위로 올라서게 되었다. 태국의 예를 보자면, 1997년 1월 7일에서 1998년 1월 7일까지 亞洲전신(Telecom Asia)의 주가는 80%, 방콕은행은 65%, 泰華은행은 60% 하락하는 등 태국화인기업의 자산평균손실율은 60%에 이를 것으로 추측되었다.[51)] 말레이시아 화인기업으로는 Berjaya Sports Toto, Leader Universal, Magnum Coporation, Resort World, Public Bank 등의 자산 평균손실율이 50%전후였다.[52)]

미국의 Forbes 지에 따르면, 금융위기 발생 이후 화인 대부호들의 자산은 보편적으로 금융위기 이전에 비해 대폭 감소했고 최대 감소폭은 72%, 52.3억달러였다. 그러나 여기서 지적된 손실액은 주식시장이나 부동산시장에서 하락에 따른 자산축소 혹은 시장평가치나 장부상의 손실을 말하는 것이고 반드시 실제 손실을 의미하는 것은 아니다.

동남아 금융위기는 동남아 화인기업의 해외투자에도 큰 영향을 미쳤다. 동남아 거대 화인기업 집단은 홍콩을 해외기지로 하여 아시아 태평양지역에 투자를 해왔다. 금융위기가 발생한 후 동남아 화인기업 집단이 홍콩에서 상장한 주요 회사들은 30여 개로 이 가운데 말레이시아의 궈허녠의 곽씨형제집단, 싱가포르의 遠東집단, 말레이시아의 풍륭집단, 인도네시아의 살림그룹 등이 홍콩의 20대 기업집단에 속한다. 통계에 의하면 1996~1997년말 이들 4대 화인기업그룹이 홍콩에서 상장한 기업의 시가총액은 각각 503.8억 홍콩달러, 489.49억 홍콩달러, 444.59억 홍콩달러, 274.17억 홍콩달러에서 각각 344.06억 홍콩달러, 343.23억 홍콩달러, 224.64억 홍콩달러, 112.68억 홍콩달러로 줄어들었고, 비율로 보면 31.7%, 29.9%, 49.5%, 59.9% 각각 감소했다.[53)]

금융위기가 발생한 후 동남아 화인기업의 부의 변동상황을 구체적으로 살펴보자.

〈표 10-1〉 화인 대부호 자산감소상황

(단위 : 억달러, %)

	소재국(지역)	자산액		감소액	감소율
		97년 5월	98년 3월		
蔡道行(Rachman halim)	인도네시아	72.7	20.3	52.3	72.0
李兆基(Lee Shau Kee)	홍콩	146.6	101.2	45.4	31.0
郭柄湘(Walter Kwok)	홍콩	123.1	82.3	40.8	33.1
郭令明(Kwek Leng Beng)	신가포르	57.8	28.5	29.3	50.8
郭鶴年(Robert Kwok)	말레이시아	70.1	42.4	28.2	39.9
黃奕聰(Eka Tjipta Widjaja)	인도네시아	54.3	27.0	27.3	50.2
黃廷芳(Ng Teng Fong)	싱가포르	69.9	48.3	21.6	30.9
李嘉誠(Li Ka-shing)	홍콩	109.8	89.2	20.6	18.8

자료 : "Forbes Global, April 6, 1998년

미국의 Forbes Global이 1998년 4월 공포한 세계 200명 부호 명단 가운데 16명이 동남아 화인기업가였다. 그들과 그들의 기업집단이 7개월의 금융위기를 겪으면서 자산이 603.4억달러에서 302.98억달러로 축소되었다. 이는

〈표 10-2〉 1996-1999년 세계최대 500대 화인기업 중 동남아화인기업

연 도	국 별	상장기업수	시가총액(억달러)	매출액(억달러)	자산액(억달러)
1996	인도네시아	31	291.37	132.11	461.16
	말레이시아	98	761.22	347.91	764.00
	필리핀	15	162.67	26.00	227.79
	싱가포르	60	640.36	158.59	1641.44
	태국	30	452.18	89.85	1135.40
	합 계	230	2307.82	754.46	4229.79
1997	인도네시아	34	458.91	221.93	812.04
	말레이시아	91	733.95	391.63	1079.41
	필리핀	15	169.34	39.28	318.01
	싱가포르	49	616.15	172.39	1776.13
	태국	15	179.05	71.58	1006.51
	합 계	204	2157.40	896.81	4992.10
1998	인도네시아	9	38.55	75.86	208.83
	말레이시아	41	155.73	239.68	709.49
	필리핀	11	51.66	22.87	224.12
	싱가포르	37	240.38	116.94	1550.86
	태국	12	55.30	43.53	635.59
	합 계	110	541.62	498.88	3328.89
1999	인도네시아	12	183.37	78.46	250.80
	말레이시아	50	286.09	184.57	636.60
	필리핀	13	97.45	27.85	238.19
	싱가포르	67	633.24	142.18	1505.61
	태국	13	138.46	56.73	798.80
	합 계	155	1338.61	489.79	3430.00

자료 : 아주주간 ≪국제화상 500≫ 관련연도분 편제

49.8%가 줄어든 것이다. 이 가운데 인도네시아의 황이총(黃奕聰 : 금광집단 등)의 자산액은 54.33억달러에서 27.04억달러(51% 감소), 차이다오싱(蔡道行 : 鹽倉집단)은 72.68억달러에서 20.34억달러(72% 감소), 린샤오량(林紹良 : 살림그룹)의 자산은 39.5억달러에서 18.35억달러(54% 감소), 리원정(李文正)의 자산액은 18.03억달러에서 7.28억달러로 줄어들었다. 말레이시아의 궈허녠의 자산액은 70.6억달러에서 42.42억달러로 40%, 린우동(林梧桐 : 운정집단)의 자산액은 20.97억달러에서 9.46억달러로 55%, 필리핀의 정샤오젠(鄭少堅 : 수도은행집단)의 자산액은 26.94억달러에서 12.12억달러로 55%줄었다. 태국의 씨에궈민(謝國民 : 정대집단)의 자산액은 17.34억달러에서 6.46억달러로 63% 줄었고 천요우한(陳有漢 : 방콕은행집단)의 자산액은 19.78억달러에서 7.46억달러로 62% 줄었다.

2. 화인기업들의 대응

화인기업인들은 금융위기로 상당한 타격을 입었지만 위기를 기회로 삼는다는 화교경영의 지혜를 발휘, 그들이 사업에서 초래된 여러 위험요소에 대해 깊이 반성하고 앞으로 기업경영에 대해 숙고했다. 사업전개에 대한 반성과 함께 향후 전개할 사업방향을 재정립하고 기왕의 기업도 향후 사업에서 꼭 필요한 부분이 아니라고 판단하면 과감한 처분에도 나섰다. 화인기업인들이 채택한 위기의 극복대책은 다음과 같다.

우선 산하의 많은 기업을 매각하고 이 자금으로 부채를 상환하거나 유동자금으로 확보하였고, 또 새로운 유망기업을 매입하는 용도로 유보하였다.

인도네시아 살림그룹은 금융위기 발생 후 바로 위기대응조치에 나섰다. 1997년 11월 살림그룹은 홍콩에 있는 그룹의 중심기업인 第一太平의 산하에 있는 홍콩의 제4위 전신회사 Pacific Link 를 4억달러에 홍콩전신에 매각했다. 1998년 1월 네델란드의 종합상사 Hagemeyer 의 보유지분 38.1%를 16억달러에 매각했다. 두건의 매각으로 제일태평의 채무를 전액 변제하였을 뿐 아니라 9

억달러의 현금도 확보, 유리한 M&A에 대비할 수도 있었다. 1998년 4월 살림집단이 85%, 제일태평이 15%의 지분을 갖고 있는 미국 연합상업은행을 2천만달러에 매각했다. 이어 인도네시아의 최대식품업체인 인도식품의 자회사인 제분공장 '보가사리'의 지분을 일본기업에 일부 양도하여 일본기업이 주주가 되었다. 살림그룹은 금융위기 후 닥친 경영위기를 기존의 자신의 자산을 매각하여 채무를 줄여나가는 방식으로 대응하였다.

또 다른 방식은 외부의 지원에 의존해 난관을 돌파하는 것이었다. 즉 새 주식을 발행하여 국 · 내외의 기업에 증자하는 방식이었다. 기업의 파산을 피하기 위해 경영권과 기업소유권을 넘기는 것도 크게 개의하지 않았다. 태국의 화인기업들이 주로 이런 방식을 많이 사용하였다. 1998년 이후 많은 화인기업 집단의 증자는 성공을 거두었고 채무를 상환할 자금을 확보하는 한편 기업의 자본금도 충실하게 할 수 있었다. 태국에서 경영난에 몰린 14개 은행 가운데서 10개 은행이 화인은행으로, 이들은 모두 과도한 부실채권으로 어려움을 겪었고 국유화된 4개 은행을 제외하고 나머지 6개 은행은 내외 기업합자를 통한 증자로 경영정상화를 위한 걸음을 내딛게 되었다. 대부분의 화인은행은 증자 후 외자의 지분액이 40%를 넘었으나 최대 3개 은행인 방콕은행, 태화농민은행, 대성은행은 여전히 과거 은행을 장악하였던 화인가족에 의해 통제되고 있다고 한다.[54] 방콕은행과 태화농민은행의 자기자본비율은 국제결제은행이 권고하는 12%에 이르고 있는 등 경영이 상당히 호전되었다.

또 다른 방식으로는 기존의 사업전반을 재조정, 핵심사업과 국내사업에 치중한다는 것이었다. 사업재조정은 지나치게 분산화하고 다양화한 사업군을 핵심사업부문으로 집중시키고, 또 과도하다고 생각되는 외국사업을 정리하여 국내사업 역량을 강화하는 방향으로 조정을 도모하였다. 예로 태국의 백화점업계의 거두 중앙집단은 20여 회사를 정리하고 여기서 나온 자금을 핵심사업분야인 소매업, 호텔업, 음식업에 투자하였다. 正大卜蜂집단은 과거 다각화경영과 해외경영을 적극적으로 추진했으나 이로 인한 대량부채의 정리를 위해 홍콩에 있는 자회사 복봉국제가 채권자의 조기상환요구에 응할 수 없어 채무위기가 발생했고, 부득이 하게 중국 이외의 사업을 축소할 수밖에 없었다. 태국 국내에서는 그들의 지주산업에 역량을 집중하였고 사업구조의 재조정에 나섰다. 이 그룹의 가장 핵심기업인 복봉사료(C P Feedmill)를 중심축으로 하는 구조개편이었다. 이어 유사한 농산기업 12개 기업을 모두 이 기업으로 통합하였다. 소매업 방면에서는 태국 국내에 갖고 있는 13곳 대형슈퍼마켓의 로터스사의 75% 지분을 1.8억달러에 영국의 Tesco에 매각하였다. 이밖에 편의점 사업도 대만기업에 매각하였다. 이밖에 98년 8월에는 복봉집단은 아주석유를 태국석유공사에 매각하였다.

중국사업과 관련해서도 위성통신사업의 지분을 매각했고, 모터사이클을 생산하는 上海易初 오토바이의 지분을 합작선인 중국 측에 양도했다. 이밖에 중국 국내외 통신 관련사업도 많은 부분을 정리하였다.

말레이시아 곽씨형제집단은 금융위기를 계기로 하이테크산업으로 사업방향을 전환하고 미래의 중점사업으로 생명화학과 환경보호기술분야로 역량을 집중하기로 했다. 이 그룹의 산하 嘉里건설사의 전자비즈니스 물류서비스를 발전시키기 위해 물류와 전자비즈니스 네트워크망을 건립하였다.[55)]

풍륭집단 예하의 홍콩 道亨은행은 이미 현지의 2대 은행이 되었고 이 은행은 이동전화은행과 네트워크상에서 주식거래 프로젝트를 추진하는 등 전면적인 네트워크상의 은행업무를 실현하였다.

인도네시아 금광집단의 산하 홍콩中策집단은 앞으로 그룹의 모든 업무를 전자비즈니스와 물류중심업무로 전환하기로 선포하였고, 1999년 11월 미국에 상장된 태평양상업네트워크회사의 자산의 40%는 이미 하이테크항목으로 구성되었다.[56)]

전체적으로 보자면, 금융위기의 영향은 거의 모든 화인기업가에게 손실을 끼쳤다. 그러나 정도가 비교적 가벼운 피해를 본 화인기업가들은 오히려 이를 기회로 삼아, 새로운 투자와 기업매수 등에 나서는 등 적극적인 대처 모습도 보였다.

3. 금융위기가 화인기업가에게 깨우쳐 준것

금융위기는 동남아 화인기업에게 엄청난 영향을 미쳤고, 그런 만큼 많은 것을 생각하게 만들었다.

우선 지적할 것은 무분별한 사업확장이 기업경영에서 바람직하지 않다는 점이었다. 경제의 발전에 따라 금융시장이 더욱 완비되고 기업들의 자금조달이 용이해지면서 화인기업인들의 사업욕이 갑자기 폭발적으로 커졌다. 내외자 할 것 없이 자금조달 경로가 다양해지고 용이해지면서 화인기업인들은 상대적으로 철저한 분석과 평가가 부족한 상태에서 새로운 사업 분야로 진출을 늘렸다는 점이다. 이 경우 사업이 예상대로 순조롭게 진척되지 않을 경우 그대로 기업경영의 부담으로 돌아온다는 점을 우리는 인도네시아 살림그룹이나 태국의 정대복봉그룹의 예에서 너무나 잘 볼 수 있었다.

화인기업인들 사이에 존재하는 네트워크 경제활동은 이제 보다 제도화하고 규범화한 경영형식으로 전환되어야 한다는 점도 깊이 생각할 주제였다. 과거 화인기업가들의 사업관습은 사람간의 신용을 중시하고 이를 바탕으로 기업가들 간의 공동사업을 벌여 왔으나 상대적으로 계약체결이나 담보제공 등에 대해서는 소홀하여 분쟁이 발생하였을 경우에 쉽게 해결할 수 없는 경우가 많았다는 것이다. 지난 동남아 금융위기 시에도 화인금융기구의 대량 부실채권 가운데 상당 부분은 대출업무가 주로 구두협의로 이뤄졌고, 담보도 없었기 때문이라는 지적이 많다.[57] 태국 정부는 금융위기와 관련해서, 기업인들이 인정에 이끌려 '公正誠信'해야 할 대출업무가 가족 경영의 금융그룹이 임의적 대출에 나서 아시아 금융위기를 조성한 직접적인 원인 가운데 한 가지로 보고 있다.[58]

또 하나 주목해야 할 사실은 화인기업그룹과 산하 은행 간의 관계에 대한 인식이다. 화인기업이 은행을 설립하는 주요 목적은 그룹 내의 계열회사에 필요한 자금을 쉽게 조달, 공급하기 위해서다. 이는 결국 그룹 내부에 대한 투자가 과도해지기 쉽다. 이 경우 두 가지 문제가 야기된다.

첫째, 외부와는 달리 내부기업에 대해서는 엄격한 심사과정을 생략하거나 느슨한 심사로 자금이 집행되어 대출이 부실자산화하기 쉽다는 점이다.

둘째, 융자가 한 기업이나 한 집단에 집중됨에 따라 자산 운용의 안전성이나 위험의 분산에 불리하다는 것이다. 실제 금융위기 이후 금융기관을 보유한 그룹들은 내부기업의 은행부실채권이 외부기업에 비해 많았다. 가령 1998년 4월 이미 국유화 조치된 태국의 경화은행의 파산원인은 그룹 내부기업의 융자가 과도하였기 때문으로 이는 거품경제가 꺼진 후 결국 부실자산이 되었다.

정리하자면 화인이 전통적으로 영위하는 업종인 부동산, 금융 및 유통업은 비교적 쉽게 금융위기의 영향을 받는다는 점이다. 따라서 전통산업에 치우친 산업구조문제를 해결하기 위해서는 보다 많은 기업집단이 구조전환과 고도화를 추진해야 하고, 기술집약적인 산업으로 전환하여 근본적으로 기업의 경쟁능력을 강화시켜야 한다는 지적이다.

06 동남아 화인 소기업인집단

동남아 화교화인 사회를 거슬러 올라간다면, 화교자본의 원형은 바로 상업자본이고, 그 상업자본은 소상인으로 귀결된다. 지금 동남아의 내로라하는 거대 화인재벌들도 그 시작엔 소상인의 길을 걸었다. 소상인의 길을 걸으면서 자본을 축적, 이를 종자돈으로 새로운 사업부문에 투자하여 사업을 키워 왔다. 제2차 세계대전 이후 민족정부가 수립되고, 국내외적인 경제환경이 변화하고 새로운 경제정책이 수립, 시행되면서 화인기업이 급격히 성장하는 과정을 밟게 되었다.

지금 동남아 화교의 경제력을 말할 때 우리는 흔히 세계적인 동남아 화교재벌에 주목하게 되나 이들은 전체 화인사업가들 가운데 극소수를 차지한다. 그외 대부분의 화인사업가는 바로 화인 소기업인들이다. 숫적으로 이들이 압도적으로 많고 전체적으로는 상당한 경제력을 형성하고 있다.

화교자본의 원형이라 할 수 있는 소상인집단의 형성과 그들의 자본축적, 현재 소기업인의 동남아 국가경제에서 차지하는 비중 등을 살펴보자.

동남아 화교상인의 가장 원형은 행상(流動小販)과 노점상(固定攤販)이고 여기서 좀 더 자금을 축적하여 자신의 가게를 내게 되면 소상인이 된다.

행상은 가장 저급의 경영형식이고 모두 아주 적은 자본으로 경영을 시작하게 된다. 이들은 어깨에 장대로 걸친 광주리나 외발수레로 각종 상품이나 채소, 일용품 등을 길거리를 다니며 판매하거나 농촌지역을 다니면서 농촌지역의 특산물을 구입하기도 한다. 경영방식도 다종다기하다. 길거리를 다니면서 호객하면서 판매하거나 시골에서 오로지 농특산물을 구입하거나 혹은 공산품 등을 팔고 농산물을 구매하는 것을 동시에 수행하는 등 여러 가지 방식이 있다. 노점상은 화교 상인이 가장 기본적으로 벌이는 생업의 한 형태로 이는 주로 정부당국이 마련한 정기시장에서 노점을 벌이는 경우가 보편적이다. 이런 경우 각자의 고정된 노점위치와 영업시간이 지정돼 있다.

행상과 노점상 다음 단계는 소상인으로 분류된다. 이들 소상인은 몇 가지 특색을 갖고 있다.

첫째, 자신의 가게를 갖고 상품을 사고판다는 것이 행상, 노점과 가장 다른 점이다.

둘째, 경영하는 물품의 종류가 비교적 많고, 취급하는 상품이 대부분 주민들의 일상생활에 필요한 필수품이라는 점이다.

셋째, 이런 소상인들은 주로 부부점이나 父子점 혹은 형제 등 가족점으로 구성되어 있고, 다른 사람을 고용하는 경우는 거의 없다는 것이다.

넷째, 영업시간이 아주 길다는 점이다. 특히 농촌지역의 소상점은 밤낮 구분이 없고 아무 때라도 손님이 오면 물건을 판다.

다섯째, 판매와 구매가 결합되어 있다는 점이다. 특히 오지일수록 이런 상황이 보편적이다. 이들 소상인들은 동시에 두 가지 임무를 수행한다. 일용 소상품을 주민에게 판매할 뿐 아니라 동시에 농촌 주민들로부터 지역 토산물을 구입하기도 한다.

여섯째, 소상인은 일반적으로 행상이나 노점상으로부터 혹은 상점의 점원으로 일하면서 어느 정도 자금을 모은 후 소상점을 열어 소상인이 되는 것이다.[59)] 소상인들이 경영에서 성공하면 상인이나 도매상으로 변신하게 되고 실패한다면 다시 상점의 점원이 되거나 혹은 행상이나 노점상이 되었다.

화교 소상인들이 성공한 것은 여러 가지 요인으로 설명할 수 있다. 그들이 근면하고 이재에 밝으며 상술이 뛰어난 점도 있지만 거주지에서 토착민과 원만한 관계를 유지했다는 점도 반드시 지적해야 한다. 이처럼 화교상인이 현지인과 긴밀한 관계를 유지할 수 있었던 것은 이들 화교들 상당수가 토생화인으로 현지에서 출생하여 성장했을 뿐 아니라 그들의 어머니가 토착민으로 현지 언어와 문화에 익숙했기 때문으로 볼 수 있다. 원주민들의 수요에 대해서도 잘 알았기 때문에 사업상 잘 대응할 수 있었다.

행상이나 노점상은 상업 활동 중의 가장 저층에 해당하는 직업으로 소상인과 구별된다. 행상이나 노점상은 중국을 떠나올 때 토지를 상실한 파산농민이거나 실업자인 무산계급이었다. 이어 동남아에서의 사업은 자금도 적게 들지만 매출도 작고 수입도 보잘 것 없어서 그 수입은 겨우 한 사람이 생활할 정도에 불과했다. 소상인은 이들에 비해 경제 · 사회적 지위가 좀 높았다. 이들의 사업규모는 당연히 행상, 노점상보다 높았고, 자신의 점포를 갖고 있었다. 이들 상인 가운데 규모에 따라 대중소의 세 가지로 구분이 가능했다. 도시에서 자본이 비교적 많은 자는 소수의 점원을 고용하기도 했고 심지어 상업자본가로 변신하는 경우도 있었다. 그러나 농촌지역의 소상인은 자금규모가 일반적으로 크지 않아 대부분 자신의 노동력으로 경영하였고, 드물게 1, 2명을 고용하기도 했다.[60)]

그러나 소상인들의 경영상황이 늘 안정적인 것은 아니었고 여기에도 사업의 부침이 따랐고 경쟁상황에 따라 파산하는 경우도 많이 나타났다. 물론 일부 소상인은 사업상 성공을 거두어 대상으로 성장하고 상업자본가나 다른 산업자본가로 성장하는 경우도 나타났고, 이들은 일반적으로 널리 알려진 화교재벌로 성장하게 된다.

많은 화인기업인들이 초보적인 상업자본에서 출발하여 오늘날 괄목할 만한 화인경제력을 구축했지만 여전히 동남아 화인의 주된 경제영역은 바로 중소기업 부문이다. 인도네시아 화인기업을 대기업, 중형기업, 소형기업으로 구분하면 5:15:80의 비율을 보인다.[61] 80년대까지 말레이시아에서는 화인기업 가운데 80%는 여전히 중소기업에 속해있고, 3만 家에 이르고 특히 소기업에 집중되어 있다. 태국도 95%가 중소자본에 속하고[62] 필리핀 화인경제의 전통적 기초는 소매업으로 이 부문은 화인경제 비중의 43.5% 정도 된다.[63]

이들 통계 수치가 보여주는 것처럼 동남아 화인 경제를 뒷받침하는 것은 몇몇 화교재벌이라기 보다는 이처럼 수많은 중소기업인 그 가운데 상업활동을 영위하는 수많은 기층의 사업자들이 형성해온 것이라 할 수 있다.

화교중소기업의 경영특성을 살펴보면, 큰 자금이 필요없다는 점이다. 화인들이 중소기업을 창업하는 것은 비교적 쉽고, 폐업이 용이하며, 또 폐업이 사회적으로 심각한 문제를 야기하지도 않는다. 화인중소기업 자본의 특성은 생산물과 기술이 비교적 단일한 것이고, 노동자에 대한 기술, 자질 수준도 상대적으로 높지 않다. 그리고 화인기업인이 영위하는 업종의 상당수가 상업과 서비스부문으로 기술수준이나 숙련도가 높지 않은 노동력도 능히 업무를 감당할 수 있다. 따라서 농촌노동력을 흡수하는데 유용하며 저수입 계층의 수입을 증진하는 효과도 갖는다.[64]

이런 요인 때문에 동남아 각국의 화인중소기업은 주로 국내 판매를 염두에 두게 된다. 또한 동남아지역의 대기업들은 자주 전국 각지에 분포한 화인중소기업을 통해 그들의 상품을 판매하는 대리점 역할을 수행하게 한다. 특히 화인중소기업의 상당한 부분이 주로 상업에 종사하기 때문에 국내 대기업과 화인중소기업 간의 협력관계는 더욱 밀접하게 된다. 상업 이외에 중소제조업은 대기업과 협력관계를 맺어 대기업이 필요로 하는 각종 제품과 장비의 부품을 생산

공급하는 사례도 중소기업의 영역으로 자리 잡고 있다. 이밖에 중소기업은 다품종 소량생산에 적응하기 유리한 측면도 갖고 있다.

그러나 화인중소기업이 직면하는 어려움도 적지 않다. 화인기업이 기업의 규모에 관계없이 직면하는 가족주의 경영의 폐단이 중소기업에서 특히 두드러진다. 중소기업의 경우 가족기업의 특성이 더욱 강조되면서 기업의 노동력도 가족이나 친족의 범주로 한정되고, 이보다 더 확장되면 고향 사람 정도로 넓혀지는 등 인력확보에 능력보다는 정서적 거리로 결정되는 특성이 강하다. 또 사업에 필요한 자금도 외부자금에 가급적 의존하지 않는다. 설사 외부자금을 쓰려해도 담보 부족 등으로 어려움을 겪는다. 기업가가 모든 것을 결정하기 때문에 당연히 전문기술인이나 관리인원 등 전문가들이 들어설 자리가 없다.

화인중소기업의 생존에 위협을 가하는 것은 국내 거대 국영기업과 거대 외국자본이 있다. 정부의 강력한 지지와 후원 그리고 자금력을 바탕으로 한 국영기업은 비록 화인들과 같은 독특한 경영기법을 갖고 있진 못하지만 새로 교육을 받은 말레이 신세대들이 화인기업들의 입지를 위협하고 있다. 외국에서 진출한 대기업과 화인대기업들도 화인중소기업의 경영에 위협적인 요소임에는 틀림없다.

이러한 내외의 도전에 대응하기 위해서 화인중소기업인들에게 가족내로만 국한돼 있는 자금조달 채널의 확장, 즉 자본의 대중화와 조직관리나 경영기법의 현대화, 그리고 생산부문에서도 현대화가 필요할 것으로 생각된다. 그리고 위에서 지적한 중소기업 경영에 위협적인 존재인 외국자본이나 화인대기업과는 전략적 제휴와 협력관계를 맺어 시장변동에 적극적 대처를 할 필요도 있을 것이다.

동남아 4개 국가의 화인중소기업인 상황을 살펴보자.

태국의 화인중소기업가는 주로 방직업과 의류업, 식품가공업, 야금공업, 자동차 조립, 부품공급과 전기공업 등에 주로 종사한다. 통계에 의하면 1994년 태국 화예가 경영하는 기업수는 10만 곳을 넘었고, 이 가운데 절대다수가 중·소형기업이었으며 평균 자본액은 15만달러였다. 화예가 경영하는 어업과 식품가공업은 약 4,300곳으로 평균 자본은 50만달러였다.[65)]

인도네시아 화인대기업은 대개 170곳 정도로 분류되고 절대다수 화인기업은 중 · 소형기업이거나 아주 소형기업들이다. 통계에 의하면 인도네시아 전역에서 사업을 전개하고 있는 중형기업은 약 5000곳, 소형기업은 2만 5천여곳이다. 주요 경영항목은 일용잡화, 식품과 식용유, 의복, 소매상, 음식업, 제조가공업, 농산품 가공 등이다.[66)]

말레이시아의 중 · 소형 기업은 80%가 화인과 화예들의 소유로 알려져 있다. 이들이 주로 영위하는 업종은 제조업부문이다. 90년대 화인중소기업은 일용품이나 목재가공업, 식품 등 전통제조업 분야에 주로 종사했으며 이들은 거의 10여만 곳에 달했다. 물론 이들 분야 이외에 전자전기, 화학제품, 석유제품, 비금속제품, 기계공업, 식품공업, 방직산업 등 보다 첨단의 산업으로 중소 화인기업가들이 많이 투자를 늘리고 있기도 하다. 특히 말레이시아에서 화인중소기업들은 소매업분야에서 독점적 지위를 누리고 있다. 이들이 개설한 상점 숫자는 말레이시아 전역 상점의 80%를 웃돈다.[67)] 이들은 도매와 소매의 고정상점 이외에 행상도 포함하고 있고 말레이시아의 도시와 농촌을 포괄한다. 이 가운데 가장 많은 것은 소매잡화점으로 취급품목은 주로 일용잡화품, 식품과 식용유류, 의복류 등이다. 말레이시아 화인중소기업인들은 해외무역, 특히 중국 대륙과의 무역에도 적극적으로 나서는 편이다.

필피핀의 화인기업은 주로 상업부문에 특화돼 있다. 이들이 경영하는 상업부문은 주로 잡화 판매와 무역, 음식업, 약품 판매 등에 치중한다. 이밖에 철물류, 방직업과 의류, 전자전기업, 목재가공업 및 건축재료공업, 식품가공업과 화학제품공업에 종사한다. 필리핀 화인기업인연합회의 추산에 의하면 90년대 중반 화인기업가들이 잡화점이나 무역업에 종사하는 기업수가 8,500여 곳, 음식점 경영이 3000여 곳, 약업이 1000여 곳, 금속제품공업이 약 100여 곳, 전기전자 제조가 약 200여곳, 목재가공공업이 약 300여 곳 화학공장이 약 200여 곳이었다.[68)] 이 가운데 절대다수가 중 · 소형기업이었다.

이처럼 압도적인 숫자를 보이는 동남아 화인중소기업은 글로벌화의 진전과 민족경제의 성장으로 많은 어려움에 처해 있다. 화인중소기업이 겪는 경영상의 어려움은 국내 대기업의 급격한 성장과 국가 정책에 따른 외국의 다국적기업의 본격적 진출 등에 의한 중소기업의 입지축소가 대표적인 것이다. 이를 극복하는 방안은 국내 대기업이나 다국적기업과 정면으로 경쟁하는 것보다는 국내외 대기업군과 전략적인 협력관계를 맺고, 화인중소기업들이 그들의 생산체제에 적극 편입해 자신만의 기술로 일정한 협력관계를 맺는 것이 중요하다. 대기업들은 많은 부분의 생산에서 외주를 주는 경향이 강해지고 있고 이를 보완하기 위해 작지만 기술이 뛰어난 중소기업과의 협력 필요성은 대기업으로서도 절실한 편이다. 다국적기업의 동남아 진출은 이들의 투자로 새로운 생산영역이 필요해지게 되고 이를 화인중소기업이 담당하면 서로 윈윈할 수 있는 모델이 만들어질 수 있다.

태국을 예로 들면 일본을 중심으로 한 글로벌 자동자 체조업체들이 1997년 동남아 금융위기 이후 태국으로 자동차생산기지를 이전하였고, 이는 태국의 자동차제조업과 수출을 급속히 발전시켰으며 동시에 태국 중소기업에 많은 사업기회를 제공해 주었다. 태국자동차연구소 2002년 통계에 의하면, 태국 국내에 자동차 조립 16개 글로벌업체에 직접 납품하는 1차 벤더가 386곳으로 이들은 주로 이들 글로벌 업체에게 각종 부품과 엔진, 전자부품 변속기 등 핵심부품을 공급한다. 간접 공급업자는 2차, 3차벤더로 모두 1000곳에 이른다. 이들은 대부분 태국의 화인 등을 포함한 토착민이 경영하는 중소기업들이다. 다국적기업이 아닌 태국기업의 2차 벤더가 주로 공급하는 물품은 주로 피혁과 플라스틱류와 고무를 원료로 하는 소재 부품, 페인트, 휘발유 제품 등이다.

미주

1) 岩崎育夫：華人資本の政治經濟學 p.72, 東洋經濟, 東京
2) 상게서
3) 상게서 p.73~74
4) 王勤; 東南亞華人企業集團初探, 南洋問題研究 1995년 제3기 p.50
5) 鈴木 峙：東南アジアの經濟 p.67, 御茶の水書房, 東京
6) 상게서
7) 末廣 昭, 南原 眞 著：タイの財閥 p.12~22, 同文館, 東京
8) 末廣 昭：戰後泰國的資本主義發展; 商業銀行家, 工業家巨頭和農產企業集團, 南洋資料譯叢 1996년 1-2기 p.38~39
9) 상게논문 p.40
10) 上海僑報 1999년 8월 17일
11) 蔡仁龍：印尼華人企業集團研究 p.5~6, 香港社會科學出版社有限公司, 홍콩
12) 상게서 p.9
13) 상게서 p.16
14) 蔡仁龍：印尼華人企業集團研究 p.99, 홍콩사회과학출판사유한공사.
15) 상게서 p.151
16) 蔡仁龍 상게서 p.152
17) 상게서 p.159
18) 游仲勳：世界經濟の霸者; 華人經營者の素顔 p.42, 時事通信社, 동경
19) 상게서 p.43
20) 상게서 p.44
21) 岩崎育夫：新加坡華人企業集團 p.141
22) 상게서 p.152
23) 상게서
24) 상게서 p.154
25) 蔣細定：菲律賓陳永栽及其企業集團發展問題初探, 南洋問題研究 1994년 3기 p.40
26) 상게논문 p.41
27) 상게논문
28) 云冠平, 陳喬之 主編：東南亞華人企業經營管理研究 p.63, 경제관리출판사, 북경
29) 상게논문집, 印尼華人企業經營管理研究 p.88
30) 상게논문집 馬來西亞華人企業經營研究 p.107
31) 상게논문집 p.117
32) 상게논문
33) 화인경제연감 1996년 p.206
34) John Kao "The Worldwide Wed of chinese Business", Harvard Business Review, March-April 1993
35) 주30 논문집, 馬來西亞華人企業經營管理研究, p.119

미주

36) 蔡仁龍 : 印尼華人企業集團的發展與前景, 화교화인역사연구 1994년 1기 p.19
37) 상게논문
38) 상게논문 p.20
39) 丘立本 : 從世界看華人 p.121, 南島출판사, 홍콩
40) 洪源善 박사학위논문 p.86
41) (日)末廣昭 著, 向來 譯 : 戰後泰國的資本主義發展 : 商業銀行家, 工業家巨頭和農産企業集團, 남양자료역총 1996년 1-2기 p.41,
42) 洪源善 상게논문 p.86
43) 末廣昭상게논문
44) G. William Skinner 상게서 p.360~361
45) 岩崎育夫 : 新加坡, 馬來西亞的華人資本 p.68, 남양자료역총 1998년 1기
46) 郭梁 : 東南亞華商在金融危機中的應對和反思, 남양문제연구 1999년 제2기 p.2
47) 王勤 : 東南亞華人企業集團發展的現狀與趨勢, 남양문제연구 2000년 3기 p.16
48) 郭梁 상게논문 p.3
49) 상게논문
50) 상게논문
51) 상게논문
52) 상게논문 p.4
53) 홍콩;信報.財經新聞 1998년 1월 2일, 王勤; 東南亞金融危機對當地華人經濟的影響, 남양문제연구 1998년 4기 p.63
54) 郭梁 상게논문 p.7
55) 홍콩 《신보.재경신문》 2000년 3월 20일
56) 위 신문 3월 28일
57) 郭梁 상게논문 p.10~11
58) 상게논문 p.11
59) 林金枝 : 東南亞近代華僑小商販的經濟活動及其作用, 남양문제연구 1990년 3기 p.74~75
60) 상게논문 p.76
61) 江宗仁 著 : 印尼華人經濟現況與展望, 세계경제출판사(대만) p.155, 355
62) 李國卿 著, 郭梁 等 譯 : 華僑資本的形成與發展 p.93, 복건인민출판사.
63) 華人經濟年鑑 p.94,
64) 王望波 : 東南亞華人中小企業的發展方向, 화교화인역사연구 1997년 제3기 p.11
65) 云冠平, 陳喬之 主編 : 東南亞華人企業經營管理硏究 p.54, 경제관리출판사, 북경
66) 蔡仁龍 : 印尼華人企業集團硏究 p.6~7, 홍콩 사회과학출판사.
67) 沈紅芳 : 經濟全球化下的東南亞中小華商企業, 화교화인역사연구 2007년 제3기 p.33
68) 菲華商聯合會紅寶石禧紀念特刊 p.522~526, 菲華商聯總會 刊

제11장

화인경영의 특성

01 화인의 금전(재물)관과 유가가치관– 화인들의 돈에 대한 집착

중국의 오랜 왕조시기 중국인의 금전(재물)관은 소극적이었다. 물질적 이익의 추구인 利는 도덕적 규범의 기준인 義에 의해 제약되고 규제되었다. 기원전 651년 晉國의 대신 里克은 "義者, 利之足也. 廢義則利不立"(義는 利의 발이다. 의가 없어지면 利는 설 수 없다)며 양자의 상호관계에 대해 언급했다. 물론 이 문장에서 利와 義 가운데 어느 것이 더욱 주도적인 역할을 하는 것인지 명확하지는 않지만 그러나 義가 利에 대한 일정한 제약조건으로 작용하고 있음을 알 수 있다. 즉 義를 떠나서는 利는 실현되기 어렵고 혹은 충분히 실현되기 어렵다는 것이다.[1)]

춘추 말기에 이르러 義와 利의 상호관계에 대한 논의가 더욱 많아졌다. 기원전 531년 齊國의 안영은 "義, 利之本也"(義는 利의 근본이다)라고 말했고, 기원전 510년 魯國의 한 사람은 "君子動則思禮, 行則思義, 不爲利回"(군자는 움직일 때 禮를 생각하고, 행동할 때 義를 생각하고 이익을 도모하지 않는다)라고 지적했다. 이런 과정을 통해 점차 義가 利의 우위에 위치하게 되고 주도적인 역할을 하게 되었다. 즉 義가 利의 바탕이고 利는 반드시 義에 복종해야 하였고, 양자가 서로 충돌할 때는 義가 더 우선시되었다.

춘추시기부터 시작하여 義利관계론에서 利는 단순히 경제이익 혹은 물질상의 이익에 국한되는 것이 아니고 경제 이외의 기타 실제적인 이익까지를 포함하는 것이지만 그 주요내용은 역시 경제이익을 가리켰다. 그러므로 단순화하여 여기서 利란 바로 경제적 이익으로 봐도 큰 문제가 안 될 것이다.

공자가 등장한 후 그는 종전의 비교적 중립적이었던 義利관계에서 義를 일방적으로 강조하였다. 즉 그가 제기한 의리관계는 바로 貴義賤利론으로 요약된다. 그는 군자 가운데 仁者는 행위방면에서 반드시 엄격하게 義의 원칙과 禮의 규정을 지켜야한다고 보았다. 이런 관점에서 출발하여 경제생활에서 귀의천리론을 도출하였다.[2)]

의와 利에 대한 상호관계에 대해 공자는 많은 명제를 제시하였다. 이 가운데 가운데 가장 기본적이고 주요하며 핵심적인 것은 바로 "君子喩于義, 小人喩于利"(군자는 義에 밝고 소인은 利에 밝다) 구절이다.

공자의 경제사상 중 귀의천리론은 핵심적 지위를 차지하고 있다. 이 귀의천리론과 빈부관에 대해서 좀 더 생각해보자. 재부의 문제에 관해 공자는 다음의 두 가지 관점을 가지고 있다.

첫째, 그는 재부를 중시하고 있고
둘째, 부에 이르는 길은 정당해야 한다는 것이다.

개인적인 각도에서 보자면 사람은 늘 富를 좋아하고 貧을 싫어한다는 것이다. 국가의 각도에서 보자면 인민의 부와 빈은 국가의 안위와 밀접한 연관이 있다는 것이다. 공자는 다음과 같이 명확히 지적하고 있다.

"富與貴, 是人之所欲也", "貧與賤, 是人之所惡也"(부와 귀는 사람이 바라는 것이지만 빈과 천은 사람이 싫어하는 것이다: 논어. 里仁) 그가 위국을 遊歷할 때 그의 학생인 冉求가 그에게 물었다. "인구가 늘어난 후 마땅히 어떻게 해야 합니까?" 그는 "부유하게 해야 한다"라고 답했다. 다시 염구는 물었다. "부유해진 이후 어떻게 해야 합니까?" "교육해야 한다." 이로써 그가 富國, 富民이 국가의 중요 임무임을 분명히 하고 있다. 동시에 먼저 부를 일으킨 후 교육을 실시할 것을 주장한 것으로 이는 관자의 "倉廩實而知禮節, 衣食足而知榮辱"(곳간이 가득차야 예절을 알고, 의식이 풍족해야 榮辱을 안다 : 관자. 牧民)의 명언의 관점과 상당히 근접하고 있다.

공자가 재부를 중요하게 생각했다는 점은 별반 의문이 없을 것 같다. 문제는 부가 문제가 아니라 부를 어떻게 축적하느냐에 주목한 것으로 생각할 수 있다. 즉 어떻게 재부를 취득하고 증식하느냐, 어떻게 부국, 부민하느냐 및 어떤 사람의 재부를 늘릴 것인가에 주목해야 한다는 점이다. 그의 요점은 致富에 이르는 길은 반드시 정당한 경로를 통해야 한다는 것이었다. 그의 표현을 빌리자면 "以其道得之"(그것을 정당한 방법으로 획득한다 : 논어, 리인)이다.

국가적 차원에서 보자면, 그는 백성이 먹는 문제를 매우 중시했고 국가를 경영하는데도 매우 중요하다고 보았다. 그러나 이것이 치국의 가장 중요한 문제는 아니라고 생각했다. "自古皆有死, 民無信不立" 비록 백성들이 밥을 먹지 못하더라도 통치계급은 신뢰를 유지해야 한다는 것이다. 그렇다면 어떻게 획득하는 것이 정당한 재부의 획득인가? 그는 귀의천리론의 바탕에서 이를 논급하고 있다. 공자는 "不義而富且貴, 于我如浮雲"(논어: 불의한 부와 귀는 나에게 뜬 구름과 같다)라고 명확히 규정하고 있다. 무릇 義와 禮를 통한 재부의 추구는 정당한 추구이나 이를 벗어난 부의 추구는 不義와 非禮로 배격하였다.

그러나 공자의 귀의천리론은 경제업무의 분업과 관련해 그의 편견을 드러내 보이고 있다. 비록 義가 가장 중요하고 결정적인 것이지만 利에 관한 것은 덜 중요하고 종속적인 것으로 모든 財利와 직접 관련된 직업 및 활동은 비천한 것으로 보았다는 것이다.[3)]

공자는 백성의 먹는 문제를 아주 중시했고, 풍족한 양식이 치국의 중요한 임무라고 간주하였다. 그러나 그는 동시에 통치계급이 직접 食의 업무를 직접 간여하는 것은 필요하지도 않고 그렇게 해서도 안 된다고 보았다. 백성들의 먹는 문제는 즉 식량의 생산과 생산된 양식의 관리는 君子가 담당할 일이 아니고 군자는 謀食이 아닌 謀道에 주력해야 한다고 보았다.

공자의 이런 사상은 후대에 좋지 않은 영향을 끼쳐 봉건시대에 지식인은 책을 읽고 관원이 되는 것에 인생목표를 두었고, 생산과 경제활동을 경시하는 나쁜 기풍을 만드는데 큰 작용을 하였다.[4)]

소비사상과 관련, 중국 고대에 이미 사치 낭비에 대한 거부적인 생각이 어어져 왔지만 공자에 이르러 체계적인 유가 특유의 소비사상이 체계를 갖췄다. 공자는 "節用而愛人"(아껴 써서 백성을 사랑한다 : 논어.學而)을 치국의 중요 원칙으로 삼았다. 개인의 삶에서 그는 검약이 사치보다 좋다고 보았다. "奢則不遜, 儉則固. 與其不遜也, 寧固"(사치는 거만한 것이고, 검약한 것은 인색한 것이다. 불손할

바에야 차라리 인색하겠다. 논어 술이) 그렇다면 사치와 검약의 경계는 무엇인가?

공자는 禮制가 규정한 등급소비를 표준으로 사치와 검약을 구분하였고, 사람들이 의식주와 교제, 장식품 및 喪葬과 각종 제사에서 모두 엄격히 예의 규정을 지킬 것을 주장했고 이러한 표준에 부합한 경우 비로소 정당한 소비행위가 되고, 규정된 표준을 초과한 것이 사치이고 이보다 낮은 것이 검약이라고 보았다. 그는 사치와 검약이 모두 정당한 소비표준을 벗어난 것이지만 검약이 사치보다 더 낫다고 보았다. 왜냐하면 검약은 단지 인색한 것이지만 사치는 불손의 표현이고 불손은 바로 상층 등급의 인물에 대한 오만, 불존경의 의사라는 것이다.[5) 즉 검약은 단순히 개인적인 차원의 소비행태로 한정되지만 사치는 계급간의 질서를 교란시키는 즉 사회질서를 어지럽힐 수 있다는 점에서 더욱 비판되고 있는 것이다.

공자는 禮의 규정과 義의 원칙은 일치한다고 보았고, 소비방면에서 엄격히 禮의 규정을 지키는 것이 바로 義의 원칙을 발현하는 것이라고 생각했다. 따라서 공자의 用之以禮의 소비사상은 그의 貴義賤利論에 의거하고 있고, 용지이례는 바로 소비문제상에 귀의천리론의 원칙이 천명된 것이라 할 수 있을 것이다.

이상 공자의 경제사상 특히 지식인의 경제적 역할에 대한 그의 견해는 수천 년 동안 중국을 이어 내려오면서 표면적으로는 경제활동을 사회상층인사들이 주력해야 될 부문이 아니고, 또한 경제활동은 義가 뒷받침되지 않은 것을 부정하는 탓에 엄청난 영향을 미치게 되었다.

그러나 비록 공자의 경제관념이 상술한 것처럼 한정적이었지만 그 사상이 모든 사람에게 내면화된 것은 아니고 오히려 관원과 지식인을 포함한 전체 민중의 경제를 보는 시각은 금전숭배의 움직임도 강한 저류를 형성하였다. 표면적으로는 공자의 사상과 가르침이 경제에 관한 중국인의 기본관점을 형성하였지만 내면적으로도 과연 같은가 하는 것은 다른 문제이고, 이와 관련된 다음 문장은 많은 것을 생각하게 해준다. 중국 동진 시기의 은둔자인 魯褒의 錢神론을 일부 인용한다.

"돈을 잃으면 빈약하고 돈을 얻으면 부강해지지요. 돈은 날개 없이 날아다니고 발 없이 걸어다닌다오. 얼굴이 엄숙한 사람이 돈을 갖게 되면 얼굴에 웃음꽃이 피게 되며, 침묵과언한 사람이 돈을 갖게 되면 말이 그치지 않소. 돈이 많은 사람은 앞에 서게 되고 돈이 적은 사람은 뒤에 처지게 되며, 앞에 선 사람은 君長이 되고 뒤에 처진 사람은 臣僕이 된다오. ……. 돈은 가히 神物이라 할 수 있소. 돈은 사람으로 하여금 지위가 없으면서 존경받게 만들고, 세력이 없으면서 사람이 들끓게 만들고, 솟을대문의 큰 저택에 살게 하며 귀족의 집을 드나들게 하고, 돈이 있으면 위험을 안전하게 만들고 죽음을 살리게 하지요. 돈이 가버리면 귀한 것은 비천하게 되고 삶은 죽음으로 몰린다오. 송사는 돈이 아니면 이길 수 없고, 원수에 대한 한은 돈이 없으면 풀지 못하며, 기쁜 소식은 돈이 없으면 오지 않지요 …… 속담에 '돈이 있으면 귀신도 부릴 수 있고'(有錢可使鬼) '돈이 있으면 귀신을 부려 맷돌을 돌리게 할 수 있다'(有錢可使鬼推磨)는 말이 있소.

공자의 학생 子夏는 '생사는 명에 달렸고, 부귀는 하늘에 달렸다(死生有命, 富貴在天 : 논어 안연)고 했소. 나는 생사는 명에 달려있지 않고 부귀는 돈에 달렸다(死生無命, 富貴在錢) 이렇게 본다오. 왜 그렇소? 목숨의 장단과 복록의 귀천은 모두 돈에 달려있는데 하늘과 무슨 상관이 있겠소? 하늘은 단점이 있지만 돈은 장점이 있소. 빈곤을 벗어나고 궁핍을 해결하는데 하늘이 돈만 못하지요.

돈은 뜻을 얻지 못한 사람으로 하여금 전도가 양양하게 할 수 있고, 기근에 시달린 자로 하여금 부유하게 살도록 할 수 있고, 겁이 많은 사람을 용감하게 만들 수 있소…….

그대여 빨리 집에 돌아가 농업과 상업에 힘쓰고 배를 타고 마차를 타고 사방으로 돌아다니면서 돈을 벌기 위해 바쁘게 뛰시오! 세상의 군자들도 원래 평범한 사람들이었소. 그들과 함께 세상 돌아가는 대로 따르고 물결치는 대로 흐르고, 손에 돈을 갖고 사방에 뇌물을 뿌리면 성공과 명성을 갖는 것은 손바닥 뒤집기와 같은 것이라오."[6)]

공자가 돈에 대한 경제에 대한 당위적인 마땅히 지향해야 할 방향을 제시한 것이었다면 노포의 이 전신론 문장은 바로 현실사회에서 일어나는 인간의 삶과 이 가운데 경제력이 차지하는 역할과 일반인의 돈에 대한 관점과 가치를 표현한 것으로 볼 수 있을 것이다. 결국 지식인과 관료 등 사회 상층구조가 마땅히 가져야 할 돈에 대한, 경제력에 대한 당위성과 실제 사회저류를 흐르는 경제관념이 격차가 현격히 드러난 것은 중국인의 경제를 보는 이중적인 관점과 복잡한 의식을 나타낸다 할 수 있을 것이다.

노포의 금전관은 사회의 저류를 흐르는 의식이라면 어디까지나 표면적으로 경제를 보는 의식은 바로 공자가 제시한 재물관이 강력한 이데올로기로 중국사회를 오랫동안 지배해왔다고 생각된다. 그러나 이러한 경제에 대한 관념이 지속적으로 유지된 것은 아니고 역사의 흐름에 따라 경제를 보는 새로운 시각이 등장하게 된다.

이런 관점의 변화는 중국의 동남지역 특히 해안 지역을 중심으로 태동, 발전하였다고 생각된다. 중국의 동남지역은 이른바 해양문화의 발원지로 오랜 역사시간 동안 동남아와 아랍, 인도 등지의 외국과 교역 등 물질적 교류를 해왔고, 그들의 새로운 사상과 문화를 받아들였다. 따라서 이 지역은 비교적 개방된 사상과 해외사조를 접하게 되었고 자신의 사상관념을 전환할 수 있는 내재적인 역량을 축적해 올수 있었다고 생각된다.

중국인의 금전관에 대한 기조적인 전환은 개략적으로 명조 중기로부터 일어난 것으로 관련 연구는 보고 있다. 명조 중엽 봉건사회 경제내부구조가 좀 느슨해지면서 상품경제가 상당한 수준으로 발전하였고, 많은 거상들이 그들이 쌓은 재력을 바탕으로 점차 호화로운 생활을 하면서 전체 사회분위기를 새롭게 자극시켰다. 도시 주민들은 이런 자산가들의 삶의 방식에 영향을 받아 사대부에서 유생에 이르기까지 사치스런 분위기가 지역사회를 풍미하였다. 그들은 복식이나 주택, 일상용품의 소비생활에서 각 계층에서 사치스런 소비풍조가 만연해졌다.[7)] 중국 남방지역 공상업도시의 기풍도 더욱 크게 바뀌어 사치의 바람이 휩쓸었다. 사회적인 소비패턴이 바뀌면서 이는 직접적으로 의식주 등에 대한 전통가치관과의 충돌과 이를 넘어서는 움직임으로 이어졌다.

명 후기 접어들면서 전통 禮制를 넘어서는 사회조류는 정통적인 사회관념도 변화시키게 되었다. 이 가운데 아주 중요한 흐름의 변화는 중국 전통사회의 정통적인 금전관이라 할 수 있는 '貴義賤利'관념에 변화가 나타났다는 점이다.[8]) 명 중엽이후 금전을 숭상하는 기풍이 극성기에 달했으며, 돈이 가문과 문벌을 우월하는 상황으로 진전되었다. 이와 함께 사회에서 상인을 보는 시각이나 태도가 크게 달라졌다. 심지어 돈을 벌기위해 농사를 포기하거나 유학공부를 포기하고 심지어 관직도 내던지며 상업이익을 좇는 사람도 나타나는 새로운 사회기풍이 등장하였다.[9])

이와 같은 돈에 대한, 사업에 대한, 강렬한 욕구는 의리관념의 변화와 사회분위기의 개방적 분위기를 만들어냈다.

이처럼 명조이후 동남연안을 중심으로 나타난 전통적인 봉건사회 경제체제의 새로운 변화와 물질적 부를 추구하는 관념의 변화로 농민이나 유생, 관료계층에 이르기까지 직접 상업활동에 뛰어들게 하는 등의 변화를 불러왔다. 이는 이후 명말 청초로 이어지는 과정에서 부를 축적하기 위해 해외로 진출하는 화교들의 적극적인 출현을 유도하였다. 이런 가치관의 변화는 물질적 부에 대한 기본적인 긍정과 적극적인 가치부여로 모든 사람들이 상업적 이익에 몰두 할 수 있는 사회 · 경제적 환경을 만들어내는 계기가 되었다.

청조에 들어서고 이어 서구제국이 동방을 유린하면서 중국도 서구제국의 반식민상태로 편입되게 되었고, 동남연안의 경제상황이 악화되면서 많은 화교들이 생존을 위해 동남아로 이주하게 되었다. 이들은 비록 무산자였지만 단순한 무산자가 아니라 돈을 벌겠다는 확고한 신념을 가지고 동남아로 건너간 사람들이었다. 이들이 돈에 대한 강렬한 욕구는 바로 그들이 생존이 어려울 만큼의 절박한 빈곤 때문이기도 했지만 명대 이후 형성 발전되어온 금전에 대한 사회적인 긍정적인 평가와 가치관이 그 기저에 작용하였음은 더 이상 긴 설명을 필요로 하지 않을 것이다.

특히 동남아로의 중국 이주민들은 거의 대다수가 무일푼의 맨손이었다. 그들이 가진 것은 오직 돈을 벌겠다는 일념 뿐이었다. 이역만리에서 그들이 생존하고 발전을 위해서는 돈을 버는 것이 가장 확실한 방법이었다. 또 돈 만이 그들을 여러 가지 어려움에서 벗어나게 할 수 있었다. 다른 말로 하자면 화교에게는 극언하자면 돈은 바로 생명과 같은 것이었고, 이는 대륙의 중국인과 차이나는 부분이라고 많은연구자들은 지적하고 있다. 즉 중국 대륙에서 초기 화교들은 극도의 경제적 고통에서 해외 이주길에 나섰고, 동남아로 나와 정착하게 되었다. 그러나 이곳은 환경이나 자연조건 그리고 사회관계 등에서 모든 것이 낯선 곳이었고, 그 누구의 도움도 없이 생존을 이어가야 하는 상황이었다. 이런 그들에게 같은 고향땅에서 건너온 친족이나 동향인은 무엇보다 소중한 존재였고, 이들과의 협력을 통해 경제력을 키워나가기 위해 최선의 노력을 기울이게 된다. 적대적이고 이질적인 환경에서 그들을 지켜줄 것은 중국의 지원과 후원이 아니었고, 오로지 자신들의 역량이었다. 그 역량의 구체적인 표현이 바로 돈이었던 것이다. 이런 측면에서 화교들이 돈을 보는 관점과 중국 대륙의 중국인이 돈을 보는 것은 차원이 달랐다고 할 수 있다. 돈에 대한 집착과 노력은 대륙 중국인들이 동남아의 화교화인을 따라오기 힘들 것이라 생각된다.

02 가족경영과 화인기업의 성장

화교경영의 가장 특징적인 측면을 지적하자면 가족주의 경영특성을 지적할 수 있다. 가족주의 경영은 중국전통의 가족관념에 의거하고 있다. 혈연을 중심으로 건립된 가족관계는 중국인의 동남아 이주 초기 그들이 생존 발전하기 위한 거의 유일한 경로였다고 볼 수 있다.

가정은 중국 전통사회의 생활과 생산의 가장 기본적인 단위였고, 또한 상공업 경영의 최소단위이기도 했다. 초기 동남아 화교화인의 상업규모는 아주 작았고 주로 가정 구성원이 경영단위가 되는 부부점 혹은 부자점 등이 보편적이었다. 이들 작은 사업체가 규모가 점차 확장되면서 점차 외부인이 고용되었으나 이들도 주로 친족이나 동향인으로 구성되었다. 좀 넓게 보자면 가족을 벗어난 피용인도 결국 큰 의미의 가족으로 볼 수 있는 범주의 사람들로 국한된 것이다. 이국타향에서 사업과 관련하여, 법적인 보호조치가 제대로 갖춰지지 않은 상황에서 가족구성원의 응집된 역량은 경영상의 어려움을 뚫고 나가는데 큰 힘이 되었다. 가장이나 기업 창업자를 중심으로 주위에 가족 구성원이 한 덩어리가 되어 강한 책임감을 공유하게 된다는 측면에서 가족주의 경영은 화교화인 기업 경영의 긍정적 측면이라 평가할 수 있을 것이다. 즉 가족기업은 혈연과 지연을 유대로 하여 더욱 확대된 의제 가족제도로 응집력을 높여가는 특성을 갖고 있는 것이다. 이런 가족기업의 경영형태는 오랜 시간 경과하면서 그 독특한 운행메커니즘을 형성하였다. 가족기업들은 오랜 시간 경영을 통해 가족성원 간의 관계를 규정하는 3조의 원칙을 수립하였다. 즉 아래 세대는 윗세대에 복종하고, 개인은 家規에 복종하고, 家規는 기업에 복종한다는 것이다.[10)]

가족기업은 가정을 단위로 자원을 배분하고, 사업에 따른 각종 비용을 낮추는 효과가 있다. 가족구성원은 가정의 일에 대해 일반적으로 최대한 역량을 발휘해 수행하고 자신의 노동량과 대가로 받는 보수에 대해 지나치게 의식하지 않는다. 따라서 급여를 두고 흥정하거나 더군다나 계약 같은 것이 요구되지 않아 경영과 관련한 제반 비용을 줄이는 효과를 갖는다. 또 가족 간에는 가정을 위해 자신을 희생하는 봉헌정신이 있고, 가족과 자신 간에는 고도의 일체감이라는 도덕적 책임감도 있어 업무에 적극적이라는 특징을 지적할 수 있다. 가족경영의 특징을 구체적으로 살펴보자.

첫째, 가족주의 경영방식은 화인들의 소규모 사업체 경영에 아주 편리하고 적절한 경영방법이라는 점이다. 중국 전통의 대가족제도 하에서는 가장 윗 항렬의 연장자가 집안을 이끌게 되고 이러한 가족 윤리와 규범은 해외 화교화인 사회에도 그대로 적용되어 가장을 중심으로 가족 구성원이 소규모 사업의 구성원이 되어 함께 일하게 된다. 이런 경영형태에서는 가장이 중앙집권의 방식으로 모든 중요한 경영상의 결정을 내리고 다른 구성원에게 임무를 부과하게 된다. 이는 신속한 의사결정과 상황에 대처하는 유연성을 갖출 수 있다는 점에서 비교적 효율적이라는 평가이다. 또 기업이 위기에 빠지게 되면 가족 구성원들이 보다 강한 응집력으로 상황에 대응하게 되고, 보다 많은 노동에도 불구하고 추가적인 비용부담을 우려하지 않아도 된다는 특성이 있다.

둘째, 가족경영의 유리한 점은 사업상의 비밀유지에 도움이 된다는 점이다. 화교화인들의 가장 대표적이고 전형적인 사업의 형태가 초기에 상업이었고, 상업을 영위함에 있어서 점주와 점원 모두가 가족 혹은 종친으로 구성되어 끈끈한 응집력과 함께 내외 유별의 원칙에 따라 내부 정보가 외부에 공개되지 않았다. 이들 가족기업은 생존을 위해 영업액을 감추거나 지방의 세무관원을 매수하는 방식으로 세금징수를 회피하기도 하였다.[11] 이런 측면에서는 무엇보다 가족경영이 유리했다는 것이다.

셋째, 가족경영은 경영비용을 크게 떨어뜨리는 효과를 가져왔다. 조기 화교 소상점들은 일반적으로 가족 이외 다른 사람을 고용하지 않았다. 따라서 크게 경영비용을 낮출 수 있었고, 경쟁력을 강화시킬 수 있었다. 동시에 상점의 손익은 바로 모든 상점 구성원의 직접적인 이해관계가 걸려 있기 때문에 모든 가족 구성원들이 강하게 응집하는 효과를 가져왔다. 이런 여러 가지 점이 겹쳐서 화교사업의 경쟁력을 강화하는 요소로 작용하게 되었다.

넷째, 가족기업은 자본과 인원, 규모와 시장에 대한 요구가 모두 크지 않아 쉽게 개업할 수 있었고 작은 경우 한 가족이 혹은 2, 3명의 친구와 함께 자본을 모아 개업할 수 있었다는 것이다. 실제적으로 이런 가정식 소기업은 조기 화교 화인들의 기본적인 기업 설립형식이었다. 또 다른 특성은 고용주와 직원이 모두 집안 사람이나 친족, 동향인으로 고용주는 기업주인 동시에 가장이고, 족장으로 家長式으로 관리를 한다는 점이다. 기업 내부적으로는 일종의 '가족공산주의' 즉 기업내에 권력자나 일반 성원이나 기업을 本家가 공유한 기본사업으로 간주하고, 본가 기업의 생존과 발전을 위하여 전체 성원이 그를 위해 희생하고, 보수를 따지지 않으며, 밤낮 구분없이 그가 할 수 있는 일에 진력하게 된다. 이러한 가정식 기업형식은 화교화인들이 초기 적은 자본으로 창업하기에 적합하였으며 당시 교육수준이 아주 낮은 화교화인들의 관리수준에 적합한 사업방식이기도 했다. 초기 화교이민들은 기본적으로 문맹이었고, 기업관리방법이란 것을 이해하지 못했다. 그들에게 가장 익숙한 것은 조상 대대로 전해 이어져온 가장제였다. 가장제 관리방식은 방대한 기업집단을 관리하는데 결점이 있으나 중소기업을 관리하는 데는 아주 유효한 방식이기도 했다. 이른바 '가정공산주의'는 전체 사회의 기술수준이 높지 않고 사람들의 노동태도와 책임감이 중요한 작용을 하는 상황에서 기업의 경쟁력을 크게 강화시키고, 구성원들의 협력정신으로 기업비용을 떨어뜨리며 경영을 개선하고 자본의 축적과 확대재생산을 가져온다.

또 하나 초기 화교화인 자본의 경영에서 주목할 것은 이들이 사업 전개 과정에서 동업자와 지방의 관원과 원만한 관계 정립에 아주 노력을 기울였다는 점이다. 식민시기와 20세기 전후하여 동남아지역은 아직 법률제도가 제대로 완비되지 않았고, 상업경쟁도 제대로 질서가 잡히지 않아 화교기업인과 정부관원의 관계는 기업발전에 관건적인 주요사항이 되었다. 화교화인 기업인들은 지역통치자나 식민지관원과 친밀한 관계를 유지하여 현재 전개하고 있는 사업에 대한 직접적인 규제를 피하는 한편 각종 상업특권도 획득하여 자신의 사업을 키울 수 있었다.[12)]

그러나 우리가 주목할 것은 화교화인들이 집단으로 모여 살지 않고, 화교화인집단이 형성되지 않았다면 화교화인간에 서로 익숙하고 잘 적응하는 비즈니스 방식은 그 역량을 발휘하기 어려웠을 것이고, 전통문화는 운행메커니즘을 상실했을 것이라는 점이다. 화인경영을 연구한 전문가에 의하면 특정한 중국문화배경을 가진 화인의 기업관리방식은 단지 중국문화의 환경이나 혹은 화인들 간에만 적용된다는 것이다. 달리 말하자면 화인의 관리방식 혹은 경영방식은 화인들 간에만 충분히 작용이 이루어지고, 이를 다른 문화권이나 문화 환경의 대상에 막무가내로 적용할 수 없다는 것이다. 즉 화인들은 반드시 일정 규모 이상의 숫자를 갖출 것을 요구받고, 상당 수량의 이민이 있어야 가족주의적 경영이 성립한다는 의미다.[13)] 또 동시에 화인기업인의 운영메커니즘은 화인들이 거주하는 지역의 경제발전수준이라는 객관적 조건에 제약되고 한정된다는 점이다. 일반적으로 말하는 화인의 경영방식 혹은 전통문화에 의존한 운영메커니즘은 동남아라고 하는 지역에 적합하고 화인 이민역사가 보여주는 동남아 각국 개개 역사발전시기 경제발전수준에 적응했다는 점이다. 즉 화교화인의 가족경영의 장점과 특출한 점은 역사적으로 동남아라는 지역에서 성립되는 것이지 세계적인 보편적인 화교화인의 가족경영이 특별한 성과를 낸다는 것과는 다르다는 점이다.

가족경영모델은 상술한 유리한 측면 이외에 내재적인 경영상의 약점도 안고 있었다. 우선 가족경영방식이 가족 구성원의 단결과 능력에 경영을 전적으로 의존하다보니 외부 전문가가 경영능력을 발휘할 여지가 없다는 점이 문제로 지적된다. 이런 경영방식은 화인들의 더욱 큰 발전을 제약하는 요인이 된다는 것이다.

또 가족주의적 경영방식은 자금의 조달에서도 좁은 가족의 울타리를 벗어나지 못해 기업규모의 확대와 성장에 제약요인이 된다. 앞서 지적했듯이 외부자금의 의존은 혹시라도 외부 세력의 경영간섭으로 이어지지 않을까 하는 우려와 또 외부자금을 쓰려 해도 충분한 담보제공 능력의 제약으로 어려움이 따르는 측면이 모두 있다는 것이다. 이밖에 개인에 의한 기업의사결정 때문에 모든 중대한 기업의사도 모두 한 개인이 담당하여 그만큼 경영위험에 많이 노출될 가능성이 크다. 기업규모가 커지면 커질수록 이런 위험 부담은 커진다.

그러나 지난 세기 80년대 이후 동남아 각국의 경제발전이 급속히 빨라지고 동시에 각종 경제활동에 대한 법률제도가 엄격히 구비 집행되고 국제적인 사업경쟁이 치열해지면서 동남아 화인들의 전통적 경영방식이 큰 시련에 부딪히게 되었다. 지난 세기 80~90년대부터 동남아 화인기업의 창업자들은 더 이상 자신들의 경영방식이 그대로 현실사회에서 적용되기 어렵다고 보았고, 새로운 시대에 대비한 새로운 경영모델을 모색하지 않으면 안 되었다.

그러나 새로운 화인기업들의 경영모델의 모색은 모두 같을 수 없었고, 다양화된 길로 나갈 수밖에 없었다. 이미 상당수 거대 동남아 화인기업들은 대부분 주식시장에 상장되었고 화인기업인들은 대주주로서 기업경영에 간여하고 있으나 기업관리는 전문적으로 훈련된 외부전문가에게 경영을 맡겨야 하게 되었다.

그러나 회사의 큰 흐름의 변화에 대한 결정은 대주주인 화인기업가들이 담당할 몫이었다. 기업에서 필요로 하는 자금 조달도 종전과 같이 화교화인들의 좁은 울타리를 벗어나 주식시장에 주식을 상장하여 조달하는 등 자금조달방식도 큰 변화를 보이고 있다.

일부 화인대기업들은 여전히 가족기업형태의 경영을 유지하고 있으나 산하 기업은 가족 구성원에게 소유권이 분산되어 각자가 독립 경영하는 모습도 많이 보이고 있다. 예로 싱가포르의 궈팡펑(郭芳楓)형제가 1940년 건립한 豊隆공사는 이후 순조로운 발전을 거듭하면서 말레이시아에 계열기업을 설립했다. 1948년 멀리 미래를 내다본 궈팡펑은 이 회사를 유한회사로 등록하고 이 가운데 35%의 주식을 자신이 갖고, 나머지 65%의 주식지분을 3인의 형제에게 균분하였다. 말레이시아의 자산은 궈펑라이(郭芳來)의 소유가 되었다. 90년대 풍룽집단은 싱가포르와 말레이시아에 모두 1백여 기업을 보유하게 되었다. 궈팡라이가 은퇴한 이후 말레이시아 풍룽집단은 아들 궈링찬이 계승했고, 궈링찬은 말레이시아 국적을 취득했다. 1996년 궈팡펑이 죽은 후 풍룽집단은 싱가포르와 말레이시아의 풍룽으로 구분되었고 각기 궈링밍과 궈링찬의 소유로 구분되면서 각자가 완전히 독자경영의 길에 나섰다.

기업규모가 비교적 작았을 때 화인들의 가족경영은 바로 가족에 의한 소유와 경영이 이뤄졌으나 기업 규모가 급격히 확장되면서 소유권과 경영권이 분리되는 세계적 추세에 따라 외부 전문 인력에 의한 기업 일상적인 경영이 나타나게 되는 변화를 보였다.

03 화인기업인과 네트워크 – 관계와 정보, 사업의 상관관계

화인기업의 중요한 특성의 하나는 동남아 화인기업인들의 특유한 네트워크를 주목해야 한다는 점이다. 화인들은 일찍 그들의 조국을 떠나 이역에서 자신들의 힘만으로 생존하면서 발전을 도모해야 했다. 이들이 의존할 수 있는 것은 자신의 고국에서와는 달리 그들이 동남아에 와서 형성한 모든 사회적 관계를 통한 서로의 단결과 협력이었다.

화인들에게 있어서 네트워크는 바로 그들의 경제활동과 밀접한 연관을 맺었고, 이는 앞으로도 더욱 중요한 화인기업인들의 경영요소로 존재할 것이다. 그러나 비즈니스 네트워크는 중국인에게만 특유한 것이 아니고 역사적으로 보더라도 세계 주요 상업민족들도 역시 자신의 네트워크를 구축한 점을 잘 보여주고 있다. 예를 들자면 고대 지중해의 페니키아인과 그리스인 그리고 중세의 유럽 유대인과 아르메니아인, 인도인, 아랍인 등 모두 자신의 비즈니스네트워크를 구축하였고, 이를 그들의 비즈니스에 활용한 바 있다. 지금 글로벌 자본주의 시대를 맞아 경제네트워크는 더욱 갈수록 확장, 심화되고 있고 영미 등 선진제국은 19세기부터 그들의 경제네트워크를 전세계적인 범위로 확장하였다. 현재 해외화인의 네트워크도 바로 이런 역사적 배경을 바탕에 깔고 중국이민들이 이주한 해외에서 형성하고 발전시켜 온 것이다.

19세기 중국이민이 본격적으로 나타나기 시작한 시점 중국의 전반적인 경제상황은 기존 봉건경제가 와해되고 경제가 해체되는 단계에 놓였다. 기층의 민중들은 경제가 해체되고 와해되는 가운데 생존을 위해 해외 이주에 나섰다. 이들은 주로 광동성과 복건성 출신들로 이주지에서 무력한 그들을 하나로 묶어줄 각종 단체를 결성하게 되었다. 가장 기본적인 것이 혈연집단(친족집단)과 동향출신들로 구성된 동향회였다. 이 조직을 통해 초기 이주자들은 힘든 이역에서의 삶에 서로의 도움이 되고 힘이 되었다.

즉, 종친조직과 동향조직은 해외이주한 중국인이 가장 먼저 결성한 단체였고, 이들 조직이 바탕이 되어 나중에는 業緣조직인 중화상회를 설립하는 기초가 된다. 성질이나 기능 및 조직구조 등에서 상당한 변화를 수반한 새로운 단체의 결성은 바로 이들 해외 종친, 동향조직이 자본주의의 발전을 촉진하는 경제네트워크의 기초가 된다는 점을 보여준다.

20세기 초 각 화교출신 幇을 기초로 한 화인네트워크는 그 활동범위가 매우 제한적이었다. 왜냐하면 각 幇이 설립한 은행, 학교, 공동묘지와 기타 복리시설은 단지 本幇의 구성원에게 서비스하기 위한 것이었기 때문이다. 이러한 배타성의 幇 네트워크는 화인들의 단결과 경제발전에 불리하게 작용하였다. 이에 따라 1904년부터 각지에서 '中華商會' 류의 업연조직이 생겨났고 각 幇간의 협조와 연계를 위한 고위기구가 되었다. 이와 동시에 1911년 신해혁명의 발발로 화인의 민족주의 감정이 강화되면서 각지에서 화인학교와 보통어교육이 활발해졌다. 동시에 지연이나 혈연을 넘어선 각종 문화 복지단체들도 성립되면서 화인들 간의 교류가 더욱 긴밀해지면서 화인네트워크가 더욱 충실해졌다.

이제까지 화교화인들의 거주국가를 중심으로 형성하였던 화인네트워크가 20세기 초 동남아지역에 고무와 주석산업의 발전이 본격화하고 동남아 쌀시장이 형성되면서 화인네트워크가 국제화하기 시작하였다. 말레이시아의 고무농장과 주석광산은 20세기 들어서서 이미 전세계적으로 유명해지기 시작했고, 동남아시아 대륙부의 미작국가 즉 태국, 미얀마, 월남은 쌀의 수출로 세계적 명성을 얻었다. 동남아시아 내에 쌀 시장이 형성되었고, 그 중심지는 쌀 생산지인 방콕과 양군, 사이공은 쌀시장으로 이름이 높았다. 이 시기 화인의 네트워크는 국경을 넘어 동남아전역으로 확산되었다. 가령 싱가포르, 말레이시아와 인도네시아 등지의 복건상인은 동남아 역내의 고무와 주석 구매업무를 장악하였고, 태국과 싱가포르 그리고 말레이시아의 차오저우인들은 쌀의 가공과 무역을 장악하였다.

그러나 제2차 세계대전의 발발로 단절되었던 동남아지역의 화인네트워크는 대전 후 동남아 각국이 독립을 쟁취하면서 화인 네트워크는 다시 원래의 모습을 되찾고 더욱 확장될 것으로 예상되었다. 그러나 민족정부가 화인을 배제하는 경제정책을 수행하고 환경이 악화되면서 동남아 각지의 화인들의 비지니스 네트워크는 위축되었고, 주력하는 사업분야는 제약이 덜한 제조업 부문으로 옮아가게 됐다. 이어 일부 화인기업들은 일부 자금을 비교적 안전지역으로 인식되어온 홍콩과 싱가포르로 이전하여 새로운 사업을 모색하였다.

동아시아와 동남아시아의 경제가 고속발전을 거듭하면서, 특히 중국시장의 개방이 세계 각국의 주의를 끌면서 북미지역과 유럽 각국은 아시아시장에 대한 공략을 더욱 강화하기 위해 화인네트워크와의 연계를 중시하기 시작하였다. 또 동남아 일부 대기업 집단 역시 亞洲를 벗어나기 시작했고, 70년대 말 이후 동남아와 홍콩, 대만 등지에 60여개의 세계적인 지연, 혈연, 업연과 기타 유형의 화인단체가 생겨났다.[14)] 싱가포르에서 발기하여 처음 개최된 세계화상대회는 격년으로 세계 각지에서 열리고 있고, 이를 통해 한때 동남아에 국한되었던 화인네트워크는 구미화인네트워크와 홍콩, 대만 그리고 중국 대륙이 연결되는 글자 그대로 세계 네트워크로 확장하였다. 1995년 12월 6일 방콕에서 개최된 제3차 세계화상대회에서 싱가포르 대표단은 이콴유수상이 제창한 '세계화상전자네트워크'가 설립되어 인터넷으로 연결되고 있다고 선포했다. 이것이 바로 지금 동남아 화인네트워크의 기본상황이다.

위의 언급에서 우리는 몇 가지 사실을 알 수 있다. 즉 현대화인네트워크의 출현은 바로 서방자본의 국제화라는 배경에서 형성되었고, 이는 바로 중국의 해외이민과 직접적인 관련이 있다. 중국의 초기 이민은 중국자본주의의 확장의 결과가 아니라 이와는 반대로 중국자본주의 미발달과 중국노동력의 국제노동력시장으로의 편입의 결과 나타난 현상이었다. 따라서 이 시기 형성된 화인네트워크 역시 피동성을 띠고 있고 선진자본주의 국가의 경제네트워크에 종속되는 약점을 갖고 있었다.[15)] 또 가족관계와 종친 동향조직이 중국에서는 일찍부터 존재했지만 그들 자체는 자본주의 발전을 촉진하는 네트워크작용과 기능을 갖지 못했고, 이런 작용과 기능은 그들이 세계자본주의 체계로 진입한 후 비로소 생겨난 것이다. 자본주의 시대의 특징을 떠나, 구체적인 역사에 대한 분석없이 중국 전통문화의 특성과 우위를 과도하게 강조해서는 화인네크워크의 실상을 제대로 이해할 수 없다.[16)]

또 하나 주목할 것은 화인네트워크는 결코 고정불변의 것이 아니라는 점이다. 그것은 시간의 추이에 따라 양방면의 변화를 발생시킨다. 하나는 네트워크의 규모와 범위의 확대, 즉 방언집단에서 전체 화인사회, 국가단위에서 전체 동남아지구로, 동남아에서 다시 세계 각지로 확대되는 것이다. 화인네트워크의 확대는 동남아에 국한해서 말하자면 결코 화인경제발전의 결과가 아니고 이민, 그리고 재이민과 직접 연관되어 있다는 것이다. 둘째, 네트워크의 주체, 즉 화인의 국적신분변화가 야기한 실질관계의 변화이다. 많은 사람들이 화인들의 국적변화를 간단히 보고 있으나 그 의미는 매우 심원하다. 이는 바로 화인관념의 중대변화로 그들은 이미 거주국의 주류사회에 융합되었고, 자신의 이익과 전도, 운명이 거주국의 주민과 밀접한 연관을 맺고 있다고 본다. 따라서 각국 화인간의 네트워크 연결은 중국 국민과 경제관계가 각기 다른 국적의 화인간의 경제연계로 전환되었다는 점을 의미한다.

화인네트워크의 구체적인 기능은 식민시기에는 주로 화인기업의 '중개상' 작용을 발휘하는 것이었고, 戰前 세계자본주의 축적방식과 종주국과 식민지간의 수직분업의 구조에 적응하는 것이었다. 그러나 동남아 각국이 독립하고 나서는 화인기업의 '외자와 선진기술을 도입하고 민족경제를 발전'시키는 작용을 담당하여 동남아 각국 현대화의 수요에 적응하는 것이었다.

90년대 이후 화인종친회와 화인동향회가 수많은 국제대회를 개최하고 있다. 가령 국제복주인단체가 1991년 싱가포르에서 제1회 대회를 개최했고, 1992년 국제客屬대회가 싱가포르에서 거행되었으며, 국제조주인대회는 파리에서 열렸다. 종친단체들도 활발한 움직임을 보였다.

1991년 제5회 鐘씨 총회를 방콕에서 개최했고, 제7회 謝씨 총회를 쿠알라품푸르에서 개최했다. 陳씨 종친회는 매년 한차례 국제대회를 열고, 1993년 방콕대회에는 약 1천명이 모임에 참석했다.

종친단체가 거행하는 수많은 국제성 회의는 주의를 요한다. 이들 모임은 이미 외부인사에게 문호를 개방했다는 점이다. 과거 그들의 회원은 통상적으로 단체를 자신과 동일시했고 당연히 화인이었다. 그러나 그들의 네트워크는 갈수록 느슨해졌고 개방되었으며 종친관계가 상업적으로 경제이익을 획득하기 위해 운용되면서 그 외연이 넓어졌다고 볼 수 있다.

사업단체의 가장 유명한 세계적 모임은 바로 세계화상대회이다. 첫 모임은 1991년 8월 싱가포르에서 거행되었다. 1회 대회는 30개 국가 80개 도시지역의 화인기업가들이 참석하였다. 그들은 싱가포르에 하나의 기구를 만들어 장차 2, 3년마다 한차례 국제대회를 열기로 하고, 상설기구도 두기로 했다.

세계화상대회의 가장 큰 목적은 화인기업가들 간에 정보를 교환하고 비즈니스를 위한 관계망을 수립하고 유지하는 적절한 환경을 제공하자는 것이었다. 이는 동시에 기업인들에게 직접적으로 사업기회를 획득할 수 있는 기회의 장이기도 했다.

해외 화인기업가 네트워크의 세계적인 확장은 화인기업가의 글로벌화를 고무하였다. 다국적기업화 과정에서 네트워크 상호작용은 화인기업가의 다종 채널과 형식을 형성하였다. 실제적으로 화인기업가의 인간관계와 네트워크자원은 기업을 유대로 전개되는 것에 국한되지 않는다. 해외 화인기업인들은 서로 연락하여 정보를 제공하고 업무협력을 도모하여 각자가 글로벌 확장을 촉진한다. 네트워크 내의 신용메커니즘은 자신의 발전에 필요한 노동력, 자금, 정보와 시장을 제공하고 이들이 유통영역과 생산영역에서 진입코스트와 운영코스트를 낮추고 경쟁력을 강화하게 된다.

글로벌화 상황에서 전통폐쇄적인 내향형의 화인기업가 네트워크가 동태적이고 개방적 네트워크로 다국적기업에 진입하고 동시에 국제적인 금융기구, 비즈니스 중개, 다각화된 국제조직 등과 상호융합되고 있다는 것이다.[17)]

화인기업인의 네트워크는 합작대상을 포용하고, 서방의 다국적기업은 화인기업인의 네트워크와 자원을 이용하여 시장개척에 나선다. 화인기업인은 이를 통해 기술과 자본, 현대적 관리기법 및 글로벌 생산품에 대한 네트워크자원을 획득하게 된다. 말하자면 화인기업인 네트워크와 글로벌 다국적기업의 윈윈전략이라 할 수 있을 것이다. 서방의 기업과 화인기업인의 합작은 현지경영에만 그치지 않고 나아가 양 자본이 손잡고 제3시장으로도 진출한다. 이제 화인기업인의 네트워크는 더 이상 배타적인 폐쇄적 체계가 아니고, 화인이라는 특정 종족적 한계를 벗어났다는 지적도 있다.[18)] 그러나 이런 경우도 비록 그가 혈통적으로 화인이 아니다 하더라도 화인의 문화 즉 중국방언이나 보통화에 능숙해야 능히 이 네트워크에 진입할 수 있다는 점을 말해 준다. 한 연구는 이런 혈통적

한계를 벗어나 화인기업인 네트워크에 적응하고 주요 참여자가 된 예로 인도네시아의 유명 기업인 슝드롱(熊德龍)이 혈통적으로 화인이 아니지만 그가 유창한 객가화와 보통어를 구사하면서 화인기업인 네트워크의 주요인사로 참여하고 있다는 점을 예시하고 있다.[19]

중국 대륙의 개방과 경제발전, 해외 화인기업인 네트워크가 단절 2, 30년된 중국 대륙과 다시 연결되면서 새로운 발전계기를 맞고 있다. 조기의 화인기업인의 네트워크는 중국이 중심이었다. 19세기 말로부터 20세기 초 중화회관 등 화교 자치단체가 속속 건립되고 이어 이 바탕위에서 중화총상회가 설립되었다. 각지의 상회가 청조의 고무 가운데 설립되면서 그 章程도 모두 중국 商會法을 기준으로 하였다. 이는 청정부가 단체 설립에 중추적 역할을 수행했을 뿐 아니라 章程과 기능이 동등한 기구의 설립은 각지 화인기업인 간의 서로 연락과 교류, 그리고 정보교환에 유리하게 작용하였다.

제2차 세계대전 이후 국내외 정치 경제정세의 큰 변화가 나타나면서 해외 화인기업가의 네트워크는 중국 바깥에서 작동되었으나 이것이 중국의 대외개방으로 중국과의 네트워크 구축에 견고한 기초가 된 것은 분명한 사실이라 생각된다. 중국 대륙과의 네트워크가 재가동된 것은 1980년대 이후의 일로 볼 수 있을 것이다.

세계 화인기업인 네트워크와 중국 대륙의 상호관계와 연계는 각자의 수요와 특징으로 강한 상호보완성과 공존의 특성을 갖고 있다. 대륙경제의 글로벌화가 더욱 진전되면서 중국당국의 이제까지 引進來(외자도입) 정책에서 벗어나 중국기업들은 走出去(해외진출) 전략을 채택하고 있다. 중국과 해외 화인기업인의 더욱 긴밀하고 다각적인 네트워크의 구축과 이를 통한 국내투자와 해외진출로 양자가 더욱 발전하는 원인의 계기가 될 것으로 예상해 볼 수 있을 것이다.

04 화인기업인과 신용, 유가가치관– 信用重于泰山(신용은 태산보다 무겁다)

동남아의 화인기업인들의 경제적 성취의 바탕에 그들의 유가문화적 전통이 있다는 견해가 한때 학계를 풍미한 적이 있다. 화인기업인들의 유학적 배경이 바로 화인들의 치부에 근본적이고 가장 핵심적인 요인이라는 관점이었다. 동남아 화인들은 어려운 정치, 경제, 사회환경에서 평균적으로 거주국가의 토착 주민보다 우월한 경제적 성취를 거두었고, 적지 않은 화인들은 대기업가의 지위로 올라섰다. 도대체 동남아로 이주한 화인이 무슨 이유 때문에 큰 부를 거머쥐게 되었는가? 이는 학술적으로 상당히 중요하면서도 동시에 세속적인 측면에서도 흥미를 불러일으키는 주제이기도 했다. 중국인 특유의 사업가적인 기질과 함께 중국인의 가장 기본적이고 사업지향적인 특성이 바로 유가문화에 내재해 있는 본질이라는 진단이 크게 유행한 관점이었다. 이런 관점은 서구권의 학자를 포함한 중국 내외에서 상당히 광범히 유포된 공통의 인식이기도 했다.

그러나 1997년 말 동남아를 거세게 강타한 금융위기로 동남아 각국의 경제가 엄청난 타격을 입게 되었고, 특히 지난 70년대 이후 급성장을 거듭해온 동남아 화인기업가들이 입은 피해가 더욱 컸다는 점에서 주목되었다. 이어 나온 학계의 이론들은 이제 동남아 화인기업가들의 경제가 급격히 위축되고 나락에 떨어진 것은 바로 중국의 유가가치관 혹은 그 문화 때문이라는 정반대의 논리가 등장하였다.

중국인의 내면을 규정짓는 핵심 가치관인 유가문화가 화인의 경제를 빠르게 일으켜 세운 요인도 되고, 거꾸로 화인경제를 빠른 시일에 쇠락하게 만든 원인도 되었다는 논리적으로 성립하기 어려운 이론이 제기되어 주목을 끈 것이다.

과연 유가문화가 무엇이며, 이 문화가 동남아 화인경제에 어떤 영향을 미쳤다는 것인가? 동남아 화인의 경제적 성취와 좌절은 오로지 유가문화에 의한 것인가? 여러 가지 파생되는 의문이 생겨난다.

유가문화와 경제와의 관계는 확장하면 동남아 화인 뿐만 아니라 한국과 일본의 번영과 부흥까지 포함해서 논의되기도 한다. 이를 동아시아모델이라고 부르기도 한다.

그러나 이는 유가문화와 경제와의 관련성에 대한 지나친 과장이 아닌가 싶다. 어떤 국가라도 경제발전 과정과 기업경영제도는 각자의 문화전통을 벗어날 수 없다. 일본과 한국이 다르고 동남아 각국도 각자 처한 사회 · 경제적 환경이 모두 다르다. 이를 화인 문화의 원형이라 할 수 있는 유가문화에 의해 획일적으로 관찰하고, 이를 일반화하는 것은 문제의 올바른 접근이라 보기 어렵다.

지난 80년대 동아국가와 동남아 국가의 경제가 신속히 발전하면서 이들의 경제성장에 많은 사람들의 주목을 끌었고, 이를 이론화한 하나의 유력한 이론이 '유교자본주의'이론이었다. 일본의 中島岭雄은 그의 논문을 통해 '유교자본주의'개념을 제기했고, 동아시아 지역이 빠른 경제성장을 도모한 것은 이들 지역이 '유교문화권'에 속하기 때문이라는 이론을 전개했다. 이 유교문화권을 그는 달리 한자문화권 혹은 젓가락 문화지역이라고도 표현하였다. 지리적으로 보자면 이들 지역은 중국 대륙과 대만, 일본, 한국, 홍콩, 마카오, 싱가포르와 월남, 그리고 동남아의 화인사회가 포함된다고 보았다.[20] 그의 이런 관점은 학계의 많은 주목을 받았고, 그가 개괄한 유가문화의 동남아 화인기업가의 경제활동과 관련된 주요 함축은 '사람 중심', '인간관계의 조화', '근검절약', '교육의 중시', '가족성원의 단결과 협력' 등이었다. 문제는 이런 유가가치관과 덕목이 과연 인류 역사에서 유가사상에만 특유한 것인가 하는 점이 지적될 수 있고, 이런 가치관을 가지고 경제성장을 모두 설명할 수 있겠는가 하는 의문도 들지 않을 수 없다.

동남아 국가에는 화인기업인들이 다수 거주하고 경영활동을 벌이고 있지만 이들 국가의 경제는 물론이고 화인기업가들의 경제능력도 상호간에 현격한 격차를 보이고 있다. 이는 비록 화인이 유가문화를 내면화하여 이를 경영활동에 원용한다 할지라도 그들이 내면화한 유가가치관보다 그들이 생활하는 거주국가의 정치 사회적, 경제적 환경과 문화배경이 더욱 그들의 경제활동에 큰 영향을 미쳤다는 점을 지적하지 않을 수 없다.

그러나 화인기업인들의 전통적인 가치관인 유가문화가 그들의 경영에 아무런 영향을 미치지 않았다고 말하는 것도 적절하지 않다. 이제 유가문화와 동남아 화인기업인의 경영의 상관관계에 대해 좀 더 논의해보자.

물론 유가문화가 상당 부분 동남아 화인기업인을 비롯한 중국의 기업인에게 영향을 미친 것은 누구라도 부인할 수 없다. 그러나 과도하게 화인의 전통가치관이 바로 오늘 화인경제력을 가져온 가장 근본적인 요인이라고 한다면 이는 잘못된 결론이 된다는 점이다. 만약 이 전제가 맞다면 중국 대륙의 경제가 동남아 화인보다 못하며, 화인들이라 해도 미주지역과 동남아 화인간의 경제력 격차를 설명할 수 없다. 시간적으로도 유가문화를 더욱 내면화했을 20세기 이전의 중국경제가 오늘보다 훨씬 못했다는 점 역시 설명하기 어려워진다.

즉 중국의 전통문화가 해외 화인들의 경제성취에 미친 영향을 논의할 때 우리는 그들이 처한 구체적인 역사적 상황과 시점 그리고 지리 상황을 고려하지 않을 수 없다는 점이다.

화인기업가들이 기업운영메커니즘은 그 자신이 거주하는 지역 경제발전 수준이라는 객관적인 조건을 떠날 수 없다. 달리 말하자면 화인의 기업경영방식 혹은 전통문화에 의존한 운영메커니즘은 동남아와 같은 지역에서 비교적 적합하고 화인역사에서 보여주는 동남아 각국의 역사발전시기 경제발전수준에 적합하다는 점이다.[21] 다시 강조할 것은 화인의 전통문화 작용을 고려할 때 거주국의 객관적 상황을 마땅히 고려해야 한다는 점이고, 고립해서 혹은 추상적으로 전통문화의 작용을 논의하는 것은 적절하지 않다는 것이다. 즉 화인 거주국의 객관적인 조건이 화인의 경제 운영메커니즘에서 아주 중요한 요소가 된다는 점이다.[22]

중국인의 전통가치관 가운데서 화인 기업인들의 경제적 성취와 관련된 내용은 무엇인가? 첫째, 근검절약을 든다. 이밖에 신용과 윤리 등이 거론된다.

화인기업인들에게 신용은 생명과 같은 것으로 여겨지고 있다. 신용을 잃으면 사업을 이어갈 수 없다는 것이 많은 화인기업가들의 공통적 관점이고 중국 전통문화권 이외의 국가에도 신용의 중요성은 마찬가지일 것이다.

중국 전통문화에서 誠信(신의와 성실)은 매우 중요한 도덕항목이다. 유가의 핵심가치관인 仁義禮智信 가운데 信이 자리잡고 있고, 가장 기본적인 공공생활의 준칙이기도 하다. 오륜 가운데 朋友有信은 역시 有信이 사람과 사람 사이의 가장 기본적인 도덕표준임을 보여준다. '人無信不立', '言行一致'는 모두 신용을 핵심으로 하는 중국인의 도덕관을 보여주는 격언이다. 중화전통 도덕관념은 당연히 해외 화인기업인에게 깊은 영향을 미쳤고, 이는 그들의 사업에 그대로 적용되는 핵심가치관이 되었다. 대륙중국에서도 그렇지만 동남아지역의 화인들의 寺廟에는 반드시 관제상이 모셔져 있다. 이는 신의의 화신이라는 관우를 일컫는 것으로 화인기업인들이 그를 신의의 신으로 받들고 있고, 동시에 재물을 관장하는 신으로 여기고 있다. 신의가 결국 재력으로도 이어지는 것을 관제묘는 우리에게 강하게 암시하고 있는 것이다.

동남아 화인기업인들에게 사람간의 신용이 상업신용의 중요한 기초이자 근거이다. 가령 중소 화인기업인들이 특히 소기업인들이 자금을 융통할 때 흔히 會(入會, 搭會)의 방식으로 자금을 조달하게 되는데 이는 바로 상업신용을 그 기본바탕으로 하고 있는 것이다. 이는 우리의 계에 해당하는 것으로 특정 사회관계 안에 있는 수명 혹은 수십명이 약정하여 성립하게 된다. 각자는 정기적으로 돈을 추렴, 상당히 큰 돈을 만들게 된다. 이렇게 모아진 돈은 돌아가면서 회원들에게 지급되어 사업자금으로 활용하게 된다. 혹은 정기적으로 입찰에 부쳐 이자를 가장 높게 써낸 회원이 자금을 갖게 되고 이를 종자돈으로 사업을 벌이게 된다. 이후에도 계속 정기적으로 모아지는 자금에 대해 입찰에 부쳐 높은 이자율을 제시한 사람에게 자금이 지급된다. 이런 방식의 자금융통은 담보나 객관적으로 신용을 입증하기 어려운, 자금이 부족한 초기 화교화인들에게는 아주 유용한 자금조달 방법이었다. 또한 은행 등 제도권 금융권에 비해 자금조달비용이 낮아서 초기 화교화인 기업인에게는 아주 적절한 자금융통방안이기도 했다. 그러나 이러한 계는 시작될 때부터 깨질 가능성이 상존했고, 따라서 무엇보다 계원의 신용이 중요했던 것은 너무나 당연한 일이었다. 결국 이런 융통방식의 회원은 가까운 친족이나 혹은 친구, 동향인에게 국한될 수밖에 없었고, 이들은 단순히 자금의 융통뿐만 아니라 그 밖의 사업상의 중요 정보를 교환하고 사업상 어려운 일을 해결하고 도움을 줄 수 있는 든든한 후원자이기도 하였다. 그러나 이들이 자신들의 교류권 밖의 화인들과는 냉담한 관계를 유지하여 특정 거주국가의 화인이라도 하나의 통합된 실체로 볼 수는 없었다. 같은 화교화인이라도 혈연이나 지연 등 핵심네트워크로 연결되지 않으면 '우리'의 범주에서 제외된다는 점을 보여주는 것이다.

이런 측면에서 보자면 화인들의 신용은 사업의 생명이자 바로 돈으로 연결되는 것이었다. 이런 방식을 통해 인간관계와 신용이 좋다면 사업범위를 쉽게 넓혀 나갈 수 있었고 소액의 자금으로도 큰 사업을 벌일 수 있었으며 심지어 자금이 전혀 없어도 사업을 해 나갈 수 있었다. 신용은 눈에는 보이지 않지만 화인에게는 엄연한 하나의 중요한 자산이었던 것이다.

해외에서 큰 성공을 거둔 화인 거대기업가들은 하나같이 성공의 핵심요인에 대해 바로 誠信을 빠뜨리지 않는다. 홍콩의 부동산 재벌인 李兆基는 "誠信은 창업의 근본이고, 인재의 양성은 立國의 근본으로, 양자를 하나로 묶으면 전투에서 승리할 수 있다. 경영의 요체는 시기를 파악하고, 시장법칙을 운용하는데 있다"고 말했고, 필리핀 출신 화인으로 홍콩의 신세계발전유한공사의 회장으로 있는 정요우탄(鄭裕彤)은 "守信用, 重諾言, 做事勤懇, 處事謹身, 飲水思源, 不見利忘義"(신용을 지키고, 약속을 무겁게 여기고, 일을 할 때 근면 성실하며, 행동에 있어서 삼가고, 물을 마실 때 그 근원을 생각하고, 이익을 접할 때 義를 저버리지 않는다.)의 23자 眞言으로 誠信의 중요성을 강조하고 있다.[23)]

중국에는 이러한 신의를 지키는 상인을 廉賈라고도 부르는데 이는 貪賈에 대응되는 개념으로, 貪賈보다 박리다매를 통해 더 많은 돈을 번다고 보았다.

화인기업가들에게 신용은 사업추진과정에서 효율을 담보한다. 신용이 전제되는 거래행위에서 많은 절차적 요소가 생략되고 쌍방 간의 거래행위가 신속하게 그리고 비교적 화목한 분위기 가운데서 진행된다는 것이다. 실제 동남아의 많은 거부 화인기업가들은 분량이 엄청나게 두꺼운 계약서보다는 기업 총수들 간의 구두 언약으로 계약이 성사된 경우가 적지 않고, 기타 융자 건이나 프로젝트에서도 기업인들 간의 구두 약속으로 계약을 가름하는 경우도 적지 않다. 이

만큼 화인문화권에서 상인의 신용은 절대적이고 일단 신용을 확보하면 자금조달이나 합작선 확보(동업자), 사업추진에서 많은 도움을 받고, 번거로운 절차에서 벗어날 수 있게 해준다.

화인간의 신용 바탕위에 성립된 거래는 국내에서 뿐 아니라 국제적인 거래에도 그대로 적용된다. 가령 대만이나 동남아의 무역거래는 많은 경우가 동남아 화인들이 중개하는 경우가 많고 또 앞서 예를 든 바처럼 기업인들의 전화통화 등으로 계약이 확정되는 경우가 많다.

금융방면에서 살펴보자면 은행 등 금융기관과 개인 간에도 마찬가지 원리가 적용되어 화인기업가들은 거래에서 큰 편리를 보게 된다. 돈을 필요로 하는 화인기업인에게 신속하고 간단하게 대출이 실행되고 기업인은 쉽게 자신의 자본기초를 충실히 다질 수 있게 된다. 화인기업가 간의 금전거래, 화인이 설립한 은행과의 자금거래를 포함해서 실제적으로 전화 한 통화만으로 대출거래가 성사되는 것이다. 이러한 상거래의 기본전제는 화인기업가들 사회에서 형성되어 온 신용이 핵심이다. 화인기업가들이 흔히 입에 올리는 신용이 곧 돈이라는 성격을 이런 측면에서 확실히 이해할 수 있을 것이다.

05 화인기업인의 근검과 절약 – 開源節流

화인들의 근검 절약 특성은 해외에서 사업을 전개하는데 있어서 아주 중요한 기초가 된다. 이미 지적했듯이 초기 동남아 화교들은 대다수가 파산한 농민이나 수공업자였다. 심지어 그들이 중국 대륙을 떠나 동남아로 이주할 때 그들은 무일푼으로 선박 운임마저 외상으로 해서 돈을 벌러 나갔다. 이런 상황에서 거주국인 동남아에서 자기 사업을 하기 위해서는 반드시 초기 수년 동안은 자신의 노동력을 파는 피용자로서 광산이나 농장 혹은 다른 사람의 상점에서 일해야 했고, 이곳으로부터 받는 아주 소액의 급여를 조금씩 그러나 꾸준히 모으는 수밖에 없었다. 자신들이 대륙을 떠날 때 전혀 자본을 갖고 있지 않은 무산자로서 자본을 축적하기 위해서는 열심히 일하고 번 돈은 꾸준히 모을 수밖에 다른 방도는 없었던 것이다. 동남아 화교화인들이 특히 근검절약을 그들의 사업전개에서 가장 중요한 덕목으로 삼는 것은 바로 이런 역사적 배경을 근거로 한다. 근검절약에 대한 중국 대륙에서의 찬양은 유교경전 뿐만 아니라 역사적으로 여러 가지 많은 미담이 이어져 오는 것은 다시 거론할 필요조차 없을 것이다. 근검절약은 바로 무산자인 중국이민이 동남아에서 자신의 사업을 전개하는데 있어서 자본을 축적하는 가장 기본적인 수단이었다. 그야말로 먹는 것을 줄이고 옷도 덜 입는 방식으로 축적한 돈이 그들의 초기 사업자금이었던 것이다. 조기의 화인들이 영위하는 사업은 바로 이런 자금력의 한계로 자본이 적게 들고 이익도 적은 사업으로, 근검절약의 정신이 없었다면 결코 오늘과 같은 화인들의 경제 성취는 도달할 수 없었을 것이다. 성공한 화인기업가는 거의 예외 없이 극도로 내핍하고 절약하는 체질이었고 그 자손이 조상이 쌓아올린 경제력에 대해 이를 지키겠다는 결심과 노력 없이 소비와 사치에 빠져 후세에 도산한 케이스는 많다. 아무리 많은 재산가라도 근검 절약은 몸에 체질적으로 남아있다는 것이다.

조기 화인들이 대규모로 출국하기 이전 세계 각지에서는 흑인과 인도인 그리고 기타 민족이 개발현장에서 노동하였다. 그러나 중국인들이 상대적으로 더욱 열심히 일하는 것은 바로 고용주들의 평가에서 증명되었다. 다음은 식민시기 동남아의 한 서양고용주의 지적이다. “우리는 중국인 노동자를 고용하기를 원한다. 왜냐하면 중국인 노동자는 어려움도 잘 참고 꾸준히 일하고 또한 책임감도 강하기 때문이다. 업무시간이 거의 끝나고 일과가 끝나는 종이 울리면 일반 노동자들은 작업도구를 내려놓고 퇴근해 버리거나 중국인 노동자들은 통상 현재 하던 일을 마무리짓고 비로소 일손을 놓는다. 고용주들은 이런 노동태도를 아주 좋아한다. 따라서 중국인 노동자들은 쉽게 일자리를 구한다.”[24] 이점을 결코 무시할 수 없다. 이는 중국인 노동자 즉 화인들의 생업과 관련, 아주 중요한 측면이라 할 수 있다. 누군가가 고용해주어 돈을 벌 수 있었고 생존과 발전의 기회를 잡을 수 있었기 때문에 화인들의 출국은 부단히 이어질 수 있었다. 만약 그렇지 못했다면 일이 없어 생존마저 문제되었을 것이고, 이 경우 어떻게 창업으로 이어질 수 있었겠는가? 초기에 자본없이 이주길에 나선 화교들이 거주국에서 삶의 뿌리를 내리고 자기사업을 갖고 발전할 수 있게 된 가장 기본적인 요소는 바로 중국인의 근검절약에 달려있었다 할 것이다.

그러나 이런 측면은 초기 중국인 이주자의 경제와 관련해서는 아주 정확한 진단이고 설명이지만 지금도 과연 열심히 일하고 검소한 것 만으로 화인기업의 발전과 성장을 설명할 수 있을까? 21세기 현 시점에서 과도한 근검절약의 강조는 현재 화인기업에 대한 적절한 설명이라고 보기 어렵다. 이제는 근검절약이 경제발전의 주요 동력이라고 보기 어렵고 화인 2대, 3대의 원시자본의 주요 축적원이라고 보기도 어렵다. 왜냐하면 이들은 이미 그들의 부모세대로부터 많든 적든 자본을 물려받아 무일푼으로 시작한 초기 중국인 이주자인 그들의 조상과는 처한 상황이 다르기 때문이다. 또 이미 경제적으로 풍요한 삶을 누리고 있는 그들에게 현실적으로 초기 이주자와 같은 근검절약을 요구하는 것이 가능할 것인가? 이제 화인 후대는 근검절약보다는 그들이 학습한 전문 경영지식과 기능, 교육으로 대체되고 있고, 그런 방향으로 나아갈 것이다. 이미 화인 후대들이 중화문화에서 상당히 떨어져 있어 그들에게 모든 중국 전통문화의 내면화가 경영에 남과 다른 특별한 영향을 미칠 것이라고 보는 관점은 더 이상 성립하기 어렵다는 점이다. 즉 시간의 추이에 따라 과거 화인기업인들의 경영상의 전통과 미덕이라고 믿어진 요소가 이제 더 이상 과거와 같은 형태와 모습 그대로 작용하기 어렵다는 점이다.

06 三巴刀와 화인기업의 기초

이른바 3자루의 칼이란 요리하는 칼, 천을 자르는 칼, 이발용 칼을 말한다. 이는 즉 요식업, 의복제조업 , 그리고 이발업을 상징하는 단어이기도 하다. 즉 초기 화교화인들이 동남아 혹은 북미지역으로 진출했을 때 그들이 가진 핵심적이고 기본적인 기술은 바로 이들 세 가지였다. 거주지에서 최소한의 자본이 축적되면 화교화인들은 바로 이들 세 가지 업종을 기본으로 사업을 전개해 나갔다. 말하자면 이들 3가지 업종은 큰 자본이 들지 않으면서 일종의 전문적인 업종으로 영세소매업과 함께 초기 화교자본의 형성에 중요한 영향을 미친 업종이었고, 특히 요식업의 경우는 지금도 전세계적으로 화인들이 영위하는 중요 사업분야이기도 하다. 그러나 의복제조업이나 이발업은 시대의 흐름에 따라 화인들이 영위하는 주요업종에서 대부분 제외되게 되었다.

화교 이주자들의 음식업은 말하자면 가장 원초적인 사업으로 이주 후 화인들이 함께 모여 생활하는 唐人街(china town)나 중국인들이 밀집한 장소에서 처음 시작되었다. 이들의 음식점이란 규모도 작고, 음식의 질도 낮았으며 기본적으로 현지인보다 이민자 거주구역의 화교화인들을 겨냥한 특성이 있다. 화교들이 모여 사는 곳에서 작은 식당을 열거나 혹은 종업원으로서 일하는 것이 아주 보편적이고 초보적인 생업의 수단이었던 것이다.

특히 화인들의 음식점업의 또 다른 특징은 전형적인 가족기업이었다는 점이다. 화교화인 이민들이 식당을 여는 것은 다른 종류의 기업을 개업하는 것과는 달리 그렇게 많은 자본이 투자되지 않았고, 많은 숙련노동력도 필요하지 않았다. 가족기업인 관계로 가족인 종업원에 대한 급여도 없었고, 넓은 영업장소가 필요한 것도 아니었다. 이런 음식업의 특성은 가족 구성원으로부터 모집한 자금으로 개업자금을 충당하고, 식당장소는 가족이 살기위해 임대한 공간에서 밤에는 가족들이 거주하고 낮에는 영업장소로 활용하는 방식으로 별도의 임대매장을 필요로 하지 않았다. 종업원은 기본적으로 가족들이기 때문에 이들에 대한 급여나 복리가 따로 필요 없었고, 이익은 바로 거의 전액이 사업에 재투자될 수 있었다. 가족들로 구성된 종업원들의 업무 적극성이나 충성심은 외부인의 고용과는 비교될 수 없는 것이었다. 그들의 일상적인 음식물 소비는 바로 식당에서 생산하는 음식의 일부를 소비함으로써 이 부문의 지출도 최대한 절감할 수 있었다. 이런 특수성 때문에 화교화인들이 경영하는 식당은 각종 경비와 지출을 최대한 줄일 수 있었고, 결국 이 사업의 강한 경쟁력으로 시장에서 굳건한 지위를 구축하게 된다.

이런 화인 음식업의 강력한 경쟁력을 바탕으로 식당업은 급격히 커졌고, 동남아 이주초기의 동남아와 기타 지역의 화인들의 경제에서 차지하는 음식업의 비중은 매우 커졌고, 상당히 중요한 부분을 차지하였다.

화교화인들의 일상적인 경제생활과 관련, 사회적인 교류와 친구들과의 회합, 경축일과 각종 집회는 주로 화교화인들이 경영하는 중식당에서 이뤄지기 때문에 화교화인이 경영하는 식당은 단순히 음식을 먹는 곳이 아니라 중국문화를 공유하고 중국인의 후예로서 정체성을 확인하는 문화적인 장소도 되었다. 따라서 많은 거주국의 화교 화인 그리고 화예들은 이곳을 자주 찾게 되고, 이점이 화인이 경영하는 식당의 수요를 떠받치는 한 요소가 된다고 볼 수 있다.

화인들이 경영하는 요식업은 그 취업자 비중에서도 압도적인 중요성을 갖고 있다. 동남아는 아니지만 유럽지역을 대상으로 한 화인직업구성에 대한 설문조사에 의하면 요식업에 종사하는 화인이 압도적으로 많다. 절강성 靑田人의 경제활동과 관련된 표본조사를 보면, 약 3만명의 조사 대상자 중 요식업에 종사하는 사람이 2.1만으로 전체의 70%에 이르고 유통업종사자는 다음으로 3,600인으로 12%, 잡화업에 종사하는 사람은 1,200인으로 4%, 피혁업에 종사하는 자는 1,100인으로 3.6 %, 복장업은 1,000인 정도로 전체의 3.3%를 차지했다.[25) 이 통계가 지금과 시차가 많이 있고, 복건 출신자로 유럽에 정착한 사람을 기준으로 조사했다는 한계가 있으나 화인이 영위하는 사업의 한 추세를 이해하는데는 도움이 된다고 생각된다.

이민 초기의 영세한 화교화인의 요식업과는 달리 시간이 흐를수록 화인의 요식업은 그 규모와 사업내용이 다양화하고 있다. 가장 중요한 추세의 변화라면 중국음식의 패스트푸드화와 체인점화 등 현대 요식업 경영의 가장 첨단적인 경영방식과 기술이 도입되어 글로벌한 사업의 양태로 변모하고 있다는 점이다. 이처럼 화인 요식업의 발달은 가족경영의 범주를 벗어나 많은 종업원을 고용하는 규모상의 확대와 관련 산업의 성장을 가져왔다. 가령 야채재배, 가금류의 사육, 식품무역, 수산품의 거래확대, 냉동창고업무의 발전 등과 함께 심지어 일반 잡화의 장사도 요식업의 발전에 따라 큰 폭으로 매출이 확장되는 등 동시에 성장하고 있다.

또 이처럼 화인 중식당의 번성은 결국 거주국 현지의 주류토착민들이 중국식당을 찾도록 자극하면서 화인 요식업은 산업의 한 분야이면서 동시에 중국의 문화를 외국인에게 알리고 전파하는 문화의 발신지로서의 기능도 겸하고 있다고 볼 수 있을 것이다.

1995년 미국에서 출판된 〈華商年鑑〉과 뉴욕사회진흥협회가 취업인수와 경제효율, 직업의식과 발전추세 등 지표를 근거로 뉴욕지역의 화인사회의 9대 직업군을 보면 1,2위를 차지한 것이 바로 요식업과 복장업이었다.

당시 조사 결과에 의하면 화인들이 비교적 집중되어 있는 뉴욕에 525가의 복장제조업체가 있었고(화인복장업협회 회원사) 여러 가지 원인으로 협회에 가입하지 않은 화인 복장업체가 200~300가 정도에 달했다. 이들 복장업체에서 일하는 근로자는 약 2만여명으로 추산되었고, 이 가운데 80% 이상이 여성근로자였다.[26] 복장공장에서 일하는 화인노동자들은 주로 광동, 복건, 절강 등지의 이민으로 구성되었다. 이들은 가족들의 초청으로 미국으로 이민을 왔거나 혹은 불법이민이었다가 미국정부의 특사로 합법적인 거주신분을 획득한 사람들로 주로 구성되었다.

의류제조업은 원래 미국의 초기 중국이주민이 영위했던 세탁업소와 포목점, 재봉점 등이 변화되면서 형성되었다. 이 부문에 취업한 화인들의 경제조건과 학력조건은 모두 그다지 좋지 않았고, 대다수가 육체노동을 하는 노동자계층이기도 했다. 원래 미국에서 지난 60년대 이전 의류업은 유태인과 이태리인이 영위하던 전통적 업종이었다. 60년대 이후 대규모 이주자가 홍콩, 대만, 동남아 국가로부터 미국으로 건너오면서 이들이 일정한 규모의 자본과 재봉기술을 가져왔고, 미국에 온 후 우선 세탁업을 시작하면서 점차 차이나타운 등을 중심으로 의류제조업에 종사하면서 발전하였다. 80년대에 접어들면서 화인들의 의류제조업이 상당한 발전의 시기에 진입했고 90년대 초에는 미국에 화인의 의류제조업체가 2000여가에 이른다는 보고도 있었다. 이 부문에 종사하는 노동자는 10만 이상으로 추정되었다.[27)]

20세기 초에서 제2차 세계대전 시기, 화교화인들은 동남아에서 대량의 포목점을 열었고, 주로 영국과 일본 그리고 부분적으로 중국자본의 방직공장의 포목을 판매하였다. 화인들이 개설한 재봉점과 포목점이 점차 증가하면서 제2차 세계대전 이후 화인들은 자신의 방직공장을 세웠고 이후 화인들의 주요 생업으로 자리 잡기도 했다.

그러나 80년대 중반 이후 90년대 초반 이 시기의 미국경제가 침체하였고, 방직품의 소비시장 역시 비교적 위축되어 시장은 점차 찬바람이 불기 시작하면서 화인들의 의류제조업 역시 영향을 받고 생산량이 줄어들기 시작했다. 또 한편으로 의류제조업은 생산비가 지속적으로 상승, 즉 원재료와 에너지, 기계설비, 노동자의 인건비 등이 지속적으로 오르면서 경쟁력을 많은 부분에서 상실하기 시작했다. 원래 미국의 식민지였던 필리핀과 북미자유무역협정에 따라 무관세로 상품거래가 가능해진 멕시코로부터 방직품이 대거 수입되면서 화인들의 방직업과 의류제조업은 더 큰 타격을 받게 되었고, 화인들의 의류제조업은 급격히 위축되었다.

07 화인기업인의 비투명 경영– 정치권력과 유착

화인기업의 비투명경영은 조직구조나 인사관리, 재무관리, 자금융통, 세금문제 등 여러 가지 경영요소와 연관된다. 대부분의 경영내용이 비공개되고 거래관계가 인간관계에 의해 좌우되거나 기업운영의 공개화, 법제화와 제도화가 비교적 덜 이뤄진 상황으로 정의할 수 있을 것이다. 이런 화인기업 경영의 적지않은 부분은 편법이나 불법적인 것도 있으나 화인기업의 일반적인 속성이 불법적인 것으로 보는 것은 잘못된 것이다.

화인기업인들의 경영 비투명성은 주로 그 가족경영에서 나타난다. 가정은 전통사회에서 가장 기본적인 사회단위이자 생산단위이기도 하였다. 조기 화인기업은 규모와 자본도 작고 주로 부부나 부자 중심으로 운영되었으며 기업 규모가 커져 외부인을 고용하여할 상황이 되어도 주로 친족이나 동향인에 고용이 국한되었다.

이민의 후예로서 화인기업인들은 민족정부와 토착민의 배척과 질시를 받으며 사업을 전개해온 점이 아주 어려운 점이었다. 제2차 세계대전 이후 동남아에서 식민지배자들이 물러가고 민족정부가 들어선 이후 거의 예외없이 그들은 배화정책을 시행하였다. 많은 부분의 사업에 화인의 참여를 금지하였고, 이미 영위하고 있는 부분에 대해서는 철수하도록 하였다. 이러한 사업상의 규제는 화교화인에 가장 우호적인 국가였던 태국마저 예외가 아니었다. 그러나 70년대에 접어들면서 대부분 동남아 국가는 자국의 지속적인 경제발전을 위해서는 외자도입과 함께 국내의 교민자본도 동원할 필요가 절실하였고, 그 결과 화교화인 자본에 대한 그동안의 규제를 대폭 완화하게 되었다. 동시에 세계적인 흐름에 따라 수입 대체공업과 수출지향적 산업정책이 시행되면서 화교화인 자본은 빠른 시일 내에 급격한 발전을 거듭하게 되었다. 동남아 각국이 화교화인에 대한 규제정책을 철폐하고 차별을 줄여나갔지만 그래도 종족간의 정치 · 경제적 불평등 조례는 여전히 존재한 사례가 적지 않았다. 또 종족간의 갈등으로 폭력사태가 야기되면서 화교화인들의 생명과 재산이 타격을 입는 등 불안정한 국면이 지속되었다.

동남아 국가들의 정치 · 경제 · 문화에서 민주와 법제화가 여전히 정착되지 못한 가운데 정치권력자와 화인기업인 간의 권력과 자본의 교환거래가 성립되었다. 화교기업인의 자금력으로 정치 · 군사 실력자들을 지원하고, 정치권력자들은 자신의 권력으로 화인기업가들을 비호하는 이런 관계가 유지되었고, 이는 토착민들의 화교화인에 대한 공격의 빌미가 되었다. 화인 거대기업가들은 권력자와의 새로운 관계정립으로 오히려 더욱 많은 사업기회와 정부자금의 융통, 각종 인허가 사업의 쉬운 접근 등의 큰 혜택을 보았다. 그러나 상대적으로 규모가 작은 중소 화인기업인은 바로 거대 화인기업들의 자금과 권력의 교환으로 그들의 입지는 오히려 축소되었고, 토착민의 공격대상이 되었으며 인도네시아의 배화사태에서 그들이 더욱 큰 피해를 본 바 있다.

화인기업인들은 핵심관료층과 특수한 관계를 수립해서 종족불평등의 환경에서 새로운 발전을 모색했고 정부의 정책에 편승하여 그들의 사업을 키워나갔다. 인도네시아 수하르토대통령과 살림그룹의 린샤오량 회장의 관계가 가장 전형적인 케이스다. 두 사람은 인도네시아 건국 이전 독립전쟁 시기부터 서로 친밀한 관계를 유지한 사이로 수하르토가 65년 권력을 장악한 이후 린샤오량은 시멘트나 밀가루, 담배의 핵심원료인 정향 등의 독점 수입과 생산 등을 통해 인도네시아 최대 기업인으로 성장한 바 있다.

태국의 예도 아주 전형적인 권력과 자본의 결합케이스를 보여준다. 방콕은행의 창업자인 천삐천은 정치 · 군사지도자를 자신의 기업에 회장 등으로 영입하고 그들에게 은행의 주식을 배분하는 등의 방식으로 권력과 관계를 맺고 은행사업을 급격히 팽창시켰다. 말레이시아의 궈허녠, 린우동은 모두 건국 초기 4명의 수상, 주요 각료들과 아주 긴밀한 교제를 하였다. 인도네시아에서는 권력의 비호를 받는 이들 政商들을 主公이라 불렀다. 위에서 지적했듯 대표적인 주공은 바로 린샤오량이었다. 화인기업인과 정계, 군대의 요인은 재부를 나눠가졌고, 대가로 정계 지도자와 화인기업가에게 각종 정책상의 우대와 보호조치를, 그리고 정부사업의 도급, 특정사업의 특허경영권을 부여하였다. 화인기업가와 정부, 그리고 관료 간에 이뤄진 이들 거래는 합법적인 거래가 아니었다.

말레이시아에서는 원주민 우대 경제정책에 따라 '알리바바'란 기업이 등장하고 급격히 늘어났다. 여기서 알리는 말레이족을 바바는 화교화인으로 정부의 규제로 명의상으로는 말레이인이 사업허가를 받아두고 실제 소유와 경영은 화교화인이 하는 기업방식을 일컫는 말로서 이런 기업이 많이 늘어났다. 이런 형태의 기업은 실제적으로 다양한 모델이 존재할 수 있었고, 말레이인과 화인간의 사업에서 지분율이나 경영 그리고 이익배분에서는 아주 많은 합작케이스가 존재하였다. 원래 양자의 합작을 유도한 정부방침은 화인과의 합작으로 말레이인의 경제력을 강화하는 한편 그들의 경영역량도 강화하는 것을 목적으로 삼았으나 현실적으로 다수의 말레이인들은 사업에 큰 흥미를 느끼지 못하여 정부의 바램과는 다른 방향으로 발전한 것으로 평가된다.[28)]

비투명경영은 화인기업인의 경영이 서방기업경영과 구별되는 아주 중요한 특징이다. 이러한 비투명형 경영을 달리 표현하자면 화교형 경영으로 표현할 수 있을지 모른다. 山田修란 연구자는 미국형 경영이 보편적으로 적용되는 일반 경영이론이라면 이른바 지난 60년대 이후 80년대에 이르기까지 일본식 경영이론은 제조업이라는 제한된 범위에서 강력하게 작동되었다. 그러나 90년대가 되면서 일본 이외의 아시아 제 국가, 특히 중국과 동아시아 국가들의 대약진이 두드러지면서 21세기는 아시아의 세기라고 불릴 만큼 경기호황을 맞았다. 이 시점에 미국형, 일본형 경영과는 다른 상대적 개념으로 아시아형경영이라는 견해가 제기되었다고 그는 보았다. 아시아형 경영은 다른 말로 표현하면 화교형 경영으로 이는 일본형 경영과 마찬가지로 특수한 형태와 성향을 많이 가졌고 일반 국가나 민족, 문화환경에서 그 경영방식이 작동되는 것은 아니라고 본다. 왜냐하면 화교형 경영이 발휘되는 곳은 화교동업자 사이에서의 일이기 때문이다.

그렇다면 화교형 경영이 잘 발휘되는 환경은 어떤 환경인가? 그것은 우선 시장경제가 덜 발달하고 비즈니스 전개에 있어서 시행착오적인 접근을 할 필요가 있는 시장이라고 말할 수 있다는 것이다. 그는 화교형 경영이론은 바로 가족주의적 경영과 폐쇄된 특성, 그리고 시장경제가 제대로 발전하지 않은 지역에 적용될 수 있는 이론으로 개괄하였다.

08 다각화와 규모확대 등

화인기업은 일반적으로 업종에 구애되지 않고 사업전망이 있다고 생각되는 거의 모든 분야에 진출하는 경향이 강하다. 따라서 동남아의 많은 화인기업군을 구체적인 경영 상황을 보면 부동산, 금융, 유통, 제조업, 농업관련 산업, 건설, 호텔, 수송, 통신 등 다양한 분야에 걸친 문어발식 경영을 쉽게 관찰할 수 있다.

그러나 화인기업이 성장하는 과정에서 처음 시작하는 사업 분야에서 점차로 확대하는 과정에서 추가되는 사업 부문은 어느 정도 법칙성이 읽혀지기도 한다. 화인기업의 발전패턴을 보자면 우선 농업, 유통, 금융업 등의 화교화인들이 강점이 있다고 생각되는 부분에서 우선 사업을 전개하고 이어 새로운 분야로 넓혀 나가면서 사업다각화의 길을 걷는 게 일반적인 발전의 패턴이라 할 수 있을 것이다.

우선 화교화인 기업인들의 활동무대였던 동남아를 생각해보면 제2차 세계대전이 발발하기 이전과 전후 초기까지는 주로 자원개발, 농업국가였다고 규정할 수 있을 것이다. 따라서 화교화인들의 사업도 초기 이들 국가적 경제특성의 범주를 벗어나지 못했다. 즉 초기 화교화인들의 주요 사업은 자원개발이나 농업관련 사업이었다. 고무나 주석광산의 개발, 기타 열대작물의 재배가 중심을 이뤘고, 이어 농산물 관련 유통업과 주로 화교화인과 중국 대륙과 관련된 초기 금융업 등이 중심을 이뤘다.

그러나 제2차 세계대전이 종전되고 60년대가 지나고 공업화의 바람이 불면서 동남아는 공업화 초기 외국자본에 상당히 의존하였다. 그러나 독립민족정부가 화교자본에 대한 규제가 국가경제발전에 결코 도움이 되지 않는다는 판단하에 점차 화교자본을 공업자본화, 산업자본화로 유도하였고, 화교화인 자본은 시대의 흐름과 국가정책의 변화로 새로운 변신과 발전의 계기를 맞게 된다. 그동안 상업자본의 성격이 강했던 동남아 화교화인 자본이 바로 국가정책의 변화와 세계적 경제흐름의 변화에 따라 공업자본화의 길을 걷게 되고 본격적으로 화인재벌이 탄생하는 계기가 되었다.

朱炎에 의하면 동남아 화인기업의 다각화는 세 가지 타입으로 구분할 수 있다고 한다.

첫째, 식민지 시대에 구축한 사업인 고무와 곡물, 설탕 혹은 금융, 무역을 발전시킨 비공업분야의 성장으로 다각화한 타입이다. 말레이시아의 궈허녠의 곽씨형제그룹과 싱가포르의 OCBC(화교은행)은 대표적인 사례이다.

둘째, 경제발전에 의해 나타난 기회를 포착하여 부동산개발 등으로 성장하고 다각화한 타입이다. 싱가포르의 풍릉그룹이 대표적인 예라 할 수 있을 것이다.

셋째, 국가의 공업정책에 의한 정부산업육성정책에 편승하여 공업분야에서 성장하고 다각화한 그룹이다. 인도네시아의 살림그룹이 대표적인 예이다.[29)]

그러나 이런 분류는 하나의 예에 불과하고 이와는 다른 분류도 얼마든지 가능할 것이다. 위의 경우에서 두가지 혹은 세가지 타입이 혼합된 화인기업군도 있다. 가령 태국의 正大그룹의 경우는 제2차 세계대전 이전 태국에서 전형적인 농업관련 기업으로 성장하고 발전했으나 전후에 점차 사업영역을 확대하고 공업부문과 부동산 부문에서 왕성한 확장의욕과 함께 첨단산업인 통신분야에 이르기까지 손은 뻗은, 위의 모든 타입이 혼합된 성장패턴을 보여주고 있다.

부동산 분야는 화인의 투자가 가장 활발한 분야 중 하나이다. 부동산을 주요 사업분야로 하는 화인기업군이 많다. 청쿵(長江) 실업이나 뉴월드, 선홍카이(新鴻基地産) 핸드슨(恒基兆業) 등 홍콩의 최상위 기업군의 화인기업들의 경영분야는 아무래도 부동산이 중심이다. 홍콩경제의 지속적인 성장에 힘입어 주택, 사무실 등의 수요가 아주 높고 지가상승이 급속히 이뤄지는 상황에서 부동산업은 가장 높은 이익을 올리는 부문이었기 때문이라고 생각된다. 이는 또한 전통적인 중국인의 가치관념에 의한 토지수요욕구와 함께 가치의 증식과 재산의 유지라는 차원에서 부동산은 가장 좋은 투자대상이기도 하고 자손에게 물려주기에도 좋다는 측면이 있다.

화인기업의 부동산 사업은 토지거래, 도시종합개발, 건설업, 사무실과 주택을 중심으로 사업을 전개하였지만 부동산 관련 산업으로서 쇼핑센터, 호텔의 건설과 경영을 포함하고 있기도 하다.

금융업 역시 화인들의 전통적인 강세 부문이었다. 아시아 지역에서의 대형 민간은행은 거의 대부분이 화인계 은행들이다. 기존의 화인계 은행은 경제발전에 따라 거의 대부분의 은행은 대규모화했고, 은행을 중심으로 다른 분야로 확장하였다.[30] 태국의 방콕은행과 싱가포르의 대화은행(UOB), 화련은행(OUB) 등이 이런 예에 속한다. 한편 은행업 아닌 다른 분야에서 사업을 일으킨 후 은행업으로 진출한 예도 적지 않다. 인도네시아 살림그룹의 뱅크센트럴아시아가 전형적인 예가 될 것이다. 이렇게 설립된 은행은 은행 고유의 업무와 함께 그룹의 자금공급원으로서 역할을 수행하는 등 그룹경영에 큰 기여를 하게 된다. 물론 은행 이외 다른 금융분야 예로 증권, 보험, 금융회사 등의 분야에도 화교기업인들은 강점을 보이고 있다. 대만 최대의 그룹인 霖園은 國泰생명보험이 그룹의 중심적 위치에 있다.

유통업도 화인의 전통적인 분야이다. 원래 화인들이 종사한 유통업 분야는 주로 일상생활과 관련된 잡화점 등 소매업에 치중했고, 농산물의 유통과 수출에 국한되었지만 지금은 그 범위가 매우 확장되었다. 우선 백화점, 슈퍼마켓, 쇼핑센터 등 대형소매업으로 확장됐다. 둘째, 수출입업이다. 수출 특히 농업관련제품 수출의 경우 화인은 전통적으로 독점적인 지위를 구축하고 있다. 예를 들자면 태국의 곡물수출은 거의 전부를 화인기업인들이 장악하고 있다. 수입의 경우 화인기업인들은 동남아시아에서의 일본기업의 판매대리점 계약을 체결해 수입판매 업무를 담당하는 예가 아주 많다. 셋째,무역업과 관련해 해운업이 강하다는 점이다.

화인기업은 많은 경우 유통업과 금융업에서 발전했기 때문에 자금운용면에서 상업자본적 특성이 강한 편이다. 즉 화인기업은 상품의 매매, 자금의 유동을 통하여 이득을 획득하는데 익숙하지만 자본을 고정화시키고 시간이 걸려서 산업을 육성하고 시장을 개척하는 데는 그다지 숙달되지 못했다. 이런 속성 때문에 화인기업인들은 수익이 높고, 자본의 회수가 언제라도 가능한 사업으로 투자에 대해서는 적극적이지만 장기적인 투자에 대해서는 아주 신중한 접근을 한다.

화인기업들이 사업을 확대할 경우 일반적으로 회사를 신설하기 보다는 기업매수 혹은 자본참가 등의 방식으로 기존기업을 산하에 편입시키는 방법을 택한다. 기업매수와 자본참가에 의한 격심한 합종연형 가운데 화인기업그룹의 규모와 실력이 급속히 확대되는 것이다. 화인기업들의 기업매수는 신규사업으로의 참여, 동일 사업의 규모확대, 고수익 우량기업의 획득 등 여러 가지 목적에 의해 이뤄진다. 화인기업들은 기업매수의 대상으로 일반적으로 사업실적이 좋은 장래성이 있는 우량기업을 주로 선택한다. 또 흥미로운 점은 정부와의 연결고리를 만들기 위한 정치목적의 매수도 한다는 점이다. 예를 들어 말레이시아의 풍륭그룹은 1990년에 여당인 UMNO 의 권유에 응해 유력 중국어 신문인 南洋商報를 매수했다. 말레이시아의 곽씨형제 집단은 1993년에 중국정부를 비판하는 입장을 견지하는 홍콩의 대표적 영자지인 사우스차이나모닝포스트지를 매수한 바 있다.

한편 기업을 매각하는 측도 자신이 육성한 기업을 높은 가격에 팔아 이익을 확보하는 목적을 갖고 있다. 홍콩의 스타TV 사 매각도 한 예가 될 것이다. 스타TV 는 청쿵실업 총수인 리자청 개인과 산하의 허치슨왐푸아가 50%씩 출자하여 1990년에 설립했고, 리자청의 차남 리처드 리가 경영한 위성방송사이다. 1993년 7월 리자청은 이 회사 주식 63.5%를 5.3억달러에 매각했다.

미주

1) 趙靖：中國經濟思想史述要 上 p.37, 북경대학출판사, 북경
2) 상게서 p.39
3) 상게서 p.47
4) 상게서 p.48
5) 상게서 p.49
6) 박병석：중국상인문화 p.103~104, 教文社
7) 楊國楨 등 著：明淸中國沿海社會與海外移民 p.17, 高等教育出版社, 北京
8) 상게서 p.18
9) 상게서
10) 亞洲週刊 1995년 4월 30일, 龍登高 著：海外華商經營管理探微 p.142
11) 梁英明：戰後 東南亞華人家族企業的發展, 화교화인역사연구 1997년 제1기 p.20
12) 상게논문 p.21
13) 吳文煥：中國傳統文化與華人經濟 p.286, 世界華僑華人經濟研究, 汕頭대학출판사.
14) 邱立本：從歷史的角度看東南亞華人網絡, 화교화인역사연구 1998년 제3기
15) 상게논문 p.5
16) 상게논문
17) Kris, 1999, 龍登高 상게서 p.135 재인용
18) 상게서
19) 상게서
20) 中島岭雄(日)：亞洲의 번영과 '儒教資本主義', 月刊 經理 1993년 3월호, 梁英明：東南亞華商企業與儒家文化, 화교화인역사연구 1998년 제4기 재인용
21) (菲) 吳文煥：中國傳統文化與華人經濟, 世界華人經濟研究 p.286, 汕頭大學出版社
22) 상게논문
23) 孫先錦：海外華人經營管理思想研究, p.288, 東南亞華人企業 經營管理研究 경제관리출판사, 北京
24) 黃松贊：論華人文化對海外華人經濟發展的作用, 상게논문집 p.292
25) 화교화인역사연구 1998년 제3기 p.56
26) 華僑華人資料報刊剪輯 1995년 제4기 p.31
27) 方雄普, 謝成佳 主編：華僑華人概況, p.112, 中國華僑出版社
28) 龍登高：海外華商非透明化經營分析, 화교화인역사연구 1997년 제4기 p.33
29) 朱炎：華人ネットワークの秘密 p.55, 東洋經濟新報社, 東京
30) 상게서 p.57

제 12 장

화인자본의 글로벌화와 對중국투자

제2차 세계대전 후 동남아 각국에서 식민자들이 물러가고 민족정부가 들어서면서 화교화인 경제는 새로운 변화를 맞는다. 전후 동남아 각국의 건국 초기 거의 예외 없이 이 지역의 화교화인들은 완전한 경제독립을 목표로 한 민족정부의 경제정책에 의해 많은 경제활동이 제약을 받게 되고 상당한 시간 곤경에 처하게 된다. 그러나 화교자본에 대한 규제가 결코 국가경제에 도움이 되지 않는다는 점을 인식한 각국 정부는 독립 초기 화교자본에 대한 규제정책에서 벗어나 외자와 함께 국내의 교민자본도 경제발전에 적극 활용하는 정책으로 전환하게 되었다.

이런 정책의 변화는 제2차 세계대전 이후 세계적인 경제발전과 경기확장에서도 상당한 영향을 받았다. 전후 아시아 지역에 국한해서 보자면 일본의 경제가 냉전체제하의 미국의 대아시아 전략의 일환으로 일본물자의 구매 우선과 또 한국전쟁의 발발로 인한 군수품의 공급 등으로 급성장하였다. 이어 아시아 4소룡(한국, 대만, 싱가포르, 홍콩을 지칭)의 등장과 이들의 경제발전으로 아시아 지역은 중장기적인 발전추세에 진입하였다. 70년대에 접어들면서 동남아 각국들의 산업정책도 변화, 주로 농산품을 수출하고 공산품을 수입하던 구조를 탈피하여 공산품을 국내에서 생산하여 수입을 대체하는 수업대체형 공업으로 전환하였다. 이들은 이어 수출주도형 경제모델을 채택, 본격적인 공업화전략을 채택하면서 수출에도 적극 나서게 되었다.

이처럼 화교화인 자본에 대한 규제책의 완화에 이어 적극적인 공업화정책의 추진은 동남아 화교화인에게 새로운 발전의 전기를 가져왔다. 이제까지 동남아 화교화인 자본은 주로 상업자본을 중심으로 형성, 발전되어 왔으나 토착민에 대한 경제적 기회 확대 등을 이유로 화교화인의 유통업 분야에 대해서는 규제에 나섰다. 그러나 각국 정부는 화교화인의 제조업 투자를 적극적으로 유도하였고, 화교화인 기업인들은 정부정책에 따라 새로운 발전의 길을 모색하였다.

동남아지역의 화교화인 재벌의 기본 형태는 주로 1960년대 말 이후 그 모습이 처음 형성되었고, 이후 세계적인 경제흐름에 편승하여 기업규모와 거래지역, 업종을 획기적으로 확대하게 되었다. 이러한 화교화인 자본의 변신은 세계적인 주목을 불러일으켰다. 동남아에서 형성, 발전된 화교화인 자본은 국내의 화교자본에 대한 규제와 사업지역의 협소에 따른 사업의 제약과 화교화인 기업인들의 더욱 커진 사업의욕 등이 어우러져 점차 대외 진출을 꾀하게 되었다. 화인기업인들의 가장 두드러진 대외진출지역은 그들의 조국이었던 중국 대륙이었다. 화인기업들은 주로 70년대 이후 홍콩을 거점으로 하여 동남아 다른 국가로 진출하거나 혹은 80년대 이후 중국의 개혁개방정책에 따라 대중국투자에 나서게 된다.

동남아 화인(이 경우 홍콩 등을 포함하여)자본의 중국진출은 중국으로서도 매우 큰 의미를 갖고 있다. 중국의 개혁개방 선언 이후 많은 서구자본이 중국 진출에 큰 관심을 갖고 있었으나 당장 이를 실행으로 옮기지 못하고 관망하였다. 비록 중국이 개혁개방 선언을 하고 외자도입을 추진한다고 발표는 했지만 과연 이런 정책이 안정적으로 지속될 것인가 하는 점은 정치체제를 달리하는 구미자본으로서는 당연히 우려할 부분이었다.

개혁개방 이후 대중국 투자의 문을 가장 먼저 두드린 사람들이 바로 홍콩자본을 포함한 동남아 화인자본들이었다. 이들 화인기업인들이 중국투자에 나선 것을 단순히 고국에 대한 심리적인 요인으로 설명하는 것은 잘못이지만, 그렇다고 감정적 요소가 완전히 배제된 것도 아니었다. 화인자본의 성공적 투자와 대륙에서의 안착은 중국투자를 관망하던 구미자본이 중국에 진출하는데 있어서 촉매작용을 한 것은 틀림이 없다 하겠다. 대중국 투자로 사업범위와 시야가 넓어진 화인자본은 아시아의 다른 지역 등을 포함하여 사업범위를 세계로 확장하는 글로벌 경영에 나서게 되고, 국제적인 대기업군으로 변신을 도모하게 되었다. 이런 측면에서 보자면 동남아 화인기업의 대중국 투자는 중국으로서도 의미가 매우 큰 경제적 흐름이었지만 동시에 화인기업인들의 글로벌경영의 바탕이 되었다는 측면에서 화인기업가들에게도 중요한 변화였다고 생각된다.

01 화인자본의 경영다각화와 글로벌화

제2차 세계대전 후 동남아 아세안국가들은 전후 국제적인 경제발전과정과 국제분업구조 속에서 경공업제품의 생산과 수출을 통해 경제발전을 지속적으로 추진했다. 이런 과정에서 동남아 화인기업들은 비로소 국제시장에 눈뜨면서 국제시장을 접촉하게 되었고, 다국적자본과 자본합작을 통해 궁극적으로 다국적기업을 형성, 새로운 차원의 발전을 도모하게 되었다.

동남아경제의 외향화와 국제화 추세는 화인 거주국 경제발전을 위한 수요에서 비롯됐으나 이는 동시에 화인기업 자체의 발전 욕구에 기인한 것이기도 했다.

전후 초기 동남아 국가의 대외교역품은 주로 농임업 품목과 광산물 위주였다. 이 시기 동남아지역의 풍부한 자연자원과 이를 가공하는 가공공업의 발전이 동남아공업화 과정의 한 특징이었다. 화인기업들은 자원형 가공공업의 개발에 참여하였고 동남아는 1차산품의 수출에 우월적인 지위를 차지하였다. 즉 말레이시아는 여전히 세계 최대의 고무와 주석 수출국이었고, 태국은 세계 최대 규모의 쌀 수출국이었으며, 동시에 사료와 수산가공품의 주요 수출국가였고, 인도네시아는 세계 최대 합판 수출국이었고, 필리핀은 최대의 야자산품 수출국가였다.[1)]

이후 원산품이나 이의 가공품의 수출에 이어 수입대체형 공업의 발전과 수출주도형 공업의 발전으로 동남아 경제지형이 크게 변화하게 된다. 동남아 초기의 수입대체 생산물은 주로 밀가루, 식용유, 설탕, 담배, 음료 등 식품업과 방직, 의류, 비누, 성냥, 쇠못 등 경공업제품이었다. 이러한 수입 대체공업에 참여한 화인기업가의 숫자는 이루 말할 수 없이 많았고, 이 수입 대체공업화 과정을 통해 두드러진 화인기업인들이 등장하였다. 예를 들면 말레이시아의 최대 화인기업 집단인 궈허녠(郭鶴年)의 곽씨형제집단은 밀가루와 설탕으로 기업을 일으켜 세웠다. 그가 전성기 시절에 말레이시아 설탕의 80%, 전세계 설탕시장의 10%를 장악해 아세아의 설탕왕이란 별칭으로 불리기도 했다는 점은 앞서 지적한 바 있다.

인도네시아의 金光집단의 황이총(黃奕聰)은 '식용유 왕'이란 별칭으로 통하였다. 그가 인도네시아 식용유시장의 60%를 장악했기 때문이다. 한편 필리핀의 화인기업인인 천용자이(陳永栽)가 경영하는 복천담배공장은 동남아지역에서 설비가 가장 선진적이고, 그가 생산하는 6종 담배 가운데 3종의 브랜드 담배는 필리핀 중급 담배시장의 70%를 차지하고 있다.[2)]

동남아의 수입 대체공업의 발전은 70, 80년대였고, 이후 식품과 방직품의 기술진보가 빨라지면서 많은 생산품이 국제시장에 수출되었다. 80년대 중후반 이후 일본과 한국, 대만, 홍콩 등이 동남아로의 대규모 직접투자와 산업이전을 활발히 하면서 이들 국가의 기업들은 주로 화인기업과 합작하여 사업을 전개했다. 주요 사업합작, 협력분야는 식품, 방직, 의류, 제화, 플라스틱제품, 피혁제품, 목제품 등의 노동집약형 경공업 분야였다. 불과 수년 만에 태국, 인도네시아, 말레이시아, 필리핀 등은 아시아의 새로운 노동집약형 공산품 생산과 수출기지가 되었다.

한때 인도네시아 제2의 화인기업이었던 아스트라그룹은 일본의 토요타의 차를 조립생산하고 혼다와 그 밖의 자동차, 오토바이업체와도 협력관계를 맺고, 프랑스의 르노와 독일의 BMW 등과도 협력관계를 맺었다.

동남아 화인경제의 발전과정을 고찰하면 화인자본의 전통영역은 상업, 수출입무역, 금융과 운수업 분야인 것을 알 수 있다. 특히 태국과 싱가포르, 필리핀의 경우 이런 특성이 더욱 두드러졌고, 산업자본은 금융자본과 상업자본이 다른 분야로 전환되는 과정에 형성되었다. 그러나 인도네시아와 말레이시아는 사정이 좀 다르다. 2차 세대전 전후 금융자본은 이들 국가에서 충분히 발전하지 못했고, 이들 두 국가에서 화인자본은 주로 산업영역에서 발전하였고, 여기서 축적된 자본은 이후 은행 등 금융업에 투자되었다.

동남아 화인기업들은 제2차 세계대전 후 여행, 레저, 운수 등 서비스산업 부문의 국제화에서 빠른 성장을 보였고, 이들은 또 부동산업과 연관되어 빠른 발전을 이룩했다. 이 부문에서 가장 대표적인 인물이 바로 말레이시아 화인기업가인 궈허녠이다. 그는 설탕 사업에 이어 장래의 주력사업을 관광레저 부문이라고 보고 호텔업에 적극 뛰어들었다. 그는 지금 중국 대륙을 비롯한 동남아 주요도시에 모두 그가 관할하는 샹그리라 호텔체인을 소유, 운영하고 있다.

이제 호텔과 리조트 및 부동산업은 이미 동남아 화인기업들이 가장 주력하는 뜨거운 투자대상이 되었고, 이는 이후 1997년에 발생한 동남아 금융위기로 화인기업가들의 사업에 큰 위기요인이 되었다. 화인들은 사업을 전개함에 있어서 다른 화인기업가들과 동업하는 예도 많이 보인다. 예를 들면 인도네시아 펑윈펑(彭云鵬)의 바리토집단은 1991년 싱가포르의 센토사섬 서단에 5성급 해변리조트호텔을 건설하면서 1.1억 싱가포르달러를 투자해 51%의 지분을 확보하였다. 나머지 40% 지분은 궈허녠의 샹그리라국제집단이, 9%는 싱가포르의 풍륭집단이 각각 소유하였다.

동남아 화인기업의 국제화는 거주국의 국제경제지위, 국내경제구조, 산업구조 등과 밀접한 관련이 있다. 다음과 같은 몇 가지 특징으로 요약이 가능하다.

화인들의 거대자본은 민족정부의 비호와 과거 식민지 시기의 서구식민자본의 인수, 그리고 국가자본과 토착자본과의 결합 등으로 급격히 기업규모를 키워 온 특성이 있다. 즉 화인거대자본은 순수히 화인자본으로만 구성된 것이라고 보기 어렵고 국가관료자본이나 토착자본이 공동 참여하는 형식으로 발전하면서 정부의 각종 인허가나 독점권 등을 부여받아서 사업을 급속히 확장하여 왔고, 구미 선진자본과 결합한 예도 적지 않았다. 이런 특성은 중 · 소형 화인기업과 특히 구분되는 측면으로 이해할 수 있다. 민족정부는 이들 기업이 영위하는 신흥공업의 발전을 위해 저리대출, 세수감면, 수출보조, 수출할당, 환율우대, 관세 보호 등 각종 정책적 우대를 통해 기업들의 비용을 낮추고, 수출경쟁력을 강화하였다.[3)]

식민자본을 유리한 조건으로 획득하여 기업역량을 강화한 사례도 있다. 말레이시아의 리라이셩(李萊生)과 싱가포르의 리광첸(李光前)은 서방기업들이 식민통치의 종료에 따라 그 영업활동이 위축되고 민족정부가 이들 영업활동을 제약함에 따라 주식매입 등의 방식으로 이들 기업(대플란테이션이나 광산도 포함해서)

을 인수하여 사업범위를 확장하였다.

동남아 화인자본의 특성을 戰前과 戰後로 구분해서 보자면, 전전은 주로 중개무역에 치중했다면, 전후에 비로소 자신의 사업체를 직접 운영하는 등의 독자적 경영이 이뤄졌고, 국내 사업을 전개하면서 점차 독점권도 장악하게 되었다. 이는 결국 독립초기 민족정부로부터 화인들의 경제활동이 규제를 받기도 했지만 앞서 지적한 여러 가지 요인으로 결국 민족정부의 강력한 지원과 협조가 뒷받침되었다는 의미이기도 하다.

또 하나 화인기업의 특성은 금융, 운수, 관광, 부동산 등의 산업부문에서 차지하는 비중이 비교적 높다는 점이고, 다국적 화인기업들은 주로 이런 사업부문에서 두각을 나타내고 있다. 그러나 화인기업의 국제화 정도는 아직 그다지 높은 편이라고 볼 수 없고 여전히 거주국의 사업에 주력하는 상황이다.

지난 세기 80년대 이후 화인기업에 나타난 또 다른 특징은 사업다각화이다. 기업이 사업다각화를 하는 이유는 다음과 같은 여러 가지로 설명되고 있고, 화인기업도 이러한 범주에 속해 있다고 생각된다. 사업다각화는 첫째, 시장불완전성에 대한 일종의 대응이라는 것이다. 생산요소시장, 제품시장이 발육이 불완전한 발전도상국가에서 기업의 경영상의 위험을 덜고 안전을 도모하기 위한 방편으로서 사업다각화가 보편적이라는 지적이다. 또 다른 요인은 경제규모가 작은 시장에서 기업들은 시장의 포화로 다양화라는 수단을 사용해 그 성장목표를 달성한다는 것이다. 피터 드러커는 1986년 기업의 다각화의 대내외 원인을 전면적으로 분석한 바 있는데, 그는 자원과 시장이 제약된 가운데 개별기업의 발전이 한계에 부딪히면 다각화의 형식으로 한계를 벗어난다고 보았다. 또 하나 지속적으로 확대되는 외국자본과 기술의 유입이 동남아 화인기업의 다각화를 촉진한 요인이라는 지적도 있다.[4)]

생산요소 시장 가운데 자금시장과 관련, 동남아 화인기업 집단들은 보편적으로 금융, 보험, 증권, 소매업 등 비교적 높은 현금회전율을 갖고 있는 사업을 영위하고 있다. 이는 화인기업인들에게 내재한 특성 탓도 있지만 동남아 각국의 자본시장이 낙후한 것과도 연관이 있어 보인다. 특히 국내 금융시장에서 정부의 강한 입김 탓에 따라 필요할 때 상응한 자금을 조달하지 못해 투자기회를 놓칠 수도 있기 때문에 화인기업들이 필요한 자금을 스스로 마련한다는 측면에서 금융업에 진출한 측면도 크다 할 것이다.

동남아 화인기업 집단으로서는 그들이 입지한 국내시장이 협소하였고, 어느 특정 상품이나 서비스가 쉽게 포화상태에 빠져 단일상품으로 지속적인 성장을 하기가 어려워 사업다각화에 나설 수밖에 없었다는 것이 화인기업가 사업다각화의 다른 한 측면이다. 이 경우 국내시장이 포화상태로 상품의 국제화와 동시에 다각화를 추진하게 되는 것이다. 말레이시아 궈허녠의 경우 국내설탕시장의 장악에 이어 국제시장 설탕시장의 큰 손이 되었고 이어 관광사업, 특히 호텔업으로 변신한 것은 하나의 전형적인 예가 될 것이다. 즉 小國의 경제규모에서 기업인들이 영위하는 업종이 쉽게 포화상태에 이르고 이를 극복하는 방편으로 사업다각화에 나선다는 이론으로 동남아 화인기업의 사업다각화 측면을 설명하는 하나의 틀이 될 수 있다.

화인기업인들은 새로운 산업에 대한 부단한 투자와 다각화 경영으로 높은 수익을 올리는 한편 1980년대 말 금융자유화에 편승하여 은행, 보험업의 규모를 신속히 확대하였다. 이처럼 80, 90년대의 발전을 거치면서 화인기업 집단은 상업영역을 넘어서서 수출입, 각종 제조업, 부동산업, 호텔업과 금융업이라는 다각화를 완성하고 국제시장으로의 확장도 꾀하였다.

동남아경제가 고성장을 거듭하면서 가져온 고수익은 외자의 흡인을 촉진하였고, 이들 외자의 유입 증대가 또 화인기업의 다각화를 촉진하는 효과를 가져왔다. 구미와 일본, 아주 4소룡 등 선진자본의 동남아 신흥시장으로의 유입은 독자적인 외자 진출보다는 지역에서 사업역량이 입증된 화인기업과 합작형식이 유리하다는 점을 반영하는 것으로 보인다. 이들 외자는 자본과 기술을, 동남아의 화인기업은 기업경영과 관리능력을 결합하여 합작기업을 설립하여 동남아시장을 개척하게 되었다.

외자의 직접투자를 통한 합자 이외에 단순히 고수익을 노린 해외금융자금은 화인기업인들의 자금원이 되어 국내사업의 확장을 위한 재원으로 활용되었을 뿐 아니라 이 재원을 바탕으로 제3국으로 진출하는데 활용되기도 했다.

원래 화인기업인들은 스스로 원시 축적한 자금으로 사업을 전개해왔고, 독립정부의 화교화인 경제에 대한 규제로 정부 금융기관의 충분한 대출을 받지 못해 자신의 자금이나 화인들의 내부신용 — 가령 화인들로 구성된 각종 계 활동 — 을 통해서 자금을 조달해 왔다. 그러나 사업규모가 커지고 외부 자금조달 경로가 다양해지면서 부채를 통한 성장이 보편화되었고, 국내외 자금 조달경로가 다양화되고 확대되면서 많이 확보한 자금을 바탕으로 사업다각화를 촉진하였다.

02 화인의 모국투자– 피의 논리인가? 자본의 논리인가?

1. 신중국 건국 후 초기 화교투자활동

신중국이 건국된 후 자본주의 방식의 모든 기업이 사회주의 개조를 거치면서 중국에는 더 이상 자본주의 방식의 기업이 존재하지 않았다. 이는 화교가 투자한 기업도 예외가 아니었다. 화교들의 제의로 광동, 복건, 광서, 운남, 산동, 요녕, 샹하이, 텐진, 우한, 난징, 원저우 등 모두 11개 省, 市에 각기 국영화교투자공사가 설립되었다. 화교투자공사는 국가가 경영하는 화교자본신탁기업으로 화교들이 이 회사의 주식을 구입하는 일종의 간접투자 방식이었다. 화교가 투자한 자금을 활용하는 기업은 국가가 직접 관리하였고, 화교와 화교가족은 단지 투자회사의 배당금을 받았다. 그러나 이는 사영기업의 주식배당과 달리 은행 이자와 성질이 같았다. 1963년까지 각지의 화교투자회사가 세우고 확장한 공장과 기업은 모두 1백여 곳에 달했다. 이 가운데는 설탕공장, 마방적공장, 제지공장, 통조림공장, 고무공장 등 농산품 가공공장과 일상용품 제조공장과 농업용 수력발전소, 농기계공장 등이 있었다. 또 열대, 아열대 경제작물을 주로 경작하는 화교농장과 화교여행서비스를 제공하는 회사 등이 있었다.[5] 이밖에 중화인민공화국이 건국된 후 문화대혁명까지 해외화교의 투자액은 약 2억여위안 인민폐로 이 가운데 동남아 화교의 투자가 전체의 70% 정도 차지했다.[6]

신중국 건국 초기 복건성 인민정부는 귀국화교관광단의 제안에 따라 1952년 7월복건성화교투자공사를 출범시켰고, 이 기구가 화교투자를 흡수하는 상설기구가 되었다. 이 기구는 샤먼, 진강 등지에 사무소를 두었고, 화교주식을 발행하고, 화교자본을 모집했으며, 화교투자를 유도하였다. 1966년까지 11,000여 해외화교가 주식투자를 했고, 모집된 화교자금은 8,000여만위안이 됐다. 복건성은 화교들이 투자한 자금으로 전체 성지역 27개 縣과 市에 47개 공광업 기업을 세우거나 확장하였다. 이는 이후 복건성의 중추적인 기업이 되었다.[7]

1955년 3월 광동성 화교투자공사가 정식으로 출범하였고, 샨터우, 매현, 광저우, 태산 등 성내 28개 縣市에 자회사가 설립되면서 주식모집에 나섰다. 1966년까지 광동성화교투자공사는 화교자금 약 7,800만위안을 모집하였고 주주는 약 2만여에 달했다. 이들 자금은 주로 동남아에서 왔고, 이 자금으로 모두 83개 기업을 설립했다. 이 가운데는 공업기업이 79%, 농장 등이 13%, 여행업체가 8%를 차지했다. 이들 기업들은 광동경제건설에 상당한 기여를 하게 되었다.[8]

그러나 위의 투자는 고국에 대한 간접투자에 불과하였고, 1979년 개혁개방이 선언되기까지 동남아화교화인의 직접투자는 중지되었다. 70년대 말 이후 국제정세의 변화와 동서진영간의 이념대립의 약화 등의 흐름에 힘입어 중국이 개혁개방정책을 선언하면서 동남아의 대중국정책도 큰 변화를 보였다. 동남아 각국은 동서진영의 이념대립이 완화되면서 화인인 거주국 공민들의 중국여행과 중국에서의 사업에 대한 제한을 풀었고, 중국은 동남아 화인기업의 무역과 투자의 주요 대상국이 되었다. 중국과 외국과의 경제협력 과정에서 동남아 화인들은 첨병과 중개인의 역할을 수행하였다. 비록 화인들이 이미 동남아 국가의 국적을 취득했지만 그들이 내면화한 문화와 가치관, 그리고 언어 등 여전히 중국적인 것을 어느 정도 유지하였고, 이는 동남아 국가와 중국을 잇는데 더없이 소중한 것이었다. 새로운 동남아 화인과 중국과의 관계는 신중국 건국 이후 윗세대인 화교들이 투자한 것과는 완전히 내용과 형식이 달랐다. 건국 초기 애국심의 발로로 동남아 화교가 정치이념이 다른 공산중국에 투자를 했지만 이제는 기본적으로 이익을 겨냥한 투자활동의 일환으로 중국투자에 나서게 된 것이다. 당연히 투자방식은 직접투자로 시장원리에 의한 투자방식으로 진행되었다. 또 다른 특성은 건국 초기 주로 광동과 복건 출신의 동남아 화교가 고향땅에 집중 투자했으나 개혁개방이후 비록 광동, 복건 출신 화인들이 많이 고국투자에 나섰으나 그들의 투자장소는 반드시 광동, 복건 등 고향땅에만 국한되지 않고 투자지역이 확대되었다.

2. 개혁개방 후 화인들의 중국 투자상황

통계에 따르면 1979~2002년 중국이 실제 사용한 외자액은 6,234.18억달러였다. 외국기업의 직접투자액은 4,462억.55억달러에 달했다. 2002년말까지 전국적 누계치로 설립허가된 외국기업은 424,196개 기업이었다.[9)]

외자의 대중국투자를 형태별로 보면 크게 대외차관과 외국인 직접투자, 그리고 기타 투자로 구분할 수 있다. 개혁개방 초기에는 차관형태로 도입한 금액이 컸지만 92년을 기점으로 외국기업인 직접투자가 큰 폭으로 차관을 앞지르면서 외국인 직접투자가 중심적인 외자조달 창구로 자리를 잡았다.

연도별로 세분해서 보면, 1979~1983년 전국에서 도입한 외국기업 직접투자액수가 74억 5,256만달러이고 이 가운데 홍콩과 마카오 43억 1,939만달러, 싱가포르 5,447만달러, 필리핀 428만달러, 태국 250만달러였다.[10)] 전체 중국투자의 58.8%가 홍콩 마카오를 포함한 동남아지역에서 나온 것임을 알 수 있다.

1984년에서 2002년까지 중국이 실제 이용한 외자는 4,444.53억달러로 이 가운데 홍콩에서 온 것이 2,035.80억달러로 45.8%, 이어 동남아 5개국이 292.10억달러, 미국은 약 397억달러, 일본 359억달러, 유럽 358억달러이고 그 밖의 국가와 지역에서 약 1,003억달러의 투자가 이뤄졌다.[11)]

이 가운데 홍콩과 동남아지역에서 이뤄진 중국투자는 주로 화인자본에 의한 투자로 추정되고 있다.

동남아 화인(홍콩, 마카오 포함하여)들의 중국투자는 개혁개방초기 화인들의 고향땅인 광동과 복건지역에 대한 공익사업투자와 수출가공업 분야에 대한 투자, 그리고 노동집약형산업에 대한 투자에 이어 90년대 들어 하이테크분야에 이르기까지 시기적으로도 투자분야도 아주 광범하고 다양한 모습을 보였다. 90년대 이후는 동남아 화인기업 집단들의 대중국 투자가 늘어나면서 투자지역이 더욱 광범해지고 투자부문도 2, 3차산업 위주로 더욱 다양해지고 있으며, 투자방식도 점차 합자위주로 전환하고 있다. 화인들의 대중국 투자에 큰 영향을 준 계기로 작용한 것은 1992년의 등소평의 남순강화로 볼 수 있다. 중국내에서 개혁개방과 관련한 많은 논란이 있었지만 92년 등소평의 남순강화는 지속적인 개방은 거스를 수 없는 대세라는 것을 동남아 화인기업인들에게 깊이 각인시켰다. 이를 계기로 중국의 시장잠재력을 높게 평가한 화인기업인들은 더욱 적극적인 대륙투자에 나서게 되었다. 화인들의 대륙투자를 1992년 남순강화를 기준으로 구분해 살펴보자.

개혁개방초기 동남아 화인기업인들의 투자는 신중했고, 시험적인 투자 성격이 강했다. 비록 중국당국이 개방개혁정책을 선언하고 나섰지만 중국공산당의 정책이 장래에도 변함없이 지속될지 혹은 중도에 정책방향이 표류할지 확신할 수 없었기 때문이었다. 화인기업인들의 초기투자는 지역적으로 주로 그들의 출신지에 집중되었다. 말레이시아의 경우는 민족문제가 국가통합의 가장 민감한 문제로 말레이시아의 화인들은 특히 이러한 당국의 우려를 예민하게 받아들였다. 말레이시아 화인기업인들은 그들의 중국 대륙 투자가 단순히 경제적 관계의 구축일 뿐 중국과의 정치적인 관계를 도모하는 것이 아니라는 점을 보여주기 위해 초기 그들의 투자지역을 출신지역이 아닌 북방지역에 치중하였다. 이후 말레이시아 화인기업인들은 중국내 투자지역을 점차 남하하는 방식을 택했다.[12]

정리하자면 1979년 이후 동남아 화인기업인의 중국 투자지역은 대부분이 션전 등 몇 개 경제특구와 동남아 화인들의 고향인 광동과 복건의 기타지역과 광저우, 샹하이, 베이징 등 일부 도시에 국한되었고, 이 가운데서도 션전과 광저우지역 투자가 가장 많았다. 이어 중국 당국의 대외개방지역의 확대와 투자환경, 투자법규의 부단한 보완에 따라 동남아 화인들의 투자금액이 점차 커졌고, 투자지역도 기존의 4대 경제특구에서 14개 연해 항구도시와 양자강 등의 연강을 따라 투자가 확장되었다.

개혁초기 광동과 복건의 연해지역에 주로 투자한 것은 다음의 몇 가지 이유로 설명이 가능하다. 우선 이 지역이 동남아 화인들의 고향이고 동남아 등 외국과의 교통이 편리하며, 경제특구 설치로 각종 혜택이 주어졌기 때문이다. 또 동남아 화인기업인들은 언어나 생활관습 등에서 서로 쉽게 소통이 되고, 고향 땅의 제반 사정에 비교적 소상히 알며, 이들 지역에 거주하는 친지나 친구들로부터 유형무형의 도움도 받을 수 있기 때문이기도 했다. 개혁개방 초기에는 중국에 투자와 관련된 완비된 법규나 시장메커니즘이 제대로 정착하지 못한 관계로 현지사람들과의 인간관계가 무엇보다 중요한 과제가 되었는데 이 점에 있어서 세계적으로 동남아 화인을 능가할 인구집단은 없었다.

예를 들자면 개혁초기 필리핀 화인들은 복건의 췐저우와 샤먼에, 인도네시아의 화인들은 복건성 복청지역에, 태국의 화인기업인들은 광동 차오샨지역과 해남도에 주로 투자한 것이 전형적인 예에 해당될 것이다.

1990년내 중반 이전 동남아 화인기업인들의 중국투자는 주로 제 3차산업(호텔서비스 등) 위주였고 이어 에너지항목, 제조업의 순이었고, 1차산업의 투자가 가장 미미하였다. 90년대 후반 중국정부는 산업정책을 조정, 외국기업인들이 생산부문에 투자할 것을 적극 유도하였고, 이들 분야 중 토지개발과 하이테크 항목이 점차 중심적 위치를 차지하게 되었다. 1992년 이후에는 중국이 사회기초시설(에너지나 교통 등) 항목투자를 고무하였고, 화인기업인들은 이런 정책에 적극 호응하였다. 제조업종 가운데는 기술수준이 높은 기업과 수출비중이 비교적 큰 기업들의 비중이 높아졌다.

화인기업인들의 대중국 투자의 제2단계는 1992년 이후다. 등소평의 남순강화 이후 화인기업인들은 중국정국의 안정과 더욱 적극적인 대외개방정책을 확신하였고, 동남아 각국 정부도 중국투자에 대한 유보적인 태도에서 적극적인 태도로 바뀌면서 화인기업인들의 대중국투자는 가속화되었다. 특히 1992년 이후 중국정부는 제3차산업에 대한 발전계획을 확정지으면서 외국기업인들의 이 분야 진출에 대한 규제를 완화하였다. 즉 부동산업, 금융업, 토지개발 등에 대한 투자가 완화되었고, 화인들은 이 분야에 대한 그들의 오랜 경험을 바탕으로 적극적인 투자에 나서게 되었다.

90년대 이전 중국 대륙에 투자한 동남아 화인기업인은 기본적으로 중소기업인이었고 대기업인은 소수였으며, 중국에 투자를 할 때도 자신의 본명을 숨기거나 혹은 미리 홍콩에 와서 홍콩기업인의 신분으로 변신하여 중국투자에 나섰다. 그러나 1992년 이후 이런 상황은 크게 변화하였고, 동남아의 대기업인들이 적극적인 중국 투자행렬에 나서게 된다. 예로 인도네시아의 린샤오량, 리원정, 필리핀의 천용자이, 정조우민, 말레이시아의 궈허녠, 궈링찬, 태국의 천요우한, 정밍루 등등이 있다. 이들은 기본적으로 기초산업과 사회기초시설 등 대형 프로젝트를 장기 투자하였다. 중국에서 가장 활발한 사업을 전개하는 동남아 화인기업인은 말레이시아의 궈허녠과 태국의 씨에궈민(謝國民)이고 이들 각자의 투자액은 각각 40억달러를 넘어섰다. 이밖에 인도네시아의 살림그룹이 공업, 부동산, 금융, 호텔업 등에 15억달러 넘게 투자하였고, 이 가운데 약 8억달러가 린샤오량의 고향인 복건지역에 투자되었다. 태국의 正大집단은 중국 투자가 가장 앞선 화인 기업집단으로, 또한 투자프로젝트가 가장 많은 기업이기도 했다.

1997년 동남아 금융위기는 동남아 화인기업에 큰 영향을 미쳤고, 대중국 투자기업에 많은 어려움이 닥쳤다. 자금난과 과도한 판매경쟁 등에 따라 많은 기업들이 중국에서의 추가투자를 포기하였고 이미 허가를 받은 건설항목도 착공할 수 없었다. 그러나 중국에서의 화인기업인들의 사업은 상대적으로 동남아지역에 비해서 타격이 적었고 오히려 중국사업의 실적을 바탕으로 동남아지역의 경영상의 어려움을 벗어나는데 도움을 받게 되었다. 이런 측면에서 보자면 동남아 화인기업인들의 대중국 투자는 성공적이었다는 평가를 받을 수 있다.

동남아 5개 국가의 1984~2002년간 중국 직접투자액을 분석해보면 싱가포르의 투자액이 214.59억달러로 가장 많고, 말레이시아가 28.35억달러, 태국이 23.75억달러, 필리핀이 14.22억달러, 인도네시아가 11.19억달러로 가장 적었다.

화인기업 집단의 구체적인 투자상황 : 중국 투자에 나선 대표적인 동남아 화인기업 집단으로는 인도네시아의 살림그룹, 금광집단과 말레이시아의 곽씨형제집단, 풍륭집단, 태국의 正大그룹 등등을 지적할 수 있다.

(1) 살림집단

살림그룹은 중국에 공업, 부동산, 금융, 호텔업 등 프로젝트에 15억달러 이상을 투자하였다. 이 가운데 약 8억달러는 복건 지역에 투자되었다. 이 그룹의 중국투자 특색은 조기 투자가 집중된 지역이 그룹회장인 린샤오량의 고향인 복건성이었다는 점으로 강한 지역네트워크 특징을 갖고 있다. 복건지역에 제화공장, 설탕공장 건설에 이어 토지개발사업도 전개하였다. 또 싱가포르와 합작으로 면적 50평방 km에 이르는 거대한 공업개발구역을 건설했다. 이밖에도 금융기관, 전자, 섬유기업을 설립하였다. 또 대만의 中鋼집단과 합작하여 복청지역에 현대식의 대형철강프로젝트를 진행하였다. 이 사업은 초기투자액만 26억달러에 이르고, 준공 후 연간 2천억위안 인민폐의 제품생산을 예정하는 거대한 프로젝트였다.

이밖에도 무한지역에 국제회의장을 3.26억달러를 투자해 건설하였고, 4억달러 규모의 시멘트공장도 건설하였다. 또 홍콩의 자회사인 제일태평부동산을 통해 천진지역의 주택 및 상가 발전계획에 참여하였다. 이외에도 수많은 프로젝트를 추진하였다.

(2) 금광집단

금광집단의 중국투자는 크게 두 부분으로 구분된다. 하나는 황이총(黃奕聰)의

아들 황홍녠(黃鴻年)이 경영하는 홍콩중책투자회사에 투자하는 것이고 다른 하나는 금광집단 산하의 싱가포르아주펄프제지유한회사를 통해서다. 1992년 6월 홍콩중책투자회사는 중국의 일부 국영기업에 대한 구매에 나섰다. 20억 홍콩달러를 투자해 모두 188개 국영기업의 경영권을 매수했고, 이 가운데 췐저우에 41곳, 닝뽀에 37곳, 항저우에 6곳, 다롄에 101곳, 션양에 1곳, 타이위앤에 2

〈표 12-1〉 인도네시아 화인기업집단 중국투자 항목

창업자/ 그룹	투자지역	투자항목
린샤오량(林紹良) : 三林(salim) 그룹	복청	청화제당, 融僑개발구, 융교호텔, 융교부두, 元洪투자구역, 원홍부두, 원홍제분, 江陰반도, 강음부두, 국제전람센타, 冠捷전자, 冠旺화섬
	복주	원홍성부동산, 복건아주은행
	하문	翔鷺滌綸, 翔鷺城부동산
	무한	회의전람중심, 시멘트공장
	천진	주상복합빌딩 부동산 프로젝트
	중경	融僑반도부동산
	남창	강서국제무역광장
	강문	浮法유리공장
	소주	소주공업지역 부동사개발, 종합상가
황이총(黃奕聰) : 金光그룹		중책회사를 통해 국유기업 188곳 구매 천주 41곳, 영파 37곳, 항주 6곳, 대련 101곳, 심양 1곳, 태원 2곳
	상해	금광외탄부동산, 영길무역
	영파	영파국제은행, 영파중화紙業
	진강	金東지업
	소주	金紅葉지업, 金華盛지업
	남통	펄프일관연합공장
	해남	금화임업, 금해장紙業
	欽州	금계장지업, 금흠주임업
	문산	速生豊産林기지
	광동	速生豊産林기지

자료 : 王望波 상게서 p73 인용

곳이 있었고 이들 국영기업은 부동산, 디젤기관, 전기기구, 포장지, 세제 등을 생산하였다. 중책의 투자특징은 자본참여를 통해 중국국영기업에 대한 경영현대화를 도모하는 것이었다.

금광집단은 또 중국의 기타 영역에서 광범한 투자를 진행했고, 관련된 업무는 펄프와 제지, 은행, 부동산, 식물유지와 농림업, 항구 시설 등이다. 또 상해지역에 중국본부를 설립하고 상해 중앙상업지역에 '와이탄금융센타' 건설에 나서고 중국각지의 30~50억달러에 이르는 주로 펄프와 제지공장 건설과 관련된 프로젝트를 추진하였다.

(3) 郭氏형제집단

말레이시아 화인기업 가운데서 궈허녠의 곽씨형제그룹이 1983년 중국시장에 진출 후 지속적으로 중국투자를 전개하고 있다. 이 그룹의 중국투자는 주로 홍콩의 嘉里그룹이 책임을 지고 있고, 주 투자분야는 호텔업, 부동산업, 식용유분야 등이다. 호텔업은 북경의 중국국제무역중심, 중국세계호텔 등을 포함해 베이징, 샹하이, 항저우, 선전, 창춘 등지의 샹그리라 호텔체인을 포함한다. 이미 샹그리라호텔 체인점은 중국내 16곳에 이르고 있다.

1992년 7월에는 곽씨형제그룹은 홍콩의 청쿵실업그룹, 중국광대그룹과 손잡고 홍콩상해발전유한공사를 건립, 4억달러를 넘게 투자하여 샹하이 지역의 부지 1만 7천여평에 '샹하이불야성'이란 상업중심가를 건설했다. 베이징에서는 왕푸징거리 개조프로젝트에도 참여했다. 이밖에 광서 북해시에 미화 26억달러를 투자해 500만 t 규모의 정유공장과 연산 45만t 의 에틸렌공장을 건설하였고, 미국 코카콜라사와 합작하여 중국 대륙 각지에 코가콜라 병입공장을 건설하였다. 이밖에도 푸저우에 가리국제무역중심과 샹그리라호텔, 고속도로 건설과 추가 호텔건설과 시멘트공장의 증축 등 다양한 프로젝트를 추진하였다.

곽씨형제집단의 중국투자 특징을 보면, 투자방향과 이 그룹의 사업발전방향이 일치한다는 점이다. 즉 부동산, 호텔의 개발, 식용유 등의 사업에 주로 투자하고 있는 것이다. 식용유사업은 이 그룹이 1988년 중국에 진출한 이후 9개의 대형 식용유공장을 잇달아 건설하였고, 그 위치는 선전, 샹하이, 영구, 칭다오, 방성항, 시안, 청두, 샤먼 등 전국 각지에 고루 분산되어있다. 이 그룹의 식용유 브랜드 '金龍魚'는 중국에서 아무도 모를 사람이 없을 정도로 널리 알려진 브랜드이다.

곽씨형제그룹의 또 하나 특징은 홍콩 리자청을 정점으로 하는 청쿵실업집단, 중자화윤집단, 광대집단, 중신집단 등 다른 그룹과 합작관계를 강화하고 있다는 점이다.

곽씨형제집단 이외에 말레이시아의 60여 상장기업들이 중국에 투자를 하고 있다. 투자지역은 남북에 걸쳐있고, 투자항목은 제조업, 가공업, 에너지, 교통, 통신, 부동산개발, 오락, 백화점, 서비스 금융 등을 포함하고 있다. 말레이시아의 金獅집단은 중국투자에서 좋은 성적을 올린 말레이시아 기업이다. 이 그룹

〈표 12-2〉

투자지구	투자항목
북경	중국국제무역중심, 북경샹그리라호텔, 중국세계호텔, 북경역 東街개조, 嘉里상장(북경) 유한회사, 보화빌딩
상해	홍구 구시가개조, 閘北불야성 구시가개조, 보트만샹그리라호텔, 남해특종유지공업(상해)유한공사, 상해가리식품공업유한공사, 가리유지화학공업(상해)유한공사, 가리유지공공시설(상해)유한공사
항주	항주샹그리라호텔
복주	가리국제무역중심, 복주샹그리라호텔
심천	심천샹그리라호텔, 이원별장, 붕원광장, 시리골프장, 카이평부두유한공사, 심천남해양식공업유한공사, 남해유지공업유한공사, 가리식용유상무유한공사
광서	북해가리정유화학공장, 가리광서방성항 심수부두, 방성종려유공장
합비	가리화유지사료공사
요녕	심양비지니스호텔, 심양센타, 요양동방특종사료유한공사
장춘	장춘샹그리라호텔, 장춘쌍양시멘트공장
산서	고속도로
중경	염료공장

자료: 왕망파 상게서 p76

의 중국투자 분야는 철강업, 자동차와 부품, 백화점 등 소매업 부동산업 등이다. 금사집단은 이미 창춘, 베이징, 칭다오, 샹하이, 우한, 청두와 광동에 각각 하나의 공업단지를 설립했다. 말레이시아 풍륭집단은 하이테크산업분야를 중국 대륙의 투자 중점분야로 잡았다.

(4) 正大卜奉집단

정대복봉집단은 태국 최대의 아그리비즈니스그룹으로, 중국에 투자항목이 가장 많고 투자액이 가장 큰 화인기업이기도 하다.

정대집단은 1980년 1천만 달러를 투자, 미국 대륙곡물회사와 합작하여 션전에 현대화한 사료양계장 — 正大康地(심천) 유한공사 — 을 설립하였고, 션전시로부터 외국기업 투자1호의 영업허가서를 받았다. 이것이 정대그룹의 중국내 첫 사업이었다. 80년대 이후 정대그룹은 중국에서 213건의 합자 혹은 독자기업을 설립했고, 총투자액은 40억달러에 이르며, 투자구역은 청해성을 제외한 중국 전역의 省, 直轄市, 민족자치구에 모두 분포해있다. 투자영역은 농목업, 맥주제조, 석유화공, 수산양식, 통신제조, 오토바이, 부동산, 의료, 금융증권 등 십여개 업종으로 아주 광범한 업종에 걸쳐 있다. 이 가운데 상당수는 중국내 저명기업이 되었다. 예로 正大康地유한공사, 샹하이대강유한공사, 샹하이만국실업공사, 베이징대발정대공사, 베이징정대사료유한공사 등등이 있다.[13)]

정대집단의 중국 대륙 기업 가운데 19개가 1997~1998년 전국 500대 외자기업에 포함되었다.[14)] 정대그룹의 이들 기업 가운데 농목업 기업은 그 기업의 수익이 태국 본토와 미국에 진출한 기업보다 더 높았다. 정대그룹이 투자한 샹하이대강유한공사는 肉鷄사육과 도살가공, 방역과 수매 등에서 태국에서의 오랜 사업경험이 그대로 적용되어 성공을 거둔 케이스다. 이 공장의 성공으로 샹하이 일대에서 전통의 농업 산업국면에 새로운 바람을 몰고 왔고, 중국 양식업의 발전에 큰 영향을 미쳤다. 정대그룹은 중국의 농목업에 풍부한 관리경험과 선진기술을 도입하여 국내산업을 한단계 높은 발전단계로 끌어올렸다. 중국의 민영기업인 희망집단은 바로 정대그룹과 경쟁하는 과정에서 경쟁기업인 정대그룹의 경영방식을 학습하며 경쟁력을 키웠고 발전을 도모하였다.

그러나 정대그룹은 전개한 사업이 너무 많고 비전공분야에까지 과도하게 손을 뻗친 결과 1997년 동남아 금융위기에서 아주 큰 위기를 맞았다. 위기를 극복하기 위해 정대그룹은 태국과 인도네시아의 석유화공기업을 축소하고, 태국내의 소매업부분인 연화쇼핑센터의 주식 75%를 영국의 Tesco에, 7-Eleven편의점 20% 주식을 미국과 싱가포르회사에 넘겼다. 중국시장에서도 주력분야가 아닌 샹하이맥주공장의 지분과 샹하이오토바이 주식의 50%도 다른 회사에 넘겼다. 아시아 금융위기 후 정대그룹은 그룹의 역량을 다시 주력부문인 농목사료와 소매업과 전신사업 등 핵심사업에 집중하였다.

정대집단의 다국적 경영은 주로 중국시장을 중시하고 있으며 해외투자의 50~60% 정도가 중국에 투자되고 있다.

투자업종별로 보면, 정대그룹은 중국에서 주로 사료부문에 75개 회사, 축목업에 30곳, 농업산업화에 7개 기업, 생물화학종자기업 6개, 수산업이 1개, 식품가공업이 1개 기업이고, 그밖에 자동차오토바이, 식용유 , 제약 8개, 요식업 , 매스컴 , 부동산업, 건축자재업, 금융업, 소매업, 기타 업종에 투자하고 있다.[15]

중국경제의 고도성장과 거대한 시장잠재력 및 화인문화에 대한 동질감 등에 힘입어 다른 태국의 화인기업들도 중국에 속속 진출하고 있다. 예로 태국 최대의 쌀 수출업자이면서 동시에 최대의 타피오카 가공수출업체인 순화성집단은 광동의 汕尾지역 조림사업과 제지공장사업에 진출하였고, 태국 중화총상회 주석을 역임한 정밍루는 충칭에 객차제조와 난창에 피혁공장을 합자로 건립하였다. 황쯔밍(黃子明)은 1992년부터 중국 부동산시장에 진입하는 등 많은 태국 화인기업인들이 대륙투자에 나서고 있다.

(5) 아주세계집단

필리핀의 정조우민(鄭周民)가족의 아주세계집단은 홍콩을 중심으로 하여 대륙투자에 나서고 있다. 이 그룹의 대중투자전략은 우선 중원지역을 공략하고 이어 고향인 복건성에 투자한다는 것이었다. 우선 하남성 뤄양에서 1백억 위안을 투자하여 토지개발사업에 나섰다. 투자의 구체적인 모습을 보면 20평방km의 토지를 개발하고 이어 1250개의 방을 갖춘 5성급호텔과 건축면적이 약 10만 평방 m에 이르는 슈퍼마켓, 800만평방m에 달하는 주택구역, 150만평방m에 이르는 글로벌 화교신촌의 건설, 면적 1,200만평방m의 공업지역 등 모두 10개 프로젝트로 구성되었다.

복건에서의 투자는 세 가지 경로로 추진되었다.

첫째, 샤먼의 2백ha의 넓은 면적에 中亞城을 건설하는 것이다. 여기에는 공업지역과 주택지역 상업지역이 포함된다.

둘째, 췐저우의 4ha 토지에 호텔과 백화점, 주택을 건설하는 것이고

셋째, 石獅에 22ha 의 땅에 주상복합건물을 짓는 것이었다.

중국 투자에 적극적인 또다른 화인기업인은 천용자이(陳永栽)이다. 그는 1993년 샤먼에서 獨資로 샤먼상업은행을 건립했고, 4.5억위안을 투자해 샤먼은행중심을 건축했다. 그가 관할하는 홍콩의 유경집단은 근년에 적극적으로 샤먼, 우한, 따렌, 샹하이 등지에 투자에 나서, 상하이에는 맥주공장, 우한에는 유리공장에 합자로 생산에 나섰다.

3. 화인중소기업의 중국투자

수많은 화인중소기업인들은 주로 그들의 고향땅에 투자하였고, 이는 현지의 친구나 친지동향인들에게 좋은 모범이 되어 지역의 향진기업과 민영기업의 탄생을 크게 고무, 자극하는 계기가 되었다. 또 중소기업인들의 투자규모는 대기업보다 작고, 또한 강한 시장적응력을 갖고 있으며 예민하게 시장에서 기회를 포착하며 신속하게 의사결정을 내리는 특성을 갖고 있다. 특히 투자환경이 완비되지 못한 신흥시장에서 중소기업은 흔히 거래관계나 협력관계에 있는 다국

적 거대기업에 앞서 이 시장을 탐색하는 기능도 수행하게 된다. 즉 중소기업이 신흥시장에 발을 들여놓은 후 관련 다국적기업들이 시장상황을 종합적으로 감안하여 본격적으로 대규모 투자를 벌이는 사례를 많이 볼 수 있다. 투자규모별로 보면 화인대기업은 주로 성이나 직할시 지역을 중심으로 투자하였다면 화인중소자본은 중소도시의 개발이나 관련 사업에 투자하는 경우가 보편적이었다.

많은 동남아 화인중소기업인들의 중국 대륙에 대한 투자패턴에는 한 가지 특성이 있다. 그것은 우선 공익사업에 투자하고 이어 고향땅에서 사업을 시작한다는 점이다. 과거 중국 농촌지역은 낙후하고 사회기초시설이 기업 활동을 할 만큼 갖춰지지 않았다. 이런 상황에서 친연이나 지연 등의 관계 등을 고려하여 경제적으로 성공한 많은 화인 기업인들이 고향땅에 공익사업을 우선 전개하였으나 인프라의 불비 등의 원인으로 실제 비즈니스에는 선뜻 나서지 못했다. 그러나 중국 당국이 에너지, 교통, 전신 등 사회적 기초시설과 환경의 개선에 적극적으로 나서면서 점차 기업활동을 할 수 있는 유리한 환경이 조성되었다. 인프라의 확충 이후 동남아 화인기업인들이 본격적인 중국투자에 나서게 되었다. 한 예를 보자면, 광동성 揭東현 白塔진에 1991년 이전에는 외자기업이 전혀 없었으나 1992년 이후 3년 동안 22개의 외자기업이 들어왔다. 이 진에 한 싱가포르 화인이 수 년 동안 600만위안에 달하는 자금을 투입, 고향에 학교와 농촌도로, 화교관련 사무실 건물, 경로당 등을 건축, 기부했으나 고향땅에서 사업을 할 생각은 갖지 못했다. 그러나 당국의 인프라 확충 등으로 지역의 투자환경이 개선되고 시기가 무르익었다고 판단해 1995년 이 지역의 80무(1무는 200평)의 땅에 공장부지를 개발, 외자기업을 끌어들이고 지역경제를 발전시키기로 했다. 결국 1996년 이곳에 모두 57개의 외자기업이 들어섰고, 31개 외자기업은 1993년 이후 새로 건립되었다.[16)]

동남아 화인중소기업인들은 동남아 현지의 산업구조 조정 등의 원인으로 중국투자를 늘리는 경우도 많다. 동남아 국가 가운데 말레이시아의 경우 지속적인 경제성장으로 현지의 노동자가 부족해지고 인건비가 오르면서 노동집약형 산업의 생존이 어려워지게 되었다. 이들 기업은 활로를 찾기 위해 노동력이 풍부하고 상대적으로 인건비가 싼 중국으로 생산기지를 이전하게 되었고, 중국이 세계무역기구에 회원국으로 가입한 후 이런 현상은 심화되었다.

기업의 수량으로 보면, 화인중소기업의 중국투자가 대기업보다 훨씬 많다. 중소기업은 투자규모가 작지만 수익성에 대해서도 대기업만큼 요구수준이 높지는 않다.

또 하나 화인중소기업의 중국투자의 한 가지 특색은 대기업과는 달리 이들은 자신이 늘 해왔고, 익숙한 사업분야에만 투자한다는 점이다. 또 투자의 지역적인 측면을 보면, 중소기업들은 주로 향이나 진 혹은 촌 지역에 집중되어 있다. 그 이유는 이곳에서 중소기업인들의 사적관계가 사업을 벌이는데 힘을 발휘하는 측면도 있고 동시에 이들 소규모 도시나 농촌지역은 투자금액의 크기나 기술수준 등에서 요구수준이 비교적 낮기 때문에 투자가 용이하다는 측면도 있기 때문이다.

광동과 복건 등 연해지역의 僑鄕(화교들의 고향땅)은 화인기업인들의 투자결과로 전통적인 농업생활과 생업에 대한 중국인의 사고방식을 크게 바꿔 놓은 것으로 평가된다. 즉 수출위주 화인기업들의 광동, 복건지역 진출은 이 지역의 주민들에게 국제적인 감각과 국제시장을 향한 비즈니스 마인드를 심어주게 되었다. 시장경제의 각종 관념, 규칙이 僑鄕에서는 일찍부터 보편적으로 받아들여졌고 전파되어 이들 지역에서 많은 숙련공과 기업관리자를 배양해내게 되어 지역이 신속히 발전하는 계기가 되었다.[17] 또 하나 동남아 화인중소기업인이 중국기업 특히 향진기업과 민영기업에 대해 미친 영향에 관해 지적할 것은 '중간기술'의 역할에 관한 것이다. 즉 기업관리이든 혹은 기술이든 동남아의 화인중소기업인이 중국에 투자한 기업은 이미 중국 전통의 기술과 관리수준은 넘어섰으나 서방 다국적기업의 기술수준이나 관리수준에 비해서는 단순하고 간단해 중국기업들이 쉽게 받아들일 수 있었다는 점이다. 동남아 화인중소기업인의 중국투자기업은 이러한 시범작용을 충분히 해냈고, 이는 지역의 빠른 성장을 가져왔을 뿐 아니라 다른 지역의 발전도 크게 고무하였다. 많은 화인중소기업은 각종 추가투자와 새로운 기업의 설립, 투자영역의 확대, 합작투자 등의 방식으로 상당한 발전을 거두었고, 높은 수익도 달성할 수 있었다.

03 중국경제발전과 화인자본의 역할

이제까지 단순히 해외화인들의 대중국투자 건수와 투자금액 등 투자규모 등의 분석에 치중했다면 이런 투자활동이 중국경제구조나 경제에 미친 질적인 변화 등을 탐색해보는 것이 필요한 과제라 생각된다.

1. 산업구조의 제고작용

개혁개방 초기 중국은 전형적인 개발도상국이었다. 특히 자금부족이 매우 심각하였고, 해외화인자본이나 외자를 도입하는 것이 중국 경제발전에 필요한 자금문제를 해소하고 동시에 중국의 산업구조를 고도화시키는 길이기도 했다. 중국은 개혁개방 이후 수십년 동안 지속적인 발전을 통해 이미 조방형 발전단계를 벗어나 이제 경제구조조정단계로, 이전의 노동집약형 산업구조에서 기술집약형 산업구조로 전환 중에 있다.

1991년 이전 중국에 진입한 외자는 주로 1, 2차산업에 집중 투자되었다. 1992년 등소평의 남순강화 이후 중국의 대외개방이 더욱 심화되고 가속화되면서 외자를 활용하는 영역이 점차 확대되었고 금융, 무역, 상업, 여행 등 3차산업 분야로 전환되기 시작하였다. 이들 사업부문은 바로 해외화교나 화인들이 사업상 강점을 보인 부문이었다. 많은 국가들의 경제발전 경로를 보면, 경제발전이 일정한 수준에 도달하면 제3차산업의 발전속도가 1차, 2차산업을 앞지르게 되고 이는 전체 국민경제의 발전에 큰 촉진작용을 한다. 90년대부터 중국은 이미 이 단계로 진입하였다. 1992년 중국공산당 중앙위원회와 국무원은 제3차산업의 발전을 가속화시키기로 결정하였다. 이 조치는 동남아의 화교화인 기업인들에게 중국 3차산업에 적극 참여하도록 유도하는 계기가 되었고, 더욱 넓은 사업 공간을 마련해 준 셈이기도 했다.

한 통계에 의하면 1992년 37명의 저명 동남아 화인기업인들이 중국의 72개 프로젝트에 대해 계약 혹은 협의를 가졌고, 이 가운데 금융, 상업, 여행개발 등 3차산업분야가 30여 프로젝트로 전체의 42% 이상을 차지하였다.[18] 근년에 올수록 외국기업인의 하이테크항목, IT산업 등의 프로젝트와 연구개발센터 등의 투자가 명확히 증가하고 있다.

동남아 화인기업인들은 대부분 부동산, 금융, 서비스업 등을 경영하고 있으나, 과학기술 분야에선 세계의 선두에 서지 못한다. 그러나 비록 동남아 화인기업인들의 기술수준이 세계의 선두를 형성한 것은 아니지만 중국 서부대개발과 관련해 이들의 기술수준을 중국에 적용하는 게 오히려 중국의 발전에 도움이 된다는 지적이 많다. 이미 동부 연안 지역의 경우에는 하이테크산업 중심으로 산업구조가 개편되고 있지만 서부지역에는 이들 하이테크업체들이 진입을 원하지 않고 있다. 그러나 동부 연안지역에서 밀려나는 노동집약형 제조업 부문이 중서부지역에서는 여전히 경쟁력을 갖추고 있고, 이 점에서는 서부지역이나 화인 기업인들이 이해가 일치하기 때문에 화인기업인들이 중서부로 진출할 여지는 많다고 생각된다. 외자도입은 새로운 경제부문에 대한 창조이고, 동시에 새로운 일자리를 만드는 과정이기도 하다. 지금까지 외자기업의 취업인원은 2,300만명 수준이고, 이 가운데 광동성에서 고용된 숫자만 1천만에 이른다.[19] 지난 수십년 동안 외국기업인들은 주로 제조업분야에 투자하였고, 만약 다시 같은 규모로 서비스업에 투자한다면 기존 고용규모보다 2배 혹은 3배에 이르는 인원을 채용할 수 있을 것으로 기대되고 있다. 이는 서비스업의 고용탄성치가 제조업보다 훨씬 커기 때문이다.[20]

동남아 화인기업인들의 중국투자는 중국의 취업압력 완화에 큰 도움이 되고 있다. 예로 태국의 정대복봉그룹은 중국에 투자한 농목업기업에서 약 6만명을 직접 고용하고 있고, 간접 고용인원을 포함시키면 1백만을 넘는 인구를 고용하고 있다고 보고 있다.[21]

2. 동남연해지역 경제발전 작용

중국의 동남연해지역인 샹하이, 강소, 절강, 복건, 산동, 광동, 해남 등 7개 省과 직할시는 전체면적이 국토의 7%이고 인구는 전국의 약25%가 거주하고 있다. 개혁개방 이후 이들 지역은 전국 평균보다 훨씬 빠른 속도로 경제성장을 이루었고, 외자도입 이용도 다른 지역을 압도하고 있다. 이들 7개 지역이 흡수한 외자액은 전국의 약 70%로, 2000년을 기준으로 보면 광동, 강소, 복건, 샹하이와 산동 등 5개 省과 市가 외자총액의 67%를 차지했다.

동남아 화인기업인은 이미 동남 연해지역에 외자와 선진기술, 관리기법을 가져와 해외시장을 개척하는 중요 통로가 되었고, 세계 각지와 연결하는 고리가 되었다.

화인자본이 중국으로 대량 유입되면서 중국경제가 신속히 발전하는데 큰 작용을 하였고, 특히 화인의 투자가 집중된 지역인 광동과 복건에서 외자의 작용은 더욱 두드러졌다. 외자를 이용해 빠르게 경제성장을 이룩한 광동의 방식을 흔히 '주강삼각주모델'이라 부른다. 과거 30년간을 광동은 줄곧 수출위주의 외향형 발전전략을 채택해왔고, 이 정책이 전국 수위의 무역규모, 외자규모를 자랑하게 되었다. 수출입에서는 광동은 전체의 40% 정도를 차지했고, 외자이용 총액은 압도적인 1위로 성내에서 설립된 삼자기업도 전국에서 가장 많다. 복건성은 외국기업의 설립을 통해 일단의 선진기술과 설비를 들여오고, 기업의 기술개조와 새 상품의 출시를 통해 관련 국내기업의 기술진보를 도모했다.

외국기업인의 투자기업 건립은 새로운 경영관리방식을 가져왔고, 국영기업의 경영메커니즘 전환에 참고와 시범효과를 주었다. 외자기업내의 중국 측 관리인원과 기술인원은 기업 경영과 관리에 참여하면서 외국의 선진관리방법을 배우고 새로운 기업관리 전문가로 거듭나는 계기가 되었다. 이들 인원들의 기업간 유동은 국제관리경험이 국내에서 신속히 전파되는 계기로 작용하였고, 새로운 관리인원을 만들어내는 기회가 되었다. 더욱 중요한 것은 외국기업인 투자기업이 발전하면서 사회에 새로운 사상관념을 촉진하였고, 즉 증강된 개방의

식, 경쟁관념, 정보관념과 시장경제관념을 강화하여 전반적으로 국내기업의 관리수준이 제고되었다고 평가할 수 있다. 동남아 화인기업인이 투자한 기업과 세계경제시장은 내재적인 연관이 있었고 이를 통해 상품의 매매통로와 기술개발, 시장, 자금조달 관계 등이 국내로 도입되었다.

3. 중국 외자도입과정에서의 역할

동남아 화인기업인의 투자는 중국이 도입하는 외자의 한 부분으로, 이 투자 자체가 중국에 큰 영향을 미쳤지만 더욱 중요한 것은 화인들의 투자가 다른 외국 기업인들의 투자를 촉진시켰다는 점이다.

중국이 개혁개방정책을 시작한 이후 적지 않은 외국기업들이 중국의 잠재력을 높게 평가하면서도 중국시장에 대한 불안감 때문에 상당 기간 과감한 투자에 나서지 못했다. 그러나 홍콩을 비롯한 동남아 화인기업들은 중국과의 오랜 관계, 고향 지역과의 혈연과 지연 그리고 공동의 언어와 풍속문화 등을 바탕으로 여러 갈래의 복합적인 관계를 맺고 교류해왔다. 그만큼 중국 국내에 대한 이해도 높았고, 앞으로 중국시장에 대한 확신도 강할 수 있었다. 이를 바탕으로 화인 기업인들은 중국의 대회개방정책에 호응해 가장 먼저 중국투자에 나섰고, 그들이 가진 자금과 기술, 인재와 관리경험을 중국에 전수하게 되었다. 동시에 이들 화인기업들은 평소에 그들과 관계를 맺고 있던 구미기업과 일본기업 등과도 교류하면서 중국에 대한 그들의 정보와 전망을 교류하며 이들 외국기업이 중국 땅에 투자할 수 있도록 하는 일종의 중개인 역할도 수행하였다. 즉 화인기업인들의 앞선 중국투자가 좋은 성과를 거두자 이는 구미의 기업인들에게 하나의 좋은 본보기가 되었고, 이들이 중국 투자를 결심, 확정하는데 큰 역할을 하게 되었다. 구미기업이 독자적으로 진출하기보다는 초기에 화인기업과 다른 외국기업이 손잡고 공동으로 중국으로 진출하는 사례가 적지 않았다.

동남아 화인과 홍콩, 마카오의 경제계를 보면 중소기업이 압도적인 다수로, 이들은 자본금이 작고, 행동에 융통성이 있으며, 시장정보에 대한 반응이 신속,

민첩하다. 이들은 특히 중국의 4대 경제특구에 가장 먼저 진입했으며 곧 기반을 다지고 경제적 이익을 획득하여 다른 외국 기업인들에게 투자 심리를 자극하는 등 외국 기업인에게 시범과 고무 작용을 한 것이다.

동남아 화인들은 거주국에서 생활한지 아주 오래 되었고 이런 연유로 거주국의 고위인사 및 기업가들과 매우 밀접한 관계를 유지했다. 이들 동남아 토착기업인이나 중국에 투자하고자 하는 다른 외국기업인들은 중국에 대한 이해를 높이기 위해 화인기업가들과 많이 접촉하게 되었다. 중국 측 시각에서 보자면 서방의 다국적기업은 투자와 경영규모가 크고 중국경제에 큰 영향을 미치게 되므로 이들을 중국으로 흡인하는 것이 무엇보다 중요한 경제적 과제이기도 했다. 이러한 중국측의 수요와 서방 다국적기업의 수요를 이어줄 수 있는 중간자는 바로 동남아(홍콩, 대만 포함) 화인기업인 뿐이라 해도 과언이 아니었다. 중국과의 관계에서 오랜 동족으로서의 같은 문화를 누리는 화인기업인은 동시에 비즈니스 차원에서 일본을 비롯한 서방의 다국적 거대기업과도 오랜 시간 거래해온 경험이 축적돼 있었기 때문이다.

즉 동남아 각국의 화인기업인들은 오랜 시간 서방 기업가들의 동남아에서의 협력자였고, 홍콩과 싱가포르는 서방 다국적기업의 지역본부로 가장 선호되는 지역으로 중국진입을 위한 발판이기도 했다.

서방 기업인들은 중국투자환경과 법률제도에 대한 신뢰감의 부족과 문화배경과 상관습의 생소함과 우려 등으로 단독으로 직접 중국에 진출하기 보다는 화인기업과 수직협력을 통한 진출을 많이 도모하였다. 이들 다국적기업들은 주로 홍콩이나 싱가포르 등 지역본부에서 대중국투자를 주도하였다. 서방의 중소기업들은 대륙에 대해 모르는 부분이 많고 자신이 스스로 시장을 개척하는 마케팅 능력이 부족하여 홍콩이나 동남아 화인기업과 합작하여 중국시장을 공동개발하기를 원했다. 따라서 화인기업인들은 자주 서방기업인과 다국적기업의 대리인이나 중개인 혹은 첨병이 되어 중국 대륙에 진입했고, 이어 서방기업인들이 본격적인 중국투자에 나서게 됐다.

중국의 경제발전은 더욱 많은 외자를 수요하게 되었고, 최초의 외자인 화인기업가의 투자 자체가 다른 후속 외자의 크기에 직접적인 영향을 미쳤다. 즉 중국에서 이뤄진 화인기업인의 투자가 좋은 성과를 내면 그 자체가 더욱 많은 외자를 끌어들이는 촉매작용을 하였고, 중국에 투자한 화인기업의 경영실적이 나쁘면 이를 관찰하던 수많은 잠재 투자자들의 투자를 움츠러들게 만들었다.

동남아 화인기업과 화인들의 거주국의 토착기업이 합작하여 중국에 투자하는 사례도 보편화되었다. 가령 태국의 화인기업인 明泰집단은 태국 군인은행집단과 합자하여 광동 샨터우에 泰華국제은행을 설립하였다.

과학기술의 진보와 생산국제화의 진전에 따라 화인기업과 홍콩, 대만의 기업, 그리고 서방의 다국적기업이 연합하는 다종다양한 전략연맹이 결성되고, 화인 대기업과 서구 다국적기업이 합자하여 중국시장을 공략하는 새로운 움직임도 나타난다. 가령 태국 正大집단은 샹하이에서 네델란드 칼스버그와 합자하여 샹하이 民樂맥주공장을 건립했고, 일본 혼다기연공업과 연합하여 上海易初오토바이공장을 건설했다. 1993년에는 인도네시아 Yasonta 그룹이 한국의 삼성그룹과 합자하여 중국에 2개 방직공장을 설립했고, 인도네시아 살림그룹과 일본의 마루베니주식회사가 합자하여 玉融철강(복건)유한회사를 설립했다.[22]

동남아의 화인대기업가들이 중국에 투자하는 것, 특히 일부 대형프로젝트와 거대한 토지개발사업 등은 한 기업이 자신의 자금을 투자하는 것 이외에 자신의 역량으로 국제금융을 활용하는 등 거대비즈니스를 주도한다는 점에서 주목되었다. 이 경우 다른 화인기업가와 홍콩, 대만, 다른 외국자본 등이 모두 동원되는 경우가 많다. 가령 인도네시아의 유명한 금융인인 리원정(李文正)은 복건 미주만 忠門반도를 개발하는 과정에 소요되는 자금 10억달러 중 자신의 자금을 1억달러 투자하고 나머지는 외자로 충당하면서 다음과 같이 말했다.

> "내 개인으로는 1억달러를 투자하지만 국제금융을 이용하여 즉 일본, 미국, 영국, 프랑스, 독일, 스위스 등 국가의 은행, 기업과 합작하여 그들의 자금을 끌어들여 추진할 수 있다."[23]

동남아 화인기업인들의 중국 국민경제에 필요한 프로젝트에 대한 투자와 건설은 에너지와 교통의 발전을 가속화하고 투자환경을 개선했으며, 화인기업인들 자신이 높은 수익을 올렸을 뿐 아니라 중국에도 큰 도움이 되는 윈윈모델이 되었다. 화인기업가들이 투자한 기업은 많은 중국노동력의 고용뿐 아니라 왕성한 경영활동에 따른 세금납부로 중국재정에도 큰 기여를 하게 되었다.

4. 투자프로젝트의 대규모화와 투자시간의 장기화 등

싱가포르의 대중국 투자의 예에서 보듯이 화인기업인들의 투자항목이 거대한 공단과 부속시설을 조성하는 등 투자자금과 시간이 많이 소요되는 부문으로 이어지고 있다. 수저우의 공단이나 우시의 공단 등이 그 예가 될 것이다. 말하자면 이런 투자는 전통적인 화인들의 투자분야가 아니었고 개별기업을 세우는 것과도 다르다. 말하자면 다기능을 갖춘 현대적 도시를 형성하는 프로젝트로 도시를 경영하는 투자라 할 수 있을 것이다. 화인기업인의 예를 들어보면 홍콩 제일태평집단이 복청공업단지를 개발하는 것, 홍콩力寶집단의 복건 미주도 忠門반도 개발 등이 모두 오랜 시간을 요하는 장기투자로 거액의 투자금액이 소요되는 종합성 투자프로젝트이다. 이처럼 화인기업인들이 중국투자 초기와는 달리 초대형프로젝트에 대거 나서는 것은 중국경제에 대한 그들의 밝은 전망이 뒷받침하고 있기 때문으로 생각된다.

04 홍콩과 동남아 화인기업인 그리고 중국

동남아 화인을 비롯한 대부분 외자기업의 대중국투자는 홍콩을 통해 이뤄졌다. 홍콩은 중국투자와 진출시에 반드시 거쳐야 할 관문으로 여겨지고 있고, 실제 많은 중국투자들이 홍콩을 경유하고 있다. 주된 원인은 무엇인가.

80년대 접어들면서 중국은 세계적인 주목을 받는 투자시장이 되었다. 동남아 화인들은 수십년에 걸친 중국과의 관계 단절로 직접무역관계가 끊어졌고, 중국 국내사정에 대해서 제대로 이해하지 못했다. 이런 상황에서 중국과 동남아가 정치적으로 화해하고 서로 경제적인 관계를 맺어나가면서 홍콩은 중국을 이해하는데 있어서 아주 중요한 창구로 떠올랐다. 또 많은 동남아 토착민들은 화인자본의 중국시장 진출에 대해 국부의 유출이라는 시각에서 바라보았다. 여러 가지 불필요한 오해와 번잡함을 피하고 중국투자를 하기위해 동남아 화인기업인들은 중국 대륙에 직접 투자하는 방식보다는 일단 홍콩에 진출하여, 홍콩에 설립한 조직을 통해 중국에 투자하는 우회진출을 선택하였다. 말하자면 홍콩은 다른 외국기업인도 그렇지만 동남아 화인기업인들에게 중국진출을 위한 전진기지였던 셈이다. 이곳에서 동남아 화인기업인들은 홍콩과 대만자본이나 다른 국가의 화인자본 혹은 외국자본과 결합하여 중국시장으로 진출했다. 구체적인 방식을 보면 동남아 화인기업인들은 홍콩에 투자회사를 설립하고, 이 회사가 대중국 진출업무를 전담하는 방식을 택한 것이다. 홍콩은 그 자신이 갖고 있는 우월한 환경요인 이외에 중국시장을 겨냥한 투자자 입장에서 더욱 중요한 요소를 갖고 있었다. 홍콩 동아은행의 경영자였던 리궈빠오(李國寶)는 홍콩이 가진 경영상의 특성을 다음과 같이 개괄하였다.

"홍콩의 우위요소는 그 자신의 잠재력, 경제역량, 창업가의 동력, 인재자원과 사회간접자본 이외에 더욱 중요한 것은 그것을 중국이 갖고 있다는 점이다."

태국 정대그룹의 최고경영자의 한명인 씨에종민(謝中民)은 다음과 같이 말하고 있다.

"우리가 홍콩에 투자하는 것은 홍콩이 세계금융 중심지의 하나이고, 남중국의 대문인데다 중국에서 발전하기 위한 가장 좋은 발판이기 때문이다."

동남아 화인기업인들은 70년대부터 지속적으로 해외투자지주회사를 홍콩에 설립하기 시작했다. 이 지역에 투자기회가 급증하면서 90년대에는 동남아 화인대기업은 거의 80% 이상이 홍콩에 자신의 해외경영조직을 건립했고, 홍콩의 국제적 성격의 항구와 금융중심지에서의 자금조달, 정보의 수집 등을 통해 홍콩의 지주회사를 중국투자의 창구와 지역총본부로 활용하였다.[24)]

홍콩을 경유하여 중국 대륙에 투자하는 것은 화인기업가들이 홍콩자본시장에서 자본을 조달하고, 홍콩의 고급인재를 활용하는 한편 동남아지역에서 직접 투자할 경우 나타날 자본도피 등의 비판과 공격에서 벗어날 수 있어 좋았다. 중국투자가 아주 컸던 동남아 화인기업 집단으로는 태국의 正大그룹과 인도네시아의 金光집단을 들 수 있다. 이들 모두 홍콩에 상장한 회사를 통해 중국투자를 진행하였다. 그밖에 홍콩을 통하여 중국투자에 나선 주요 화인기업들로는 인도네시아의 린샤오량 집단. 리원정집단, 말레이시아의 곽씨형제 기업집단, 풍륭집단, 成功집단, 태국의 방콕부동산, 싱가포르의 遠東기구 등이 있다.

동남아 화인기업 측면에서는 홍콩은 지분투자, 기업합병, 자금조달, 정보수집, 합작선 물색 및 선진관리경험의 축적 등에서 중요한 작용을 하였다. 한 가지 주목할 사실은 홍콩에서 이뤄진 대중국 직접투자 가운데 동남아의 화인자본이나, 동남아 화인기업인들이 자주 홍콩의 자본이나 상공계 인사의 신분으로 등장한다는 점이다. 이는 이들 동남아 화인기업가들이 홍콩에서 법인등기를 하고 회사를 출범시킨 후 이 회사의 명의로 중국에 진입하기 때문에 나타나는 현상이다.

따라서 이런 상황에서 동남아 화인자본과 홍콩 현지자본은 실제로 구분하기 아주 어렵다. 그러므로 홍콩의 대중국 투자액은 상당액이 동남아 화인기업가의 자본이라는 점을 감안해야 할 것으로 생각된다. 동남아 화인기업가의 입장에서는 만약 중국투자내역이 일목요연하게 공개된다면 거주국에서 번 돈을 중국으로 빼돌렸다는 비판과 공격의 빌미가 될 것이고, 동남아지역에 오랜 시간 형성되어온 排華감정을 더욱 악화시키게 될 것으로 그들은 판단하고 있는 것이다. 이런 이유로 동남아 화인기업인들은 홍콩을 통한 간접투자방식으로 중국투자를 하고 있고, 이를 바탕으로 제3국으로 진출하기도 하였다. 이는 공개적으로 밝혀진 동남아의 대중국 투자액보다 드러나지 않은 동남아 화인기업인들의 대중국 투자가 훨씬 많을 것이란 추측을 뒷받침하는 것이다.

지난 80년대 이후 동남아 국가의 경제가 신속히 발전하면서 특히 일단의 경제실력이 출중한 화인재벌이 출현하면서 동남아 화인자본과 홍콩 화인자본의 상호융합과 공동투자가 진일보 진전되었다. 동남아 화인자본과 홍콩의 화인자본 여기에다 대만의 화인자본이 결합되어 금융, 부동산, 상업무역과 여행업 등에 대한 투자가 매우 활발해졌다. 또 동남아 화인들은 자본을 투자하여 합자회사를 건립하거나 주식 구입 등의 경영방식을 동원해 홍콩기업집단과의 협력을 강화하였고, 이같은 움직임에 의해 하나의 동남아 화인기업 집단 혹은 다수의 화인기업 집단이 홍콩 화인기업 집단과 공동으로 출자하여 신디케이트나 트러스트를 구성하기도 했다. 이러한 연합지주회사는 종종 홍콩에 뿌리를 내린 후 대만자본이나 기타 외국자본과 연합하여 동남아 국가의 투자에 나서기도 하였다. 이처럼 동남아 기업집단과 홍콩의 기업집단의 이러한 형태의 합작관계는 80년대 후반 동남아 화인기업가들의 중국 대륙 투자시기까지 이어졌다. 이러한 화인자본의 연합세력은 중국 대륙에 엄청난 투자열기를 몰고 왔고, 투자의 규모, 투자지역, 투자영역 등에서 부단히 확대, 심화되는 모습을 보였다.

05 중국과 화인자본의 합작 – 제3국 투자

개혁개방 이후 중국의 경제실력이 급격히 커지면서 중국기업들이 중국내수와 수출만이 아닌 제3국 진출도 적극 도모하게 되었다. J.H.Dunning의 국제투자이론에 의하면 한 국가의 투자발전상황은 3단계로 구분된다. 글로벌화 과정에서, 한 국가가 경제개발을 시작하는 시점에는 외자 도입이 위주이고 대외투자는 보충적인 상태인 초급 불균형 상태이다. 이어 대외투자가 증가하면서 쌍방향 투자가 평형을 이루는 중급 평형단계에 이르고, 혹은 대외투자가 외자를 받아들이는 것보다 큰 높은 차원의 불평형단계이다. 최종적으로는 대외투자와 외자도입이 정합하는 고급평형단계라고 보았다.[25] 이 이론에 의하면 중국은 이제 중급평형단계의 초기 시기이고, 한국, 대만, 홍콩지역은 이미 중급평형단계에 진입한 것으로 볼 수 있다. 화인기업인들은 중국의 대외투자과정에서 중요한 중개작용을 할 수 있고, 이는 중국과 화인기업인이 향후에도 서로 협력할 여지가 큰 분야라 할 수 있다.

근년에 올수록 비교우위를 갖춘 중국기업들은 대외진출 전략을 가속화하고 국가의 울타리를 벗어나 다국적 경영에 나서는 등 대외투자에 적극적이다. 중국 상무부 통계자료에 의하면, 2002년 말까지 중국이 이미 허가했거나 서류상으로 준비된 비금융분야 해외진출 중국기업은 6,960개이고 투자액은 93.4억달러에 이른다.[26]

오랜 시간 경제체제와 관념 등의 제약으로 중국기업들이 국외로 진출하는 방안에 대해서는 그다지 적극적이지 못했고, 주로 국내시장을 두고 치열한 경쟁을 벌여왔다. 외자기업의 중국진출은 선진 경영기법과 국제화한 경영네트워크를 중국에 가져왔고, 이런 다국적기업들의 각종 경영상의 우위요소는 중국기업의 다국적 경영의식을 촉진시키고 자극하였다. 동시에 중국 국내기업 중 외국과의 합자를 통해 많은 수익을 올린 기업은 이미 대외 진출할 자금여력도 확보한 곳이 많이 나타났다. 중국기업의 대외진출은 전방위적이고 다층위적이며 넓은 영역에서 일어나는 다원적인 변화였다. 이런 다국적 경영에 나선 기업은 대략적으로 3만여 기업에 이른다고 한다.[27] 이 가운데는 중국석화와 중국석유 등 거대 국영기업과 萬向, 遠大空調, 新希望 등 민영기업이 외국에서 가공무역을 기반으로 국제시장을 개척하고 있고, 華源, Haier 등 실력이 강한 기업집단이 이미 해외투자전략을 시행중에 있고 전세계적으로 생산판매 네트워크를 구축하였다.

중국과 동남아 간의 경제협력은 매우 신속히 발전하였고, 이들 사이에는 경쟁적인 측면도 있지만 상호보완적인 측면도 많은 것으로 평가되고 있다. 중국과 동남아는 경제구조가 다를 뿐 아니라 자연자원과 주요 생산품도 큰 차이가 있다. 동남아 화인은 자신의 국가인 동남아에 대해 각종 정책이나 법률, 경제상황을 명확히 꿰뚫고 있고 동시에 중국과는 다양한 인적 네트워크로 중국의 제반사정(경제환경이나 상관습과 문화)에 밝아 두 국가를 이어주는 중개인으로서 역할을 수행하는 중요한 역량이 되고 있다.

동남아 화인기업인은 중국기업이 대외투자를 하는데 이상적인 협력자와 중개자가 되고 있다. 특히 동남아지역에 진출하려는 중국기업으로서는 동남아 화인기업인보다 더 적합한 중개자를 찾을 수 없다고 할 수 있다. 많은 중국기업들이 이미 동남아지역에서 동남아의 화인기업인들과 합자하여 기업활동을 전개하고 있고, 이런 움직임은 앞으로도 이어질 것으로 예상할 수 있다.

태국 정대그룹은 80년대 중국자동차공업공사의 홍콩 총대리점 화성창공사와 합작, 대화자동차유한공사를 설립하여 태국에서 중국자동차 및 부품, 농업용 트랙터, 농업기계 등의 판매 확대에 나섰다. 華潤집단은 태국의 明泰집단과 합작하여 방콕 교외에 박람회장과 골프장 건설에 나섰다.

필리핀의 정조우민(鄭周民)의 아주세계국제그룹은 1993년 하남성 뤄양시정부와 기업의 관련 인사를 초청하여 설립한 투자사절단이 필리핀에 와서 투자협의를 이끌어냈다. 필리핀의 트랙터기업과 중국 제일트랙터공장이 합자하여 필리핀에 트랙터조립공장을 설립하고 판매회사를 설립하는 것이었다.

06 화교송금과 중국

1. 신중국 초기 화교송금

신중국이 건국되고 개혁개방 이전까지 신중국의 화교송금의 주요 특성은 다음과 같다.

첫째, 화교송금이 주로 광동과 복건 지역에 집중되어 있다는 점이다. 광동과 복건 화교화인의 인구가 해외 화교화인 전체 수의 절대다수를 차지하고 있고, 이런 점이 화교송금액의 85~90%가 광동과 복건에 집중되도록 한 주요 원인이다.

둘째, 시간적으로 신중국 건국이후 화교송금은 한번도 중단되지 않았고, 1972년 국내 정치상황이 극좌로 흐르는 상황에서도 송금은 증가하였다. 화교들의 송금은 고향에 있는 가족들의 생활비로 사용되는 한편 국가적으로는 외화수요를 보충하는 통로가 되었다.

셋째, 교포들의 돈은 국유은행 계통이 아닌 주로 민간금융기관으로 화교들의 고향인 광동과 복건지역에 주로 포진해 있는 금융기관을 통해 고향의 가족에게 보내졌다. 신중국이 건국되기 이전에는 水客이라 불리는 사람이 직접 동남아 화교들과 광동과 복건의 화교고향의 가족을 연결하기도 했다. 이 민간금융기관은 僑批局으로 불렸고, 신중국 건국 초기 전체 470여 곳이 있었으며, 이 가운데 330여 곳이 광동성에 소재, 전체의 70%를 넘어섰다.[28] 교비국은 대부분이 중국 바깥에 또 다른 연합경영조직을 두고 있고, 이 업무에 종사하는 사람 역시 대다수가 화교화인이었다. 이러한 화교들의 송금업무는 주로 지연과 혈연, 業緣 등 사회관계를 유대로 하여 국유은행이 갖추지 못한 사회네트워크와 지방특유의 특징을 갖고 있고, 그 업무는 바로 수천만에 이를 화교화인 가족들의 일상생활과 생계에 직결되어 있다.

신중국 건국 초기 화교송금은 국가와 가정경제의 측면에서 2가지 중요한 점이 있다. 하나는 국가의 외화수요에 부응하여 국제수지평형에 크게 기여한 점이고, 다른 하나는 화교가족들의 일상생활을 유지하고 화교 고향지역의 경제발전에 기여했다는 점이다.

1950년 이후 39년간 중국의 수출입 상황을 보면, 23년은 무역흑자를 거뒀고, 출초액은 163.53억달러였고, 16년간은 수입초과로 무역수지적자 누계액이224.77억달러였다. 전체적으로 보자면 수입초과액이 61.24억달러에 달했다. 같은 시기 화교들의 중국 송금액은 96.1억달러로 이 금액은 수입초과액

61.24억달러를 메꾸고도 34.86억달러가 남을 만큼 큰 돈이었다.[29] 이로써 건국초기에서 개혁개방 초기에 이르기까지 화교송금이 중국경제에 얼마나 큰 기여를 했는지 짐작할 수 있다.

화교가족들의 경제를 보면, 교포송금이 화교가족들의 생활수준과 질을 높여주었고 일상 소비수준을 높이는 역할을 수행했다. 1956년 普寧縣 화교가족의 연간 수입은 인민폐 49,024.07위안이었던데 반해 보통 농민의 연간 수입은 3,974.51위안이었다.[30] 무려 12.33배의 격차가 있다. 僑鄕은 수많은 화교가정들로 구성되어 있고, 위의 보녕현은 수많은 화교화인들의 고향 가운데 하나의 축도로 볼 수 있을 것이다. 화교가족들의 경제생활의 변화는 당연히 화교들의 고향 모습을 변화시켰다. 화교송금이 부단히 유입되면서 화교 고향땅은 中西문화가 합류하고 융합하여 내지의 다른 보통의 농촌과는 다른 독특한 문화를 만들어내기도 하였다.

2. 개혁개방 후 화교송금의 변화

1978년 개혁개방 선언 이후 화교송금은 금액이 커졌을 뿐 아니라 아주 빠른 성장세를 보였다. 이는 정부의 개혁개방정책 실시와 밀접한 연관이 있다. 가령 샹하이를 예로 들면, 1978~1982년 화교송금액은 크게 증가하였는데 1978년 화교송금을 받은 가구가 3,922가구였으나 1982년에는 5,008가구로 늘어났고 교포송금액은 1977년 18% 증가했고, 1981년 전체 시지역의 화교송금액은 3,026만달러에 달했다. 이 송금액은 광동, 복건에 이은 제3위였다. 1982년 샹하이의 화교송금액은 역사상 가장 높은 수준으로 금액은 3,248만달러였다. 그러나 1983년부터 샹하이의 화교송금액은 줄어들기 시작하여 1987년에는 1,843만달러, 1989년에는 1,276만달러, 1990년에는 1,090만달러가 되었다.[31]

이러한 변화의 주요 원인은 개혁개방이 심화, 발전되면서 국내시장에서 상품공급이 급격히 늘어나고 상품가격도 점차 떨어지면서 화교송금에 의해 주로 구매해왔던 농부산품이 더 이상 구입하기 힘든 상품이 아니었고 고급 전기제품도 특별공급이 아닌 일반 상점에서 능히 구매할 수 있게 되었기 때문이다. 따라서 화교송금은 중국경제가 어려운 시절에 발휘하였던 우대적인 측면이 상실되었고, 1994년 국가는 정식으로 화교송금의 사용과 유통을 정식으로 취소하였다.[32] 또 국유은행이 점차 국내주민의 외화예금에 대한 규제를 완화하고 새로운 외화저축 상품을 개설하였다. 외화의 시세가 은행 공식환율보다 높은 등 외화가치가 점차 높아지면서 개인들 간에 은행을 통해 외화를 송금하지 않고 직접 휴대하여 들여 와 은행에 예치하거나 개인적으로 보관하여 가격이 오르기를 기다리기도 했다. 심지어 아예 해외에서 물건을 사서 갖고 오는 경우도 있었다. 이런 상황에서 환 대신 현찰로, 환 대신 현물이 대신하는 것이 보편적인 모습이었다.[33]

지난 90년대부터 시작하여 특히 90년대 말기 중국 화교송금액은 다시 새로운 변화를 보였다. 이 변화의 가장 큰 특징은 송금액이 급팽창했다는 점이다. 2000년 상반기 21억달러에 달했고, 2001년 상반기에는 26억달러, 2002년 상반기에는 42억달러, 2003년 상반기에는 55.52억달러로 급격히 커졌다. 이는 같은 기간 중국 국제수지 경상항목 이전수지 흑자의 70%를 차지한 것이다.[34] 이 숫자는 90년대 이전 최고치를 기록했던 1979년 화교송금액 7.1억달러와 비교하면, 규모에서 완전히 차원을 달리하는 것이다. 이런 변화의 주요 원인은 바로 신이민의 증가와 그 경제적 공헌의 증가를 의미하는 것이다.

절강성 원저우를 예로 든다면, 원저우 출신의 해외 화교화인과 홍콩인을 합쳐서 50만명이 전세계 80개 국가와 지역에 분포하고 있고, 이들 지역 가운데 유럽에 가장 많이 거주하고 있다. 이들은 주로 요식업에서 점차로 대외무역 등의 사업으로 전환하는 추세를 보여주고 있다. 2008년 춘절 기간 동안 화교가족들이 집중된 원저우의 文成, 瑞安 등지에서 받아들인 화교송금액은 엄청난 것이었다. 1월1일에서 20일까지 원저우시의 외화유입액은 7억달러였고, 일부 유출된 자금을 제하면 20일 동안 순 유입된 금액은 6.6억달러에 달했다.[35]

개혁개방 이후 대량 신이민의 증가로 화교송금이 신세기에 들어 급증하게 된 가장 주된 요인이다. 2004년 뉴욕에서 중국 대륙으로 송금한 개인송금액은 이미 10억달러를 넘었다.[36)]

개혁개방이후 국내 경제의 신속발전과 신이민의 부단한 증가가 화교송금액의 부단한 증가를 가져왔을 뿐 아니라 화교송금의 용도가 더 이상 화교가족들의 생활비로 충당되지 않고 그 자금이 산업부문에 투자되거나 건축자금으로 많이 사용되었다. 개혁개방후 해외의 동향인과 중국 대륙의 친척들 간의 관계가 회복되고 발전하면서 화교들의 고향에는 집을 짓는 새로운 흐름이 나타났고, 국가도 화교가족들의 생활환경 개선 욕구를 만족시켜 주기위해 관련정책을 내놓았다. 즉 해외 친척이나 친구가 송금하여 새로운 주택을 짓는 것을 돕고 촉진하기 위해 화교가족 주택의 건설을 고무하였고 화교가족들이 도시 호적을 취득하는 것도 우대하였다.[37)]

화교송금은 주택을 짓거나 구입하는데 사용하는 이외에 화교가족들이 이 자금으로 대거 창업에 나섰다. 80년대부터 화교가족기업이 각지에서 흥기하기 시작했고, 국가는 우대정책을 내놓아 화교화인가족들이 해외의 친지나 동향인들로부터 생산설비를 기증받거나 화교송금으로 각종 기업을 세우는 새로운 변화도 나타났다.[38)]

2008년 중국 화교송금액은 350억달러에 달했고, 이는 세계적으로 인도 다음이었다.[39)] 다음은 세계은행이 발표한 중국의 해외이민이 국내에 송금한 금액을 연도별로 정리한 것이다.

〈표 12-3〉 1990~2008 중국이민 송금액 통계

(단위 : 백만달러)

연도	송금액	연도	송금액
1990	210	2000	6244
1991	436	2001	8385
1992	739	2002	13012
1993	811	2003	17815
1994	986	2004	19014
1995	1053	2005	20337
1996	1790	2006	23319
1997	4661	2007	32833
1998	4127	2008	40641
1999	4796	합계	201209

자료 : World Bank staff estimates based on the International Monetary Fund 's Balance of payments Statistics Yearbook 2008.

미주

1) 趙文騮：東南亞華人經濟的國際化趨勢及其特征 p.9, 화교화인역사연구 1994년 1기
2) 상게논문
3) 상게논문 p.15
4) 龍登高：海外華商經營管理探微 p.78~86, 홍콩사회과학출판사. 홍콩
5) 林金枝：近代華僑投資國內企業概論 p.146~147
6) 林金枝：華僑華人與中國革命和建設 p.479, 복건인민출판사
7) 王奕霖：僑資對發展福建經濟的作用, 華僑華人與僑務 1994년 제2기
8) 葉祥松 등：東南亞華人經濟硏究 p.264, 경제과학출판사, 북경
9) 중국통계국편：중국통계연감 2003, p.671, 중국대회경제무역연감편위회편：중국대회경제무역연감 2003, p.80, 중국대외경제무역출판사
10) 중국대외경제무역연감 1984 p.184
11) 王望波：改革開放以來東南亞華商對中國大陸的投資硏究 p.51, 하문대학출판사
12) 상게서 p.56
13) 正大集團簡介 http：//www.cpgroup.추/web/ctbrief.asp, 2003년 12월 1일
14) 康榮平, 柯銀斌：華人跨國公司成長論 P51, 국방대학출판사 2001년, 왕망파 상게서 재인용
15) 주 14
16) 王本尊：發揮優勢, 加速僑鄉經濟建設-揭陽市僑鄉調查, 〈華僑與華人〉1996년 제1기, 王望波 재인용
17) Noel Tracy and Constance Lever-Trace " A new Alliance For Profit：china's Local Industries And The Chinese Diaspora", in Thomas Menkhoff and Solvey Gerke eds. Chinese Enterpreneurship And asian Business Network, London：Routledge Curzon 2002 p.65~83
18) 許鳴：當前的形勢及對僑務工作的影響, 華僑與華人 1993년 제1기
19) 王望波 상게서 p.96
20) 曲力秋：艱難的選擇, 艱難的突破- 胡鞍鋼博士談中國改革, 〈港澳經濟〉 1999년 제3기
21) 夏毅：正大, 値得爲你喝彩-正大集團投資中國二十年側記,, http：//www.freetrade.com/cn/articles/content.asp 2003년 3월 12일
22) 陳靖：關于吸引華僑華人大財團來閩投資的建議, 華僑華人與僑務, 1995년 제1기 p.29
23) 國務院僑辦政硏室：當前華人大企業家來華投資的特點, 僑務工作硏究 1992년 제6기
24) 상게서 p.139
25) 王豊：2003;中國對外投資開閘? 南方週末 2003년 1월 29일
26) 中國對外經濟貿易年鑑 2003, p.973
27) 王望波 상게서 p.230
28) 有關僑匯業情況資料 1953년, 廣東省 檔案館藏 247-1-79 p.65, 張應龍 主編：華僑華人與新中國 p.208~209 재인용.
29) 상게서 p.211

미주

30) 僑鄕資料調查, 상게서 p.212재인용
31) 袁采：上海僑務志, 상해사회과학출판사 2001년, p.164~165
32) 張應龍 상게서 p.213
33) 상게서
34) (日) 山岸猛：新階段的僑匯與新移民(下) p.77
35) 尤成勇：二十天匯回七億多美元 僑鄕溫州僑匯資金量驚人, 溫州僑網 2008년 2월 13일, 張應龍 상게서 p.214
36) 山岸猛 상게논문 p.77
37) 張應龍 상게서 p.216
38) 張應龍 試論廣東僑屬企業的作用, 八桂僑史 1999년 4기
39) 2008年中國接受僑匯350億美元, 居世界第二, 中國新聞網 2009년 6월 23일

제13장

화인 재이민과 중국 대륙의 신이민

개혁개방 이후 중국 대륙으로부터 해외 이민이 크게 늘어나고 있다. 중국인의 해외이주가 가장 활발했던 것이 바로 아편전쟁 이후인 19세기 중엽 이후에서 20세기 초반까지로 봤을 때 최근 일어나는 중국 대륙의 이민현상은 이전과는 양이나 질적으로 많이 다르다. 19세기 중후반과 20세기 초에 걸쳐 대규모 중국인이 동남아로 대거 이주 길에 나선 것을 구이민이라 하고, 이에 대응하여 신중국이 건국되고 닫혀 있었던 國門이 다시 열린 개혁개방 후 급격히 늘어나는 해외이주 움직임을 신이민이라고 부르자.

이주의 지역적인 측면을 고려했을 때 중국 대륙이 아닌 화교화인들이 집중거주하고 있는 동남아지역에서 역시 지난 세기 70년대 이후 다시 새로운 이민에 나서는 큰 흐름은 재이민이라고 부르자.

이장에서는 구이민과 여러 가지 성격이 다른 신이민과 동남아지역에서 불고 있는 재이민 등을 종합적으로 살펴보면서 중국인의 이주 움직임의 특성과 화교화인이란 개념이 갖고 있던 함축된 의미가 시간이 지나면서 어떻게 변화되어 왔는지 살펴본다. 또 앞으로 생성될 화교화인 즉 신이민과 이미 세계적으로 형성되어 나름대로의 발전경로를 걷는 구이민이 어떻게 서로 대비되는지 살펴보고 중국인의 해외확장의 전망과 의미도 생각해보고자 한다.

이민의 목적은 무엇보다 경제적인 이유가 가장 두드러진다. 하지만 경제적인 이유만으로 모든 것을 설명할 수는 없고, 이밖에 보다 인간적이고 안정적인 삶이나 정치 · 사회적 이유, 혹은 문화적 이유로도 거주지를 옮기는 경우도 적지 않다. 한동안 동남아 화인과 홍콩, 대만이 중국계 이민의 주역으로 등장했으나 신중국이 개혁개방 정책을 채택한 이후 중국계의 이민흐름은 이제 대륙 중국이 주도하고 있다. 경제적인 부를 거머쥐기 위해서 외국행을 결심하기도 하고, 정치 · 사회적으로 억압적인 환경을 벗어나기 위해 이주에 나서는 경우도 있다.

이미 오랜시간 이전에 화교들이 이주 정착한 곳에 대륙으로부터 신이민이 몰려나오면서 이들 신구이민들이 비록 민족적으로 한족이라는 하나의 범주에 속하고, 지역적으로도 동일한 지역에 거주하지만 그동안 그들이 겪은 사회 · 문화적 혹은 정치적 환경의 상이로 하나로 화합되지는 못하고 있다. 이들 신 · 구이민은 거주국에서 서로 하나로 통합되지 않고 각자 독립적인 사회관계를 맺는 사례가 많이 보고되고 있다. 화교화인을 설명할 때 그들의 기본적인 가치지향을 크게 落葉歸根(일시적으로 동남아 등 거주지에서 생활하지만 언젠가는 고국에 돌아간다는 가치관) 혹은 落葉生根(고국으로 귀환을 포기하고 거주지에서 삶을 이어가는 가치관)으로 구분했으나 신이민은 이제 이런 범주를 벗어난 경우가 많다. 그들은 특정 거주국에 뿌리를 내리거나 아니면 일정 시간 거주국에 머문 후 고향인 중국 대륙으로 돌아간다는 그런 가치 지향이 아닌 흡사 부평초처럼 이곳 저곳 옮겨 다니면서 특정 지역에 과도한 의미를 부여하지 않고 있는 것이다. 상황에 따라서는 거주공간을 또 옮길 수 있다는 의식이 비교적 강하다. 예를 들자면 대륙에서 미국으로 유학을 간 고급인력이 학업을 마친 후 미국에 일자리를 구하거나 아니면 싱가포르에서 좋은 자리를 찾지만 특정의 지역에서 자신의 남은 삶의 모든 시간을 보내고자 하는 생각은 별로 없다. 또 다른 지역에서 유리한 생활조건이 보장된다면 또 옮기겠다는 의식이 강하고 따라서 그만큼 거주국의 주류문화에 동화하거나 이에 편입되려는 노력도 덜하다고 볼 수 있다.

대륙의 신이민이 급격히 늘고, 또 동남아지역에 오랜 시간 뿌리를 내리고 살았던 구이민들이 다시 지난 70년대 이후 유럽지역이나 미주지역, 호주지역으로 재이주에 나서면서 이제는 화인들간의 인간관계 — 혈연이나 지연 혹은 업연이나 학연 — 는 더욱 확장되어 글자 그대로 화교화인간의 네트워크가 전세계적으로 확장되었다. 다른 각도에서 보자면 이러한 글로벌화한 그들의 네트워크는 바로 그들의 중요한 무형의 자산이 되고, 그 자산이 더욱 커지고 있다는 의미도 될 것이다.

01 동남아 화인들의 제3국으로 이주

동남아는 전세계에서 화교화인들이 가장 많이 거주하는 지역이다. 제2차 세계대전이 끝난 후 거의 1백여년의 화교화인 역사를 가진 이곳에서 지난 70년대 이후 많은 화교화인들이 그들의 거주국을 떠나 제3국으로 다시 이주하는 현상이 많이 나타났다.

1986년 호주정부가 실시한 인구통계 가운데 화교화인들의 출신지별 조사를 보자. 출신지별 화교화인의 현황을 보면 월남에서 출생한 자가 가장 많아 8.3만명이었고, 말레이시아가 그 다음으로 4.8만명, 이어 홍콩, 싱가포르 순이었으며 그밖에 필리핀, 라오스, 캄보디아 출신의 화교도 있었다. 이들 동남아 출생의 화교는 모두 제2차 세계대전 후 출생지에서 호주로 이주했다.[1)]

통계에 의하면 1979년에서 10년 동안 미국에 온 인도차이나 난민은 80만명으로, 이 가운데 40만이 화교였다.[2)] 네델란드의 화교화인 인구는 서유럽에서 영국과 프랑스 다음으로 많은 5만여에 이른다. 이 가운데 절반이 1966년 이후 인도네시아에서 건너온 사람들이다.[3)] 동남아지역의 다른 국가들, 가령 태국, 미얀마 등에서도 전후 수십년 동안 적지 않은 화교들이 제2차 이민 길에 나섰다. 이런 현상은 또한 동남아지역의 화교에만 국한되는 것은 아니고 인도나 아프리카 등지의 화교들에게도 공통적으로 나타나는 현상이기도 하다.

일부 동남아나 남아시아 지역의 화교화인 숫자는 이러한 인구이동의 결과로 줄어들었지만 반대로 화교화인들의 재이주지역인 북미지역과 유럽, 호주 등지의 화교인구수는 큰 폭으로 늘어났다.

이처럼 제2차 세계대전 이후 원래 화교들의 지역분포가 화교들의 재이민으로 크게 변하면서 동남아나 남아, 혹은 아프리카 등지의 경제가 발달하지 못한 지역에서 경제가 앞선 지역으로 화교인구가 크게 유동하는 것을 알 수 있다. 즉 화교 재이민 현상과 관련된 가장 기본적인 내재적인 법칙은 바로 경제가 낙후한 지역에서 상대적으로 경제가 발달하고 부유한 지역으로 이주한다는 점이다.

제2차 세계대전 후 해외 화교화인의 재이민은 새로운 국제정치 · 경제 질서 하에서 규모가 크고, 수량이 많으며, 관계되는 지역이 광범한 이민이라 정리할 수 있을 것이다. 앞서 지적했듯이 화교들의 1차 거대한 이주 흐름이 아편전쟁 이후 19세기 중후반의 일이라면, 이 움직임은 2차 흐름으로 볼 수 있고, 몇 가지 점에서 특성이 있다.

첫째, 19세기 중후반의 1차 이주 흐름은 중국의 광동과 복건성 지역에서 대부분 이민이 발생했고 지향점은 동남아였으나, 전후의 화교 재이민은 동남아가 중심점이 되고 전세계로 이주지역이 확산되었다.

둘째, 역사상 1차 이민흐름은 경제력이 앞선 중국에서 경제개발이 안되고 낙후한 동남아지역으로 이민을 간데 비해 전후의 재이민은 이와는 반대로 북미, 유럽, 호주 등 경제가 발전한 선진지역을 지향했다는 점이다.

셋째, 제2차 세계대전이 종전되고 40여년에 걸쳐 동남아지역에서 제3국으로 이주한 재이민의 숫자는 2백만에 달할 것으로 추산되고 있다.[4)]

이미 거주하던 국가에서 이처럼 짧은 시간에 많은 인구가 제3국으로 이주한 것은 거의 예가 없는 것이다. 즉, 짧은 시간에 많은 사람이 이동한 것이 하나의 큰 특징으로 지적될 수 있다. 전후의 재이민들은 그들의 조상이 교육 배경없이 맨 손으로 중국 대륙에서 동남아로 건너왔던 것과는 달리 상당히 높은 학력에다 일정한 자본을 가진 기업가들이 많았다. 이민의 자질이 과거 조상들보다 크게 높아졌다는 특성을 지적할 수 있다. 즉, 재이민은 전문지식이나 기술 혹은 자본을 갖고 있고 비교적 높은 사회적 지위와 부유한 물질생활여건을 갖춘 특성이 있다는 것이다.

그렇다면 동남아에서 이렇게 많은 숫자의 화교들이 재이민 길에 나선 이유는 무엇인가? 우선 정치적인 원인을 지적할 수 있다. 제2차 세계대전 후 동남아는 비록 식민지배를 벗어나 민족독립정부를 수립했지만 이들에게 평화가 주어진 것은 아니었다. 많은 국가에서 내전과 정변, 그리고 조직적이고 거대한 화교들에 대한 폭동과 배척 등으로 화교들이 안정적인 생업을 도모하기가 매우 어려웠다는 점이다. 지속된 전쟁과 아니면 치열한 정쟁으로 정국이 안정되지 못하고 주민들의 생명과 재산이 온전히 지켜지지 못하는 등 불안감이 팽배하였고, 화교들은 갖은 방법을 생각해 안정된 지역으로 이주를 추진하였다. 또 다른 중요 이유는 경제적인 이유였다. 이들 지역은 경제가 낙후했을 뿐 아니라 거의 대부분 지역에서 화교들의 경제활동을 억압하고 제한하는 배화정책을 시행하여 경제활동에 어려움을 겪었고, 60년대 중반 이후 미국을 비롯한 이민대국들이 이민법을 변경하여 이민의 문호를 대폭 연 것과도 연관이 있었다. 미국은 1965년 종족별로 이민을 제한했던 이민법을 개정하여 종족 차별을 없앴고, 호주나 캐나다 뉴질랜드 등의 국가도 종족성분에 따른 이민제한을 푼데 이어 캐나다와 호주와 같은 인구가 희소한 국가에서는 노동력 부족을 해소하기 위해 오히려 이민을 환영하는 정책을 시행하여 화교들이 많이 이주할 수 있었다. 기술이민이나 투자이민과 같은 새로운 이민문호개방정책은 동남아에서 자본을 어느 정도 축적한 화교화인들에게는 비교적 용이한 이민의 길이기도 했다. 서방세계의 높은 과학기술수준은 동남아 화교화인뿐 아니라 대륙과 홍콩, 대만 등지의 중국혈통의 선진국 행을 재촉하는 아주 중요한 요소였다.

이상을 요약한다면, 제2차 세계대전 후 수십년 동안 화인들의 주요 거주국이었던 동남아지역은 오랜 전쟁과 잦은 정쟁으로 국내상황이 안정되지 못했고, 경제는 낙후되었으며 주민들의 삶은 빈곤에 허덕였다. 그러나 북미지역과 유럽 그리고 호주 등지는 사회가 안정되어 있고 경제가 빨리 발전하였으며 과학기술이 고도로 발달했다. 이러한 서방세계와 비서방간의 절대적인 간극이 바로 동남아화교들을 서방 선진국으로 강하게 끌어당기는 힘이 되었다. 제2차 세계대전 후 시차를 두고 북미와 호주는 화교를 배척하는 기존의 법령을 폐기하고 화교들의 투자와 기술이민을 촉진하기 위한 정책을 채택하였고 동남아지역에서는 특히 인도네시아의 경우 끊임없이 배화폭동이 일어나 화교들의 생명과 재산에 직접적인 위협이 되었다. 이런 요소가 서로 대비되면서 전후 많은 동남아 화교화인들이 선진제국, 특히 북미와 호주 등지로 재이민길에 나서게 된 것이다.

02 개혁개방 후 중국 대륙의 해외이민현상

재이민이 동남아 등지로 오래 전에 이민에 나섰던 화교들이 더 나은 삶을 위해 제3국, 특히 선진제국으로 이주하는 현상을 지적하는 말이라면 신이민은 주로 중국 대륙을 중심으로(대만, 홍콩을 포함해서) 개혁개방 이후 나타난 새로운 이민을 가리킨다. 이들의 이민형식은 한 세기전 중국 동남연안의 교육받지 못한 파산 노동자나 농민과 달리 상당한 교육과 어느 정도의 경제력을 갖춘 집단의 이민으로 이민집단의 성격이 다르다. 이들 신이민은 주로 기술이민, 투자이민 혹은 유학생 방식의 이민, 가족결합 등의 방식으로 이뤄진다.

한 세기 이전의 근대 중국인 해외이주가 단지 생업을 도모하기 위해 해외로 나가는 어쩔 수 없는 선택이었다면 최근 수십년간의 중국의 해외이민은 그 형식도 다양해졌고, 이주지역도 글로벌화했으며, 이주에 나서는 중국인의 자질도 한 세기 이전과는 비교할 수 없을 정도로 높아졌다. 이주의 목적도 단순히 생업을 위한 것이 아니라 보다 나은 삶의 환경과 생활의 질과 개인의 발전을 도모한다는 점에서 한 세기 이전의 근대 중국인의 이주와 성격이 다르다. 오히려 세계적인 이민의 흐름과 같은 이민의 추세를 보여주고 있다고 생각된다.

대륙 중국인의 신이민현상과 관련, 재미있는 사실은 개혁개방 이후 대륙 중국에 불고 있는 유학은 단순히 해외에서 학업을 한다는 의미를 넘어 그 자체가 이민을 잠재적으로 내포하고 있다는 점이다. 1978년에서 1998년까지 20년 동안 중국 대륙에서 해외로 파견한 유학생은 30만명으로 유학대상 지역은 주로 미국, 캐나다, 호주, 일본 그리고 서유럽 등 선진국가였다. 이들 유학생 가운데 귀국자는 총수의 3분의 1 정도였다. 자비로 유학에 나섰거나 혹은 출국 후 유학생 신분을 취득한 사람은 10만명이 넘고 이 가운데 귀국한 자는 3~4%였다. 그리고 이들 합법적인 거주권한을 취득한 유학생과 그 가족은 약 40만명에 이른다.[5)] 이런 사실은 유학생 특히 자비유학생은 거의 대다수가 해외에 거주자격을 얻기 위한 하나의 절차로서 유학을 선택한 측면이 강하다는 것을 강하게 암시

해준다.

또 가족결합으로 인한 중국인의 해외이주가 개혁개방 후 아주 많아지고 있고, 이 역시 해외이주의 주요통로가 되고 있다. 한 세기이전부터 시작된 중국인의 본격적인 해외이주는 지난 70년대 이후 그동안 서구 선진국에 의해 규제되었던 이민의 문이 열리면서 폭발적으로 늘어났다. 부족한 노동력도 보충하고 인도적인 차원에서 가족결합을 허용한다는 정책은 어떤 측면에서 서구 선진국으로서는 명분과 실익을 모두 확보하는 정책이기도 하였다. 이런 방식의 해외이주는 특히 복건성 지역에서 매우 활발하였다. 개혁개방 이후 약 20년 동안 복건성의 해외이민은 약 50만명이었는데 이 가운데 90% 이상이 가족결합의 방식에 의한 이주였다. 복건성 진강공안국의 통계에 의하면 개혁개방 이후 정식 허가를 받고 출국한 이민의 98% 이상이 가족결합 방식의 이민이었고, 비록 소수의 불법이민도 가족을 만나기 위한 이주였다고 한다.[6]

중국에서 신이민이 큰 폭으로 늘어난 배경에 대해 생각해보자. 제2차 세계대전 이후 전세계적인 이민의 조류는 중국의 특유한 현상이 아니고 세계적인 흐름이라는 점에 주목할 필요가 있다. 전후 전세계가 비록 동서진영으로 나뉘면서 양 진영 간의 체제우월 경쟁이 벌어졌고, 이 경쟁의 핵심인 경제발전 경쟁과 이 과정에서 나타난 노동력의 부족을 보충하기 위한 노동력의 이동은 세계적인 흐름이 되었다. 중후진국에서 선진국으로 인력이동이 매우 활발해졌고 중국도 이러한 세계적인 조류와 함께 하였다.

또 중국 측면에서는 대량이민의 발생은 바로 1978년의 개혁개방정책의 선언에서 비롯되었다. 특히 1985년 中華人民共和國出入境管理法이 공포된 후 중국인들의 이주와 출국이 매우 활발해졌다. 또 중국경제가 지속적으로 성장을 거듭하는 등 그 경제규모가 급격히 커지면서 물적교류에 이어 인적교류가 활발해진 측면도 매우 크다.

이제 이민의 구체적인 원인에 대해 생각해보자.

우선 생각할 것은 근대 이후 세계적인 흐름의 한 가지로 노동력에 대한 수요가 급격히 커졌다는 점이다. 식민제국의 동남아개척, 미국과 호주 등지에서 금광의 개발, 미국과 캐나다의 대륙횡단 철도건설 등등 많은 노동력을 필요로 하는 경제로 세계가 진입한 것이다. 근대 중국의 대량이민은 중국의 많은 기층 민중이 원하는 바이기도 했지만 그 이전에 세계적 자본주의의 흐름에 따라 피동적으로 중국이 이끌려간 측면이 강하다. 자본주의 발전에 따라 세계적 규모의 인력수요가 창출되었고, 적합한 노동력으로 평가된 중국인과 인도인이 국제시장에서 가장 선호되었다. 이러한 국제적인 인력수요에 대해 중국인들이 기꺼이 호응함으로서 근대 화교를 생성시키게 되었고, 지난 70년대 이후 세계적인 이민의 흐름도 이와 기본적으로 유사한 성격으로 볼 수 있다. 근대의 인력수요와 최근 수십년 간의 국제적 인력수요의 가장 큰 차이점이라면 단순한 육체노동자가 아닌 전문 인력의 수요가 갈수록 커지고 있다는 점이다. 캐나다와 호주 등의 경우 기술인력의 수요가 컸고, 이들은 이민법 등을 고쳐 종족주의적 이민제한을 철폐하는 대신 기술인력에 대해서는 이민의 문호를 활짝 열었고, 이 틈을 중국의 전문기술인력이 비집고 들어가게 되었다. 중국인들이 익숙한 요식업이나 의류업 그리고 소매업 등의 부문에서도 선진국은 많은 인력이 필요하였고, 이를 중국인들이 보충하였다.

유럽지역으로의 화교화인들의 재이민 현상을 보면, 그 배경에는 역사적인 원인이 깔려있다. 동남아 각국에서 거주하던 화인이 제2차 세계대전 후 건국된 동남아 국가의 전쟁이나 정치혼란, 배화정책 등의 영향으로 식민지 종주국으로 이주하는 사례가 많이 나타난 것이다. 가령 1975~1984년 프랑스는 97,175명의 난민을 받아들였는데 이 가운데 60%가 화교화인이었고, 네델란드의 화교화인은 5만여로 이 가운데 절반이 1966년 이후 인도네시아에서 건너온 사람들이다.[7] 베트남이나 인도네시아는 가장 대표적으로 화교화인들에 대한 억압적인 정책과 토착민의 배화의식과 배척활동이 강했던 지역이었다.

이제 세계 각국을 크게 두 가지로 나눠 이민국가와 원주민국가로 구분해보자.

그러나 이렇게 단순하게 국가를 구분한다 해서 이민국가는 모두 같은 형태의 국가이고 원주민국가도 상호간에 구별이 없다는 의미로 받아들여서는 안 된다. 그러나 이 대분류에는 하나의 분명한 특징이 있다. 원주민국가의 주도적 지위를 차지하는 것은 이민이 아니라 '원주민'이라는 사실과 이민국가는 주도적 지위를 차지하는 것이 이민이지 원주민이 아니라는 점이다.[8)] 서방의 선진국들의 다수가 이민국가인데 반해 동남아지역의 개도국들은 다수가 원주민국가라는 점이다. 이런 기본개념을 전제하고 이민국가인 미국, 캐나다, 호주, 뉴질랜드 그리고 싱가포르와 화교화인 이민관계에 대해 살펴보자.

1. 이민국가의 신이민

캐나다는 화교화인 이민에 대해 과거 제약 내지는 금지조치를 내린 바 있으나 캐나다 정부는 지난 60년대에 이러한 제약과 장애를 점차 제거하였다. 1967년부터 시작된 캐나다의 점수제 이민은 화교화인들의 캐나다로의 진입을 용이하게 하였고, 이를 계기로 캐나다에서 화인들의 숫자가 대폭적으로 증대하였다.

제2차 세계대전 후부터 1990년까지 중국 대륙은 결코 캐나다 화인이민의 주요 출신지역이 아니었다. 대다수 화인은 홍콩에서 왔고, 한창 많을 때는 한 해에 4.4만명(1994년)에 이르렀다. 그러나 2000년 이후 홍콩으로부터의 캐나다 이민은 급격히 줄었다. 이와는 달리 중국 대륙에서 이민 온 사람들은 갈수록 크게 늘어났다. 특히 1989년 이후 이런 경향이 두드러졌다. 이는 캐나다정부가 한 가지 특별한 정책을 시행했기 때문이다. 즉 89년 대륙의 6 · 4천안문사태 이후 중국유학생과 방문학자들을 정치적으로 비호하여 그들의 캐나다 정착을 도

〈표 13-1〉

연도	캐나다 총인구	캐나다 화인인구	본토출생(%)	화인비율(%)
1971	21,961,999	124,600		0.57
1981	24,820,393	285,800		1.15
1986	26,101,155	412,800		1.58
1996	29,610,757	922,000		3.11
2006	32,623,490	1,347,000	23.0	4.13

자료 : Peter Li, "The Social Construction of Chinese in Canada" 廖建裕 상게논문 p5 재인용

왔기 때문이다. 이런 정책에 의해 중국유학생, 학자 및 그 가족들이 모두 캐나다의 거주권을 획득했으며 1991~1994년과 2001~2002년 이 시기를 제외하고 중국계의 캐나다 이민이 지속적으로 늘어났다.

2006년 캐나다 인구센서스에 의하면, 69.8%의 캐나다 화인이민 가운데 59.5%가 1991년 이후 캐나다에 거주했다. 이들 신이민의 등장으로 교육정도가 비교적 높은 화인이민이 크게 늘어났고, 화인사회의 모습을 크게 바꾸었으며, 이들은 더 이상 차이나타운을 그들의 거주지로 삼지 않았고 교외지역으로 거주지를 확장하였다.

그러나 상당수 캐나다의 화인신이민은 다시 그들의 거주지를 옮겼고 다수는 중국 대륙으로 되돌아갔다. 큰 희망을 가졌던 캐나다에서 그들은 희망했던 일자리를 구하지 못했고, 그들의 높은 학력은 이주지인 캐나다에선 받아들여지지 않았으나 대신 중국 대륙에서 인정되고 그들을 받아주었기 때문이다.

화인들의 미국으로의 이민은 1848~1882년 사이에는 상대적으로 자유스러웠다. 그러나 이후 미국의 排華정책은 화인들의 자유로운 미국행을 저지했다. 제2차 세계대전 기간 미국과 중국은 동맹국으로 중국에 대한 이민이 완화되었

〈표 13-2〉 미국화인인구 현황

연도	미국 총인구	미국 화인인구	본토출생(%)	화인비율(%)
1940	132,122,446	106,334	51.9	0.08
1950	152,271,417	150,005	53.0	0.10
1960	180,671,158	237,292	60.5	0.13
1970	205,052,174	435,062	53.1	0.21
1980	227,224,681	812,178	36.7	0.36
1990	249,464,396	1,645,472	30.7	0.66
2000	282,216,952	2,879,636	31.0	1.02
2006	299,398,484	3,565,458	37.0	1.19

자료 : "Chinese American Population: Numbers and Navity, 1940~2006" , Min Zhou, Contemporary Chinese America : Immigration, Ethnicity, and Community Transformation , Philadelphia

다가 전후 다시 이민이 규제되었고 1965년 이민법안이 수정된 후 유색인종에 대한 이민규제가 완화되면서 중국이민이 늘어나기 시작했다. 70년대부터 중국계의 이민 수가 늘었지만 미국에서 출생한 화인의 비율은 여전히 높았고, 90년대 이후 이런 상황이 크게 변했다. 1990년 통계수치는 외국에서 출생한 미국화인은 미국 전체 화인의 69.3%였으나 2006년에 이 비율이 63%로 낮아졌다.

미국에서 신이민의 등장으로 화교사회는 큰 변화를 겪었다. 이들 신이민은 구이민사회에 흡수되지 않고 독자적인 자신들의 조직을 결성하고 구이민조직과 대등한 관계를 유지하였다. 중국이민들간의 상호교류는 구이민 사회단체들은 주로 사교조직으로 활동하였고, 비교적 엄격한 회원제도를 유지했으나 신이민은 엄격한 회원제도도 없고 주로 인터넷상에서 상호간 소통했으며 고정된 사무실도 갖지 않았다.[9] 이들 신구 화인이민 커뮤니티는 서로 상호작용이 없었고 이런 이면의 일부 원인으로는 언어문제가 지적된다. 구이민은 주로 광동어로 상호간에 교류하고 소통했으나 신이민들은 주로 보통어로 교류하였다. 또 오랜 미국생활의 전통을 가진 구이민들은 신이민들이 미국문화에 대한 이해가 낮고 미국사회에 융합되려는 노력이 부족하다고 간주한데 대해 신이민은 중국의 부상에 따라 자신들을 대단하다고 여기는 등 서로 간에 간극이 있었다는 것이다.[10] 그러나 신이민들은 그들이 꿈꾸었던 세계인 주류사회의 진입을 쉽게 이룰 수 없었다. 이는 그들의 언어능력과 그들이 중국 땅에서 습득한 지식과 기술이 미국에서 적용되거나 인정받지 못했기 때문이다. 그들은 결국 그들이 기대한 것과는 달리 중국에서 누리던 사회 · 경제적인 지위보다 사회지위가 크게 낮아진 것을 인정하고 받아들이지 않을 수 없었다.

뉴질랜드도 캐나다와 마찬가지로 지난 80년대 이후에야 화인들에게 이민의 문호를 열었다. 이민 문호의 개방은 바로 화인 이민의 증가로 나타났다. 1987년 뉴질랜드는 이민과 관련한 종족차별을 폐지하였고, 이민자의 자질로 판단할 뿐 이민자의 국적이나 종족은 더 이상 평가요소에 포함하지 않았다. 1991년에는 점수제(point system)를 이민법의 기초로 삼았다. 1995년 이민법은 다시 개정되어 기술을 가진 사람들이 이민 오기 좋게 하였다.

〈표 13-3〉 뉴질랜드 화인인구

연도	뉴질랜드 총인구	뉴질랜드 화인인구	화인비율 (%)
1976	3,129,383	14,860	0.47
1981	3,143,307	16,653	0.53
1986	3,307,084	19,506	0.60
1991	3,495,800	37,689	1.08
1996	3,733,900	82,320	2.20
2001	3,887,000	105,057	2.70
2006	4,186,900	140,570	3.36

자료 : Manying Ip and Nigel Murphy, Aliens at my Table : Asians as New

이런 완화된 이민법 규정에 따라 중국의 이민이 뉴질랜드로 많이 이주해 왔다. 2006년 중국과 기타 지역의 화인 신이민이 모두 140,570명으로 2000년에 비해 무려 40.5%가 늘었다. 2006년 화인의 78.24%는 뉴질랜드 바깥에서 태어난 사람들로 뒤집어 말하면 본토출생 화인은 21.76%에 불과하였다.

원래 뉴질랜드에는 주로 광동 일대의 중국인이 이주해왔으나 신이민의 경우 중국 대륙은 물론 홍콩, 대만, 말레이시아, 싱가포르 등지에서 왔고, 대륙은 여전히 뉴질랜드 화교의 출발지이기도 하다. 특히 주목할 것은 뉴질랜드의 유학 정책이 많은 중국인을 뉴질랜드로 불러들이게 됐다는 점이다. 2003년 뉴질랜드는 유학생이 공부하면서 일정한 범위 내에서 일을 할 수 있도록 허용하였고, 졸업 후에는 취업증서를 가질 수 있도록 했다. 2007년 한 연구에 의하면 뉴질랜드에 온 유학생 중 중국유학생이 전체의 32%를 차지했고, 이밖에도 뉴질랜드는 많은 수의 중국인 투자이민을 받아들였다.[11)]

이들 신이민의 등장으로 뉴질랜드의 화교화인 사회는 큰 변화를 보였다. 신이민은 일반적으로 비교적 높은 학력과 전문자격이나 기업인 신분이 많았다. 1997년 홍콩이 중국에 귀속된 후 홍콩 사람들이 캐나다로 많은 사람들이 이민길에 올랐지만 뉴질랜드로도 적지 않은 사람이 건너왔다. 홍콩주민이었던 화인들은 교육수준이나 경제력 등에서 상당한 수준에 있었다. 캐나다와 마찬가지로

〈표 13-4〉 호주 화인인구

연도	호주 총인구	호주 화인인구	화인비율 (%)
1976	14,110,107	36,638	0.27
1986	16,138,769	196,347	1.30
2001	19,533,972	556,560	2.97
2006	20,848,760	669,890	2.64

자료 : Australian Bureau of Statistics,

신이민이 뉴질랜드 땅을 밟은 이후 화교사회에서 이들이 주로 소통하는 언어는 광동어가 아니라 보통어로 전환되었다.

이런 이민사회의 기본 특성은 호주 화인사회도 큰 차이가 없었다. 호주정부도 백호주의를 폐기하고 전문직 인사와 기술자를 보다 많이 흡수하는 이민정책으로 전환하였다. 이런 근본적인 이민 정책의 변화로 호주의 화인숫자는 1986년 196,347명에서 2006년 669,890명으로 급증하였다. 대륙에서 온 많은 화인은 학생증을 손에 쥐고 호주에 진입하였다. 홍콩과 대만에서 건너온 화인이민은 기술이민 방식으로 주로 들어왔고, 특히 홍콩이민들은 전문직과 기술자가 많았다. 대만이민들은 대부분이 투자이민이었다.

뉴질랜드와 마찬가지로 조기 호주이민은 주로 광동에서 왔으나 신이민은 많은 다른 나라에서 왔다. 1986년에서 2001년까지 많은 화인들이 중국 대륙과 홍콩, 대만, 동남아 각국에서 몰려왔다. 그러나 호주는 다른 아시아 국가와 달리 호주에서 출생한 화인의 비율이 매우 높다. 1986년 수치를 보면, 호주 출생의 화인비율이 21.6%로 가장 높았고 이어 인도차이나(18.8%), 말레이시아(15.4%), 중국 대륙(15.2%), 홍콩(13%) 순이었다.

한 연구에 의하면 호주 화인인구의 절반이상은 시드니에 거주하고 있고, 이 곳은 대륙과 홍콩 화인이 가장 좋아하는 곳이기도 하다. 다음으로 화인이 선호하는 지역은 멜보른이고 이는 화인들의 경제활동과 밀접한 연관이 있어 보인다.

화인들간에 교류하는 언어도 신이민이 대거 이주해오기 이전에 광동어였으나 신이민이 급증한 이후 보통어로 바뀌었다. 또 이민들이 이곳에서 일자리를

〈표 13-5〉 싱가포르 화인인구 구성

연도	싱가포르 총인구	싱가포르 주민인구	주민중 화인인구	화인비율(%)
1970	2,074,500	2,074,507	1,579,866	76.2
1980	2,413,900	2,413,945	1,856,237	76.9
1990	3,047,100	3,016,379	2,252,700	74.7
2000	4,027,900	3,273,400	2,513,800	76.8
2010	5,076,700	3,771.721	2,793,980	74.1

자료 : 寥 建 裕 상게논문 p9 재인용

구하는 것은 캐나다나 뉴질랜드와 마찬가지로 어렵고 많은 경우는 처자식을 이곳에 남겨두고 가장은 대륙이나 홍콩에서 사업을 하는 경우도 많은 것으로 보고되고 있다.

싱가포르도 위의 4개 국가처럼 이민국가이지만 그 성격은 좀 다르다. 우선 싱가포르는 화인들의 이민과 관련해 반화인정책을 편 적이 없다. 싱가포르는 자체가 중국혈통의 화인이 주류가 되어 건국한 국가라 이런 시책은 너무나 당연할 것이다. 또 다른 국가와는 비교할 수 없을 정도로 전체 국민 가운데 화인의 비율이 압도적으로 높은 국가이기도 하다. 다른 국가와 마찬가지로 싱가포르는 신이민을 받아들이기 위해 노력하고 있는데 특히 중화 신이민을 받아들이는데 주력하고 있다. 이는 싱가포르의 민족 구성 가운데 말레이족과 인도계에 비해 출산율이 떨어져 건국초기 형성된 민족간 인구비례가 무너질지 모른다는 위기감 때문이다. 민족인구 분포의 변화는 정치 · 사회질서에 큰 영향을 주는 만큼 이 비율을 유지하기 위해서는 중국계 주민의 출산율을 높여야 하지만 이미 출산율이 낮아진 상황에서 대응책은 화인 이민을 늘려나갈 수밖에 없었다. 따라서 싱가포르는 말레이시아 화인과 중국 대륙의 중국인을 가장 중점적인 이민대상으로 여기고 이들을 받아들이는데 적극적이다.

싱가포르는 1990년부터 신이민정책을 시행, 인구노령화에 대처하기 위해 보다 많은 외국이민을 받아들이고 있다. 정책의 시행으로 1990년 3,047,100명이던 주민이 2009년에는 4,987,600명으로 늘었고, 1968년에서 1989년을 보면 싱가포르의 인구가 배로 늘었다. 영구주민과 비국적자는 1990년부터 급격히 증가하였다.

싱가포르도 다른 이민국가와 마찬가지로 신이민들은 일반적으로 교육수준이 높고 중국 각지에서 몰려왔으며 싱가포르에서 여의치 않을 경우 쉽게 이 국가를 떠나 다른 나라에서 일자리를 구하는 특성이 있다. 한 조사에 의하면 싱가포르 정부장학금을 받은 105명의 중국유학생 가운데 74%는 이미 영구주민이 되었고, 시민권을 획득한 사람은 겨우 1%였다. 또 이들 중 51%는 싱가포르에서 3~5년간 거주하고, 30%는 중국으로 귀국하며 29%는 다른 국가로 재이민에 나서겠다고 응답하였다.

비록 싱가포르에서 화인 신이민이 많지만 절대적인 비중은 싱가포르에서 태어난 화인들이다. 싱가포르 바깥에서 태어난 화인의 비율은 전체 화인 인구의 21%(2010년 통계)이고 이는 아마도 정부당국이 싱가포르의 민족비율을 감안한 결과로 여겨진다. 그러나 싱가포르에서도 신구이민 간에는 상당한 간극이 있고, 이들 간의 문화차이도 상당하다. 신이민의 높은 유동성과 쉽게 재이민을 결심하고 실행하는 경향이 바로 이들이 싱가포르 주류사회에 진입을 어렵게 하는 가장 기본적인 요소이기도 하다.

03 新舊이민의 특성차이

화교 신구이민은 우선 시기적으로 구분된다. 여기서 구이민이란 바로 아편전쟁 이후 중국인이 본격적으로 동남아로 이주한 것을 주로 지칭한데 대해 신이민은 구이민이 동남아 이주에 나선지 1백여년이 지난 20세기 70년대 이후 출현한 현상을 말한다. 시기적으로 구분되는 신구 이민은 시간적인 차 이외에 많은 차이점을 갖고 있다.

우선 아편전쟁 이후 중국을 떠날 수밖에 없었던 인구집단의 인구사회학적인 특성을 살펴보아야 한다. 그들은 청조말기의 국력쇠퇴와 외세의 침입, 내란의 연속이라는 사회불안과 경제의 와해 가운데서 단지 생존을 위해 달리 다른 방도가 없어 동남아 이주에 나선 사람들이다. 당연히 대부분이 문맹이었거나 반문맹상태였고, 동남아로 이주할 선박 운임마저 갖지 못할 정도의 극빈층이기도 했다. 즉 교육수준과 경제력이라는 측면에서 개혁개방 이후의 신이민과 극명한 대비가 되고 있고, 이는 신구 화교이민의 가치지향이나 현지 적응과정, 거주국과의 관계 설정 등에서 많은 차이를 만들어내는 요인이 되었다.

아편전쟁 이후 동남아 이주 길에 나선 중국인 구이민은 남녀성별로 볼 때 그들은 대부분 젊은 남성이었다. 1850년 싱가포르로 온 중국인 27,988명 가운데 여성은 단지 2,239명이었고, 1901년 화인의 숫자는 164,681명으로 증가했지만 여성은 33,674명에 불과했다.[12] 미국이나 캐나다, 라틴아메리카의 경우 성별비는 더욱 확대된다. 1848년에서 1850년 샌프란시스코에는 4만 5천여명의 화교 노동자가 있었는데 이 가운데 여성은 단지 16명이었다.[13] 이런 구이민의 현격한 성별비는 제2차 세계대전까지 큰 변화가 없었다. 그러나 신이민이 새로 역사무대에 등장하면서 이러한 격심한 화인 성비불균형은 기본적으로 시정되었고, 심지어 여성이 남성을 넘어서는 현상도 보였다. 예로 1979년 중국 대륙에서 캐나다로 간 이민 중 여성이 53.5%를 차지, 남성보다 구성비가 높았다.[14] 앞서 지적했듯이 가족결합(혹은 가정이민)은 신이민의 특성으로 구이민과 다른 특징적인 측면이다.

또 다른 신 · 구이민의 현저한 특성은 교육수준이 아주 다르다는 점이다. 1929년에서 1937년까지 절강에서 유럽으로 이민 간 중국인 가운데 문맹과 반문맹이 90%를 차지했고, 중학교 정도의 교육을 받은 사람은 겨우 5% 정도였다.[15] 신이민의 교육수준은 구이민을 훨씬 뛰어넘고 4분의 3 이상이 고등학교 이상의 학력을 갖고 있으며, 수십만에 이르는 외국 유학생들의 학력은 더욱 높다.

경제력 측면에서 보자면, 구이민은 절대다수가 빈궁한 농민과 파산 상인이나 수공업자였다. 생활수준은 사회의 가장 바닥이었고, 중국내에서는 도저히 생존을 해결할 수 없어 외국행에 올랐고, 이들은 상당수가 배삯도 없어서 외상선임으로 동남아행 배를 타고, 선임은 동남아 현지에 가서 농장이나 광산 등에서 몇 년 동안 일해 갚는 방식을 택했다. 그러나 신이민은 이들 구이민과 경제적 배경이 완전히 다르다. 신이민의 다수가 국내에서 상대적으로 부유한 지역 출신으로 도시에서 비교적 쾌적한 생활을 해왔으며 생활환경과 업무조건이 상당한 수준인 각급 기관이나 기업체에 근무하거나 과학기술부문에서 종사한 사람이 많고 유학을 원하는 고등학생들도 많이 포함되어 있다.

출국 목적을 보더라도 신 · 구이민은 다른 특성이 있다. 구이민은 어쩔 수 없이 생존문제를 해결하기 위해 이주 길에 나섰다면 신이민은 경제문제가 가장 강력한 동인이기는 하지만 이들은 중국에서 생존에 전혀 문제가 없는 계층들이다. 보다 많은 돈을 벌거나 보다 좋은 생활환경에서 살고자 하는 욕구와 개인의 발전이라는 차원에서 이민을 선택하였고, 특정지역에 대한 정착성이란 측면에서 신이민은 구이민과도 구별된다고 본다.

이민의 형식문제를 보더라도 신이민의 경우 아주 다양한 경로를 보이고 있다. 구이민의 경우 동남아 현지에서의 인력수요에 의해 중국 동남연안지역에서 희망자를 모집해 집단으로 선박을 이용해 동남아로 보내졌으나 신이민은 집단적인 이주이기보다는 개인의 주체적인 판단으로 이민에 나서고 있고, 그 형식도 가족결합, 유학, 여행후 불법체류, 노무수출, 투자이민, 기술이민 등 아주 다양한 경로를 보이고 있다.

이민자들의 출신지역을 보더라도 구이민의 경우 대부분이 광동과 복건출신이었으나 신이민은 이러한 지역경계를 허물어뜨리고 있다. 물론 신이민의 경우에도 복건과 광동이 많은 숫자를 차지하고 있지만 베이징과 상하이 등 대도시의 높은 교육수준을 갖고 있는 사람들의 이민이 급속한 속도로 증가하고 있고, 이들이 해외에서 새로운 화교화인 세력으로 등장할 가능성도 커 보인다.

또 다른 특성은 앞서 지적했지만 중국인 이민자들이 선택하는 이민대상지의 변화이다. 구이민의 지향점은 주로 동남아지역이었지만 신이민은 서구 선진국을 중심으로 전세계로 대상지역이 확산되고 있는 추세다. 신이민들이 가장 선호하는 지역은 미국, 캐나다, 호주, 뉴질랜드였고 이들 지역은 새로운 기술을 가진 노동력을 많이 필요로 하는 국가라는 공통점을 갖고 있다.

신 · 구이민의 직업배경도 큰 차이를 보인다. 구이민들이 동남아로 이주 후 그들은 주로 광산이나 농장, 사금채취, 도로건설 등의 노동과 잡화점이나 식당, 세탁업 등의 업종을 영위했으나 신이민 가운데 노동자의 비율은 매우 낮아졌다. 물론 처음 외국에 나가서는 일반적으로 고정된 안정적 직업을 구하는 것은 매우 어렵고, 식당이나 서비스업에서 일시적 직장 겸 부업을 하는 경우가 많고, 또 국내에서의 학력이 외국에서 인정되지 않는 경우도 많다. 하지만 신이민의 경우 전문 기술분야에서 두각을 드러내는 사람이 갈수록 많아지고 학계나 금융계 연구기관 등에서 신이민의 역량은 갈수록 커지고 있다. 통계에 의하면 미국에서 엔지니어, 건축사, 교수, 변호사, 의사, 은행원, 부동산 사업가 등의 분야와 정부부문에서 일하는 사람의 비율은 전체 이민 숫자의 21.9%에 이른다.[16)]

시대의 변화와 흐름에 따라 신 · 구이민의 관념도 큰 편차를 보이고 있다. 구이민은 다른 민족과의 교류와 융합보다는 자신의 전통관념과 가치관의 유지에 더욱 주력하였고, 외부의 눈에는 폐쇄적인 모습으로 비친 측면이 강하다. 전세계 화인들이 모여 있는 곳에 거의 예외없이 존재하는 차이나타운은 어떤 측면에서 구 이민들의 폐쇄성을 상징하는 것이라는 연구자들의 관점도 있다. 조국으로부터 아무런 정치적, 경제적인 지원과 보호없이 오로지 이민자 자신의 능력과 역량만으로 생존하고 번성해가야 할 입장에 있는 구이민들로서는 자기의 전통과 가치관에 충실한 것이 자신을 지켜갈 수 있는 방안일 수도 있었고, 그들의 평균적인 교육수준이 낮았다는 점도 외부의 다른 세계에 대한 수용능력의 제한으로 나타날 수도 있었을 것이다. 중국에서 갖고 온 종족관념의 강화와 활동범위는 주로 종친이나 동향모임에 주로 국한되었고, 금의환향의 강한 꿈을 갖고 있었다. 신이민 역시 그들이 이역 땅에서 다른 사회, 문화환경과 가치관이 그들에게 가하는 상당한 압박감 가운데서 중국에서 그들이 누린 우월감과 안전감이 많이 없어졌고, 현지의 주류사회에 편입되기 위한 참여의식이 발동하면서 적극적인 노력을 기울이게 된다. 이들 신이민은 다른 문화에 대한 이질감과 거부감은 상대적으로 구이민에 비해 적다고 생각된다.

신이민은 과거 구이민이 주로 차이나타운을 중심으로 거주했던 것과는 달리 현지인의 생활공간에 적극 뛰어들고 개인적인 활동을 많이 하고 있으며 화인들 뿐 아니라 다른 민족들과도 적극적인 교류로 화인커뮤니티의 다원화와 외연의 확대에도 적극 나서고 있다고 평가할 수 있다.

미주

1) 黃英湖：戰後華僑的再移民及其原因剖析, 南洋問題, 1989년 제2기
2) 홍콩 華僑日報 1988년 8월 22일
3) 華聲報 1986년 5월 27일
4) 黃英湖 상게논문 p.41
5) 程希：留學生的滯留與中國政府的對策, 화교화인역사연구 1999년 2기
6) 趙紅英：近一二十年來中國大陸新移民若干問題的思考, 화교화인역사연구 2000년 4기
7) 상게논문
8) 廖建裕：全球化中敵中華移民與華僑華人研究, 화교화인역사연구 2012년 1기 p.4
9) 周兆呈：美國亞裔研究學者周敏：模範少數族裔另一種排外機制, 연합조보 2011년 4월 10일.
10) 상게 문장.
11) Paul Merwood："Studying and Staying on in New Zealand" Wellington, Department of Labour, 廖建裕 상게논문 재인용
12) 王京治：僑務知識手册 p.25 중국화교출판공사.
13) 世界日報 1991년 4월 5일, 程希：當代中國留學生研究 p.84, 홍콩사회과학출판사유한공사 재인용
14) 1979년 캐나다 이민통계 p.10~11
15) 章志誠：戰後歐洲華僑華人經濟變化初探, 戰後海外華人變化國際學術研討會論文集게재
16) 美國華人新移民概況,, 福建僑報 1986년 9월 10일, 程希 상게서 재인용

제14장

마무리 글

01 정체성의 전변

지금 동남아의 화교화인은 그들의 조상이 아편전쟁 후 대규모로 동남아로 이주해 왔을 때와 비교하면 여러 가지 측면에서 많이 달라졌다. 가장 핵심적인 차이는 초기 화교의 후예인 화예들의 중국을 보는 관점이 그들의 조상과는 크게 달라졌다는 점이다. 이러한 관점의 차이, 간극은 바로 오랜 시간 화예들이 중국이 아닌 동남아 거주국에서 생활하면서 습득한 현지 문화와 사회환경에 따른 영향이 가장 큰 원인이었을 것이다.

華裔들의 피 속에는 각자 중국인의 피가 정도를 달리하며 조금씩은 흐르고 있지만 이미 이들은 전형적인 중국인이 아니다. 이런 변화의 가장 큰 원인을 구체적으로 지적하자면, 바로 제2차 세계대전과 중국의 공산화, 이로 인해 등장한 동남아 각국의 민족정부의 강력한 동화정책 때문이라 할 수 있을 것이다. 또 하나 중요한 원인은 동남아의 화인이나 화예가 순수 중국혈통이 아니라 혼혈혈통이 주류를 이룬다는 점도 지적되어야 한다.

동남아 신생정권들로서는 자국 내에 인근 강대국의 많은 교민이 살고 있다는 것이 취약한 정권의 입장에서 상당히 부담스런 부분이었고, 이들에 대한 동화는 당연히 핵심적인 국정과제의 하나가 될 수밖에 없었다. 이미 중국에서 태어나 동남아로 이주해온 1세대 중국인의 정신세계는 어쩔 수 없다 할지라도 동남아 현지에서 태어난 중국인의 2세, 3세 그리고 더 후대에 대해서는 중국인이 아닌 거주국의 국민으로 키워야 한다는 점은 신생 동남아 국가들의 일관되고 확고한 정책방향이었다. 또 제2차 세계대전 못지않게 동남아 중국인과 그 후예들의 삶에 더 결정적인 영향을 미친 것은 바로 중국 대륙의 공산화였다. 이제 자국 내의 중국인과 그 후예는 단순히 인근지역의 강대국의 교민이라는 차원을 넘어서 적성국가의 국민으로, 그 인구규모가 결코 무시할 수 없는 상당한 수준에 이르렀기 때문이다.

바로 위의 두 가지 역사적 사실로 인해 제2차 세계대전 이후 동남아의 화교화인들은 어쩔 수 없이 그들의 조국(중국 대륙)과 모든 교류관계를 단절해야 했다. 동남아의 화교화인들이 중국인으로서 자신들의 정체성을 지키고 이를 자손 후대에도 이어지게 하기 위해 가장 주력했던 부분이 바로 화교 후세대에 대한 중국어(화문) 교육이었다. 그러나 제2차 세계대전이 종전된 후 예외없이 모든 동남아 국가에서 화교 자제에 대한 중국어(한어) 교육에 대한 강력한 규제가 실시되었다. 이 조치는 화교화인에 대해 가장 우호적인 국가였던 태국도 예외가 아니었다. 이제 새로운 독립국가로 출범하는 과정에 모든 국가구성원들을 국가가 추구하는 목표에 부합하는 국민으로 키워야 된다는 것이 독립정부의 기본 국정 방침이었고, 화교의 자제들도 이의 예외가 될 수 없었다.

이런 과정을 통해 전후 적어도 30여년 동안 동남아의 중국인 후예들은 자신들의 말에 대한 교육을 받지 못하고 거주국의 언어를 배워야 했고, 그들의 모어를 대부분 잊었고 잃게 됐다. 조국의 말을 잃는다는 것은 언어만 잃는 것이 아니라 중국인으로서 자연스럽게 내면화할 수 있는 중국문화를 잃는다는 의미도 포함하였다. 동남아 거주국에서 현지언어를 배우면서 화예들은 말과 함께 현지문화를 자연스럽게 체득하였고, 동시에 중국의 문화와는 멀어진 것이다. 민족학의 핵심 이론에 의하면, 민족을 구성하는 여러 가지 요소 가운데 공통의 언어를 가장 핵심적인 요소로 보는 관점이 있다. 이 이론에 의하면 동남아의 절대 다수 화인과 화예는 이미 민족적으로 한족의 특성이 많은 부분 탈색되었다고 생각할 수 있을 것이다.

또 한 가지 중요한 측면은 종족적으로 보더라도 동남아 화인, 화예들의 대다수는 이미 순수한 중국인의 혈통이 아니고 혼혈 혈통이었다. 즉 중국인 남성과 동남아 현지의 여성의 사이에서 태어난 중국계와 다시 이들이 현지인과 통혼하면서 순수 중국인성(Chineseness) 이 동남아에서 유지되기 어려웠다고 볼 수 있다. 거의 대부분 문명권에서 보듯이 아이들의 성장기 가장 오랜 시간 함께 생활하는 사람은 바로 어머니이고, 어머니가 바로 현지인이기 때문에 동남아 화인, 화예들이 현지문화를 자연스럽게 내면화하게 되었고, 이 점 역시 탈중국화의 아주 큰 요인으로 여겨진다.

한족의 해외로의 확장인 화교화인이 그렇다고 해서 100% 현지로 동화되었다고 보는 것 또한 잘못된 시각이다. 중국인의 속어 가운데 다음과 같은 구절이 있다.

生於中國人, 死於中國鬼(살아서는 중국인이고, 죽어서는 중국의 귀신이다.)

이는 즉 중국인의 민족으로서의 속성이 쉽사리 변하지 않는다는 의미다. 비록 절대다수의 화인과 화예들이 그들의 말을 잊었지만 중국적 가치관과 그들의 고유 풍속과 관습을 모두 버린 것은 아니다.

그렇다면 지금 수많은 동남아의 중국인의 후예들, 화인과 화예들을 어떻게 규정할 것인가? 그들의 가치지향은 도대체 어디인가?

분명히 지적할 것은 이들이 초기 동남아로 이주해온 그들의 조상과는 다르고 현재 대륙의 중국인과는 아주 다르다는 점이다. 이미 중국인의 범주에 넣을 수 없다는 지적을 할 수 있을 것이다. 이는 단순히 정치적인 의미에서 국적을 두고 하는 말이 아니라 의식이나 그들이 지향하는 가치관 측면에서 그렇다고 봐야할 것이다. 그렇다면 완전히 현지 주류민족으로 동화되었는가 하면 그렇지는 않다고 생각된다. 이들은 아직 중국인으로서 혈액성분이 조금 남아있고, 문화적으로도 중국적 가치관 가령 가족이나 조상에 대한 숭배관념이나 춘절 등 일부 절기에 대한 그들의 풍속과 일부 음식, 문화 등에서 약간의 중국적 특성을 유지하고 있다는 점이다. 그러나 이들은 기본적으로는 현지 문화와 언어를 거의 대부분 수용하였거나 아니면 서구적 가치관으로 대체된 경우도 적지 않다 할 것이다. 결론적으로 이들은 현지의 주류 민족이 아닌 중국문화를 약간 갖고 있는 제3의 민족, 하나의 소수민족으로 정리할 수 있으리라 생각된다. 당연히 태국의 화예와 인도네시아의 화예들은 같은 인구집난으로 볼 수 없고 이들은 바로 현지 문화에 적응한 서로 이질적인 집단이라는 점도 동시에 지적되어야 할 것이다.

지난 90년대 이후 중국의 경제력과 국제적인 영향력이 급격히 증대되면서 동남아지역에도 중국의 영향력이 커졌고, 동남아의 화예들의 再中國化

(Resinicization) 움직임이 논의되기도 했으나 이는 아주 제한적이고 미미한 흐름일 뿐이고, 동남아의 화예들이 다시 중국인이 될 수는 결코 없다고 생각한다. 역사의 도도한 흐름은 이미 이들을 탈중국인으로 만들었고 그 어떤 힘도 역사의 물줄기를 되돌릴 수는 없기 때문이다.

02 화교화인의 세계적 네트워크

그렇다면 전세계적으로 분포하는 중국인, 화교의 후예들은 서로 관련이 없는 존재로 규정해야 할 것인가? 이는 엄밀한 의미에서의 민족정체성의 변화와는 약간 성격을 달리한다고 생각된다. 전세계 각지에 분포한 화교과 화인, 그리고 그들의 후예는 현 거주지에서 생활한 기간과 현지 문화의 수용정도, 그리고 중국문화에 대한 관점과 내면화 정도의 강약에 따라 다른 특성을 갖고 있고, 일률적으로 규정하기 어렵지만 다만 그들이 중국인의 후예라는 의식은 공유하고 있다고 생각된다. 많은 연구자들도 이같은 관점을 보이고 있다.

그렇다면 이들 중국인을 묶어주는 요소가 있는가, 있다면 그것은 무엇인가? 중국인으로서의 특성을 내면화한 정도는 각자가 처한 상황에서 그야말로 천차만별인 전세계 화교와 화예들을 하나로 묶는 요소는 위에서 지적한 중국인의 후예라는 어렴풋한 의식의 공유가 아닐까 싶다. 또 중요한 것은 그들의 조상이 중국 고향땅을 떠날 때 갖고 간 여러 가지 인연에 의한 유대감과 이의 어렴풋한 전승이라고 지적하고 싶다. 화인, 화예들의 가장 기본적인 유대는 바로 고향마을로 대변되는 동향인 의식, 즉 지연과 동족인 친족의식의 표현인 혈연으로 요약할 수 있으리라 생각된다. 이런 혈연과 지연에 기반을 두고 다시 확장된 개념의 業緣에 의해 각 국가별로 조직된 중화총상회 등이 지역내 모든 화예들을 비즈니스로 묶어주는 역할을 하게 된다. 이처럼 비록 중국인으로서의 특성이 많이 탈색된 화예들도 이런 조직과 인연에 의해 아주 작은 부분의 자신의 화인성을 재인식하게 되고 특히 생업이나 비즈니스와 관련해 이런 화인성이 강화된다고 생각할 수 있다. 즉 화인화예들의 네트워크는 조국에 대한 향수나 그리움이라기 보다는 경제활동과 더욱 연관되어 있다고 판단되고, 화인들의 비즈니스 관계가 네트워크를 더욱 강화시킨다고 여겨진다.

중국인의 네트워크는 기본적으로 초기에는 그들의 생존을 위해 이어 그들의 비즈니스 확장 욕구에 부응하기 위해 형성되고 발전하고 글로벌화한 것이다. 앞서 문장에서 지적했지만 화교화인들의 네트워크는 원래 화교 선조들이 동남아에 이주한 이후 비로서 형성되기 시작한 것으로 아편전쟁부터 20세기 초반까지 동남아 거주지의 혈연과 지연에 의존한 아주 좁은 범위였고, 여기에다 중국의 고향을 포함하는 아주 한정된 개념이었다.

오늘 우리가 주목하는 화교화인의 네트워크는 20세기 들어 서면서 처음 형성되었으나, 그것은 기본적으로 동남아의 화교상인과 중국 대륙 그리고 다른 지역의 동남아 화교상인을 연결하는 좁은 지역 개념에 불과하였다. 예를 들면, 태국의 조주상인들이 태국내의 곡물 경작 이후의 모든 단계 — 소매상이나 수집상 등에 벼의 수매와 중산수집상과 창고업자 그리고 곡물 운송업자와 도시 정미업자와 쌀 수출상 등 — 에서 화교들이 네트워크로 연결되어 있고, 이들 쌀은 상대적으로 쌀이 부족한 중국 대륙이나 싱가포르나 홍콩 등지로 수출되는 네트워크를 지적할 수 있다. 말레이시아 주석광산이나 고무플란테이션도 비슷한 상황이다. 이 경우 광산에서 채굴이나 고무나무 재배도 모두 화교자본에 의해 수행되었고, 중간재의 생산이나 가공 등도 화교자본에 의해 이뤄졌고, 고무의 경우는 20세기 초반 세계적으로 신산업으로 등장한 자동차 산업의 핵심부품으로 거의 전량이 유럽이나 미국으로 수출되었다. 이처럼 제2차 세계대전 이전 동남아지역의 화교상인 상호간과 중국 대륙 자본이 서로 연결되는 네트워크가 형성되었고 주석, 고무의 경우는 서구 무역상을 포함한 네트워크로 확대된 것이다.

제2차 세계대선의 발발과 종전, 그리고 전후 동남아 민족정부의 화교화인 경제에 대한 제약 등으로 동남아 화교화인 네트워크는 극도로 위축되었다. 이런 상황에 근본적인 변화가 초래된 것은 지난세기 70년대 전후하여 동남아지역에서 수입 대체공업화와 수출지향적 공업화를 추진하면서 선진자본이 동남아지역에 진입하면서부터이다. 동남아 국가들의 수입 대체공업화에 이어 수출주도형 공업으로 산업정책이 전환되면서 선진국 특히 일본의 자본이 역내로 유입되고, 동남아 화인기업과 합자하여 공장건설에 나서면서 화교화인 기업인들의 네트워크가 다시 확장되었다.

그러나 근본적으로 화교화인들의 네트워크가 변화되고 세계적 범위로 확장하게 된 것은 바로 중국 대륙과 동남아의 정치적 화해와 이에 따른 본격적인 경제교류의 산물이다. 이 시점으로부터 동남아 화교기업인들과 중국 대륙 그리고 일본과 구미 등의 선진자본, 다국적기업이 서로 종횡으로 연결되는 글로벌 화교네트워크가 갖춰지기 시작한 것이다.

다국적기업들이 중국투자를 실행할 때 가장 큰 도움을 준 사람은 바로 홍콩을 포함한 동남아 화인기업인들이었다. 이런 과정에서 전세계 거대 다국적기업과 동남아 화교화인 기업인들은 자연스럽게 네트워크를 형성하게 되었고, 이런 과정을 통해 화교화인 비즈니스네트워크는 세계적인 확장으로 이어지게 된다.

또 하나 주목할 사실은 중국의 대외개방과 함께 인력의 글로벌 유동으로 화교화인 기업인들의 글로벌네트워크가 더욱 충실해졌다는 점이다. 이른바 개혁개방이후 신이민으로 표현되는 중국 대륙의 거대한 이민 흐름과 동남아지역의 화교재이민은 그야말로 중국인을 전세계 곳곳에 포진시키는 역할을 하게 되었다. 이제 중국 혈통의 사람(중국인 화인, 화예 등 모두 포함하여)만으로도 세계적인 네트워크가 형성된데 이어 이제는 이런 종족적 한계를 탈피, 전세계 선진자본과도 종횡으로 연결되는 네트워크 구축이 이뤄지게 된 것이다. 한 예를 보자면, 이제까지 화교화인 네트워크라면 당연히 중국인 혹은 중국혈통의 사람들 간의 관계로 생각되었지만 이런 인족적 제약을 벗어나 비록 중국혈통의 사람이 아니더라도 중국문화와 중국언어로 소통이 가능하다면 이 네트워크를 공유하고 참여하는 방향으로 개방화되었다는 점을 앞서 지적한바 있다.

분명 화교화인의 전세계적인 비즈니스네트워크는 무형이 거대한 자산임에 틀림없고 앞으로도 글로벌 화교화인의 사업전개에서 큰 역할을 할 것은 확실하다고 생각된다.

03 화교화인의 경제성취

이 글의 기본주제인 화교화인들의 경제력의 전망과 앞으로의 발전에 대해 생각해보자. 우리가 화교화인 문제에 관심을 갖는 가장 큰 이유 중의 하나는 그들이 쌓아올리고 지켜 나가는 그들의 경제력 때문일 것이다. 화교들이 경제적인 성취에는 저자는 기본적으로 그들이 금전(재물)을 보는 시각이 대륙의 중국인과도 다른 그들 나름의 특별하고 절박한 이유가 있었다는 점을 앞서 지적하였다. 즉 대륙에 사는 중국인과 동남아로 이주해 온 중국인의 돈에 대한 관점과 각오에서 상당한 폭의 편차를 보인다는 점이 기본적으로 경제를 대하는 그들의 태도에 큰 영향을 미쳤을 것이다. 또 하나 중국 대륙에서는 삶의 목표가 단순히 재부를 확대하는 것 이외에 다양한 가치관이 존재하였고, 따라서 모든 사람이 금전을 최고의 가치를 둔 것도 아니었다. 아니 과거 왕조시기나 개혁개방 이전의 공산중국에서는 경제적인 부가 그다지 높은 평가를 부여받지 못한 것이 아니었나 생각된다. 그러나 동남아 화교화인들의 경제 혹은 금전에 대한 그들의 가치관은 바로 앞서 지적한 바처럼 인생에서 가장 지고의 가치로 두는 등 삶의 가장 높은 목표가 경제력의 증대라는 한 가지로 수렴되고 통일되었다고 여겨진다.

이런 정신적 가치를 바탕에 깔고 그들은 근면하고 열심히 노동에 임하였다. 중국인이 정주하는 동남아는 경제 · 사회구조가 비교적 단순하여 권력과 종교를 장악한 상류층과 생산(그 주요 함의는 농업생산)을 담당하는 평민 층으로 구분할 수 있었다. 화교화인들이 동남아에 유입되면서 그들이 종사한 새로운 직역인 상업분야는 동남아 사회에서 거의 존재하지 않았던 영역이었다. 즉 화교들의 생업과 관련하여 토착주민과 심각한 분쟁이나 대립을 일으킬 여지가 적었다는 것으로 이는 초기 화교들이 동남아 정착에 상당한 유리한 요소로 작용하였다. 이는 또한 태국을 제외한 동남아 식민자들의 이해관계에서도 충돌의 여지는 거의 없었고, 서구 식민자의 경제와 보완적인 관계를 형성하는 등 갈등의 요소가 적었다고 볼 수 있다. 식민국가에서 화교는 중개상으로 토착민과 식민세력을 이어주는 세력으로 오히려 식민자의 식민지경영을 도우는 세력이었기 때문에 경제와 관련된 화교와 식민자의 갈등 또한 적었던 것이다.

중국 대륙에서 그것도 해외와의 교류가 활발하고 일찍부터 상업과 각종 공업이 발달한 동남 해안지역에서 성장하고 이를 직·간접적으로 체험한 동남아 이주 중국인들은 이미 내재적으로 비즈니스에 대한 감각과 사업역량이 동남아의 평균적인 사람들을 훨씬 넘어섰다고 평가할 수 있다. 또 돈에 대한 절박한 욕구가 그들의 경제활동을 성공으로 이끈 원동력이라 평가할 수 있을 것이다.

동남아 화교경제의 실력은 바로 이러한 민족간의 분업의 바탕 위에서 화교들의 근면과 단합, 그들간의 유대관계를 통한 집단 이익의 보존으로 확장해 갈 수 있었다. 특히 비우호적이거나 오히려 적대적인 동남아란 환경에서 화교기업인들이 쌓아올린 경제력은 바로 현지 정치권력과의 유착관계를 통해 더욱 공고화해질 수 있었다. 화교들은 토착 정치권력자의 정치권력을 자신의 자본력으로 포섭하여 불리한 경영환경을 도리어 유리한 환경으로 전환시키는 역량을 발휘하였다. 이 점은 동남아라는 특수한 정치사회환경의 산물로 이해할 수 있는 것으로, 이를 전 세계 모든 지역 화교화인들의 경영활동으로 일반화할 수는 없다고 생각된다.

이러한 자본과 권력의 결합은 그 취약구조가 아시아 금융위기 이후에 백일하에 노출되어 많은 화교화인 기업들이 도산하거나 세력이 크게 위축되는 계기가 되었다. 물론 이 위기를 잘 극복한 화인기업도 많았지만 어쨌건 큰 어려움을 겪은 것은 사실이었다. 이러한 사실은 바로 화교화인들은 자신에게 불리한 상황이나 여건도 역설적으로 이를 긍정적인 국면으로 전환시키는 저력이 있었다는 점을 드러내 주었다. 그러나 동시에 비즈니스는 비즈니스이지 결코 정치권력의 비호로 지속적이고 안정적으로 성장할 수는 없는 것이란 점을 동남아 금융위기 후 화인기업들에게 극명히 보여 주었다고 생각된다.

즉 자신에게 상황이 유리하게 전개되지 않더라도 어려운 가운데서도 자신에게 유리하게 환경을 만들어 나가는 것, 이것을 우리는 제2차 세계대전 이후 민족독립 정부가 들어선 이후 어려움을 겪던 화인기업들이 이를 딛고 일어서고 더욱 발전한 사실에서 찾아볼 수 있다. 바로 이런 점이 어떠한 상황 변화 속에서도 강하게 살아남는 화인기업인들의 강인함이라고 생각된다.

정치권력자와 화교화인 기업인 간의 권력과 자본의 거래를 통한 정치권력의 비호와 사업상의 편의와 우대로 대기업화의 길을 가는데 큰 도움이 되었다는 점은 상당히 역설적이다. 그러나 이런 방식의 기업성장은 한계가 있다는 점을 아시아 금융위기가 우리에게 극명하게 가르쳐 주고 있으며, 비즈니스는 비즈니스로 접근하고 풀어야 한다는 평범하면서도 냉엄한 경영의 핵심을 가르쳐 준다고 생각된다.

04 화인자본의 성격과 지향점

많은 사람이 궁금하게 생각하는 바는 지금 현재 화교화인 기업자본의 성격은 과연 어떻게 규정되어야 하는가의 문제이다. 즉 이들 화인기업인을 어떻게 볼 것인가 하는 점과 상통하는 물음이 된다.

많은 사람들은 한번 중국인은 영원한 중국인으로 그들은 어디에서 얼마나 오래 살든 거주지에 동화되지 않는 그런 민족이란 믿음이 한 때 강하였다. 과거 이러한 화교에 대한 관점을 가진 연구자들도 많았다. 그러나 앞서 지적했듯이 화교들도 그들을 둘러싼 환경의 영향을 받고 당연히 주변의 처한 상황에 의해 변하고 동화하기도 한다. 그 극명한 변화의 움직임은 바로 제2차 세계대전과 이은 중국 대륙의 공산화란 인류사적인 거대한 변화의 흐름에 의해 그들의 가치관과 지향점이 크게 바뀌었다.

동남아 화교화인을 이미 현지 토착민과 완전히 같은 민족으로 동화되고 중국인으로서의 특성이 완전히 탈색되었다고 말하기는 어렵겠지만 분명한 것은 지금의 동남아의 화예들은 그들의 조상이 중국 대륙에서 건너올 때 사회 · 문화적 배경을 가진 그런 인구집단은 아니라는 점이다. 이미 되돌릴 수 없을 정도로 그들은 의식전반에 걸쳐 토착화가 진행되었다. 이들이 다시 중국인이 된다는 것은 불가능한 일이다.

그러나 이들 화인 화예기업인들은 그렇지만 그들의 사업규모와 범위가 확대되면서 중국과의 연관은 더욱 높아질 것으로 볼 수 있다. 그러나 이점은 그들이 중국에서의 사업을 확장하는 것이 결코 그들이 재중국화한다는 의미는 아니다. 앞서 살펴보았듯이 사업 전개를 위해서라면 아주 신축적이고 어떠한 어려움도 극복할 의지가 특히 강한 화인들로서는 중국에서 사업이 필요하고 사업확장에 도움이 된다면 이를 주저할 이유는 전혀없다할 것이다. 이들이 정치적으로 거주국의 국적을 취득한 것은 오래 전의 일이고, 언어나 많은 문화에서 현지화했지만 비즈니스에 있어서 그들이 가진 중국에 대한 어렴풋한 기억과 일부분의 중국문화적인 요소가 이들을 중국과 연결시켜주는 좋은 매개체가 될 것은 분명한 사실일 것이다. 이는 동남아 화인기업인도 그리고 대륙 중국에도 좋은 일이기 때문이다. 그러나 이들의 자본은 더 이상 중국인의 자본도 아니고 더군다나 중국자본의 일부는 더욱 아니다. 그들의 정치적 충성의 대상은 거주국에 국한되어 있고, 나아가 이들은 어쩌면 더욱 그들의 사업범위가 확장되고 글로벌화하면서 탈국가의 글로벌 자본의 성격으로 변화할지 모른다는 생각이 강하게 든다.

즉, 자본의 논리는 탈국가화하는 속성이 강한데 특히 동남아의 화인기업 집단은 이런 특성이 더욱 강할 것이란 것이 저자의 추론이다. 비즈니스를 위해 화인네트워크를 활용하고 전세계적인 확장을 도모하고 글로벌화의 일환으로 대륙중국에 대한 투자는 비즈니스 차원에서 확대하겠지만 이를 가지고 그들의 화인성(Chineseness)을 재단하는 것은 적절하지 않다는 생각이다.

오히려 특정 국가 영역내의 제약을 받는 것, 특정국가에 충성하는 자본이라기보다는 오히려 이런 속박을 벗어나 사업확장과 경제력을 키우기 유리한 측면으로 변신하는 자본이라 규정하고 싶다. 특정국가에서 규제할수록 이를 피하고, 사업상의 이점을 찾아 나서는 가장 글로벌한 동시에 이익극대화를 향한 그런 자본으로 발전할 가능성이 높아 보인다.

화교현상의 본질이라 할 수 있는 것은 동남아의 화교화인들이 아편전쟁 이후 대륙중국에서 이주하여 동남아에서 뿌리 내리고 생활하면서 그들이 거둔 전반적인 성취로 요약할 수 있을 것이다. 그러나 이런 성과는 중국과 동남아라는 지리적 환경과 문화, 특수한 역사적 시기에 나타난 현상이지 언제 어느 곳에서나 화교이민이 쌓아올리는 보편적인 성과이자 문화라고 보면 안 된다는 생각이다.

이는 다른 각도에서 보면, 같은 동남아라도 화교화인이 미얀마나 캄보디아와 월남 같은 국가에서 거둔 그들의 모습과는 우리가 탐색해온 동남아 국가연합의 회원국인 태국, 인도네시아, 말레이시아, 필리핀의 화교들이 거둔 성과와는 상당한 격차가 존재한다는 점에서 이런 측면을 엿볼 수 있다. 선진국으로 이주한 중국인들이 과연 동남아에서 화교들이 이룬 성과를 거두었는가 하는 점과도 대비되는 점이다.

중국적 가치관과 문화가 동남아의 특정국가의 정치 · 사회적, 문화적 환경에서 그 특성과 장점이 잘 발현될 수 있었고, 바로 이런 환경이었기 때문에 세계적으로 이름이 높은 화교에 대한 장점과 특성을 발전시켜 올 수 있었다는 점이다. 즉 화교화인 문제를 두고 특정지역, 특정시점에서 거둔 그들의 성취를 무조건 일반화하는 것은 잘못된 결론으로 우리를 이끌 가능성도 있다는 점이다. 그러나 화교화인들이 세계적으로 그다지 흔치 않게 사업에 대한 적극성과 의욕, 집착이나 끈질김 등은 우리가 배우고 참고해야 할 가치라고 보는 것은 틀림없다 할 것이다.

결론적으로 화인과 화예자본은 대륙중국과 직접적인 관련이 없는 것이다. 100% 부정할 수는 없을지 모르지만 과거도 그랬지만 갈수록 대륙중국에 투자하는 화인, 화예자본은 사업확장과 발전을 위해 대륙에 투자하는 것이지 선조의 국가를 도우거나 애국애족의 차원에서 이뤄지는 것이 결코 아니다. 특히 화인, 화예들의 대중국 투자가 활발한 것은 바로 상대적으로 이들이 중국 사정에 대해 밝고 중국에 대한 정보를 취득할 다양한 채널을 확보하고 있고, 경제발전

단계에서 중국에서 수익을 올릴 수 있는 부분이 많다고 보기 때문에 일어나는 경제적인 활동이다.

대륙 중국은 동족으로서 동남아 화인, 화예들을 우대하는 조치를 취했고, 경제적인 부문이 아닌 동족으로서의 동질감이나 우호의 감정을 표시하는 등 이들을 우대하는 조치를 취하나 이들이 엄연히 중국자본이 아니라는 점은 명확히 알고 있다.

과거 선조의 조국이라는 인연의 끈을 매개로 쌍방이 득이 되는 투자가 일어나는 것일 뿐으로 중국 이외 다른 좋은 투자국가가 등장한다면 화인자본 역시 그 많은 다국적기업처럼 중국이 아니면 안된다는 생각을 갖지 않고 경제적인 시각에서 그들의 투자가 결정될 것으로 보는 것은 너무나 당연하다 할 것이다.

참고문헌

1. 국문

- 동양문화사(상,하) : 존 K.페어뱅크, 에드윈 O. 라이샤워, 앨버트 M. 크레이그 共著, 김한규, 진용만, 윤병남 譯, 을유문화사, 서울.
- 중국근현대사(아편전쟁에서 1982년까지) : 姬田光義, 阿部治平 외 著, 편집부 옮김. 일월서각, 서울.
- 현대중국을 찾아서 1,2 : 조너선 D. 스펜스 著, 김희교 역. 이산, 서울.
- 중국상인문화 : 박병석 著, 교문사, 서울.

2. 중문

(1) 단행본

- 中國經濟通史(中卷) : 孫健 著, 중국인민대학출판사, 북경, 2000년.
- 中國經濟思想史述要(上下) : 趙靖 著, 북경대학출판사, 북경, 1998년.
- 中國近代經濟史(上中下) : 王敬虞 主編, 인민출판사, 북경, 2000년.
- 中國古代經濟倫理思想史 : 唐凱麟, 陳科華 著, 인민출판사,북경, 2004년.
- 中國近代社會經濟史硏究(義田地主和生産關係) : 田炯權 著, 중국사회과학출판사, 북경, 1997년.
- 中國傳統市場發展史 : 龍登高 著, 인민출판사, 북경, 1997년.
- 中國宗法宗族制和族田義庄 : 李文治, 江太新 著, 사회과학문헌출판사, 북경, 2000년.
- 中國手工業簡史: 季如迅 編著, 당대중국출판사, 북경, 1998년.
- 江南的早期工業化(1550~1850年) : 李佰重 著, 사회과학문헌출판사, 북경, 2000년
- 商會與中國早期現代化 : 虞和平 著, 상해인민출판사, 상해, 1993년.
- 明淸高利貸資本 : 劉秋根 著, 사회과학문헌출판사, 북경, 2000년.
- 商人與中國近世社會 : 唐力行 著, 상무인서관, 북경, 2003년.
- 中國近世史(第四版) : 李時岳 등, 중화서국, 북경, 1998년.

- 從阿片戰爭到五四運動(上下) : 胡繩 著, 인민출판사, 북경, 1999년.
- 阿片戰爭史(上下) : 蕭致治 主編, 복건인민출판사, 복주, 1996.
- 媽祖的子民(閩台海洋文化研究) : 徐曉望 著, 학림출판사, 상해, 1999년.
- 福建民間信仰 : 林國平, 彭文宇 著, 복건인민출판사, 복주, 1993년.
- 中國古代海外貿易史 : 李金明, 廖大珂 著, 광서인민출판사, 남녕, 1995년.
- 中國古代的造船與航海 : 張靜芬 著, 상무인서관, 북경, 1997년.
- 海外交通史迹研究 : 庄景輝 著, 하문대학출판사, 하문, 1996년.
- 中國田賦史 : 陳登原 著, 상무인서관, 북경, 1998년.
- 中國社會風俗史 : 秦永洲 著, 산동인민출판사, 제남, 2000년.
- 清代社會的慢變量 : 張研 著, 산서인민출판사, 태원, 1999년.
- 東南亞華僑通史 : 吳鳳斌 主編, 복건인민출판사, 복주, 1993년.
- 華僑華人社會經濟研究 : 陳喬之 著, 香港地平線出版社, 홍콩, 1998년.
- 華僑華人的經濟透視 : 陳文壽 主編, 香港社會科學出版社, 홍콩, 1999년.
- 明清中國沿海社會與海外移民 : 楊國楨, 鄭甫弘, 孫謙 著, 고등교육출판사, 북경, 1997년
- 東南亞華人企業經營管理研究 : 云冠平, 陳喬之 主編, 경제관리출판사, 북경, 2000년.
- 海外華人的社會變革與商業成長 : 顔清湟 著, 하문대학출판사, 하문, 2005년.
- 風雨同舟-東南亞華人問題 : 周南京 著, 중국화교출판사, 북경, 1995년.
- 從世界看華人 : 丘立本 著, 남도출판사, 홍콩, 2000년.
- 清代華僑與閩粵社會變遷 : 孫謙 著, 하문대학출판사, 하문, 1999년.
- 華僑簡史與華人經濟 : 廣州경제연구원 編, 중국경제출판사, 북경, 1999년.
- 東南亞華僑華人經濟簡史 : 郭梁 著, 경제과학출판사, 북경, 1998년.
- 海外移民和美籍華人 : 黃潤龍 編著. 남경사범대학출판사, 남경, 2003년.
- 海外華人經濟研究 : 單純 著, 해천출판사, 심천, 1999년.

- 當代中國留學生研究 : 程希 著, 홍콩사회과학출판사, 홍콩, 2003년.
- 華僑華人問題概論 : 周南京 著, 香港사회과학출판사, 홍콩, 2003년.
- 二戰以後東南亞華族社會地位的變化: 庄國土 등 著, 하문대학출판사, 하문, 2003년
- "二戰"後東南亞華僑華人史: 溫廣益 主編, 중산대학출판사, 광주, 2000년.
- 王賡武自選集 : 王賡武 著, 상해교육출판사, 상해, 2002년.
- 從落葉歸根到落地生根 : 黃昆章 著, 기남대학출판사, 광주, 1999년.
- 當代海外華人社團研究 : 李明歡 著, 하문대학출판사, 하문, 1995년.
- 改革開放以來東南亞華商對中國大陸的投資研究 : 王望波 著, 화문대학출판사, 하문, 2004년.
- 近代華僑投資國內企業概論 : 林金枝 著, 하문대학출판사, 하문, 1988년.
- 海外華商經營管理探微 : 龍登高 著, 香港사회과학출판사, 홍콩, 2003년.
- 東亞區域整合- 人口遷移與影響(下) : 施雪琴, 廖大珂 主編, 말레이대학 중국연구소, 2010년.
- 華人企業家精神 : 企業家精神研究組 編著, 중국경제출판사, 북경, 2001년.
- 東南亞的福建人 : 楊力, 葉小敦 著, 복건인민출판사, 복주, 1993년.
- 東南亞華僑的認同問題: 馬來亞篇 : 古鴻廷 著, 연경출판사업공사, 대북,
- 東南亞與華人 -王賡武教授論文選集 : 중국우의출판공사, 북경, 1986년.
- 華僑華人與新中國 : 張應龍 主編, 기남대학출판사, 광주, 2009년.
- 東南亞華人經濟研究 : 葉祥松 등 著, 경제과학출판사, 북경, 1999년.
- 海外華人企業之現代化 : 葉琴 著, 화교협회총회, 대북, 1987년.
- 海外華文報業研究 : 楊力 著, 북경연산출판사, 북경, 1991년.
- 漂迫與根植 -當代東南亞華人族群關係研究 : 曾少聰 著, 중국사회과학출판사, 북경, 2004년.
- 植民主義史 東南亞卷 : 梁志明 主編, 북경대학출판사, 북경, 1999년.

- 近代廣東僑匯研究 : 林家勁 등 著, 중산대학출판사, 광주, 1999년.
- 華僑華人的新發展 : 蔡德奇, 江永良 著, 하문대학출판사, 하문, 2001년.
- 戰後東南亞國家的華僑華人政策 : 기남대학교동남아연구소 編著, 기남대학출판사, 광주, 1989년.
- 東南亞華人經濟 : 王慕恒 主編, 복건인민출판사, 복주, 1989년
- 印尼華人企業集團研究 : 蔡仁龍 著, 香港社會科學出版社, 홍콩, 2004년.
- 印尼華僑華人與華人概論 : 蔡仁龍 著, 남도출판사, 홍콩, 2000년.
- 印尼華僑志 : 화교지편찬위원회, 해천인쇄창, 대북, 1961년.
- 荷屬東印度華僑商人 : 楊建成 主編, 1984년
- 印尼華僑史 : 李學民, 黃昆章 著, 광동고등교육출판사, 광주, 1987년.
- 印度尼西亞華僑史 : 溫廣益 등 著, 해양출판사, 북경, 1985년.
- 爪와土生華人的 政治活動(1917~1942) : 廖建裕(Leo Suryadinata), 정중서국, 대북, 1985년.
- 現階段的印尼華族研究 : 廖建裕 著, 교육출판사, 싱가포르, 1978년.
- 三十年代蘭領東印度之華僑 : 楊建成 主編, 중화학술원 남양연구소, 대북, 1985년.
- 中國印度尼西亞文化交流 : 孔遠志 著, 북경대학출판사, 북경, 1999년.
- 印度尼西亞文化與社會 : 梁敏和, 孔遠之 編著, 북경대학출판사, 북경, 2002년.
- 印度尼西亞馬來西亞文化探析: 孔遠志 著, 남도출판사, 홍콩, 2000년.
- 蘇加諾 · 中國 · 印度尼西亞華人 : 周南京, 孔遠志 主編, 香港사회과학출판사, 홍콩, 2003년.
- 泰國華人經濟的演變與前膽 : 李國卿 著, 세화경제출판사, 대북, 1988년.
- 泰國華僑華人研究:(泰國) 洪林, 黎道綱 主編, 香港社會科學出版社, 홍콩, 2006년.
- 泰國史 : 중산대학동남아연구소 編, 광동인민출판사, 광주, 1987년.
- 泰國史散論 : 段立生 著, 광서인민출판사, 南寧, 1993년.

- 當代泰國 : 朱振明 主編, 사천인민출판사, 성도, 1993년.
- 馬來西亞的華人 : 黃露夏 著, 복건인민출판사, 복주, 1999년.
- 教育與認同- 馬來西亞華文中學教育之研究 : 古鴻廷 著, 廈門大學出版社, 하문, 2003년.
- 菲律賓華僑史 : 黃滋生, 何思兵 著, 광동고등교육출판사, 광주

(2) 논문집

- 華僑華人歷史研究 : 中國華僑華人歷史研究所 出刊, 北京 1991년부터 지금까지.
- 南洋問題研究 : 廈門大學南洋研究院 出刊, 廈門, 1986년도부터 지금까지.
- 南洋資料譯叢 : 廈門大學南洋研究院 出刊, 廈門, 1986년도부터 지금까지
- 當代泰國與印尼華人社會比較研究 : 洪源善博士學位論文, 2003년, 中國社會科學院
- 世界華人經濟研究 : 世界華僑華人經濟國際學術研討會 論文集, 汕頭大學出版社, 1994년
- 戰後海外華人變化 : 國際學術研討會論文集, 國際華僑出版公司, 1989년
- 東南亞華人問題之研究 : 崔貴强, 古鴻廷 合編, 교육출판사, 싱가포르, 1978년
- 僑務課題研究論文集(上下) : 國務院僑務辦公室, 북경
- 世紀之交的海外華人(上下) : 福建人民出版社, 복주, 1998년.
- 兩次世界大戰期間在亞洲之海外華人 : 홍콩대학교 아주연구소 출간. 홍콩, 1989년.
- 宗教與禮俗論集: 駱靜山 編, 雪蘭莪中華大會堂出版, 말레이시아 셀랑고르 클랑, 1985년.
- 華僑華人新論 : 陳文壽 主編, 중국화교출판사. 북경, 1997년.
- 面向21世紀的東南亞國際學術研討會論文集 : 魏維賢 등 主編, 경제일보출판사, 북경, 2001년.

- 東南亞華人社會研究(下) : 李亦園 등 著, 정중서국, 대북, 1985년.
- 華僑華人研究文集-紀念中國華僑華人歷史研究所成立20주년 : 中國華僑華人歷史研究所編, 中國華僑出版社, 北京, 2005년
- 泰中學刊 : 泰中學會출간 1994, 1995, 1998, 1999, 2000년

(3) 외국서적 중역본

- 三寶壟 歷史- 自三保時代至華人公館的撤鎖 :(印尼) 林天佑 著, 李學民 등 譯
- 印度尼西亞史 :(印尼)薩努西 巴尼 著, 吳世璜 譯, 商務印書館, 北京, 1962년.
- 東南亞大企業家 : 魯思 麥克維伊 編著, 薛學了 譯, 하문대학출판사, 하문, 1996년.
- 殊途同歸 : 蕭玉燦 著, 黃書海 譯, 지평선출판사, 홍콩, 1981년.
- 菲律賓生活中的華人 1850~1898 : 魏安國 著, 吳文煥 譯, 세계일보사, 菲律賓華裔청년연합회, 1989년.
- 馬來亞華人社會 : 今堀博士原 著, 劉果因 譯,
- 荷屬東印度華人的經濟地位 :(英) W.J. 凱特 著, 王云翔 譯, 하문대학출판사, 하문, 1988년.
- 新加坡華人企業集團 : (日) 岩崎育夫 著, 劉曉民 譯, 하문대학출판사, 하문, 2001년
- 馬來西亞企業集團的形成與改組 : (日)原不二夫 編, 劉曉民 譯, 하문대학출판사, 하문, 1996년.
- 華僑資本的形成和發展 : (日) 李國卿 著, 郭梁 金永勛 譯, 香港사회과학출판사, 홍콩, 2000년.
- 華人在東南亞經濟發展中的作用 : (美) 吳元黎 등 著, 汪慕恒 등 譯, 하문대학출판사, 하문, 1989년.
- 婆羅洲華人公司制度 : J.J.M. De Groot 著, 袁冰凌 譯, 중앙연구원 근대

사연구소, 1996년.

3. 영문

- S. Gordon Redding(1990) : The Spirit of Chinese Capitalism, Walter De Gruyter · Berlin · New York 1990.
- Tong Chee Kiong & Chan Kwok Bun(2001) : Alternate Identities – The Chinese of Contemporary Thailand, Singapore, Times Academic Press.
- Richard J. Coughlin(1960) : Double Identity – The Chinese in Modern Thailand, Hong Kong University Press.
- Victor Purcell(1965) : Malaysia, London, Thames and Hudson.
- John L. S. Girling(1981) : Thailand Society and Politics, Cornell University Press.
- Donald Earl Willmott(1960) : The Chinese of Semarang – A Changing Minority Community in Indonesia, Cornell University Press.
- J. S. Furnivall(1944) : Netherlands India– A Study of Plural Economy, Cambridge
- Wang Gung Wu(1991) : China and The Chinese Overseas, Singapore, Times Academic Press.
- G. William Skinner(1957) : Chinese Society in Thailand _ An Analytical History, Cornell University Press.
- Edited by G. William Skinner and A, Thomas Kirsch(1975) : Change and persistence in Thai society / Cornell University Press.
- Edited By J. A. C. Mackie(1976) : The Chinese in Indonesia, Melborne, Thomas Nelson Ltd.
- Edited by Edmund Terence Gomez and Hsin–Huang Michael

Hsiao(2001) : Chinese Business in Southeast Asia – Contesting Cultural Explanations, Researching Entrepreneurship, Curzon Press.

- Charles A. Coppel(1983) : Indonesian Chinese in Crisis, Oxford University press.
- Edited by M.R. Fernando, David Bulbeck(1992) : Chinese Economic Activity in Netherlands India, Singpore, Southeast Asian Studies.
- Edited by Yu Chunghsun(1999) : Ethnic Chinese – Their Economy, Politics and Culture, Tokyo, The Japan Times.
- Victor Simpao Limlingan(1986) : The Overseas Chinese in Asean– Business Strategies and Management Practices, Manila, Vita Development coporation.
- Leo Suryadinata : Peranakan Chinese Politics in Java(1917~1942)
  : The Chinese Minority in Indonesia Seven Papers
  : Pribumi Indonesians, The chinese Minority and China
  : Political Thinking of The Indonesian Chinese
- Priyabumi Sulistiyanto(2002) : Thailand, Indonesia and Burma in Comparative Perspective, Natioanal University of Singapore.
- J.S. Furnivall(1956)m : Colonial Policy and Practice, New York University Press.
- Stephen Castles and Mark J. Miller(1993) : The Age of Migration – International Population Movements in the Modern World, London, Macmillan Press Ltd.
- Ivan Light, Steven J. Gold(2000) : Ethnic Economies, London, Academic Press.
- Edited by George J. Borajas(2000) : Issue in the Economics of

Immigration, The University of Chicago Press.

4. 日文

- 華南經濟圈 – '近代化' 中國と華僑：松本國義, 日本貿易振興會, 동경
- 華僑經濟史：須山 卓 著, 近藤出版社, 동경
- 華人資本の政治經濟學：岩崎育夫著, 東洋經濟新報社, 동경, 1999년.
- 世界經濟の覇者 華人經營者の素顔：游仲勳 著, 時事通信社, 동경, 1995년.
- タイの財閥：末廣 昭, 南原 眞 著, 同文館, 동경,
- 華僑コネクョン：樋泉克夫 著, 新潮選書, 동경, 1996년.
- 華僑：須山 卓, NHKブックス, 동경, 平成 2년.
- 華僑經濟の研究：游仲勳 著, アジア經濟研究所, 동경, 1969년.
- 日本と華人經濟圈：涂照彦 編著, 有信堂, 동경, 1998년.
- 華人ネットワークの秘密：朱炎 著, 東洋經濟新報社, 동경, 1995년.
- 現代南洋華僑の動態分析：市川信愛 著, 구주대학출판회, 후쿠오카, 1991년.
- 華人ネットワーク：蔡林海 著, 동양경제신보사, 동경,1998년.
- 華僑 華人經濟：游仲勳 編著, ダイヤモンド社, 동경, 1995년.
- 華僑の商法：高木桂藏 著, 總合法令, 동경, 1995년.
- 華僑 最强の家業經營：山田 修 著, 일본실업출판사, 동경, 1996년.
- 華僑ビジネスその發想と行動力：山下昌美 著, 중앙공론사, 동경, 1997년.
- 華僑烈烈：樋泉克夫 著, 신조사, 동경, 2006년.

■ 홍 원 선

●학 력

서울대학교 인문대학 졸업 (전공 고고학, 부전공 경제학)
연세대학교 행정대학원 수료
중국사회과학원 법학박사 (전공 민족학 · 인류학)
동남아 화교의 경제와 문화 연구논문으로 학위취득

●경 력

매일경제신문사, 중앙일보 기자 (경제부문 취재 15년)
중국사회과학원 민족연구소 고급방문학자
중국사회과학원 海外華人硏究中心 객원연구원
현재 서울대학교 학부와 대학원, 서강대학교 학부와 대학원, 연세대학교 대학원, 이화여자대학교 대학원에서 중국 및 동남아 관련 강좌 강의 중

화인경제론

2013년 1월 10일 1쇄 발행
2013년 3월 10일 2쇄 인쇄
2013년 3월 15일 2쇄 발행

저 자 홍 원 선
발행인 류 재 식 · 조 승 옥
발행처 도서출판 북 넷

서울시 용산구 효창동 5-3 대신빌딩 2층
등 록 2010년 6월 7일(제2010-000069호)
전 화 (02) 395-2341
팩 스 (02) 395-2303

정가 25,000원

ISBN 978-89-966858-9-0 93320 e-mail : book2341@naver.com